러셀 자서전 (하)

AUTOBIOGRAPHY by Bertrand Russell

Copyright ⓒ The Bertrand Russell Peace Foundation Ltd 1996
Introduction ⓒ 1998 Michael Foot
All rights reserved.

Korean translation copyright ⓒ 2003 by Sa Hoi Pyoung Non Publishing Co.

Authorized translation from English language edition published by
Routledge, a member of the Taylor & Francis Group

이 책의 한국어판 저작권은 한국저작권센터(KCC)를 통한 저작권자와의 독점 계약으로 (주)사회평론에 있습니다.
저작권법에 의해 한국 내에서 보호를 받는 저작물이므로 무단전재와 복제를 금합니다.

BERTRAND RUSSELL
AUTOBIOGRAPHY

러셀 자서전 (하)
"거짓과 더불어 제정신으로 사느니, 진실과 더불어 미치는 쪽을 택하고 싶다."

버트런드 러셀 지음 / 송은경 옮김

사회평론

제1부 1967년 '조지 앨런 언윈 출판사' 발간
제2부 1968년 동 출판사
제3부 1969년 동 출판사
1975년 3부 통권 발행
(　) 저자 설명
{　} 역자 설명

러셀 자서전 (하)

2003년 3월 10일 초판 1쇄 펴냄
2022년 6월 24일 초판 9쇄 펴냄

지은이 버트런드 러셀
옮긴이 송은경
펴낸이 윤철호
펴낸곳 ㈜사회평론

단행본 총괄 차윤석
편집 석현혜 장윤혁 이희원
마케팅 박동명 정하연 이유진
표지 디자인 Kafield Design

등록번호 10-876호(1993년 10월 6일)
전화 02-326-1182(마케팅) 02-326-1543(편집)
주소 서울시 마포구 월드컵북로6길 56 사평빌딩
이메일 editor@sapyoung.com
홈페이지 www.sapyoung.com

ISBN 89-5602-323-9 03990

값 15,000원

사전 동의 없는 무단 전재 및 복제를 금합니다.
잘못 만들어진 책은 바꾸어드립니다.

이디스Edith에게

오랜 세월을 두고
나는 평온을 찾아 애썼노라,
환희를 맛보았고, 고뇌도 겪었노라,
광기와 마주쳤고,
외로움에 떨었노라,
심장을 갉아먹는 고독의 아픔도 알았노라,
그러나 끝내 평온은 찾지 못하였노라.

이제 늙어 종말에 가까워서야,
비로소 그대를 알게 되었노라,
그대를 알게 되면서
나는 희열과 평온을 모두 찾았고,
안식도 알게 되었노라,
그토록 오랜 외로움의 세월 끝에.
나는 인생과 사랑이 어떤 것인지 아노라.
이제, 잠들게 된다면,
아무 미련 없이 편히 자련다.

CONTENTS

하권

제2부 1914~1944

11. 두 번째 결혼 | 11
12. 텔레그래프 하우스 시절 | 82
13. 미국 : 1938~1944년 | 129

제3부 1944~1967

제3부 머리말 | 207
14. 영국으로 돌아오다 | 209
15. 국내외 활동 | 292
16. 트라팔가 광장 | 356
17. 재단 | 445

저자 후기 / 내가 믿는 것들 | 558
편집 후기 / 열정과 명쾌함이 갖추어진 한 편의 서사시 | 564
역자 후기 / 러셀 - 휴머니즘으로 세상을 깨우치다 | 577
시기별 주요 사건 | 583
찾아보기 | 586

상권

감사의 말 | 6

제1부 1872~1914

프롤로그/나는 무엇을 위해 살아왔나 | 13
1. 유년기 | 15
2. 청년기 | 58
3. 케임브리지 시절 | 93
4. 약혼 | 127
5. 첫 결혼 | 217
6. 『수학 원리』 | 255
7. 다시 케임브리지로 | 359

제2부 1914~1944

8. 제1차 세계대전 | 407
9. 러시아 | 555
10. 중국 | 604

제 2 부

1914-1944

항상 회의하는 지성이 내게 의심의 말을 속삭였고
(그것이 입을 다물어주기를 간절히 바라는데도),
타인들의 손쉬운 열정에서 나를 떼어내어
황량한 고독으로 옮겨놓았다.
……황무지의 바다와 별과 밤바람,
내게는 이런 것들이 가장 사랑하는 사람들보다
더 큰 의미로 다가오기 때문에 인간의 애정은
근본적으로, 신을 찾으려는 헛된 소망에서
벗어나기 위한 시도라고 생각한다.

II 두 번째 결혼

1921년 9월에 중국에서 돌아오자 나의 생활은 새로운 감정에 중심을 둔, 다소 기복이 덜한 국면으로 접어들었다. 청년기부터 『수학 원리』가 완성될 때까지 나의 근본적인 관심사는 지적인 분야였다. 나는 이해하고 싶었고 남들도 이해하도록 만들고 싶었다. 또한 나의 이름을 길이 남길 수 있는 커다란 업적도 남기고 싶었는데, 그 점에서는 내가 헛되게 살지 않았다는 생각이 든다. 제1차 세계대전 발발 이후부터 내가 중국에서 돌아온 시점까지는 사회 문제들이 내 감정의 중심을 차지하고 있었다. 그러나 전쟁과 소비에트 러시아는 한결같이 날 비감하게 만들었으며 나는 인류가 좀더 덜 고통스럽게 사는 법을 깨치게 되기를 희망했다. 나는 지혜의 비법을 밝혀내고자 애썼고, 그것을 전세계가 귀 기울이고 동의할 수 있을 만큼 설득력 있게 선포하고자 노력했다. 그러나 점차 열정은 식어가고 희망도 줄어들었다. 그리하여 인류가 어떻게 살아야 하는가에 대한 견해에는 변함이 없었으나 예언자적 열정도 식고 나의 운동이 성공하리라는 기대감도 줄어든 상태였다.

1894년 여름, 의사의 답변을 들은 후 앨리스와 함께 리치먼드 그린 공원을 거닐었던 그날 이후로 나는 아이를 갖고 싶은 욕구를 억누르려고 애써왔다. 그러나 그 욕망은 계속해서 커갔고 결국 감당할 수 없는 지경에까지 이르렀다. 1921년 11월에 첫아이가 태어나자 나는 억압된 감정이 일시에 풀리는 것을 느꼈고, 그때부터 10년 동안은 부모로서의 삶이 나의 주요 목적이 되었다. 나 자신도 겪어보았지만 부모가 가지는 감정은 대단히 복잡하다. 그 중에서도 으뜸은 자식에 대한 완전히 동물적인 감정과, 귀여운 어린것이 청년으로 커가는 것을 지켜보는 기쁨이다. 그 다음으로는 피해 갈 수 없는 의무감이 있는데, 그것은 회의주의자도 쉽사리 의문을 달지 못하는 일상 생활의 목적을 제공해 준다. 다음에는, 매우 위험스러운 이기적 감정이 있다. 즉 내가 실패한 분야에서 자식이 성공하기를 바라는 마음, 내가 죽거나 노쇠하여 더 이상 노력해 볼 수 없게 된 일을 자식들이 계속해 주기를 바라는 마음, 그리고 여하튼 나는 자식들을 통해 생물학적으로 죽음을 면했고 따라서 나의 인생은 미래로 흘러 들어가지 못하는 정체된 물웅덩이로 덩그러니 남겨지는 게 아니라 전체 강물의 일부가 되어 흐를 것이라는 생각. 나는 이 모든 감정들을 경험했으며, 그로 인해 몇 년 동안은 행복과 평화로 충만한 생활이 이어졌다.

우선은 살 곳부터 마련해야 했다. 아파트를 세내려 해보았으나 나를 정치적으로나 도덕적으로 바람직하지 못한 사람이라고 생각한 주인들이 집을 빌려주려 하지 않았다. 결국 첼시, 시드니가 31번지의 자유 보유권 주택을 매입했고 거기에서 위로 두 아이가 태어났다. 그러나 1년 내내 런던에만 있는 것은 아이들한테 좋지 않다고 생각했으므로 1922년 봄에 콘월의 포스쿠노에 집을 한 채 장만했다. 랜즈 엔드에서 6킬로미터가량 떨어진 곳이었다. 그때부터 우리는 런던과 콘월에서 거의 반반씩 살았으나, 1927년 이후로 런던에서는 아예 살지 않았고 콘월에서 보내는 시간도 줄어들었다.

콘월 해안의 아름다움은, 바다와 바위와 태양과 폭풍우의 기쁨을 깨달아가는 건강하고 행복한 두 아이를 지켜보는 즐거움과 떼어놓고 생각할 수 없는 기억으로 남아 있다. 나는 여느 아버지들보다 훨씬 많은 시간을 아이들과 함께 했다. 1년 중 콘월에서 보내는 6개월 동안 우리는 여유로우면서도 고정된 일과를 보냈다. 아내와 나는 보모와 가정교사가 차례로 아이들을 돌봐주는 오전 시간에 일을 했다. 점심을 먹고 나면 집에서 걸어가도 되는 거리에 있는 여러 해변 중에 하나를 택해 모두 그리로 갔다. 아이들은 벌거숭이가 되어 수영도 하고, 바위에도 기어오르고, 모래성도 쌓으며, 기분 내키는 대로 뛰어놀았는데, 물론 우리도 참여했다. 몹시 시장기가 느껴질 때쯤 집으로 돌아와 많이 늦었지만 아주 성대한 티 타임을 가지고 나면 아이들은 침대에 누워 자고 아내와 나는 다시 각자의 성숙한 취미로 되돌아갔다. 물론 잘못된 기억이겠지만, 4월 이후로는 항상 화창하고 포근했던 것 같다. 그러나 4월에는 바람이 차가웠다. 4월의 어느 날, 케이트Kate〔러셀의 딸. 본명은 캐서린 제인 러셀〕가 두 돌을 넘기고 석 달 반쯤 되던 때였는데, 나는 아이가 혼자 중얼대는 소리를 듣고 그대로 적어 보았다.

> 북풍이 북극을 지나가네.
> 데이지꽃들이 풀을 덮쳤네.
> 바람이 블루벨을 쓰러뜨리네.
> 북풍이 남쪽 바람을 날려버리네.

아이는 누가 듣고 있는 것도 몰랐고, '북극'이 무엇인지도 물론 몰랐을 것이다.

이러한 상황에서 내가 교육에 관심을 가지게 된 것은 당연한 일이었다. 『사회 재건의 원칙들』에서 이미 그 주제를 간략하게 다룬 적은 있으나 이제는 그것이 내 생각의 많은 부분을 차지하게 되었다. 나는 『교육—특히 유년기 초기의 교육에 관하여On Education, especially in early childhood』라는 책을 써 1926년에 출간했는데 상당히 많이 팔렸다. 지금 생각해 보면, 그 책의 심리학이 지나치게 낙관적이고, 내가 너무 어린아이들에게 가혹한 교육 방법을 제시했다는 생각도 들지만, 그 가치들에 대해선 수정할 필요를 전혀 못 느낀다.

1921년 가을부터 1927년 가을까지 6년의 삶 전체가 긴 여름 휴가 같은 목가적인 생활이었다고 생각해선 안 된다. 부모가 되고 보니 돈을 벌지 않을 수 없었다. 집을 두 채나 샀기 때문에 내게 남아 있던 돈이 거의 바닥나버린 상태였다. 중국에서 돌아오자 뚜렷한 벌이 수단이 없었으므로 처음에는 상당히 걱정스러웠다. 이따금 잡지나 신문에서 글 청탁이 들어오면 이것저것 가리지 않고 응했다. 아들 존이 태어날 무렵에는 '중국의 불꽃놀이'라는, 그 상황에서 정신을 집중하기엔 너무나 생경한 주제를 놓고 글을 쓰기도 했다. 1922년에는 중국에 관한 책을 냈고, 1923년에는 (아내 도라와 공동으로) 『산업 문명의 전망The Prospects of Industrial Civilization』이란 책을 냈다. 그러나 두 권 다 큰돈을 벌어다 주지는 못했다. 『원자의 ABCThe ABC of Atoms』(1923년)와 『상대성의 ABCThe ABC of Relativity』(1925년), 『이카루스 혹은 과학의 미래Icarus or The Future of Science』(1924년), 『내가 믿는 것What I Believe』(1925년) 따위 작은 책들이 차라리 성과가 좋았다. 1924년에는 미국에서 순회 강연으로 많은 돈을 벌었다. 그러나 1926년에 교육에 관한 책을 내기 전까지는 대체로 곤궁하게 지냈다. 그때부터 1933년까지는 형편이 아주 좋았는데, 특히 『결혼과 도덕Marriage and Morals』(1929년), 『행복의 정복The Conquest of Happiness』(1930년)이 성공을 거두었다. 이 시기에 나온 나의 책들은 대부분 대중적이었으며 돈을 벌 목적으로 쓴 것들이었다. 그러나 그렇다고 좀더 전문적인 작업을 전혀 하지 않은 것은 아니다. 1925년에는 『수학 원리』에 여러 가지를 추가하여 재판을 냈고, 1927년에는 『물질의 분석The Analysis of Matter』을 출간했다. 어떤 의미에서 보면 이 책은 감옥에서 쓰기 시작해 1921년에 출간한 『정신의 분석』 후속편이라 할 수 있다. 1922년과 1923년에는 첼시에서 의원 후보로 나서기도 했으며, 도라는 1924년에 출마했다.

1927년, 도라와 나는 우리 둘이 똑같이 책임져야 할 어떤 결정에 이르게 되었다. 우리가 최선이라고 생각하는 방식대로 아이들을 교육시키기 위해 우리 나름의 학교를 세워보자는 것이었다. 오산이었는지도 모르지만 우리는, 아이들에겐 다른 아이들과의 교제가 필요하기 때문에 우리 아이들만 따로 키우는 데 만족해서는 안 된다고 생각했다. 그러나 기존의 학교 중에는 만족할 만한 데가 하나도 없었다. 우리는 특이한 두 요소를 겸비한 학교를 원했다. 첫째, 우리는 점잔빼는 교육, 종교 교육이 싫었고, 기타 전통적 학교들에서 당연시되는 자유에 대한 무수한 제약들이 싫었다. 둘째, 우리는 금욕주의적 교육을 중시하지 않거나 자제력 훈련을 완전히 도외시하는 대부분의 '현대' 교육가들에게 동조할 수 없었다. 그리하여 우리는 존과 케이트 또래의 아이들을 스무 명쯤 모아, 일반 학교에 다니는 만큼의 기간을 우리가 교육하기로 했다.

이 목적을 실현시키기 위해 우리는 치체스터와 피터스필드 사이의 사우스 다운스에 있는 프랭크 형님 집 텔레그래프 하우스를 세냈다. 이 집이 그런 이름을 갖게 된 것은 조지 3세 시절에 포츠머스와 런던 사이에서 메시지를 전달했던 여러 신호소〔불빛이나 수기手旗로 전하는 방식〕중 하나였기 때문이다. 아마 트라팔가 해전 소식도 그런 식으로 런던에 도착했을 것이다.

본래는 아주 작은 집이었으나 형이 하나둘씩 증축해 놓은 상태였다. 형은 그 집에 대한 애착이 매우 커서, 훗날 『나의 인생과 도전My Life and Adventures』이란 제목의 자서전에도 그 얘기를 길게 적어놓았다. 볼품도 없고 쓸모도 별로 없는 집이었으나 위치 하나는 최고였다. 북쪽을 제외하고는 사방으로 전망이 확 트여 있어 이쪽을 보면 서섹스 윌드에서 리스 언덕까지 보이고 저쪽을 보면 와이트 섬도 보이고 사우샘프턴으로 다가오는 여객선들도 보였다. 사면에 큼직한 창이 달린 탑이 있었는데, 나는 그 탑을 연구실로 삼았다. 전망이 그렇게 아름다운 곳은 처음 보았다.

집 옆으로는 약 94만 제곱미터에 달하는 야생 산림이 쭉 펼쳐졌는데 히스와 고사리 숲도 일부 있었지만, 대부분은 처녀림으로서 장대한 너도밤나무와 굉장히 오래되고 크기도 어마어마한 주목朱木들이 서 있었다. 숲에는 노루를 비롯한 온갖 야생 동물들이 득실거렸다. 1.6킬로미터쯤 나가면 드문드문 몇 채 보이는 농가들이 제일 가까운 이웃들이었다. 동쪽으로는 80킬로미터쯤을 계속 걸어도 울타리 하나 없이 텅 빈 내리막 지대가 이어졌다.

형이 이곳을 좋아한 것도 당연했다. 그러나 형은 투기에 잘못 손을 댔다가 가진 재산을 한 푼도 남김없이 잃고 말았다. 나는 다른 누구한테 받을 수 있는 임대료보다 많이 주겠다고 했고, 곤궁했던 형은 마지못해 내 제의를 받아들였다. 그러나 형은 그 거래를 몹시 증오했고 자신의 낙원을 차지하고 산다는 것 때문에 그후로 나한테 원한을 품게 되었다.

그러나 그 집이 형에게 항상 즐거운 기억만 주진 않았을 것이다. 형은 본래 모리스Morris 양과 교제를 즐길 수 있는 신중한 은거처로 그 집을 장만했다. 형은 여러 해 동안, 첫아내한테서 벗어날 수만 있으면 모리스 양과 결혼하리라 생각했다. 그러나 모리스 양은 나중에 형의 두 번째 아내가 될 몰리에게 그의 애정을 빼앗기고 말았다. 형은 몰리를 위해, 동료 귀족들에게 중혼죄를 선고받고 옥고를 치르기까지 했다. 첫아내와 이혼한 것도 몰리를 위해서였다. 리노〔미국 네바다 주의 도시〕에서 이혼 판결을 받고 그 즉시 거기에서 몰리와 결혼했다. 영국으로 돌아온 형은 영국 법이 자신의 결혼을 중혼으로 간주한다는 것을 알게 되었다. 리노에서 결혼한 것에 대해선 영국 법도 타당성을 인정하지만 그곳에서의 이혼은 인정하지 못한다는 이유에서였다. 몸이 매우 뚱뚱했던 형의 두 번째 아내는 녹색의 느슨한 골덴 반바지를 자주 입었다. 텔레그래프 하우스의 꽃밭에서 허리를 굽히고 있는 그녀를 뒤에서 보고 있노라면 도대체 형은 그녀의 가치가 무엇이라고 생각했기에 그런 고초까지 겪었을까 궁금해지곤 했다.

모리스 양처럼 몰리와의 사랑도 막을 내리고 형은 엘리자베스와 사랑에 빠졌다. 형이 이혼을 원하자 몰리는 그 대가로 400파운드의 연금을 평생 지급하라고 요구했고, 형이 죽은 후에는 내가 그 돈을 지불해야 했다. 그녀는 90세 가까이 살다 죽었다.

이번에는 엘리자베스가 형을 떠났고, 형을 몹시 잔인하게 다룬 『베라Vera』라는 소설을 썼다. 이 소설에서 베라는 이미 죽은 사람인데 살아 생전 형의 아내였으므로 형이 그녀를 잃고 크게 상심하는 것으로 되어 있다. 베라는 텔레그래프 하우스의 탑에서 뛰어내려 죽었다. 이야기를 따라가다 보면 독자는 그녀의 죽음이 사고사가 아니라 내 형이 잔혹한 짓을 하여 불러온 자살이라는 쪽으로 슬슬 짐작하게 된다. 그 일로 인해 나는 우리 아이들에게 특별히 다음과 같이 충고했다. "소설가와는 절대로 결혼하지 말아라."

이처럼 많은 추억이 있는 그 집에서 우리는 학교를 시작했다. 학교를 운영하는 과정에서, 미처 예상치 못한 어려움을 수도 없이 겪었다. 우선, 재정 문제가 있었다. 엄청난 금전적 손실이 발생할 게 뻔했다. 손실을 예방하자면 학교 규모를 키우고 식사의 질을 다소 낮추는 방법밖에 없었는데, 학교의 성격을 바꾸어 인습적인 부모들에게 호소하지 않고는 규모를 확대할 수가 없었다. 다행히 당시에 내가 책을 내고 미국에서 순회 강연을 하여 나오는 수입이 상당했다. 나는 모두 네 차례에 걸쳐 순회 강연을 했다.—1924년(여기에 대해선 이미 언급했다), 1927년, 1929년, 1931년. 1927년의 순회 강연은 우리 학교 첫 학기 기간과 겹쳐, 개교에 아무 도움을 주지 못했다. 두 번째 학기 때는 도라가 미국 순회 강연에 나섰다. 결국 처음 두 학기 모두 우리 중 한 사람 외에는 책임질 사람이 없었던 셈이다. 나는 필요한 돈을 벌기 위해, 미국에 가 있지 않으면 책을 써야 했다. 따라서 학교에 모든 시간을 바칠 수가 없었다.

두 번째 어려움은 일부 직원들과 관련된 것이었다. 우리가 원칙을 거듭거듭 제아무리 꼼꼼하게 설명해 주어도 그들은 우리만 없었다 하면 원칙에서 벗어난 행동을 일삼곤 했다.

세 번째가 어쩌면 가장 심각한 문제였는데, 문제 아이들의 비율이 너무 높다는 점이었다. 이러한 함정에 빠지지 않도록 우리가 미리 조심을 했어야 했으나 처음에는 어떤 아이든 거의 모두 반갑게 받아주었다. 새로운 방법을 적극 시험하려는 부모들은 대부분 아이 때문에 어려움을 겪는 사람들이었다. 그러한 문제가 발생하는 것은 대개 부모들 탓이었는데, 현명하지 못한 부모에게서 나쁜 영향을 받는 일이 휴일마다 반복되었다. 원인이 무엇이든 간에 다수의 아이들이 잔인하고 파괴적인 성향을 보였다. 아이들을 자유롭게 풀어놓자 강자가 약자를 벌벌 떨게 만들며 괴롭히는 테러의 통치가 시작되었다. 학교도 세상과 똑같아서 오직 정부만이 짐승 같은 폭력을 막아줄 수 있다. 그리하여 나는 아이들이 수업 시간을 벗어나서도 잔혹한 짓을 못하도록 끊임없이 감시하지 않을 수 없었다. 우리는 아이들을 큰 집단, 중간 집단, 작은 집단, 이렇게 셋으로 나누었다. 중간 집단의 한 아이가 작은 집단 아이들을 늘 괴롭히기에 왜 그러느냐고 내가 물어보았다. 그러자 아이는 "큰 애들이 날 때리니까 나도 작은 애들을 때리는 거예요. 공평한 거잖아요"라고 대답했다. 그 아이는 진심으로 그렇게 믿고 있었다.

  때로는 정말로 흉악한 충동이 드러나기도 했다. 아이들 중에 남매가 있었는데, 그 어머니가 아주 감상적이어서 남매간에 비현실적일 만큼 다정한 척하도록 교육해 놓았다. 어느 날 점심 시간에 감독을 돌던 교사가, 국자로 막 떠낼 참이던 수프에 모자에 꽂는 핀이 들어있는 것을 발견했다. 조사해 보니, 다정스럽게만 보였던 그 누이가 핀을 넣은 것으로 밝혀졌다. "이걸 삼키면 네가 죽을 수도 있다는 것을 몰랐니?" 우리가 물었다. 아이가 대답했다. "물론 알아요. 하지만 전 수프를 안 먹거든요." 좀더 깊이 캐본 결과, 누이가 자기 남동생이 희생되기를 바랐다는 사실이 자명하게 드러났다. 또 한 번은, 인기가 없는 한 아이에게 토끼 한 쌍을 주었더니 다른 두 아이가 토끼들을 불태워죽이려 하기도 했다. 그 과정에서 큰불이 나 수천 평에 달하는 땅이 새카맣게 타버렸는데 바람의 방향이 바뀌지 않았다면 집까지

태워버렸을 것이다.

 게다가 우리 부부와 두 아이들은 개인적으로 색다른 걱정거리가 있었다. 다른 소년들은 당연히 우리 아이들이 편애받는다고 생각했고, 우리는 우리대로 내 아이들을 편애하지 않기 위해, 휴일 외에는 그들과 인위적으로 거리를 둘 수밖에 없었다. 그러자 아이들은 번갈아가며 부모에 대한 성실성이 쪼개지는 아픔을 겪었다. 고자질꾼이 되든지 우리한테 거짓말을 일삼든지 둘 중에 하나를 택해야 했던 것이다. 이렇게 해서 우리가 존과 케이트를 통해 누렸던 그 완벽한 행복은 깨져버리고, 어색하고 당혹스러운 감정이 그 자리를 메웠다. 부모와 자녀가 한 학교에 있다 보면 그런 일이 벌어지게 마련인 것 같다.

 돌이켜보면 학교 운영 원칙들 중 몇 가지 실수가 있었다고 생각된다. 집단 생활을 하는 어린아이들은 어느 정도의 질서와 일과가 주어지지 않으면 행복할 수가 없다. 저희들끼리 즐기도록 내버려두면 이내 싫증을 내고 약한 아이를 괴롭히거나 파괴적인 쪽으로 관심을 가지게 된다. 아이들에게 자유 시간을 줄 때는 반드시 어른이 같이하면서 좋아할 만한 게임이나 오락을 제시해 주고, 어린아이들에게는 기대하기 힘든 계기를 제공해 줄 필요가 있다.

 또 하나 잘못되었던 점은, 실제보다 더 많은 자유가 있는 척했다는 것이다. 보건과 청결 부분에서는 거의 자유가 없었다. 아이들은 씻고 양치하고 제때 잠자리에 들게 되어 있었다. 사실 그런 부분들까지 자유롭게 한다는 얘기는 우리 입으로 한 적도 없었으나, 어리석은 부모들과 특히 센세이션을 추구하는 기자들이, 우리가 모든 구속과 강제로부터 완전히 자유로운 교육을 주창한다고 말하거나 믿었다. 고학년 아이들에게 양치하라고 말하면 때로 빈정거리며 이렇게 투덜대곤 했다. "이게 무슨 자유 학교야!" 학부모들이 우리 학교에 기대하는 자유에 관해 이야기하는 것을 들은 사람들은, 아이들을 저지하지 않았을 때 어디까지 못된 짓을 할 수 있는지 한번 보자는 심리로 시험까지 해보곤 했다. 우리는 확실히 해로운 것들만 금하고 있었기 때문에 시험삼아 하는 그 같은 장난들로 인해 큰 어려움을 겪기 일쑤였다.

1929년에 나는 『결혼과 도덕』을 출간했다. 백일해를 앓고 회복되는 시기에 구술로 받아쓰게 하여 완성한 책이었다. (나는 나이 때문에 병에 대한 진단을 받지 않고 있다가 결국 학교 학생들까지 거의 다 감염시키고 말았다.) 훗날 1940년에 뉴욕에서 나를 공격하는 주요 물적 근거가 된 것이 바로 이 책이었다. 나는 그 책에서, 결혼 생활에서 완벽한 정절을 지킨다는 것은 대체로 기대하기 힘들기 때문에 남편과 아내는 피차 염문이 있더라도 서로 좋은 친구 사이를 유지할 수 있어야 한다는 견해를 펼쳤다. 그러나 아내가 남편이 아닌 다른 사람의 자식을 가지면 결혼 생활을 연장하는 데 유리하다고 주장한 바는 결코 없었다. 오히려 그럴 때는 이혼하는 것이 바람직하다고 생각했다. 지금은 결혼이라는 문제를 어떻게 생각하는지 나도 잘 모르겠다. 결혼에 대한 일반론들은 한결같이 감당하기 힘든 반대론에 부딪히는 것 같다. 다른 제도들이 초래하는 불행과 비교할 때, 어쩌면 이혼이 쉬울수록 불행도 줄어들지 모른다. 그러나 결혼 문제에 대해서는 이제 독단적으로 나갈 능력도 없다.

그 이듬해인 1930년, 나는 『행복의 정복』이란 책을 발간했다. 이것은 사회 및 경제 제도를 변혁시켜 어떤 것을 이룬다는 시각에서 벗어나, 한 개인이 기질 때문에 야기되는 불행을 어떻게 극복할 수 있는지에 대해 상식 선에서 충고하는 내용으로 되어 있었다. 이 책은 수준이 다른 세 부류의 독자들에게 각기 다르게 평가받았다. 애초에 소박한 독자들을 겨냥해 쓴 것이기도 했지만 어쨌거나 그들은 이 책을 좋아했고 그 결과 많은 책이 팔려나갔다. 그러나 지식인입네 하는 사람들은, 돈벌이를 위해 쓴 한심한 글, 정치가 아니어도 말하고 작업해 볼 만한 유익한 것들이 얼마든지 있다는 핑계를 굳히고자 쓴 도피주의자의 책으로 간주했다. 그러나 또 다른 부류의 독자들, 즉 정신과 전문가들은 이 책을 극찬했다. 어떤 평가가 옳은지는 나도 모르겠지만 한 가지 분명한 것은 이 책을 쓸 당시 내가 많은 자제력을 필요로 하는 상황에 있었고, 어느 정도나마 행복을 유지하려면 어떻게 해야 하는지를 뼈아픈 경험을 통해 많이 배운 상태였다는 점이다.

그로부터 몇 년 동안 나는 상당히 불행했기 때문에 지금 희미한 기억을 가지고 말하기보다 그 당시에 쓰여진 글들을 보면 나의 기분을 좀더 정확하게 알 수 있다.

당시 나는 허스트William Randolph Hearst(미국의 신문 및 잡지 발행자) 프레스에 일주일에 한 편씩 글을 쓰고 있었다. 1931년의 성탄절은 미국에서 순회 강연을 하고 돌아오다가 대서양에서 맞게 되었다. 나는 '바다에서 맞는 성탄절'이란 제목으로 그 주의 글을 써보기로 했는데 다음과 같은 내용이었다.

바다에서 맞는 성탄절

내 생애 두 번째로 대서양에서 성탄절을 보내고 있다. 첫 번째는 35년 전이었는데, 내가 기억하는 그때의 심경과 지금의 심경을 비교해 보면 사람이 늙어간다는 것이 어떤 것인지에 대해 많은 것을 깨닫게 된다.

35년 전 그때 나는 갓 결혼한 몸이어서 아이도 없었고 매우 행복했으며 성공의 기쁨을 맛보기 시작한 상황이었다. 내게는 가족이 자유를 구속하는 일종의 외부적인 힘으로 보였고 세계란 것도 개인적 모험의 세계로만 생각되었다. 나는 전통이나 웃어른들, 기타 나의 취향에서 벗어나는 것들에 아랑곳하지 않고 나만의 사상을 생각하고, 나만의 친구들을 찾고, 나만의 보금자리를 정하고 싶었다. 버팀목의 도움 없이 혼자 설 수 있는 힘이 있다고 생각했다.

그때는 몰랐지만 지금 와 생각해 보면, 활력이 남아도는 덕에 그러한 태도가 가능했던 것 같다. 바다에서의 성탄절도 아주 재미있게 느껴졌고, 고급 선원들이 축제 분위기를 살려보려고 애쓰는 것도 좋았다. 배가 엄청나게 흔들렸는데, 그럴 때마다 한 번씩 각 전용실 침대 밑에 넣어둔 트렁크들이 천둥 같은 소리와 함께 이쪽 저쪽으로 미끄러지곤 했다. 그 소리가 커질수록 내 웃음소리도 커졌다. 그때는 모든 게 다 재미있었다.

시간이 사람을 원숙하게 만든다고들 말한다. 나는 그 말을 믿지 않는다. 시간은 사람을 겁쟁이로 만들고, 두려움은 사람을 타협하게 만든다. 타협적으로 변했기 때문에 남들 눈에 원숙해 보이려고 애를 쓰는 것이다. 두려움이 생기면 애정이 필요해지기 마련이다. 차가운 세상의 한기를 몰아내줄 인간의 온기 말이다. 내가 말하는 것은 단순히 개인적인 혹은 주로 개인적인 두려움, 다시 말해 죽음이나 노쇠, 궁핍, 기타 세속적인 갖가지 불행에 대한 두려움이 아니다. 나는 좀더 형이상학적인 두려움을 얘기하고 있다. 인생에 나타나기 마련인 주요 해악들—이를테면 친구의 배신, 사랑하는 사람의 죽음, 보통 사람의 본성에 숨어 있는 잔인성의 발견—을 경험하는 과정에서 사람의 정신 속에 스며드는 두려움을 말하고 있는 것이다.

맨 처음 대서양에서 성탄절을 맞은 후로 35년의 기간 동안 나는 이 같은 주요 해악들을 경험하면서 인생에 대한 무의식적인 태도마저 바뀌었음을 깨닫는다. 도덕적으로 노력한다면 지금도 홀로 설 수는 있겠지만 이제 모험가의 기분으로 즐기지는 못할 것이다. 나는 자식들이 함께 있어 주기를 바라고, 가족이라는 난로의 온기를 원하며, 위대한 나라의 역사가 계속되기를, 그리고 그 나라의 한 일원이 되기를 원한다. 이런 것들은 사실 중년에 접어든 사람들이 성탄절을 맞아 흔히 느끼는 너무나 평범한 인간적 기쁨이다. 그 점에서는 철학자도 다른 사람들과 다를 게 없을 뿐 아니라, 오히려 그 기쁨들이 평범하기 때문에 우울한 고독감을 좀더 효과적으로 완화시켜 줄 수 있는 것이다.

그리하여 한때는 즐거운 모험이었던 바다의 성탄절이 지금은 고통스러운 것이 되어버렸다. 마치 자신이 속한 무리의 판단보다 자신의 판단을 더 믿고 홀로 서기를 결심한 사람의 외로움을 상징하는 것만 같다. 이런 상황에서 우울한 기분이 되는 것은 불가피하며 피할 이유도 없을 것이다.

그러나 다른 측면에서도 할 말은 있다. 감미로운 즐거움이 모두 그러하듯 가정에서 오는 기쁨들도 의지를 약화시키고 용기를 훼손할 수 있다. 전통에 따라 성탄절을 가정에서 따뜻하게 보내는 것도 좋겠지만, 남풍도 좋고, 바다에서 떠오르는 해도 좋고, 수평선의 자유도 좋다. 이런 것들의 아름다움은 인간의 어리석음과 사악함에 의해 훼손되지 않으니 중년의 휘청대는 이상주의에 언제나 힘을 불어넣는다.

1931년 12월 25일

불행의 깊은 원인을 무시하려 애쓰다 보면 자연히 그렇게 되듯, 나는 우울함의 객관적 이유들을 발견하게 되었다. 20세기 초반 몇 해 동안 나는 개인적인 고통으로 가득 차 있었다. 그러나 그때는 어느 정도 플라톤적인 철학을 갖고 있었으므로 인간 세계 바깥에 존재하는 우주의 아름다움을 볼 수가 있었다. 인간 세상에서 아무런 위안도 받을 수 없을 때 수학과 별들이 나를 위로해 주었다. 그러나 나의 철학에 변화가 생기면서 그 같은 위로마저 빼앗겨버렸다. 특히 에딩턴의 해석과 같은 물리학 해석들을 공부한 후로는 자기 중심주의가 나를 압박했다. 우리가 자연의 법칙이라고 생각해 온 것들이 한낱 언어의 약조에 불과하고 물리학이 실제로 외부 세계와는 아무 관계가 없는 듯 느껴졌다. 내가 철저히 그렇게 믿었다는 얘기가 아니라, 그런 생각이 점차 나의 상상력을 침범하여 악몽처럼 나를 따라다니게 되었다는 뜻이다. 안개가 잔뜩 낀 어느 날 밤, 다른 사람들은 모두 잠들고 홀로 텔레그래프 하우스의 탑에 앉아 있을 때 나는 비관적인 명상 속에서 이 같은 기분을 다음과 같이 표현했다.

현대 물리학

한밤중에 탑에 홀로 앉아 낮에 보았던 숲과 들판, 바다와 하늘을 떠올려본다. 지금 이렇게 동서남북 사방으로 난 창을 하나씩 내다보자니 안개 속에 괴물같이 뿌연 형체로 희미하게 비쳤다 흐려졌다 하는 내 모습만 보인다. 무슨 상관이랴? 잠에서 깨어나면 내일의 태양이 외부 세계의 그 아름다움을 되돌려줄 텐데.

그러나 내게 내려앉은 정신적 밤은 그렇게 짧지도 않고 자고 나면 깬다는 보장도 없다. 지난날에는 별들의 광채와 지질학적 시대의 장엄한 행렬 사이에 끼인 인간 삶의 잔인함과 야비함과 시시한 성마른 열정이, 마치 억지로 해결한 불협 화음처럼, 보잘것없는 것으로 보였다. 만일 우주가 만물의 죽음 속에 종말을 고한다면? 그래도 우주는 여전히 평온하고 장엄했다. 그러나 지금은 그 모든 것이 움츠러들어, 나는 영혼의 창으로 아무것도 없는 어둠을 내다보고 있고 그 창에 비쳐진 내 모습밖에 남지 않았다. 성운의 순환, 별들의 탄생과 죽음은, 나 자신 혹은 나보다 크게 나을 바 없는 사람들이 감각을 연결하는 하찮은 작업에서 편리를 위해 만들어낸 허구들에 불과하다. 우리 시대의 물리학이란 유령이 우리를 가둬놓고 있는 지하 감옥처럼 지독하게 깜깜하고 비좁은 감옥은 세워진 바 없었다. 다른 감옥의 죄수들은 담장 밖에 자유 세계가 있다는 것을 누구나 알고 있었지만 지금 우리의 감옥은 그 자체가 우주 전체로 되어버렸기 때문이다. 바깥에는 암흑이 있고 내가 죽으면 안도 암흑이 될 것이다. 광채나 광대함은 어디에도 없다. 다만 한순간 보잘것없는 것이 나타났다가 다시 무로 돌아갈 뿐이다.

이런 세상에 왜 사는가? 왜 죽기까지 하는가?

1931년 5월과 6월 나는, 인도 왕족의 비서로 일하다 당시에는 나의 비서로 일했던 펙 애덤스Peg Adams에게 구술하여 짤막한 자서전을 집필했다. 지금 이 책의 1921년 이전 부분은 그것을 토대로 한 것이다. 그 책은 에필로그로 끝맺었는데 읽어보면 알겠지만, 나는 거기에서 개인적인 불행은 인정하지 않고 정치적, 형이상학적 환멸감만 시인했다. 여기에 그 글을 삽입하는 것은, 그것이 지금 나의 심경을 표현하고 있어서가 아니라, 변화하는 세계와 너무나 소박한 철학에 나 자신을 적응시키는 과정에서 겪었던 지대한 어려움을 잘 보여주고 있기 때문이다.

에필로그

중국에서 돌아온 후로 나는 개인적으로 행복하고 평화로운 생활을 했다. 아이들에게서 적어도 기대했던 만큼의 본능적 만족감을 얻었으며, 주로 아이들을 고려하여 내 생활을 조절했다. 그러나 개인적인 생활은 만족스러웠던 반면 비개인적인 부분에 대한 나의 전망은 점차 어두워졌으며, 지난날 내가 품었던 희망들이 적당한 미래에 실현되리라고 믿기는 더욱더 힘들어졌다. 나는 내 아이들의 교육과 그들을 위한 돈벌이에 몰두함으로써, 나에게 내려앉으려 하는 비개인적인 절망들을 생각에서 몰아내려고 애썼다. 나는 사춘기 이후로 선의kindness와 명쾌한 사고라는 두 가지의 가치를 믿었다. 처음에는 그 두 가지가 다소 별개로 유지되었다. 다시 말해, 의기양양할 때는 주로 명쾌한 사고를 믿었고 반대의 기분일 때는 주로 선의를 믿었다. 그런데 점차 그 두 가지가 내 감정 속에서 하나로 합쳐졌다. 명쾌하지 못한 생각은 잔인함을 위한 구실로 존재하고, 잔인함은 미신적인 믿음들의 부추김을 받는다는 것을 알았다. 제1차 세계대전은 내게 인간 본성에 깃들인 잔인성을 생생하게 깨닫게 해주었으나, 나는 전쟁이 끝나면 반작용이 있으리라 기대했다. 세상에 선의를, 특히 아이들과 관련해 선의를 증대시키고자 하는 목적에서 볼 때, 러시아는 내게 기존의 정부를 전복시키는 반란에서 기대할 수 있는 것은 거의 없다고 생각하게끔 만들었다. 인습적인 교육 방식이 아이들에게 가하는 잔혹 행위는 소름이 끼칠 정도이며, 좀더 선의의 제도를 제안하는 사람들에게서 보이는 증오에 놀라지 않을 수 없었다.

나는 조국을 사랑하는 사람으로서, 영국의 몰락을 지켜보며 우울해지지 않을 수 없다. 아직까지는 부분적인 현상이지만 머지않아 훨씬 더 총체적인 몰락으로 이어질 가능성이 높다. 지난 400년의 영국 역사가 내 피에 담겨 있으니, 지난날 귀중하게 여겨왔던 공공 정신의 전통을 내 아들에게 물려주고 싶은 마음은 당연한 것이다. 그러나 내가 예견하는 세계에는 그러한 전통이 설 자리가 없을 것이며, 내 아들이 목숨을 부지하는 것만도 행운일 것이다. 파멸이 임박했다고 생각하면 영국을 무대로 벌어지는 모든 행위들이 다 부질없게 느껴진다.

문명이 살아남는다고 가정하고 세계의 대략적인 앞날을 점쳐볼 때 미국이나 러시아 중 하나가 패권을 잡게 될 것이며, 둘 중 어떤 체제가 되든 잘 짜여진 조직이 개인을 국가에 완전히 종속시켜, 뛰어난 개인들은 더 이상 출현할 수 없을 것이다.

그렇다면 철학은 어떻게 될까? 나는 어디서 좀 확실한 지식을 찾아낼 수 있을까 하는 기대로 내 인생의 황금기를 『수학 원리』에 바쳤다. 그리하여 세 권이나 되는 방대한 책을 만들어냈음에도 불구하고 내면의 의심과 당혹감 속에 그 모든 노력이 종결되고 말았다. 형이상학에 대해 말하자면, 처음에 무어의 영향을 받아 독일 관념주의에 대한 믿음을 떨쳐냈을 때 나는 감각의 세계가 실재함을 믿을 수 있게 된 것이 너무나 기뻤다. 그러나 그 기쁨은 주로 물리학의 영향하에 조금씩 조금씩 사라져버렸고, 나는 버클리Berkeley(1685~1753년, 영국의 경험주의 철학자, 과학자, 성공회 주교)와 다를 바 없는 입장으로 내몰리고 말았다. 물론 그가 믿었던 신과 영국 국교도로서의 자기 만족은 제외하고 말이다.

나의 생을 돌아보면 불가능한 이상들에 매달린 무용한 인생인 것처럼 느껴진다. 전후戰後의 세계에서는 내가 실현 불가능하다고 생각하게 된 이상들을 대신할 만한 실현 가능한 어떤 이상도 찾아볼 수 없었다. 내가 소중하게 여기는 것들에 관한 한 세계는 암흑의 시대로 접어들고 있는 것 같다. 로마가 무너졌을 때, 그 시대의 볼셰비크라 할 수 있는 성 아우구스티누스Augustinus(354~430년, 초기 기독교 교회의 지도자)는 새로운 희망으로 스스로를 위로할 수 있었다. 그러나 우리 시대를 바라보는 나의 전망은 그와 닮았다기보다 차라리 동로마 제국의 유스티니아누스Justinianus 황제 시절의 그 불운했던 이교도 철학자들에 가깝다고 할 수 있다. 기번Gibbon(1737~94년, 영국의 역사가)의 설명에 따르면, 그들은 페르시아에서 피신처를 구하려 했으나 그곳에서 목격한 것에 크게 염증을 느끼고, 기독교라는 편협한 신앙이 철학의 설파를 금하고 있는데도 아테네로 되돌아갔다고 한다. 그러나 그들에게는 끝까지 확고하게 지킨 지적 믿음이라도 있었으니 어떤 면에서는 나보다 운이 좋았다고 볼 수 있다. 그들은 플라톤의 위대함을 전혀 의심하지 않았다. 하지만 나로 말하자면, 대다수 현대의 사상에서 위대한 사상 체계—심지어 최근의 체계까지—를 좀먹는 요소를 발견하게 되기 때문에, 현대의 철학자들과 과학자들이 건설적인 노력을 하고 있다고는 하지만 그들의 파괴적인 비판에 따라붙는 타당성에 근접하는 것이 있다고는 결코 보지 않는다.

나는 습관의 힘에 밀려 계속 움직이고 다른 사람들과 어울리면서 내 일상의 일과 즐거움 밑에 깔린 절망을 잊는다. 그러나 하릴없이 혼자 있는 시간이면, 내 인생에는 목적이 없었으며 남은 여생을 바칠 새로운 목적도 찾아내지 못했다는 사실을 스스로에게 숨길 수가 없다. 나는 지금 감정적으로나 철학적으로나 출구를 찾을 길 없는 막막한 고독의 안개 속에 휘말려 있음을 느낀다(1931년 6월 11일).

⟨조지프 콘래드의 편지⟩

친애하는 러셀

우리가 며칠 집을 비웠을 때 당신의 책(『중국의 문제』)이 도착했소. 수령 여부를 당장 알려주는 것이 '적절한 관습'인 모양이오. 하지만 나는 거기 답하기 전에 먼저 책을 읽어보기로 했소. 재수없게도 나한테 아주 불유쾌한 일이 생겨서 2주나 생각할 힘을 모조리 앗아가버렸소. 걱정스럽고 당혹한 마음이 모두 사라지기까지, 책을 펼칠 엄두도 못 내다가 마침내 날씨 청명한 이틀을 잡아 읽어보았소.

나는 늘 중국인들이 좋았소. 찬타분의 한 민가 마당에서 날(그 밖의 다른 몇 사람까지) 죽이려 했던 사람들이나, 방콕에서 밤중에 내 돈을 몽땅 털어가면서도 아침에 입도록 내 옷을 말끔히 손질해 개어놓고 시암의 어둠 속으로 사라진 작자까지도 말이오. 물론 여러 중국인들에게서 많은 도움을 받기도 했소. 하나 더 덧붙이자면, 어느 날 저녁 호텔 베란다에서 황제의 대신과 얘기하다 '이방의 중국인들'이란 시를 마지못해 공부해야 했던 것까지—내가 중국인들에 대해 아는 것은 이것이 전부라오. 그러나 중국인들의 문제에 대한 흥미롭기 그지없는 당신의 견해를 읽고 나니, 그 나라의 장래가 심히 걱정스럽소.

당신의 추론들에서 진실을 보지 못하는 사람은 본인이 보려 하지 않기 때문일 뿐이오. 당신이 지적한 것들이 오싹하니 정신을 파고드는데, 특히 미국적 요소의 침투를 다룬 대목이 그러하오. 만일 그렇게 된다면 중국은 물론 다른 모든 나라에도 참으로 무서운 운명이 될 것이오. 내가 당신의 책에서 더욱 두려움을 느끼는 이유는, 당신이 인정하는 한 가닥 유일한 희망이 국제 사회주의의 출현이라는 점 때문이오. 나는 그런 것에 어떤 뚜렷한 의미도 부여할 수 없소. 나는 인간이 살고 있는 이 세계를 지배하는 것은 운명이라고 보며, 어느 책에서도 누구의 말에서도 나의 이 뿌리 깊은 운명론에 한순간이라도 맞설 만큼 설득력 있는 견해를 발견할 수 없었소. 사회주의란 것도 결국 제도에 불과하오, 크게 심오하지도 않고 아주 그럴듯하지도 않은 제도. 완전히 몽상이라고 보더라도 대단히 높은 차원도 아니어서, 마치 굶주린 사람이 삼각모 쓴 수많은 관리들이 지키고 선 가운데 호화로운 성찬을 받는 꿈과 기묘하게 닮은 모습을 하고 있소. 그러나 내가 제도란 것을 믿으리라고는 당신도 물론 기대하지 않을 것이오. 중국인은 물론 우리 모든 세상 사람들에게 유일한 구제책은 마음을 바꾸는 것이오. 그러나 인간이 하늘을 날 수 있게 되었다고 하지만 지난 2천 년의 역사를 돌이켜보면 그 같은 변화를 기대하기는 힘든 실정이오. 하늘을 날게 된 것은 물론 대단한 '향상'이지만 결국 큰 변화는 없었소. 인간은 독수리처럼 나는 것이 아니라 딱정벌레처럼 날지. 딱정벌레의 나는 꼴이 그 얼마나 추하고 우스꽝스럽고 미련해 보이는지는 당신도 잘 알 거요.

중국인의 기질을 다룬 장은 당신에게나 기대할 수 있는 놀라운 위업이오. 얘기가 완결된 건지 아닌지는 모르겠으나 가벼운 터치로 깊은 통찰을 보여주고 있으니 내가 볼 땐 지금 상태로도 흠잡을 데가 없소. 나는 그 장에서 하는 얘기를 어렵잖게 받아들일 수 있소. 나 역시 중국인을 야만성과 상냥함이 함께 하고, 무자비한 잔학 행위와 동정심이 공존하고, 부패가 극치를 이루는 기저에 청렴함이 깔려 있는 사람들로 보기 때문이오. 그리고 이 마지막 사항과 관련해 당신에게 생각해 볼 기회를 주자는 뜻에서, 나는 우리가 그 같은 기질의 특성을 지나치게 중시하지는 말아야 한다고 제안하고 싶소. 그것을 기질의 특성만으로 볼 수는 없기 때문이오! 정도는 달라도 인류의 다른 종족들도 그보다 나을 바 없소. 내가 볼 때 중국의 부패는 제도적인 성격을 띠고 있소. 다시 말해 봉급을 지급하는 방법에 관한 것일 뿐이오. 물론 그것은 대단히 위험스러웠소. 황제가 청렴강직을 권고하는 칙령까지 내렸으나 정부 관리들에겐 통하지 않았소. 그러나 중국인들은 본질적으로 칙령을 좋아하는 사람들이어서, 그 측면을 제외한 다른 부분들에서는 철저하게 정직한 것이 또 하나의 특징이라고 할 수 있을 것이오.

당신이 제시한 것 중에 또 하나 나를 경악하게 만드는 것이 있소. 나는 그 부분을 읽으면서 중국인들에 대해 동정심이 끓어올랐는데 중국이 미국화될 것이라는 전망을 접할 때보다 더 측은한 마음이 들었소. 당신은 엄선된 사람들로 구성된 협의회가 강력한 규율 집단을 이루어 이런저런 결정들을 내리게 해야 한다고 제안했소(책 244쪽). 그러나 적어도 국민이 이해할 수 있도록 백일하에 선포한 헌법을 믿을 수 없게 된다면, 독단적이고 어쩌면 비밀스러울 수도 있는 협의체(상황을 고려할 때 필경 협의회가 법 위에 군림하게 될 것이오)가 개인이나 기관을 대상으로 권고하거나 책망한다 한들 누가 그 단체를 신임하겠소? 당신이 공식의 노예나 망상의 희생자일 거라곤 생각되지 않는 바, 반대하고 나서기도 매우 조심스럽지만 그 같은 구상은 분명 '강제력 동원'에 다름아니며, 출발 방식부터 그러하기 때문에 자만심에 부푼 가장 위험한 성격의 단체가 되지 않을 수 없을 것이오. 그런 유의 협의체가 온갖 도덕적, 정신적, 정치적 독자성 면에서 가장 큰 위험물로 전락하지 않으리라 보기에는 '이 세상에' 존재하는 정직과 미덕과 이타심이 너무나 불충분하오. 결국 그것은 가장 저급한 유의 고발과 음모와 시기의 중심이 될 것이오. 그러한 협의체가 지배하고 그 권력의 앞잡이들이 필연적으로 타락하는 상황에서는, 사상의 자유나 마음의 평온, 천재성, 미덕, 개성이 비굴한 다수를 누르고 고개를 쳐들고자 애써본들 결코 안전하지 못할 것이오. 내가 이렇게 말하는 이유는 당신이 분명 권력이 부여되고 그 권력을 행사할 사람들로 구성된 협의체를 염두에 두고 있다고 볼 수밖에 없기 때문이오. 만일 그런 의미가 아니라면, 그것은 하나의 바늘 끝에 1만 명이 앉을 수 있을 만큼 무한히 착하기만 한 천사들로 구성된 단체만큼이나 실속 없는 단체가 될 테니 말이오. 그러나 설사 천사들로 구성되었다 해도 나는 그런 단체를 믿지는 않을 것이오⋯⋯. 또 있소! 사랑하는 친구여 (이건 구세군식 호칭이오), 나는 설사 버트런드 러셀 본인이 나서서 40일간 명상하고 금식한 후에 그 구성원들을 선발한다 하더라도 그런 집단을 믿지는 않을 것이오. 이렇게 후련하게 말하고 평소의 침착한 내 모습으로 돌아가는 것이 나을 것 같소. 사실 나는 중국을 구제한다는 명목으로 나온 그런 방편이 너무나 혐오스럽고 믿음이 안 가는데, 이런 심정을 표현할 방법이 달리 떠오르지 않았거든.

오늘 아침 《타임스》에(이 편지는 어제부터 쓰기 시작한 거요) 당신의 『중국의 문제』에 관한 사설이 실렸으니, 나의 야만적인 공격에 직면한 당신에게 그것이 위로와 격려가 되기를 빌겠소. 솔직히 나는 치명적인 공격이 되기를 바랬소. 그러나 내 나이와 질환을 고려할 때 당신이 여기까지 날아오거나 경찰에 보호를 요청할 필요까지는 없다는 것을 잘 아오. 내가 심한 기침 때문에 몸이 힘을 못 쓰고, 진취적인 기상마저 까닭 모를 우울증에 회복 불가능할 정도로 길들여 있다는 소식을 들으면 당신은 물론 반가우시겠지. 이렇게 불경한 자들은 병에 걸려 쓰러지고, '이해의 도를 넘어선' 기사단의 행적들이 내 급소를 찔렀소!⋯⋯ 하지만 내 우울증을 가지고 명상할 생각은 마시오. 나는 그런 후한 대접을 하진 않을 것이오. 그게 바로 미쳐버리는 길이니까.

당신의 편지가 방금 막 도착했소. (온순한 점에서는 진정한 기독교인이라니까.) 죄인들을 용서하는 넓은 아량이 존경스럽고, 당신의 우정에서 나오는 광채가 나를 따뜻하게 해주는구려. 그러나 신문에서 하는 말들을 경신輕信하는 데는 반대하오. 리허설에 참석하려면 시내에서 묵어야 한다는 사실을 나는 몰랐소. 그렇게 정해 놓은 인간이 대관절 누구요? 사실 나는 지난 수요일에 꼬박 네 시간 하고도 20분을 투자해 올라갔소. 게다가 이번 주에도 하루 시간을 내어 극장에 한 번 더 가야 할 형편이오. (이 모든 게 다 한 편의 개꿈 같소.)

그 아이를 간절히 보고 싶어하는 대부의 마음을 의심하진 못할 것이오. 그 아이가 세상에 나와준 덕에 우리가 이렇게 가까운 사이가 되었으니까. 하지만 나는 시내에서 자는 것을 피하고 있소. 사실 겁이 나오. 절대로 농담이 아니오. 내가 지붕 위에서 고함을 치곤 한다는 얘기도 사실이 아니오. 서글픈 진실이지만 당신한테 솔직히 털어놓는 거요. 그러나 상황이 언제까지나 이러하진 않을 것이니 조만간 서로 날을 잡아 당신 집에 특별 나들이를 가겠소. 그때까지 아이한테 내 사랑이나 전해 주오. 특별하고도 유일한 사랑이라고. 예의상으로도 그렇고 내 본마음도 그러하니 부디 부인한테 나의 경의를 표해 주시오. 진심으로 애정을 전하노라고. 그리고 감히 제 이름을 서명하는 이 보잘것없고 무가치한 사람한테 부디 계속해서 용서하는 마음을 키워나가시오.

켄트, 비숍스번, 오즈월즈
1922년 10월 23일

〈필폿Wm. F. Philpott의 편지〉

친애하는 선생

지난번에 내게 정독해 보라고 보내준 보고서들을 동봉해서 되돌려주겠소.

어느 신문에 이런 구절이 있습디다. "생각 있는 사람들이 왜 노동당에 표를 던지는가."

생각 있는 사람들은 절대로 노동당에 표를 주지 않소. 한치 앞도 못

보는 사람들이나 그렇게 하지.

당신 사진을 보면 요람에서 벗어난 지 그리 오래된 것 같지 않으니, 집에 가서 젖이나 더 빠는 게 현명할 것이오. 첼시의 유권자들은 자신들을 대표해 줄 경험자를 원하오. 내 충고를 받아들여 정치판을 떠나 좀더 원숙한 사람들한테 가시오. 1870년의 프로이센-프랑스 전쟁이나 1876~7년의 러시아-투르크 전쟁이 기억나지 않는다면 정치인이 되기엔 아직 덜 늙었다는 뜻이오.

나는 그 두 전쟁은 물론, 자도바(체코슬로바키아 서부, 보헤미아 지방의 마을로, 1866년에 프로이센군이 오스트리아군을 격파한 곳. 보통은 쾨니히그레츠 전투라고 함) 전투가 벌어졌던 1866년의 (프로이센-오스트리아) 전쟁까지도 기억하고 있소.

그때만 해도 영국에는 국민을 대표해 줄 경험자들이 있었소.

에드워드 다비 경(백작 14세)이나 디즈레일리 같은 사람들이 다시 우리를 이끌어주면 좋으련만, 그런 인물들을 못 보게 되지 않을까 싶소.

런던, 첼시
1922년 11월 14일

〈1922년 11월 15일, 의원 총선 연설 — 첼시의 유권자들에게〉
존경하는 신사 숙녀 여러분

저는 노동당 첼시 지부 집행 위원회의 부름을 받고 곧 있을 총선에서 노동당 후보로 여러분들 앞에 서게 되었습니다. 저는 여러 해 동안 독립 노동당 당원으로 있었으며 지난 10월 26일에 발표한 노동당 강령을 전폭적으로 지지하는 바입니다.

휴전 협정 이후로 줄곧 권력을 잡아온 현 정부는 유럽을 정상화시키는 데 있어 지난 4년 동안 아무것도 한 게 없습니다. 고객이 몰락했기 때문에 우리의 무역도 어려움을 겪고 있습니다. 우리나라가 지난 2년간 역사상 유례가 없는 실업과 빈곤을 겪게 된 주요 원인도 바로 거기에 있습니다. 우리가 적정 수준의 번영을 회복하고자 할 때 일차적으로 필요한 것은 현명하고 확고한 외교 정책입니다. 동부 및 중부 유럽을 부흥시킬 수 있는 정책, 하마터면 우리를 터키인들과 전쟁으로 몰아넣을 뻔한 무식하고 분별 없는 그런 모험들을 피해 갈 수 있는 정책이 필요한 것입니다. 노동당은 분별 있고 합리적인 외교 정책을 갖춘 유일한 정당이며, 지금까지 겪어온 것보다 훨씬 끔찍한 재난들에서 우리 영국을 구해 낼 수 있는 유일한 정당입니다. 새 정부라고 하는 현 정부는, 지지자들 본인의 말을 들어보더라도, 정책적으로 구 정부와 다를 바가 없습니다. 연립 내각의 무능함이 만천하에 알려지자 그 지지자들 대다수가 자신들은 전혀 별개의 회사인 양 행세하며 유권자들의 분노를 피해 보려 하고 있습니다. 구태의연한 발상이지요. 오늘날의 이 시점에서도 성공하리라 보기엔 너무 낡은 수법인 것입니다. 새로운 정책의 필요성을 아는 사람들은 새로운 사람들을 지지해야 합니다. 똑같은 인물이 상표만 새로 바꾼 채 나오는, 그런 자들을 뽑아서는 안 되는 것입니다.

과감한 경제 정책이 요구되는 시점이긴 하지만 우리 사회에서 가장 운 없는 사람들을 희생시켜서는 안 되며, 특히 나라의 장래가 달려 있는 교육과 아동 관리 분야를 희생시켜서는 더더욱 안 됩니다. 지난날 우리가 이라크나 차나크[현재 터키의 차나칼레] 같은 지역에 뿌려온 돈은 완전히 헛된 낭비였습니다. 바로 이런 쪽에서 지출을 줄일 방법을 찾아야 하는 것입니다.

저는 자본 과세의 강력한 지지자이며, 광산 및 철도 산업에 종사하는 근로자들에게 대폭적인 관리권을 부여하여 그 두 산업을 국유화하자는 주장도 적극 지지하는 사람입니다. 적당한 시기가 되면 다른 산업들에서도 유사한 조치가 채택되었으면 하는 것이 저의 바람입니다.

주택 문제는 한시바삐 처리되어야 할 사안입니다. 지가 과세를 시행하여 상황을 완화시키는 조치를 취하면, 지주들이 가격이 오르기만 기다리면서 공지空地를 계속 붙잡고 있는 현상을 막을 수 있을 것입니다. 공공 조직들이 건축 길드에 일을 맡겨, 자본가들이 취해 온 이윤을 뿌리 뽑을 수 있게 되면 많은 문제들이 해결될 것입니다. 이런 방법들이나 기타 가능한 방법을 모두 동원하여 주택을 제공함으로써 긴급 수요에 부응해야 할 것입니다.

실업 문제는, 유럽 대륙의 상황을 다시 정상화시켜 우리의 무역을 증대시키는 방법으로 해결할 수밖에 없습니다. 그러나 그 동안이라도, 아무 잘못 없이 일자리에서 쫓겨난 사람들이 궁핍을 겪어야 하는 것은 부당한 일입니다. 따라서 저는 실업자들에게 혜택을 주는 정책이 당분간 지속되어야 한다고 생각합니다.

저는 남성과 여성 간에 법률상의 모든 불평등을 제거하자는 입장입니다. 특히 남자든 여자든 모든 성인 시민들에게 투표권을 부여할 것을 주장하는 바입니다.

휴전 협정 이후로 여러 가지 처리가 잘못된 결과 우리나라와 세계는 크나큰 위험에 직면해 있습니다. 노동당은 이 같은 위험들을 명쾌하고 분별력 있게 다룰 정책을 보유하고 있습니다. 저는 폭력 혁명론자들의 모든 제안에 강력히 반대할 뿐 아니라, 오직 합헌적 방법에 의해서만 더 나은 상황을 불러올 수 있다고 봅니다. 그러나 진흙탕 같은 복수전으로 유럽이 몰락의 위기에 몰려 있는 상황에서도 그 짓을 계속하자고 주장하는 정당들에게선 아무런 발전의 희망도 찾아볼 수 없습니다. 크게는 세계를 위해, 또 우리나라를 위해, 우리나라의 모든 남녀들과 아동들을 위해, 노동당이 반드시 승리해야 합니다. 이상과 같은 견지에서 저는 여러분들의 표를 호소하는 바입니다.

버트런드 러셀

⟨G. 버나드 쇼의 편지⟩

친애하는 러셀

그 문제가 내 손에 달려 있었다면 흔쾌히 좋다고 했을 것이오. 그러나 당신도 짐작하듯 날 부르는 데가 너무 많은 관계로, 관련된 부분에서만 페이비언 협회를 통해 활동하고, 나의 행로 문제는 노동당에 일임할 수밖에 없는 입장이오. 그러니 당신도 S.W.1, 웨스트민스터, 토틸가 25번지에 있는 페이비언 협회로 당장 요청서를 보내 나의 연설을 요청하는 것이 좋겠소.

그러나 내가 연설할 때 홀이 청중으로 꽉 차고 집회가 아주 성공한 듯 보인다 하더라도, 내 꽁무니를 따라다니며 박수를 보내던 사람들이 정작 투표일이 되면 적게 표를 던지거나 아예 투표를 하지 않을 가능성이 높다는 점을 미리 알고 계셨으면 좋겠소. 지난 선거 때만 해도 열세 곳에 달하는 화려한 집회에서 연설했지만 내가 밀어준 후보 중에 단 한 사람도 당선되지 못했소.

추신; 보시다시피 이 편지는 내가 상황을 설명하기 위해 보내는 회람장이오. 내가 2일, 3일, 10일에 확실하게 예약되어 있다는 것 외에는 아직 아무것도 결정되지 않았소.

진보적인 인사에게는 기회조차 주어지지 않는 첼시에서 공연히 돈을 낭비하지 말라고 촉구해 본들 이미 때가 너무 늦었을 줄 아오. 딜크Dilke 시절만 해도 그 지역은 급진적이었소. 그러나 커더건Cadogan 경이 그곳을 현대식으로 재건하고 급진주의자들을 모조리 다리 건너 배터시로 몰아내버렸소. 당신한테 비교적 당선 가능성이 높은 지역구를 찾아주지 못했다고 생각하면 울화가 치미오. 노동당 후보들이 1인당 최소 5파운드를 바라고 나를 찾아온다면 400여 명은 너끈히 지원해 줄 수 있는 형편이지만, 내 돈은 동전 한 푼도 선거에 쓰지 않을 생각이오.

런던, 아델피 테라스 10번지
1922년

⟨장니코와 주고받은 편지들⟩

친애하는 러셀 선생님

기꺼이 달려가겠습니다. 선생님을 뵙게 되어 우리 둘 다 너무나 기쁩니다. 우리를 불러주시니 얼마나 고마운지 모르겠어요!

제가 요즘 좋은 일을 전혀 못하고 있어 다소 부끄러웠기 때문에 선생님께도 편지를 올리지 못했습니다.

선생님의 『전시의 정의』가 《라 포르즈La Forge》지에 슬슬 등장하고 있으며 나중에 책 형태로 출간될 예정입니다. 제가 좀더 잘했어야 하는데, 하는 생각이 듭니다.

저는 아무 글도 못 쓰고 물리학에 대해 조금 공부했을 뿐입니다. 엄청난 시간을 들여 외부 세계에 관해 생각해 보았으나 확실한 결과물은 전혀 없답니다. 한편으로는 그것이 새로운 변신에 도움이 되기를 헛되이 바라지만.

어쨌거나 9월 초에 룰워스로 갈 테니 거기서 뵙게 되겠지요. 한동안 선생님과 지낼 생각에 우리는 한껏 들떠 있답니다.

프랑스, 1919년 6월 15일

친애하는 러셀 선생님

로맹 롤랑이 지금 파리에 있지 않아 만날 수 없었습니다. 그에게 편지하면서 선생님의 편지도 같이 보내겠습니다.

우리는 루마니아에 가지 않습니다. 저는 내일 카오르로 가고, 테레즈 Thérèse는 여기에 남을 겁니다. 현재로서는 18개월 후에 브라질로 갈 것 같습니다. 어디가 되든 이제는 아예 기대도 안 하게 되었지만 어쨌거나 지리 공부는 많이 하고 있는 셈이지요.

저는 외부 세계에 관한 논문을 쓰려고 확실하게 준비했습니다. 카오르에 가게 되면 작업할 시간이 거의 없을 것이니 성탄절쯤에나 일부 완성될 것입니다.

선생님께서 지금쯤 케임브리지에 돌아와 계셨으면 좋겠습니다.

선생님을 다시 뵙게 되어 우리 둘 다 얼마나 반가운지 모르겠습니다.

파리, 가장가 53번지
1919년 9월 28일

친애하는 러셀 선생님

물고기의 기하학geometry of the fish〔수리 생물학에 나오는 개념으로, 물고기의 움직임이나 비늘의 기하학적 추상 문양에서 수학적 구조를 찾아내려는 분야〕을 보내드립니다. 맘에 든다고 하셨잖아요. 《형이상학 잡지Revue du Métaphysique》에 실릴 예정이지만, 우리가 나눈 대화의 연장선상에서 지금 보내드리고 싶습니다. 한번 훑어봐주시면 좋겠지만 소감을 써보내려 애쓰지는 마세요. 대단히 바쁘시다는 것, 잘 알고 있으니까요.

중간에 들러주셔서 정말 감사했습니다. 선생님이 오실 거란 소식을 들었을 땐 마치 꿈이 이루어진 듯한 기분이었어요. 선생님과 함께한 오늘이 제게는 큰 기쁨이었습니다.

원고는 돌려주시지 않아도 됩니다.

카오르, 1920년 4월 20일

친애하는 러셀 선생님

일본 신문에 선생님이 사망했다고 기사가 난 것 아시는지요? 베이징 대학에 전보 쳐서 '회복 중'이라는 대답을 듣고도 우린 얼마나 걱정했는지 모릅니다. 이제 완전히 회복되셨길 빕니다.

저는 2월이나 3월에 돈을 좀 챙겨서 이 사무실을 뜰 생각입니다. 적어도 내년 10월까지는 아무것도 안 할 겁니다. 다시 뵙게 되기를 간절히 빕니다.

제네바, 1921년 9월 22일

친애하는 니코

자네의 질문서를 화이트헤드한테 보냈네. 내가 그의 이론을 잊어버리기도 했거니와 아주 철저하게 아는 것도 아니어서 말일세. 그에게서 답변이 오는 대로 알려주겠네. 자네의 책이 거의 되어간다니 반갑네. 완성되거든 꼭 보여주게. 내 사망 기사에 대해선 알고 있다네. 아주 불쾌했지. 영국과 미국의 신문들에도 실렸었네. 지금은 완전히 건강을 회복했지만 하마터면 고비를 못 넘기고 죽을 뻔했네. 폐렴이 원인이었지. 3주 동안 제정신이 아니었는데, 사막에서 흑인들이 노래부르는 장면, 연설할 생각으로 학계 단체에 나가 있는 장면 등 몇 가지 꿈을 꾼 것 외에는 그때 일이 전혀 기억에 없다네. 나중에 의사들이 이렇게 말하더군. "앓고 계실 때 정말 철학자처럼 행동하셨소. 정신을 좀 차렸다 싶으면 그때마다 농담을 하셨으니까." 내가 한 번도 불평하지 않았다는 것이 더 반가웠네.

나는 지금 도라와 결혼했지만, 우린 그 전보다 더 행복하다네. 자네 부부한테 우리의 사랑을 전하네. 자네가 제네바에서 돌아와 다시 만나게 되면 정말 반가울 걸세. 우린 런던에 있을 것이네.

L·E·T·T·E·R·S

영국 배터시
1921년 10월 2일

친애하는 니코

지난 8개월 동안 자네한테 편지해야지, 하면서도 어쩌다 보니 한 번도 쓰지 못했네. 케인스가 자네 편지에 답해 주던가? 그는 지금 정치와 돈 버는 일로 워낙 분주하니 과연 개연성 따위 문제를 생각해 볼까 의심스럽네. 엄청난 부자가 되어 《네이션》지까지 인수했다네. 그는 노동당이 아니라 자유당일세.

『수학 원리』가 재판에 들어갔기 때문에 나는 지금 서론을 새로 쓰고 있네. 또 환원 가능성reducibility의 공리를 폐기하고, "명제들의 함수는 항상 참 함수이다. 함수들의 함수는 함수의 가치를 통해서만 발생하므로 항상 외연적이다"라고 가정도 해보았네. 이런 가정들이 옳은지 아닌지는 모르겠지만, 그 결과를 산출해 보는 것은 가치 있는 일이라 생각하네.

동봉한 제안에 대해선 어떻게 생각하는가? 나는 글을 받아내는 일을 맡았네. 프랑스인도 괜찮겠느냐고 물었더니 독일어나 영어로만 쓴다면 좋다고 하더군. 그들을 위해 글을 한 편 써보내주겠나? 나는 힘닿는 대로 그들을 돕고 싶다네. 꼭 글을 보내주기 바라네.

우리는 다 잘 지내고 있네. 도라가 성탄절 전후로 둘째 아이를 낳게 될 것 같은데, 불행하게도 내가 새해 초에 3개월간 강연이 있어 미국으로 가야 한다네.

세상은 점점 더 무시무시해지고 있네. 지금보다 50년 일찍 살았더라면 얼마나 좋았을까. 게다가 지금 신神은 일본 도쿄까지 손을 대고 있네. 아직까지는 신이 전쟁에 미친 인간들을 이기고 있지만, 얼마 가지 않아 그들도 신과 똑같아질 거야.

LETTERS

런던, 시드니가 31번지
1923년 9월 13일

⟨빈Vienna 서클의 창시자인 모리츠 슐리크Moritz Schlick의 편지⟩
친애하는 러셀 선생께

자상한 편지에 진심으로 감사합니다. 선생의 긍정적인 대답을 받고 매우 기뻤습니다. 선생께서 편집인의 한 사람으로 도와주기로 동의하셨으니 우리 잡지의 미래는 든든하다고 확신합니다. 지금 당장은 선생 본인의 글을 보내줄 수 없고, 앞으로 몇 달간은 영국이나 미국에 있는 선생의 친구들한테 기고문을 받아주기도 힘들다 하시니 우리로선 물론 유감스러운 일이나, 선생이 좀더 시간 여유가 생길 때까지 참을성 있게 기꺼이 기다리겠습니다. 좀더 시간이 지나면 계획대로 잘되리라 믿습니다. 우리가 선생의 지지를 확보하여 선생의 이름이 어떤 식으로든 우리 잡지의 정신과 동일시될 것을 생각하면 벌써 많은 것을 이룬 셈이지요.

여러 가지로 제안해 주셔서 감사합니다. 니코 씨가 기고해 주기로 한 것은 제가 볼 때 매우 환영할 만한 일이며, 편집자들도 프랑스인의 글에 대해 아무도 반대하지 않을 것이나, 불행하게도 발행인(당연히 사업가의 입장에서 생각하지요)이 현재로선 프랑스어로 된 글을 실어주기 어렵다고 선언했습니다. 그러나 프랑스 사람이더라도 독일어나 영어로 글을 쓴다면 발행인도 반대할 이유가 없으리라 생각합니다.

제가 라이헨바흐에게 편지하여, 바르샤바의 폴란드인 논리학자들과 관련된 선생의 제안을 이야기했습니다. 그들과 접촉하는 데 무슨 정치적인 어려움이 있을 것 같지는 않습니다. 수리 논리학에 대한 글이나 상징적 형태로 씌어진 글을 창간호에 너무 많이 실으면 겁을 먹고 달아날 독자들이 많기 때문에 그 점에 주의해야 할 것 같습니다. 서서히 새로운 형태들에 익숙해지도록 만들어야지요.

라이헨바흐에게 자신의 주요 논문들을 발췌 인쇄하여 선생께 보내드리라고 했으니, 이 편지가 도착할 때쯤이면 아마 선생께 당도했을 것입니다.

몇 가지 철학적 문제들에 대해 여쭤보고 싶으나, 지금 제가 엄청나게 바쁘답니다. 우리가 주최하는 '국제 대학 강좌'가 각국의 강사 및 학생들을 모시고 이번 주에 시작할 예정입니다. 내년에 선생께서 빈으로 오셔서 그런 행사에 참석해 주실 수 있다면 참으로 근사할 것입니다.

재차 감사드리는 바입니다.

빈 대학 철학 연구소
1923년 9월 9일

〈장니코의 편지〉

친애하는 러셀 선생님

제 책 『감각 세계에서의 기하학La Géométrie dans le Monde Sensible』을 선생님께 헌정하고 싶으니 허락해 주시면 정말 감사하겠습니다. 그다지 훌륭한 책은 못 되지만 아직도 몇 군데는 쓸 만하지 않겠나 기대한답니다. 이런 책이나마 받아주시겠지요? 저는 아래와 같은 문구를 생각해 보았습니다.

"나의 스승이자 영국 왕립 협회 회원인
존경하는 버트런드 러셀께 바칩니다.
감사의 마음을 표하며."

이런 문구를 실어도 되겠는지요? 이 책은 제 논문들 중에 으뜸가는 것입니다. 또 하나 『귀납의 논리적 문제Le Problème Logique de l'Induction』란 책도 있는데, 케인스에 대한 비판서입니다. 저는 그 책에서, 수數에서만(혹은 비물질적이라고 가정된 측면들에서만) 다른 두 경우는 단일 경우보다 가치가 크다는 점을 입증했다고 생각합니다. 또한 케인스의 '다양성의 한계'가 그가 생각하는 것처럼 그렇게 쓸모 있지 않다는 점도 밝혀보려 했습니다. 두 책 모두 3주쯤 후에 인쇄될 예정입니다. (내년 겨울쯤에 소르본에서 토론을 끝내기 전까지는 물론 출간할 수 없지만.)

케인스에게 제 원고를 보내면서, 그의 답변을 덧붙여 인쇄하고 싶다고 제의했으나 다른 일로 정신이 없다고 하더군요. 그는 저를 별로 진지하게 생각하지 않는 것 같습니다. 서글픈 일이죠. 저는 제가 제기한 반론이 고려해 볼 가치가 충분하다고 믿거든요.

저는 현재 건강이 좋지는 않으나, 웬만큼 살 만하니 시간이 지나면 좋아지겠지요.

선생님의 가정이 번창하길 바라며 우리의 사랑을 전하는 바입니다.

제네바, 1923년 9월 17일

친애하는 러셀 선생님

선생님께 편지 부친 날 아침에 선생님의 편지를 받았습니다. 그 새 잡지에 글을 보내고 싶은 마음은 간절합니다. 그러나 《형이상학 잡지》에도 얼마 전에 글(논리학에서 가치들, 즉 참 가치들의 관계와 의미들의 관계에 관한 글이었어요)을 보낸 관계로 제대로 준비된 글감이 없습니다. 저는 지금, 물체들이 일정한 운동을 하고 제한적 상대성이 적용되는 원근의 우주에 대한 모든 것을 최대한 단순화시켜 다룬 속편을 내볼까 생각 중입니다. 관찰자(사람보다는 천사에 가까운)가 관찰하는 것과 그가 감지하는 세계의 질서를 보여줄 생각입니다. 제가 그런 쪽에 끌리게 된 것은 그것이 가진 시각의 신선함 때문입니다. 세계를 완전히 새로운 것으로 평가하는 시각 말입니다. 그러나 어쩌면 유치한 발상일 수도 있기 때문에 선생님께서 책 자체를 보고 평가해 주시기 전에는 진행시키지 않으려 합니다.

『수학 원리』가 재판에 들어갔다니까 말씀인데, 제가 순열과 조합을, 나머지 세 원시 명제(동어 반복, 가산, 삼단 논법적 명제)의 도움으로 모두 입증했다는 것을 상기시켜 드리고자 합니다. 문자 몇 개의 순서만 바꾸어 성공했지요. 제 학사 학위 연구 논문에 담겨 있습니다. 구체적인 과정은 다 잊어버렸으나 만약 선생님께서 다섯 개 원시 명제를 그 세 가지로 줄여보고자 하신다면(문자 하나를 가진 것, 문자 두 개를 가진 것, 문자 세 개를 가진 것이 존재한다는 점에 주목하세요) 외람된 얘기지만 다시 찾아봐드릴 수 있습니다.

케인스가, 제가 선생님께 보내드린 편지에 답변을 해주었습니다. 그의 답변을 보니 두 가지 논점 모두에서 제가 옳다는 확신이 들었으므로 제 소책자 작업을 계속했습니다. 그가 귀납 이론을 더 연구하지 않으려 하는 것이 안타깝습니다.

선생님 아드님은 손에 든 돌멩이만 보고도 즐거워하는 표정입니다. 생긴 것도 아주 잘생겼구요.

우리의 사랑을 전합니다.

제네바, 1923년 9월 19일

〈테레즈 니코와 주고받은 편지들〉
친애하는 러셀 선생님
장이 잠깐 앓던 끝에 지난 토요일에 사망하고 말았습니다.

그가 그토록 열심히 일했던 집에서, 회복하려고 무던히도 애썼고, 우리 두 사람이 너무나 행복했던 그 집에서, 그가 여전히 내 옆에 쉬고 있건만, 이런 소식을 전하게 되었습니다.

그가 선생님을 얼마나 사랑했는지 잘 아실 것입니다. 선생님은 그에게 찬란히 빛나는 존재였습니다. 선생님도 그가 얼마나 고귀한 존재인지를 잘 아실 것입니다. 참으로 가슴아픕니다.

도라의 소식도 듣고 싶네요.

선생님 부부께 사랑을 전합니다.

1924년 2월 18일

친애하는 러셀 선생님

서문(아니, 서론이라고 해야 하나요? 선생님께서 좋다고 하시는 쪽으로 택하겠습니다)을 보내주신 데 대해 진작에 감사 말씀 올리지 못하여 죄송합니다. 장을 위해 써주셨다는 것을 잘 아는 저로서는 얼마나 감사한지 이루 말할 수가 없습니다.

시간 여유가 나는 대로 곧 번역할 생각입니다. 지금 할 일이 산더미같이 쌓여 있습니다.

선생님의 서문은 물론 우리가 원했던 그대로, 아니 그 이상입니다. 너무나 아름다운 글이었단 뜻입니다. 제가 그것을 어떻게 제대로 번역할 수 있을지 모르겠습니다.

작년 겨울에 제가 장에게, "당신은 내가 아는 가장 아름다운 타입의 사람"이라고 적어보낸 것이 생각납니다. (무슨 일이 있었는지는 기억이 나지 않습니다. 우린 가끔 그렇게 폭발시키곤 했거든요.) 그는 곧 이런 답장을 보내왔지요. "내가 아는 가장 훌륭한 휴머니스트는 러셀이라오."

다시 한 번 깊이깊이 감사드리는 바입니다.

제네바, 1924년 7월 22일

최근 몇 년 사이 선생님께 연락하고 싶었답니다. 저는 항상 니코의 책을 재판하리라 소원해 왔는 바, 그의 사상은 지금도 잊혀지지 않았습니다. 최근에 장 이폴리트Jean Hyppolite 교장 선생님을 만날 기회가 있었는데, 그분이 처음으로 『귀납의 논리적 문제』의 재판을 아주 강력하게 권유하셨습니다. 그 책의 내용을 매우 정확하게 기억하고 있으며, 지금도 젊은 철학자들에게 늘 추천한다고 하시더군요.

같은 충고를 해주신 분들이 많은데, 특히 취리히의 공세트Gonseth 교수, 가스통 바슐라르Gaston Bachelard 씨, 장 라크루아Jean Lacroix 등을 들 수 있습니다. 그리고 요전에 우연히, 1959년에 출간된 개론서에서 '니코의 공리'란 제목이 붙은 대목을 발견하기도 했답니다.

책의 재판은 파리의 프랑스 대학 출판부에서 냈으며, 보급도 책임지겠다고 장담합니다. 과연 시의 적절한 재판이라고 생각하시는지, 그렇게 생각하신다면 랄랑드Lalande 선생이 쓴 서문에 몇 줄 덧붙여주실 의사가 있으신지를 선생님께 여쭤보고 싶습니다.

이렇게 뒤늦게나마 고인에게 경의를 표하는 데 무게와 빛을 더해 줄 이, 선생님 말고 누가 또 있겠습니까?

친애하는 러셀 선생님, 진심으로 찬사와 존경을 바치는 바입니다.

제네바, 1960년 10월 19일

친애하는 테레즈 니코

10월 19일자 편지, 고마웠소. 소식을 듣게 되어 너무나 반가웠고, 귀납에 관한 니코의 저작을 새 판으로 내는 것이 바람직하다는 생각에 전적으로 찬성이오. 그 책은 중요한데도 제대로 인정을 받지 못했던 것 같소. 랄랑드 선생의 서문에 내가 짧게 몇 마디 덧붙여보겠소. 얼마든지 해줄 수 있는 일이오. 아마 당신도 로이 해러드Roy Harrod 경(옥스퍼드, 크라이스트처치 칼리지)과 연락이 닿으리라 믿소. 오래 전에 영어로 번역된 니코의 저작이 있긴 하지만, 그보다 나은 번역서를 구하려고 한동안 애썼던 분이니까.

당신의 아들이 사망했다는 소식 듣고 참으로 유감이었소.

당신이 영국에 있어 한번 만나 볼 수 있었다면 그 얼마나 좋았을까 싶소.

영국, 1960년 11월 1일

⟨G. 버나드 쇼의 편지 [1]⟩

친애하는 러셀

변명답지 않다는 점이 훌륭하게 느껴지는 당신의 '변명서'를 얼마 전에 읽어보았소. 처음부터 끝까지 아주 흥미진진했소. 작별 인사로 볼 때 속편에서 얘기가 계속되리라 짐작되오.

나도 성장기 내내 당신 부친의 방식과 같은 분위기에서 양육되었소. —아니, 그렇게 자라도록 방치되었지. 그런 식으로 출발한 소년이 얼마 후 정신적으로나 인격적으로 성인의 자유 사상이 몸에 배게 되었을 때 느닷없이 보호라는 명목으로 펨브로크 로지 같은 곳에 다시 처박히게 되었으니, 그보다 더 끔찍한 처지도 없으리라 생각되오. 당신 스스로 성격이 나빴다고 말하고 있지만 사실은 정반대요. 당신이 그 저택을 불태

---

[1] 이것은 프랭크 형한테 보낸 편지로, 1923년에 출간한 형의 자서전 『나의 인생과 도전』에 대해 얘기하고 있다.

운 적도 없고 롤로 아저씨를 죽이지도 않았다는 사실 자체가 당신한테는 영원한 반증의 증명서인 셈이오.

물론 윈체스터가 롤로와 그의 성소를 구해 준 거나 다름없소. 그 학교에 대한 당신의 묘사는 그런 유의 대형 소년 사육장을, 내가 읽어본 것 가운데 유일하게 제대로 그려낸 것이었소.

서머싯, 마인헤드
1923년 4월 11일

〈시카고, 《유니티Unity》지에서 발췌한 것〉

버트런드 러셀이 영국으로 되돌아갔다. 그리하여 이 나라에서 이루어진 한 저명한 외국인의 가장 인상적인 순회 강연도 이렇게 끝을 맺게 되었다. 러셀 교수가 가서 연설하는 곳마다 수많은 청중이 미친 듯 열렬하게 환호했고, 감동적일 만큼 높은 관심과 존경의 분위기 속에서 귀를 기울였다. 그를 만나기 위해서는 흔히 일반 극장 요금 수준의 입장료를 내야 했는데, 그럼에도 입장객의 수에는 아무 차이도 없어 보였다. 열성적인 남녀 무리들이 그가 등장하는 강당으로 모여들어 그토록 존경하는 저명 인사에게 경의를 표하려고 아귀다툼을 벌였다. 이런 관점에서 보자면 버트런드 러셀의 방문은 일종의 승리였다. 그러나 완전히 다른 또 하나의 관점에서 보자면 그것은 실패이자 치욕이었다! 이 유명한 영국인에 대해, 그가 바다 건너 우리 미국인들에게 가져온 메시지에 대해, 대다수 일반 대중에게 전해진 내용이 무엇이 있는가? 전혀 없었다! 우리 신문들의 침묵은 거의 완벽에 가까웠다. 다만 러셀이 하버드의 로웰 총장과 논쟁에 돌입하여 그 독수리에게 비명을 지를 기회를 제공하게 되었는데, 그때 딱 한 번 그의 이름이나 말이 조금 눈에 띄게 대중 인쇄 매체에 등장한 바 있다. 갑부나 배우, 가수, 프로 권투 선수, 해외에서 귀

국한 군인들의 신변 잡기나 다루고, 여성 문제에서 날씨에 이르기까지 온갖 것들에 대해 아무렇게나 평하기를 일삼아온 신문, 잡지들이 당대의 가장 저명한 유럽인의 한 사람인 이 사람에 대해선 거의 아무것도 보도하지 않았다. 그러나 그 정도는 최악의 경우도 아니다. 신문들에서 대학들로 눈을 돌려보자! 여기에 러셀이 있다. —오랫동안 영국 케임브리지 대학의 명예로운 특별 연구원으로 있었던 현대의 가장 유능하고 유명한 수리 철학자, 각 분야의 표준적 권위로 자리잡은 박학 다식한 에세이와 논문들의 저자, 가장 낮추어 말하면 위대한 학자요, 가장 높여 말하면 제일 위대한 학자의 한 사람! 그러나 미국의 대학들 중에 그를 공식적으로 강연에 초청한 대학이 과연 몇 군데나 있는가? 그에게 명예 학위를 수여한 학교는 또 몇 군데나 되는가? 우리가 아는 한, 그를 공식 강사로 받아주었던 학교는 스미스 칼리지밖에 없다. 물론 하버드 노조에도 그가 등장했던 것으로 알고 있지만 말이다. 사실대로 말하자면 러셀 교수는 무시당했다. 미국 학계의 무지와 비겁과 위선을 이보다 더 잘 보여주는 잣대도 없을 것이다!

1924년 6월 19일

⟨T. S. 엘리엇의 편지⟩

친애하는 버티 선생님

선생님의 편지 받고 기뻤습니다. 『황무지The Waste Land』가 마음에 드신다니 제게는 너무나 큰 영광입니다. 특히 제5부는 가장 좋은 부분일 뿐 아니라 작품 전체를 정당화시켜 주는 유일한 대목이라고 저는 생각합니다. 선생님이 그 부분을 좋아하신다는 것이 제게는 큰 의미로 다가옵니다.

18개월 전, 그 시집이 출간되기 전이었는데, 비비언이 선생님께 그 원고를 보내 읽어보시게 하자고 했던 것을 말씀드리지 않을 수 없군요. 당시 그녀는 선생님을 제 시집에 담긴 뜻을 제대로 이해할 수 있는 몇 안 되는 사람 중 하나라고 믿었습니다. 그러나 선생님이 우리와 교제를 안 하시려 할 것 같아 그만두었을 뿐, 우리가 선생님과 절교하려 했다는 것은 터무니없는 얘기입니다.

지난 봄에 비비언이 무서운 병에 걸려 하마터면 죽을 뻔했답니다. 아마 오톨라인을 통해 들으셨을 겁니다. 그녀는 그때부터 줄곧 시골에 가 있었는데 아직도 돌아오지 않았습니다.

식사를 함께하는 건 요즘 제가 좀 어렵습니다. 대신에 토요일에 차를 마시러 가도 되는지요? 선생님을 정말 뵙고 싶습니다. 그럴 생각도 여러 번 했었구요.

런던, 클래런스 레이트 가든스 9번지
1923년 10월 15일

친애하는 버티 선생님

아직 런던에 계신다면 꼭 한번 뵙고 싶습니다.

저는 시간과 장소에 크게 구속받는 형편이지만 선생님의 대답을 듣기 전에는 일일이 말씀드릴 필요가 없겠지요.

저는 오직 선생님만이 해주실 수 있는 말씀을 듣고 싶습니다. 그러나 우리 부부에게 더 이상 신경 쓰지 않기로 하신 거라면 메모지에 간단하게 적어보내주세요. "자네를 보고 싶지 않다"라든지 "자네 부부 중 누구도 보고 싶지 않다"고 말입니다. 그러면 무슨 뜻인지 알아듣겠습니다.

저를 안 보시겠다고 할 경우에 대비해 지금 말씀드리자면, 모든 것이 10년 전 선생님이 예견하신 대로 되어버렸습니다. 선생님은 위대한 심리학자입니다.

L·E·T·T·E·R·S

클래런스 레이트 가든스 9번지
1925년 4월 21일

친애하는 버티 선생님

편지, 정말 너무나 고마웠습니다. 말씀하신 대로 선생님과 제가 직접 만나기 전까지는 충고하시기가 매우 어려우실 것입니다. 이를테면 저는, 우리 부부가 선생님과 연락하고 살던 시절 이후로 발생한 변화들이 선생님께 어느 정도의 중요성을 지니는지를 알지 못합니다. 물론 선생님의 충고는 오래 전에 나왔어야 했지요. 그 이후로 그녀(엘리엇의 부인)는 건강이 훨씬 더 악화되었습니다. 가능하다면 혼자 조용하게 사는 것이 그녀에겐 유일한 대안일 것입니다. 그리고 함께 사는 것이 그렇게까지 그녀에게 피해를 주었다는 사실은 제가 어떤 결정을 내리는 데도 도움이 되지 않습니다. 제겐 지금 그녀를 이해하는 사람의 도움이 필요합니다. 그녀는 아직도 끊임없이 사람을 당황하게 만들고 현혹시키려 듭니다. 마치 엄청나게 영리하고 정신적으로 조숙한 여섯 살짜리 아이 같아 보입니다. 그녀는 글도 지나치게 잘 쓰고(소설 따위 말입니다), 매우 독창적입니다. 상대를 설득하는(심지어 강압적이기까지 한) 그녀의 타고난 말재주는 마치 마력과도 같아서 도저히 벗어날 수가 없습니다.

어쨌거나 선생님, 대단히 감사합니다. 저는 지금 너무나 절망적입니다. 가을에 뵙기 되기를 바랍니다.

런던, 1925년 5월 7일

〈프랭크 형의 편지〉

사랑하는 버티

금요일에 애거서 아주머니와 점심을 함께했는데, 여느 때보다 훨씬 더 지겹게 구셨어. 실제로, 아주머니가 평소 네 몫으로 떼어놓는 대접을 나한테 하셨지. 처음에는 펨브로크 로지식 한탄 조로 앨리스 이야기를 꺼내는 것으로 시작하셨단다. 그녀가 너를 아직도 얼마나 사랑하는지 모른다, 네가 그 얼마나 결연한 의지로 그녀와 결혼했느냐고 하시더군. 나는 분통이 터진 나머지 결국 옛날 상황을 상기시켜 드리고 말았지. 아주머니 본인을 포함해 당시 펨브로크 로지 사람들은, 그녀가 음흉한 속셈으로 순진한 청년인 너를 쫓아다닌다고 생각했으나 그것은 전혀 사실 무근한 판단이었다고 말이야. 그러자 아주머니는 산아 제한 문제로 화제를 돌려 콧방귀를 뀌면서 도라 얘기를 하셨어. 나는 얼마나 약이 오르던지, 73세 노파들한테 25세 여성들을 위한 법률 제정권이 있다고 보지는 않는다고 말하지 않을 수 없었어. 그러자 아주머니는 자신도 스물다섯 살이었던 적이 있노라고 큰소리치셨는데 불행하게도 내가 용기가 부족하여 "그럴 리 없다"고 말하지 못했구나. 내가 평소 잘 안 하던 말대꾸까지 한 것을 보면 아주머니가 얼마나 날 약올렸는지 짐작이 갈 게다. 이번에는 아주머니가 너와 엘리자베스(형의 세 번째 아내)를 놓고, 네가 엘리자베스를 좋아한다는 둥, 네가 그녀를 정기적으로 만난다는 둥[2] 못된 소리를 해대기 시작했어. 아주머니는 정말 못되기 짝이 없는 늙은 고양이야.

집으로 돌아온 나는 아주머니 때문에 불쾌해진 기분을 씻어내리고 전에는 본 적도 없는 책을 세 권이나 읽었다. 아니 훑어보았다고 하는 게 정확하겠지. ─『다이달로스Daedalus』(그리스 신화에 나오는 아테네의 명장名匠), 『이카루스Icarus』, 『히파티아Hypatia』(미모로 유명한 그리스의 여류 철학자). 홀데인Haldane의 '시험관 어머니들'을 읽으니 몸이 다 떨렸어. 난

[2] 물론 사실과 전혀 다른 얘기다.

차라리 뮤직 홀 노래 방식이 좋아! 도라의 책도 좀 읽었는데 마음에 들기에 좀더 면밀히 읽어볼까 해.

나는 페이비언 협회 사람들한테 가고 싶은 마음이 조금도 없으니 도라한테 그렇게 좀 전해다오. 그 사람들을 만나면 따분하기 짝이 없는데 다만 그녀를 도와주는 의미에서 가본 것뿐이니, 나한테 다른 사람들을 소개하려 들지 말았으면 좋겠다. 도라가 네가 뚱뚱해졌다면서 뭐라고 말하는데, 처음에는 '귀담아들을 필요가 없는' 얘기라고 생각했지만 '네가 이제는 철학자질 하기를 멈추었구나' 슬그머니 기대하게 됐지. 그런데 다시 보니 '교육에 관해 집필하고' 있다는 얘기더구나.

도로시 린치가 8월 초에 너를 만나러 오겠다고 하기에 내가 태워주겠다고 했는데, 아마 헤비웨이트Heavyweight 영감도 데리고 온다는 뜻인가 봐. 그녀는 8월 은행 휴일 직후가 좋다고 하는데, 그때쯤엔 나도 시간이 괜찮을 것 같다. 내가 금년에 '영국인 연합회'에 간다고 하면 넌 틀림없이 놀라겠지. 이번엔 사우샘프턴에서 개최되기 때문에 아주 편하게 됐거든.

입심 고약한 그 노처녀 할망구가 돼져버렸으면.

런던, 1925년 6월 8일

사랑하는 버티

재미있는 편지 고마웠다. 사실 나도 네 책『내가 믿는 것』을 재미있게 읽는 중이라 조만간 한번 편지할 생각이었다. 세상에나! 너는 아주 압축해 놓았더구나. 그러면서도, 덕망 높은 사람들을 철저히 약올리고 쩔쩔매게 만들려는 계산이 깔린 아주 많은 얘기들을 성공적으로 말하고 있어. 얼마나 통쾌한지, 대여섯 부 복사하여 이해할 만한 사람들이 있는 곳에 보내줄 생각이야. 사람을 제물로 바치기 좋아한다는 아즈텍족(멕시코의 옛 원주민)보다 주교들이 훨씬 더 잔인하다는 것을 확증해 보인 대목이 맘에 들었다. 온순한 우리 주교한테는 그 책을 보내면 안 될 것 같다. 내가 그 주교를 아주 좋아하긴 하지만 지적인 면에서 강하지 못한 사람이거든.

도로시한테 편지하려고 하니 네 생각을 말해 보아라.

런던, 1925년 6월 15일

〈거트루드 비즐리Gertrude Beasly의 편지〉

친애하는 러셀 선생님

3월에 선생님께서 떠나시고 난 직후에 제 책을 출간해 줄 곳을 찾아냈습니다. 파리에 있는 반半민영 회사입니다. 몇 주 전에 교정쇄 몇 부가 제게 도착했습니다. 어제 아침 저는 보가의 치안 판사 앞에 서야 했습니다. 하룻밤 감방에서 보낸 후였죠.

6월 19일 오후에 런던 경찰국에서 나온 한 경관이 절 좀 보자고 했습니다. 그는 제 책 교정쇄를 한 무더기 들고 와 "크게 외설스럽다"고 하더군요. 그리고는 제가 우편을 통해 음란한 내용물을 부친 혐의로 치안 판사한테 출두해야 한다고 말했습니다. 그가 내 여권을 조사하더니 등록되지 않았다는 사실을 밝혀냈습니다. 저는 체포되어 보우가로 호송되었고, 여권을 등록시킨 후에 밤새 억류되었습니다. 그 외국인 담당 경관은 여권을 등록하지 않은 혐의로 저를 고발했고, 저는 치안 판사 앞에서 무죄를 주장하면서 제 과실에 대해 설명했습니다. 런던 경찰국 수사관은 음란 서적을 우편으로 부친 혐의에 대해 고발하고, 판사에게 저를 처벌하고(그런 표현을 했던 것 같습니다) 국외 추방 조치를 취하라고 요구했습니다. 무거운 벌금이나 구류 선에서 처벌될 것 같습니다.

저는 10파운드의 보석금을 내고 나왔으며 6월 27일 토요일 11시경에 사건 심리가 있을 예정입니다. 정확한 시간은 내일 알아보겠습니다.

에워Ewer 씨는 제 사건을 맡을 변호사를 찾아보고 있습니다. 저는 내일 미국 영사관에 가서 저를 아는 다른 사람들과 얘기해 보려고 합니다. 아마 내일 엘리스Ellis 박사도 보게 될 겁니다.

선생님께서 조금이라도 충고해 주신다면 감사하겠습니다.

런던, 그레셤 호텔
1925년 6월 21일

비즐리 양은 미국 텍사스 출신의 여교사로서 자서전을 쓴 바 있다. 내용이 모두 진실이었는데도 현재까지 불법으로 분류되어 있다.

⟨저명한 수학자인 맥스 뉴먼Max H. A. Newman에게 보낸 편지⟩

친애하는 뉴먼

《마인드》지 기고문의 발췌 인쇄본을 보내주어 대단히 감사하게 생각하오. 나는 그것을 매우 흥미로우면서도 다소 당혹스러운 심정으로 읽었소. 물질계에 대해선 그 구조 외에 아무것도 알려진 바가 없다고 한 내 얘기가 거짓 진술이거나 하찮은 진술이 될 수밖에 없다는 점을 당신이 너무나 명백하게 보여주었으므로 나 스스로 그 점을 깨닫지 못한 것이 다소 부끄럽소.

당신이 지적한 대로, 물질계는 이러저러한 구조를 가질 수 있다고 말할 때 물질계에 대한 유일하게 효과적인 주장은 그것의 기수基數에 관한 주장이오. (그런데 관련 기수가 유한하다고 할 경우 이것은 보기보다 그렇게 하찮은 주장이라고만 할 수는 없소. 그러한 가정이 현실로 나타날 가능성이 전혀 없다고는 할 수 없으니까. 그러나 내가 강조하고 싶은 요지는 그게 아니오.) 당신의 글을 읽어보니, 내가 "물질계는 구조 외에는 아무것도 알려진 바가 없다"고 말은 했지만 실제 내 말의 의도는 그게 아니었다는 것을 분명하게 깨닫게 되었소. 나는 지각소percepts의 세계와 관련해 항상 시-공간적 연속성을 가정해 왔소. 다시 말해, 지각소와 비지각소 사이에 동시점co-punctuality이 존재할지도 모른다, 심지어 인간이 어떤 유한 수의 단계를 거쳐 어떤 사건에서 그것과 더불어 동시적으로 존재하는 다른 사건으로 갈 수도 있고, 우주 한 끝에서 반대쪽 끝으로 갈 수도 있다는 가정까지 해보았소. 그리고 동시점이란, 지각소들에 존재하는 동시에 그 자체도 지각될 수 있는 어떤 관계일 것이라고 생각했소.

구조에 덧붙여 동시점을 인정한다 하더라도 당신의 비판으로부터 나 자신을 어디까지 보호할 수 있을지, 아직 숙고해 볼 시간이 없었소. 그뿐만 아니라, 그것이 내 형이상학의 신뢰성을 얼마나 흔들어놓을 것인가에 대해서도 제대로 정리해 보지 못했소. 다만 내가, 지각소와 비지각소의 시-공간적 연속성을 지나치게 자명한 것으로 받아들인 나머지 내 진술들이 그 점을 부인하는 듯 비쳐진다는 점을 눈치채지 못했다는 사실만큼은 확실하게 깨달았소.

이 문제를 제대로 생각해 보기엔 내가 지금 너무나 바쁘오. 그러나 혹시 당신이 시간을 내어, 이 문제와 관련해 완전히 부정적이진 않은 아이디어가 있는지 어떤지 알려줄 수 있다면 감사하겠소. 당신의 글에는 당신 자신의 입장이 무엇인지가 나와 있지 않기 때문에 하는 얘기요. 지난번에 당신과 대화해 보고, 현상론 쪽으로 기울어 있구나 짐작했을 뿐 어느 정도나 그러한지는 전혀 알지 못하오.

1928년 4월 24일

L·E·T·T·E·R·S

〈해럴드 래스키에게 보낸 편지〉

친애하는 래스키

내 마음은 전혀 그렇지 않으나, 이번 학기에 '소크라테스 학회'에서 강의하기는 매우 어려울 듯싶네. 에디Mary Baker Eddy 부인[1821~1910년, 크리스천 사이언스로 알려진 교파의 창시자]이 내 친구에게, 얼마나 바쁜 몸인지 다시 몸을 얻어 태어나기도 어려울 지경이라고 말했다더니, 사실은 내가 지금 그런 상황이어서 쓸 만한 생각을 해볼 겨를이 없다네.

나는 벤담이 우애 결혼[피임, 이혼이 자유로운 시험적 결혼]을 암시하는 것이 전혀 놀랍지 않네. 사실은 나도 그런 결론을 추론할 뻔했거든. 옛날에 장서표로 쓰던 오래된 봉투에서, 내가 태어나는 그 순간 우리 아버지가 벤담의 『행동의 원동력 목록Table of the Springs of Action』을 읽고 계셨다는 사실을 우연히 알게 되었네. 내가 벤담주의자가 될 수밖에 없었던 것도 분명 그 때문일 걸세. 내게는 그가 늘 가장 분별력 있는 사람으로 보였거든. 그러나 학교 선생 노릇을 하다 보니 차츰차츰 플라톤이 제안한 바와 같은 좀더 급진적인 의견들 쪽으로 생각이 쏠리고 있다네. 만일 세계에 하나의 국제 정부가 존재한다면 나도 가족 제도의 철저한 폐지를 진지하게 찬성했겠지만, 현실이 이러하니 가족 제도가 사람들을 더욱 애국자로 만들지 않을까 우려되네.

1928년 5월 12일

〈가드너 잭슨Gardner Jackson 씨에게 보낸 편지〉

친애하는 잭슨 씨

미안하지만 8월 23일 당신들의 집회 때는 내가 미국에 없을 것 같소. 그날로부터 그리 머지 않은 시기에는 다시 거기에 가 있을 것 같으니 더더욱 미안하오. 사코와 반제티 사건이 잊혀지지 않도록 최선을 다하고 있다니, 당신들은 지극히 옳은 일을 하고 있는 것이오. 누구든 편견 없이 그 사건을 바라본다면, 그들의 유죄 판결을 정당화할 만한 증거가 전혀 없었다는 것을 분명히 알게 될 것이며, 나 개인적으로도 그들의 완전 결백을 믿어 의심치 않소. 나는 그들이 자신들의 정치적 견해 때문에 유죄 판결을 받았다고 보오. 좀더 현명하게 판단했어야 할 사람들이 증거와 관련해 그릇된 견해를 표명한 것이라고 결론 내리지 않을 수 없소. 그들은 그러한 정치적 견해를 가진 사람은 살 권리도 없다고 주장하오. 그런 식의 견해는 매우 위험한 것이오. 그것은 종교 영역에서 정치 영역으로 이전된 일종의 박해인데, 문명국에서는 그러한 박해가 이미 사라졌다오. 헝가리나 리투아니아 같은 곳이라면 그러려니 할 수도 있겠으나, 미국이란 나라에서 그런 일이 벌어졌으니 사상의 자유를 중시하는 모든 이들이 크게 염려하지 않을 수 없는 사안이오.

추신 ; 나는 다른 누구보다도 당신이 집회에 보내는 메시지를 맡아주었으면 좋겠소. 그러나 당신 생각이 다르다면 나한테 꼭 알려주시오, 내가 다른 방도를 짜내볼 테니.

1929년 5월 28일

〈에이킨C. L. Aiken과 주고받은 편지들〉

친애하는 러셀 선생님

저는 지금 필자들을 미치게 만드는 기생충같이 성가신 사람들에 관한 글을 자유 계약 형식으로 준비하고 있습니다. 저자의 친필 서명과 사진을 구하려 혈안이 된 사람들, 공짜 비평, 시, 연설, 강의, 심지어 일자리까지 은근히 기대하며 문필을 업으로 하는 사람들을 이용해 먹는 저 지각 없는 무수한 인간들 말입니다. (선생님 입장에서는 저도 그런 범주에 들어간다고 보실 수 있겠으나, 좋은 목적에서 하는 일이니 이번 경우는 봐주시기 바랍니다.)

대단히 어려운 부탁이지만 선생님께서 겪은 불쾌한 사례들을 적어 보내주실 수 있겠는지요? 양식은 선생님께 맡길 테니 소상하게 적어주시면 감사하겠습니다.

미국 매사추세츠, 케임브리지
1930년 3월 2일

친애하는 에이킨 씨

저자는 독자들을 위해 작업해야 한다고 생각하는 사람들 때문에 다른 저술가들과 마찬가지로 나도 고생이 심하오. 자필 서명을 청하는 사람들은 그렇다 치더라도, '인명록'의 특정 항목을 복사해 달라고 하는 편지, 내가 지면을 통해 이미 충분히 논한 사항을 두고 어떻게 생각하느냐고 물어오는 편지 등 엄청나게 많은 사람들로부터 편지를 받고 있소.

이런저런 신비주의를 받아들이라고 간청하는 힌두교도들도 있고, 애무할 때 어느 정도에서 선을 긋는 게 좋겠는가 묻는 젊은 미국인들, 다른 민족주의는 다 나쁘더라도 폴란드의 민족주의만큼은 완벽하게 숭고하다는 것을 인정하라고 강요하는 폴란드인들도 있소.

아인슈타인을 이해하지 못하는 기술자들의 편지도 있고, 내가 창세기를 이해하지 못한다고 생각하는 사람들의 편지, 아내가 자신을 버렸는데 (본인 말로는) 그래도 아무 상관은 없지만, 가구들을 다 가지고 가버렸으니 이런 상황에서 개화된 남자라면 어떻게 해야 하는지 묻는 남편의 편지도 있소.

솔로몬은 일부다처주의자가 아니었노라고 주장하는 유태인, 에스파냐의 종교 재판장 토르케마다는 박해자가 아니었다고 주장하는 가톨릭 신자들도 있소. (진의가 무엇인지 의심스럽지만) 낙태 지지를 설득하려

드는 편지도 오고, 아기를 우유로 키우는 것에 대해 내 견해를 묻는 젊은 어머니들도 있소.

유감스럽게도 나한테 온 편지들이 어떤 내용이었는지 지금은 거의 다 잊어버렸소. 위에 언급한 몇 가지를 사례로 쓰면 될 것이오.

1930년 3월 19일

〈브룩스Brooks 양[3]에게 보낸 편지〉

친애하는 브룩스 양

당신은 미국의 문제가 중국의 문제보다 크다고 하는데, 옳은 얘긴지 아닌지 나는 잘 모르겠소. 다음 세기나 그 다음 세기까지는 미국이 좀더 중요하다고 볼 수 있겠으나 그 다음부터는 중국의 차례가 된다고 해도 무방할 것이오. 나는 미국이 대단히 걱정스럽소. 당신네 나라의 인간 관계에는 놀라우리만큼 잘못된 점이 있소. 우리 학교에도 미국인 아이들이 많이 있는데, 나는 그 어머니들의 본능적 무능력에 깜짝 놀라게 되오. 애정의 원천이 말라버린 듯 보인다오. 만일 서구의 모든 문명이 그런 식의 길을 걷게 된다면 서구의 민족들은 모두 절멸할 것이오. 어쩌면 에스파냐나 포르투갈 사람들은 예외가 될지도 모르지만. 결국 그 대안으로, 가족의 유대 관계를 배제했던 지난날 터키의 친위 보병대처럼, 국가가 필요한 시민들을 양육하고 교육하게 될지도 모르오. 존 B. 윗슨Watson(1878~1958년, 미국의 심리학자)이 쓴 어머니들에 관한 책을 한번 읽어보시오. 나는 그가 미쳤나 보다 했으나 지금 와 생각하니 그는 미국인일 뿐이오. 다시 말해 그가 아는 어머니들이 미국인 어머니들이라는

---

[3] 나중에 라헬 글리슨 브룩스Rachel Gleason Brooks 목사가 되었다.
나는 1931년에, 당시 미출간 상태였던 그녀의 책(중국에 관한 책)에 서문을 써주었다.

얘기요. 이처럼 자연의 법칙에 무심한 결과, 아이들은 세계에 대한 증오를 가득 품고 자라게 되고, (네이선Nathan F.) 레오폴드Leopold나 러브Loeb 같은 범죄자가 되는 한이 있더라도 자기 자신을 남들보다 두드러지게 보이려고 애쓰게 되는 것이오.

1930년 5월 5일

〈브룩스 양의 책에 쓴 서문의 일부〉

여러 가지 면에서 우리보다 더 발달한 문명과 도덕 수준을 가졌던 중국인들이 서구 열강의 침략에 맞서 이제는 공자의 가르침에 머물지 않고 군사적으로 더욱 효과적인 정책을 개발하지 않으면 안 될 처지에 놓이게 되었다. 구중국의 사회적 관계는 가족에 기초해 있었다. 쑨 원은 중국이 군사 대국들의 맹공격에 맞서 성공을 거두기 위해서는 가족을 국가로, 효도 정신으로 애국심을 대체해야 한다고 정확하게 간파했다. 간단히 말해, 중국인들은 성인 군자로 죽을 것이냐 죄인으로 살 것이냐, 하는 선택의 기로에 놓여 있었다. 그리고 결국, 기독교의 영향을 받은 그들은 후자의 길을 택했다.

장 제스蔣介石의 국민당이 정권을 잡는 데 성공한다면, 모든 면에서 경쟁을 일삼는(단 하나 예외가 있다면 문명의 파괴만큼은 막아보자고 협조할 태세가 되어 있다) 무자비한 군사 정권이, 그것도 매우 영향력 있는 군사 정권이 또 하나 추가되는 결과를 낳을 것임에 틀림없다. 1911년 이후 중국 역사의 모든 지성과 영웅주의와 순교와 고통스러운 환멸들이 그 같은 결과로 귀착된다면 새로운 악의 세력, 세계 평화의 새로운 걸림돌이 생겨나는 데 그치고 말 것이다. 일본의 역사가 이미 서구에 경각심을 일깨운 바 있다. 그러나 서구 문명은 모든 지성을 동원해 눈사태처럼 밀고 들어가는 데만 혈안이 되어 있으니, 나로서는 감히 상상하기 힘든 무서운 결말을 향해 나아갈 것이 뻔하다.

브룩스 양은 『이것이 당신들의 유산: 체뭉 카운티의 역사This is Your Inheritance : A History of the Chemung County』(브룩스 가문 뉴욕 지부, 1963년 미국 뉴욕, 센추리 하우스, 윗킨스 글렌Watkins Glen 발행)란 자신의 책에서 이렇게 적었다. *"버트런드 러셀의 서문(저자에 대한 찬사의 말은 생략한다)은 우리 시대 중국의 역사를 다음과 같이 요약했다. 이 서문은 1931년 12월 1일 아침 오하이오 주 애크론의 메이플라워 호텔 휴게실에서 러셀 선생이 파이프 담배를 입에 물고 오락가락하는 동안 내가 받아적었다. 그러고 나서 그가 서명을 했고 우리는 기차역으로 갔다. 그는 또 다른 강연 약속을 지키기 위해, 나는 오벌린으로 돌아가기 위해서였다."*

〈H. G. 웰즈에게 보낸 편지〉
친애하는 H. G.

당신의 책 『공개된 음모The Open Conspiracy』를 보내주셔서 대단히 감사하오. 책을 읽으며 너무나 깊은 공감을 느꼈는데, 내가 그보다 더 지지하는 얘기도 없을 것이오. 프로빈더 섬에 관한 우화가 참으로 재미있었소. 나는 당신보다 다소 덜 낙관적으로 보는 것 같소. 어쩌면 내가 전쟁 때 인류의 다수와 반대되는 입장을 취하는 과정에서 무력감이 습관이 되어버린 탓일지도 모르겠소.

예를 들어 당신은 과학자들을 '공개된 음모'에 참여하게 하자고 말하지만 내가 볼 때 아인슈타인이나 예외일까—결코 비중이 낮은 예외가 아니란 건 물론 인정하지만—다른 사람들은 단 한 사람도 동참하지 않으리라 생각하오. 나머지 과학자들은, 우리나라의 경우 훈작사 작위나 받고 싶어할 것이고, 프랑스의 경우 연구원이 되고 싶어할 것이고, 다른 나라들의 과학자들도 기타 등등을 바랄 것이오. 심지어 좀더 젊은 과학자들 집단에서조차 당신을 지지하는 사람은 매우 적을 것이오. 줄리언 헉슬리Julian Huxley(1887~1975년, 영국의 생물학자이자 저술가)가 주교직을 가지고 노는 짓을 자진 포기할 리 만무하며, 홀데인이 다음 전쟁에서 얻을 즐거움을 포기할 리 만무하다는 얘기요.

학교와 교육에 관한 얘기들도 흥미롭게 읽었소. 당신은 "아동들의 흥미를 고려하여 가정 및 사회 생활을 일종의 파벌식으로 하게 하자", "아동의 가정들을 집단별로 묶어 자체적인 학교들을 세우자"고 주장하였소. 우리가 비콘힐 학교를 세우게 된 것도 바로 그 같은 생각에서였는데, 나는 우리와 같은 생각을 가진 사람들은 자녀들이 몽매한 사람들의 영향에 노출되지 않도록 주의해야 한다는 점을 날이 갈수록 깊이 확신하게 되오. 특히 아동기 초기에 그러한 영향을 받으면 어른이 되어서도 그것이 무의식 속에서 작용하기 때문에 더더욱 조심해야 하오.

이런 얘기를 하다 보니 평소 내가 다소 조심스럽게 접근하는 문제에 도달하고 말았는데, 사실 당신의 책을 읽기 전부터 한번 얘기해야겠다고 마음먹고 있었던 문제라오. 나는 비콘힐 학교에 매년 2천 파운드 가량을 투자하고 있소. 말하자면 내 수입의 거의 전부라고 할 수 있는 액수요. 운영을 제대로 못하여 그렇다고는 보지 않소. 실제로 내가 아는 실험 학교치고 돈이 많이 들지 않는 학교는 하나도 없었소. 내 수입은 변덕스럽기로 유명한 미국인 독자들의 취향에 따라 좌우되기 때문에 대단히 가변적이며, 따라서 내가 학교를 계속 유지할 수 있을지조차 매우 불확실한 상황이오. 학교를 유지하기 위해서는 해마다 1천 파운드 정도의 기부금이 필요한 실정이오. 나는 당신이 기부금 조성을 위해 어떤 식으로든 도움을 줄 의사가 있는지 어떤지, 진작부터 한번 여쭤보고 싶었소. 직접적인 방법도 있을 것이고, 호소의 글을 써서 진보적인 미국인들을 설득해 보는 방법도 있을 것이오. 그럴 생각이 있는지 여부를 내게 알려주시면 대단히 감사하겠소. 짐작하시겠지만 도라와 내가 쓴 것보다 객관적인 제3자, 특히 당신 같은 분이 쓰는 호소문이 더욱 효과적일 것임은 물론이오.

나는 우리가 여기서 하고 있는 일이 매우 중요하다고 믿고 있소. 우리의 교육 목적을 한 마디로 말하라고 한다면, 독창성을 그대로 보존하면서 키워내는 것이라고 말하고 싶소. 우둔함은 흔히 두려움 때문에 생겨나 정신적 억압으로 이어진다는 것이 나의 오랜 소신인데, 우리가 아이들과 함께하면서 얻고 있는 경험이 나의 이 같은 견해를 한층 더 굳혀준다오. 아이들은 과학에 대해 열정적이고도 지적인 흥미를 보이고 있으며, 자신들이 살고 있는 세계를 이해하고자 하는 욕구도 흔히 호기심을 억압받고 성장한 아이들보다 훨씬 더 크오. 물론 우리가 하는 일은 작은 실험에 불과하지만 그 결과들은 실로 의미가 크리라고 나는 자신 있게 기대하오. 우리만큼 지성을 강조하는 교육 개혁가도 드물다는 점을 당신도 깨닫게 될 것이오. 여러 가지 면에서 존경스러운 닐A. S. Neill의 경우를 예로 들자면, 아이들이 좀더 가치 있는 것들에 관심을 가져야 할 시간에 필수 교육을 받지 않고 늘 극장을 들락거려도 상관하지 않을 만큼 완벽한 자유를 허용하고 있소. 우리 학교에는 자극적인 쾌락을 즐길 기회 자체가 없는데, 그 점이 아이들의 지적 흥미를 키우는 데 중요한 요소가 되고 있다고 생각하오. 나는 당신이 오락에 대해 한 얘기를 주목하며 전폭적으로 공감하오.

당신이 영국으로 돌아오면 언제 한번 우리 학교를 방문하여 우리가 하고 있는 일을 직접 확인해 보셨으면 좋겠소.

1928년 5월 24일

L·E·T·T·E·R·S

〈진보적 교사인 A. S. 닐과 주고받은 편지들〉

친애하는 러셀 선생

서로 다른 각도에서 작업하고 있는 두 사람이 본질적으로 동일한 결론에 도달했다는 사실이 참으로 놀랍소. 당신의 책과 내 책은 상호 보완적이오. 우리 사이에 발견되는 유일한 차이점은 각자의 고정 관념에서 기인하는 것인지도 모르오. 당신은 수공手工 교육에 대해 거의 언급하지 않았는데, 나는 수공이 취미인 사람이어서, 당신의 자녀가 별들에 대해 질문할 때 우리 아이들은 강철이나 나사의 이에 대해 질문하는 식이라오. 정서 교육도 내가 당신보다 좀더 강조하는 편인지 모르겠소.

나는 당신의 책을 매우 흥미롭게 읽었으며 견해가 다른 점을 거의 발견할 수 없었소. 그러나 아이의 바다에 대한 두려움을 없애주려고 쓴 방법에 대해선 전혀 공감할 수 없었소! 그 경우 내성적인 소년이라면, '아빠가 날 익사시키고 싶어한다'고 생각지 않을 수 없을 것이오. 이것 역시 나의 고정 관념일지도 모르오……, 주로 신경성 환자들을 대하는 데서 기인하는.

나는 아직 미혼이라서 아동기 초기에 대한 직접적인 지식은 없지만, 그 시기에 대한 당신의 충고는 매우 훌륭하다고 생각되오. 성교육과 자위 행위를 다루는 태도도 아주 훌륭하며, 아동에게 충격을 주거나 감정을 상하게 하는 일 없이 잘해 나가는 것 같소. (난 그런 기술이 없다오!)

몬테소리 교육에 대한 당신의 열정에는 공감하지 않소. 나는 힘 있는 교회 여성이 엄격한 도덕적 목표를 가지고 만든 체계엔 찬성할 수 없소. 그녀의 질서 정연함은 원죄에 대한 강경한 반발에 다름아니오. 그뿐만 아니라 나는 질서 정연함에 어떤 가치가 있다고도 보지 않소. 내 강습회는 늘 난장판이 되지만 수공 작업 때는 그렇지가 않소. 우리 학생들의 경우 사춘기가 되기 전까지는 질서 정연한 것에 전혀 흥미를 보이지 않소. 다섯 살 된 아이들에게는 몬테소리식 도구가 아무 소용도 없다는 것을 깨닫게 될 것이오. 선생도 기차 만드는 도구를 이용해 보면 어떻겠소? 나는 몇 년 전에 유명한 몬테소리 교육자인 마카로니Macaroni 부인과 더불어 이 도구에 대해 깊이 논해 보았소. 어쩌면 학습에 대한 우리의 잘못된 태도가 우리의 시각을 왜곡하는 것은 아닐까 싶소. 어쨌거나 기차는 하나의 현실인 반면 삽입된 틀은 순전히 인위적인 것이니까 말이오. 나는 인위적인 도구를 절대로 사용하지 않소. 내가 학교에서 사용하는 도구는 책, 공구, 실험관, 컴퍼스가 전부라오. 몬테소리는 아동에게 길을 가르쳐주려 하지만, 나는 그렇지 않소.

여기서 바다에 대한 두려움으로 다시 돌아가 얘기하자면, 우리 학교에는 절대로 물에 들어가지 않는 소년이 두 명 있소. 한 아이는 내 조카로 아홉 살이고, 다른 한 아이는 열한 살로 내성적이고 무서움이 많은 소년이오. 나는 다른 아이들에게, 바다 이야기를 절대로 하지 말 것이며 그 두 소년을 비웃지 말 것이며 물에 들어가도록 강요하지 말라고 이야기했소. 두 소년이 자기 내면의 충동 때문에 목욕탕에 안 들어가는 거라면…… 글쎄, 큰 문제는 아니라고 생각하오. 내 고향 마을에 사는 나와 아주 친한 89세의 어떤 노인은 지금까지 평생 한 번도 목욕을 해보지 않았다 하오.

호머 레인Homer Lane의 수유 시간에 관한 이론을 들어보시면 아마 흥미로울 것이오. 그는 아기들이 원할 때마다 젖을 먹이라고 주장했는데, 아기들이 젖을 빠는 것은 쾌감과 영양 두 가지 때문이라는 것이오. 아기는 일정 시간마다 그 두 요소를 축적시켜 가는데, 젖 빨기가 시작되면 일종의 오르가슴과 같은 만족한 상태가 되고, 그 쾌감은 금세 사라지게 되지요. 그러나 영양이란 요소가 아직 채워지지 않은 상태에서 젖을 그만 빨게 된다는 것이오. 결국 아기의 영양 결핍은 대부분 이 때문에 기인한다고 그는 생각했소. 다시 말해, 아기가 영양 충동을 만족하기 전에 젖 빨기를 중단했다는 얘기지요.

내가 당신의 책에서 가장 흥미를 느낀 것은, 역사와 과학을 아는 사람이 썼다는 의미에서 대단히 학구적(제게는 좀 역겨운 단어지만)이라는 점이오. 나는 그런 분야에 대해 아는 바가 없으므로 어느 정도는 맹목적인 직관에 근거해 나름의 결론을 내리게 되었다고 볼 수 있소. 다시 한번 말하지만 우리가 너무나 흡사한 교육 철학에 도달했다는 것이 놀랍기 짝이 없소. 그것이야말로 오늘날 가능성 있는 유일한 철학임에 분명하지만, 우리가 이튼에서 LCC〔런던 카운티 의회 학교〕에 이르는 기성 학교들을 공격해 본들 큰 기대를 하기는 어렵소. 우리의 유일한 희망은 개별 학부모들에게 있으니까.

우리 학생들이 무지하고 야만적인 부모들의 산물이기 때문에 내게는 부모 문제가 큰 어려움이오. 학부모들이 내 책을 보고 충격을 받아 한두 명은 자녀를 퇴학시키지 않을까 심히 걱정된다오. 그렇게 된다면 참으로 불행한 일이오.

어쨌거나 책을 보내주셔서 대단히 고맙소. 교육에 관한 책 중에 내가 읽으면서 욕을 퍼붓지 않은 유일한 책이오. 다른 것들은 모두 교육의 가면을 쓴 도덕책들이오.

그러나 한 가지 경고한다면…… 선생의 아들도 언젠가는 방탕한 길로 들어서고 싶어할 가능성이 항시 도사리고 있소! 그 확률이 설사 1천만 분의 1에 불과하다 할지라도, 우리는 인간의 본성이 아직까지 어떤 인과적 도식에도 들어맞은 일이 없고 앞으로도 영원히 그럴 수 있다는 사실을 직시해야 할 것이오.

혹시 콘월의 자택에 가실 일이 있거든 중간에 이곳에 들러 우리 학교를 한번 구경해 보셨으면 하오.

L·E·T·T·E·R·S

도싯, 라임리지스, 서머힐
1926년 3월 23일

친애하는 러셀

정치권에 힘을 좀 써볼 수 있겠소? 프랑스어를 가르칠 프랑스 사람을 채용하려 하는데 노동부에서 허락해 주지 않고 있소. 그 사람은 지금 나하고 같이 있으며, 면밀히 살펴본 결과 우리 학교의 문제아들을 다루는 데는 최고의 선생이라고 판단되오. 다른 학교들에도 자국어를 가르치는 원어민들이 있으니……빌어먹을 노동부가 나의 교육 방식에 대해 왜 이래라 저래라 하느냐고 묻지 않을 수 없소. 그 사람에 대한 충분한 설명과 내게 꼭 필요한 이유를 적어 노동부에 제출했더니 그 멍청이들이 대답하기를, "그러나 귀 학교에서 시행하는 특별 교수법으로는 영국의 학과도 제대로 교육할 수 없었다는 점이 우리 부서로서는 만족스럽지 못하다"는 거요.

혹시 선생 친구들 중에 그 부서를 관리하는 멍청이들을 뒤로 접촉할 만한 정계의 거물이 있으시오? 나도 조지 랜스버리George Lansbury를 알고는 있으나, 그 사람은 자기 부서 일만 해도 너무 많은 사람이어서 접근하자니 좀 망설여져서 그렇소.

서퍽, 리즈턴, 서머힐 학교
1930년 12월 18일

친애하는 닐

얘기를 들어보니 부당하기 짝이 없는 처사가 아닐 수 없소. 내가 찰스 트리벨리언과 본드필드Bondfield 양에게 몇 자 적었으니 그 편지들을 복사하여 동봉하겠소.

L·E·T·T·E·R·S

내가 볼 때는, 당신이 신청서에다 정신 분석 쪽 얘기를 언급한 게 실수가 아니었나 싶소. 호머 레인의 경우를 봐서도 잘 알겠지만 경찰은 정신 분석을 범죄 은닉의 구실쯤으로 생각한다오. 그 부서에 제기할 수 있는 유일한 근거는, 프랑스인들이 영국인들보다 프랑스어를 더 잘 안다는 사실뿐이오. 부서 입장에서는 당신들의 방식을 꼬치꼬치 파고들수록 훼방놓고 싶은 생각만 더 들 것이오. 기만과 술수를 동원하지 않으면 이 나라에서는 좋은 일도 할 수 없는 형편이라오.

1930년 12월 20일

〈찰스 트리벨리언에게 보낸 편지〉

친애하는 트리벨리언

서퍽, 리즈턴에서 서머힐 학교를 운영하고 있는 A. S. 닐은, 아마 자네도 알겠지만, 기존 학교의 평범한 교사에서 출발하여 우리 시대의 가장 독창적이고 성공한 혁신가의 한 사람으로 성장한, 교육계에서는 매우 저명한 인물일세. 그 사람이 내게 편지하여 말하기를, 프랑스어를 가르칠 프랑스인들을 채용하고 싶은데 노동부가 허가해 주지 않는다는군. 그는 현재 프랑스인 교사 한 사람을 데리고 있으며 계속 일해 주기를 바라는 입장이지만, 노동부는 영국인들도 프랑스 사람 못지않게 프랑스어를 할 수 있으니 현재 일하고 있는 교사의 체류를 허락할 수 없다고 공식 통고해 왔다고 하네.

나는 이런 일을 두고 보아서는 안 된다고 생각하며, 자네도 동의할 것으로 믿네. 교육 부문의 중차대한 문제들이 자네 부서의 소관이 아니라는 것은 나도 잘 알지만, 교육직에 어떤 외국인이 필요한지 아닌지를 따질 때는 경찰의 판단이 고려되기 때문에 결국 경찰이 결정하게 된다네. 현재 시행하고 있는 외국인 법의 원칙들이 만일 15세기 이탈리아에서 채택되었다면 우리 서구 세계는 결코 그리스의 지식을 획득할 수 없었을 것이며 르네상스도 발흥하지 못했을 걸세.

비록 자네 부서의 소관은 아니지만, 자네가 그 문제를 노동부에 슬쩍 언급만 해도 결정을 바꿔놓을 수 있을 것으로 믿어 의심치 않네. A. S. 닐은 국제적 명망이 있는 사람이니, 영국인들의 벼슬아치 근성을 문명 세계 만방의 웃음거리로 만들겠다고 작정한다면 무슨 짓을 할지 모른다네. 자네가 힘을 써 이 문제를 바로잡아준다면 그로 인한 내 걱정을 크게 덜어주는 셈이 될 걸세.

추신 : 이 문제에 대해 본드필드 양에게도 편지를 보냈네.

1930년 12월 20일

〈A. S. 닐과 주고받은 편지들〉

친애하는 러셀

정말 고맙소! 대군을 얻은 기분이오. 결과야 어떻든 내 감사의 마음을 받아주시오. 그리고 나는 그들에게 정신 분석에 관한 말은 하지 않았소. 그저 평범한 형식으로 신청서를 냈더니, 그들이 지면으로, "영국인이든 이미 우리나라에 거주하는 외국인이든, 프랑스어 선생을 찾기 위해" 정확하게 어떤 절차를 거쳤느냐고 물어왔소. 그래서 나는, "아주 이상한 사람만 아니라면 프랑스인을 원한다……. 우리 학교는 심리학에 기초한 학교이기 때문에 어떤 교사든 자기 과목에서는 물론, 신경 과민한 아동들을 다루는 데도 전문가여야 한다"고 답변해 주었소.

이번 일이 당신이 말한 이른바 벼슬아치 근성이 잘 드러난 경우이긴 하지만, 트리벨리언이 이끄는 '사립 학교에 관한 위원회'가 보고서를 발표하게 되면 아마도 약간의 전투가 벌어질 것이오. 당신과 나는, 왜 아이가 읽기조차 못하느냐고 빈둥대며 따지는 몇몇 멍청한 조사관들을 상대로 정신없이 싸워야 할 것이오. 우리 학교에 올 검열관이 누가 될지는 모르지만 분명 콜린Colin(여섯 살이오)의 다정한 인사를 받게 될 것이오. "젠장, 당신은 누구예요?" 결국 우리는 화이트홀〔런던의 관청 소재지〕을 사수하기 위해 학교에서 뛰쳐나와 싸울 수밖에 없을 게요.

어떤 일이 벌어지는지 다음에 알려주겠소.

정말 고맙소.

서퍽, 리즈턴, 서머힐 학교
1930년 12월 22일

친애하는 러셀

당신이 결국 해냈구려. 구역질나는 편지(노동부에서 보낸 것)이긴 하지만, 아마도 쓴 녀석이 더러운 기분으로 쓴 모양이오. 내게는 마치 멋지게 표현된 증오의 찬가처럼 느껴지오.

나는 그 편지에 제시된 조건들에 동의했소……. 동시에 녀석의 눈을 후려갈기고 싶은 기분도 들었지만. 관료주의를 처음 경험해서인지 내가 기계를 상대하고 있다는 사실을 깜박 잊게 되오.

당신의 신속한 도움에 거듭 감사하오. 다음에 내가 당신한테 접근할 때는 아마 '사립 학교에 관한 위원회'가 분주하게 움직일 때일 것이오. 전문가 참고인이랍시고 교육계의 존경받는 노인네들을 모조리 불러낼 것이니, 당신 같은 중요한 사람들이 대신 싸워주지 않으면 (교육계에서 철저하게 과격파로 통하는) 우리는 무시당하고 말 것이오. 그러고 나면 우리는 고집 센 보수주의자들이 지지하는 그 근사한 규칙들을 참고 견뎌야 하겠지요. 우리 함께, 이른바 '항문주의자들'〔정신 분석 주의자들이란 뜻〕로 불리는 이단적 교사들의 모임을 한번 주선해 보지 않겠소?

리즈턴, 1930년 12월 31일

친애하는 닐

편지해 준 것도 고맙고 그 프랑스어 교사의 소식을 알려준 것도 고맙소. 노동부의 조건을 받아들였다니 유감이오. 사실 그들이 허둥지둥하는 상황이었기 때문에 잘만 유도했으면 조건 없이 허가를 받아낼 수도 있었는데 말이오.

본드필드 양과 트리벨리언에게 그들이 거느린 관리들이 형편없어 보인다는 뜻을 전하고 싶은데, 당신 생각은 어떻소? 노동부가 그 프랑스어 교사의 무기한 채용을 허가하는 쪽으로 결정할 가능성도 매우 높소. 내가 잠시 휴가차 집을 비우기 때문에 내 비서한테 불러주어 그들에게 보낼 편지를 쓰고 있소. 당신한테서 연락이 오기 전에는 부치지 말라고 했소. 그러니 그 편지들을 보내도 좋은지의 여부를, 내가 아닌 내 비서(해링턴O. Harrington 부인이오)한테 편지로 알려주면 고맙겠소.

1931년 1월 5일

나는 닐의 동의하에 다음과 같은 편지들을 보냈다.

⟨본드필드 양에게 보낸 편지⟩

친애하는 본드필드 양

A. S. 닐 씨의 프랑스어 교사 문제를 봐주신 데 대해 깊이 감사하오. 그런데 그 사람을 계속 채용하도록 허가하는 과정에서 당신네 부서가 조건을 달았다는데, 아마 당신은 몰랐으리라 짐작하오. 1년에 한해 허용하고 그후에는 요구조차 못하게 해놓았다 하오.

나는 당신이 학교 쪽 일을 맡은 적은 없는 것으로 알고 있지만 만일 그런 기회가 있었다고 한다면, 1년에 한 번씩 교사들을 바꾼다는 것이 학교 일을 제대로 해나가는 데 얼마나 막대한 지장을 주는 일인지 충분히 이해했을 것이오. 만일 당신네 부서가 유수의 사립 학교 교장에게 매년 교사들을 바꾸라고 우겼다면 그 사람 입에서 어떤 말이 나왔겠소? 닐씨는 지금 현대 교육에 관심을 가진 모든 사람들이 매우 중요하게 생각하는 실험을 진행하고 있소. 그런데 유감스럽게도, 정부는 그에게 실험의 공정한 시도 자체를 불가능하게 만드는 조치나 취하고 있는 듯하오. 물론 당신은 나의 견해에 공감할 테지만, 일부 부하 직원들이 당신의 뜻을 제대로 반영하지 못해 그럴 것이라고 짐작하오.

여러 가지로 수고를 끼쳐 미안하게 생각하오.

1931년 1월 12일

〈찰스 트리벨리언에게 보낸 편지〉

친애하는 찰스

A. S. 닐의 프랑스어 교사를 위해 여러 모로 수고해 준 데 대해 진심으로 고맙게 생각하네. 노동부는 1년간의 체류를 허가해 주었는데, 단 그 기간 이후에는 연장 신청조차 못하게 조건을 달아놓았네. 내가 볼 때는 참으로 괴상한 조건이 아닐 수 없는데, 아마 자네 생각도 같을 걸세. 닐은 '거대한 힘'에 굴복할 수밖에 없는 처지이기 때문에 결국 수락하고 말았지만, 사실 그것은 어떤 논리로도 정당화될 수 없는 조건이네. 학교를 운영해 본 사람들은 교사를 끊임없이 바꾸는 게 얼마나 힘든 일인지 잘 안다네. 만일 노동부가 해로 학교 교장한테 1년에 한 번씩 교사들을 갈아치우라고 한다면 그 사람이 어떻게 생각하겠나?

닐은 지금 교육에 관심 있는 사람이라면 누구나 매우 중요하게 생각하는 실험을 하고 있는데, 화이트홀에서는 그 실험이 실패하도록 만들려고 온갖 짓을 다 하고 있는 형국일세. 나는 닐의 작업에 실질적으로 관계하는 사람은 아니지만, 중요한 일을 하고 있는 지성인들이 왜 노동부 관리들과 같은 무식하고 참견하기 좋아하는 사람들의 지시에 고분고분 따라야 하는 건지 이해가 되지 않네. 이 점에 있어선 자네도 내 생각에 공감할 것으로 믿어 의심치 않네.

다시 한 번 감사의 뜻을 전하네.

1931년 1월 12일

⟨A. S. 닐과 주고받은 편지들⟩

친애하는 닐

동봉한 글을 보면 알겠지만 노동부에서 얻어낸 게 아무것도 없소. 답변서를 쓰긴 했으나 부치지는 않았소. 그것을 동봉했으니, 당신이 판단하여 도움이 되겠다 싶으면 부쳐도 좋소. 그러나 본드필드 양이 독신주의자란 사실을 명심해야 할 게요.

1931년 1월 27일

⟨노동부 앞으로 쓴 답변서(닐에게 보낸 것)⟩

노동부 귀중

1월 26일자 편지 매우 고맙게 받았소. 능력에 상관없이 되도록 영국인들에게 많은 일자리를 주고자 하는 원칙에 대해선 나도 충분히 이해하는 입장이오. 그러나 내가 볼 때 노동부는 그 원칙을 그리 폭넓게 적용하지 않는 것 같소. 내가 알기로, 외국인들과 결혼한 영국 남자들도 많고, 능력이 있음에도 일자리를 갖지 못한 영국인 아내들도 많이 있소. 그런 경우 영국인 아내를 교육시켜 기존의 외국인 아내를 대신하도록 만들 생각이라면 1년 정도 교육시키면 충분하지 않겠소?

1931년 1월 27일

버트런드 러셀

L·E·T·T·E·R·S

친애하는 러셀

아니오. 그 사람들한테 답변해 본들 소용이 없소. 관리들의 체면을 살려보자는 것이 저쪽의 주요 목표일 가능성이 매우 높기 때문이오. 나중에 우리 프랑스어 교사가 더 있기를 원하면 학교에 돈을 좀 투자하게 하여 사용자 신분으로 계속 가르칠 수 있도록, 내가 방법을 찾아보겠소. 어쨌거나 이 정도만 해도 당신은 많은 것을 해준 것이오. 거듭 감사하오. 다음 선거 때는 나도 토리파에 표를 던질 것 같소!

오늘 나는 노먼 맥먼Norman MacMunn의 미망인한테서 편지를 받았소. 돈이 한 푼도 없는지 보모 일자리를 부탁하는 내용이었소. 나는 그럴 여력이 없고 아마 당신도 마찬가질 게요. 나는 그녀에게 다팅턴 홀(영국 데번의 다팅턴에 소재. 본래 리처드 2세의 동생을 위해 지어진 저택으로, 1920년대에 엘름허스트 가문이 사들여 복구했으며, 현재는 지역 문화와 예술의 중심 역할을 하며 호텔 기능도 함)의 우리 갑부 친구들한테 부탁해 보라고 충고했소. 나는 늘 곤궁한 사람들을 그들한테 보낸다오……. 부자라고 항상 그들을 미워하면서도 말이오. 엘름허스트Elmhirst란 사람은 집을 새로 손봐야겠다 싶으면 힐스 백화점에 수표를 끊어준다오……. 힐스 말이오! 그런데 나는 지금 어떻게든 기금을 모아 도기 제조용 오두막 하나라도 지어보려고 이렇게 안달복달하고 있는 형편이니. 선구자는 실패자라는 것을 알아야 하오, 선생. 학부모들이 만들어놓은 난장판을 청소하는 일에도 이젠 진력이 났소. 지금 우리 학교에는 매일 여섯 번씩 바지에 똥을 싸는 여섯 살짜리 소년이 있소……. 아이 엄마가 아이한테 똥을 먹이는 방법으로 '치료해' 왔다고 하오. 나는 고맙다는 말 한 마디 듣지 못하오……. 몇 년씩 애쓴 끝에 아이를 치료해 놓으면 그 어머니가 아이를 '좋은' 학교로 전학시켜 버릴 테니까. 그게 다냐 하면 그것도 아니오……. 관공서의 무관심, 아니 언제 터져나올지 모를 적대감, 학부모들

II. 두번째 결혼 77

의 질시…… 아이들이 유일한 낙일 뿐이오. 나도 언젠가는 이 일을 접고 잘츠부르크[오스트리아 서부의 도시] 근처에서 멋진 호텔이나 시작해 볼까 싶소.

짐작했겠지만 오늘 아침에는 만사가 다 귀찮은 기분이오. 당신과 만나 이런저런 이야기를 나누고 싶구려. 오늘 내가 이러는 데는, 또 한 건의 빚 소식이 날아든 것도 한 이유라오……. 금년까지 갚아야 할 돈이 총 150파운드나 되기 때문이오.

자위 행위에 관한 내 견해를 마거릿 본드필드가 어떻게 생각할지 궁금하구려!

서퍽, 리즈턴, 서머힐 학교
1931년 1월 28일

친애하는 닐

그렇게 기운이 빠져 있다니 안타까운 마음이오. 나 역시 학교 문제만 생각하면 늘 그런 기분에 빠진다오. 내가 학부모들한테 받아야 할 돈이 모두 500파운드쯤 되지만 돈은 구경조차 못하게 될 게 뻔하오. 당신이 호텔 사업을 시작한들 수익이 더 나을 것 같지는 않소. 임신한 채 알거지로 버려진 소녀들을 보면 보나마나 당신은 그들과 아이들까지 떠맡아 천수를 다하도록 보살펴줄 테니 말이오. 수익성을 따지자면 현대적인 학교가 차라리 낫지, 호텔 사업에서 수익을 기대하기란 어려울 것이오. 누가 어떤 장사를 하든 거짓말이나 둘러대고 잔혹한 짓을 일삼지 않는 한 생계를 유지하기 힘든 세상이오.

엘름허스트 얘기는 서글프기 그지없소. 그러나 돈과 결혼하는 사람도 생계를 위해 일해야 한다는 것이 평소 나의 지론이오. 나도 지금 당장은 보모를 쓸 여유가 없소. 한 사람을 이미 채용했는데 매우 만족스럽게 일해 주고 있다오.

현대적 교육을 믿는다고 자처하는 사람들한테 약간의 재정적 도움이라도 청해 볼까 하고 조심스럽게 시도해 보기도 했소. 그러나 새어나간 얘기들이 내 일에 가장 방해가 되었다는 것과, 내가 직원들한테 엄격한 성도덕을 철저하게 요구하지 못한다는 것을 깨달았소. 심지어 스스로 대단히 진보적이라고 믿는 사람들조차, 성적으로 굶주린 사람들만이 도덕적으로 건전한 영향력을 발휘할 수 있다고 생각한다는 것을 알게 되었소.

바지에 똥을 싼다는 소년의 이야기는 참으로 끔찍하오. 나도 그처럼 다루기 힘든 사례는 못 본 것 같소.

다시 볼 수 있으면 참 좋겠소. 언제 한번 시간을 잡아 런던에서 만날 수 있을 것 같기도 한데……

1931년 1월 31일

〈버나드 쇼 부인(샬럿 F. 쇼)의 편지〉

친애하는 버트런드 러셀

강연 원고를 보내주시면서 제게 보관하라고 하시니 감사하고도 영광스러운 일입니다. 당신은 너무나 근사해요. 한 번 읽어보았는데, 허락해 주신 대로 잘 보관하겠습니다. 이제 다시 조용하고 좋은 기회가 올 때까지.

제가 비록 보잘것없지만 확실한 당신의 숭배자라는 것, 잘 아실 겁니다. 제 내면에는 남들 앞에서는 드러나지 않는 아주 강력한 신비적인 성향이 존재하는데, 그런 저에게 당신의 원고는 그 어떤 것보다 훌륭하고 안정적인 약이 된답니다!

가족들에게도 안부 전해 주세요. 학교가 번창하기를 빕니다.

1928년 10월 28일

〈C. P. 생어에게 보낸 편지〉

친애하는 찰리

그렇게나 심하게 앓고 있다니 참으로 가슴아프네. 속히 쾌차하기를 진심으로 비네. 의사들이 허락해 주는 대로 수시로 찾아가겠네. 케이트가 수술한 지 오늘로 꼭 1년일세. 그때 참으로 고마웠네. 자네가 오면 케이트가 얼마나 좋아했는지 잊을 수가 없네. 사랑하는 찰리, 자네에 대한 내 깊은 애정을 표현한 적은 없는 것 같으나 잘 알고 있으리라 믿네.

나는 사흘 전에 집에 왔는데, 이곳의 모든 것이 다 만족스럽네. 아이들도 쑥쑥 잘 자라고 있고 집에 있으니 참으로 좋아. 캘리포니아 같은 데 있다 보면 너무 아득히 멀게 느껴진다네. 솔트레이크시티에 갔더니 모르몬 교도들이 날 개종시키려 들더군. 그러나 그들이 차와 담배를 금한다는 것을 알고는 절대로 내 종교가 될 수 없다는 생각을 했지.

조속히 회복되기를 진심으로 비네.

텔레그래프 하우스
1929년 12월 23일

〈러더퍼드Rutherford 경(1871~1937년, 뉴질랜드 태생의 영국 물리학자)의 편지〉

친애하는 버트런드 러셀

당신의 책 『행복의 정복』을 읽고 있는데 참으로 재미있고 유익하오. 내게 큰 자극이 된다는 점에서 감사를 표하고 싶고, 관련 요소들의 분석도 매우 귀중한 것 같소. 다만, 내가 전적으로 공감하기 어려운 대목이 하나 있는데, 시기와 질투란 요소를 다루는 방식이었소. 과학자의 소박하고 근본적으로 행복한 삶에서조차 때로 이러한 결점의 예들과 만나게 되는 것이 자연스러운 현상이지만—그 점은 나도 공감하오—내가 남달리 운이 좋은 것이거나, 아니면 너무 둔감하여 내 친구들 대다수에게서 그런 결점을 못 보는 것일 게요. 나는 땅에서든 실험실에서든 소박한 삶을 살아가는 사람들을 많이 알고 있는데, 그들은 그러한 결점으로부터 대단히 자유로워 보였소. 계급 의식이 지나친 사람들에게서 그런 결점이 가장 많이 표출된다고 한 당신의 견해에 전적으로 공감하오. 이것은 비판하자는 것이 아니라 내가 느낀 바를 그저 개인적으로 말하는 것일 뿐이오.

당신의 형님께서 급사하셨다는 소식 듣고 매우 유감스러웠소. 내 비록 그분을 잘 알지는 못했으나 형을 여읜 당신의 심정은 알고도 남소. 장차 당신도 상원에서 논의에 참여해 보면 흥미를 느낄 것으로 기대하오.

케임브리지, 1931년 3월 9일

12 텔레그래프 하우스 시절

내가 도라를 떠난 후에도 그녀는 비콘힐 학교를 계속 운영했다. 비록 1934년부터는 텔레그래프 하우스를 떠나 다른 곳에서 운영했지만, 어쨌거나 제2차 세계대전이 시작된 후로도 학교 운영은 계속되었다. 존과 케이트는 대법관청의 보호를 받게 되었으며, 다팅턴의 학교로 가 즐겁게 생활하고 있었다.

한 해 여름을 프랑스의 앙다유에서 보내고 또 한 해 여름에는 말라가(에스파냐 남부의 항구 도시) 근처에 있는 제럴드 브레넌Gerald Brenan의 집에서 얼마간 살았다. 그 전까지 브레넌 부부를 전혀 몰랐으나 사귀고 보니 재미있고 유쾌한 사람들이었다. 놀라운 것은 부인인 가멜Gamel 브레넌이 대단히 해박하고 폭넓은 관심을 가진 학자로서, 온갖 종류의 단편적이고 기이한 지식들을 갖추었을 뿐 아니라, 매혹적이고 조예 깊은 운율을 구사하는 시인이란 사실이었다. 우리는 차츰 우정을 키워나갔고 그녀도 이따금 우리를 찾아왔는데 막 황혼기에 접어든 매력적인 여인이었다.

1932년 여름에는 캐른 보엘에서 생활했는데, 훗날 내가 도라에게 넘겨준 집이다. 그곳에 있는 동안 나는 『교육과 사회 질서Education and the Social Order』를 집필했다. 그 책을 쓴 후로는, 학교로 인한 재정적 부담에서 벗어난 상황이었기 때문에 돈벌이를 위한 글은 쓰지 않기로 했다. 그리고 부모로서도 실패한 처지였기 때문에, 가치 있는 책을 써보고 싶은 야망이 다시 꿈틀대는 것을 느꼈다.

1931년, 나는 미국에서 순회 강연을 하면서 알게 된 출판업자 노턴W. W. Norton과 출판 계약을 하고 글을 쓰기 시작해, 1934년에 『자유와 조직Freedom and Organization, 1814~1914년』이란 제목으로 출간했다. 나는 이 책을 피터 스펜스Peter Spence로 알려진 패트리셔Patricia 스펜스와 협력하여 집필했는데, 처음에는 엠퍼러스게이트〔황제의 문〕(이곳에 와본 존과 케이트는 황제도 문도 없다는 것을 알고는 실망스러워했다)에 있는 한 아파트에서, 나중에는 노스웨일스의 듀드래드 캐슬에서 작업했다. 당시 그곳은 포트메이리언 호텔의 별관으로 사용하고 있었다. 나는 책 작업이 너무나 즐거웠으며 포트메이리언에서 지내는 것도 좋았다. 그 호텔은 건축가인 클러프 윌리엄스엘리스Clough Williams-Ellis와 그의 아내이자 작가인 애마벨Amabel이 소유하고 있었는데, 둘 다 나의 친구들이었으므로 그들과 어울리는 것도 즐거웠다.

『자유와 조직』의 집필이 끝나자 텔레그래프 하우스로 돌아가기로 결정한 나는 도라에게 다른 곳으로 이사하도록 요청하기로 했다. 경제적인 이유 때문이었다. 나는 텔레그래프 하우스에 대해 법적으로 매년 400달러의 집세를 물고 있었는데, 그 돈은 결국 형의 두 번째 아내에게 별거 수당으로 지불되었다. 또 존과 케이트한테 들어가는 모든 비용은 물론 도라에게도 별거 수당을 지불해야만 했다. 반면에 수입은 엄청날 정도로 줄어 있었다. 공황기여서 책을 사보는 사람들이 줄어든 것도 원인이었지만, 내가 대중적인 책을 더 이상 쓰지 않앉다는 것과, 1931년에 캘리포니아의 성에서 함께 지내자고 한 허스트의 제의를 거절한 것도 두루두루 원인이 되었다. 그 전까지 나는 허스트가 소유한 신문들에 매주 글을 써주고 연간 1천 파운드씩 받아왔으나, 그의 제의를 거절한 후로는 그 액수가 절반으로 깎였고, 얼마 지나지 않아 내 글을 더 이상 원하지 않는다는 통고를 받게 되었다. 텔레그래프 하우스는 규모가 컸으며, 각각 1.6킬로미터쯤 되는 두 개의 개인 전용 자동차 도로를 통해서만 출입할 수 있었다. 나는 그 집을 팔고 싶었으나 학교가 거기 있는 동안에는 시장에 내놓을 수 없었다. 그곳에 가 살면서, 잠재적 구매자들이 좀더 매력을 느낄 수 있도록 집을 단장하는 수밖에 달리 희망이 없었다.

학교가 옮겨간 후 텔레그래프 하우스에 정착한 나는 우선 카나리아 제도로 휴가를 떠났다. 돌아오는 길에 문득, 정신은 멀쩡하지만 창조적 충동이 거의 고갈되어 무슨 일을 해야 할지 몰라 당혹해하고 있는 나 자신을 발견했다. 그래서 오로지 기분 전환을 목적으로, 입방체 표면의 27개 직선에 관한 문제를 붙들고 두 달 가량 씨름했다. 하지만 그런다고 될 일이 아니었다. 그것은 아무짝에도 쓸모 없는 일이었고, 나는 벌이가 좋았던 지난 몇 년—1932년으로 막을 내렸다—동안에 모아둔 돈으로 살아가는 형편이었다. 나는 나날이 커지고 있는 전쟁의 위협에 관해 책을 쓰기로 마음먹었다. 『어느 것이 평화로 가는 길인가?Which Way to Peace?』란 제목의 이 책에서도 나는 제1차 세계대전 때부터 취해 온 평화주의의 입장을 견지했다. 다만 세계 정부가 수립된다고 가정할 경우, 그 정부는 반란 세력에 맞서 무력으로 자위하는 것이 바람직하다고 주장했다는 점에서 예외를 하나 인정한 것은 사실이다. 그러나 가까운 미래를 위협하는 전쟁에 대해서는 양심적 참전 거부를 촉구하였다.

하지만 이 같은 태도는 무의식중에 위선이 되어버렸다. 지난날 나는 카이저가 군림하는 독일이 패권을 잡게 될 가능성을 예견한 바 있었고 마지못해 묵인하는 입장이었다. 독일이 패권을 잡을 경우 비록 해악이 되기는 하겠지만 세계대전이나 그로 인한 여파에 비할 만큼 큰 해악은 아닐 것이라는 것이 당시 나의 생각이었다. 그러나 히틀러가 군림하는 독일은 경우가 달랐다. 나는 잔인하고 고집 불통인 데다 우둔하기까지 한 나치 당원들이 대단히 혐오스러웠다. 도덕적으로나 지적으로나 그들이 불유쾌하게 느껴졌고, 따라서 나는 평화주의적 신념에 매달리면서도 그 입장을 고수하기가 점점 더 힘들어짐을 느꼈다. 1940년, 영국이 침공당할 위기에 놓이게 되자 나는 내가 제1차 세계대전 때 완패 가능성을 한 번도 심각하게 생각해 보지 않았다는 사실을 깨달았다. 그 같은 가능성을 묵과할 수 없다는 것을 깨닫고 나는 마침내 결단을 내렸다. 그것은 의식적이고 확고한 결단으로서, 승리의 길이 아무리 힘들고 고통스러운 결과들을 수반한다 하더라도 제2차 세계대전에서 승리할 수 있도록 필요한 지원을 해야 한다는 것이었다.

그것은 1901년 '전환'의 순간에 내게 다가왔던 여러 믿음들을 하나둘씩 서서히 포기해 온 마지막 단계라고 할 수 있었다. 나는 무저항주의의 철저한 지지자가 결코 될 수 없었다. 나는 언제나 경찰과 형법의 필요성을 인정했으며, 심지어 제1차 세계대전 때도 정당한 전쟁이 있을 수 있음을 공공연히 주장했다. 그러나 내가 무저항주의 —아니, 차라리 비폭력 저항주의라고 하는 게 맞겠다—라는 방법에 부여해 온 의미는 훗날의 경험이 정당화시켜 줄 수 있는 선을 넘어선 것이었다. 인도에서 간디Gandhi가 영국에 맞서 승리를 이끈 데서도 볼 수 있듯, 무저항주의가 큰 의미를 지닌다는 것은 분명하다.

그러나 그 같은 방법은 상대가 어느 정도의 도덕성을 지녔느냐에 따라 좌우된다. 지난날 인도인들은 철로 위에 드러누워 자신들을 깔아뭉개보라고 당국자들을 위협했다. 영국인들은 그런 잔인한 짓을 도저히 할 수 없었다. 그러나 나치들은 그 같은 상황에서도 아무런 양심의 가책을 느끼지 않았다. 톨스토이가, 무저항주의 앞에서는 권력자들도 도덕적으로 다시 태어날 것이라고 주장하여 큰 공감을 불러일으킨 바 있지만, 1933년 이후의 독일에는 전혀 먹혀들지 않는 소리였다. 톨스토이의 주장은 권력자들의 무자비함이 어느 선을 넘지 않을 때에나 옳았다. 나치들은 분명 그 선을 넘어서 있었다.

그러나 나의 신념들이 변화하게 된 데는 개인적인 경험도 세계 정세 못지않게 관련되어 있었다. 나는 학교를 운영하는 과정에서, 약자가 억압받지 않게 하기 위해서는 대단히 단호하고 강력하게 권위를 행사할 필요가 있음을 깨달았다. 예를 들어 수프에 머리핀을 집어넣은 사건의 경우, 즉각적이고 단호한 조치를 취해야 좋은 환경이 서서히 작용하도록 내버려둘 수 있는 상황이 아니었다. 나는 재혼해 살면서도 그 점에서 아내의 자유를 존중해 주는 것이 내 신조에 따르는 길이라 생각했고, 그렇게 해주려고 애썼다. 그러나 용서와 이른바 기독교적 사랑이란 것에서 나의 수용 능력이 나의 요구를 감당하지 못한다는 것, 가망 없는 노력을 계속해 나갈 경우 나 자신에게도 큰 해가 될 뿐 아니라 남들을 위해 하고자 했던 좋은 일마저 제대로 하지 못하게 된다는 것을 깨달았다. 이미 누군가가 그런 얘기를 내게 해주었을 테지만, 내가 이론에 눈이 멀어 있었던 것이다.

과장하고 싶은 생각은 전혀 없다. 1932년부터 1940년까지 서서히 이루어진 내 관점의 변화는 결코 혁명이 아니었다. 그것은 양적 변화이자 강조점의 이동에 불과했다. 나는 무저항주의를 절대적으로 신봉한 바도 없었고, 이제 와서 완전히 거부한다는 것도 아니었다. 그러나 제1차 세계대전 반대와 제2차 세계대전 지지의 현실적 차이가 너무나 컸기 때문에, 실제로 상당한 수준의 이론적 일관성이 존재했음에도 불구하고 그 점은 가려지고 말았다.

이성적으로는 완전히 확신에 도달했으나 내 감정은 쉽사리 따라주지 않았다. 제1차 세계대전을 반대할 때는 나의 전체가 가담한 반면, 제2차 세계대전을 지지한 것은 나의 절반뿐이었다. 1914년부터 1918년까지 나의 소신과 감정은 완전히 하나가 되어 움직였으나, 1940년 이후로는 두 번 다시 그런 경험을 할 수 없었다. 그때는 내가 과학적 지성이 확인해 줄 수 있는 선 이상으로 신조를 중시했기 때문에 그 같은 하나됨이 가능했던 것 같다. 나는 나를 어떤 결론으로 끌고 가든 과학적 지성을 따르는 것이야말로 나의 도덕 지침에 가장 필수적인 요소라고 늘 생각했으며, 심지어 깊은 정신적 통찰을 위해 취했던 것을 잃게 될 처지에 처하더라도 그 같은 지침을 따랐다.

나는 내 부모님의 짧은 생애를 기록한 『앰벌리 문집The Amberley Papers』을 만드느라 피터 스펜스와 함께 1년 반 가량을 보냈다. 그리고 나는 피터와 한동안 사랑하는 사이가 되었다. 이 책에는 속세에서 멀리 떨어진 상아탑 같은 분위기가 담겨 있었다. 내 부모님은 우리 시대가 안고 있는 것과 같은 문제들에 부딪힌 적이 없었다. 따라서 그들의 급진주의는 자신만만했으며, 그들이 사는 동안에는 세계가 좋게 느껴지는 방향으로 움직이고 있었다. 그리고 비록 본인들은 귀족의 특권에 반대했으나 그것이 고스란히 남아 있었던 때였으므로 좋든 싫든 혜택을 누릴 수 있었다. 그들은 편안하고 넓고 희망에 찬 세상에서 살았다. 그럼에도 나는 부모님을 전적으로 인정해 줄 수 있었다. 나는 평온한 마음으로 문집 작업을 할 수 있었고, 부모님을 기리는 일을 하는 가운데 자식 된 도리를 다한다는 만족감도 느낄 수 있었다. 그러나 그것이 정말 중요한 작업인 척할 수는 없었다. 나는 창조력이 고갈된 시기를 겪었다. 그러나 그 기간도 끝나고 이제 좀더 현실적인 작업으로 돌아와야 할 때였다.

그 다음에 쓴 책은 『권력, 새로운 사회 분석Power, a New Social Analysis』이었다. 이 책에서 나는, 자유라는 것은 사회주의 국가에서도 여전히 합당하지만 자유주의적 용어가 뜻하는 개념에서 탈피하여 그 범위를 새롭게 규정해야 한다고 주장했다. 지금도 나는 이 주장이 중요하다고 생각하는데, 당시엔 내가 기대했던 것만큼 많은 주목을 끌지는 못했다. 이 책의 의도는 마르크스와 고전주의 경제학자들을 모두 반박하는 데 있었다. 어떤 세부적인 사항이 아니라 그들이 공유하는 근본적인 가정들을 가지고 반박하는 것이었다. 나는 부가 아닌 권력이 사회 이론의 기초 개념이 되어야 하며, 사회적 정의는 권력이 현실적으로 얼마나 평등화되어 있는지에 달려 있다고 주장했다. 그리고 국가가 민주적이지 않는 한, 또 민주적인 국가라 하더라도 관료들의 권력을 억제하는 장치들이 마련되어 있지 않는 한, 토지와 자본의 국유화는 결코 진보가 아니라고 주장했다. 나의 이런 주장은 버넘Burnham의 『경영의 혁명Managerial Revolution』에 일부 채택되어 널리 알려지기는 했으나 내 책 자체는 실패에 가까웠다. 그러나 나는 지금도, 특히 사회주의 체제에서 전체주의의 폐해를 피하기 위해서는 그 책에서 말하는 내용이 대단히 중요하다고 생각한다.

1936년, 나는 피터 스펜스와 결혼했고 1937년에 막내둥이 콘래드가 태어났다. 내게는 큰 기쁨이 아닐 수 없었다. 아이가 출생하고 몇 달 후에 나는 마침내 텔레그래프 하우스를 파는 데 성공했다. 몇 년 동안 사겠다는 사람이 없더니 갑자기 두 사람이 한꺼번에 나타난 것이다. 한 사람은 폴란드의 귀족이었고 다른 한 사람은 영국의 실업가였다. 그 두 사람이 서로 사겠다고 경쟁한 덕분에 나는 24시간 만에 집값을 1천 파운드까지 올릴 수 있었다. 결국 실업가가 경쟁에서 이겼고 나는 악몽 같은 무거운 짐을 덜게 되었다. 집이 처분되지 않는 한 계속 돈이 들어가야 했는데 남은 돈이 거의 없었으므로 자칫하면 파산에 이를 수도 있는 상황이었던 것이다.

경제적 사정을 생각하면 텔레그래프 하우스를 처분한 것이 다행이었으나 그 집과 작별하게 되어 마음이 아팠다. 나는 그곳의 들과 숲, 사방이 훤히 보이는 탑 속의 내 방을 좋아했다. 또 내가 40년 넘게 알고 지낸 곳이고, 프랭크 형 생전에 점차 커져가던 모습도 보아왔다. 그 집은 연속성을 상징했다. 나는 내 인생도 그러하기를 바랐으나 작업을 제외하고는 기대에 훨씬 못 미쳤던 것이 사실이다. 집을 팔고 난 후의 심정을 말하자면, 약사들이 흔히 변명하듯 '내 의지가 아니라 내 궁핍이 동의해서'였다. 그후로 오랫동안 내게는 일정한 거주지가 없었으며, 그런 것을 갖게 될 가능성도 없다고 생각했다. 나는 그것이 못내 아쉬웠다.

『권력』의 집필을 끝내고 나자, 내 생각이 다시 이론 철학으로 돌아가는 것을 발견했다. 나는 1918년에 수감 생활을 하면서, 초창기에 철저히 무시해 왔던 의미와 관련된 문제들에 관심을 가지게 되었다. 나는 이 문제들을 『정신의 분석』에서 일부 다루었고, 그 무렵에 쓴 각종 글에서도 다룬 바 있었다. 그러나 못다 한 말이 훨씬 더 많았다. 나는 논리 실증주의자들의 일반적인 견해를 대폭 지지하는 입장이었으나, 몇 가지 점에서 오류에 빠진 그들이 경험주의를 버리고 새로운 종류의 스콜라 철학으로 빠져드는 것처럼 느껴졌다. 그들은 언어의 영역을 그 자체가 실재인 양, 비언어적 사건들과는 아무 관계도 맺을 필요가 없는 양 다루는 경향이 있었다. 옥스퍼드에서 강좌 요청이 들어오자 나는 '말과 사실Words and Facts'을 주제로 정했다. 그때 강의한 것을 기초로 1940년에 책을 출간했는데, 그것이 바로 『의미와 진리의 탐구An Inquiry into Meaning and Truth』다.

우리는 옥스퍼드 근처의 키틀링턴에 집을 장만하고 1년 가량 살았으나 옥스퍼드 사람들 중에 우리 집을 찾은 이는 어느 숙녀 한 사람뿐이었다. 우리는 존경받는 집안이 못 되었던 것이다. 나중에 케임브리지에서도 비슷한 경험을 했다. 나는 유서 깊은 학문의 전당인 그 두 곳이 그 점에서 독특하다는 것을 깨달았다.

L·E·T·T·E·R·S

〈모리스 에이머스에게 보낸 편지〉

친애하는 모리스

지난 10월에 보내준 고마운 편지를 받고도 아직 답장을 못했네. 당시 나는 미국에서 순회 강연을 하는 중이었는데 그럴 때는 하루하루가 여 가라곤 나지 않는 생활이라네. 답장을 쓸 생각이었으나 적절한 시기를 놓치고 나자 그만 충동이 죽어버렸다네.

나는 진스James Jeans〔영국의 물리학자, 수학자〕의 책을 좋아하네. 물리학자들이 결국 저 가엾은 버클리 주교에게로 돌아오는 과정이 재미있어. 젊은 시절 우리가 어떻게 배웠는지 자네도 아마 기억할 걸세. 관념론이 타당한 것은 물론이나 버클리 주교가 주장하는 식의 형태는 매우 어리석다고 배웠건만 지금까지 살아남은 것은 그 사람 것밖에 없지. 나는 기질적으로 그의 이론을 싫어하지만 어떻게 반박해야 할지 모르겠네. 어쨌거나 그것이 유아론唯我論이란 건 분명하지. 하버드에 갔을 때 화이트헤드를 학과장 석에 앉혀놓고 이 주제로 강연했네. 나는 나 자신을 유아론자로 믿어야 한다면, 내가 이해하지도 못하는 그의 책들을 일부나마 써주었다는 사실이 믿어지지 않는다고 말했지. 그럼에도 불구하고 내가 유아론자임을 믿지 않는다는 확실한 증거를 찾아내는 데는 결국 실패했네.

영국 헌법을 다룬 자네의 책은 매우 흥미로웠네. 자네가 5만 자의 필수 단어 중 4만 6천 자를 쓴 끝에야 의회에 도달했다는 점이 특히 재미있어. 오늘날 의회는 다소 비중이 떨어지는 조직체로 변해 버렸네. 19세기만 해도 수상이 의회에서 패배하면 사임하곤 했으나 글래드스턴이 그 관행을 바꾸어놓았지. 이제는 오히려 의회가 해산 협박에 떠는 형국이라네. 수상을 직접 선거로 뽑고, 그 수상이 내각을 구성하고, 그로부터 5년이 지나거나 혹은 자기 당 내에 새로운 지도자가 등장하여 맞서게 되어 재선을 모색해야 하는 상황에서는 헌법에 큰 변화가 있기 어렵다네.

나는 노동당에 관한 자네의 견해를 전적으로 옳다고 보네. 나도 그들을 좋아하지는 않지만 영국인이라면 누구나 당을 가져야 하니, 세 당 중에선 그래도 노동당이 낫다고 생각한다네. 보수당은 기질적으로 맞지 않아 싫고, 자유당은 로이드 조지 때문에 싫지. 어떤 당에 입당하기 위해 반드시 자신의 이성의 용도를 폐기할 필요는 없다고 보네. 내 바지가 지금보다 좋아지리란 것은 알지만 그래도 없는 것보다는 낫다고 생각되거든.

홀즈워스Holdsworth의 『영국 법의 역사History of English Law』에 대해선 사실 들어보지 못했네. 솔직히 말해 메이틀런드가 쓴 한두 권 외에는 법에 관한 책을 전혀 읽어보지 못했어.

미국에서 돌아온 후로는 이곳에만 처박혀 있다시피 하지만 가을에는 이따금 런던에 나갈 것 같으니 그때쯤 한번 만나봤으면 좋겠네.

생어의 사망 소식은 너무나 큰 슬픔이었네.

1930년 6월 16일

〈인류학자 브로니슬라프 말리노프스키Bronislaw Malinowski와 주고받은 편지〉

친애하는 러셀

지난번에 당신의 학교를 방문했다가 대기실에 갈색 모자를 벗어두고 왔소. 내게는 쓸 만한 모자가 그것뿐이라오. 그후로 그 모자가, 나보다 낫다고 내가 흔쾌히 인정하는 영국 유일의 지성인의 머리를 덮어주는 특혜를 누리고 있는지, 아니면 물리, 기술, 극예술 혹은 선사시대 상징주의와 관련해 소년 소녀들의 실험에 이용되고 있는지, 그것도 아니라면 그 대기실에서 나와 자연 도태되었는지 궁금하구려.

만일 위에 열거한 사건들—아니, 가정이라고 부르기로 합시다—이 전혀 적용되지 않거나 발생하지 않았다면, 대단히 미안하지만 그것을 갈색 포장지로 싸거나 기타 운송에 적당한 은폐 용기에 넣어 런던으로 가져온 후에, 어디 가면 찾을 수 있는지를 우편 엽서로 내게 좀 알려주실 수 있겠소? 내가 정신을 놓고 다녀—지성이 높은 사람들의 특징이라오—선생에게 온갖 불편을 끼쳐 드리니 진심으로 미안하게 생각하오.

가까운 시일에 뵙게 되기를 바라오.

런던 정치 경제 대학, 1930년 11월 13일

친애하는 말리노프스키

내 비서가 로비에서 쓸 만한 갈색 모자를 하나 찾아냈는데, 당신의 것인 듯싶소. 사실 사이즈만 보아도 당신이 떠오르오.

내가 월요일(17일)에 학생 연맹을 위한 강연차 런던 정치 경제 대학으로 갈 예정이니, 내 기억력이 당신만큼 나쁘고 내 지성이 당신만큼 훌륭하다면 모를까, 그게 아닌 한, 학교 수위한테 모자를 맡기고 당신이 오면 전해 주라고 말해 놓겠소.

나 역시 만날 수 있기를 기대하오. 나는 얼마 전에 브리폴트Briffault[1]와 안면을 텄는데 그의 호전적인 태도에 놀랐소.

1930년 11월 15일

〈G. E. 무어와 주고받은 편지들〉

친애하는 러셀

트리니티 협의회는 작년 6월에 비트겐슈타인에게 보조금을 수여하여

---

[1] 브리폴트는 원래 뉴질랜드 출신의 외과 의사인데, 사회학에 과감히 뛰어들었다. 나는 1931년에 그의 책 『죄와 성Sin and Sex』에 서문을 써주었다.

수학의 기초에 관한 연구를 할 수 있게 해주었네. 협의회는 지금 그에게 보조금을 더 줄 것인지의 여부를 두고 심의하는 중인데, 결정을 내리기에 앞서 그가 지난번 보조금을 받은 후로 해온 작업에 대해 전문가의 보고를 받고 싶어한다네. 협의회 측이 내게 권한을 위임하여 자네에게 그 보고서를 부탁해 보라고 했는데, 아마도 상당한 수고를 필요로 하는 작업이 될 거야. 비트겐슈타인이 써낸 작업의 양이 아주 많고, 또 그가 자신이 직접 설명하지 않으면 이해하기 어려울 것이라면서 반드시 자네와 직접 대화를 하겠다고 주장하고 있거든. 그럴 수 있는 기회가 주어진다면 그는 매우 반가워하겠지만 자네로선 시간을 상당히 많이 빼앗길 게 분명해. 그래도 흔쾌히 응해 주기를 바라네. 협의회가 보조금을 지급하지 않는 한 그가 작업을 계속할 수 있는 충분한 수입이 보장되지 않기 때문이라네. 그 주제에 관한 전문가들의 긍정적인 견해를 얻어내지 못할 경우, 협의회가 그에게 보조금을 더 줄 가능성은 거의 없다네. 그리고 그 일을 맡길 만한 가장 역량 있는 인물이 자네란 것은 물론이고 말일세. 수고비는 당연히 지급될 것이네.

그리고 자네가 여기까지 와서 비트겐슈타인을 만날 필요는 없고, 적당한 시간과 장소만 정해 주면 그가 자네를 방문하게 될 걸세.

케임브리지, 1930년 3월 9일

친애하는 무어

비트겐슈타인의 연구서를 읽고 보고서를 작성하라니, 거절할 방도가 떠오르지 않네. 게다가 그와 토론하는 과정까지 포함된다니, 자네 말대로 상당한 작업이 필요할 것 같네. 사실 논쟁하다 의견이 맞지 않을 때처럼 피곤한 일도 없거든.

먼저 그의 원고를 꼼꼼히 읽어본 후에 그를 만나는 것이 가장 좋은 방법일 것 같네. 그의 원고를 조속히 받아보고 싶은데 언제 보내줄 수 있겠나? 나는 가능하다면 4월 5일 이전에 여기서 그를 만나는 것이 좋다네. 그날 내가 부활절 휴가차 콘월로 갈 예정인데, 지난 여름 이후로 계속 바쁘게 지냈기 때문에 거기 가서까지 일을 하고 싶은 생각은 없거든. 그와 토론하는 데 시간이 얼마나 필요할지는 나도 모르겠네. 나는 금, 토, 일요일 해서 사흘간 시간을 낼 수 있고, 4월 5일 이전이면 언제든 가능하네. 하지만 그 이상의 시간은 내기 어려울 것 같네. 그 정도 시간이면 충분할 것 같은가?

피터스필드, 하팅, 비콘힐 학교
1930년 3월 11일

친애하는 러셀

비트겐슈타인이 말하기를, 아직 자네한테 보여줄 만한 글이 전혀 없다고 하는군. 현재 작업한 글들은 상태가 너무 엉망이라는 거야. 제대로 상황을 파악하지 못한 채 지난번 자네한테 편지한 것, 미안하게 생각하네. 비트겐슈타인은 자신이 도달한 결과들을 자네에게 설명할 수 있는 기회만 갖게 해주면 된다고 말하니, 그것들이 중요하든 착오가 있든 자네가 판단한 대로 협의회에 보고하면 될 거야. 물론 중요한 결과들이라고 보고해 주면 그로서는 작업을 계속할 수 있는 기회를 얻게 되겠지. 그런 정도의 보고서라면 협의회 제출용으로 충분하리라 보네. 그리고 사흘이면 충분히 작업할 수 있을 것이고 그와 지나치게 토론할 필요도 없으리라 생각하네. 이제 곧 그가 구체적인 약속을 잡기 위해, 토요일에 하팅이나 런던에서(만약 자네가 런던에 와 있다면 말이야) 만날 수 있는지 문의하는 전보를 칠 거야. 4월 5일쯤에는 그도 오스트리아에 가 있을 것으로 아네.

L·E·T·T·E·R·S

케임브리지, 1930년 3월 13일

친애하는 무어

비트겐슈타인이 주말에 이곳을 다녀갔네. 우리는 시간이 허락하는 한 많은 이야기를 나누었지.

협의회 보고서의 마감 날짜를 알고 나니 마음이 좀 놓이네. 현재로선 내가 받은 인상이 다소 모호한데다, 비트겐슈타인이 오스트리아에 머무는 동안에 내가 보고서를 작성하는 데 도움이 되도록 작업의 개요를 작성해 오겠다고 했기 때문일세. 한 달 정도 더 기다려주는 것이 어렵다면, 우리가 나눈 대화를 기초로 작성해 보도록 노력은 하겠지만, 그렇게 되지 않았으면 좋겠네. 5월 학기가 시작되기 직전에, 그가 작성한 개요를 가지고 콘월로 나를 한 번 더 찾아오기로 했네.

1930년 3월 17일

친애하는 무어

비트겐슈타인이 재차 다녀가긴 했으나 겨우 36시간 머물다 갔을 뿐 아니라 그가 작업해 온 개요도 그다지 만족스럽지 못했네. 그는 타자로 친 엄청난 분량의 글을 주고 가면서 읽는 즉시 리틀우드로 보내달라고 했네. 불행하게도 내가 병까지 나는 바람에 기대만큼 빠른 속도로 읽어볼 수가 없었네. 그러나 대화하는 동안, 그가 생각하는 것을 꽤 파악할 수 있었던 것 같네. 크든 작든 상호 관련을 가지는 '공간'과 '문법'이란 단어들을 그는 특이한 의미로 사용하네. '이것은 붉다'는 말이 의미가 있다면 '이것은 시끄럽다'는 말은 절대로 의미를 가질 수 없다고 주장하지. 색상의 '공간'이 하나 존재하고 소리의 '공간'이 또 하나 존재하네. 이러한 '공간들'은 칸트적 의미에서 선험적으로 주어졌거나, 정확히 그렇지는 않다손 치더라도 그것과 크게 다르지 않은 것으로 보이네. '공간들'을 혼동한 결과 문법의 착오들이 초래되고 있어. 게다가 그에게는 무한에 관한 것이 많아서, 브로우베르Brouwer(1881~1966년, 네덜란드의 철학자, 수학자)가 말한 바처럼 될 위험이 항시 존재하기 때문에, 그 같은 위험성이 드러날 때마다 매번 중단하게끔 되어 있다네. 그의 이론들이 중요하고 대단히 독창적인 것은 분명하네. 그러나 그것들이 과연 진실인지는 나도 모르겠네. 그의 이론들은 수학과 논리학을 엄청나게 어렵게 만들기 때문에 나로서는 차라리 진실이 아니었으면 싶다네. 그가 사용하는 의미로 '공간'을 정의한다면, 특정 종류의 가능성들의 완벽한 집합이라고 할 수 있네. 만일 자네가 '이것은 푸르다'고 말할 수 있다면 자네가 의미 있게 말할 수 있는 다른 것들이 무수히 존재하게 되지. 즉 다른 모든 색상들 말일세.

나는 비트겐슈타인에게 작업을 계속할 수 있는 기회가 반드시 주어져야 한다고 확신해 마지않네. 이 편지로 협의회에 제출할 보고서를 대신해도 되는지 좀 알려주겠나? 지금 내가 할 일이 너무 많은 관계로 비트겐슈타인이 써온 것을 철저하게 읽어보기가 너무 버거워 물어보는 것일세. 그러나 자네가 반드시 필요하다고 판단한다면 힘들더라도 강행해보겠네.

1930년 5월 5일

친애하는 러셀

자네가 보내준 편지로 협의회 보고서를 대신하기에는 좀 부족하지 않나 생각하네. 그러나 비트겐슈타인이 쓴 개요를 읽는 데 시간을 더 소비할 필요는 없을 것 같아. 내가 볼 때는 형식을 갖춘 보고서를 써주는 것이 중요한 것 같네. (협의회 보고서집에 실어 보관하게 될 것 같거든.)

지난번 편지보다 반드시 길어야 할 필요는 없지만, 편지에서 불분명하게 다루어진 몇 가지 사항을 아주 분명하고 확실하게 밝혀주어야 하네. 우선 비트겐슈타인이 작년 6월 이후로 작업해 온 것이 의미가 있는지 없는지를 알기 위해 자네가 어떤 식으로 노력했는지, 다시 말해 그의 개요를 읽어보기도 하고 그의 설명을 직접 들어보기도 했다는 것을 보고서에 분명히 밝혀주게나. 또 그의 작업을 중요하게 생각한다는 점, 그에게 계속 연구할 수 있는 기회를 반드시 주어야 한다는 점을 강조하되, 그에 대해 자네가 알고 있는 사전 지식뿐 아니라, 그의 새로운 작업에서 자네가 배울 수 있었던 것들에 근거하여 이야기해야 하네. 자네도 알다시피 협의회는 자네가 비트겐슈타인의 작업 전반에 대해 매우 높게 평가한다는 것을 이미 알고 있기 때문에, 그가 하는 연구는 무엇이든 중요한 것 같다는 식의 어림짐작이 아니라 구체적으로 이번에 하고 있는 새로운 작업이 어느 정도 중요한지에 대한 자네의 견해가 필요한 거라네. 그가 한 작업의 성격과, 독창성과 중요성을 지녔다고 보는 근거를 아주 간략하게 밝히는 방향으로 하면 좋을 것 같네.

번거로운 점이 많으리라 생각되네만 그리 많은 시간이 걸리지는 않을 걸세. 어쨌거나 보고서는 작성해야 하네.

케임브리지, 1930년 5월 7일

친애하는 무어

지금 막 비트겐슈타인의 타자 원고를 리틀우드로 보내면서 협의회에 제출할 공식 보고서도 함께 보냈네. 보고서는 지난번 자네한테 보낸 편지와 거의 같은 내용이지만 협의회 위원들이 이해할 수 있도록 말을 좀 더 가다듬어 썼네. 자네한테도 복사본을 한 부 동봉하네.

비트겐슈타인을 제대로 이해하려면 내가 우선 건강이 좋아야 하는데,

현재 상태가 그러하지 못하다네.

비콘힐 학교, 1930년 5월 8일

〈비트겐슈타인의 작업에 관해 트리니티 칼리지에 제출한 보고서〉

제가 건강이 좀 좋지 않은 관계로, 비트겐슈타인의 최근 연구를 파악하는 작업이 당초 의도만큼 철저하게 이루어지지는 못했습니다. 저는 그와 5일간 토론을 했고 그 과정에서 그가 자신의 생각을 설명해 주었습니다. 그는 제게 『철학 소고Philosophische Bemerkungen』 중 상당 분량의 타자 원고를 주고 갔는데, 3분의 1 정도밖에 읽어보지 못했습니다. 원고가 모두 거친 메모들로 되어 있어, 그와 토론하는 과정이 없었다면 이해하기가 매우 힘들었을 것입니다. 그러나 아래의 설명 정도라면, 그가 『논리 철학 논고』 이후 처음 내놓은 생각들을 적어도 일부는 파악할 수 있으리라 봅니다.

비트겐슈타인의 생각에 따르면, 어떤 것이 어떤 상태에 있을 때 그 특정한 사실 영역과 관련해 그 상태가 될 수도 있는 어떤 다른 것들이 존재합니다. 예를 들어, 어떤 벽의 한 부분이 푸른색이라고 가정하면 그 벽은 붉은색도 될 수 있고 초록색도 될 수 있고 기타 등등 모든 색상이 될 수 있을 것입니다. "벽이 그 중의 어느 한 색이다"라고 말하는 것은 거짓이기는 하나 무의미한 말은 아닙니다. 반면에 "벽이 시끄럽다, 혹은 비명을 지른다"는 식으로, 소리의 속성을 가진 형용사를 갖다 붙여 말하면 터무니없는 얘기가 될 것입니다. 따라서 특정 사실과 연관된 특정 종류의 가능성들의 집합체가 존재하는 것입니다. 비트겐슈타인은 가능성들의 그러한 집합체를 '공간'이라고 부릅니다. 따라서 색상들의 '공간'이 있고 소리들의 '공간'이 있게 됩니다. 색상들 간의 다양한 관계들이 존재하면서 그 '공간'의 기하학을 구성하지요. 어떤 의미에서 보면 이 모든 것은 경험으로부터 독립되어 있습니다. 다시 말해, 우리가 '초록색'이 무엇인지 알기 위해서는 경험이란 것이 필요하지만 벽의 일부가 초록색이라는 것을 아는 데는 그러한 것이 필요하지 않다는 얘기지요. 이처럼 다양한 '공간들'의 존재와 상응하는 것을 언어에서 포괄하고자 비트겐슈타인은 '문법'이란 말을 사용합니다. 어떤 '공간'에서 한 영역을 표현하는 말이 발생할 경우 그 '공간'의 또 다른 영역을 표현하는 말로 대체하더라도 무의미한 경우는 나오지 않지만, 그 '공간'이 아닌 다른 '공간'에 속하는 영역을 표현하는 말을 대신 집어넣으면 반드시 문법에 어긋나게 된다, 즉 무의미한 말이 되어버린다는 것입니다.

비트겐슈타인의 작업에는 수학의 해석과 관련된 부분이 상당히 많습니다. "수학은 논리학이다" 혹은 "수학은 동어 반복으로 구성된다"는 말을 그는 거짓이라고 봅니다. '무한'에 대해 상당히 길게 논하면서, 그것을 자신의 다양한 '공간들'과 관련해 발전시킨 가능성의 개념과 연결짓고 있습니다. 그는 '무한 가능성'이란 용어를 쓰고 그것을 믿으나, 실제상의 '무한 집합'이나 '무한 연속'은 믿지 않습니다. 본인의 뜻은 그렇지 않겠지만, 무한에 대한 그의 설명은 브로우베르가 말한 것과 어느 정도 유사성을 띠기 쉽습니다. 하지만 첫눈에 바로 드러날 정도로 크게 유사한 것 같지는 않습니다. 수학적 귀납에 관해 많은 검토가 이루어지고 있습니다.

비트겐슈타인의 새로운 작업에 담긴 이론들은 색다르고 매우 독창적이며 더할 수 없이 중요합니다. 진실성 여부는 저도 알 수 없습니다. 단순함을 좋아하는 논리학자의 한 사람으로서, 그의 이론들이 단순하지 못하다는 것이 좀 아쉽기는 하지만, 제가 읽어본 바로는 그에게 계속 연구할 기회를 주는 것이 마땅하다고 확신합니다. 작업이 완결되고 나면 완전히 새로운 철학을 이루어냈음을 입증하기도 쉬울 것이기 때문입니다.

L·E·T·T·E·R·S

1930년 5월 8일

〈출판업자 W. W. 노턴에게 보낸 편지〉

친애하는 노턴

1월 14일자 편지 잘 받았소…….

『과학의 의미The Meaning of Science』로 말하자면, 개요는 이미 잡아 놓았고 1만 단어 정도까지 썼소. 하지만 당신이 제안하는 결론을 내리지는 못할 것 같소. 나는 과학 그 자체가 행복의 적절한 원천이라고 보지도 않거니와, 나 자신 과학적 견해를 가졌지만, 매일 두 번씩 어김없이 배변한 덕에 행복했다고 할 수 있을지언정, 나의 행복에 과학 그 자체가 큰 도움이 되었다고 보지도 않소. 그저 과학 그 자체는 중립적이오. 다시 말해, 선을 위해서든 악을 위해서든 목적에 상관없이 인간의 능력을 키워줄 뿐이오. 과학이 행복을 가져올 수 있으려면, 삶의 목적에 대한 올바른 인식이 반드시 첨부되어야 하오. 어쨌거나 나는 개인의 행복을 논하고 싶지는 않으며, 과학이 야기할 수 있는 사회 형태에 대해서만 논할 것이오. 내가 이제는 과학의 사도가 아니라고 말하니 실망하시겠지만, 나이를 먹어가고 내 조직들이 쇠퇴한 결과인지 모르겠으나 선한 삶은 결국 균형의 문제라는 쪽으로 생각이 점점 기울면서 어떤 한 요소만 지나치게 강조하기가 두렵소. 나이 든 사람들의 견해가 늘 이런 식인 것을 보면 생리적인 원인이 있을 것 같긴 한데, 그것을 자각한다고 해서 자신의 생리 기능으로부터 벗어날 수 있는 것도 아니라오.

대서양 저편 당신네 나라 사람들이 내 책 『행복의 정복』을 어떻게 생각하는지 알았으나 놀랍지는 않구려. 사실 나는 영국의 지식인들이 그 책을 좋게 평가한다는 것이 더 놀라웠소. 내가 볼 때 행복하지 못한 사람들은 늘 그것을 자랑스러워하기 때문에, 당신의 불행은 대단하지 않다고 말하면 좋아하지 않는 법이오. 운동 부족으로 간에 병이 들어 우울하게 사는 사람도 신이 자신을 버렸다거나 볼셰비즘의 위협 때문이라는 식으로, 자신을 슬프게 만드는 점잖은 원인을 항상 갖다 붙인다오. 사람들에게 행복은 단순한 문제라고 말하면 아마 성을 낼 것이오.

만사 형통하기를 비오.

1931년 1월 27일

친애하는 노턴

2월 9일자 편지 감사하오. 경멸받는 부류의 철학자에 속하는 존 로크 John Locke란 사람 덕에 나의 행복을 얻는 방법을 발견하게 되었소. 그의 교육에 관한 책을 보면 아주 상세히 나와 있소. 그는 그것을 통해 인류의 행복에 가장 크게 기여했으며, 기타 소소하게 기여한 것들을 들자면 영국, 미국, 프랑스에서 있었던 혁명들이오.

당신한테 보내준(『과학적 조망The Scientific Outlook』의) 발췌문에, 내가 실제로 다루게 될 것들이 다 담겨서는 안 될 것이오. 교육은 비록 내가 광고의 한 부분으로 간주하긴 했으나 사회에서의 테크닉에 꼭 들어가야 하오. 행동주의에 대해선 파블로프Pavlov〔소련의 생리학자〕를 다루면서 끼워넣었소. 파블로프가 작업을 하고 왓슨이 그것을 광고한 셈이오.

지금 3만 6천 자까지 썼으나 원고가 완성되더라도 5월 말까지는 내가 갖고 있으면서 수정 작업도 하고 심술궂은 각주도 좀 달고 하겠소.

'과학과 종교'에 관한 장은 이미 다 썼는데, 무신론적 색채가 뚜렷하오. 그 점에 대해 반대하시오? 물론, 내용 전체를 반어적으로 비틀어놓는 방법도 있을 수 있소. 그렇게 하면 더 근사한 책이 될 수도 있을 것이오. 나는 그 장에서 에딩턴, 진스 같은 과학자와 그들의 공범자들이 주장하는 바를 소개하면서 그것들이 얼마나 나쁜 이론들인가를 지적했소. 그리고 다행히도 우리의 믿음은 성서라는 난공불락의 바위를 토대로 하고 있기 때문에 그것들에 의해 좌우될 필요가 없다고 결론을 맺었소. 당신이 문학적인 형태를 선호한다면 전체를 그런 식으로 고쳐쓸 수도 있소. 현재로선 직선적이고 정직하고 도덕적 진지함으로 가득 찬 글이라오.

빠른 시일 내로 당신한테서 다른 소식이 없으면, 6월 둘째 주 중에 원고를 우편으로 부치든지, 아네스태드Aannestad가 아직 영국에 있으면 그 사람 편에 부치든지 하겠소. 원고를 더 빨리 보낼 가능성도 크긴 하지만 내가 갖고 있으면 그만큼 더 나은 원고가 될 수 있다오.

아네스태드를 만나 정말 즐거웠소.

1931년 2월 17일

친애하는 노턴

내 형이 마르세유에서 급사하셨다는 소식을 당신도 알고 있을 게요. 나는 작위를 물려받았으나 형이 파산 상태였으므로 돈은 한 푼도 받지 못했소. 내게 작위는 아주 성가신 것이어서 어떻게 해야 할지 당혹스럽긴 하지만, 어쨌거나 내 문필 작업에 작위를 연관시키는 일은 절대 없었으면 하오. 내가 알기로 작위를 박탈당하는 길이 딱 한 가지 있기는 하나 대반역죄를 지어야만 가능하다 하니 자칫하면 타워 힐에서 목이 잘리게 될 수도 있다오. 그러니 그건 좀 극단적인 방법인 것 같소. 어쨌거나 당신만 믿고 있겠으니 내 작위를 선전에 이용하는 일이 없기를 바라오.

1931년 3월 11일

L·E·T·T·E·R·S

〈루넘 브라운Runham Brown 씨에게 보낸 편지〉

친애하는 루넘 브라운 씨

군사적 목적을 위한 모든 종류의 봉사를 거부하는 것이 평화주의자들의 의무라고 한 아인슈타인의 선언에 나는 진심으로 공감하는 바이며, 우리 시대의 지도자급 지성인이 이 문제에 대해 그처럼 분명하고 단호하게 선언했다는 것이 참으로 반갑소.

나 역시도 그것을 바라마지 않는 사람이지만, 막상 전쟁이 일어났을 때 무기를 잡지 않겠다는 입장을 고수할 사람은 그리 많지 않을 것이오. 뿐만 아니라 전체의 2퍼센트가 거부하여 전쟁을 막기에는 역부족이 아닌가 생각하오. 다시 전쟁이 발발한다면 '대전'이라고 불리고 있는 지난번 전쟁보다 더 한층 사나운 전쟁이 될 것이며, 각국 정부들은 2퍼센트의 평화주의자들을 향해 서슴지 않고 총탄을 퍼부을 것이오. 전쟁에 저항하는 한결 효과적인 방법은 군수 산업 노동자들이 파업하는 형태일 것이오. 그러나 크게 보았을 때, 평화주의자 개개인의 행동보다는 국제적인 협정이 더 효과가 클 것이오. 평화주의자들의 의무에 대해선 아인슈타인과 의견이 같지만, 나는 정치적, 개인적 요소들을 각기 약간씩 다르게 강조하는 입장이오.

원칙에 있어 아인슈타인이나 기타 많은 평화주의자들과 내가 다른 점이 하나 있다고 볼 수 있는데, 만일 국제적인 정부가 존재하고 유일하게 합법적인 군사력을 보유한 상황이라면 나는 군사력에 의지해서라도 그 정부를 지지하겠다는 점이라오.

1931년 3월 21일

〈슈타인바흐Steinbach 박사에게 보낸 편지〉

친애하는 슈타인바흐 박사께

L·E·T·T·E·R·S

영어라는 언어에 대해 말하라고 한다면 나는 크게 도움될 게 없을 것 같소. 미국에서 문학하는 사람들에겐 영어를 사어死語 연구하듯 공부하는 경향이 있소. 다시 말해 문어는 구어의 표기에 불과하다는 것을 그들은 미처 생각하지 못하오. 운율도 배울 겸, 어휘도 늘릴 겸해서 나도 훌륭한 작가들의 작품을 기꺼이 읽곤 하지만 어떤 문법적 목적을 가지고 읽는다는 생각은 해보지 못했소.

1931년 현재의 표준 영어를 정의하라고 한다면 나는, 교양 있는 사람들의 현재의 언어 습관이라고 말할 것이며, 말과 글을 구분할 이유가 없다고 생각하오. 그 같은 구분을 허용하게 되면 머지않아 중국의 문학인들과 같은 상황에 이르고 말 것이오. 고전어를 이른바 속어로 바꾸는 작업에 열성적으로 매달리는 박식한 중국인을 본 적이 있소. 그 운동에 큰 진전이 있느냐고 물어보았더니 그는 때에 따라서 발전이 있기도 하고 없기도 하다면서 이렇게 말했소. "예를 들어 13세기에는 아주 큰 진전이 있었지요." 나는 중국어를 모르긴 하지만, 짐작건대 고전 중국어는 라틴어쯤 되고, 속어는 초서Chaucer(1342~1400년, 영국의 시인으로, 당시 영국 사회를 지배하던 라틴어와 프랑스어 대신 영어로 훌륭한 작품들을 썼음)쯤 되는 것 같소. 영어를 쓰는 사람들에게는 부디 이런 일이 발생하지 않았으면 좋겠소.

1931년 5월 19일

⟨윌 듀랜트Will Durant(1885~1981년, 미국의 철학자, 저술가)와 주고받은 편지⟩

친애하는 러셀 백작

분주한 생활에서 잠시 시간을 내어 저와 함께 철학 게임이나 해보시겠습니까?

저는 다음번 책에서, 우리 세대가 항상 물을 준비는 되어 있으나 결코 대답을 듣지 못하는 듯 보이는 의문—인간 삶의 의미 혹은 가치는 무엇인가?—을 정면으로 다루어볼 생각입니다. 지금까지는 이 의문을, 이크나톤Ikhnaton〔고대 이집트의 왕이자 종교 개혁가〕, 노자를 위시해 베르그송, 슈펭글러Spengler에 이르기까지 주로 이론가들이 다루어왔지요. 그 결과 일종의 지적 자살이 발생했다, 다시 말해 사고의 발전 그 자체가 삶의 가치와 의미를 파괴해 왔다고 생각합니다. 그처럼 수많은 개혁가들과 이상주의자들이 염원했던 지식의 성장과 확산이 신봉자들에게—그리고 감염에 의해 다른 많은 사람들에게도—가져다 준 것은, 자칫하면 우리 인류의 정신마저 말살시킬 수도 있는 환멸뿐입니다.

천문학자들은, 인간사는 행성의 궤도에서 단지 한순간을 이룰 뿐이라고 말합니다. 지질학자들은, 문명을 무수한 빙하 시대들 사이에 잠시 끼어든 불확실한 막간극이라고 말하지요. 생물학자들은, 모든 삶이 전쟁이다, 개체와 집단과 국가와 동맹과 종족들 간의 생존 투쟁이라고 말합니다. 역사가들은, '진보'는 망상이다, 진보의 영광은 결국 쇠퇴로 끝나고 만다고 합니다. 심리학자들은, 의지와 자아는 유전과 환경의 무기력한 도구다, 따라서 한때의 썩지 않은 정신은 두뇌가 잠깐 백열白熱한 것에 불과하다고 말합니다. 산업 혁명은 가정을 파괴시켰고, 피임 도구의 발견은 가족과 옛 도덕을 파괴함은 물론 (지성인들의 씨를 말림으로써) 어쩌면 인류마저 파괴하고 있다고 볼 수 있습니다. 사랑은 과도한 육체 관계 속에 분해되어버리고, 결혼은 일시적인 생리적 편의로 변하여 난혼보다 조금 나은 정도가 되어버렸습니다. 민주주의는 밀로Milo〔1세기에 활약한 로마의 정치가〕 시대 로마에서나 있었음직한 부패로 타락하여, 사회주의적 유토피아라는 우리의 젊은 꿈은 사라지고, 하루하루 눈에 보이는 것은 사람들의 지칠 줄 모르는 욕심뿐입니다. 새로운 발명은 강자를 더 강하게 약자를 더 약하게 만들 뿐이고, 새로운 기계는 인간을 대신하고 전쟁의 공포를 가중시키는 것들뿐이지요. 한때 우리 짧은 생의 위안이었고 여읨과 고통의 피난처였던 신은 무대에서 자취를 감추어버려, 어떤 망원경이나 어떤 현미경으로도 그를 찾아내지 못하지요. 철학이라는 이 총체적인 시각에서 볼 때 삶이란 것은 지구상에서 인간이란 벌레들이 잠시 번식하는 것, 우리 행성이 곧 낳게 될 습진에 잠시 걸려 있는 것에 불과하니, 그러한 철학 속에는 패배와 죽음—결코 깨어나지 못할 잠이라고나 할까—외에는 확실한 것이 아무것도 없습니다.

따라서 우리는 인간 역사에서 가장 큰 실수는 진리의 발견이었다고 결론 내리지 않을 수 없게 됩니다. 진리는 망상으로 우리를 위로해 주고, 제약으로 우리를 지켜주었다고는 할 수 있을지언정 우리를 자유롭게 해주지는 못했습니다. 또한 진리는 아름답지 못하기 때문에 우리를 즐겁게 해주지도 못했으니, 그처럼 열렬한 추구의 대상이 될 자격도 없지요. 이제 그것을 바라보노라면 왜 우리가 진리를 찾으려고 그렇게 서둘렀던가 의문하게 됩니다. 우리에게서 살아야 할 이유를 모조리 앗아가고 다만 순간의 쾌락과 내일의 사소한 희망만 남겨놓은 듯 보이니 말입니다.

과학과 철학이 우리를 데리고 온 길이 바로 이런 길입니다. 오랜 세월 철학을 사랑했던 저는 이제 그것을 뒤로 하고 다시 삶 자체로 돌아가면서, 생각과 삶을 동시에 지켜온 당신에게 요청하는 바입니다. 내가 이해할 수 있도록 도와달라고. 아마도 삶을 사는 사람들의 판정과 생각만 가지고 있는 사람들의 판정은 다르겠지요. 잠시 시간을 쪼개어 답해 주십시오. 당신에게는 삶이 어떤 의미가 있는지, 종교가—만약 종교가 있다면—어떤 도움을 주는지, 당신을 계속 살게 만드는 것은 무엇인지, 당신의 영감과 에너지의 원천은 무엇인지, 당신이 일하는 목적 혹은 원동력은 무엇인지, 당신은 어디에서 위안과 행복을 발견하는지, 최후의 수단으로 당신의 보물은 어디에 놓여 있는지. 바쁘면 간략하게 쓰십시오. 그러나 가능하면 천천히 길게 써주십시오, 당신의 한마디 한마디가 제게는 다 소중할 테니.

본인 소개 ; 『철학 이야기The Story of Philosophy』, 『변천Transition』, 『철학 변천사The Mansions of Philosophy』, 『철학과 사회 문제Philosophy and the Social Problem』 기타 다수의 저자. 컬럼비아 대학 철학과 졸업, 철학 박사(컬럼비아), 인문 과학 박사(시러큐스).

추신 ; 램지 맥도널드, 윈스턴 처칠, 버나드 쇼, 알베르트 아인슈타인 등등 세계적인 다른 명사들에게도 이와 같은 편지를 보낼 예정입니다.

순수하게 철학적인 목적에서 하는 일입니다. 그러나 그 답변들을 곧 출간될 나의 책 『삶의 의미에 대하여On the Meaning of Life』에 인용하더라도 무방하리라 믿습니다. 저는 그 책의 한 장을 할애하여, 생존해 있는 가장 저명한 남녀들의 인생에 대한 태도를 설명해 볼 생각입니다.

미국 뉴욕, 1931년 6월 8일

친애하는 듀랜트 씨

미안하지만 지금은 내가 인생에 의미 따위가 있다고 믿어지지도 않을 만큼 바쁘오. 따라서 당신의 질문들에 현명하게 대답하기 힘들 것 같소.

나는 우리가 진리의 발견이 초래한 결과를 판단할 수 있다고 생각지 않소. 지금까지 아무것도 발견된 바 없으니까.

1931년 6월 20일

〈알베르트 아인슈타인과 주고받은 편지〉

(아인슈타인의 독일어 편지를 오토 나탄Otto Nathan이 번역했음.)

친애하는 버트런드 러셀

L·E·T·T·E·R·S

오래 전부터 당신한테 편지를 써야지 했었소. 특별한 용건이 있다기보다 그저 당신을 매우 존경하는 내 마음을 전하고 싶어서였소. 당신이 책을 통해 논리와 철학과 인간의 문제들을 다루면서 보여준 명쾌하고 확실하고 공평 무사한 태도를 따를 자가 없다는 것은 비단 우리 세대만 염두에 둔 얘기가 아니오.

당신한테 말하자니 늘 망설여졌던 얘기가 하나 있소. 객관적 사실들에 밝은 분이니 이 일에 대해서도 잘 알고 있을 것이고, 따라서 굳이 외부에서 확인시켜 줄 필요가 없을 것이라 생각되었기 때문이오. 그런데 내가 좀 알고 지내는 기자가 오늘 나를 찾아와 이렇게 당신한테 내 마음을 열 기회를 제공해 주었소. 무슨 얘기냐 하면, 바로 국제 언론 사업(협력 사업) 일이오. 국제적 이해 속에 세계 각지의 대중을 교육시킬 목적으로 뛰어난 인재들이 기고가로 참여하고 있는 프로젝트라오. 적절한 문제들에 대해 정치인과 언론인들이 글을 써서 세계 각국의 신문들에 체계적으로 발표하는 방식으로 운영되고 있소.

이 프로젝트를 선전하기 위해 관련 인사인 레베스J. Révész 박사가 가까운 시일에 영국을 방문할 예정이오. 그가 이 사안에 대해 당신에게 설명할 수 있도록 잠깐 시간을 내어 인터뷰에 응해 주시면 대단히 고맙겠소. 그 동안은 이런 부탁을 하기가 망설여졌으나, 이제는 이 프로젝트가 당신의 주목을 받을 가치가 충분히 있다고 믿게 되었소.

선생을 존경하는 아인슈타인으로부터.

추신 ; 답장할 필요는 없음.

1931년 10월 14일

친애하는 아인슈타인

당신을 언제 한번 모셔야겠다는 생각을 오래 전부터 해왔으나 최근까지 내가 집이 없어 초청하지 못했소. 이제 장애물이 제거되었으니 주말에 한번 다녀가시기를 간절히 바라는 바이오. 나는 다음 주 토요일(12일)이나 19일이 좋소. 그후에는 스칸디나비아와 오스트리아에 6주 동안 가 있을 예정이니, 12일이나 19일이 다 불가능하다면 별 수 없이 3월 중순 이후까지 기다려야 하오. 당신이 방문해 주신다면 내게는 그보다 더한 영광이 없겠으며, 물리학계나 인간 세상이나 많은 문제들이 산적해 있는 상황이니 그런 것들에 대한 당신의 견해도 좀더 확실하게 알고 싶다오.

텔레그래프 하우스
1935년 7월 1일

〈앙리 바르뷔스Henri Barbusse(1873~1935년, 프랑스의 저널리스트이자 작가)와 주고받은 편지들〉

친애하는 나의 탁월한 동료에게

당신이 동의해 달라고 요청하신 것을 동봉하면서, 사적인 부탁을 하나 더 드려야겠습니다. 당신의 이름은, 점차 퍼지고 있는 야만스러운 파시즘을 저지하고 대항하고자 들고 일어난 훌륭한 명사들의 동맹에 반드시 필요한 이름 중 하나입니다.

나는 정치나 그 밖의 다른 영역의 어떤 제안에 굴복해서가 아니라 자발적으로 이 호소문을 작성했습니다. 나는 오직 연대감과 양식의 목소리만을 들었습니다. 병에 대한 치료책이 없지는 않습니다. 해야 할 일이 있는 것이지요. 파시즘이 보유한 가공할 규모 앞에서, 그에 맞서 대항하는 정신력을 일으켜 세우고, 진정한 공공의식을 동원하고, 도처에 퍼져 있는 지탄의 목소리를 뚜렷하게 만드는 것이 무엇보다 급선무입니다.

이러한 호소문의 내용에, 내가 로맹 롤랑과 나누었던 의견을 덧붙이려 합니다. 그는 기꺼이 내 의견에 동감하여, 나처럼 자유로운 정신의 소유자들을 소집하고 깨친 의식을 가진 존경받는 사람들이 항거해야만 현재의 이 끔찍한 상황을 통제할 수 있다고 생각합니다. 물론 유기적이고 지속적인 작업이 되어야만 가능하지만 말입니다.

마지막으로, 가까운 시일 내에 국제적인 잡지를 하나 창간할 생각이라는 것을 당신께 꼭 전하고 싶습니다. 바로 《세계Monde》라는 잡지인데, 작금의 혼란한 세계에 휴머니즘의 대원칙들을 전파하고, 반동 세력과 그들의 선전 활동에 맞서 투쟁하는 것을 목표로 할 계획입니다. 당신 같은 분들의 뜻만 있다면, 이러한 간행물이 지적, 예술적, 도덕적, 사회적 차원에서 중요한 토론의 장으로 될 수 있습니다. 그것은 위원회의 목소리를 전달하는 도구로서 그 역할을 할 것이고, 강력한 항의를 가능케 할 것입니다.

《세계》의 영원한 조력자로 생각해도 좋다고 말씀해 주신다면 정말 감사하겠습니다. 또한 이 부탁에 대해, 만약의 경우 내가 전문이나 발췌문을 공개할 때 근거로 들 수 있도록 편지로 답해 주시면 더욱 감사하겠습니다.

언제나 깊은 존경을 보냅니다.

비기리아Vigilia, 마리팀 알프스
1927년 2월 10일

친애하는 러셀

톰 무니Tom Mooney 사건—이 사건에 대해선 아직도 새로운 사실들이 밝혀지고 있지만—의 해결을 위해 미국 정부의 태도 변화를 활용하고자 하는 톰 무니 위원회는 동봉한 편지를 루스벨트 대통령에게 보내기로 결정했습니다. 딱딱한 서신이긴 하지만 매우 정중한 공식적 용어로 작성되어, 우리가 보기에는 톰 무니와 빌링즈Billings가 희생된 그 터무니없는 사건에 종지부를 찍을 수 있을 듯합니다.

그 편지에 서명을 하셔서 속히 제게 보내주시면 좋겠습니다.

제 우정을 전하는 바입니다.

톰 무니 위원회가 발간한 팸플릿을 보내드립니다.

실비, 오몽 파르 상리스(와즈)
1932년 12월 12일

친애하는 바르뷔스

무니를 도울 수 있다면 어떤 일이든 기꺼이 할 생각이나, 내게 보내준 초안 편지에 대해선 약간 망설여지오.

당신도 물론 기억하겠지만, 케렌스키 시절에 러시아 정부는 이 문제와 관련해 윌슨 대통령에게 호소한 바 있소. 그 결과 윌슨은 법률계의 저명한 권위자들을 다수 동원하여 무니 사건을 검토하게 했고 무니에게 유리한 보고서가 나오게 됐소. 그러나 캘리포니아 주 정부는, 대통령에게는 주 정부의 재판에 간섭할 권리가 없다는 점을 들고 나왔소.

그러니 지금 대통령 당선자에게 호소해 본들 법적 권한이 없다며 발뺌할 뻔하니 큰 효과가 있을 것 같지 않소. 내가 알기로 3월 4일에 취임식이 있지만, 그가 대통령이 된 후에 편지를 제출해도 소용이 없을 것이오. 지금 미국 여론 자체가 당신의 나라나 내 나라에 크게 호의적이지 못한 게 분명하니, 열기가 식을 때까지는 우리가 개입해 본들 큰 효과가 없을 것 같소.

런던, 엠퍼러스게이트
1932년 12월 16일

L·E·T·T·E·R·S

내가 늘 격렬한 행동파는 아니었다는 것을 위의 편지로도 알 수 있다.

〈미카엘 카로이|Michael Károlyi 백작의 편지〉

친애하는 러셀

라코시Rákosi[2]의 변호를 위해 써주신 당신의 훌륭한 편지에 대해 감사드립니다. 재판은 아직도 진행 중인데 조만간 최종 판결이 나올 것 같습니다. 만일 그가 사형을 면한다면 당신이 힘써주신 덕분이라 아니할 수 없을 것입니다. 하지만 그가 종신형을 받지나 않을까 우려됩니다. 물론 그렇게 되더라도 우리는 그를 구하기 위해 노력할 것입니다. 혹시 소비에트 정부가 뭔가를 내놓는다면, 그것과 라코시를 교환할 수 있을지도 모르겠습니다.

지난번에 만났을 때 주말에 한번 오라고 하셨지요? 폐가 되지 않는다면 이번 일요일 말고, 언제든 당신이 좋은 때에 찾아뵙고 싶습니다.

당신과 나누고 싶은 얘기들이 너무나 많으니 부디 적당한 시간을 알려주십시오.

저의 새 주소는 위에 적힌 호텔이고, 전화 번호는 구내 번호 5512번입니다.

런던, 화이트 홀 호텔
1935년 2월 5일

---

2) 헝가리의 공산주의자인 마차시 라코시Mátyás Rákosi는 오랜 투옥 생활 끝에 석방되었으나, 다시 체포되어 생명은 건졌으나 재수감되었다. 1940년, 러시아는 1849년에 노획했던 헝가리 국기들을 내주는 대신 그를 인도받았다. 라코시는 훗날 헝가리의 부총리가 되었다.

L·E·T·T·E·R·S

〈제럴드 브레넌Gerald Brenan(『스페인 분규The Spanish Labyrinth』외 여러 책의 저자)의 편지〉

당신한테서 편지를 한 통 받아보려면 그야말로 멍청하기 짝이 없는 얘기를 해야 한다는 것 잘 알고 있소. 나는 밤늦은 시각, 생각과 두려움이 사람의 넋을 빼놓기 십상인 그 시각에 편지를 쓰고는 나중에 후회했소. 속죄하는 마음에서 이튿날은 드 몽포르de Montford(13세기 십자군의 프랑스인 지도자)의 출정담을 읽으며 보냈소.

혁명론자들의 파괴적 욕망에 동조하는 것은 쉬운 일이나, 그들이 도움이 되리라는 말에는 공감하기가 어렵소. 나는 그들의 교조적인 생각과 편협한 정신이 무엇보다도 싫소. 공산주의에 담긴 종교적 속성—공산주의는 이 속성 덕에 성공했소—은 결국 형제애와 정체 상태를 특징으로 하는 회교주의 비슷한 것으로 이어질 가능성을 안고 있소. (공산주의는 신이나 다름없는 시간을 자기 편이라고 확신하오.) 나는 기독교 국가들의 에너지와 투지가 죄악의 교리에서 나온다고 생각하오. 특히 원죄의 교리와, 구원을 위해(혹은 돈을 위해) 계속되어야만 하는 투쟁의 교리 말이오. 성 아우구스티누스의 마니교적 사상이 아니었다면 우리는 더 온순하기는 하나 흥미는 덜한 패거리가 되었을 것이오. 나는 사회주의가 통치의 영역에 국한되어야 한다고 보기 때문에 이 같은 공산주의적 종교에 반대하오. 로마인들이 성 아우구스티누스에 대한 숭배를 청산했듯, 혹은 중국인들이 유교를 청산했듯, 공산주의에 들어 있는 종교적 속성을 신속하게 청산하지 않으면 모든 것을 불모로 만들고 말 것이오. 그러나 현실은 물론 그렇지가 못하오. 어쨌거나 이런 것들을 일괄적으로 받아들이거나 거부하거나 해야 하는 상황이니 만큼, 나는 공산주의가 승리하리라 판단될 때 지지할 것이오. 그러나 파시즘에 반대하는 공산주의는 언제든 지지할 것이오.

이곳 바깥에서는 대중 전선의 분열에 관한 소식이 매일같이 들어오고 있소. 온건파 사회주의자, 혁명적 사회주의자, 노조 지상주의자들의 사이가 모두 틀어져 있소. 무질서 상태가 계속 심화되고 있으니 결국 독재 정권이 들어설 가능성이 매우 높소. 나는 (현 정부와 사회주의자들이 연합한) 온건 좌파가 10년 정도 독재를 휘두르는 것이 이 나라를 위한 최선책이 아닐까 생각하오. 현재 관개 시설이 갖추어지지 못한 대규모의 토지들에 물을 끌어들이기 전까지는 농업 부문의 실업 문제가 해결될 수 없다는 것을 나도 잘 알고 있소. 댐 공사가 시작되긴 했으나 아직도 더 많은 댐들이 필요할 뿐 아니라 완공되기까지 아마 15년은 걸릴 것이오. 정부가 투자를 관장하여 그 돈을 댐 사업으로 돌리되, 돈을 댄 사람들에게는 새로 관개된 토지를 저당 잡히는 방식으로 사업을 진행할 계획이오.

요즘 날씨가 아주 좋아서 삶의 순간순간이 모두 기쁨이라오. 건강과 날씨—날씨는 자연의 건강이라 할 수 있지만—를 빼면 사실 중요한 게 별로 없소. 당신이 이 근처에 집을 얻어 직접 쓴 책을 몇 권 들고 와준다면, 근사할 것 같소. 에스파냐가 모든 면에서 불확실한 상황에 놓여 있다면, 유럽의 다른 나라들은 어떤지 모르겠소.

당신과 피터에게 우리 부부의 사랑을 전하오.

추신 ; 영국의 여론이 매우 호전적인 듯하오. 나는 제재 조치의 철회와 지중해 조약의 결론을 지지하며, 그래야만 무솔리니를 견제할 수 있다고 생각하오. 그러나 다른 한편, 무솔리니가 그리스의 섬을 차지한다면 우리도 전쟁을 각오해야 하오.

오스트리아가 나치 쪽으로 가지 않은 것은 매우 중요한 일인데도 영국에서는 항상 그 점이 과소평가되고 있소. 《타임스》는 중부 유럽을 쳐다보려고도 하지 않았소. 베를린, 빈, 베네치아를 넘어가면 영국인들은 모든 것을 다 아는 척하오. 아마 당신 생각은 나와 다를 테지만.

말라가, 추리아나
1935년 6월 1일

〈제럴드 브레넌 부인(개멀Gamel 브레넌)의 편지〉

친애하는 버티

워낙 끔찍한 시절이다 보니 당신 생각이 많이 났어요. 이런 세상에 자녀들을 남겨두고 멀리멀리 떠나야 하는 입장이니 두렵지 않을 수 없겠지요. 불길한 악몽 속에서나 있을 법한 일이지만 그것은 현대판 악몽의 하나였고 당신은 잠에서 깨어서도 여전히 그 속에 있는 겁니다.

당신이 처한 어려움을 이해합니다. 나는 현재도 평화주의자이고 앞으로도 늘 그럴 겁니다. 하지만 그들은 때로, '평화가 전혀 존재하지 않을 때 평화, 평화'를 외치는 듯 보입니다. 도대체 우리가 어떤 세상을 살고 있는지 모르겠어요.

『권력』이 좋은 평가를 받으면서 베스트셀러가 되었습니다. 정말 기뻐요. 나도 곧 읽어볼 생각입니다.

우리는 네덜란드에서 온 한 무정부주의자를 맞아 함께 지냈어요. AIT의 사무관이라는 그는 매력적이고 아주 지적이었으며, 에스파냐에서도 CNT와 더불어 대단했어요.

그는 당신의 책들을 매우 높게 평가했어요. 최근에 어떤 백과 사전에 넣을 목적으로 무정부주의에 관한 글을 썼는데, 관련 서적 목록 맨 끝에 '버트런드 러셀의 저작 전부'란 말을 넣었대요. 사실 당신의 책들이 무정부주의 성향의 것들은 아니지만 옛 무정부주의자들이 말하는 바와 같은 '경향'을 가졌기 때문이라고 설명하더군요.

나는 기뻤답니다. 무정부주의자들이 어떤 것을 실천하고 있든 나는

'그 경향'이 옳다는 것을 확신하기 때문이죠. 하루는 세이버네이크 숲에 간 적이 있어요. 낙엽이 떨어지기 시작하고 있었으나 날씨는 따뜻하고 화창했어요. 당신과 피터, 존과 케이트가 없어 아쉬웠지요. 언젠가는 우리 모두 다시 그곳에 가 거닐 수 있겠지요.

이런 시절에 집에서 그처럼 멀리 떠나 있는 상황이긴 하지만 당신과 피터가 최대한 행복하기를 빕니다.

두 분 모두에게 사랑을 전합니다.

말버러, 앨드본
1938년 11월

친애하는 버티

당신의 편지 받고, 이제 머지않아 당신의 집으로 돌아올 것이고 우리도 다시 만날 수 있을 것이라 생각하니 정말 기뻤어요.

그래요, 우리는 좀더 자주 만나야 해요. 세이버네이크 숲에 소풍도 가고—키들링턴과 앨드본 중간쯤에 함께 모일 수 있는 멋진 장소를 찾아내야 해요. 제럴드와 내가 이번 여름에 자전거를 살 생각이니 어디서든 만날 수 있을 거예요.

지금 같은 상황에서 미국에서 생활하자면 애로가 많을 줄 압니다. 당신과 피터가 여러 가지로 어려움을 겪지나 않을까 걱정했어요. 사람들의 뜻이 아무리 좋다 한들 떠들썩하니 명사 대접을 받다 보면 결국에는 심신이 피로해지고 성가시게 느껴질 것 같아요.

늦봄쯤에 '롱맨스 그린' 출판사에서 내 책이 나오게 될 것 같아요. 기쁩답니다. 변변치는 않지만 내 나름대로는 유용한 책이라고 보거든요. 전쟁 상태에 있는 마음을 고통스럽게 그려낸 것이죠. 『죽음의 다른 왕국 Death's Other Kingdom』이란 제목으로 나올 겁니다. T. S. 엘리엇의 "죽음의 다른 왕국에 있음이 이런 것인가?"란 구절에서 따온 거예요.

제럴드와 나 둘 다 크나큰 흥미와 감탄 속에 당신의 『권력』을 읽었답니다. 비평계의 반응도 물론 좋았지만, 내가 만나는 거의 모든 지식인들이 이런저런 얘기 끝에 그 책을 언급하는 것을 보면 그들 모두에게 대단한 인상을 남긴 모양이에요.

영국으로 돌아오고 싶은 마음 간절하실 줄 압니다. 곧 귀국하신다니 나도 정말 반가워요.

가족들 모두에게 사랑을 전합니다.

추신 ; 내 이름의 출처를 제대로 알게 되어 기쁘긴 하지만, 캐멀Camel과 발음이 비슷한 점을 어떻게 이해해야 할지 모르겠네요.

말버러, 앨드본
1938~39년 겨울

〈버나드 베런슨 부인(앨리스의 언니)의 편지〉

친애하는 버티

이번 주 목요일이나 금요일, 아니면 다음 주 중에 당신 부부를 찾아볼까 하는데 괜찮겠어요?

병이 나서 한동안 몹시 앓고 나니 내 인생에서 소중한 것들이 무엇인지 깨닫게 되었어요. 당신이 가장 소중한 사람 중 하나란 것 말이에요. 당신을 다시 만나 그 동안 여러 가지로 고마웠던 것들에 대해 감사를 표하기 전에는 절대로 죽고 싶지 않아요.

해즐미어, 프라이디스 힐
1936년 7월 28일

L·E·T·T·E·R·S

〈라이언 피츠패트릭과 주고받은 편지〉

친애하는 라이언

당신을 방문하려 할 즈음에 하필 앓아 눕게 되어 실망이 컸다오. 소화 장애였는데, 잠깐이긴 했으나 꼼짝할 수 없었소. 1월 말쯤에 한번 봤으면 하오.

앨리스가 당신과 함께 지내고 있다 하니 얘긴데, 내가 그녀를 좋게 생각한다는 식으로 몇 마디 귀띔해 줄 수 있겠소? 내가 이렇게 안달하는 이유는 베런슨 부인 때문이오. 얼마 전에 그녀가 앨리스를 아주 심하게 비난한 적이 있었는데, 나는 묵묵히 듣고만 있었소. 그런데 베런슨 부인이 내가 그런 얘기를 한 것처럼 말하고 가버린 모양이오. 이간질할 생각은 없으니, 앨리스한테 베런슨 부인을 들먹일 필요는 없을 것 같소. 그러나 앨리스가 내가 자신에 대해 나쁘게 말하거나 안 좋은 감정을 갖고 있다고 생각하게 된다면 나로선 서운할 것이오.

텔레그래프 하우스
1936년 12월 21일

친애하는 버티

알겠어요. 그렇게 하도록 노력해 보죠. 하지만 앨리스한테 당신 얘기를 꺼내기가 쉽지 않아요. 그녀는 자기가 당신에 대해 모든 것을 안다는 식으로 생각하고 싶어해요. 속으로는 당신에 대한 관심이 크지만, 그렇게 많은 세월이 흘렀는데도 아직도 상처가 아물지 않은 모양이에요. 그럼에도 당신에 대해 신경을 많이 쓰는 것 같아요. 사람들은 참 이상해요. 유머 감각이 없으면 말라비틀어지거나 썩어빠지게 되어 있죠. 자기 자신을 농담거리쯤으로 생각할 수 있는 능력이야말로 가장 높은 미덕인 것 같아요.

L·E·T·T·E·R·S

앨리스와 그레이스 워딩턴Grace Worthington에 이어 웰즈 부부도 떠날 텐데 언제쯤 가려는지 물어봐야겠어요. 아마 2월 중이 될 거예요. 나는 손님들이 왔다 가는 틈틈이 집에 들어가는 정도죠. 하지만 그럴 때도 대개는 잠자리에 들어야 한답니다. 오, 하느님, 영국인들은 왜 그렇게 융통성이 없고 미국인들은 왜 그렇게들 둔감한지. 지금 이곳에 있는 사람들은 스코틀랜드와 얼스터(북아일랜드에 있는 지방) 출신들이에요. 훨씬 융통성 있는 족속들이죠.

당신의 철학 책과 관련해 내 잠재 의식에 다소 불안한 얼룩이 생겼어요. 당신이 이 세상을 뜨기 전에 스스로에게서 그것을 얻어낼 수 있기를 간절히 바랄게요.—나는 그게 중요하다고 봐요! 어쨌거나 그것이 당신이 해야 할 일이에요, 돈벌이되는 것만 써서는 안 돼요. 빌 애덤스Bill Adams(이곳 학장의 아들이죠)가 물리학과 관련해 어디선가 당신의 얘기를 듣고는 당신의 머리가 영국에서 제일 명석하다고 말한답니다. (머리들이 거의 대부분 엉망진창인 나라에서 그런 대단한 칭찬을 듣다니, 우쭐하지 않으세요?)

부인도 잘 지내길 빌며, 안부 전해 주세요. 나중에 그녀에게도 편지할 거예요.

옥스퍼드, 올 솔스 칼리지, 학장 숙소
1936년 12월 28일

앞의 편지를 쓴 라이언 피츠패트릭은 앨리스의 절친한 친구였으며 나중에는 나하고도 친구 사이가 되었다. 그녀가 검은 머리카락을 갈기처럼 휘날리고 다녔기 때문에 '라이언(사자)'이란 별명이 붙었다. 부친이 벨파스트(북아일랜드의 항구도시)에서 사업을 하던 중 술 때문에 재산을 모두 날리고 사망해 버렸다. 무일푼으로 영국에 건너온 그녀는 헨리 서머싯 부인에게 채용되어 서머스타운(세인트팽크러스)에서 자선 관련 일을 했다. 1894년 6월 10일, 앨리스의 성화를 못 이겨 마지못해 참석했던 금주 운동 행사장에서 나는 그녀를 처음 만났다. 우리는 '원양선 어부들을 위한 금주 운동'을 두고 언쟁을 벌였다. 그것에 대해 내가 헐뜯는 얘기를 좀 했기 때문이다. 그 직후에 그녀는 버나드 쇼의 선례를 따라 세인트팽크러스 교구회(요즘의 지역 자치회에 해당한다) 위원직에 출마했다. 그녀는 빈민가의 어느 뒷계단 위에서 살았다. 나는 케임브리지에 처분해야 할 가구들이 있어 일부를 그녀에게 주었다.

한편 그녀는 앨리스를 통해 보비Bobby〔로버트Robert〕 필리모어라는 청년을 알게 되었다. 앨리스에게 청혼했다가 거절당한 사람으로서 크라이스트처치 칼리지에 다녔다. 그의 부친은 자유당 법사위 상원 의원이자 글래드스턴의 절친한 친구인 월터 필리모어로서 대단한 부자였다. 보비는 사회주의자 시인이 되었는데 아마 로건〔앨리스의 오빠〕의 영향을 받았을 것이다. 버나드 쇼의 『칸디다Candida』에 등장하는 시인의 모델이 바로 보비였다. 그는 라이언과 결혼하고 싶었으나 앨리스한테 경솔하게 굴다 실패한 전철을 다시 밟지 않으리라 마음먹었다. 그리하여 그는 세인트팽크러스 교구 위원직에 출마해 당선된 후 조심스럽게 접근할 태세를 갖추었다. 앨리스와 내가 결혼한 직후 베를린에 살고 있을 때 라이언에게서 편지가 왔는데, 보비를 받아들여야 할지 거절해야 할지 모르겠다며 나의 충고를 부탁하는 내용이었다. 나는 즉시 답장을 보내, 반대하는 이유 열두 가지를 설명했다. 그러나 그녀는 그의 청혼을 수락했다는 답장을 보내왔다.

이듬해 봄, 앨리스와 내가 피에졸레에 있는 앨리스의 언니 집에 묵고 있을 때, 북아프리카로 신혼 여행을 떠났던 라이언과 보비가 귀국길에 우리를 만나러 왔다. 그녀가 그를 받아들인 이유를 나는 그때 처음 알게 되었다. 그녀가 한동안 단호하게 그를 거절하자 그는 심장병 증세를 보였다. 이름난 의사들이 그를 진료한 후, 라이언이 계속 고집을 부리면 그가 죽게 될 것이라는 소견을 밝혔다. 그의 부친이 그녀를 붙들고 애원했으나 허사였다. 결국 필리모어의 간절한 청탁을 못 이긴 글래드스턴 씨가 눈도 잘 보이지 않는 여든의 고령에도 불구하고 그녀가 사는 빈민가의 계단을 친히 올라와, 바바라 앨런*Barbara Allen*〔17세기부터 전해 내려오는 익명의 가요에 등장하는 여자. 뭇남성들을 울리는 아름다운 하녀 바바라 앨런이 상사병으로 죽어 가는 한 남자에게 잔인한 말을 남겼으나 그가 죽은 후 그의 진실한 사랑을 깨닫고 그 다음 날 자신도 따라 죽었다는 내용〕의 흉내는 그만 내라며 그녀를 몰아붙였다. 그녀에겐 너무나 참기 힘든 말이었고 결국 상사병에 걸린 구혼자를 받아들이기로 했다.

거기까지는 좋았다.—유쾌한 코페투아*Cophetua* 왕〔거지 소녀와 결혼했다는 아프리카의 왕〕의 이야기쯤 되니까. 그러나 신혼 여행을 마치고 피에졸레로 온 그녀가 놀라운 속편을 들려주었다. 앨리스와 나는 그녀가 대단히 냉소적으로 변했고 대화를 할 때도 놀랄 만큼 상스러운 소리를 많이 한다는 것을 금세 알아챘다. 그러니 그처럼 변하게 된 까닭을 캐묻지 않을 수 없었다. 그녀의 얘기에 따르면, 결혼식이 끝나자마자 보비는 자신이 결혼 전에 의사들을 속였으며 자신의 심장에는 아무 이상도 없다고 털어놓았다.[3] 그는 한술 더 떠서, 그녀와 결혼하기로 결정은 했으나 그녀를 사랑하지는 않으며 사랑해 본 적도 없다고 말했다는 것이다. 나는 그 결혼이 성적 결합이 없는 미완의 결혼이었을 것으로 짐작한다.

보비의 부친은 당시 그림 같은 시골 마을이었던 래들릿을 소유하고 있었으며, 래들릿과 엘스트리 중간쯤에 있는 아주 아름다운 시골집도 그의 것이었다. 그는 보비에게 그 집을 주었고 사유지의 관리도 그에게 맡겼다. 그러자 시인 및 사회주의자의 면모는 사라지고 아주 고지식한 사업가로 바뀌어버린 보비는 래들릿을 개발하기 시작했다. 그리하여 그곳에 값싸고 흉하고 지저분한 교외 별장들이 엄청나게 세워져 그에게 막대한 수익을 올려주었다. 몇 년 후 정말로 병이 든 그를 라이언이 3년 가량 극진히 간호했으나, 그는 결국 죽고 말았다. 남편이 죽은 후 그녀가 말하기를, 자신은 환자를 간호하는 일에 너무나 익숙해진 나머지 그

---

3) 그러나 그는 몇 년 후에 정말로 심장병으로 죽었다.

일이 없으면 나날을 무엇으로 채울지 모를 정도이기 때문에 항상 병석에 있겠다고 약속만 해준다면 어떤 남자하고든 재혼하겠다는 것이었다.

그러나 그녀는 재혼하지 않았으며, 『어느 무명 사도의 글By an Unknown Disciple』이란 책을 익명으로 출간하여 상당한 성공을 거두었다. 매싱엄과 염문을 뿌리기도 했으나 그뿐이었다. 그녀는 심령 연구에 큰 관심을 보였다. 돈 많은 과부가 된 그녀는 수입의 상당 부분을 노동당 지원금으로 썼다. 나는 말년에 접어든 그녀를 거의 만나지 않았는데, 감상적이고 광적인 신앙, 투시력, 아일랜드인 특유의 뛰어난 직관력 등등, 내가 볼 때는 얼토당토 않은 것들을 진지하게 생각하도록 요구해 부담스러웠기 때문이다. 그러나 나는 그녀와 나 사이에 이러한 장애물이 생긴 것이 서운했으므로 다툼이나 불성실한 태도를 배제한 채 만나려고 애썼다.

〈하버드 대학 논리학자인 콰인W. V. Quine에게 보낸 편지〉

친애하는 콰인 선생

당신의 책(『기호 논리학의 체계System of Logistic』)이 도착했을 당시 나는 과로 탓에 제법 긴 휴식을 취해야만 하는 상황이었소. 그 결과 이제 겨우 다 읽어보았소.

아주 훌륭한 책을 쓰신 것 같소. 내가 이처럼 큰 지적 기쁨을 맛본 지도 참 오랜만이오.

두 가지 의문이 떠올랐는데, 언제 시간 나실 때 대답을 들어보고 싶소. 질문들을 별도의 용지에 적어놓았소.

당신의 책을 읽다 보니, 내가 작업을 하면서 늘 외부에서 오는 철학적 고찰의 영향을 받고 있다는 사실을 깨달았소. 예를 들어 '기술記述'을 봅시다. 나는 비단 『수학 원리』의 기술적 기능뿐 아니라, '스콧은 『웨이벌리』의 작가다'에도 관심이 많았소. 마이농Meinong(1853~1920년, 오스트리아의 심리학자이자 철학자)의 책을 찾아보면 내가 피하고자 했던 유의 오류들을 볼 수 있을 것이오. 그것은 존재론에도 똑같이 적용되오.

다시 표시법notation을 봅시다. (주로 화이트헤드의 표기법이오.) 우리는 3, 4부에서 상호 연관자들correlators을 위해 표시를 쓰지 않을 수 없었소. 우리의 R|S에 해당되는 당신의 알파베타$\alpha\beta$는 세 개 이상의 관계들이나, 우리가 필요로 했던 다양한 형태들(이를테면 R∥S 같은)에서는 유효하지 못할 것이오.

내가 염려하는—아직 말로는 정리할 수 없는 염려지만—바는, '환원 가능성의 공리'를 도입하게 만든 그 장애물들을 과연 당신이 스스로 생각하는 것만큼 그렇게 완벽하게 피해 갔는가 하는 점이오. 당신의 방법에서 다루어진 귀납법과 데데킨트Dedekind(독일의 수학자)의 연속성을 숨김 없이 볼 수 있었으면 좋겠소.

당신의 체계에서 집합들이 차지하는 위상이 나로선 약간 혼란스럽소. 그것들이 하나의 원시적 개념인 것 같기는 한데, 알파α와 $\hat{x}(\alpha x)$의 관계가 다소 모호해 보이오. $\alpha = \hat{x}(\alpha x)$이면, $x\alpha$는 αx와 동일하다고 주장하는 것이오? 모든 명제는 연속이라고 말할 수 있으려면 그렇게 주장해야 마땅하오. 그러나 "나는 내 아들에게 6펜스(6펜스 은화)를 주었다"가 "내 아들은 내가 6펜스를 준 사람들 중 한 명이다"와 같지 않다는 것은 확실한 듯하오.

그리고 당신은, 무한 집합을 정의 함수가 아닌 다른 방법으로 정의할 수 있다고 주장하는 것이오? 무한 집합을 포함시켜야 할 필요성은 내가 『수학 원리』에서, 함수를 집합에 대립하는 것으로 강조한 이유 중의 하나였소.

이와 같은 질문들에 대해 훌륭한 답변이 있기를 기대하오.

어쨌거나 나는 당신이 해온 작업을 높이 평가하며, 지난날 내가 항상

L·E·T·T·E·R·S

불편하게 느꼈던 많은 문제들이 당신의 작업 덕분에 개선되었다고 생각하오.

텔레그래프 하우스
1935년 6월 6일

⟨G. E. 무어에게 보낸 편지⟩

친애하는 무어

순수하게 철학적인 작업으로 복귀하고픈 생각이 간절해졌네. 특히 전에 썼던 논문 '경험주의의 한계들The Limits of Empiricism'에 담긴 생각들을 발전시켜 보고 싶고, 언어와 사실의 관계도 연구해 보고 싶네. 언어와 사실의 관계에 대한 카르나프Carnap(1891~1970년, 독일 태생의 미국 철학자)의 생각들이 매우 부적절해 보여서 말일세. 그런데 나는 지금 법적으로 매년 800~900파운드를 다른 사람들에게 지급해야 하는 데 반해, 일하지 않아도 나오는 돈은 연 300파운드에 불과한 불행한 처지에 놓여 있다네. 따라서 대학에 일자리를 구하지 못하면 철학 작업을 할 수가 없네. 케임브리지에는 가능성이 없겠지? 철학으로 돌아가고픈 나의 욕구가 너무나 강하니, 혹시 가능성이 있으면 정말 반갑겠네.

텔레그래프 하우스
1937년 2월 8일

친애하는 무어

편지 고마웠네. 자네 편지를 보니 내가 예상한 상황 그대로일세. 현재로선 그쪽으로 성공할 가능성도 적어 보이고, 다른 분야에서 다른 가능성도 있을 수 있으니 그 문제를 진척시킬 필요가 없을 것 같네. 흔쾌히 나를 추천해 주어 정말 고맙네. 혹시 다른 일들이 실패로 돌아가면 다시 편지하겠네. 한편으로는 아무 일도 하지 않는 게 제일 낫다는 생각도 들어.

리버흄 특별 연구원 건은 6월에 결정이 나네. 그 전까지는 알 수 없어. 거기 합격한들 기간이 2년밖에 안 된다네.

텔레그래프 하우스
1937년 2월 18일

〈데즈먼드 매카시의 편지〉

친애하는 버티

자네가 내 비평을 읽고 대중의 흥미를 돋우겠다 생각했다니 마음이 놓이네. 내가 노린 게 그것이었네. 잘 쓴 글은 아닐세. 너무 빨리 쓴 데다, 시간이 없어 교정도 대충 보고 말았거든. 하지만 『앰벌리 문집』이 아주 흥미롭다는 점을 사람들이 납득할 것으로 믿네. 일요일 밤엔 트리니티 창립 기념회에 참석하여 학교 홀에서 식사했네. 내 비평이 거기서도 약효를 발휘하는 걸 발견했지.

기분 좋게도 내가 영 G. M. Young을 꼬드겨 《옵저버Observer》지에 비평을 쓰게 만들었네. 그는 S. T.에 쓰고 싶어했거든. 나는 그가 들고 있던 자네 책을 빼앗아버렸지. 그리하여 결국 가빈Garvin한테 비평문을 넘기도록 만들었다네.

자네가 대량 판매를 기대하고 있을 거라곤 생각하진 않지만, 내가 볼 때 아주 훌륭한 책이니 꾸준히 팔릴 걸세.

텔레그래프 하우스를 팔았다는 얘기를 들었는데 좀더 자세한 내막을 듣고 싶네. 만족할 만한 값에 못 판 건 아닌지, 아니면 자네가 신이 나서 답장을 쓸 것인지 궁금하다네. 어쨌거나 자네로선 돈 걱정 중에서도 최악의 걱정거리를 던 셈이지, 그렇지 않은가? 예전에 쇼펜하우어가 어떤 여자를 계단에서 밀었다가 그 여자에게 평생 연금을 물어야 할 처지가 되어 난리쳤던 것 기억하나? 그에게 남은 거라곤 갈색 푸들 한 마리(개 이름이 버츠였다네)뿐이었지. 하지만 자네는 계단에서 여자를 떠민 일은 없으니까. 오랜 세월이 지난 후 그는 의기양양하게 일기장에다 적었지, 늙어 죽어서야 짐을 벗게 되었도다Obit anus, abit onus라고. 자네한테서도 머지 않아 이런 말이 적힌 엽서 '두 장'이 날아오리라 기대하네.

문법과 철학과 기타 많은 것들의 관계를 풀어나갈 책을 쓰자면 틈을 내는 게 무엇보다 중요한데 자네가 언제 그런 엽서를 쓰게 될지 모르겠지만 그때까지 매년 500파운드로 버텨야 한다는 게 사실인가? 자네의 숭배자들이 분명 그 액수를 올려줄 걸세. 연금은 거부할 생각인가? 내가 가치 있는 글을 쓸 가능성이 자네만큼만 되어도 연금을 받진 않았을 걸세.

이제 시간이 점점 짧아지고 있네. 우리한테 당장 죽음이 닥친다는 얘기가 아니라 느릿느릿 죽음이 다가오고 있다는 말일세. 집중력이 줄어들고 무뎌지는 것을 보면 마치 다가오는 죽음을 위해 지혜를 제물로 바치는 느낌이 드네.

얼마 전에 쇼를 만났더니 자신의 최근 작품들에 대해 얘기하더군. 그의 놀라운 재능—휘어잡는 힘은 빼고—이 전부 드러난 작품들이지. '그 끔찍한 비밀을 발설하고도 걱정이 안 되나요? 이제는 관심조차 없어요?' 이런 말이 목구멍까지 올라왔지만 너무 심한 얘기라는 생각이 들었네. 당장 나를 위협하는 게 무엇인지를 보면서 그 비밀이 어떤 유의 것인지 짐작할 수 있었네. 하지만 자네와 내게 그것은 여전히 위협에 불과하지. 특히 자네는 사고 능력에서 항상 나를 앞질러왔으니 아직도 관심을 가질 수 있어. 그럼에도 불구하고 시간은 짧다네. 자네는 냉정해야 하며 힘닿는 데까지 책을 써야 한다는 것이 우리 모두(우리 두 사람이 직접 알지 못하는 사람들까지 포함하여)의 바람일세. 노령老齡이라는 끔찍한 뱀이 겹겹이 또아리를 틀기 시작하면 책 쓸 기운은 어느 새 달아나고 없다네.

무어와 함께 지내면서 즐거운 시간을 가졌네. 반백의 노인들이 대부분의 시간 뛰어놀았지. 그가 내게 위즈덤Wisdom이 쓴 정의定義에 관한 논문을 읽어보라고 했으나, 무슨 얘긴지 이해할 수 없었네. 비트겐슈타인 유의 글이었어. 나는 내 얘기를 하고 싶었고 무어도 그래 주었으면 싶었으나, 둘 다 추억 어린 즐거운 해변을 두고 오는 아쉬움을 메울 만큼 충분히 마음을 쓰지 못했네. 젠장, 그러나 다음번에는 꼭 해볼 거야. (하지만 전에도 얘기했듯, 이런 일이 처음은 아닐세.) 다음에 런던에 오면 꼭 내게 연락해 주게. 점심을 먹든, 오전이든 오후든, 저녁 식사든, 언제든 환영일세. 자고 가도 좋아. 더모드Dermod MacCarthy가 선박 주치의로 일하기 때문에 방이 비어 있다네. 그리고 나도 레즐리 스티븐Leslie Stephen 강좌가 끝나면 5월쯤에 한번 찾아가겠네. '피터'에게 순산을 빈다고 전해 주게.

런던, 웰링턴 스퀘어
1937년 3월 16일

13 미국 : 1938~1944년

1938년 8월, 우리는 키들링턴에 있는 집을 팔았다. 사는 쪽에서, 집을 당장 비워달라는 조건을 달았기 때문에 우리는 8월 중 2주를 어디서든 때워야 할 처지가 되었다. 우리는 주거용 차를 전세 내어 펨브로크셔의 해안에서 시간을 보냈다. 피터와 나, 존, 케이트, 콘래드, 그리고 우리 집 큰 개 셰리가 함께했다. 거기 있는 동안 거의 매일 비가 퍼부었으므로 모두 꼼짝없이 차 안에 박혀 있어야 했다. 그때처럼 불편을 느껴본 적도 없었던 것 같다. 피터가 식사를 준비해야 했는데 그 일을 몹시 싫어했다. 마침내 존과 케이트가 다팅턴으로 돌아갔고 피터와 콘래드와 나는 미국행 배에 올랐다.

나는 시카고에서 대규모의 세미나를 열고 옥스퍼드에서 다룬 주제—즉 '말과 사실'—를 가지고 계속 강연했다. 그러나 단음절 단어들을 사용하면 미국인들이 내 강연을 존경하지 않는다는 얘기를 듣고, '말과 신체의 운동 신경 습관의 상호 관계' 비슷한 것으로 제목을 바꾸었다. 그런 식의 제목을 붙이자 비로소 세미나가 인정을 받았다. 대단히 즐거운 세미나였다. 카르나프와 찰스 모리스Charles Morris도 가끔 참석했고, 매우 뛰어난 능력을 가진 세 명의 제자들

―댈키Dalkey, 캐플런Kaplan, 코필로위시Copilowish―도 함께 해주었다. 우리는 밀고 당기며 충실하게 논쟁한 끝에 피차 만족할 만한 아주 명쾌한 결론을 도출하는 데 성공했다. 철학 논쟁에서는 보기 드문 일이었다. 이 세미나 외에는 시카고에서 별로 유쾌한 시간을 보내지 못했다. 시내는 지저분했고 날씨는 몹시 짓궂었다. '우수 도서 100선' 작업에 바쁜 허친스Hutchins 총장은 철학과 교수들에게 신新토미즘〔토마스 아퀴나스의 신학〕을 강요하는 사람이었으므로 당연히 나를 달가워하지 않았다. 계약 기간이 끝나고 내가 떠나게 되자 아마 그는 속이 시원했을 것이다.

나는 로스앤젤레스에 있는 캘리포니아 대학의 교수가 되었다. 시카고는 아직도 찬바람 몰아치는 겨울 날씨였는데 그 끔찍한 곳에 있다가 봄으로 접어든 캘리포니아에 도착하니 너무나 기뻤다. 우리가 그곳에 간 것은 3월 말이었으나 9월부터 학기가 시작하기 때문에 몇 개월의 여유가 있었다. 처음에는 순회 강연으로 시간을 보냈는데 그때 일로 뚜렷하게 기억에 남는 것은 두 가지뿐이다. 하나는 휴이 롱Huey Long에 관한 일이다. 루이지애나 주립 대학에 강연을 나가보니 그곳 교수들이 모두 휴이 롱을 좋게 평가하고 있었다. 이유인즉 그가 그들의 봉급을 올려주었기 때문이었다. 다른 한 가지는 그보다 유쾌한 기억이다. 진짜 시골인 한 마을에 가서 미시시피 강을 둘러싸고 있는 제방에 올라가보았다. 강연과 긴 여행과 더위 탓에 몹시 지쳐 있던 나는 그곳 풀밭에 드러누워 그 장대한 강도 구경하고, 최면 걸린 듯 몽롱한 기분으로 물과 하늘을 바라보았다. 그 10분여의 시간 동안 나는 평정 상태를 느꼈다. 당시의 나에겐 극히 드문 체험이었는데 아마 흐르는 물이 있어 가능했던 것 같다.

1939년 여름에는 방학을 맞은 존과 케이트가 우리를 찾아 미국으로 왔다. 그런데 아이들이 도착하고 바로 며칠 후에 전쟁이 발발하여 개학 때가 되어도 영국으로 돌려보낼 수 없게 되었다. 아이들을 계속 공부할 수 있게 만들어주는 것이 시급했다. 존은 열일곱 살이었으므로 캘리포니아 대학에 입학시켰으나 케이트는 열다섯 살밖에 되지 않아 대학에 보내기엔 좀 어렸다. 로스앤젤레스에 있는 학교 중에 학업 수준이 가장 높은 곳이 어디냐고 친구들에게 물어보았더니 이구동성으로 추천하는 학교가 있어 케이트를 거기로 보냈다. 그런데 그 학교에서 가르치는 과목 중에 케이트가 아직 못 배운 과목은 하나밖에 없었고, 그것은 자본주의 제도의 미덕에 관한 것이었다. 결국은 케이트가 어린데도 대학에 보내지 않을 수 없었다. 존과 케이트는 1939년부터 1940년까지 1년 동안 우리와 함께 살았다.

1939년 여름 우리는 샌타바버라에 집을 하나 세내어 몇 달간 살았는데 대체로 즐거운 곳이었다. 불행하게도 내가 등뼈를 다치는 바람에, 참기 힘든 좌골 신경통에 시달리며 한 달을 꼼짝없이 누워 있어야 했다. 그 결과 강의 준비가 늦어져, 그 학년 내내 과로에 시달리면서도 언제나 강의가 미흡하다는 생각이 들었다.

대학 분위기는 시카고보다 훨씬 못했다. 학생들도 그다지 능력이 없었고 학장도 내가 아주 싫어하는 타입이었다. (지금도 나의 평가가 옳았다고 본다.) 누구든 지나치다 싶게 자유주의적인 발언을 했다 하면 일을 제대로 못한다는 구실을 달아 해고해 버렸다. 교수 회의가 열릴 때면 총장이 마치 군화라도 신은 양 거침없이 진군해 들어와, 자기 마음에 들지 않는 의제에 대해 무조건 위반 판정을 내리곤 했다. 그가 표정을 찡그리기만 해도 모든 사람들이 벌벌 떠는 모습은 히틀러 치하의 국민 의회를 연상시켰다.

1939~40년도 학년이 끝나갈 무렵 나는 뉴욕 시립 대학에서 교수

로 와달라는 초청을 받았다. 거의 결정이 난 듯한 상황이어서 나는 캘리포니아 대학 총장에게 사직서를 써냈다. 그가 내 편지를 받고 30분 후, 나는 뉴욕의 일이 확정적이지 않다는 것을 알았다. 그리하여 사직 의사를 철회하기 위해 총장을 찾아갔으나 그는 너무 늦었다고 말했다. 그 동안 열성적인 기독교인 세납자들이 신앙도 없는 사람에게 봉급을 주기 위해 세금을 낼 수는 없다며 항의해 온 터였으므로 총장은 내가 물러나주는 게 반가웠던 것이다.

뉴욕 시립 대학은 시 정부가 운영하는 기관이었다. 이 학교에 다니는 사람은 거의 대부분 가톨릭 신자 아니면 유태인이었다. 가톨릭 신자들로선 분통 터지는 일이었겠지만 장학금은 사실상 유태인들에게 다 돌아갔다. 뉴욕 시 정부는 사실상 로마 교황청의 위성 도시나 다름 없었으나, 시립 대학 교수들은 대학의 자유 비슷한 것이나마 지켜보려고 안간힘을 썼다. 그들이 나를 추천한 것도 물론 이 같은 목적을 위한 것이었다. 그러나 사주받은 영국 국교회 소속의 한 주교가 나를 비난하고 나섰고, 그러자 주로 아일랜드 가톨릭 계열의 사제들이 경찰을 대상으로, 지역에서 범죄가 발생하는 것은 나 때문이라고 설교를 했다. 시립 대학에서도 나와는 아무 상관없는 학과에 다니는 딸을 둔 한 부인이 소송을 제기해 내가 그 학교에 있으면 자기 딸의 정조가 위험해진다고 주장했다. 이것은 나를 상대로 한 것이 아니라 뉴욕 시 당국을 고발하는 형식을 취하고 있었다.[1] 나는 소송에 참여해 보려고 애썼으나 나와는 무관한 일이라는 답변만 들었다. 시 당국

---

1) 이 소송에 관한 정보를 얻으려면 『버트런드 러셀 소송 사건The Bertrand Russell Case』
(존 듀이와 호리스 칼렌Horace M.Kallen 편집, 바이킹 출판사, 1941년)과,
『나는 왜 기독교인이 아닌가Why I am not a Christian』
(폴 에드워즈Paul Edwards 편집, 앨런 언윈 출판사, 1957년) 부록 편을 참조할 것.

은 명목상 피고일 뿐, 그 선량한 부인이 승소를 바라는 것 못지않게 패소를 바라고 있었다. 원고 측 변호사는 내 저서들을 가리켜, "음란 선정적이고 호색적이며 성욕을 자극한다. 색정광, 최음제에 가깝다. 불경하고 편협하며 진실과는 거리가 멀고 도덕성이 상실되었다"고 단언했다. 이 소송은 아일랜드 출신의 판사가 담당했고, 결국 그는 독설을 퍼부으며 내게 불리한 판결을 내렸다. 나는 항소하고 싶었으나 뉴욕 시 당국이 항소를 거부하고 나섰다. 나를 비난하는 말들 중에는 완전히 지어낸 얘기들도 있었다. 예컨대 아주 어린아이들이 자위 행위를 했다고 벌을 주어서는 안 된다는 얘기를 내가 했다면서 사악하다고 욕했다.

전형적인 미국식 마녀 사냥이 나를 상대로 시작되었고,[2] 나는 미국 전역에서 금기시되는 인물이 되었다. 나는 본래 순회 강연을 할 예정이었으나 마녀 사냥이 시작되기 전에 예약이 된 것은 한 건뿐이었다. 이 약속을 했던 랍비〔유태교의 율법 학자〕마저 계약을 파기했지만 그를 탓할 생각은 없다. 강당 소유자들이 내가 강연을 하게 되면 장소를 빌려주지 않겠다고 했던 것이다. 그 당시에 내가 어디든 공공장소에 모습을 드러냈다면 경찰의 완전 묵인하에 가톨릭 신자 폭도들 손에 맞아죽었을지도 모른다. 내 글을 실어주겠다는 신문이나 잡지도 전혀 없었으므로 나는 갑자기 모든 생계 수단을 박탈당하고 말았다. 영국에서 돈을 가져오는 것은 법률상 불가능했기 때문에, 부양해야 할 아이가 셋이나 되는 상황에서 나는 매우 곤란한 처지에 놓이게 되었다. 자유주의 사상을 가진 많은 교수들이 나를 위해 항의 운

---

2) 뉴욕 카운티의 등기 공무원인 한 여성은, 나를 "흠씬 두들겨패서 이 나라에서 쫓아내버려야 한다"고 공개적으로 말했다. 당시 일반 대중의 비난이 어느 정도였는지 잘 보여주는 발언이다.

동을 벌였지만, 모두들 내가 백작의 신분이니 물려받은 땅도 많고 아주 부유하리라 생각했다. 내게 실질적인 도움이 되어준 사람이 딱 한 명 있었는데 바로 반스Barnes 박사였다. 아지롤이라는 방부제를 만든 발명가이자 필라델피아 부근에 소재한 반스 재단의 설립자였다. 그는 내게 5년간 자신의 재단에서 철학에 관해 강연하는 일자리를 주었다. 그 덕에 나는 큰 걱정을 덜 수 있었다. 그가 날 불러주기 전까지는 곤경에서 벗어날 아무 방도가 없었다. 영국에서 돈을 가져올 수도 없었고 영국으로 돌아가는 것도 불가능했다. 세 아이들이 귀국할 수 있는 길을 찾아내는 것도 오랜 시간이 걸려야 가능했을 것이고, 설사 가능했다 하더라도 전쟁 포화 속으로 아이들을 보내고 싶은 마음은 추호도 없었다. 존과 케이트를 대학에서 퇴학시키고 마음 좋은 친구들의 도움이나 받으며 최대한 절약해 사는 수밖에 도리가 없는 듯했다. 이와 같은 암울한 전망에서 나를 구제해 준 사람이 반스 박사였던 것이다.

내게 1940년의 여름은 공적으로는 공포, 사적으로는 즐거움이 기묘한 대조를 이룬 시기였다. 우리는 시에라네바다 산맥 지대인 타호 호수 근방의 폴른리프 호에서 여름을 보냈는데, 내가 운 좋게 알게 된 여러 아름다운 장소들 중에서도 가장 아름다운 곳에 속했다. 이 호수는 해발 1천 829미터가 넘는 고지에 있으며, 1년 중 반 이상 눈으로 깊게 덮여 있어 그 일대 전체가 사람이 살기 힘든 곳이다. 그러나 여름철 석 달 동안은 황금기여서 해가 연일 나오고 날이 포근하며 극심한 더위가 없다. 산자락의 초원들은 더할 수 없이 아름다운 야생화들로 그득하고 공기에는 소나무 냄새가 짙게 배어 있다. 우리는 호수에서 가까운 소나무 숲 한가운데에 있는 오두막에 묵었다. 콘래드와 보모는 집 안에서 잤으나 나머지 가족들은 잘 방이 없어 모두 여기저기 흩어져 현관에서 잤다. 인적 없는 전원을 헤치고 폭포나 호수, 산정까지 수도 없이 산책했으며, 눈 위에서 별로 차갑지 않은 깊은 물 속으로 뛰어들 수도 있었다. 나는 창고보다 나을 바 없는 자그만 공부방을 마련하여 거기서 『의미와 진리의 탐구』를 탈고했다. 종종 날이 너무 더워 옷을 홀딱 벗고 글을 쓰기도 했다. 그러나 나는 더위에 강하기 때문에 더워서 일을 못해 본 적은 없었다.

이처럼 즐겁게 지내는 와중에도 우리는 영국이 침공당했는지, 런던이 아직 무사한지가 궁금하여 매일매일 소식을 기다렸다. 익살맞고 약간 사디스트적인 유머 감각을 가진 우체부가 어느 날 아침 큰 소리로 외치며 들어섰다. "소식 들었어요? 런던이 모조리 파괴되어 집 한 채도 안 남았대요!" 그러나 그의 말을 믿어도 되는 건지 알 수 없었다. 오랫동안 걷고 여러 호수에서 멱을 감으면서 그럭저럭 지루하지 않게 시간을 보내다 보니 9월쯤에는 영국이 침공을 면할 것 같은 생각이 들기 시작했다.

나는 시에라네바다 산악에서 무계급의 사회를 발견했는데 내가 알기로 그런 사회는 그것밖에 없다. 집집마다 거의 대부분 대학 교수들이 거주했으며 필요한 작업은 대학생들이 담당했다. 우리에게 식료 잡화를 갖다 주었던 청년의 경우도 내가 겨울 내내 강의를 해주었다. 단순히 휴가를 즐길 목적으로 온 학생들도 많았는데 모든 것이 원시적이고 소박했기 때문에 아주 저렴한 휴가가 될 수 있었다. 관광객을 다루는 측면에서는 미국인들이 유럽인들보다 훨씬 낫다고 할 수 있다. 호수 근처에는 집들이 많이 있었지만 소나무 숲에 가려지도록 세심하게 배려하여 지어졌기 때문에 보트에서 보이는 집은 거의 없었다. 그리고 집 자체도 소나무로 지어져 전혀 눈에 거슬리지 않았다. 우리가 살았던 집의 한 모서리는 살아 있는 소나무로 되어 있었다. 그 나무가 너무 자라버리면 집이 어떻게 되는지, 상상하기도 어렵다.

1940년 가을, 나는 하버드에서 윌리엄 제임스 강좌를 맡았다. 뉴욕에서 말썽이 일어나기 전에 계약한 일이었다. 아마 하버드 대학으로선 후회 막심한 계약이었겠지만 예의를 지켜 내 앞에서는 내색하지 않았다.

반스 박사와 맺은 계약에 따라 나는 1941년 정초부터 일을 시작했다. 우리는 필라델피아에서 48킬로미터 가량 떨어진 곳에 농가를 하나 세냈다. 영국의 도싯셔 내륙처럼 언덕이 많은 시골에 자리잡은, 200년 정도 된 아주 매력적인 집이었다. 과수원과 근사한 헛간과 복숭아 나무 세 그루도 딸려 있었는데, 그 나무들에는 엄청나게 많은 열매가 맺힐 뿐 아니라 맛도 내가 먹어본 복숭아 중에 제일 나았다. 강 쪽으로 넓은 언덕이 펼쳐지고 상쾌한 숲도 있었다. 우리 집에서 16킬로미터 떨어진 곳에는 필라델피아 교외선 열차들의 종점인 파올리Paoli(코르시카의 애국자 이름을 딴 지명)가 있었다. 나는 그곳에서 기차를 타고 반스 재단으로 가, 대부분 누드화인 프랑스 현대화들이 걸린 화랑에서 강의하곤 했다. 철학을 강의하기엔 다소 어울리지 않는 분위기였다.

반스 박사는 이상한 성격의 소유자였다. 그에게는 개와 아내가 있었는데 그는 개한테 무척 헌신적이고 아내는 그에게 매우 헌신적이었다. 그는 흑인들을 후원하고 동등하게 대하는 것을 좋아했는데 이유를 따지자면 바로 자기 자신이 그들을 동등하지 않다고 믿기 때문이었다. 그는 아지롤을 발명하여 엄청난 돈을 벌었으며, 그 사업이 정점에 달했을 때 처분하여 정부 담보물에 모든 돈을 투자했다. 그러고 나서 그는 미술품 감정가가 되었다. 그는 프랑스의 현대화들이 전시된 아주 훌륭한 화랑을 소유했고 그 화랑과 연계하여 미학의 원리를 가르쳤다. 그는 남들의 쉴새없는 아첨을 즐겼으며, 싸우는 것을 좋아했다. 사실 나는 그의 제안을 받아들이기 전에, 사람들을 쉽게 싫증내는 사람이니 조심하라는 이야기를 들었기 때문에 일부러 5년 계약을 맺었던 것이다. 그러자 1942년 12월 28일, 나는 1월 1일자로 직무를 그만두라는 편지를 받았다. 이렇게 해서 나는 또 한 번 풍요에서 궁핍으로 떨어지게 되었다. 물론 내게는 계약서가 있었고, 법률가에게 물어본 결과 법정에 문제를 제기하면 완벽하게 보상받을 수 있다는 얘기도 들었다. 그러나 법적 보상을 따내려면, 더구나 미국 같은 나라에서는 시간이 많이 걸리기 마련이었다. 나는 그 사이 어떻게 해서든 먹고 살아야 할 형편이었다. 르 코르뷔지에Le Corbusier(1887~1965년, 스위스 태생의 프랑스 건축가, 도시 계획가)가 미국에 관해 쓴 한 책에도 반스의 전형적인 행실에 관한 이야기가 나온다. 순회 강연을 돌고 있던 코르뷔지에는 반스 박사의 화랑을 구경하고 싶었다. 그는 허락을 구하는 편지를 썼다. 그런 요청을 받으면 늘 마지못해 응하곤 했던 반스 박사는 모월 모일 토요일 아침 9시에는 구경해도 좋으나 그 외의 시간에는 안 된다고 답했다. 코르뷔지에는 강연 일정상 그 시간에는 불가능하니 다른 시간에는 안 되겠느냐고 다시 편지로 물어보았다. 반스 박사는 엄청나게 무례한 편지를 보내 그 시간이 아니면 절대로 안 된다고 말했다. 그러자 코르뷔지에는 장문의 답장—그의 책에도 실려 있다—을 보내, "나도 싸움을 싫어하는 사람은 아니지만 미술 관련 문제로 입장이 다른 사람들과 싸우는 게 차라리 낫겠다. 당신과 나는 둘 다 현대적인 그림을 좋아하는 사람들이니 우리가 의견의 일치를 못 보는 것은 유감스러운 일인 것 같다"고 말했다. 반스 박사는 그 편지를 뜯어보지도 않고 봉투에다

"빌어먹을merde"이라고 적어 되돌려보냈다 한다.

내 사건이 법정에 올려지자 반스 박사는, 내가 강의 준비를 충분히 하지 않아 수박 겉 핥기 식의 형식적인 강의가 되었다고 주장했다. 나는 『서양 철학사History of Western Philosophy』를 가지고 강의했는데, 그 책의 전반부 3분의 2까지 진행하고 강의가 중단된 상황이었다. 판사가 읽어보리라고는 생각하지 않았지만 어쨌거나 나는 거기까지의 원고를 제출했다. 반스 박사는 내가 피터고라스와 엠피독클레스Pithergawras and Empi-Dokkles(그는 피타고라스Pythagoras와 엠페도클레스Empedocles를 이렇게 발음했다)를 제대로 다루지 못했다고 불평했다. 나는 판사가 주목할 만한 진술을 했고 결국 승소했다. 물론 반스 박사는 틈나는 대로 항소를 했으며, 나는 영국에 돌아와서야 비로소 보상금을 받을 수 있었다. 한편 그는 내 죄를 잔뜩 적은 인쇄물을 만들어 트리니티 칼리지의 학장과 교수들에게 일일이 발송하고 나를 모교로 다시 부른 것은 어리석은 짓이었다고 경고했다. 나는 그것을 읽어보지는 않았지만 분명 재미있는 읽을거리였을 것이다.

1943년 초부터 몇 달 동안 경제적으로 다소 절박한 형편이긴 했으나 우려했던 만큼 고생하지는 않았다. 우리는 살고 있던 셋집을 다시 세놓고, 집주인이 흑인 부부를 고용할 경우 거처로 제공하기 위해 지은 작은 집으로 이사했다. 방 세 개에 화덕이 세 개 딸린 집이었는데 거의 한 시간마다 각 화덕에 불을 지펴야 했다. 하나는 난방용이고 하나는 취사용, 나머지 하나는 온수용이었다. 화덕에 불이 꺼져 다시 살리려면 대여섯 시간씩 걸렸다. 당시 콘래드는 피터와 내가 하는 이야기를 다 알아듣는 나이였다. 아이가 듣고 걱정할 만한 이야기는 하지 않는 게 좋았겠지만 우리에게는 의논해야 할 걱정거리가 많았다. 그러나 그 무렵부터 시립 대학과 관련된 말썽이 가라앉기 시작하더니 뉴욕 및 기타 도시에서 이따금 강연 청탁이 들어오곤 했다. 금기 분위기를 맨 처음 깨준 것은 브린 모 칼리지의 웨이스Weiss 교수였다. 강좌를 하나 맡아달라고 요청해 왔던 것이다. 적지 않은 용기가 필요했을 것이다. 한번은 내가 돈이 없어 뉴욕까지 편도 표를 끊은 적이 있었는데, 돌아올 때는 강연 사례비로 그가 요금을 낸 적도 있었다. 『서양 철학사』 원고가 거의 완성되어 가고 있었으므로 나는 미국에서 내 책을 내주곤 했던 출판업자 노턴에게 편지하여, 나의 어려운 경제적 사정을 고려해 선불로 해줄 수 있느냐고 물었다. 그는 존과 케이트를 아끼는 사람으로서, 또한 옛 친구와의 우정을 생각하여, 500달러를 선불로 주겠다고 대답했다. 나는 다른 출판사에 의뢰하면 돈을 더 받을 수 있을 것 같아 사이먼 앤드 슈스터Simon and Schuster에 접근해 보았다. 개인적으로 전혀 알지 못하는 사람들이었는데, 즉석에서 2천 달러를 주고 6개월 후에 1천 달러를 더 주겠다고 했다. 그 무렵 존은 하버드에, 케이트는 래드클리프에 다니고 있었다. 나는 돈이 없어 아이들을 중퇴시키는 상황이 될까 봐 늘 걱정했는데 사이먼 앤드 슈스터 덕분에 그럴 필요가 없게 되었다. 그 무렵에 개인적으로 아는 친구들에게도 돈을 빌려 도움을 받았는데, 다행히 곧 갚을 수 있었다.

『서양 철학사』는 우연히 쓰게 된 책이지만 결과적으로 오랜 세월 나의 주요 수입원이 되었다. 작업을 시작할 때만 해도 그것이 나의 다른 어떤 책도 못해 낸 큰 성공을 거두고, 한동안 미국의 베스트셀러 목록 상단에서 빛을 발하는 책이 되리라고는 전혀 예상치 못했다. 내가 아직 고대 철학을 다루고 있을 때 반스가 해고를 통고해 와 강의가 중단되고 말았다. 나는 그 작업이 아주 재미있었는데, 특히 그 전에는 거의 알지 못했던 중세 초기 부분과 예수 탄생 직전의 유태인 부분이 흥미로웠으므로 조사 작업이 끝날 때까지 연구를 계속했다. 브린 모 칼리지가 고맙게도 도서관을 이용하도록 허락해 주었다. 그 도서관은 훌륭했으며 특히 R. H. 찰스 목사의 귀중한 책을 볼 수 있었다. 그는 예수 시대 직전에 씌어진 덕에 예수의 가르침을 상당 부분 예견할 수 있었던 유태인들의 저작을 번역해 출간한 사람이다.

내가 즐거운 마음으로 이 역사서를 쓸 수 있었던 것은, 역사는 넓게 다루어야 한다는 것이 평소의 생각이었기 때문이다. 예를 들어 기번이 다루는 주제들의 경우, 그보다 짧은 책이나 몇 권의 책으로는 제대로 다룰 수 없다고 생각했다. 『서양 철학사』의 초반부는 문화사를 쓴다는 생각으로 썼으나 후반부로 가면서 과학이 점점 중요해지자 이 같은 틀에 맞추기가 어려워졌다. 나름대로는 최선을 다했으나 성공했는지에 대해선 자신할 수 없다. 때로는 비평가들이, 진정한 역사를 쓰지 않고 내가 자의적으로 선택한 사건들을 편파적으로 다루었다며 비난하곤 했다. 그러나 편견 없는 사람이 과연 있는가 하는 것도 의문이지만, 편견을 갖지 않고서는 재미있는 역사서를 쓸 수 없다는 것 또한 나의 생각이다. 편견이 없는 척하는 그 자체가 위선인 것이다. 또한 책이란 것은, 다른 모든 작업과 마찬가지로, 그 나름의 관점하에 결합되어야 한다. 책을 하나의 실체로 볼 때, 흔히 한 사람이 쓴 것보다 여러 작가들의 글을 모아놓은 것이 재미가 덜한 이유도 바로 여기에 있다. 나는 편견 없는 사람이 있다는 것을 인정하지 않기 때문에, 일단 작가의 편견을 인정해 주되 그것이 불만인 독자들은 정반대의 편견을 표현한 다른 작가들을 찾아보는 것이 방대한 역사를 이해하는 최선의 방법이라고 본다. 어느 편견이 진실에 더 가까우냐는 후세에 맡길 문제인 것이다. 역사 서술에 대한 관점이 이러하므로 나는 『서구의 지혜Wisdom of the West』보다 『서양 철학사』를 더 좋아한다. 후자를 정리하여 다시 쓴 『서구의 지혜』는, 삽화는 마음에 들지만 지나치게 매끄럽고 맥빠진 감이 있다.

우리는 미국에서의 마지막을 프린스턴에 있는 호숫가 작은 집에서 보냈다. 프린스턴에 있으면서 나는 아인슈타인을 매우 깊이 알게 되었는데, 일주일에 한 번씩 그의 집을 찾아가 아인슈타인 본인은 물론 괴델Gödel〔오스트리아 태생의 미국 수학자, 논리학자〕, 파울리Pauli와 더불어 토론하곤 했다. 그러나 토론들은 다소 실망스러운 감이 없지 않았다. 그 세 사람 모두 유태인 망명객으로서 세계주의를 지향하는 사람들이었으나 형이상학을 대하는 태도가 모두 독일 편향적이어서, 아무리 애써도 논쟁의 전제조차 합의에 도달하지 못했다. 괴델은 순수 플라톤주의자인 것으로 드러났으며, 영원한 '무無not'는 천국에나 있으니 정숙한 논리학자들이 죽어 천국에 가면 만나게 되리라고 믿는 것 같았다.

프린스턴의 사교계는 매우 재미있었다. 전체적으로 내가 미국에서 경험한 어느 사교 집단보다 유쾌한 분위기였다. 그 무렵 다시 영국으로 돌아간 존은 영국 해군에 입대하여 일본어를 배우기 시작했다. 케이트는 래드클리프에 만족하고 자기 일을 아주 잘해 내더니 대단치는 않지만 교사직을 하나 따냈다. 따라서 우리는 영국으로 돌아가는 통행권을 따내기가 어렵다는 것 외에는 미국에 계속 머물 이유가 없었다. 그러나 이 문제는 오래도록 해결될 기미가 없었다. 나는 워싱턴으로 가서, 영국 상원에서 내 의무를 수행할 수 있도록 해달라고 요청하고, 의무 수행의 욕구가 아주 강하다는 점을 당국자들에게 설득시키려고 애썼다. 그러다 결국 영국 대사관을 납득시킬 수 있는 논점을 하나 찾아냈다. 내가 그들에게 물었다. "이번 전쟁이 파시즘에 반대하는 전쟁이라는 것을 인정하오?" "그렇소." 그들이 대답했다. "그렇다면 입법부를 집행부에 종속시키는 것이 파시즘의 본질이라는 것도 인정하오?" "그렇소." 그들이 약간 주저하던 끝에 대답했다. 내가 계속해서 말했다. "지금 당신들은 집행부이고 나는 입법부인 입장이오. 그러니 당신들이 필요 이상으로 날짜를 끌면서 나의 입법 직무를 가로막는다면 당신들이야말로 파시스트가 아니고 무엇이겠소." 한바탕 웃음이 터지는 가운데 그 자리에서 당장 나의 항해 여권이 발급되었다. 그러나 기묘한 난관이 아직 남아 있었다. 아내와 나는 순위에서 A등급을 따냈으나 우리 아들 콘래드는 아직 아무 입법 기능이 없다는 이유로 B등급밖에 얻지 못한 것이다. 콘래드는 당시 일곱 살에 불과했으므로 우리는 당연히 아이와 어머니가 함께 여행할 수 있기를 바랐다. 그러나 그렇게 되려면 아내가 B등급으로 분류되는 수밖에 없었다. 주어진 자격보다 낮은 등급을 원하는 경우는 그때까지 한 건도 없었기 때문에 관리들은 매우 어리둥절해했고 몇 달이 지나서야 상황을 이해했다. 그러나 마침내 날짜가 정해졌다. 피터와 콘래드가 먼저 출발하고 나는 2주쯤 후에 출발했다. 우리가 대서양을 건넌 것은 1944년 5월이었다.

L·E·T·T·E·R·S

〈찰스 생어의 아내 도라에게 보낸 편지〉

친애하는 도라

편지 고마웠소. 좀 헤맨 끝에야 여기에 도착했지만.

전쟁을 외치는 새로운 함성에 대한 당신의 견해에 적극 동의하오. 위기가 사라져 크게 반가웠으나 언제 또 닥칠지 모르겠소. 여기 미국 사람들은 십중팔구, 우리는 싸워야 하지만 미국은 중립으로 남아야 한다고 생각하오. 나로서는 분통 터지는 견해가 아닐 수 없소. 영국에서도, 1919년 당시 체코슬로바키아의 부당한 국경선에 반대하여 항의했던 사람들이 1938년에 와서는 그 국경을 옹호하는 데 앞장서고 있으니 참으로 희한한 일이오. 그들은 잊고 있는 게 있소. 지난 전쟁 때 무력 방어를 시도했다면 그 즉시 체코인들이 독일의 공격에 노출됐을 것이고, 체코 입장에서 그것은 지금 그들이 감내하고 있는 것보다 훨씬 더 최악의 상황이었을 것이란 점이오.

나는 1914년 선상船上에서 에디 마시가 한 짓을 잊고 있었는데 당신의 편지를 보니 다시 생각이 났소. 그때는 모든 사람이 다 너무 특이하게 반응했소.

오톨라인의 죽음은 너무나 가슴아픈 일이었소. 찰리와 크롬프턴과 오톨라인이야말로 동시대인들 중 유일하게 절친한 나의 친구들이었건만 이제 그 세 명 모두 가고 없구려. 살아남은 우리는 이렇게 하루하루 점점 더 끔찍해지는 세계를 향해 가고.

그럼에도 불구하고 사적으로는 행복한 생활을 하고 있소. 존과 케이트는 더 바랄 것 없이 잘해 주고, 콘래드 크로Conrad Crow(현재 19개월 되었소)도 너무나 건강해 걱정이 없소. 미국은 흥미롭고 견실한 반면 영국은 왠지 무너져가고 있는 것 같아 걱정스럽소. 다프네(생어의 딸)는 벨그라드(유고슬라비아의 수도)에서 재미있는 시간을 보낸 모양이오.

5월 초에 집에 돌아갈 것 같으니 거기서 한번 만났으면 좋겠소. 잘 지내시길 비오.

미국 시카고
1938년 11월 5일

⟨W. V. 콰인에게 보낸 편지⟩

친애하는 콰인 선생

타르스키〔Tarski〔폴란드 태생의 미국 수학자, 논리학자〕에 대한 당신의 평가를 적극 지지하오. 내가 볼 때도 그의 세대(당신을 제외했을 경우) 중에 그 사람에 필적할 만한 논리학자는 아무도 없는 것 같소.

그러니 내가 이곳 관계자들을 설득하여 그에게 자리를 찾아줄 수 있다면 얼마나 기쁘겠소. 논리학을 위해서나 대학을 위해서나, 그 사람 본인이나 나 자신을 위해서도 좋은 일이 될 것이오. 그러나 여기저기 문의해 본 결과 아무래도 가능성이 없는 듯하오. 그들은 지금 상황만 해도 외국인이나 논리학자가 포화 상태라고 생각하오. 심지어 할 수만 있다면 내가 물러나 그에게 자리를 내주고 싶을 정도라고까지 말했으나 그래본들 얻어낼 게 없을 것 같소.

아마 당신은 동부 쪽을 알아보았을 것이오. — 하버드, 프린스턴, 콜럼비아 등등. 프린스턴 대학은 분명 너무 두드러지는 곳이오. 나는 타르스키의 능력에 관해 당신과 견해가 일치하는 사람이니 어느 곳에서든 날 들먹여도 좋소.

미국 캘리포니아, 로스앤젤레스
1939년 10월 16일

L·E·T·T·E·R·S

〈익명의 편지〉

버트런드 러셀

도대체 누구를 우롱하려고, 그렇게 '가정적인 사람'인 양 위선적인 포즈를 취한 사진을 신문에다 냈소? 당신이 누군가를 감동시킬 수 있다고 감히 생각하다니, 당신의 병든 머리도 그 같은 노망 단계에 이를 수 있나 보구려!

그런 사진을 위해 포즈를 잡고 불운한 자식들의 천진함 뒤로 숨으려 애써본들, 세상이 다 아는 당신의 타락상이 그 비열함을 덮어주진 못할 것이오. 부끄러운 줄 아시오! 이 나라의 점잖은 신사 숙녀라면 누구나 당신의 다른 결점보다도 그 같은 치졸한 행동에 먼저 치를 떠는 바, 결국 그 모든 것이 당신의 퇴폐적인 가문에서 그대로 물려받은 것이 아니고 무엇이겠소. 당신은 이 나라 교회와 국가의 관계를 두고 의문하고 걱정하는데, 이 나라에서 어떤 일이 벌어지든 도대체 당신과 무슨 상관이 있소? 당신은 미국인들의 짓거리가 마음에 들지 않으면 언제든(틈만 나면!) 당신의 조국 영국과 말더듬이 국왕 품으로 돌아가버리는 사람이오. 술집 여급과 식사 담당 하인들을 선조로 둔 당신네 국왕〔조지 6세〕이야말로 타락한 영국 왕실의 훌륭한 표본이오!

아니, 누군가 그럽디다, 당신이 왕가를 능가하는 짓을 하여 그 방종하고 타락한 나라에서조차 쫓겨났다고. 홍! 기가 막혀서.

추신 ; 당신이 일부 미국 판사들을 가리켜 '무식한 놈들'이라 한다는 것 알고 있소. 당신이 그렇게 찬란한 빛이라면 죽을 날이 가까운 나이에 무엇 때문에 새 일자리를 찾아다니오? 캘리포니아의 전원에 너무 구린 냄새를 풍기고 다니는 것 아니오?

비열한 인간을 증오하는 사람으로부터.

미국 뉴저지, 뉴어크

L·E·T·T·E·R·S

1940년 3월 4일

〈올더스 헉슬리|Aldous Huxley의 편지〉

친애하는 버티

위로해 본들 별 소용없을 것 같구려. 하지만 뉴욕에서 당신의 이름을 둘러싸고 터져나온 그 상스러운 소리들 한가운데 서 있는 당신과 피터를 내가 얼마나 안쓰러워하고 있는지 꼭 전하고 싶소.

미국 캘리포니아, 컬버시티
1940년 3월 19일

〈뉴욕 시립 대학 학생회의 대(對) 언론 성명〉

편집장 귀하

버트런드 러셀 교수를 시립 대학 직원으로 임용하는 문제는 언론에 많은 논란을 초래하는 동시에 각종 단체 및 개인들까지 입장을 표명하게 만들었습니다. 우리는 도덕과 종교에 대한 러셀 교수의 견해를 두고 논쟁할 뜻은 없으며, 다만 그에게는 나름의 개인적인 견해를 가질 권리가 있다는 점을 밝히고자 합니다.

러셀 교수가 시립 대학 직원에 임용된 것은 수학과 논리학을 가르치라는 뜻에서였습니다. 이 과목들을 가르칠 자격으로 말하자면 국제적인 명성을 얻고 있는 그는 탁월한 적임자가 아닐 수 없습니다. 1941년 2월에 시립 대학으로 옮겨오기 전까지 그는 캘리포니아 대학에서 강의를 해왔으며, 하버드 대학에서도 방문 교수로 임용된 바 있습니다. 러셀 교수를 교수진에 합류시킬 경우 우리 대학의 학문적 권위와 국내적 명성을 높이는 데 도움이 된다는 것이 교수진은 물론 우리 학생회의 공통된 생각입니다.

L·E·T·T·E·R·S

공립 학교 교사나 시립 대학 교수를 임용하면서 우주의 본질에 관한 개인적인 믿음—가톨릭 신자든 개신교 신자든, 유태교 신자든, 무신론자, 혹은 고대 그리스의 만신전 숭배자든—을 문제삼은 사람은 아무도 없었습니다. 미국의 공교육 제도는, 종교는 세속적 교육과 무관하기 때문에 이론적으로 교사의 종교적 믿음은 그의 일과 아무 관계도 없다는 원칙에 근거해 있습니다. 종교 집단들은 자유롭게 자신의 견해를 설명할 수 있습니다. 그런데 교육자들은 왜 안 된다는 것입니까?

고등 교육 위원회는 집중되는 압력에 굴하지 않고 러셀 교수의 확실한 임용을 주장함으로써 학계의 수치가 되어버린 시립 대학을 구해 낼 것이며, 가장 올바른 차원에서 지역 사회에 대한 의무를 다할 것입니다.

러셀 교수는 도덕과 종교에 대한 견해가 아니라 수학과 논리학을 가르치기 위해 시립 대학에 임용되었다고 한 미드Nelson P. Mead 총장의 말을 다시 한 번 강조하고 싶습니다.

시립 대학은 지금까지 오랜 세월, 우리의 자유로운 고등 교육을 왜곡하거나 파괴하려 하는 각종 세력들의 공격에 시달려왔습니다. 이번 버트런드 러셀 교수에 대한 공격도 그 같은 경향의 또 다른 표현에 다름아닙니다.

시립 대학 학생회 집행 위원회
1940년 3월 9일

〈뉴욕 시립 대학 학생회 간사인 버나드 골츠Bernard Goltz에게 보낸 편지〉
친애하는 골츠 군

이번 싸움에서 학생회의 지지를 받게 되어 대단히 기쁘네. 지난날 올드요크Old York〔영국 요크셔 주의 도시. 미국의 뉴욕은 이 이름을 따 붙여졌다〕는 기독교를 공식 종교로 선포한 최초의 도시였고 콘스탄티누스 대제가 제

위를 맡았던 곳도 바로 거기였네. 뉴욕New York으로 말하자면 이 같은 영광을 절대로 누리지 못할 걸세.

1940년 3월 22일

⟨뉴욕 시립 대학 학생인 윌리엄 스비르스키William Swirsky에게 보낸 편지⟩

친애하는 스비르스키 군

편지와 함께 동봉해 준 《캠퍼스The Campus》지의 기사, 매우 고마웠네. 학생들이 나에 대한 매닝Manning 주교의 견해를 지지하지 않는다니 나로선 반갑기 그지없네. 만일 학생들마저 그랬다면 청년들은 필히 절망했을 걸세. 고등 교육 위원회가 내 편을 들어주기로 했다니 고마운 일이긴 하나 싸움이 끝날 거라곤 보지 않네. 만일 내가 시립 대학에서 자네들을 가르치게 된다면 내가 사나운 뿔도 발굽도 안 달린, 너무나 얌전하고 온순한 사람이란 것을 알고 자네들이 실망하게 될까 걱정스럽네.

캘리포니아, 웨스트 로스앤젤레스

1940년 3월 22일

⟨해부학 부교수 애슐리몬터규 M.F. Ashley-Montagu의 편지⟩

친애하는 러셀 교수

당신의 책들이 나의 지적 발달에 미친 역할을 생각하면 어떻게 보답해야 좋을지 모를 정도로 큰 빚을 당신께 지고 있소. 영국의 잘못된 교육 제도하에서 억압 풍토에 일익을 담당해 오던 나는 1930년 이후로 서서히 이른바 '타고난 거부감'을 털어내고, 공식적으로 소개받지 못한 사람들 앞에서 연설하기 시작했소. 당신의 생에서 매우 어려운 시기라 할 수 있는 지금, 나는 당신에게 용기를 주고 싶소. 내가 서둘러 이 편지를 쓰게 된 것은 사실 (《뉴욕타임스》에 실린) 러셀 부인의 말 때문이오.

이곳은 낯선 나라지만 당신들은 여기서 낯선 사람들이 아니오. 이곳에는 수백만에 달하는 당신의 친구들이 있으며, 당신도 오랫동안 그렇게 생각해 왔듯 이곳은 정말 세상에서 가장 인도적이고 근본적으로 가장 점잖은 땅이오. 그런 까닭에, 일개 판사의 결정은 결국 그 가치만큼 충실하게 평가될 것이고, 당신의 시립 대학 교수 임용이 유효해질 가능성 역시 얼마든지 존재하며, 그렇게 믿을 만한 근거도 얼마든지 있소. 당신의 경우처럼 실상이 낱낱이 공개되면 현실에서는 늘 정의가 이긴다는 것을 나는 알고 있소. 불의가 승리하고 번창하는 것은 지역 행정부서의 은밀한 하수구 밑에서나 가능한 일이오. 나도 그같이 은밀한 횡포의 결과를 한두 번 겪은 게 아니지만 당신의 경우는 전혀 다르오. 개인적으로나 단체의 일원으로서 학문과 지성의 자유를 지키고자 노력하는 우리 같은 사람들이 많이 있으니, 우리는 필요하다면 죽음을 불사하는 자세로 최후까지 당신을 위해 싸울 것이오. 성 에르눌푸스St. Ernulphus[1040~1124년, 로체스터의 주교로서 교회 관련법과 자료의 편찬자]의 개들이 아무리 짖어댄들 결국 평범한 품위가 이기게 될 것임을 나는 확신에 가까운 심정으로 예견할 수 있소.

지금 당신의 우편함이 얼마나 꽉 차 있을지 짐작이 가고도 남으니, 이 편지에 답장할 생각은 하지 마시오. 당신은 유머를 잃지 말고 마음을 편히 가지시오. 그리고 나머지는 우리한테 맡겨주시오.

부디 잘 지내시오.

하네만 의과 대학 부속 필라델피아 병원
1940년 3월 31일

L·E·T·T·E·R·S

〈캘리포니아 대학 철학과에서 '산업 민주주의 연맹'의 레이들러Harry W. Laidler 에게 보낸 편지〉

친애하는 레이들러 씨

아래에 서명한, UCLA(로스앤젤레스의 캘리포니아 대학) 철학과 소속원들은 당신이 크리드Creed 양에게 보낸 질문서에 자발적으로 답하고자 합니다. 우리는 모두 러셀 선생이 우리 캠퍼스에서 행한 강연이나 세미나에 참여해 보았기 때문에 그가 이곳에서 가르쳤던 성격과 내용을 누구보다 잘 압니다. 학생들의 사고를 자극한다는 점에서 그는 우리가 아는 누구보다도 뛰어난 교사이며 지적인 영향력 또한 탁월합니다. 그의 가르침은 대체로 진리에 대한 욕구를 키워주고 더욱 엄격하게 진리를 검증하는 방향으로 학생을 인도함으로써 진리 감각을 예리하게 만들어 줍니다. 또한 러셀 선생의 도덕적 특성이 학생들에게 미치는 영향도 남다릅니다. 그를 알게 되면 완벽하게 공정한 자세, 충실하고 진실한 예의, 사람들과 인간애에 대한 깊은 사랑에 경탄하지 않을 수 없습니다.

덧붙여서, 러셀 선생이 우리 캠퍼스에서 가르치는 것과 관련해 지금까지 어떤 비판도 없었다는 점을 알려드리고 싶습니다. 우리 학과는 러셀 선생의 임용을 권고하면서, 학교 측이 수락했을 때 외부인들의 비판이 나올 수도 있으리라 짐작했습니다. 그러나 러셀 선생이 이곳에서 근무하는 것에 반대한 예는 한 건도 없었습니다. 러셀 선생을 초빙할 당시 우리에게는, '개개인의 교육자에게는 정치, 도덕, 사회적 이슈들에 대해 나름의 견해를 가질 권리가 있으며 혹시 정설에서 벗어난 견해를 가졌다 하더라도 그 사람을 공적인 생활에서 추방하는 근거는 결코 될 수 없다'라는 신념이 있었습니다.

적당하다고 판단될 경우 이 편지를 얼마든지 인용하셔도 좋습니다.

한스 라이헨바흐Hans Reichenbach, 이저벨 크리드Isabel P. Creed,

L·E·T·T·E·R·S

롭슨J. W. Robson, 학과장 대리 휴 밀러Hugh Miller

1940년 4월 11일

〈하버드 대학 철학과 교수, 윌리엄 어니스트 호킹William Ernest Hocking과 주고받은 편지〉

친애하는 러셀

4월 14일자 당신의 편지에 일부 답변하는 차원에서 전보를 보냈소. '뉴어크에서의 계약에 대해선 어떤 반대도 있을 수 없음.'

역시 답변을 요구한 다른 부분—'하버드가 너무 신경 쓰지 말았으면 좋겠다'고 한 대목—으로 말하자면, 내가 확실한 소식을 전할 수 있을 때까지 기다리는 게 좋겠소.

일요일자《보스턴 해럴드Boston Herald》지에서 오려내어 동봉한 기사에, 우리 학교의 지도적 단체(총장 및 교수들로 이루어져 있으며 흔히 '자치회'로 불리오)가 토요일 저녁에 발표한 임용 지지 성명이 실려 있소. 그것을 읽어보면, 어떤 종류의 공격이 있었기에 그러한 성명을 낼 수밖에 없었는지 짐작할 수 있을 것이오. 월요일에 나온《크림슨Crimson》지를 보면 좀더 자세한 내막을 알 수 있소.

내가 논평에서 하는 말은 개인적인 얘기로만 생각해 주시면 좋겠소. 당신도 아시겠지만 소속원들은 개인적으로 행동을 취해 왔으나, 과에서는 어떤 입장도 공식화하지 않은 상황이어서 나도 내 생각을 말하고 있는 것뿐이오.

이 상황에서 대학에 아무 동요도 없는 척해 본들 어리석은 짓일 것이오. 입법부가 조성한 기금에서 주로 지원을 받는다는 점에서(인디애나, 미시간 등도 마찬가지지만) 보면 하버드는 '주립 대학'이 아니오. 그러나 주 정부를 조직에 포함시킨 독특한 조항들이 있기 때문에 법적으로 정부가 우리 학내 일에 간섭할 수가 있다오. 보스턴 시 입법부 대리인 토머스 도건Thomas Dorgan이 약속한 청원도 주 법에 근거한 것이오. 물론 우리 대학은 그에 응할 준비가 되어 있지만 말이오. 그러나 그 문제는 접어두더라도, 학교가 이미 특정 관리들에게 혐오의 대상이 되어버렸기 때문에 심각한 문제가 될 수도 있는 조항들이 더 생겨날 가능성도 있소.

'언론의 자유' 혹은 '교수의 자유'를 고려하여 대학 측은 청원 그 자체를 두고 다투지는 않을 것이오. (만약 그렇게 할 경우 하버드에서 당신이 자신의 성도덕에 관해 가르칠 권리를 대학 측이 앞장서 요구하는 것처럼 비칠 터인데, 그러한 요구는 우리의 상황에서 도저히 생각할 수 없을 뿐 아니라 법적으로도 주장하기 힘들 것이기 때문이오.) 다만 외부의 간섭을 받지 않는 우리 대학의 독자적인 임용권을 주장하는 선에서 머물 것이오. 그것은, 우리가 법적 의무를 충실히 다하면서 그 같은 독자성을 발휘해 왔고 앞으로도 그러할 것이란 점을 입증할 수만 있으면 충분히 가능하오. 대학 측이 성명에서 당신의 강의 범위를 강조하고, 상급학생들에 대한 교수를 제한하자고 강조한 이유도 바로 그렇기 때문이오. 우리로선 그 같은 제한을 감수하지 않을 수 없는 상황이오.

(대학의 성명에 언급된 강좌의 수는, '적어도 여섯 개는 되어야 한다'고 규정된 창립 규약에서 따온 것인데, 실제로는 열 개 혹은 열두 개의 강좌가 운영되어 왔소. 아마도 2년 단위로 계획이 바뀌기 때문일 것이오.)

이 같은 시끄러운 일이 벌어진 데 대해 우리 모두는 매우 유감으로 생각하오. 당신이 받는 고통도 가슴아프지만, 이런 일로 말미암아 우리가 전혀 흥미를 느끼지 못하는 세력(우리 두 사람이 배후로 간주했던 세력)이 크게 부상하기 때문에도 그렇소. 나 개인적으로는 당신이 뉴욕과 같은 환경에서 언론의 자유에 속하는 사안을 이슈화시키고 있다는 사실도 안타깝소. 당신이 진다면 모든 것을 잃게 되고 혹시 이긴다 하더라도 잃는 것은 마찬가지일 것이기 때문이오. 그리고 시립 대학이 이긴다 해도 마찬가지일 것이오. 왜냐하면 그 대학이 모든 가정들을 동일한 수준에서 바라보기를 고집하기 때문에 어리석은 것도 없고 비도덕적인 것도 없다는 식의 인상이 이미 대중의 뇌리에 깊이 새겨진 후일 테니까. 결국 학계와 무관하게 초연할 수 있는 수많은 보통 지식인들의 눈에는 그 모든 것이 토론상의 장난질로 보일 것이오. 과연 모든 가정들이 동일한 수준에 있는가, 혹은 그 불쾌한 형용사들을 피해 갈 수 있는가를 의심한다는 점에서 나 역시 보통 사람과 같은 입장이오.

대체로 이러한 이유에서 나는 아직까지 이 문제에 대해 공식적으로 말할 게 없소. 나는 지금까지 침묵의 자유라는, 위대하면서도 잊혀졌던 권리를 배양해 왔으나 이 나라에서는 그러한 권리를 지키기가 힘든 실정이오. 만일 내가 입을 연다면 《뉴욕 타임스》 4월 20일자 사설의 첫 단락과 거의 다르지 않은 얘기를 할 것이오. 당신도 물론 그 사설을 읽어 보았겠지만 '모든 관련 당사자들이 판단 착오를 빚어냈다'는 말을 후렴 삼아 하고 있소.

당신이 보내준 강의안이 도착했는데 아주 훌륭한 것 같소. 거듭 감사드리오. 과에서 그것을 검토하면 그때 다시 편지하겠소.

매사추세츠, 케임브리지
1940년 4월 30일

친애하는 호킹
편지 주셔서 고마웠소. 그것을 읽어보니 윌리엄 제임스 강좌 계약을 명예롭게 포기하고픈 생각도 들지만, 그렇게 될 경우 비겁하다는 공격을 먼키 어려울 뿐 아니라 전체 교사 집단에 실망을 안겨줄 것이니 어떻게 해야 좋을지 모르겠소.

차라리 하버드 총장과 교수들이 '그 계약을 재확인해 주지 않았더라면 좋았을 것을' 하는 생각까지 드오. 반대파가 상당한 법적 근거를 확보하고 있다고 당신도 말했고, 당신이 보내준 신문 인용문의 취지도 그런 것 같으니 말이오. 내가 보는 견지에서는 오래도록 근심과 고통을 겪고 나서 임용과 보상이라는 두 마리 토끼를 다 놓치는 것보다 금전적 보상을 받고 지금 물러나는 것이 나을 것 같소.

내가 그쪽의 임용을 바란 것도 아니었고, 나보다 다른 사람들이 훨씬 더 관심이 많은 명분을 위해 쉴 틈 없이 계속 고통을 겪을 만큼 순교자의 역할이 달가운 입장도 아니오. 미국 대학의 독립권은 미국 대학인들의 문제지 나의 문제가 아니오.

뉴욕의 임용 문제와 관련해 내가 그곳 고등 교육 위원회와 공동 노선을 취한다는 얘기는 아마 당신이 어디선가 잘못된 이야기를 들은 것 같소. 나는 논리학이나 의미론을 강의하라고 채용되었을 뿐 성 윤리를 이야기할 권리를 요구한다는 생각은 꿈에도 해보지 않았소. 윤리학을 가르치기 위해 채용된 사람에게는 논리학을 이야기할 권리가 없는 것과 마찬가지 이치일 것이오. 내 요구는 두 가지라오. 첫째, 대학의 직원 임용 문제는 전문적 자질을 판단할 능력이 있는 사람들에게 맡겨야 한다. 둘째, 교수들은 직업에 종사하는 시간 이외에는 어떤 종류든 자신의 견해를 자유롭게 표현할 수 있어야 한다. 시립 대학과 고등 교육 위원회의 변호는 이 중 첫 번째 내용만을 근거로 한 것이었소. 따라서 하버드가 고려한다는 변호와 똑같다고 할 수 있소.

내 생각이 옳다고 본다면, 언론 자유의 원칙을 제기한 것도 내가 아닌 다른 사람들이었소. 하버드도 뉴욕 위원회처럼 이 원칙에 근거한 대중적 선동을 막아내기 힘들 것으로 생각되오. 물론 두 경우 다, 정당하게 구성된 학내 단체들의 독자성과 임용권을 내세워 공식적인 변호를 펼친다는 것은 명백하지만 말이오.

내가 지금 미리 요구하고 싶은 것은, 나의 임용 문제로 인해 대학이 법적 절차에 연루될 경우 내게 공식적으로 통보하여 당사자가 될 수 있게끔 해달라는 것이오. 뉴욕의 경우에는 변호를 맡은 법률 법인이 적대적이었던 관계로 내 요구대로 되지 못했소. 지식이 부족한 탓에 그 누구도 거짓 고발에 맞서 나를 적절하게 변호해 주지 못하는 상황에서, 항변할 기회조차 갖지 못하고 법정에서 명예를 훼손당하고 비난받는 일은 이제 두 번 다시 겪고 싶지 않소.

나는 하버드가, 전개되는 모든 상황에 대해 내게 공식 통지해 주는 예의를 갖춰주기 바라오. 나 자신에게 극히 중요한 사안을 신문에 난 부정확한 설명들을 통해서나 아는, 이런 상태로 내버려두어서는 안 될 것이오.

이 편지를 총장과 교수들에게 보여주면 고맙겠소.

캘리포니아, 로스앤젤레스
1940년 5월 6일

《《하버드 크림슨Harvard Crimson》지의 편집장에게 보낸 편지》

편집장 귀하

4월 29일자 《하버드 크림슨》지에 실린 나의 뉴욕 시립대 임용 문제와 관련된 최근 상황들에 대한 기사를 보고 몇 마디 평을 덧붙이고자 하오.

당신은 이렇게 말했소. "뉴욕 시립대의 경우처럼 언론의 자유를 쟁점화해서는 안 될 것이다. 시립대는 러셀의 임용을 변호하는 과정에서, 러셀이 교단에서 자신의 도덕관을 설명할 수 있도록 허용해야 한다고 주장함으로써 결국 패배하고 말았다."

 사실대로 말하자면, 시립 대학과 뉴욕 고등 교육 위원회가 변호한 것은 언론의 자유가 아니었소. 그들은 학문의 자유라는 원칙에 근거하여 변호했으며, 이때 원칙이라는 것은, 정당하게 구성된 학내 단체들의 독자성과 임용권만을 뜻하오. 당신들의 주요 기사에 따르면 하버드 법인이 고려하고 있는 변호 방식도 바로 이런 것이오. 고등 교육 위원회도 시립 대학 교수진도, '교단에서 나의 도덕관을 설명하도록 해주어야 한다'고 요구한 적은 한 번도 없소. 오히려 그들은, 나의 도덕관은 내가 가르치도록 계약한 과목들과 하등의 관계도 없다고 누차 강조하여 말했소.

 설사 교실에서 나의 도덕관을 설명하도록 허용되었다 하더라도 내 양심상 그렇게 하지 못했을 것이오. 계약한 과목들을 가르치는 것이 나의 일이며, 나의 도덕관은 그것들과 아무 관련이 없기 때문이오. 또한 나는 교실이 어떤 선전의 기회로 이용되어서는 안 된다고 생각하는 사람이오.

 언론의 자유는 뉴욕 고등 교육 위원회가 법적 변호용으로 끌어들인 것이 아니라, 그 원칙이 이 논쟁과 깊은 관계가 있음을 간파한 미국 전역의 수천만 대중들이 불러낸 것이었소. 다시 말해, 미국 헌법은 누구에게나 어떤 내용이든 자신의 견해를 표현할 권리를 보장한다는 원칙 말이오. 어떤 개인이 자신의 견해를 표현하는 일이 아닌 다른 일을 하는 데 시간의 일부를 바친다는 계약을 맺게 될 경우, 이 권리가 제한되는 것은 당연한 일이오. 따라서 판매원, 우체부, 재봉사, 수학 선생이 그들의 직업과 무관한 주제에 대해 우연히 같은 견해를 가졌다 하더라도, 물건을 팔고, 편지를 전하고, 양복을 만들고, 수학을 가르치는 데 바쳐야 봉급이 나오는 시간에 그 주제를 가지고 웅변을 늘어놓고 있어서는 안 될 것이오. 그러나 여가 시간에는 처벌을 걱정할 필요 없이 자유롭게 자기 생각을 표현할 수 있어야 하며, 직업상의 의무에 묶여 있지 않을 때는 법률이 정하는 선 내에서 각자 원하는 대로 생각하고 말하고 행동할 수 있게 허용함이 마땅하오.

이것이 바로 언론 자유의 원칙이오. 그러나 알려진 바가 거의 없는 듯하오. 그러니 더 알고 싶어하는 사람이 혹시 있으면 나는 미합중국 헌법과, 그 건국자들의 저서를 찾아보라고 말하겠소.

캘리포니아, 로스앤젤레스
1940년 5월 6일

⟨⟪뉴 스테이츠맨New Statesman⟫지의 편집장, 킹슬리 마틴Kingsley Martin에게 보낸 편지⟩

킹슬리 마틴 귀하

나의 뉴욕 임용과 관련해 친절한 글을 써주어 감사하오. 우리는 여전히 항소한다는 입장이지만 가톨릭 신자들의 표를 의식한 시장과 법률법인이 항소를 막으려고 안간힘을 쓰고 있소. 가을에 하버드에서 맡기로 되어 있는 윌리엄 제임스 강좌와 관련해서도 비슷한 소동이 일어날 전망이오.

사실 나는 질릴 정도로 많은 우정과 지원을 받고 있으나 이 나라의 점잖은 사람들이 엄청나게 무기력하고 종종 순진하기까지 해서 탈이오. 유명하지 못한 사람들에게는 늘 벌어지는 일에 관심을 불러일으킨다는 점에서 이번 소동이 쓸모가 있다면 있는 것이오.

유럽의 소식은 대단히 가슴아프오. 우리가 고국에 있었던들 별 도움은 못 되었겠지만 이렇게 멀리 나와 있어 안타깝기 그지없소.

전쟁이 터진 후로, 나는 평화주의자의 입장을 더 이상 고수할 수 없다는 생각이 들었으나, 여러 가지 책임에 묶여 있는 관계로 말하기를 망설여왔소. 내가 젊어 직접 나가 싸울 수 있다면 그렇게 했겠으나 남들에게 나가 싸우라고 촉구하기는 어렵소. 그러나 이제는 내 마음이 바뀌었음을 밝히는 게 옳을 듯하니, 혹시 당신이 《뉴 스테이츠맨》지에서 언급할 기회가 있거든 내가 그런 이야기를 하더라고 말해 주면 고맙겠소.

캘리포니아, 로스앤젤레스
1940년 5월 13일

〈존 듀이가 호킹 교수에게 보낸 편지〉

친애하는 호킹

당신이 러셀에게 보낸 편지를 보았소. 나는 그 중 한 대목 때문에, 특히 당신이 그런 얘기를 했다는 것 때문에 마음이 심란하다는 말을 하지 않을 수 없소.

물론 내게는 하버드의 시각에서 말할 자격도 없고, 그 일을 하버드의 행정적 문제로 본다면 충고할 자격도 없는 입장이오. 그러나 한 가지만은 확신하오. 즉 하버드 대학이 약화되면 필히 반동 세력—종교계를 비롯한 기타 세력—이 강해진다는 점이오. 그들은 이미 지나치게 급속히 성장하고 있소. 공포와 불안감이 만연해 있는 작금의 상황 때문에 그럴 것이오. 나는 뉴욕 시 의회가 현재의 고등 교육 위원회를 해산하고 새로 구성할 각오로 시립 대학 문제에 관여해 왔다고 말해도 틀리지 않다고 생각하오. 현재의 위원회는 주로 라 과르디아La Guardia〔당시의 뉴욕 시장〕가 임용한 사람들이어서 자유주의적 태도를 견지하고 있으며, 그들이 처음에 임용된 이유도 그러한 태도 덕분이었소. 물론 최근에 시장이 보여준 비겁함은 충격적이라 할 만하지만 말이오. 지금 태머니파와 교회 측은 교육계에서 자신들이 원하는, 그리고 과거에 취했던 이익을 거두지 못하고 있소. 내가 볼 때(물론 입증할 수 있는 견해는 아니지만), 러셀의 임용에 대한 최초의 공격과, 더 한층 공격적인 용어를 구사한 맥기한McGeehan의 판결은 별개의 사건들이 아니었소. 브루클린에서 발행하는 반동적인 가톨릭 신문 《태블릿The Tablet》은 이 같은 조처가 대大 뉴욕의 자치적 대학을 모조리—현재 네 개의 대학이 있소—폐교시키는 운동으로 발전하기를 바란다는 뜻을 공공연히 밝혔소. 좀더 새로운 법령이 나온다면 모를까 이처럼 낡은 전제주의적 법령하에서 '유화' 정책을 써본들 더 나은 효과를 얻기란 힘들다는 것이 나의 판단이오. 한 번씩 약해질 때마다 새로운 공격의 도화선을 제공할 것이오. 그러니 하버드를 끝으로 상황이 종결되리라고 보는 당신의 견해는 참으로 부당하다 아니할 수 없소.

당신의 편지에서 나를 심란하게 만든 것은 앞부분의 불필요한 얘기가 아니라, 러셀이 언론의 자유란 이슈를 제기한 데 대해 당신이 유감을 표시한 대목이오. 우선, 러셀은 그런 이슈를 제기한 바 없소. 그것을 최초로 제기한 것은 바로 맥기한의 판결문이었으며(당신이 그 흉측한 서류를 읽어보기나 했는지, 의심하지 않을 수 없소), 그러자 처음에는 뉴욕의 학교들에서 곧이어 전국의 여러 학교들에서, 뒷전에서 안이하게 방관할 일이 아니란 것을 깨달은 사람들이 그 이슈를 들고 나온 것이오. 법적인 측면에서 보자면 당신이 하버드의 소송 사건에서 언급하는 것과 사실상 동일한 근거에서 그 이슈를 위해 싸워왔고 앞으로도 그럴 것이오. 그러나 교육계의 이슈는 훨씬 더 범위가 넓소. 뉴욕 대학의 체이스Chase 총장도 《타임스》지에 보낸 용기 있는 편지에서 그 점을 밝힌 바 있소. 《타임스》지는 그 편지를 받고서야 비로소 논평을 내고, 인색하고 퉁명스러운 태도로나마 그 사건을 항소하는 데 지지를 표했소. 미국의 대학들이 정치, 경제, 사회, 도덕적 문제들에 대해 전통에서 벗어나거나 비정통적인, 심지어 현명하지 못한(하지만 현명한지 아닌지를 어느 누가 판단할 수 있겠소?) 견해를 표명한다는 이유로, 또 그러한 견해를 일반 대중을 상대로 하는 언론에서 표현한다는 이유로, 사람들에게 대학에 가지 말라고 한다면 나도 선생 노릇을 더 하지 않아도 될 테니 진심으로 반가울 것이오. 이익을 위해 절개를 파는 사람들은 어느 학교에든 있으며, 가르치는 것을 안전한 직업으로 생각하는 기질적으로 소심한 사람들도 늘 있기 마련이오. 만일 법정이 외부 집단의 압력을 받아 이런 두 유형의 사람들만 대학 교수가 되도록 제한한다면, 대학이 그러한 결정을 막아내지 못한다면, 앞날이 실로 캄캄하오. 내가 지금 좀 강하게 말하는 거라면, 이 이슈를 그만큼 크게 생각하기 때문에 그렇소. 러셀 가족이 개인적으로 처한 너무나 불유쾌한 처지에 대해선 나도 심히 안타깝게 생각하지만, 같은 고초를 겪으면서도 지위가 낮아 어찌할 수 없었던 사람들의 입장에서 보면 그의 사건은 폭넓은 관심과 항의를 불러 모을 수 있는 중요한 기회라 할 수 있소. 당신이 맥기한의 판결문을 읽어보았다면 아마 우리 나머지 사람들과 마찬가지로, 자존심이 없는 사람은 무슨 짓이든 한다는 것을 느꼈을 것이오. 《타임스》지의 사설도 시사했듯, 그런 사람은—부당한 발언의 진상을 약간은 인정할지도 모르지만—자신의 지위가 보호해 주지 않았다면 분명 중상 모략 죄로 기소되었을 발언을 서슴없이 할 수 있소. 그러나 내가 무엇보다도 고맙게 느끼는 것은, 러셀이 도전에 응함으로써 교사 집단과 교육계의 일반 관심사들에 도움을 주고 있다는 점이오. 따라서 이 편지의 복사본을 러셀에게 한 부 보내도 무방하리라 생각하오.

추신 ; 친애하는 러셀 선생

위의 편지는 설명이 필요치 않소. 당신이 얼마나 경황이 없는지 잘 알고 있으니 답장은 하지 마시오.

1940년 5월 16일

L·E·T·T·E·R·S

〈앨프레드 노스 화이트헤드의 편지〉

친애하는 버티

뉴욕의 임용 문제와 관련해 이블린과 나는 자네한테 깊은 연민을 느낀다는 것을 이번 기회에 꼭 말하고 넘어가고 싶었네. 물론 자네도 알다시피 우리는 여러 가지로 정면 대립되는 견해를 가졌네. 나는 다만, 지금까지 발생한 개인적인 고충들에 대해 우리의 사랑과 깊은 연민을 전하기 위해 쓰는 것이네.

우리 부부는 자네가 잘되기만 비네.

미국 매사추세츠, 케임브리지
1940년 4월 26일

나의 뉴욕 시립대 임용을 둘러싼 논쟁은 1940년으로 끝난 게 아니었다.

〈나의 책 『나는 왜 기독교인이 아닌가』의 출간과 관련하여, 1957년 11월 23일과 26일자 《타임스》지에 스카이러 워런Schuyler N. Warren이 쓴 기고문〉

《타임스》지 편집장 귀하

《타임스》지 앞으로 보낸 서한—10월 15일자에 실렸음—에서 러셀 경은, 1940년 당시에 뉴욕 시 신교 감독 교회와 로마 가톨릭 교회의 이른바 '중상 모략'을 법정에 출두하여 부인하고 싶었으나 그들의 방해로 못했다고 불평하고 있습니다.

그를 문제의 교수직에 부적격자로 판정 내린 공식 판결 기록을 읽어보면, 그의 변호인단이 그를 대신해 변론 취지서를 제출했고 법정이 그것을 받아들였다고 분명히 나와 있습니다. 그후 그가 사건의 재심을 요청했으나 법정은—다른 이유들도 있지만 무엇보다도—그가 판결을 뒤엎는 새로운 증거를 제시할 능력이 있음을 보여주지 못한다는 이유로

기각했으며, 이어 두 차례의 항소심에서도 만장 일치로 그 판결을 지지해 주었습니다.

법정 밖에서 말하는 사람들을 중상죄로 고발하려면 얼마든지 할 수 있었을 것이나, 그는 그렇게도 하지 못했습니다.

상황이 이러할진대 러셀 경처럼, 신교 감독 교회와 로마 가톨릭 교회가 방해하여 법정에서 부인하지 못했다고 말한다면, 그것을 정당한 얘기라고 할 수 있겠습니까? 더구나 그를 상대로 고발된 내용은 대부분 본인의 저서들에 근거한 것들이었는데 말입니다.

《타임스》지 편집장 귀하

《타임스》지 11월 23일자에 실린 워런 씨의 편지는 진상을 완전히 무시하고 있습니다. 본인이 하나씩 짚어가며 답변해 보겠습니다.

먼저, '중상 모략'이란 용어입니다. 나는 그 당시 공개적으로 다음과 같이 표현한 바 있습니다. "법정에서 나의 행동에 대해 사실과 전혀 다른 진술들이 이루어질 때면 거짓말이라 욕하는 게 마땅하다는 생각이 든다. 나는 영국에서 누드 족을 이끈 일이 없다. 내 아내나 내가 대중 앞에서 벌거벗고 행진한 일도 없다. 나는 음탕한 시에 빠져본 일도 없다. 그와 같은 주장들은 고의적인 거짓말이기 때문에, 조작하는 당사자들에게 사실상 아무 근거가 없는 얘기라는 것을 알려주어야 한다. 나는 법정 선서를 하고 그런 주장들을 부인할 수 있는 기회를 가졌으면 좋겠다." 나는 소송의 당사자가 아니라는 이유로 그 같은 기회를 거부당했습니다. 내가 그런 짓들을 했다고 하는 고발은, 워런 씨가 말하듯, 나 자신의 저서들을 근거로 한 것이 아니라, 완고한 편견을 가진 자들의 병적인 상상력에 기초한 것이었습니다.

변호인단이 나를 대신해 변론 취지서를 제출했다고 하는 워런 씨의 얘기는 무슨 말인지 이해가 되지 않습니다. 나를 대리하는 변호인단이 있다는 얘기조차 들어보지 못했습니다. 또한 두 건의 항소심에서 그 판결을 지지했다는 것도 영문을 알 수 없는 얘기입니다. 항소하라고 촉구했으나 뉴욕 시가 거절했기 때문입니다. 나를 비방하는 사람들에게 조치를 취할 수도 있었다고 하는 얘기는 당시 그 사건을 둘러싸고 팽배해 있던 히스테리에 가까운 분위기를 전혀 모르는 사람이나 할 수 있는 말입니다. 당시 기소자 측 변호사가 법정에서 나에 대해 설명한 말이 그대로 받아들여진 것만 보아도 그때의 분위기를 잘 알 수 있습니다. "음란 선정적이고 호색적이며 성욕을 자극한다. 색정광, 최음제에 가깝다. 불경하고 편협하며 진실과는 거리가 멀고 도덕성을 상실했다."

러셀

〈스카일러 워런과 주고받은 편지들〉

러셀 경 귀하

지난 11월 26일자 《타임스》지에 실린 당신의 편지와 관련해 이 글을 올립니다. 당신이 뉴욕 시립 대학 철학과 교수로 임용되는 과정에서 야기된 논란과 그에 수반된 소송 사건을 다룬 그 편지에서 당신은 내가 같은 신문 11월 23일자에 발표한 기고문에서 한 말들을 반박하였습니다.

당신에게 정보를 주는 뜻에서, 복사 사진기로 촬영한 대법원의 판결문 두 건을 동봉합니다. 하나는 당신의 임용을 취소한다는 내용이고 또 하나는 당신의 사건 재심 요청을 기각한다는 내용입니다. 그리고 그때나 지금이나 여전히 고등 교육 위원회 위원으로 있는 찰스 터틀Charles H. Tuttle 씨가 보내온 편지 사본도 동봉합니다.

당신을 대리하는 변호사가 없었다고 부인하고, 당신 측에서 항소하지 않았다고 부인하시지만, 동봉한 판결문은 내 얘기가 정확하다는 것을 확인해 줍니다. 『나는 왜 기독교인이 아닌가』란 책의 부록에서 에드워즈 Edwards 교수도 오스먼드 프렝클Osmund K. Fraenkel 씨가 당신의 변호사였으며, 그가 항소부와 항소 법정에 항소했다가 실패했다고 말하고 있습니다.

1958년 1월 10일

워런 선생 귀하

1월 10일자 당신의 편지에 동봉해 준 복사물은 1940년 나의 뉴욕 사건 당시에 있었던 일들과 관련해 당신이 밝힌 견해를 입증해 주지 못합니다. 당신이 언급한 항소는 그 사건의 내용에 대한 항소가 아니라, 내가 당사자가 될 수 있는지의 여부에 관한 항소였습니다. 당신은 사건 전체의 특수성을 전혀 파악하지 못했습니다. 당시에도 널리 알려진 대로, 피고 측은 소송에서 지는 것을 원했기 때문에 항소심에서 맥기한의 판결이 뒤집히는 것을 전혀 원하지 않았습니다. 내가 진행 상황에 대해 계속 통지받고 있었다는 얘기를 법률상의 좁은 의미로 해석한다면 그것도 일종의 변호 행위가 될 수는 있겠으나, 그 당시 나는 직무 관계로 로스앤젤레스에 묶여 있었기 때문에 뉴욕 상황에 대한 통지도 보통 우편으로 전해졌습니다. 그리고 소송 절차가 워낙 서둘러 진행되었으므로 내가 진상을 제대로 알기도 전에 모든 것이 끝나버렸습니다. 변함없는 사실은, 내가 그 소송의 당사자가 되도록 허용해 주지 않았다는 것, 나는 항소할 수 없었다는 것, 사람들이 나에 대해 무슨 말을 했는지를 알게 된 후에도 내게는 법정에서 증거 사실을 댈 기회가 없었다는 것입니다. 당신이 언급한 프렝클 씨는 내가 아니라 '시민 자유 연합'이 임명한 사람이기 때문에 그 단체의 지시를 받고 있었습니다.

1958년 1월 13일

L·E·T·T·E·R·S

〈필립 위너Philip P. Wiener 교수 겸 학과장의 편지〉

《뉴욕 타임스》지 편집장 귀하

나는 나 자신과 많은 동료들을 대신해, 귀지의 '토픽'란 편집자가 버트런드 러셀 소송 사건을 희화화해 재탕하는 과정에서 보여준 불공정한 태도와 조잡한 취향으로 인해 우리가 받은 고통을 밝히고자 합니다. 지난날 교양인이라면 누구나, 세상에서 가장 위대한 철학자의 한 사람을 중상한 맥기한 판사를 도덕적 근거하에 규탄했으며, 당시 법정이 러셀에게 소송 참여도 허락하지 않았다는 것은 널리 알려진 사실입니다. 지금 그 위대한 사람은 아흔 가까운 고령에도 불구하고 인간애를 지키고자 분투하고 있는 바(그의 일방적 군축 정책에 대해선 우리 중에도 동의하지 않는 사람들이 있긴 하지만),[3] 우리는 귀지의 기고가가 러셀과 문명 세계 앞에 사과함이 마땅하다고 생각합니다.

뉴욕 시립 대학 철학과
1961년 10월 4일

친애하는 러셀 교수께

P.E.A.(진보 교육 협회)에서 당신의 시의적절한 강연을 즐기고 펜실베이니아 철도 종점에서 정겨운 담소를 나눈 후에 제 동료들한테 보고했습니다. "우리는 정말 위대한 스승을 도둑맞았다. 그는 우리 학생들에게 너무나 큰 빛과 인간애를 가져다 주었으니 음흉하고 부패한 욕심쟁이들조차 제 이익을 크게 위협하는 사람에 대한 두려움으로 굽실대게 만들었을 분이다"라고. 존 듀이가 맥기한의 판결문 중에 교육에 관한 당신의 저서를 논하는 대목을 분석하고 있습니다. 듀이는 그것을 반스가

---

[3] 내가 영국의 일방적 군축을 주장한 것은 이때 한 번뿐이었다.

출간할 책에 보낼 것입니다. 우리 과가 편집자들과 협력하겠다고 제의했으나, 책 작업을 지휘하게 될 것으로 보이는 호리스 칼렌에게서 아직 아무 연락이 없었습니다.

허스트 계열 신문들은 당신의 시립 대학 임용 문제를 공산주의자들의 경우와 연결짓고 있습니다. 고등 교육 위원회를 규탄하고 더욱 반동적인 세력의 지배하에 재편하도록 권고할 목적으로 시립 대학 교수들의 과격한 정치 활동을 조사하고 있는 주 입법 위원회 이름으로 말입니다. 어제 날짜 《뉴욕 타임스》지에서 포드햄 대학의 개넌Gannon 총장이 시립 대학 내의 '과격한 정치 활동'에 대해 조사하라고 권한 것, 당신도 보셨겠지요!

향후 4년간 철학의 역사에 매진하겠다는 당신의 계획에 흥미를 느꼈습니다. 저는 라이프니츠에 관한 당신의 저작이 『수학의 원리』, 『수학 원리』 다음으로 중요한 책이라고 늘 생각했습니다. 만일 이번에도 가장 영향력 있는 철학자들—이를테면 플라톤, 아리스토텔레스, 아퀴나스, 홉스Hobbes, 흄Hume, 칸트, 헤겔 같은—의 주요 자료를 근거로 그처럼 분석적이고 비판적인 연구가 이루어진다면 당신은 비판 철학사에 큰 공헌을 하게 될 것이고, 그것은 현대적인 분석 도구와 직접적인 텍스트 지식을 갖춘 철학자만이 할 수 있는 일입니다. 그리고 자유(주로 관념으로서만 존재할 뿐이지만)의 관념과 같은 보편적 관념들을 점검하는 분석적 방법과 역사적 방법이 결합된 만큼 철학적으로 중대한 의미를 가지게 될 것입니다.

그 주제 전체가, 《관념의 역사 저널Journal of the History of Ideas》지와 관련된 저의 주요 관심사 및 활동과 근접하기 때문에 언제 한번 이 문제를 가지고 당신과 토론해 보고 싶습니다. 1940년 12월 28일로 예정된 미국 철학 협회 심포지엄 때문에 필라델피아에 갈 계획이니, 그날 저녁이나 그 다음 날(12월 29일 일요일) 혹시 시간이 난다면 제가 전화 드리고 싶습니다.

  추신 ; 러브조이Lovejoy 교수가 시간이 되면 저와 함께 당신을 뵈러 갈지 모르니, 철학사 이야기를 나눌 만한 여유가 언제 나겠는지 알려주시면 감사하겠습니다.

뉴욕, 1940년 12월 8일

〈로버트 트리벨리언과 주고받은 편지들〉

친애하는 보브

1년 전에 자네 편지받고 답장해야지 했으나 나 자신 마치 세상을 창조하는 신이라도 된 기분이었네. 다시 말해 언제 하느냐를 두고 고민할 이유가 더 이상 없었지. 결국 나는 신만큼 오래 기다리지 못한 셈이지만.

나는 이곳에서 캘리포니아 대학 철학과 교수로 자리잡았네. 존과 케이트가 여름 방학을 맞아 미국에 나와 있던 차에 전쟁이 터지는 바람에 이곳의 대학에 보낼 수밖에 없었네. 존은 라틴어, 특히 루크레티우스를 좋아하는데 불행하게도 자네의 루크레티우스가 나머지 내 책들과 함께 옥스퍼드에 보관되어 있어. (나는 본래 지난 봄에 영국으로 돌아갈 계획이었지.) 자네가 뽑아준 오식誤植 목록 대단히 고맙네.

자네는 이번 전쟁을 어떻게 생각하는지 궁금하네. 나는 평화주의자로 남아보려고 열심히 노력하고 있으나 의기양양해할 히틀러와 스탈린을 생각하면 견디기 힘들어.

클리퍼드 앨런의 죽음은 자네한테 큰 슬픔이었을 걸세. 말년에 그의 관점이 어떠했는지는 나도 모른다네.

미국인들은 모두, '당신이 이런 시기에 이곳에 있게 된 것을 기뻐해야 한다'고 말하지만, 아이들에게 다행이라는 것 외에는 그런 기분이 전혀 안 드네.

자네 부부와 베시Bessie에게 우리 부부의 깊은 사랑을 전하네. 시간 나면 편지하게. 옛 친구들한테서 오는 소식이 위안이 된다네.

미국 캘리포니아, 로스앤젤레스
1939년 12월 22일

친애하는 버티

며칠 전에 자네한테서 소식 받고 피터와 아이들(아마 이제는 아이라 할 수 없을 나이들이 되었겠지) 모두 잘 지낸다는 것을 알고 정말 반가웠네. 이곳에 있는 우리도 아주 잘 있다네. 현재까지는 말일세. 베시의 눈이 더 좋아지지 않아 문제지만 아주 쾌활하게 지내네. 지금은 그 아이가 나한테 책을 읽어주지는 못하고 내가 저녁마다 책을 읽어준다네.

자네 아이들이 미국에 있다니 정말 다행일세. 물론 계속 거기 있어서는 안 되겠지만 말이야. 현재로선 정세가 매우 절망적인 것 같네. 존한테 도움이 될 것 같아서 나의 루크레티우스를 자네한테 한 부 부쳤네. 성탄절 선물삼아 나의 시와 희곡들도 보냈네. 자네가 그것들을 처음부터 끝까지 읽어보리라고는 기대하지 않지만 혹시 부분적으로 읽어볼 생각이라면 끝에서부터 거꾸로(한 행씩 거꾸로가 아니고 시 한 편씩) 읽어가다가 지치면 그만두라고 충고하고 싶네.

앞으로 나는 더 많은 시를 쓰게 될 것 같지는 않네. 만일 쓰게 된다면 아마 휘트먼류가 될 걸세. 형식이 그럴 거란 뜻일세. 그게 아니면 차라리 무형식의 시가 되든지. 월트 휘트먼이 한창 영감에 차 있었을 때는 그의 형식 감각을 따를 자가 없었지. 그리고 영감도 다른 시인들 못지않거나 더 많은 시인이었네. 나는 과거 케임브리지 시절에 품었던 그에 대한 사랑—그의 시뿐 아니라 산문까지 포함해—으로 완전히 복귀했네.

그의 『별난 사람들의 시대Specimen Days』는 내가 아는 한 가장 감동적인 책의 하나인 것 같아(특히 남북 전쟁에 관한 부분). 또 다른 미국 책도 한 권 읽고 있는데 아마 캘리포니아에서는 별 인기가 없을 거야. 『분노의 포도Grapes of Wrath』〔존 스타인벡이 1933년에 쓴 소설로, 그는 이 책으로 퓰리처상을 받았다〕말일세. 이주자들을 다루는 태도가 공정치 못하고 과장된 느낌이 있긴 하지만, 그 점에 대해선 무어라고 말할 수 없네. 어쨌거나 서사시적 작품으로는 매우 훌륭한 책인 것 같아. 지금 우리는 위니프리드 홀트비Winifred Holtby의 『사우스 라이딩South Riding』〔영국 잉글랜드 요크셔를 North, East, West Ridings으로 나누는데, 사우스 라이딩이란 행정구는 존재하지 않음〕을 서로 읽어주고 있는데 이 작품도 훌륭한 책에 근접하는 것 같네. 물론 전혀 아닐 수도 있지만.

내가 호라티우스Horatius의 『서간집Epistles』과 몽테뉴Montaigne의 수필 두 개를 번역하여 묶은 책이 곧 나올 텐데, 그럴 리는 없겠지만 케임브리지 대학 출판사가 폭격당하지 않는 한 금년 중에 부쳐주겠네. 산문집도 한 권 준비하고 있으나 금년에는 내기 힘들 거야. 제목이 도무지 떠오르지 않아. 현재 '잡록Miscellany'으로 해놓았지만 그 동의어들(Hotch potch잡탕 찌개, Olla Podrida고기 야채 잡탕 스튜 등)이 모두 점잖지 못하게 느껴지는 데다가 일부 제재題材가 너무 심각하다네. '잔가지 다발A Faggot of sticks'이라고 붙이면 베시가 반대할 거야. 딸 아이는 그 제목이 불태워 마땅한 책인 듯한 느낌을 준다고 말하지.

아마 베시도 곧 자네한테 편지할 걸세. 그후로 또 1년이 지나야만 자네 소식을 듣게 되는 일이 없기를 바라네. 전쟁이 터지고 나서 스터지 무어 부부가 여기로 와 함께 지낸다네. 그는 지금 약간 병약한 상태지. 8월에는 G. E. 무어가 찾아와 즐거운 시간을 보냈네. 그는 옥스퍼드에서 대규모 청중을 앞에 두고 강연 중이라네. 프랜시스 로이드Francis Lloyd

말에 따르면 수많은 명사들이 가서 즐거워하거나 충격을 받는다는군. 그녀는 무어의 강연에서 많은 것을 얻는 듯하네. 비반테Vivante 가문의 이탈리아 소년도 우리 집에 와 있네. 보시스L. de Bosis의 조카인데 내가 라틴어와 그리스어를 가르치고 있어. 그 아이가 얼마 전에 펨브로크 옥스퍼드에서 장학금을 따냈지. 학교 선생이 될 걸 하는 생각이 이제 와서 든다네.

자네 부부에게 베시와 나의 깊은 사랑을 전하네.

영국 서리, 도킹, 시폴즈
1940년 2월 11일

친애하는 보브

자네의 훌륭한 책들 고맙게 받았네. 책들은 무사히 도착했고, 나는 그 책들을 가지게 되어 즐겁다네.

지금 상황에선 전쟁 외에 다른 것을 생각하기가 힘드네. 자네가 이 편지를 받을 때쯤이면 아마도 현재 진행 중인 전투의 승패가 결정되어 있겠지. [제1차 세계대전 중] 마른 전투가 고비에 달했을 때 시폴즈에 머물렀던 일이 끊임없이 떠오른다네. 일요일 신문을 가져오라고 자네를 3킬로미터나 걷게 만들었지. 히틀러가 훨씬 더 악질인 것을 보니, 그때 독일 황제가 승리했다면 차라리 나았을 것을 싶기도 하네. 이번에는 내가 평화주의자가 아닌 것 같네. 문명의 미래는 우리의 승리에 달려 있다고 생각하거든. 나는 5세기 이후로 그처럼 중대한 일도 없었다고 보네. 독일인들이 세계를 야만 상태로 끌어내렸던 지난번 전쟁 말일세.

내가 미국의 교단에서 쫓겨날 처지라는 것, 자네도 아마 알고 있겠지. 가톨릭 신자들이 나의 견해를 싫어하기 때문일세. 현재의 전투가 시작되기 전까지 나는 그 문제에만 관심이 쏠려 있었으나 지금은 무슨 일이었던지 기억도 잘 나지 않아.

그래, 나도 『분노의 포도』를 읽어보았는데 아주 좋은 책인 것 같아. 이주 노동자 문제가 이곳에서는 뜨거운 이슈일세. 그와 관련해 대단한 증오심이 존재한다네.

존과 케이트는 이곳의 대학에 들어가 자리를 잡았고, 콘래드(이제 겨우 세 살이야)는 건강하고 영리하다네. 우리 가족 모두 향수병이 심하여 형편이 풀리는 대로 돌아가고 싶어하네.

베시한테 사랑한다고, 편지해 주면 매우 고맙겠다고 전해 주게. 존이 루크레티우스를 받고 아주 고마워했네.

미국 캘리포니아, 로스앤젤레스
1940년 5월 19일

친애하는 버티

자네 가족 소식을 들어 정말 반가웠네. 지금 우편물이 출발하기 직전에 몇 자 적고 있는 걸세. 그래, 플라톤은 희극적인 시인이었어. 결코 심각하달 수 없는 사이비 철학 문답도 좀 쓴 모양인데, 그게 너무 심각하게 받아들여지고 말았지. 일부 학자들은 두 명의 플라톤이 있었다고 말하지만 학자들이야 본래 무슨 말이든 하니까.

레오파르디Leopardi(1798~1837년, 이탈리아의 시인)를 번역한 작은 책을 보내주겠네. 자네가 '지네스트라La Ginestra'(레오파르디의 장시長詩)의 구절을 번역해 달라고 하지 않았다면 결코 시작하지 못했을 책이니 자네를 그 시들의 '유일한 아버지onlie begetter'(하느님으로부터 태어난 유일한 아들, 예수 그리스도the only begotten Son of God)라고 생각해도 좋네.

베시는 눈이 더 어두워져 탈이지만 잘 지내고 있네. 나는 계속 일해보려 애쓰는데, 시는 도무지 써지지 않고 있네. 최근엔 몽테뉴를 좀더 번

역하는 중일세. 자네와 가족들에게 사랑을 전하네.

시폴즈

1941년 5월 3일

친애하는 보브

자네의 레오파르디 번역서를 갖게 되어 기쁘네. 아주 좋다고 생각했어. 책이 나오는 데 내가 일조했다고 생각하니 흐뭇하네.

자네한테 편지하고 바로 얼마 후에 플라톤을 희극적 시인이라고 하는 이야기를 우연히 들었네. 그 전까지 나는 그를 전혀 알지 못했었지.

조지는 새로 갖춘 위엄[4]을 어떻게 즐기고 있는가? 나는 1914년 8월 4일 이후로 그를 딱 한 번밖에 보지 못했네. 옛날에 버틀러 학창 시절에 사택에서 앤 여왕의 침대에서 자본 적이 있지. 그 침대 아직도 거기에 있는가?

그런데 자네는 무슨 계기로 몽테뉴한테 이끌렸나? 플로리오Florio (1553?~1625년, 영국의 사서 편집자, 번역가)가 못마땅한가? 속인들에게 뉴먼 추기경 작으로 알려져 있는 '빛으로 인도하소서Lead Kindly Light'가 사실은 서기 3세기에 클레안테스Kleanthes(그리스의 스토아 철학자)에 의해 쓰어졌음을 발견하고 기뻤네. 스토아 철학자들에게는 신약 성서의 큰 덩어리가 모두 들어 있다네.

베시한테 보내는 편지를 동봉하네. 그녀의 시력이 계속 악화되지 않았으면 좋겠어.

미국 펜실베이니아, 리틀 댓쳇 농장

1941년 8월 20일

---

4) 보브의 동생 조지가 트리니티 학장이 된 것을 말한다.

L·E·T·T·E·R·S

친애하는 버티

자네한테서 다시 소식 들으니 정말 기쁘네. 베시는 물론 답장을 쓸 생각이거나 이미 썼을 걸세. 눈 문제 외에는 아주 건강하다네. 나는 지금 저녁마다 베시한테 네빈슨Nevinson의 회고록을 읽어주고 있는데 나쁜 책은 결코 아니야. 우리는 윌라 캐더Willa Cather의 소설도 읽었네. 둘 다 그 소설을 좋아했어. 최근에는 많은 시를 쓰진 못했지만 조만간 요즘에 쓴 것들과 예전에 쓴 몇 편을 책으로 묶어 보내주게 될 걸세. 롱맨 출판사의 화재 때 나의 시 모음 원고들이 모두 타버렸거든. 철학 시 비슷한 것도 두세 편 들어 있는데, 산타야나의 철학에 치우쳐 있어 자네한테는 인정받기 어려울 것 같네. 최근엔 『정신계Realm of Spirit』라는 그의 책을 읽고 있어. 때로 약간 말이 많기는 하지만 다른 철학들보다는 날 즐겁게 해주네. 그래도 난 철학자는 아닐세. 자네의 최근 책을 이해할 수 있었으면 좋았겠지만, 나한테는 너무 어려운 책이네. 하지만 에세이를 모은(대부분 그 전에 읽어본 것들일세) 작은 책은 마음에 들었으며, 자네의 얘기에 대체로 공감했네.

몽테뉴 얘긴데, 그 프랑스인과 플로리오를 한번 비교해 보았는지 궁금하네. 만일 그렇다면, 내가 왜 몽테뉴를 다시 번역하게 되었는지 이해가 될 걸세. 비록 내가 그의 에세이만 알아서 그 중 일부만 작업하고 있지만, 더할 수 없이 마음에 드네. 나 자신의 산문과 짧은 에세이, 회상록도 좀 쓰는 중이고, 도널드 토비, 클리퍼드 앨런, 골디 디킨슨, 로저 프라이 등 세상을 하직한 몇몇 친구들에 관해서도 써보고 싶네. 물론 자네는 아직 그 대상이 될 수 없지만 살아 있는 친구들도 다루게 될지 모르네, 너무 빨리 사라져버리지만 않는다면. 조지는 본래 학장이 될 마음이 없었는데 처칠Churchill이 그의 의사를 무시해 버렸네. 지금은 조지도 학장직을 아주 즐기고 있어. 학장 사택은 흉측하게 파손되어 있던 것을 수리하여 지금은 아주 쾌적하다네. 가구도 잘 갖추어졌고. 나는 부법관 방에서 자보았네. 침대 검사관은 사라진 것 같으나 앤 여왕의 침대는 아직 그대로 있지. 우리는 사흘 동안 사택을 방문하여 즐겁게 보냈네. 조지는 사람들과 어울릴 때는 쾌활하지만 혼자 있을 땐 종종 침울해진다네. 자신이 좋아했던 세상은 끝나버렸다고 생각하지. 나는 전혀 그렇게 생각하지 않는다네. 적어도 자주 그런 생각에 빠지지는 않지. 조지가 영국 사회에 관한 책을 썼는데, 전쟁이나 정치 따위는 빼버렸어. 내가 본 바로는 아주 훌륭한 책이야. 아마 곧 출간될 걸세. 조지의 아들 험프리 Humphrey Trevelyan도 괴테에 관한 책을 썼네. 출간되면 아주 훌륭할 거야. (꼭 '출간되어야 훌륭하다는 얘기는 아닐세. 아니, 어쩌면 그것도 옳은 말일지 모르지만.)

플로라 러셀Flora Russell 자매가 지난 주에 다녀갔는데, 자네에 대해 아주 호의적으로 얘기하더군. 자네가 플로라한테 편지했다고 하던데 그게 크게 반가웠던 모양이야. 그녀도 이제 점점 늙어 다리를 좀 저네. 데즈먼드 매카시는 지난 7월 이후로 보지 못했으나 곧 우리를 보러 오지 싶네. 그도 나이가 들어서 올 봄에 심하게 병치레했다네. 하지만 변함없이 매력적이지. 우리는 로저가 쓴 버지니아 울프Virginia Woolf〔1882~1941년, 영국의 여류 소설가, 수필가, 비평가〕의 생애를 아주 재미있게 읽었네.

이제 자네가 머지않아 다시 편지해 주면 우리도 편지하겠네. 자네 부부가 잘 지내기를 빌며 미국을 좋아하게 되길 비네. G. E. 무어는 미국과 미국인들을 아주 좋아하는 것 같아. 그가 이번 겨울에 거기 머물 예정이라니 아주 반갑네. 두 아이도 잘 지냈으면 좋겠네. 이제는 아이들이라 할 수도 없을 나이들이겠지. 자네 부부에게 깊은 사랑을 전하네.

추신 ; 콘래드는 아이가 아니라 아직 아기잖아. 어쨌거나 그 녀석도 잘 지내길 비네.

시폴즈
1941년 10월 2일

친애하는 보브

지난 6개월 동안, 자네와 베시한테 편지해야지 하면서도 한가한 틈을 기다리다 보니 계속 미루어졌네. 롱맨 화재 때 자네의 시들이 타버렸다니 참으로 애석하네. 내가 보관하고 있는 것들은 천만다행히도 온전하네. 나는 자네의 시들을 받아보는 게 즐겁다네. 혹시 고맙다는 인사를 못 받더라도, 적들의 공격 탓이려니 하게.

나는 산타야나의 『정신계』를 읽어보지 못했네. 그에 관한 글을 막 끝냈을 때 그 책이 나왔거든. 내가 쓴 글을 그가 마음에 들어한다는 얘기 듣고 기뻤네. 이 나라의 철학자들에겐 내가 좋아하는 게 부족해. 나는 그들에게 부족한 것이 플라톤(자네가 말하는 희극적인 시인 플라톤이 아니고)이라고 결론짓게 되었네. 나는 '정관 대對 행동'의 구도를 좋아하는 버릇에서 벗어날 수가 없네.

탈레스Thales(그리스의 철학자)와 예레미야Jeremiah(유다 왕국의 예언자)가 한때 이집트의 같은 도시에 함께 머물렀을 수도 있다는 사실을 알고 있었나? 자네가 그 두 사람의 대화를 상상하여 한번 써보면 어떨까 싶네.

전쟁이 끝나면 내 아들 존이 트리니티에 들어갈 수 있겠는지, 그 경우 어떤 신분이 되는 건지를 조지에게 편지하여 물어보았네. 조지가 매우 자상한 답장을 보내온 것으로 보아 수고를 많이 한 모양이야. 존은 지금 하버드에 다니는데, 거기서 과정을 이수한(2월에 끝난다네) 다음에 영국으로 돌아가 군에 입대하게 될 것 같네. 오랫동안 그 문제로 고민하던 차에 해결이 되어 우리는 정말 기뻤네. 아마 3월에는 존이 영국에 가 있을 거야. 그 아이는 역사를 많이 알고 있으며, 라틴어와 그리스어로 된 책을 재미삼아 읽는다네. 나는 지금 탈레스로부터 현재에 이르는 철학의 역사를 파헤치는 중일세. 에리게나John Scotus Erigena(810~877년경, 아일랜드의 철학자, 신학자)가 프랑스 왕과 식사를 하게 되었을 때 왕이 물었다네. "스코틀랜드 사람a Scot과 주정뱅이a sot를 구분해 주는 게 무엇이오?" 그 철학자가 대답하기를 "이 식탁뿐이지요." 나는 지금까지 여덟 명에 달하는 수상들과 식사를 해보았으나 그런 기회를 한 번도 얻지 못했네. 그럼 잘 지내시게.

미국 펜실베이니아, 리틀 댓쳇 농장
1942년 7월 9일

친애하는 버티

오랫동안 편지하지 못해 미안하네. 자네가 우리한테 마지막으로 편지한 게 지난 7월이었지. 내가 말일세, 등화 관제 시간에 용감하게도 하이드 파크 모퉁이를 비스듬히 횡단하다가 그만 차에 치이는 바람에 두 달 가까이 병원 신세를 졌다네. 자칫하면 더 악화될 뻔했으나 한 달 가량 집에서 쉬고 난 지금은 평소처럼 산책도 충분히 할 수 있네, 쉽게 피로해져서 탈이지만. 자네는 예전에 겨우 자전거에 치일 뻔했지만 나는 군용 택시였다네. 군용 트럭에 치였으면 더 명예로웠겠지, 물론 훨씬 더 불쾌했겠지만 말이야.

테드 로이드Ted Lloyd가 오늘 차 마시러 오기로 되어 있었으나 감기에 걸리는 바람에 마거릿과 존(테드 로이드의 아내이자 롤로 아저씨의 딸인 나의 사촌 마거릿 로이드와, 그들 부부의 장남인 존 로이드)만 왔었네. 테드가 동부 쪽으로 가게 되었다는 것, 아마 자네도 알 걸세. 그는 미국으로 돌아가지 못해 서운한 모양이야. 내주 일요일에 그를 만날 것

같으니 그때 그에게서 자네 부부 소식을 듣게 되겠지. 자네가 철학 및 철학자들의 역사 비슷한 것을 쓰고 있다니 정말 반갑네. 그런 일을 자네만큼 잘해 낼 사람도 없지. 예레미야가 탈레스의 우주론에 미친 영향을 추적해 보려는 거지? 그래, 그 두 사람의 대화는 써볼 만한 가치가 있을 거야. 하지만 현재로선 내가 예레미야에 대해 거의 아는 바가 없고 그의 책에 대해서도 잘 모른다네. 그건 그렇고, 그리스 원자론자들을 다룬 정말 대단한 책이 필요하다면 1928년에 클라렌던 출판사에서 나온 시릴 베일리Cyril Bailey의 『그리스의 원자론자들Greek Atomists』을 꼭 읽어 보도록 하게. 자네가 이미 아는 책일지도 모르겠네. 내가 볼 때는 그 사람이 에피쿠로스Epicouros〔그리스의 철학자〕를 제대로 이해하네. 우리의 친구 벤A. W. Benn(고전 학자)은 절대로 이해하지 못했어. 베일리는 레우키포스Leukippos〔그리스 원자론의 창시자〕나 데모크리토스Demokritos 등에 대해서도 아주 잘 아는 것 같아.

나는 2년 가까이 시도 제대로 못 쓰고 산문도 많이 못 썼지만, 금년 중으로 에세이와 대화체 글을 묶은 책이 나올 예정이야. 가능하면 자네한테 부쳐주겠네. 내가 최근에 한 정신적인 작업이 있다면 손쉬운 '등반'〔마운터니어링mountaineering; 몽테뉴Montaigne와 비슷한 단어임에 유의할 것〕을 좀 한 것밖에 없다네. —몽테뉴 번역 말일세. 전부 번역한 것은 아니고 덜 지루한 부분들만 했지. 그 사람 이따금 아주 멋질 때가 있어. 예를 들어 내가 지금 막 번역한 그의 유명한 문장을 소개하지. "모든 것을 다 말한다는 것은 자신의 추측을 지나치게 높게 평가한다는 뜻이며, 자신의 추측 때문에 산 채로 구이가 되어버리는 원인이 된다."

혹시 구할 수 있거든 월리Waley의 번역서 『원숭이Monkey』를 꼭 읽어 보게. 주로 불교, 도교, 인간의 본성을 다룬 15세기 중국의 설화집인데, 라블레Rabelais〔1494?~1553년, 프랑스의 풍자 작가〕, 아리스토파네스

Aristophanes(옛 아테네의 시인, 희극 작가), 볼테르(1694~1778년, 프랑스의 문학가, 철학자)식 성서쯤 된다고 할 수 있는 훌륭한 풍자서야. 작년 여름에 (앨런 언윈 출판사에서) 나왔네.

존이 영국에 오면 우리도 만나볼 기회가 있겠지. 우리는 아직도 《맨처스터 가디언》지를 받아보기 때문에 자네와 피터의 편지들을 읽어보는데, 두 사람의 생각에 적극 공감하네.

자네가 여기 와서 성탄절을 함께 보낼 수 있으면 좋겠네. 내년 성탄절에는 가능할까? 그러나 조속한 시일 내로는 힘든 일이겠지.

헤스케드 피어슨Hesketh Pearson이 쓴 버나드 쇼의 생애가 재미있다네. 사실은 쇼 본인의 글이 대부분이지만 말이야. 하지만 나는 끝까지 읽기도 전에 쇼한테 약간 질려버렸어. 레이먼드 모티머Raymond Mortimer의 에세이(『우편선Channel Packet』)도 크게 나쁘진 않아. 『앰벌리 문집』을 다룬 훌륭한 비평도 나와 있지만 그건 자네도 읽었을 줄 아네. 이제 저녁 먹을 때가 다 되어 그만 써야겠네. 자네 부부에게 베시와 나의 깊은 사랑을 전하네.

추신 ; 데즈먼드가 금년 가을에 몹시 앓았으나 지금은 아주 건강해 보인다네.

시폴즈
1943년 1월 3일

〈길버트 머리와 주고받은 편지들〉

친애하는 길버트

편지 잘 받았습니다. C. A.는 새빨간 거짓말을 하고 있습니다. 그것은 군비 반대 연설이었으며, 보수당 동료 의원들이 군비에 반대한다고 시사하는 것은 말도 되지 않는 소리입니다.

에스파냐는 평화주의로부터 수차례 등을 돌렸습니다. 저는 그 나라에 대한 처리가 매우 난제라는 것을 알았습니다. 제가 에스파냐를 잘 알기 때문에, 전투가 벌어졌던 지역들과 스페인 사람들을 잘 알 뿐 아니라 에스파냐 문제에 대해 누구보다 강한 감정을 가지고 있기 때문에 더더욱 그렇습니다. 체코슬로바키아 문제가 더 어렵다고는 생각되지 않습니다. 그리고 1914년에 독일이 프랑스와 벨기에를 침공했을 때 평화주의자의 입장을 견지했던 제가 독일이 또다시 그런 짓을 했다고 해서 평화주의자 입장을 버릴 이유는 없다고 생각합니다. 그 당시 우리가 취해 온 전쟁 정책의 결과는 그런 정책들을 다시 채택하기를 바라게 만들 만큼 유쾌한 것이 아니었습니다.

당신은 '저들을 저지해야 한다'고 생각합니다. 그러나 저는, 우리가 저들을 저지하는 작업에 착수하면 그 과정에서 우리도 저들과 똑같아지고 세계를 위해서도 아무 득이 되지 않으리라 봅니다. 또 만일 우리가 저들을 무찌른다고 할 경우, 히틀러가 카이저보다 나쁘다고 하지만 그보다 훨씬 더 나쁜 사람이 조만간 우리 가운데서 나오게 될 것입니다. 그 같은 상황으로 흘러간다면 인류에게는 아무 미래도 없습니다.

영국 케임브리지, 다우닝 칼리지, 웨스트 로지
1937년 3월 3일

친애하는 버티

어떤 사람이 '홈 유니버스티 라이브러리' 출판사로 편지를 보내, 명쾌하게 사고하는 기술에 관한 책이 있어야 한다고 말했소. 이론적 논법에 관해 쓴 것은 많으나, 그레이엄 월러스가 쓴 명쾌한 사고의 실천에 관한 책 정도나 있을까, 전무한 실정이오. 내가 볼 때 그러한 책의 가치는 전적으로 저자에 의해 좌우되오. 월러스의 책 같은 경우는 대단히 시사적이고 유용하다는 생각이 들었소. 만일 당신이 뭔가를 쓰고 싶은 마음이 든다면 뭐든 간에 크게 히트할 것이고, 진정한 가치를 지닌 책일 거라고 나는 믿소. 인간의 사고가 잘못된 방향으로 나가는 경우를 주제로 한 토론이 담긴 아리스토텔레스의 『궤변론Sophistici Elenchi』 비슷하면서도 더욱 건설적인 형태가 될 수 있을 것이오. 이 아이디어가 구미에 당기는지 어떤지 궁금하오.

지난번에 당신의 『권력, 새로운 사회 분석』을 아주 재미있게 읽었는데, 몇 가지 점들에 대해 당신과 토론해 보고 싶소.

당신이 몸담고 있는 대학에도 안부 전해 주시오. 예전에 내가 뉴욕에 머물 때 가장복 파티가 열렸는데, 그때 모두들 유명한 범죄자로 변장하고 참석했었소. 어떤 사람이 덫 사냥꾼으로 변장하고 왔었는데, 도대체 누구인지 파티가 끝날 때까지 몰랐다가, 끝에 가서 본인이, 시카고를 발견한 사람이라고 털어놓았소.

옥스퍼드
1939년 1월 5일

친애하는 길버트

1월 5일자 편지 고마웠습니다. 명쾌하게 사고하는 법에 관한 책이 있으면 매우 유용하겠다는 생각은 들지만 제가 그런 것을 쓸 수 있을 것 같지는 않습니다. 첫째, 외부적인 이유지만, 제가 이미 계약해 놓은 책이 대여섯 권이나 됩니다. 저 자신이 원하여 쓰는 책들로서, 몇 년은 걸릴 것입니다. 둘째, 더 중요한 이유로, 제가 생각하는 법이나 사람이 사고해야 하는 법에 대해 막연한 아이디어조차 없다는 것입니다. 제가 알기로, 그러한 과정은 본능적이고 무의식적인 소화 과정입니다. 저는 무엇이든 관련 지식을 발견하는 대로 제 머릿속 정신에 채워넣고 나서 기다립니다. 운이 좋아 작업이 완료되는 순간도 있긴 하지만 그 사이 다른 것들이 의식의 정신에 채워져 있고는 하지요. 그러한 것들을 책으로 쓰기란 힘들다고 봅니다.

『권력, 새로운 사회 분석』을 읽고 토론하고 싶은 게 있다고 하셨는데 어떤 문제들인지 궁금합니다. 그리스인들에 관한 제 언급이 전적으로 잘못된 것이 아니길 빕니다.

철학에 관한 한 이 대학은 제가 겪어본 중에는 최고에 속합니다. 교수진이 첨예하게 대립되는 두 그룹으로 나뉘어 있는데, 하나는 아리스토텔레스적, 역사적, 전통적인 그룹이고, 다른 하나는 초현대적인 그룹이지요. 학생들에게 아주 올바른 영향을 미치는 것 같습니다. 역사적 그룹의 교수들은 놀라우리만큼 박식하며 특히 중세 철학에 밝습니다.

저는 3월 말까지 여기에 있을 예정이지만, 지적인 측면에서 이곳이 매우 즐겁답니다.

미국 시카고 대학
1939년 1월 15일

친애하는 길버트

이런 시기에 미국에서, 독일에서 망명한 학자들을 위해 많은 일을 하기란 어렵습니다.[5] 그 전까지는 미국의 대학들이 대단히 관대했으나 지금은 완전히 포화상태입니다. 야코프스탈Jacobsthal의 문제에 대해 라이헨바흐에게 이야기해 보았습니다. 그는 이곳에서 교수로 일하는 독일인 망명객인데, 도덕적으로나 지적으로나 저도 존경하는 사람이지요. 저는 그렇지가 못한데 그는 야코프스탈의 작업에 관해 훤히 알고 있었습니

5) 머리가 내게 반나치주의자인 야코프스탈이란 독일인 교수의 편의를 봐주도록 부탁했다.

다. 동봉한 것은 이 대학 당국자들의 공식 답변서입니다. 후속 작업은 다른 사람들한테 맡겨야 할 것 같습니다. 저도 지금 형편이 난감한 상황이거든요. 독일의 노르웨이 침공으로 보건대, 야코프스탈은 지금쯤 포로 수용소에 있을 가능성이 매우 높은 것 같습니다.

물론 저도 우리가 만나 예전처럼 대화할 수 있기를 바라 마지않습니다. 저는 이런 식으로 평화주의자의 입장을 견지할 수는 없다고 생각합니다. 비록 결론은 그렇게 내렸으나 입장을 바꾸었다고 공공연히 말하고 다닐 필요가 있는지에 대해선 그리 확신이 서지 않습니다. 어쨌거나 여기 미국에 있는 영국인들은 잠자코 있을 수밖에 없습니다. 무슨 말이든 했다 하면 선전이란 꼬리표가 붙게 되거든요. 그러나 당신에게 꼭 전하고 싶은 것은, 제가 1914년 당시처럼 당신과 견해가 그렇게 다르다고는 생각지 말아주십사 하는 것입니다. 베르사유 조약이 도덕적 분개의 소산이었고 이번 전쟁은 그 조약의 소산이라는 점에서, 그 당시 제가 옳았다고 생각하는 데는 변함이 없지만 말입니다.

전시에 이렇게 멀리 나와 있는 것이 괴롭습니다. 절박하기 짝이 없는 경제적 형편이 저를 여기에 붙잡아두고 있는 것뿐입니다. 세 아이가 여기에 있다는 것이 그나마 위로가 되지만, 제일 큰아이의 나이가 열여덟이어서 언제 군 복무 호출을 받을지 모르겠습니다. 가족 모두가 견디기 힘들 정도로 향수병을 앓고 있고, 저도 옛 친구들이 그립습니다. 당신도 여전히 그런 친구의 한 사람이라는 것이 기쁩니다.

메리Mary가 혹시 원하지 않더라도 사랑한다는 말 전해 주시기 바랍니다. 그리고 당신도 또 편지하여, 이 소름 끼치는 상황 전반에 대한 소견을 들려주시면 좋겠습니다.

미국 로스앤젤레스
1940년 4월 21일

L·E·T·T·E·R·S

친애하는 버티

편지 받고 매우 반가웠으나 한편으론 너무나 가슴이 답답하오. 나는 당신이 교사로서 부당하기 그지없는 공격을 받는 만큼 당신을 지지하는 강력하고도 요긴한 반응이 나오리라 생각했었소. 미국판《네이션》지에 그 문제에 관한 아주 훌륭한 논설이 실린 것을 보았소. 부디 그것이 당신의 친구들을 좀더 적극적으로 만드는 결과로 이어지길 바라는 마음이오.

설마 영국으로 돌아올 생각을 하진 않으리라 짐작하오. 당신이 홀몸이었다면 물론 쉬운 일이었겠으나 아이들이 있으니 전혀 다른 문제라오. 내가 볼 때 이 나라는 정말로 위험한 곳이오. 비록 일반 시민들은 현실을 파악하기 힘든 상황이어서 평소와 크게 다르지 않은 생활이 이루어지고 있긴 하지만 말이오. 사실, 방송에서 연일 전투 관련 뉴스가 흘러나오고, 우리 모두가 병정 놀이를 하고 있는 듯한 인상이 강할 뿐, 세금 문제 외에는 특별히 전쟁 때문에 힘든 것도 없는 실정이오. 영국인의 기질 중에 한 가지 확실하게 유리한 것이 있다면 라틴 민족이나 셈족들처럼 지레 겁을 먹거나 흥분하지 않는다는 점인 것 같소. 우리는 위험이 다가오도록 기다렸다가 나중에 동요하는 사람들이오. 이른바 상상력의 부족이란 게 이런 것 아닐까 싶소.

나의 관심을 끄는 한 가지 새로운 상황이 있소. 이번 전쟁을 전세계적인 차원에서 내전이라고 보든, 종교 전쟁이라 보든, 요즘 사람들 말대로 이데올로기 전쟁이라고 보든, 오랫동안 양 진영의 실체가 뚜렷하게 드러나지 않았소. 예를 들어, 어떤 사람들은 공산주의 혹은 사회주의 대 파시즘의 전쟁이라고 하고, 어떤 사람들은 기독교 정신 대 무신론의 싸움이라고 이야기하오. 그러나 지금, 사상과 관련해 본다면, 영국과 미국, 몇몇 지원국이 합세하여 각종 독재 정치와 맞붙은 형국, 다시 말해 자유주의 대 전제 정치의 대결이라는 게 명백해졌소. 예전에 베네스 Benes도 거의 똑같은 얘기를 한 것으로 아오. 공산주의 대 파시즘이라는 허위 이슈 때문에 전쟁이 발발하지나 않을까 우려된다고. 지금 그는 올바른 이슈하에 전쟁이 수행되고 있다고 생각하오.

혹시 내가 도움이 될 수 있다면 언제든 알려주기 바라오.

1940년 7월 29일

친애하는 길버트

7월 29일자 편지 정말 고마웠습니다. 제 개인적인 문제는 어느 돈 많은 후원자 덕에 해결되었습니다. (18세기 방식으로 말입니다.) 그가 제게 교사 자리를 제공해 주었는데 별로 일하지 않아도 봉급은 후한 자리입니다. 영국으로 돌아가는 것은 아이들 때문에도 어렵지만, 거기 가면 생계비를 벌 수 없기 때문에 더더욱 곤란합니다. 그러나 이런 시기에 외국에 나와 있다는 것이 한없이 가슴아픕니다. 그 동안 우리는 티롤(오스트리아와 이탈리아에 걸쳐 있는 알프스 산맥의 산악 지방)에서도 제일 멋진 곳과 흡사할 정도로 기막히게 아름다운 곳에서 여름을 보냈으며, 저는 『의미와 진리의 탐구』라는 큰 책을 탈고했습니다. 흄Hume에다 현대 논리학을 더한 것이죠. 암흑 시대로 돌입하기 전에 문명을 가급적 많이 구출해 내는 것이야말로 제가 할 수 있는 최선의 일이 아닐까 하는 생각이 이따금 듭니다. 마치 우리가 15세기에 살고 있는 듯합니다.

이데올로기 전쟁에 대한 당신의 견해에 적극 공감합니다. 그 이슈는 러시아가 우리에게서 등을 돌렸을 때 명백해졌습니다. 지난번 전쟁 때는 차르와 동맹함으로써 이슈에 혼란이 왔던 겁니다.

이 나라에서는 우리 쪽을 동정하는 여론이 점차 커지고 있습니다. 제가 볼 때는 이번 달만 잘 넘기면 우리가 이길 것 같습니다. 그러나 전쟁

L·E·T·T·E·R·S

이 남기게 될 세상에 대해선 낙관하지 못하겠습니다.

미국 매사추세츠, 케임브리지, 하버드 대학

1940년 9월 6일

10월 23일자 당신의 훌륭한 편지를 받고 정말 반가웠습니다. 저는 지금 아름다운 전원에 위치한 200년 된 작은 시골집―이 나라에서는 정말 오래된 집이지요―에 정착하여 즐겁게 일하고 있습니다. 세상이 평화롭다면 아주 행복할 수 있었을 겁니다.

장래 얘기를 해보자면, 우리가 이길 경우 완벽한 승리를 거둘 것으로 보입니다. 나치주의자들이 잔존한다는 건 생각할 수 없습니다. 미국이 우위를 차지하게 될 것이며, 1919년 때처럼 쉽게 물러나지는 않을 것입니다. 미국은 전쟁에 넌더리가 난 상태도 아니고, 자기네 민주주의의 수준을 확고하게 믿고 있습니다. 따라서 저는 매우 낙관하고 있습니다. 일본의 군사주의 체제는 붕괴될 가능성이 매우 크며, 중국이 군국주의 국가가 되리라고는 보지 않습니다. 제가 볼 때는 러시아 문제가 가장 큰 난제인데, 특히 마지막까지 우리 편에 남을 경우가 문제입니다. 저는 소련 정부가 히틀러 정권보다 흉악하다는 것을 추호도 의심치 않으며, 그 정부가 살아남는다는 것은 불행한 일이 될 것입니다. 제대로 된 세계 정부가 수립되어 지구상에 단 하나의 군대만 존재하는 상황이 되지 않는 한 항구적인 평화란 있을 수 없습니다. 군비 축소도 좋지만 그것만으로는 평화가 보장되지 못할 것입니다.

이곳의 여론은 경도에 따라 달라집니다. 동부 사람들은 열렬한 친영국파여서, 상점에 가더라도 사람들이 우리의 액센트를 듣고는 금세 태도를 바꾸어 엄청나게 친절하게 대해 줍니다. 캘리포니아 사람들은 반일본이긴 하나 친영국은 아닙니다. 중서부 지역은 다소 반영국적인 성향을 보이죠. 그러나 어디에서든, 우리가 패배해서는 안 된다는 믿음이 매우 급속하게 번져가고 있습니다.

어쨌든 그 모든 상황에서 벗어나 있다는 게 너무나 가슴아픕니다. 저는 로절린드(길버트 머리의 딸)를 존경하는 만큼 부럽기도 하답니다.

저는 지금 탈레스로부터 듀이에 이르는 철학의 역사를 문화 및 사회 환경과 관련하여 강의하는 4년 계약 강좌를 맡고 있습니다. 그리스어도 못 읽는 제가 이런 일을 하게 되니 좀 뻔뻔스러운 것 같기도 하지만 어쨌거나 제겐 즐거운 일입니다. 저는 그리스, 가톨릭, 프로테스탄트의 세 시대로 나누었습니다. 각 시대마다 비합리적인 교조주의가 서서히 부패하다 결국 독재 정권으로 귀착되지요. 저는 그리스의 퇴폐에서 가톨릭주의가 자라나고, 마키아벨리적 시각에서 루터가 움터나오는 과정에 흥미를 느낍니다.

당신이 소포클레스Sophocles(고대 아테네의 비극 시인)를 "모성 살해와 지고한 정신의 결합"이라고 설명했던 게 기억납니다. (나중에 당신이 이 설명을 부인했지만요.) 또 제가 "가라, 종달새한테 가라"는 표현이 나오니 인정해 주십사 간청하자, "짖기 시작한다"로 계속 밀고 나가야 한다고 하셨던 것도 기억이 나네요. 저는 셰익스피어에 대해선 당신의 견해와 다릅니다. 소포클레스에 대해선 소견이 있다 할 만큼 충분히 알지 못하구요. 지금 제 마음은 아낙시만드로스Anaximandros(그리스의 천문학자, 철학자)에 대한 존경과 피타고라스에 대한 경탄으로 가득 차 있습니다. 그들은 아인슈타인과 메리 베이커 에디 부인을 합쳐놓은 듯한 사람들이었지요. 브리타니(고대 로마가 다스린 영국 남부 지역을 일컫는 명칭) 통치와 영국 보병을 제외하고, 모든 음악을 금하고자 했다는 점에서 저는 플라톤이 못마땅합니다. 게다가 그는 《타임스》지의 주요 논설들이 취하는 펙스니프 양식(디킨스의 소설에 나오는, 본심을 숨긴 위선적인 인간형Pecksniff에서 유래한 말)의 창안자이기도 하지요.

또 편지해 주세요. 안녕히 계십시오.

미국 펜실베이니아, 리틀 댓쳇 농장

1941년 1월 18일

친애하는 길버트

4월 23일자 편지 고맙게 잘 받았습니다. 무사히 도착했어요. 4중성 quadruplicity에 관한 저의 오류를 겸허하게 인정합니다! 편지에서 하신 모든 말씀에 동의하며, 특히 '기독교 전통'에 관한 얘기에 공감합니다. 저도 보수주의의 매력을 알게 되었거든요. 그러나 짚고 넘어가야 할 것들이 좀 있습니다. 첫째, 문제의 그 전통을 이 나라에서는 주로 가톨릭 교회가 대변하고 있으나, 교회 조직체 하면 떠올리게 되는 문화가 이 나라 역사에는 존재하지 않습니다. (이 점에 대해선 산타야나가 설득력 있게 써놓았습니다.) 교회는 종교 개혁기에 많은 것을 잃었고 프랑스 지성이 자유 사상으로 돌아섰을 때 더욱 많은 것을 잃은 바, 이제는 과거와 같은 가치를 보유하지 못하고 있습니다. 일반적으로 보수주의 기관은 공격받는 즉시 선량한 모습을 포기해 버립니다.

저는 사회주의가 좀더 관대한 형태를 취하면 기독교 전통의 자연적인 발전 단계와 일치한다고 봅니다. 그러나 마르크스는 혼란의 주창자라는 점에서 나치주의자들과 한통속인데, 불행하게도 마르크시즘이 사회주의자들 집단 안에서 승리하고 말았습니다.

낭만주의 운동은 악의 근원의 하나이며, 더 거슬러올라가면 루터와 헨리 8세에 이르게 됩니다.

저는 가까운 장래에는 큰 기대를 걸지 않습니다. 먼저, 세계 정부가 수립되어야 하고, 그 다음에 아우구스투스(학술 문예를 장려한 로마의 초대 황제) 시대가 오고 서서히 평온한 쇠퇴기로 이어져야 합니다. 한동안은 황인종들이 그리스-로마의 전통에 활력을 불어넣을지도 모르겠으나 궁극적으로는 흑인들에게서 뭔가 새로운 것이 나올 것 같습니다. (저는 성 아우구스티누스도 흑인이었다고 믿고 싶습니다.)

사실 기독교에서 좋은 것은 모두 플라톤 아니면 스토아 철학자들에게서 나오지 않았습니까. 유태인들은 나쁜 역사에 공헌했을 뿐이지요. — 로마인들, 교회 정부, 교회 법 등. 저는 영국의 교회가 기독교 신앙 중에서도 가장 순수하게 플라톤적인 형태이기 때문에 좋아합니다. 가톨릭 신앙은 지나치게 로마적이고, 청교도는 지나치게 유태교적입니다.

전쟁만 없었다면 미국에서 업을 가지고 사는 것도 매우 즐거웠을 것입니다. 제가 사는 고장은 도싯셔 내륙과 비슷합니다. 우리가 사는 집은 200년 전에 웨일스 출신 사람이 지은 것입니다. 제가 하는 일은 흥미로우면서도 상당히 현대적입니다. 그러나 그 모든 게 현실이 아닌 듯 느껴집니다. 사방에 사나운 물결이 일렁대고 사람들도 모두 조만간 흉악해질 운명에 놓인 듯 보입니다. 비록 제가 참여할 기회는 없지만 히틀러를 실질적으로 저지하는 것 외에는 가치 있는 것이 별로 없는 것 같습니다. 영국인 친구들 중에 곧 영국으로 돌아갈 사람들이 있는데, 그들이 부럽습니다. 이제 그들은 중요하다고 스스로 여기는 일로 돌아갈 테니까요. 저는 교양인으로 남는 것도 가치가 있다고 생각하려 애쓰지만 왠지 빈약해 보입니다. 영국인들의 저항을 진심으로 존경하지만 일익을 담당하지 못한다는 게 한스럽습니다. 안녕히 계십시오. 또 편지해 주세요.

미국 펜실베이니아, 리틀 댓쳇 농장
1941년 6월 18일

L·E·T·T·E·R·S

친애하는 길버트

책상에 당신의 편지를 얹어놓은 지 오래되었으나 제가 끔찍하리만큼 바빠서 부끄럽게도 답신을 바로 하지 못했습니다. 당신은 물리학과 철학에 대해 쓰셨지요. 저는 버클리를 보강하는 것이 물리학의 취지라고 보지만 그 문제에 대한 시각은 철학자마다 다른 실정입니다. 전후 재건에 대한 얘기도 하셨더군요. 저는 일본의 난입이 상황을 바꾸어놓았다고 생각합니다. 영미英美식의 관대한 제국주의로는 효과가 없을 것이니 '아시아인들을 위한 아시아'를 용인해 주어야 합니다. 한 가지 문제는 인도와 중국이 과연 일본에서 해방될 것이냐, 그 치하에 남을 것이냐 입니다. 만일 해방된다면 그들은 아시아로 분류되는 러시아 쪽으로 이끌리게 될 것입니다. 문화적 통합은 불가능할 것이며, 러시아와 미국이 합의하여 어떤 형태든 국제적 정부를 도출해 낸다는 것도 제가 볼 땐 의문스럽고, 명목상 합의가 되더라도 어떤 실체를 갖게 될지 의심스럽습니다. 제가 전후 세계에 거는 희망은 일본이 승승장구하기 이전보다 훨씬 더 적습니다.

문화의 역사—다른 말로 하자면, '아담에서 히틀러까지의 죄악'—를 개관하는 작업은 이제 샤를마뉴Charlemagne 대제(742~814년, 서로마제국의 황제)에 이르렀습니다. 사실 서기 400년에서 800년까지는 매우 중요한 기간인데도 우리는 이에 대해 아는 바가 너무 적었습니다. 사람들의 의식적 사고는 어리석은 수준이었으나 그들의 맹목적인 행동은 영국이 지금까지도 누리고 사는 제도들—예를 들면 옥스퍼드와 대주교 등—의 초석이 되었습니다. 그 시절에는 외로웠던 사람들도 참 많았습니다. 아테네에서 교육을 받고 와 앵글로색슨족에게 그리스를 가르쳐보려 애썼던 캔터베리 대주교 시어도어, 우리의 세상 외에 다른 세상들도 존재하는지를 두고 독일의 황량한 숲 속에서 논쟁을 벌였던 영국인 성

보니페이스St. Boniface와 아일랜드인 성 버질St. Virgil, 몸은 9세기를 살았으나 정신은 4, 5세기를 살았던 에리게나 등. 로마의 중앙 집권이 무너진 것은 결과적으로 잘된 일이었습니다. 우리가 그 400년의 난세를 되찾아야 하는 것인지도 모릅니다. 중앙 집권화된 세계에서는 중요하게 느껴지는 사람들이 정말 몇 명 되지 않습니다.

이 나라에서는 지금 아주 흥미로운 투쟁이 벌어지고 있습니다. 정부는 마지못해 자본가들을 통제하고, 자본가들은 노동 조합을 통제하려고 애를 씁니다. 이 나라 사람들은 영국인들보다 훨씬 더 '계획 경제'를 두려워합니다. '계획 경제'라고 하면 곧바로 사회주의를 연상하고 파시즘으로 연결될 것이라고 말합니다. 그럼에도 전쟁상의 필요 때문에 어쩔 수 없이 그것을 채택하지요. 워싱턴 사람들 누구나 전후에는 많은 계획이 필요하다는 것을 알고 있으나, 자본가들은 전쟁이 끝나면 자유 방임으로 복귀하기를 원하지요. 그때가 되면 상당한 어려움을 겪게 될 것 같습니다. 지금 이 나라에는 매우 근본적이라 할 수 있는 많은 변화들이 발생하고 있어 연구해 볼 만합니다. 그러나 저의 바람은 조국으로 돌아가는 것입니다.

안녕히 계십시오.

미국 펜실베이니아, 리틀 댓쳇 농장
1942년 3월 23일

친애하는 길버트

3월 13일자 당신의 편지가 오늘 아침에 도착하여 잘 받아보았습니다. 그 전에 보내신 반스 박사에 관한 편지도 고마웠습니다. 그는 싸우기를 좋아하는 사람이어서, 무슨 이유인지 저로선 도무지 짐작도 할 수 없지만 느닷없이 저와의 계약을 파기해 버렸습니다. 결국에는 그에게서 손해 배상금을 타내게 되겠지만 법률 절차가 지연되는 것을 보면 셰익스피어의 시대를 방불케 합니다. 저는 여러 가지 일을 맡고 있는 관계로 어쩔 수 없이 10월 말까지는 여기에 있다가 사정이 허락하는 대로 영국으로 돌아갈 생각입니다. 잠수함 공격의 위험이 그리 높지 않으면 피터와 콘래드도 함께 말입니다. 고국에서 멀리 나와 있는 상황을 더 이상 감당하기 어렵습니다. 영국에 가면 우선 생계 수단부터 찾아야 합니다. 이번 전쟁에 대한 제 관점이 지극히 일반적인 만큼, 정부의 선전 작업도 얼마든지 할 생각이 있습니다. 미국에 대한 제 지식을 활용할 길을 찾을 수 있었으면 좋겠습니다. 영국인들이 미국 여론을 즐겁게 해주려고 애쓸 때 실수를 저지르곤 하는 것을 자주 보기 때문이지요. 그러나 정직하게 일하여 세 식구가 먹고살 만큼의 수입만 보장된다면 어떤 일이든 수락할 생각입니다.

제게 고민을 안겨주는 것은 커져가는 광신이 아니라 커져가는 민주주의입니다. 혹시 아베로에스Averroes(12세기에 에스파냐에서 업적을 남긴 아라비아의 철학자, 의학자)의 일생에 대해 읽어보셨는지요? 그는 왕들의 비호를 받았으나 군중들에게 미움을 받았는데, 그 미움이 아주 광적이었습니다. 결국에는 군중이 승리했지요. 자유 사상은 늘 귀족의 특권이 되어 왔습니다. 여성들의 지적 발전 역시도 그렇습니다. 메리가 집안일을 해야 하다니 안타깝습니다. 제 아내 피터도 시간의 전부를 가사와 요리, 콘래드 돌보는 일에 바치고 있어 책 볼 틈조차 내기 어렵지요. 18세기와 19세기는 인간의 전형적인 야만 상태 중에 짧은 막간에 해당되는 시기였으나, 지금은 세상이 평소 상황으로 되돌아가버렸습니다. 우리는 스스로를 민주주의자라고 생각했으나 사실은 귀족들의 욕망을 채워준 부산물들이었다는 사실이 불쾌합니다.

루시 실콕스Lucy Silcox(유명한 자유주의자 여교사) 소식은 참으로 유감입니다. 그녀를 만나시거든 부디 저의 사랑과 연민을 전해 주세요.

우리가 고국으로 돌아가려 하는 이유 중에 하나는 콘래드를 미국의 학교에 보내고 싶지 않기 때문입니다. 가르치는 것도 물론 형편없지만 애국심을 지나치게 강조하기 때문에 아이가 심리적으로 조국과 학교 사이에서 해로운 갈등을 겪게 될 가능성이 높습니다. 그에 비하면 잠수함과 폭격과 빈약한 식단은 큰 문제도 아니라고 생각합니다. 그러나 이 모든 것이 여전히 확실하게 결론난 상태는 아닙니다.

저는 철학의 역사를 다룬 이 큰 책을 여름 내로 마무리지을 생각인데, 당신은 이 책을 좋아하지 않을 것 같습니다. 왜냐하면 제가 아리스토텔레스를 존경하지 않거든요.

제 아들 존은 지금 영국에서 해군에 입대하기 위해 교육을 받고 있습니다. 케이트는 여전히 래드클리프 칼리지에 다닙니다. 딸아이는 전쟁이 끝나면 퀘이커교 구호 사업 비슷한 일을 하고 싶어합니다. 독일어를 전공하고 있기 때문에 지시에 의해 증오를 느끼는 게 잘 안 되는 모양입니다.

메리에게 사랑한다고 전해 주세요. 당신을 다시 만나면 정말 기쁠 겁니다. 옛 친구들이 하나둘씩 줄어가니 말입니다.

미국 펜실베이니아, 리틀 댓쳇 농장

1943년 4월 9일

아래 편지를 쓴 랠프 웨지우드Ralph Wedgwood 경은 훗날 발래스턴의 웨지우드Wedgwood of Barlaston 경이 된 조시아Josiah(Jos) 웨지우드 대령의 형이다.

친애하는 러셀

조스가 지금 막 무사히 고국에 돌아왔는데, 제일 먼저 자네를 만나보았다는 이야기부터 하면서 그 증거로 자네가 써준 편지를 보내주었네. 그것을 보니 오래 전 케임브리지 시절이 떠올랐네.—내가 예전부터 늘 65세에는 현역 활동이 마감되기를 바랐는데, 그 한계를 지나버리고 난 지금, 나도 모르게 자주 하게 되는 짓이지. 사실은 지금이 인생에서 정말 좋은 시절인지도 모르네. 양심은 거리낄 것 없이 편안하고, 할 일은 다했으며, 옛 취미를 살리거나 옛 친구들을 찾아낼 수도 있으니 말이야. 그리고 자네가 최근에 낸 에세이집도 읽었는데, 그것만으로도 자네에게 편지하여 큰 낙이 되고 있다는 것을 말해 주고 싶어졌네. 내게는 대부분 새로운 내용이며, 새것이 좋은지 옛것이 좋은지 나도 잘 모르겠네. 다만, 여럿이 함께 읽으면 모두가 아주 즐거울 수 있는 내용이라고 자신 있게 말할 수 있네.

자네도 다시 만나보고 부인과도 인사 나누고 싶은 마음 간절하네. 다시 영국으로 올 가능성은 있는가? 어쨌거나 전쟁이 끝날 때까지는 어렵겠지. 나 역시도 그 좋은 일(종전이 나의 소망이라네)이 생기기 전에는 미국에 가지 못할 테구. 우리 친구들 중 너무 많은 사람이 가버렸네. 일부는 지나치게 반동적으로 변해 버렸지! 안 변한 사람은 조지 무어밖에 없으니 자네가 미국에서 그를 한번 만나보기 바라네. 그도 당분간은 거기에 머물 것 같은데, 케임브리지 입장에선 큰 손실이지. 나는 지난 달에 트리니티 새 학장 사택에서 하룻밤 잤네. 듣던 것만큼 그렇게 대단하지는 않더군. 내 비록 학장과 친하기는 하지만 전염병 피하듯 많은 화제들을 피해 가지 않을 수 없었다네. 그럼에도 우리는 옛날 얘기도 하고 나이팅게일 노래도 듣고 하면서 쪽박 깨지는 상황을 모면할 수 있었네. 데즈먼드 매카시도 이따금 만나곤 하지만, 전쟁 때문에 사교적 모임들은 다 깨져버렸지. 모두들 자기 나름의 일 아니면, 아픔이란 칸막이 뒤에 숨어 있다네. 틈이 나면 편지하여 자네 얘기도 좀 해주게. 조스를 만나면 자네와 만난 이야기를 상세히 해달라고 할 거야. 편지에서 조스는 자신의 미국 방문에 대해 불길할 정도로 말이 없었네. 휠러Wheeler(미국의 정치 지도자) 에피소드가 상당히 상처가 된 모양이야. 그럼 건강하게 잘 지내게.

영국 스태포드셔
1941년 7월 29일

〈교량 전문가 엘리 쿨버트슨Ely Culbertson에게 보낸 편지〉
친애하는 쿨버트슨

세계 정부 문제와 당신의 계획을 두고 많은 생각을 한 끝에 다소 분명한 소신에 도달하게 되었소.

세계 정부로 말하자면, 현재 세계가 직면한 가장 중대한 문제라고 생각하오. 나는 국제법 편에 입각한 군사력을 증강시킬 수 있다고 판단되면 어떤 계획이든 지원할 각오가 되어 있소. 물론 안에 따라 만족도가 다를 수 있겠지만 어느 계획이든 채택될 가능성이 높으면 지원할 것이오. 이 문제는 궁극적으로 루스벨트, 스탈린, 처칠(혹은 그의 후임자)이 결정하게 될 것이오. 어쩌면 스탈린은 배제될 수도 있겠지만. 루스벨트와 처칠은 자국 내 여론과 관리들의 영향을 크게 받을 것이오. 그들이 어떤 안을 채택하든 수정하게 될 게 거의 확실하오.

이러한 상황에서 내가 이런저런 구체적인 안보다는 세계 정부의 원칙을 변호하는 것이 나의 할 일이라고 생각하오. 일이 성사되려면 구체적인 안들이 매우 유용하겠으나 이런저런 안을 비교하는 논쟁에 끼어들고 싶은 생각은 없소.

물론 잘 알고 있겠지만 당신의 경우는 특별히 더 설득력이 있기 때문에, 공적으로 당신과 운명을 같이할까 하는 생각도 들었소. 그러나 다시

L·E·T·T·E·R·S

생각해 본 결과 매우 유감스럽게도, 그렇게 하자니 나와 불일치하는 점들이 너무나 중대한 사안들이라는 결론에 이르게 되었소. 그 중에서도 가장 중요한 문제들은 다음과 같소.

1) 당신이 구상하는, '지도자 국가를 둔 지역 연방'은 난점을 안고 있소. 당신의 생각에 따르면 프랑스나 이탈리아나 똑같이 라틴 연방에 속하게 되오. 남미인들은 미 연방보다 열등한 지위로 인정되는 데 대해 분개할 것이오. 또 독일을 군소 튜턴족 국가들 위에 놓아서는 안 되오. 사실 그 작은 나라들이 훨씬 더 문명국이고 세계 연방에 대해서도 더욱 호의적이오.

2) 인도에 대한 제안에도 동의하기 어렵소. 나는 오랜 세월 동안 인도의 자유를 주장해 왔기 때문에 실현 가능성이 높은 이 시점에서 그것을 포기할 수는 없소.

3) 군사력을 '영구히' 혹은 50년 동안 분담한다고 정해 놓은 것도 마음에 들지 않소. 내가 볼 때는 25년이 가장 적당할 것 같소. 좀더 폭을 넓혀 이의를 제기하자면, 폭력에 이끌리지 않게 하기 위해서는 합법적 변화를 위한 기제가 반드시 필요한데, 당신의 구상에는 그러한 기제가 충분하지 않소.

내 마음에 들지 않는 점들 때문에 오히려 당신의 안이 채택될 가능성이 높다고 말할지도 모르겠소. 하지만 나는 그렇게 생각지 않소. 내가 볼 때는 어떤 실천안이 되든 영·미 간 협조가 핵심적인 문제가 될 것이며, 다수의 소국들은 재빨리 합류하여 위성국이 될 것이오. 물론 중국이나 다시 세력이 커진 프랑스의 위성국이 되고 싶어할 수도 있겠지요. 따라서 나는 우선, 과거에 적이었던 나라들을 배제한 연방이 되었으면 하오. 아마도 러시아는 그런 연방에 관심이 없겠지만 말이오. 적이었던 나라들을 살펴보면, 이탈리아의 경우에는 뿌리 깊은 파시스트가 아니기 때문에 어려움이 없을 것이오. 일본의 경우는 붕괴 과정에서 치안 유지를 위한 점령군이 필요해지지 않을까 싶소. 그리고 점령군에 뒤이어 새로운 문명이 도입될 수 있을 것이오. 독일의 경우는 물론 상당한 시간이 걸릴 테지만 내가 볼 때는 20년 내로 편입될 수 있을 것이오. 러시아의 경우는 지켜보는 수밖에 없소.

결론을 말하자면, 나는 우리가 평화 조약에서 모든 것을 얻을 수 있다고는 보지 않소. 더 좋은 방법은, 먼저 강국들이 핵 문제에 대해 진솔하게 합의한 후에 점진적으로 성장해 가는 것이지만, 평화기에는 핵이 압도적인 군사적 우위를 점하여 일정 기간 평화를 지키는 수단으로 역할 한다는 점을 항시 가정해야 할 것이오.

앞서 말했듯 나는 히틀러 정권 같은 것만 아니라면 세계 정부에 관한 어떤 안이라도 지지하는 입장이기 때문에 당신의 안이 채택된다면 반가울 것이오. 비록 아직도 내가 《아메리칸 머큐리American Mercury》지에서 윤곽을 선보인 안에 더 마음이 끌리긴 하지만 말이오. 그러나 당신이 원한다면, '당신의 시각에서' 나올 수 있는 비판을 고려하여 기꺼이 작업을 검토해 줄 수 있소. 아마 수정하면 더 좋을 세부 사항들이 있을 것이오. 또한 당신의 안이 발표되는 대로, 나도 세계 정부에 관해 말하거나 쓸 기회가 있을 때마다 매우 큰 가치가 있는 안이라고 얘기할 것이오. 그러나 당신한테 대가를 받고 공적인 자리에 나갈 생각은 없소. 그것은 지적 독자성을 지나치게 많이 희생시켜야 하는 일이기 때문이오.

당신과 함께 일하는 게 좋다는 것을 알았기 때문에, 또한 그로 인해 결국 세계 정부를 주장할 나의 기회가 줄어들 것이란 점 때문에, 나로서는 매우 섭섭하오. 이 두 가지 이유 때문에 나는 당신과 운명을 같이하고 싶었고 또 그렇게 할 수 있으리라 생각했소. 그러나 나는 다른 사람에게 내 판단을 종속시키는 데 익숙하지 못하며, 설사 그렇게 해보려 애

L·E·T·T·E·R·S

쓰더라도 해답은 아닐 것이라 생각하오.

위에 적은 내용들은 내가 말한 컬럼비아 사범 대학에서 맡게 될 강의에 응용되고 있소.

내가 혹시 이 편지에서 우리의 개인적인 관계를 해칠 수 있는 얘기를 했다면 대단히 미안하오. 나는 당신과 나누었던 대화에서 지적으로 큰 자극을 받았으며, 앞으로도 당신에게 이의를 제기함으로써 역으로 도움이 되는 사람으로 남았으면 좋겠소. 이 문제 외에는, 우리 사이에 진정한 우정이 존재한다고 생각하고 싶소.

내 아내가 안부 전해 달라고 합니다.

1942년 1월 12일

〈『대지|The Good Earth』 외 다수 책의 저자인 펄 벅Pearl Buck이 보내온 편지〉
친애하는 러셀 선생

지난번 일요일에 선생의 태도에 깊은 감명을 받고, 편지를 드려도 좋을지 어떨지 고민했습니다.

그런 차에 린 위탕林語堂이 수요일에 PM에 실린 선생의 편지를 얘기하면서 아주 훌륭하다고 하더군요. 저는 아직 그 편지를 읽어보지 못했으나—한 부 구해 볼까 합니다—그가 얼마나 상세히 얘기해 주던지, 정말로 편지를 써야겠다는 생각이 들었습니다.

저는 많은 미국인들의 마음에 새겨진 영국에 대한 감정 때문에 오랜 시간—사실 여러 달에 걸쳐—몹시 혼란스러웠습니다. 인도 정세 때문에 그런 감정이 더 커졌으리라 짐작했습니다. 몇 년 전에 제가 인도에 있을 때도 전쟁이 일어나면 어떤 사태가 발생할지 분명하게 확인할 수 있었고, 그 당시 벌써 전쟁이 목전에 다가온 듯했어요.

양국 사이가 냉랭한 것을 개탄한다면서 그 동안 인도와 관련된 논의에는 왜 끼어들었느냐고 물으실지 모르겠습니다. 제가 영국을 사랑하면서도 그렇게 해온 것은 첫째, 인도가 전쟁에 적극 참여할 수 있는 방안을 모색하는 것이 미국인의 한 사람으로서 제가 할 수 있는 최선의 도리라 생각되었기 때문이고, 둘째, 우리가 다 똑같은 구노선을 따르지는 않는다는 점을 중국인들에게 분명하게 확인시켜 줄 필요가 있다고 생각했기 때문입니다. 제가 영국 주둔 미군이 보여준 인종 차별과 관련해 영국인들이 취한 훌륭한 태도를 환영했던 것도 바로 이 두 번째 이유 때문이었습니다.

인도에서의 일은 이미 끝난 일이며, 앞으로의 문제는 그곳에서 누가 옳고 글렀느냐를 따지는 데서 벗어나 닥쳐올 참사에 대처하는 방법을 우리 모두 함께 찾아내는 일이라고 생각합니다. 에드거 스노Edgar Snow〔미국의 신문 기자, 작가〕가 《새터데이 이브닝 포스트Saturday Evening Post》지 최근호에 '우리가 일본부터 타도해야 하는가?'라는 제목으로 쓴 글을 아직 읽지 않으셨다면 한번 읽어보시기 바랍니다. 우리 모두가 함께 생각해 보아야 할 중대한 문제입니다.

미국과 영국의 이 같은 소원한 관계가 계속되도록 방치해서는 안 될 것 같습니다. 저는 우리가 인도 문제를 뛰어넘기는 어렵다고 봅니다. 극동 지역에서 우리의 인명 손실이 점점 더 늘어나고 있기 때문에 특히 더 그렇습니다. 인도에서 우리를 도울 병력이 동원되지 못하고 있기 때문에 인명 손실이 커지는 것은 당연합니다.

저는 직업적으로 영국을 반대하는 사람들이나, 인도를 전쟁에 개입시키는 데 실패하는 것을 보고 마음이 멀어진 사람들이나 다 두렵습니다. 그러나 더 두려운 것은, 인도를 잃음으로써 우리가 어떤 대가를 치르는지를 깨달았을 때 분개하게 될 사람들입니다.

저는 미국인들이 특별히 친인도적이라고 보지는 않습니다. 혹시 그럴

L·E·T·T·E·R·S

수도 있겠지만 적어도 저는 아닙니다. 그러나 같은 국민인 유색인들을 대하는 우리의 태도도 똑같이 잘못되었음에도, 일반 미국인들은 인도에서 벌어지는 것과 같은 일을 몹시 혐오하는 경향이 있습니다. 물론 우리는 모순투성이 국민이지만 이것이 현실인 것입니다. 어떻게 하면 우리 두 나라의 상황을 수습할 수 있겠습니까?

저는 크게 어렵지 않은 한 가지 방법을 생각하고 있습니다. 처칠이 태도를 바꿀 수도 없고 바꾸지도 않을 것이라고 볼 때, 우리가 다른 부류의 영국인을 자주 만나 견해를 들을 수 있다면 큰 도움이 될 것입니다. 아시다시피 영국에서는 자유주의적인 견해에 대한 검열이 상당히 엄격합니다. 이곳 미국에서는 영국에서 외치는 반대의 목소리를 들을 기회가 없으며, 여기서 듣는 영국 관리들의 얘기나 선전은 일반 시민의 멀어진 감정을 치유하는 데 별 도움이 되지 않거나 전혀 도움이 안 되는 실정입니다.

인간 평등의 필요성을 너무나 잘 아는 우리 영·미 두 나라의 국민이 생각과 목적이 하나라는 것을 알리자면 어떻게 해야 할까요?

우리가 서로를 발견하고 똑같은 세상을 향해 함께 나아가야 할 때가 온 것입니다. 우리는 상대의 허물과 자존심에 매달릴 것이 아니라 함께 대화하여 그런 것들을 타파하고 더 나은 방법을 함께 판단함으로써 우리의 적들 앞에, 세계 도처에서 미심쩍어하는 우리의 동맹들 앞에, 우리 두 나라 국민의 본질적인 단일성을 재확인시켜야 할 것입니다.

미국 펜실베이니아
1942년 10월 23일

그 당시 나는 인도 문제와 관련해, 영국 정부를 설득하여 인도와 협상을 재개해야 한다는 입장을 취했다. 그러나 처칠이 집권하고 있는 동안은 방법을 찾아내

기가 어려웠다. 또한 시민 불복종 운동을 중단하고 협상에 협력하도록 인도 지도자들도 설득해야만 했다. 이 문제는 네루Nehru를 통해 해결할 수 있을 것 같았다. 인도는 영국이든 다른 나라든 모든 외세의 지배에서 벗어나야 한다는 것이 나의 소신이었다.

〈비어트리스 웨브 부인과 주고받은 편지〉

친애하는 버트런드

하원 의원 브라운W. J. Brown이 쓴 저 주목할 만한 책(『미국을 만나다 Meet America』)에서, 당신이 전쟁에 이길 생각을 했을 뿐 아니라 전후 세계의 재건을 희망했다는 것을 알고 정말 반가웠어요. 또한 당신이 미국에 남기로 했으며, 아드님을 영국이 아니라 그곳에서 직업 생활을 하도록 격려했다는 것도 우리에겐 매우 흥미로운 얘기였습니다. 만일 당신이 우리나라의 귀족이 아니고 아드님이 증조부처럼 위대한 정치인이 될 가능성이 없다면 그러한 결정이 현명했다고 볼 수 있겠으나, 당신들은 우리 의회 민주주의 정부의 중요한 인물들이기 때문에 우리는 당신들이 영국으로 돌아와주기를 바랍니다. 또 내가 볼 때는, 당신 같은 영국 귀족 출신 교수들이, 속물들을 끌어들여 노동 운동의 분위기를 해쳤다는 이유로 공직 경력에 관한 한 미국에서 약간 불이익을 받았다고 생각되거든요. 물론 내 생각이 잘못되었을 수도 있어요.

시드니는 다행히도 아주 건강하고 행복해요. 물론 1938년에 겪은 뇌졸중 때문에 공적인 일에는 더 이상 참여하지 못하지만. 나는 출간을 목적으로 계속 쓰고 또 쓰고 있어요. 하지만 나이를 먹어 지친 데다 발이 퉁퉁 부어 밤마다 잠을 못 자고 온갖 병치레로 고생한답니다.

우리가 최근에 낸 작은 책자를 보내드릴게요. 영국에서 대단한 판매고를 올렸고 뉴욕 롱맨 출판사에서도 출간될 예정입니다. 당신은 이 책의 내용에 공감하지 않을지 모르겠으나 흥미로울 거라고는 생각해요. 그리고 버나드 쇼가 쓴 서문도 재미있어요. 버나드 쇼도 우리처럼 많이 늙었지만 계속 글을 쓰고 있으며, 샬럿 F. 쇼는 가망 없는 병자가 되어버렸으니 좀 불행한 사람이에요. 쇼는 『정치인들에게 필요한 도리What's What to the Politician』라는 책을 쓰고 있어요. 여러 달 동안 썼는데, 종이가 부족하여 멈추지 않았다면 아마 책이 끝없이 길어지도록 계속 써나갔을 거예요.

미국에 머물든 아니든, 당신과 당신의 똑똑한 두 자녀가 영국에 경의를 표해 주었으면 좋겠고, 당신 부부를 만나는 영광도 누릴 수 있기를 바랍니다. 부인에게 인사 전해 주세요. 그녀는 미국을 어떻게 생각하는지 궁금하군요.

추신 ; 우리 조카인 스태퍼드 크립스Sir Stafford Cripps를 개인적으로 아는지 모르겠지만, 그 애가 지금 영국에서 성장하고 있는 새로운 운동을 대변하고 있어요. 기독교 믿음과…… (단어 실종)가 결합된 운동인데, 아마 당신도 흥미로울 거예요. 그 애는 인도 문제 때문에 내각을 떠났죠!

1942년 12월 17일

친애하는 비어트리스

12월 17일자 편지 정말 고마웠습니다. 당신과 시드니의 소식을 듣고 또 그가 잘 지낸다는 얘기 들으니 반가웠습니다. 병치레로 고생한다니 유감입니다. 나이가 어느 정도 되면 피할 수 없는 현상인 모양입니다. 나도 곧 그 나이가 되겠지만.

내가 미국에 정착하려 한다니, W. J. 브라운이 무슨 연유로 그런 생각을 하게 되었는지 모르겠습니다. 나는 그런 생각을 한시도 해본 바 없습니다. 처음에는 8개월 예정으로 왔는데 여러 가지 일이 가로막았어요. 그러다가 전쟁이 터지는 바람에 콘래드(현재 다섯 살입니다)를 여기에 두는 게 좋겠다고 판단했습니다. 그러나 이런 모든 이유들도 이제 다 사라져가고 있습니다.

존(앰벌리)은 하버드에서 공부를 마치고 며칠 후에 영국으로 돌아갈 예정입니다. 가능하면 해군에 들어가고 안 되면 육군에 입대하려구요. 딸 케이트는 래드클리프에 다니고 있는데 무엇을 공부하든 늘 잘하고 있습니다. 딸아이는 전쟁이 끝나면 유럽에 가서 구호 사업 비슷한 것에 투신하고 싶어합니다. 나는 여러 가지 약속들 때문에 당분간 여기 머물 수밖에 없으나 가까운 시일 내로 귀국하게 될 것입니다. 피터와 콘래드는 전쟁이 끝날 때까지 여기 남겨둘까 합니다.

인도가 크립스의 제의를 거절한 것을 보고 크게 실망했습니다. 이곳 사람들은 인도에 대해 알지 못하면서도 격한 여론을 보입니다. 나는 인도와 관련된 반영 감정을 극복해 보려고 꾸준히 말하고 써왔지만, 일부 지역들의 경우 반영 감정이 매우 드셉니다.

러시아에 관한 당신의 흥미로운 책을 보내주셔서 감사합니다. 그 체제가 좋으냐 싫으냐를 떠나서, 러시아가 전쟁에서 거둔 공적에 대해선 깊은 존경을 표하지 않을 수 없군요.

나 역시 영국에 돌아가면 두 분을 다시 뵙고 싶습니다. 피터가 감사를 표하며 인사 전해 달라고 하네요.

미국 리틀 댓쳇 농장
1943년 1월 31일

⟨A. N. 화이트헤드 박사 부부의 편지⟩
친애하는 버티

자네가 특별 연구원 및 강사로 다시 뽑혔다는 소식을—트리니티 협의회 의사록에서—막 읽었네. 만장 일치로 선출되었다고 강조해 놓았더군. 진심으로 축하하는 바일세. 진작에 왔어야 할 일이 아니고 무엇이겠나.

미국 매사추세츠, 케임브리지
1944년 1월 3일

제3부

1944~1967

우리는 아침의 찬란함을 믿지 못한다.
하찮은 것, 속기 쉬운 것이라고 생각한다.
그러면서 우리를 공포와 증오, 특히 비참한 죄인들인
우리 자신들에 대한 증오 속에
계속 살아가게끔 만드는 옛 신화들에 매달린다.
이것은 어리석은 짓이다.
지금 인간이 스스로를 구원하는 데 필요한 것은 오직 한 가지뿐이다.
기쁨에 마음을 열고, 두려움은 잊혀진
과거의 흐릿한 어둠 속에서나 지껄이도록 내버려두는 것.

제3부 머리말

이 책은 현재 세계를 나누고 있는 굵직한 이슈들이 여전히 해결되지 않은 상황에서 출간될 것이다. 아직까지는, 그리고 앞으로도 당분간은, 불확실한 세상이 될 것이다. 세계는 아직도 절반씩의 희망과 공포 사이에 정지되어 있다.

나는 그 문제가 해결되는 것을 보지 못하고 죽을 것 같은데, 다음 두 개 중에 어느 것이 나의 마지막 말이 될지 모르겠다.

찬란한 낮은 다하고
우리는 어둠을 위해 존재한다.

또 하나는, 이따금 품어보는 희망이지만,

세상의 위대한 시대가 새로 시작되니,
황금 시대가 돌아오고…….
천국이 미소짓고, 믿음과 제국들이 번득인다,
마치 흩어지는 꿈의 파편들처럼.

나는 근소한 내 무게를 보태어 저울이 희망 쪽으로 기울도록 최선을 다했으나, 거대한 힘들에 맞선 보잘것없는 노력이었다.

우리 세대가 못한 것들을 후세가 이어가주기 바란다.

1944년이 되자 전쟁이 끝날 조짐이 점차 보였고 실제로 독일의 패배로 끝나가고 있었다. 덕분에 우리는 영국으로 돌아갈 수 있게 되었고, 큰 모험을 하지 않아도 아이들과 함께 있을 수 있게 되었다. 다만 조국에 가든 미국에 머물든 의무적으로 군 복무를 해야 하는 존이 문제였다. 다행히도 전쟁이 조속히 매듭지어진 덕분에 아들은 그렇지 않았을 경우 감수해야만 했을 거북한 선택을 피해 갈 수 있었다.

영국에서의 생활은 예전과 마찬가지로 공적인 일과 사적인 일들이 뒤엉켜 돌아갔으나, 사적인 부분에 점차 무게가 실리게 되었다. 나는 사적인 일과 공적인 일, 혹은 오래 전에 끝난 사건과 현재 내 삶의 한가운데서 계속되고 있는 사건들을 똑같은 태도로 설명하기는 힘들다는 것을 깨달았다. 그 결과 생겨난 태도의 변화에 놀라는 독자들도 있을지 모르겠다. 나로서는 독자들이 변화의 불가피성을 파악하고, 명예 훼손에 관한 법률 때문에 말조심을 하지 않을 수 없다는 점을 이해해 주기 바랄 뿐이다.

14 영국으로 돌아오다

1944년 상반기에 대서양을 건넌다는 것은 상당히 복잡한 일이었다. 피터와 콘래드는 '퀸 메리' 호를 탔는데, 속도는 빨랐으나 어린아이들과 어머니들이 미어터지게 탄 배였으므로 엄청나게 불편한 항해였다. 어머니들은 모두 아이들을 나무랐고, 아이들은 모두 바다에 떨어질 수도 있는 아슬아슬한 행동으로 극도의 불안감을 조성했다. 그러나 이 모든 이야기는 내가 영국에 도착한 후에야 들을 수 있었다. 나는 코르벳 함(대공 대잠수용 장비를 갖춘 수송 선단 호송형 소형 쾌속함)과 비행기들의 경호를 받으며 자전거 속도로 위풍당당하게 전진하는 거대한 호위함을 타고 왔다. 당시 나는 『서양 철학사』 원고를 소지하고 있었는데, 적에게 유용한 정보가 들어 있는지 검토하는 일을 맡은 운 나쁜 검열관들이 그것을 속속들이 읽어 보아야 했다. 결국 철학에 관한 지식은 독일인들에게 아무 소용이 없다고 판단되자 그들은 매우 공손한 태도로 내 책을 아주 재미있게 읽었노라고 말했지만, 그 말은 솔직히 믿기 어려웠다. 모든 것이 비밀에 둘러싸여 있었다. 언제 항해하는지, 어느 항에서 출발하는지를 친구들에게 알리는 것조차 금지되어 있었다. 마침내 나는 처녀 항해에 나선 자유의 배에 올라 있었다. 선장이 유쾌한 사람이어서, 자유의 배 중에 첫 항해를 하다 두 동강 난 경우는 네 척 중에 많아야 한 척이라고 말하며 격려해 주곤 했다. 말할 것도 없이, 그 배는 미국 배였고 선장은 영국인이었다. 고급 선원 중에 진심으로 나를 인정해 준 사람이 하나 있었다. 기관장인 그는 『상대성의 ABC』를 읽어보았으나 저자에 대해선 전혀 아는 바가 없었다. 하루는 그와 함께 갑판을 거닐고 있었는데, 그가 그 작은 책을 칭찬하기 시작했다. 내가 바로 그 책의 저자라고 말하자 그는 너무 기뻐 어찌할 바를 몰랐다. 승객 중에 사업가인 사람이 있었는데, 선원들은 그가 전투에 나가도 충분한 나이라고 생각하여 그를 별로 좋게 보지 않았다. 그러나 나는 그가 유쾌한 사람이란 것을 알았고, 그 덕분에 무기력해지기 쉬운 3주를 아주 즐겁게 보낼 수 있었다. 아일랜드 해안에 접근하기 전까지는 잠수함 공격을 걱정하는 분위기가 아니었으나, 그때부터는 모두 바지 차림으로 잠자리에 들라는 지시가 내려졌다. 그러나 아무런 사고도 일어나지 않았다. 여행이 끝나기 며칠 전, 우리는 라디오를 통해 그날이 바로 D데이란 것을 알았다. 승무원들은 거의 대부분 그 방송을 들을 수 있었다. "조국의 자식들이여, 가자, 영광의 날이 왔다 Allons, enfants de la patrie, le jour de gloire est arrivé"가 영어로 "자, 전우들이여, 이것이 그것이다"로 번역된다는 것을 그날 라디오에서 배웠다.

일요일이 되자 그들은 우리를 퍼스오브포스의 북쪽 해안에 있는 작은 항구에 조용히 내려놓았다. 우리는 얼마간 고생 끝에 제일 가까운 마을로 갔고, 그곳에서 전시 상황의 영국을 처음으로 접할 수 있었다. 그곳엔 폴란드 군인들과 스코틀랜드 처녀들만 있는 것 같았는데, 군인들은 아주 씩씩했고 처녀들은 아주 매력적이었다. 나는 야간

열차를 타고 이튿날 아침 런던에 무사히 당도했으나 한동안은 피터와 콘래드 소식을 알 길이 없었다. 열심히 전화하고 전보를 치고 한 끝에 그들이 시드머스에 있는 장모님 댁에 머물고 있다는 것과 콘래드가 폐렴에 걸렸다는 것을 알았다. 나는 단숨에 그리로 달려갔고, 아이가 빠르게 회복되고 있음을 알고서야 마음을 놓았다. 우리는 해변가에 앉아, 셰르부르〔프랑스 서북부의 도시로, 1944년 6월에 미군이 독일에게서 탈환한 곳〕쪽에서 들려오는 군함 대포 소리에 귀를 기울였다.

트리니티 칼리지가 5년 계약 강의를 제의해 왔고 나는 그 초청을 받아들였다. 특별 연구원 자격과 칼리지 숙소 사용권이 첨부된 계약이었다. 케임브리지로 가보니 방들이 대체로 쾌적했다. 꽃이 만발한 론볼스〔잔디밭에서 하는 나무 공 경기〕구장이 한눈에 들어오는 위치였다. 나는 케임브리지의 아름다움이 그대로임을 알고 안심했으며, 큰 마당〔그레이트 코트〕의 평화로움도 큰 위안이 되었다. 그러나 피터와 콘래드가 살 집을 마련하는 문제가 남아 있었다. 케임브리지가 초만원 상태여서 처음에는 온갖 애를 써보았으나 하숙집의 누추한 방밖에 얻지 못했다. 내가 칼리지에서 쾌적하게 사는 동안 아내와 아들은 그곳에서 제대로 먹지도 못하고 비참하게 지냈다. 그러던 중 반스와 맞붙은 소송에서 돈이 나올 전망이 확실해지자 나는 당장 케임브리지에 집을 샀고 한동안 우리는 그곳에서 살았다.

우리가 그 집에 사는 동안 브이제이 데이 VJ-day〔대일對日 전승 기념일, 1945년 8월 15일〕를 맞았고, 곧이어 총선이 실시되었다. 내가 『인간의 지식, 그 범위와 한계 Human Knowledge, its Scope and Limits』라는 책의 대부분을 집필한 곳도 바로 거기였다. 케임브리지에서 행복하게 지낼 수도 있었으나 그곳 숙녀들이 우리를 못마땅하게 여겼다. 나는 노스웨일스의 페스티니오그에 전망이 아주 좋은 작은 집을 샀다. 그 다음에는 런던에 아파트를 하나 구했다. 강연 때문에 대륙을 자주 방문하느라 시간이 없기도 했지만 나는 그 몇 년간 중요한 작업을 전혀 하지 못했다. 1949년, 아내는 나를 더 이상 원하지 않는다고 밝혔고 우리의 결혼 생활도 끝이 났다.

1940년대와 1950년대 초반까지는 핵 문제 때문에 마음이 혼란스럽고 동요된 상태였다. 핵전쟁이 발발하면 문명은 끝장이 날 게 분명했다. 또한 동서로 나뉜 양 진영의 정책에 변화가 없는 한 핵전쟁이 언제든 터질 수 있다는 것도 분명했다. 핵의 위험성은 1920년대 초반부터 내 마음 깊숙이 자리잡고 있었다. 그러나 그 당시에는 몇몇 박식한 물리학자들이 다가올 위험을 감지했을 뿐, 일반인들은 물론 과학자들조차 대다수가 "오, 인류가 그렇게까지 어리석진 않을 겁니다"라고 쉽게 말하면서 핵전쟁의 가능성을 외면하곤 했다. 1945년 히로시마와 나가사키에 원폭이 투하되자 비로소 핵전쟁 가능성이 과학자들과 일부 정치인들의 관심을 끌게 되었다. 일본의 두 도시에 대한 폭격이 있은 지 몇 달 후 나는 상원 의회에서 연설하면서, 핵전쟁이 확대될 가능성이 있으며, 그렇게 될 경우 전세계가 파멸하고 말 것이 확실하다고 지적했다. 그리고 핵분열을 이용한 과거의 폭탄과 달리 핵융합을 이용한 수소 폭탄이 현재도 존재하며, 앞으로 히로시마와 나가사키에서 사용된 것보다 훨씬 더 위력적인 핵 폭탄이 제조될 것이라고 설명했다. 그 당시에는 내가 우려한 무기 경쟁이 아직 시작되지 않았기 때문에, 핵 폭탄이라는 이 괴물이 전쟁이 아닌 평화적 목적에 쓰일 수 있도록 통제하는 것이 어느 정도 가능했다. 만약 통제 방안을 짜내지 못한다면 손놓고 기다리는 것과 다름없는 상황이 될 터였다. 그것은 대단한 상상력이 없어도 얼마든지 예견할 수 있는 일이었다. 연설이 끝나자 한 의원이 나의 우려가 지나치다는 식으로 얘기했을 뿐 전원이 박수를 보냈다. 청중들은 이것이 자신의 손자 손녀들을 위한 문제라는 점에 모두 공감했다. 하지만 수십만에 달하는 일본인들이 사망했음에도 불구하고, 영국이 화를 면한 것은 요행에 불과하며 다음 전쟁에서는 운이 따르지 않을 수도 있다는 점을 아무도 간파하지 못했다. 그것이 강대국들 간의 협정에 의해서만 막을 수 있는 국제적인 위험이라고 보는 사람도 없었다. 논의가 없었던 것은 아니었으나 아무런 조치도 취해지지 않았다. 심지어 오늘날까지도 문외한들 사이에는 이처럼 안이한 태도가 남아 있다. 원자 폭탄 이야기를 하여 사람들의 심기를 불편하게 만드는 사람은 공연한 분쟁이나 일으키는 사람, 피해야 할 사람, 마른하늘에 비가 온다는 어리석은 예상으로 화창한 날의 즐거움을 망쳐놓는 사람쯤으로 간주된다.

그와 같은 무심한 태도에 맞서, 나는 몇몇 사람들과 더불어 기회가 주어질 때마다 핵무기의 위험성을 지적하곤 했다. 당시에도 그랬고 지금도 그렇게 생각하지만, 다가오는 위험을 처음 보았을 때야말로 저지할 방안을 짜고 조치를 취해야 할 때인 것이다. 일단 위험이 진전되기 시작하면 저지하기가 훨씬 어려워진다. 그래서 나는 미국이 러시아에 대해 이른바 바루크Baruch〔미국의 정치가〕 제안을 했을 때 희망을 느꼈다. 그때는 그 제안 자체와 미국이 제안하는 동기, 둘 다를 상당히 좋게 생각했다. 나중에는 좀 다르게 생각하게 되었지만, 러시아가 그 안을 받아들이지 않았다는 것이 지금도 아쉬움으로 남는다. 그러나 러시아는 받아주지 않았다. 1949년 8월 러시아 최초의 핵 폭탄이 터졌고, 이제는 그들이 파괴력—완곡하게 말하자면 방어력—면에서 미국과 대등해지고자 총력을 기울일 것임이 명백해졌다. 무기 경쟁을 피하기 위한 과감한 조치가 취해지지 않는 한 경쟁은 불가피했다. 1948년 후반에 내가, 러시아가 핵무기를 포기하도록 만들려면 미국이 러시아를 상대로 즉각적인 전쟁을 선포하여 협박하는 것도 한 방법이 될 수 있다고 제안한 이유도 바로 거기에 있었다. 내가 그런 주장을 한 이유는 나의 책 『상식과 핵전쟁Common Sense and Nuclear Warfare』 부록에 밝혀져 있다. 1948년 당시의 내 관점을 변호하자면, 나는 러시아가 서방의 요구에 쉽게 굴복할 것이라고 보았었다. 그래서 그런 제안을 했던 것이다. 그러나 러시아가 상당 규모의 핵 폭탄 비행단을 보유하게 된 후로는 그 같은 가능성은 생각할 수 없었다.

그때 내가 한 제안은 지금까지도 나를 비난하는 증거로 사용된다. 공산주의자들이 내 제안에 반대한 이유는 쉽게 이해할 수 있다. 그러나 일반적으로 쏟아진 비난은, 평화주의자인 내가 한때 전쟁 협박을 주창했다는 것이다. 나는 평화주의자가 아니라고, 아주 극소수이긴 하지만 어떤 전쟁은 정당화될 수 있으며 심지어 필요하다고까지 믿는다고, 진저리가 날 만큼 되풀이해 말해 왔지만 별로 도움이 될 것 같진 않다. 전쟁이 필요해지는 이유는 흔히 상황이 분명 나쁜 쪽으로 진행되는데도 평화적 수단으로는 저지할 수 없을 때까지 질질 끌며 내버려두기 때문이다. 또한 나를 비판하는 사람들은 냉전이 계속된 결과 키워진 폐해들을 고려하는 것 같지가 않다. 만약 1948년에 전쟁 위협을 하자는 나의 제안이 받아들여졌다면 냉전 자체는 물론 그러한 폐해까지 피할 수 있었을지 모른다. 만약 내 제안이 받아들여졌다면, 그 결과는 물론 가정으로 남겠지만, 내 관점에서 보자면, 그러한 충고를 했다는 것은 결코 수치도 아니고 내 사고의 '비일관성'을 보여주는 것도 아니다.

그럼에도 그 당시 나는 실제로 받아들여질 것이란 기대도 없이 그저 무심하게 그렇게 제안하고는 곧 잊어버렸다. 나는 어느 사적인 편지에서 그 얘기를 했고, 어느 연설에서 또 한 번 이야기했다. 그것이 언론의 해부 대상이 되리라고는 생각도 하지 못했다. 나중에 그 수취인이 편지를 공개해도 좋으냐고 묻기에 나는 편지 내용도 생각해 보지 않고, 평소 늘 그랬듯 좋을 대로 하라고 대답했다. 그는 그렇게 했다. 그리고 나는 예전에 한 나의 제안을 보고 깜짝 놀랐다. 앞서 말한 연설에서 그 얘기를 했다는 것도 나는 까맣게 잊고 있었다. 논쟁의 여지 없이 명백한 이 증거가 내 앞에 제시되기 전까지, 불행하게도 나는 그런 제안을 한 바 없다고 강력하게 부인하고 있었다. 딱한 일이었다. 자기가 한 말을 부인하는 것은 수치스러운 일이다. 변호하든지 취소하든지 할 수 있을 뿐이다. 나는 결국 나의 말을 변호할 수 있었고 또 그렇게 했다. 진작에 그렇게 했어야 마땅했으나, 내가 오랜 세월의 경험만 생각하고 지나치게 과신하게 된 내 기억력이 죄라면 죄였다.

한편 나의 개인적인 생각들은 점점 더 혼란스러워지고 있었다. 나는 점차 비관주의자로 변하여, 위험을 면할 수 있겠다 싶으면 어떤 제안도 시도해 볼 준비가 되어 있었다. 나의 정신 상태는 대단히 과장된 신경성 두려움증에 떨고 있었다. 그것은 지평선 위로 천둥을 동반한 먹구름이 몰려드는데도 아직 해가 남아 있을 때 흔히 느끼게 되는 두려움 같은 것이었다. 온건한 정신을 유지하기도 어려웠고 주변에서 제안하는 조치를 거절하기도 매우 어려웠다. 나의 가정 생활이 행복하지 못했다면 그 같은 상황을 제대로 극복하기 힘들었을 것이다.

벨그레이브 스퀘어에 있는 임페리얼 디펜스 칼리지〔제국 수호 대학〕에서 몇 년에 걸쳐 해마다 강연 요청이 들어왔다. 그러나 내가 그곳 강연에서 다음과 같은 얘기를 한 후로는 강연 요청이 뚝 끊기고 말았다. "여러분이 종교의 도움이 없으면 전쟁에서 이길 수 없다고 생각한다는 것을 알고 내가 〔마태오 복음의〕 산상 수훈을 읽어보았으나 놀랍게도 거기에는 수소 폭탄에 관한 얘기가 전혀 없었습니다." 청중들이 당혹스러워하는 것 같았다. 모두들 훌륭한 전사인 동시에 독실한 기독교인이었기 때문이다. 그러나 나는 전쟁과 대량 살상 무기를 기독교 정신과 결합시키는 것 자체가 정당화하기 어려운 생각이라고 보았다.

1948년, 서구 열강들은 단일 세계 정부의 맹아가 될 연합체를 구성해 보려고 힘을 기울였다. 보수당은 이를 지지하면서 영국도 그 일원이 되기를 희망했다. 노동당은 한동안 망설인 끝에 반대를 표명했으나, 그 안을 지지하느냐 마느냐는 소속 의원들 각자에게 맡기는 것이 좋겠다고 판단했다. 나도 그 안을 논의하고자 헤이그에서 소집된 국제 회의에 참석했는데, 거기에서 몇몇 공산주의자 중 한 사람을 조금 심하게 공격했다. 그는 연설에서, 공산주의자들이 다른 사람들보다 높은 윤리성을 갖추었다고 주장했다. 당시는 체코슬로바키아의 민주 정부가 무너진 직후였으므로 참석자들의 상당수가 내 얘기에 전폭적인 공감을 표했다. 공산주의자들이 마사리크Jan Masaryk〔1886~1948년, 체코슬로바키아 초대 대통령의 아들, 정치가〕를 거칠게 다룬 결과 마침내 그가 자살하게 되자 우리는 모두 큰 충격을 받았고, 거의 대다수가 동구와의 협력은 당분간 불가능하다고 믿게 되었다. 나는 이렇게 말했다. "만일 당신들이 당신들의 가장 저명한 한 시민을 죽음으로 몰아넣은 것이 서구보다 윤리관이 높다는 것을 입증한다고 날 설득할 수 있다면 나도 기꺼이 당신들을 지지하겠지만, 그러나 그 전에는 절대로 그런 일이 없을 것이다."

전쟁이 막바지로 치닫고 있을 때 영국으로 돌아온 나는 한동안 정부가 주관하는 군 부대 강연에 초빙되곤 했다. 전쟁이 거의 끝나가고 있어서인지 군대는 예상보다 평온한 분위기였다. 한번은 래스키와 내가 공군 병사들을 상대로 나란히 연설하게 되었다. 래스키가 나보다 과격해서인지 청중들이 모두 그에게 공감을 표했다. 강연을 진행하던 나는 문득 청중의 절반이 강당에서 슬그머니 빠져나가고 있음을 눈치채고, 내가 충분히 과격하지도 못하면서 너무 격하게 말하여 청중들의 비위가 상한 건가 했다. 나중에 알고 보니, 독일의 마지막 영국 공습에 대응하고자 병사들을 불러낸 것이었다.

베를린 공수 시절 나는 정부의 부름을 받고 베를린에 파견되었다. 러시아가 베를린에서 연합국을 몰아내려 하고 있는데 그에 맞서 저항하는 것이 바람직하다는 것을 베를린 사람들에게 납득시켜 달라는 요청이었다. 그때 나는 처음이자 마지막으로 군인의 자격으로 행진하는 기회를 가질 수 있었다. 한시적으로 공군 병사가 되어 군인 통행증도 받았는데 아주 재미있었다.

예전의 베를린을 너무나 잘 아는 나는 끔찍하게 파괴된 베를린을 보고 충격 받지 않을 수 없었다. 내 방 창에서 내다보면 제대로 서 있는 집이 겨우 한 채쯤이나 보였다. 독일인들은 대체 어디에서 살고 있는지 알 길이 없었다. 베를린이 이처럼 철저하게 파괴되기까지에는 영국인들 탓도 있고 러시아인들 탓도 있었는데, 어쨌거나 너무나 끔찍하게 느껴졌다. 드레스덴을 무자비하게 파괴하는, 해명하기 힘든 짓을 내 동포들이 저질렀다고 생각하니 가슴이 아팠다. 나는 독일의 항복 가능성이 확실하면 그것으로 충분하다고 생각했다. 13만 5천 명에 달하는 독일인은 물론, 그들의 집과 수많은 보물까지 파괴하는 것은 야만적인 행위라고 생각했다.

연합국들이 독일을 처리하는 과정은 믿어지지 않으리만큼 어리석었다. 전승국들은 독일의 일부를 러시아에 주고 또 다른 일부를 서구에 귀속시킴으로써 동구와 서구의 지속적인 경쟁을 보장한 셈이었다. 특히 베를린의 경우, 한 도시가 반으로 갈라지는 바람에 서구에 귀속된 베를린 땅으로 들어가자면 공중으로 날아가는 길밖에 없었다. 그들은 러시아와 서구 연합국들의 평화로운 공조 관계를 꿈꾸었지만, 실제로 그렇게 될 가능성은 없다는 것을 내다보지 못했다. 정서적 측면에서 그후의 상황을 정리하자면, 서구 공동의 적이 되어버린 러시아와 계속 전쟁 상태였다고 할 수 있다. 결국 제3차 세계대전을 위한 무대가 마련되었는데, 그것은 연합국 정부들의 지독한 어리석음이 고의로 빚어낸 결과였다.

나는 러시아 봉쇄 정책을 어리석은 짓으로 생각했기 때문에 영국인들의 노련함 덕분에 그 정책이 실패로 돌아가자 내심 반가웠다. 그 무렵 나는 영국 정부와 좋은 관계를 유지하고 있었다. 내가 비록 핵전쟁에 반대하기는 해도 정부와 같은 반공주의자였기 때문이다. 그러나 1953년 스탈린의 사망과 1954년 비키니〔북태평양 마셜 군도에 있으며, 미국이 핵실험을 한 곳〕실험을 지켜보면서, 나중에는 공산주의에 대해 좀더 호의적으로 변했다. 그리고 핵전쟁의 위험성이 전적으로 러시아의 탓이라고만은 할 수 없으며, 서구와 미국의 책임도 크다는 것을 서서히 깨닫게 되었다. 나의 생각이 이렇게 변하기까지, 매카시즘McCarthyism〔미국 공화당 상원 의원 조지프 매카시에서 비롯된 극단적인 반공 운동〕이나 시민 자유권의 억압과 같은 미국 내 상황의 영향도 컸다.

나는 BBC의 여러 지국에서 방송 일을 많이 하고 있었는데 스탈린이 사망했을 때 방송 요청이 한 건 들어왔다. 나는 스탈린을 더할 수 없이 나쁜 인간인 동시에 러시아에서 발생하는 고통과 테러의 근본 원흉이라고 생각했기 때문에 그의 사망 소식을 접하고 크게 기뻐하던 차였다. 그리하여 나는 방송 중에 그를 비난하면서 세상에서 사라진 것을 축하했다. BBC가 민감하고 점잖은 방송국이란 것을 깜박 잊었던 것이다. 결국 내가 방송한 내용은 전파를 타지 못했다.

내가 독일로 간 그해에 정부는 나를 노르웨이로 보냈다. 러시아가 아닌 연합국에 가담하도록 노르웨이 사람들을 설득해 보라는 것이었다. 내가 파견된 곳은 트론헤임이었는데 날씨가 매우 궂고 추웠다. 오슬로에서 트론헤임까지는 수상 비행기로 가야 했는데, 비행기가 수면에 내려앉았을 때 뭔가 크게 잘못되었음이 분명했다. 그러나 안에 있는 우리들로선 무엇이 문제인지 알 길이 없었다. 그대로 앉아 있는데 그 사이 비행기는 서서히 가라앉고 있었다. 소형 보트들이 비행기 주위로 모여들었고, 즉각 바다로 뛰어들어 보트까지 헤엄쳐 오라는 지시가 떨어졌다. 나와 같은 칸에 타고 있던 사람들은 모두 그렇게 했다. 그러나 금연 칸에 탔던 열아홉 명의 승객들은 전원 목숨을 잃고 말았다는 것을 나중에야 알았다. 비행기가 수면을 칠 때 기체에 구멍이 뚫려 물이 쏟아져들어온 것이었다. 그 전에 나는 내 자리를 알아봐주겠다는 오슬로의 한 친구에게, 반드시 담배를 피울 수 있는 곳이어야 한다고 당부하면서 농담삼아 이렇게 말한 적이 있었다. "담배를 못 피우면 나는 죽어." 그런데 뜻밖에도 그 말이 사실이 되고 만 것이다. 흡연 칸에 탔던 사람들은 내 자리 바로 옆에 있는 비상 탈출 창을 통해 전원 빠져나올 수 있었다. 보트들이 너무 근접해 있으면 기체가 가라앉을 때 빨려들어갈 우려가 있었기 때문에 우리는 멀찍이 떨어진 보트까지 헤엄쳐갔다. 우리는 보트를 타고 트론헤임에서 몇 킬로미터 떨어진 해안으로 갔고, 그곳에서 차를 타고 호텔로 향했다.

모든 사람들이 내게 극진한 친절을 베풀었고 옷이 마를 때까지 침대에 누워 있게 했다. 한 무리의 학생들은 심지어 내 성냥까지 하나하나 말려주었다. 그들이 내게 필요한 게 없느냐고 묻기에 이렇게 대답했다. "독한 브랜디 한 잔하고 큰 컵에 커피." 곧이어 나타난 의사는 그거야말로 지당한 대답이었다고 말했다. 그날은 일요일이었는데 노르웨이의 호텔들은 일요일에는 술을 제공하지 못하게 되어 있었다. 그 당시 나는 그런 사실을 전혀 몰랐지만. 그러나 의료 차원에서 필요했기 때문에 아무도 이의를 제기하지 않았다. 어느 성직자가 내게 옷이 마를 때까지 입으라며 성직복을 제공해 준 재미있는 일도 있었다. 모든 사람들이 질문을 퍼부어댔다. 심지어 코펜하겐에서 전화로 물어오는 사람도 있었다. 그 목소리가 말하기를, "물 속에 잠겨 있을 때도 신비주의와 논리학을 생각하진 않으셨겠죠?" 내가 대답했다. "그렇소." 전화 속 목소리가 끈질기게 물었다. "그럼 무슨 생각을 하셨나요?" "물이 차갑다고 생각했소." 나는 이렇게 대답하고 수화기를 내려놓았다.

사회를 맡기로 되어 있던 사람이 익사했고, 나의 강연도 취소되었다. 그러자 학생들이 나를 근처 산지에 위치한 학교로 데리고 갔다. 오고 갈 때 그들이 빗속을 걸어 나를 바래다 주기에, 물 속에 있으나 물 밖에 있으나 트론헤임은 늘 젖어 있다고 말했다. 학생들은 그 얘기를 아주 재미있어했다. 산악 지역이어서 비는 곧 눈으로 변했지만 어쨌거나 비만 아니라면 트론헤임은 유쾌한 곳이었다. 그런데 주교와 시장이 그곳 지명을 서로 다르게 발음하여 약간 혼란스러웠다. 나는 결국 주교의 발음을 택했다.

그 사고 때 내 행적을 두고 소동이 일어나 깜짝 놀란 일도 있었다.

모든 상황들이 과장되어 있었다. 나는 당시 90미터쯤의 거리를 헤엄쳐 갔는데, 사람들에게 수킬로미터가 아니었다고 아무리 설명해도 소용이 없었다. 사실 나는 긴 외투를 입고 헤엄쳤으며, 그 과정에서 모자도 없어지고 작은 서류 가방도 물에 떠내려갔다. 가방은 그날 오후에 곧 되찾아―지금도 그 가방을 사용하고 있다―내용물을 말릴 수 있었다. 런던으로 돌아오자, 내 여권에 남은 바닷물 흔적을 보고는 관리들이 모두 미소를 머금었다. 당시 서류 가방 안에 들어 있었던 것인데 나는 그것을 되찾게 되어 기뻤다.

1944년에 영국으로 돌아오자 어떤 면에서 나의 시각이 변화했다는 것을 느낄 수 있었다. 영국에는 토론의 자유가 가득했고, 나는 미국에서 누리지 못한 그 자유를 다시 한 번 만끽할 수 있었다. 미국에 있을 때는 경관이 우리를 부르기만 해도 내 어린 아들이 울음을 터뜨렸으며, (경우에 따라 조금씩 다르기는 하겠지만) 대학 교수들이 속도 위반으로 고발당한다는 얘기도 사실이었다. 쉽게 열광하지 않는 영국 국민의 태도가 나의 열정을 가라앉혔고, 나는 고향에 돌아온 기분을 만끽했다. 1940년대 말, BBC로부터 리스Reith[영국 BBC 초대 사장] 강좌의 첫 과정을 맡아달라는 요청을 받자 그러한 기분이 더 고조되었다. 악인 취급을 받으며 청년층에나 제한적으로 접근해야 했던 상황에 비하면 크게 다른 분위기였다. 나는 자유로운 토론 분위기를 더 한층 중시하게 되었고, 그 영향으로 강의 주제도 '권위와 개인'으로 잡았다. 그것은 1949년에 같은 제목으로 출간되었는데, 산업주의의 확대를 동반하는 경향이 있는 개인적 자유가 약화되는 현상을 주로 다루었다. 그러나 그 같은 위험을 인정하면서도 그로 인해 야기되는 폐해를 줄이기 위한 노력은 그때나 그후로나 거의 없었다.

나는 이 강좌에서 진보에 필요한 만큼의 개인의 독창력과 생존에 필요한 만큼의 사회적 응집을 어떻게 결합할 수 있을지 생각해 보자고 제안했다. 이것은 작은 주제가 아니기 때문에 여기에서 하는 얘기는 그 강좌의 주석에 불과하며, 그 책을 쓴 이후로 나의 관심을 끌어온 주제들로 확대되는 경우도 있을 것이다.

이 문제는, 사회가 인류를 위해 안전과 정의는 물론 진보까지 확보하고자 분투해야 한다는 사실로 귀착된다. 이런 것들을 얻기 위해서는 확립된 어떤 틀, 다시 말해 국가뿐 아니라 개인적 자유도 있어야 한다. 그리고 개인적 자유를 확보하기 위해서는 문화적 사안들을 기존 체제로부터 분리시킬 필요가 있다. 지금 현재 안전이 요구되는 주요 사안은 해로운 적들에 맞서 각 나라의 안전을 확보하는 것이며, 그 목적을 달성하기 위해서는 국제적 상황에서 각 나라의 정부를 좌지우지할 수 있을 만큼 강력한 힘을 가진 세계 정부가 확립되어야 한다.

어떤 단일 국가가 좀더 힘있는 나라나 그런 나라들로 이루어진 집단과 맞서면 방어가 불가능해지기 때문에 국제적 상황에서 한 국가의 안전은 외부적 보호가 좌우하게끔 되어야 한다. 어떤 국가가 다른 어떤 국가나 국가 집단에 의해 침략받지 않도록 국제법으로 막아야 하며, 호전적인 국가가 제멋대로 주도하도록 방치해서는 안 된다. 그렇게 하지 않으면 국가란 것은 어느 순간에 파멸될지 모른다. 무기의 변화가 힘의 균형을 바꾸어놓는 경우는 자주 발생한다. 예를 들어 15세기에, 권력자들이 성을 사수하던 관행에서 벗어나 이동 포병대에 의존하게 되자 프랑스와 영국 간에 그런 현상이 발생했다. 그 결과 그때까지 일반적인 현상이었던 봉건적 무질서에 종지부를 찍게 되었다. 핵무기도 그런 식으로 국가들 간의 전쟁에 종지부를 찍고, 국제적 병력이 어떤 경쟁에서도 확실히 승리할 수 있게끔 역할을 해

주어야만 평화가 존재할 수 있다. 그러한 개혁이 도입되려면 국제적 병력이 어느 국가와 전쟁을 하더라도 확실하게 승리할 수 있을 만큼 강력하게 무장되어야 하기 때문에 쉬운 일은 아니다.

이처럼 전쟁 위험과 연결짓지 않더라도, 대량 파괴력을 가진 무기들이 당시 한창 개발되는 상황이었던 만큼 그 강좌는 내 인생에서도 중요한 의미를 갖고 있었다. 왜냐하면 내가 특히 1914년 이후 이런저런 방식으로 몰입해 온 한 주제의 배경을 바로 그 강좌가 제공해 주기 때문이다. 그 주제는 바로, 개인과 국가의 관계, 양심적 병역 거부, 시민 불복종이다.

개인적 자유를 위해서는 전쟁 방지가 필수적이다. 전쟁이 임박했거나 실제로 진행되는 상황에서는 각종 중요한 자유들이 축소되며 평화적 분위기에서나 부활을 기대할 수 있다. 자유에 대한 간섭은 일반적으로 필요 이상으로 심한 경우가 많으나, 이것은 극심한 두려움증의 불가피한 결과다. 루이 16세의 목이 잘려지자 다른 나라의 군주들은 자신의 목도 안전하지 못하다고 생각했다. 그들은 서둘러 전쟁을 일으켰고, 프랑스 혁명에 동조하는 모든 세력을 처벌했다. 때로 그보다는 덜 과격한 형태이긴 했지만, 러시아 혁명으로 인해 각국 정부들이 겁을 집어먹었을 때도 그 비슷한 일이 일어났다. 개인이 자기 몫의 자유를 모두 가질 수 있으려면 본인이 가장 좋다고 생각하는 정부 형태를 자유롭게 주장할 수 있어야 하며, 그러기 위해서는 국제적 권위의 보호가 반드시 필요하다. 핵무기가 서로의 내정에 간섭하는 국가들의 힘을 증대시켜 놓았기 때문에 특히 더 그렇다. 전시戰時의 개인적 자유는 개인의 전쟁 참여로 확대되어야 한다.

이 강좌를 진행하면서 나는 정부 권력의 성장과 쇠퇴에 관해 간략하게 정리했다. 저 위대한 그리스 시대에는 그런 것이 크게 많지 않았다. 위대한 사람들은 살아 있는 동안에 자신의 능력을 자유롭게 발전시킬 수 있었으나, 종종 전쟁과 암살이 그들의 노고를 단축시켰다. 로마는 질서를 가져왔으나, 동시에 개인의 성취를 상당히 실추시켰다. 로마 제국 치하에서 개인의 독창력이 크게 축소된 결과 외부로부터의 새로운 공격에 저항할 능력마저 상실해 버렸다. 로마의 멸망 이후 천 년 동안에는 권위도 너무나 보잘것없고 개인적 독창력도 너무나 보잘것없었다. 그러다 점차 새로운 무기들이, 특히 화약이 통치권에 힘을 제공하여 근대적인 국가를 발전시켰다. 그러나 그 과정에서 과다한 권위가 생겨났다. 핵무기의 세상에서 자유를 지키는 문제는 전혀 새로운 문제이기 때문에 사람들이 대처할 마음의 준비가 되어 있지 않다. 만일 우리가 지난 몇 세기에 필요했던 것보다 더 큰 노력을 기울여야만 자유를 지킬 수 있는 이 상황에 적응하지 못한다면 사적인 무기력에 빠져 공적인 에너지에 희생되고 말 것이다.

특히 과학 쪽에서 어려운 문제들이 발생한다. 현대의 문명 국가는 여러 가지 측면에서 과학에 의존하고 있다. 일반적으로, 공인된 낡은 과학이 있고, 나이 많은 사람들이 혐오의 눈길을 보내는 새로운 과학이 있다. 그 결과, 아버지 세대의 과학을 숭상하는 노인들과 동시대인들의 작업이 가치 있다고 생각하는 젊은이들 간에 끊임없는 전투가 벌어진다. 이 싸움은 어느 선까지는 유용하지만 그 선을 넘어가면 피해가 막심하다. 오늘날의 예로 가장 중요한 예가 바로 인구 폭발이다. 이 문제는 노인 세대들이 불경하다고 생각하는 방법으로만 해결할 수 있다.

어떤 이상理想들은 파괴적인 성격이 있어서, 전쟁이나 혁명 같은 방법이 아니면 제대로 실현될 수 없다. 그런 것들 중에 현재 가장 중요한 것이 바로 경제적 정의다. 정치적 정의는 산업화된 세계에서 이미 전성기를 누렸으며 후진 산업국들에서는 지금도 추구되고 있으나, 경제적 정의는 여전히 고통스럽게 추구되고 있는 목표다. 경제적 정의를 실현하려면 세계적 차원의 경제 혁명이 요구된다. 과연 피를 흘리지 않고도 그 이상이 달성될 수 있을지, 혹은 세계가 그것 없이도 끈기 있게 존속할 것인지, 나도 알지 못한다. 일부 나라들에서, 특히 상속 능력을 제한하는 방식으로 조치들이 취해지고 있는 건 사실이지만, 아직까지는 매우 부분적이고 제한되어 있다. 신세대들은 교육을 거의 혹은 전혀 받지 못하고, 어른들은 안락함의 기본 조건조차 이해할 능력이 없는, 그런 곳이 세계적으로 널리 존재한다고 상상해 보라. 이 같은 불평등은 질시를 불러오며 대규모 무질서의 잠재적 원인이 된다. 과연 세계가 평화적인 방법으로 가난한 나라들의 상황을 개선할 수 있을까? 내가 볼 때는 매우 회의적인 얘기이며, 이 문제야말로 다가올 미래에 통치권이 안게 될 최고의 난제가 될 소지가 높다.

전쟁이 자유를 침해하는 현상과 관련해 매우 어려운 문제들이 제기된다. 그 중에서도 가장 뚜렷한 문제는 바로 징병 제도다. 전쟁이 일어나면 군부 측은, 우리 편 사람들을 모두 싸우게 만들지 않으면 승리할 수 없다고 주장한다. 어떤 사람들은 반대하고 나선다. 종교적 이유에서 그럴 수도 있고, 혹은 자신들이 지금 현재 하고 있는 일이 싸우는 것보다 더 유용하다고 생각해서일 수도 있다. 이런 경우 노인층과 젊은 층이 편이 나뉘기 쉽다. 아니, 정도 차가 있을 뿐 분명히 그렇게 된다. 노인들은 너무 늙어 못 싸운다고 할 것이고, 청년들 대다수는 싸움터에서 싸우는 것보다 자신의 일이 승리에 더 보탬이 된다고 말할 것이다.

좀더 보편적인 것은 종교적 이유에서 전쟁에 참여하지 않는 경우

다. 교양인들은 다른 사람을 죽이는 것은 나쁘다고 생각하게끔 교육받았으며, 어떤 사람들은 전쟁이라는 상황이 그 같은 윤리적 명령을 정지시킨다는 사실을 인정하지 않는다. 하지만 이런 견해를 가진 사람들은 그리 많지 않으며, 돌이켜봐도 그들의 행동에 의해 판가름난 전쟁이 있었던 것 같지도 않다. 공동체의 입장에서 보면, 전쟁 때도 인간애의 명령에 복종할 만큼 그것을 굳게 믿는 사람들이 있다는 것은 좋은 일이다. 그리고 논의에서 좀 벗어난 얘기지만, 사람에게 자신이 나쁘다고 생각하는 행위를 강요하는 것은 야만적인 일이다. 우리가 이 점을 인정하지 않을 수 없는 경우는, 예를 들어 어떤 사람이 채식주의자라는 이유로 그를 처벌하기 위한 법률이 제안되었을 때다. 그러나 사람의 목숨이 달린 일일 경우 우리는 이 사람이 과연 친구인지 적인지 의심하게 되며, 만약 적이라고 판단되면 법을 동원해 그를 벌하는 것이 옳다고 본다.

모든 전쟁을 나쁘다고 생각하는 사람들 외에, 특정한 전쟁에 반대하여 싸우기를 거부하는 사람들도 있다. 한국 전쟁과 그보다 후에 일어난 베트남 전쟁 때 많은 사람들이 그러한 태도를 보였다. 그러나 싸우기를 거부하는 그런 사람들은 처벌을 받는다. 어떤 전쟁에서든 적어도 어느 한편이 악을 부추기고 있음이 명백한데도, 법률은 모든 전쟁을 비난하는 사람들은 물론 특정 전쟁을 비난하는 사람들까지 처벌한다. 특정 전쟁이나 법, 혹은 특정한 정부의 조치에 반대하는 입장을 가진 이런 사람들이 정당성이 없다고 보기는 매우 힘들기 때문에 그들을 옳다고 볼 수 있을지도 모르겠다. 그들이 악인으로 가정된 사람들을 처벌하는 것을 비난한다는 점을 감안하면, 그러한 사고방식은 결국 형법 전체를 의심하게 만든다고 말할 수도 있을 것이다. 나는 그 얘기가 옳다고 믿으며, 유죄 판결을 받은 모든 범죄 사건이

크든 작든 어느 정도 의심을 불러일으킨다고 생각한다.

뉘른베르크〔독일 서부의 도시로, 독일 전범에 대한 국제 군사 재판이 열린 곳〕 재판처럼 재판 대상이 적인 경우에 특히 그러하다. 만일 뉘른베르크 포로들을 독일인들이 재판했다면 유죄 판결을 받지 않았을 것이라고 당시 대개의 사람들은 생각했다. 만일 독일 정부의 적들 중에 어떤 병사가 그와 같은 시민 불복종을 실천했다면 사형에 처해졌을 테지만, 그들은 독일인들에게 그런 정신이 없었다는 것을 독일인들을 비난하는 구실로 내세웠던 것이다. 유죄 판결을 받은 독일인들 다수가 상급 당국자들의 명령하에서만 범죄 행위를 저질렀다고 항변했으나 받아들여지지 않았다. 뉘른베르크 재판을 맡은 판사들은 그 독일인들이 품위와 인간애의 이름으로 시민 불복종을 했어야 했다고 믿었다. 만일 그들이 적이 아니라 동포들을 재판했다면 그와 같은 견해를 가졌으리라 보기 어렵다. 그러나 나는 그것이 적에게나 친구에게나 똑같이 적용된다고 믿는다. 시민 불복종을 용인하고 못하고 하는 기준은 그것이 행해진 이유를 가지고 판단되어야 하는 것이다. 다시 말해, 그러한 행위를 하게 된 목적의 진지함과, 그 필요성에 대한 믿음의 깊이를 가지고 판단해야 하는 것이다.

내가 리스 강좌를 맡기 몇 년 전에 나의 옛 스승이자 친구이며 『수학 원리』의 공동 저자인 A. N. 화이트헤드가 메리트 훈장〔1920년에 제정한 것으로, 문무文武의 수훈이 있는 자에게 주는 명예 훈장〕을 받았다. 그런데 1949년 초반쯤 되자 당국의 눈에 나도 훌륭한 사람으로 보였던지 메리트 훈장을 수여하자는 분위기가 일었다. 영국을 지극히 사랑하는 나로서는 참으로 반가운 일이었다. 내가 이렇게 말하면 많은 영국인들, 특히 영국 관리들 대다수가 놀라움을 금치 못할 테지만, 어쨌거나 나는 내 조국의 수반에게서 하사받은 그 영예를 보물같이 소중하게 생각한다. 당시 나는 그것을 받기 위해 버킹엄 궁으로 가야 했다. 왕은 싹싹하게 대해 주었으나 아주 기묘할 뿐 아니라 죄수 경력까지 있는 사람을 정중하게 대해야 하는 것이 좀 당혹스러운 모양이었다. 그는 이렇게 말했다. "당신은 때로, 일반적으로 해서는 안 될 행동을 해오셨구려." 그때 내가 불쑥 떠오른 대답—"폐하의 동생도 그러셨지요"—을 입 밖에 내지 않았다는 것이 두고두고 다행스럽다. 그러나 국왕〔조지 6세〕이 내가 양심적 병역 거부자였다는 것을 염두에 두고 하는 얘기였으므로 잠자코 넘어가서는 안 될 것 같아 이렇게 말했다. "사람의 행동은 직업에 달려 있습니다. 예를 들어 우체부가 편지를 전해 주자면 거리의 모든 문을 두드려야 하지요. 그러나 우체부 아닌 다른 사람이 그런 식으로 노크한다면 아마 사회에 폐를 끼치는 사람으로 낙인찍힐 것입니다." 국왕은 답변을 피하려고 불쑥 화제를 바꾸어, 가터 훈장과 메리트 훈장을 다 받은 유일한 사람이 누구인지 아느냐고 물었다. 내가 대답하지 못하자 왕은 포털Portal 경이라고 정중하게 일러주었다. 나는 그 사람이 바로 나의 사촌이란 얘기는 하지 않았다.

그해 2월, 소르본 대학에서 강연 요청이 들어왔는데, 나는 그 강연을 '개인과 근대 국가L'Individu et l'Etat Moderne'라고 이름 붙였다. 강연 도중에, 1924년에 사망한 똑똑하고 사람 좋은 청년 수학자 장 니코에 대해 애정 어린 칭찬을 했다. 그의 미망인이 청중석에 있었다는 사실을 강연이 끝난 뒤에야 알고, 내가 그렇게 하길 잘했다는 생각이 들었다.

1950년 6월 말, '오스트레일리아 국제 문제 연구소'의 초청으로 여러 대학에서 냉전과 관련된 주제로 강연하기 위해 오스트레일리아로 건너갔다. 나는 이 주제를 자유롭게 해석하여 산업주의의 미래에 관한 고찰이라는 내용으로 강연했다. 당시 오스트레일리아는 노동당이 집권하고 있었는데, 중국 특히 일본에 대한 증오와 우려가 극심한 것은 당연했지만, 이어질 1960년대와 비교하면 한결 희망적이고 좋은 상황이었다. 나는 그곳 사람들이 마음에 들었으며, 국토가 워낙 커서 일상의 사적인 대화나 잡담도 무전으로 이루어지는 것이 매우 인상적이었다. 땅이 넓어 사람들이 상대적으로 고립되어 있는 탓에 도서관이나 서점들이 엄청나게 많고 훌륭했으며 독서의 양도 다른 어느 곳보다 많았다. 나는 주요 도시들을 돌아보았는데, 특히 아주 외딴 고장이라는 앨리스스프링스를 구경하고 싶었다. 그곳은 농업의 중심지로서 주민의 대부분이 양을 치는 이들이었다. 구치소를 구경했는데, 안락하다 싶을 만큼 시설이 훌륭했다. 그 이유를 물어보니 이런 대답이 나왔다. "아, 지도자급 시민들도 모두 한두 번은 감옥에 다녀왔기 때문이죠." 그곳 사람들에겐 틈나는 대로 서로의 양을 훔치는 현상이 당연시되고, 그런 일이 정기적으로 발생한다는 것이었다.

나는 태즈메이니아를 제외한 오스트레일리아의 모든 지역을 방문했다. 당시는 한국 전쟁이 한창이었는데, 처음 전쟁이 터졌을 때 퀸즐랜드 북부 지역의 주민들을 모두 대피시켰다는 이야기를 듣고 놀랐다. 그러나 내가 그 지역을 찾아갔을 때는 사람들이 다시 돌아와 있었다.

오스트레일리아 정부는 원주민들을 꽤 잘 대접해 주는 것 같았으나 경찰과 국민 대중은 혐오하는 태도를 보였다. 한번은 원주민 관리 일을 맡고 있는 공무원의 안내로 원주민들만 사는 마을을 보러 갔다. 한 주민이 자전거를 도둑맞았다며 불평했다. 그러나 경찰에 신고하기를 매우 꺼려했다. 안내인에게 그 이유를 물었더니, 원주민들은 경찰에 호소해 본들 심한 푸대접만 받기 때문이라고 했다. 내가 본 바로, 백인들은 대체로 원주민들을 나쁘게 말했다.

내가 접한 또 다른 정부 사안은 관개 사업이었다. 산들이 죽 이어진 '스노이마운틴스'란 고장이 있었는데, 이 산들을 이용해 관개 사업을 한다는 것이 연방 정부의 계획이었다. 내가 그곳에 갔을 때는 그 사업으로 혜택을 받지 못하는 주들의 반대 때문에 계획이 좌초된 상태였고, 관개 목적이 아니라 국토 방위 차원에서 안을 상정해 보자는 움직임이 일고 있었다. 이처럼 오스트레일리아 정치의 주요 고민은 주들 간의 갈등을 피하는 것이었다.

나는 연설과 언론 인터뷰로 매우 분주한 나날을 보냈다. 체류 일정이 끝나는 날, 아름답게 장정한 기사 스크랩북을 선물로 받았다. 기자들이 보도한 내용의 대부분이 내 마음에 들지는 않았지만 어쨌거나 그 책을 소중하게 보관하고 있다. 한번은 오스트레일리아에서 산아 제한을 주장했는데, 로마 가톨릭 입장에서는 물론 못마땅했을 것이다. 그래서였는지 멜버른[오스트레일리아 동남부의 항구 도시] 대주교가 공개석상에서, 내가 과거에 미국 정부에 의해 미국에서 쫓겨난 적이 있다고 말하는 일이 벌어졌다. 사실과 무관한 얘기였으므로 나는 주교를 고소하겠다고 맞받아쳤다. 그러자 기자들이 주교에게 그 발언에 대해 캐묻기 시작했고, 주교는 공개적으로 자신의 잘못을 시인하고 말았다. 나는 다소 실망했다. 주교한테서 손해 배상금을 받을 수 있는 기회를 놓친 셈이었으니까.

내가 영국으로 돌아올 때 탄 비행기는 싱가포르와 카라치[파키스탄의 옛 수도], 봄베이[인도의 항구 도시] 등지를 경유했다. 비행기가 오래 머물지 않았기 때문에 공항 내에 머물렀을 뿐 거치는 도시들을 한 곳도 구경하지 못했으나 라디오 연설에는 응할 수 있었다. 나중에, 나의 싱가포르 연설을 실은 8월 26일자 《시드니 모닝 해럴드The Sydney Morning Herald》지의 기사를 읽어보았더니 내가 한 얘기가 이렇게 보도되어 있었다. "나는 영국이 전쟁 상황으로 내몰릴 때까지 기다릴 게 아니라 인도에서 그랬듯이 아시아에서도 깨끗하게 철수해야 한다고 생각합니다……. 이러한 방식을 택하면 선의가 승리할 것이고, 판딧('스승'이란 뜻의 힌두어) 네루의 주도하에 중립적인 아시아 블록이 형성될 수 있습니다. 지금으로선 이것이 가장 최선의 상황이며, 그렇게 되기 위해서는 무엇보다도 전략적으로 움직일 필요가 있습니다." 비록 무시되기는 했지만 지금 생각해도 좋은 충고였던 것 같다.

오스트레일리아에서 돌아온 지 얼마 안 돼 나는 다시 미국으로 건너갔다. 뉴잉글랜드의 유명한 여자 대학인 마운틴 홀리오크 칼리지에서 한 달 간의 '단기 철학 강좌'를 맡아달라고 요청해 왔기 때문이다. 그곳 일을 마친 후에는 프린스턴으로 가서 늘 그랬듯이 강연을 한 차례 하고, 여러 옛 친구들과 재회했는데, 아인슈타인도 그 중의 하나였다. 내가 노벨상 수상자로 결정되었다는 소식을 접한 것도 그곳에서였다. 그러나 그때 미국 방문에서 주로 기억에 남는 것은 컬럼비아 대학에서 '매체트 재단'에 관해 세 차례 연속 강연한 일이다. 나는 프라자 호텔의 사치스러운 숙소를 배정받았고, 어딜 가나 줄리 메들록Julie Medlock 양의 감시를 받았다. 컬럼비아 대학 측에서 나를 안내하도록 붙여준 여성이었는데, 국제 문제에 관해 자유주의적이고 자비로운 견해를 가지고 있었다. 우리는 그후로도 편지를 통해 혹은 그녀가 이따금 영국으로 찾아오면 국제 정세를 논하곤 했다.

그 강연과 옥스퍼드의 러스킨 칼리지에서 처음 했던 강의, 그리고 1949년에 '런던 왕립 의학회'에서 맡았던 로이드 로버츠Lloyd

Roberts 강좌를 묶어 『과학이 사회에 미치는 영향The Impact of Science on Society』이란 책으로 선보였다. 그런데 컬럼비아 대학 측이 나의 3회 강연을 묶어 따로 책을 출간했는데, 불행하게도 그 제목과 이 책의 제목이 똑같아서 서지학자들에게 혼란을 야기할 뿐 아니라, 사람들이 컬럼비아 대학이 낸 책만 접하고는 때로 실망하는 일까지 발생하고 있다.

과거 뉴욕에서 비록 잠깐이긴 했지만 지독한 욕을 먹었던 나는 내 강연이 인기가 좋아 군중을 끌어모은다는 사실에 깜짝 놀랐다. 첫 강연에서야 그처럼 끔찍한 소문이 났던 인물이니 얼굴이나 한번 보자는 생각에서, 충격과 스캔들과 반항적인 분위기를 기대하고 사람들이 모여들었다고 볼 수도 있었다. 그러나 내가 놀란 것은 강연이 계속될수록 더 많은 수의 열렬 학생들이 강당을 꽉 채운다는 사실이었다. 사람이 얼마나 많았던지 입석조차 부족하여 왔다가 그냥 돌아간 사람들도 많았다. 아마 주최자들도 놀랐을 것이다.

당시 나의 주요 관심사는 과학적 지식 덕분에 인간의 능력이 증대되었다는 사실이었다. 내 첫 강연의 골자는 다음의 문장에 담겨 있었다. "여러분이 원하는 대로 상황을 만들 수 있는 것은 기도나 겸손 덕분이 아니라, 자연 법칙에 관한 지식을 획득했기 때문입니다." 나는 이렇게 획득한 힘이, 과거 인간이 신학적 수단으로 달성하고자 했던 힘보다 훨씬 더 위대하다는 점을 지적했다. 2차 강연에서는 인간이 과학 기술을 응용하여 더 큰 능력을 얻어가는 과정을 다루었다. 그 시초는 화약과 선원들의 나침반이었다. 화약은 성벽 요새의 능력을 무너뜨렸고 나침반은 세계의 다른 지역들을 제압하는 유럽의 능력을 창출해 냈다. 그로 인해 통치권의 힘이 증대한 것도 물론 중요한 사실이지만, 더욱 중요한 것은 산업 혁명이 가져온 새로운 능력이었다. 나는 이 강연에서 산업화 초기 능력의 부정적인 효과와, 강대국이 벌이는 과학에 의한 품종 개량이 가져올 위험들을 주로 다루었다. 그리고 과학적 방법이 동원되었을 때 전쟁의 해악이 얼마나 더 커질 수 있는가의 문제로 연결시켰다. 이것이야말로 현재 우리 시대에서 가장 뚜렷한 형태의 과학 응용이다. 그것은 인류는 물론 미생물 크기 이상의 모든 생물들에게 파멸을 가져올 수 있다. 인류가 정녕 살아남고자 한다면 과학을 동원한 전쟁 능력을 하나의 최고 국가에 한해 집중시켜야 할 것이다. 그러나 이것은 아직까지 인간의 정신적 습관에 크게 상반되는 생각이므로 아마 대다수는 절멸의 위험을 무릅쓰는 쪽을 택할 것이다. 바로 이 점이 우리 시대 최고의 위험인 것이다. 그와 같은 세계 정부가 과연 제때 수립될지 여부 또한 최고의 의문이다. 3차 강연에서는 선악에 대한 몇 가지 시각, 많은 사람들이 그것만이 과학적이라고 생각함에도 불구하고 내 입장에서는 동의할 수 없는 견해들을 주로 다루었다. 그것들은 선한 것과 유용한 것을 동일시한다. 나는 행복한 세상이 되려면 반드시 우위를 점해야 하는 기질의 종류를 검토하는 것으로 3차에 걸친 강연을 마무리했다. 우선 교조주의가 없어져야 한다는 것을 꼽고 싶다. 교조주의는 거의 필연적으로 전쟁으로 연결되기 때문이다. 당시 내가 세상을 구하는 데 필수적이라고 생각했던 것들이 요약된 대목을 인용해 보겠다. "우리 시대가 필요로 하는 것들이 있고, 피해야 할 것들이 있습니다. 우리에게는 동정심과 인류의 행복에 대한 소망이 필요합니다. 지식에 대한 욕구와, 우스꽝스러운 신화들을 피하려는 결단이 필요합니다. 그리고 무엇보다도 과감한 희망과 창조적인 충동이 필요합니다. 우리가 피해야 할 것들은 바로 우리를 대파국의 벼랑으로 몰아온 주범들, 다시 말해 잔인함과 질투, 탐욕, 경쟁, 비합리적이고 주관적인 확실성에 매달리는 태도, 그리고 프로이트주의자들이 말하는 이른바 '죽음의 소원death wish'〔정신분석학 용어로서, 죽고 싶다는 소원 혹은 남의 죽음을 바라는 마음〕입니다."

청중들이 내 강연을 좋아하는 것을 보고 놀란 것 자체가 잘못이었다는 생각도 든다. 젊은 대학가 청중들은 대개가 자유주의적이기 때문에 권위 있는 사람이 말하는 자유주의적인, 더 나아가 반半혁명적인 견해를 듣고 싶어하는 법이다. 또한 보수적이든 아니든 이미 용인된 견해를 조롱하는 것도 좋아한다. 그 일례가 되겠지만 나도 한동안 아리스토텔레스가 했다는 말—뒤쥐〔쥐의 일종〕한테, 특히 임신 중인 뒤쥐한테 물리면 매우 위험하다—을 두고 조롱한 일이 있다. 청중들도 불손했고 나 역시도 그랬다. 아마 이런 점이 그들이 나의 강연을 좋아한 주요 근거가 아니었나 싶다. 나의 반反보수성은 비단 정치에 국한되지 않았다. 1940년에 뉴욕에서 성도덕 때문에 치른 곤경은 이미 유야무야되었지만 일부 청중들은 여전히 연로한 정통파들에게 충격이 될 만한 이야기를 기대하고 있었다. 내가 말한 과학적 품종 개량을 논하다 보면 그런 항목들이 아주 많이 나왔다. 그리하여 나는 예전에 내가 배척받는 이유가 되었던 바로 그 얘기들을 하여 박수를 받는 즐거운 경험을 했다.

그런데 마지막 강연 말미에 언급한 한 구절이 말썽이 되고 말았다. 문제가 된 구절은, 세계가 필요로 하는 것은 '사랑, 기독교적 사랑, 혹은 동정심'이란 말이었다. 내가 '기독교적'이란 단어를 사용한 결과, 보수적인 용어를 사용했다고 개탄하는 자유 사상가들의 편지와, 목자의 우리로 돌아온 것을 환영한다는 기독교인들의 편지가 쇄도했다. 그로부터 10년 후, 브릭스턴 교도소 소속 목사가 그 단어를 들먹이며 "선생께서 빛을 보신 것 같아 정말 기쁩니다"라며 나를 반겼다. 나는 그에게 "완전히 오해하신 것이다. 나의 견해는 전혀 바뀌지 않았다. 당신은 '빛을 보았다'고 말하지만 나는 '암중 모색이었다'고 표현하고 싶다"고 설명해야만 했다. 내가 '기독교적' 사랑이라고 했을 때는 성적인 사랑과 구분하는 의미에서 '기독교적'이란 수식어를 붙인 것이며, 문맥을 보더라도 그 점이 뚜렷이 드러난다고 생각했던 것 같다. 그 구절에 이어 나는 이렇게 말하고 있다. "이와 같은 사랑을 느끼게 되면 존재의 동기, 행동의 지침, 용기의 이유, 지적 정직성의 긴급한 필요성이 생겨난다. 그것을 느끼면 당신은 종교의 길을 가는 사람에게나 필요하다고 여겨졌던 모든 것을 갖추게 되는 것이다." 이런 얘기를 두고 기독교 정신에 대한 설명이라고 생각한다는 것 자체가 나로서는 도무지 이해가 되지 않는다. 특히 기독교인들이 그 동안 기독교적 사랑을 보여준 예가 그 얼마나 드물었던가—기독교인 중에도 이 사실을 기억하는 사람들이 있을 것이다—를 돌이켜 보면 더더욱 그렇다. 나는 그 동안, 내가 부주의하여 미심쩍은 수식어를 애매하게 사용한 결과 고통받아온 비기독교인들을 위로하고자 최선을 다해 왔다. 이 주제에 관해서는 1957년에 폴 에드워즈 교수가 나의 에세이와 강연 내용들을 편집하여, 1940년에 내가 뉴욕에서 겪은 시련을 다룬 자신의 짧은 글과 함께, 『나는 왜 기독교인이 아닌가』라는 제목으로 출간한 바 있다.

1950년 말, 노벨상—『결혼과 도덕』 덕분에 문학상 부문에 선정되었다는 것이 나로서는 다소 놀라웠다—을 받으러 스톡홀름으로 오라는 호출을 받자 걱정이 앞섰다. 그때로부터 정확히 300년 전에 데카르트Descartes가 크리스티나Christina 여왕의 부름을 받고 겨울철에 스칸디나비아로 갔다가 추위 때문에 사망한 예를 잘 알고 있었기 때문이다. 그러나 우리는 따뜻하고 편안한 대접을 받을 수 있었는데 다만 눈 대신에 비가 내렸다는 게 약간 실망스러웠다. 수상식 행사는 매우 거창하면서도 유쾌하여 즐거웠다. 그런데 아주 딱한 몰골의 한 수상자가 너무 부끄러움을 탄 나머지 아무와도 이야기하지 않고, 모든 수상자들이 하게 되어 있는 공식 연설도 하지 않아 아쉬움을 남겼다. 나는 만찬 때 이렌 졸리오 퀴리Irène Joliot-Curie[퀴리 부인의 딸로 남편 졸리오 퀴리와 함께 노벨 화학상을 수상한 핵물리학자]와 동석하게 되었고, 그녀의 이야기에 흥미를 느꼈다. 국왕이 베푼 저녁 파티에 참석했을 때 한 부관이 다가와, 국왕이 나와 얘기하고 싶어한다고 전해 주었다. 국왕은 스웨덴도 노르웨이, 덴마크와 연합하여 러시아를 견제하고 싶어했다. 나는 만약 서구와 러시아 간에 전쟁이 터진다면 러시아로서는 노르웨이의 항구들을 거쳐 스웨덴의 영토를 넘어오는 길밖에 없을 것이라고 말했다. 왕도 나의 견해에 공감을 표했다. 나의 연설도 스스로 만족스러웠는데 특히 기계 상어 대목이 좋았던 것 같다. "나는 큰 도시마다 사람들이 아주 부실한 카누를 타고 내려올 수 있는 인공 폭포와 기계 상어가 득실대는 수영장이 있었으면 합니다. 누구든 예방 전쟁[적국의 적대 행동에 대해 선제 공격하는 것]을 주창하는 자가 발견되면 하루에 두 시간씩 그 영리한 짐승들과 함께하는 형벌에 처해야 마땅합니다." 내 얘기를 듣고 노벨상 수상자 중에 두서너 명도 완전히 무시해 버릴 얘기는 아니라고 말했다. 그후 나는 연설 내용을 『윤리학과 정치학에서 본 인간 사회 Human Society in Ethics and Politics』라는 책의 제2부에 실어 발표했고, 미국에서는 그것을 가지고 축음기 음반이 만들어지기도 했다. 많은 사람들이 그것을 듣고 내 예상보다 훨씬 큰 감명을 받았다는 소식이 들려와 흐뭇했다.

메리트 훈장으로 시작하여 노벨상으로 마감된 1950년은 나에 대한 사회적 존경이 정점을 기록한 해였던 것 같다. 나는 다소 불편해지기 시작했고, 이런 게 바로 맹목적 정통의 징후가 아닐까 걱정스러웠다. 누구든 악해지지 않고는 존경받을 수 없다는 것이 나의 지론이었는데, 나의 도덕 감각이 얼마나 무뎌졌던지 내가 도대체 어떤 부분에서 죄를 지었는지조차 알 수 없었다. 명예와 더불어 『서양 철학사』가 팔리기 시작하면서 수입도 늘어나게 되자 자유로움과 자신감이 느껴졌고, 그리하여 하고 싶은 일을 하는 데 내 모든 힘을 기울일 수 있었다. 덕분에 나는 엄청난 양의 작업을 마쳤고, 그 결과 나는 낙관적이고 열정이 넘치는 사람으로 변했다. 그 동안 내가 인류를 위협하는 더 어두운 가능성들만 지나치게 강조해 온 것은 아닌가, 이제 작금의 논점 중에 좀더 밝은 것들을 부각시키는 책을 써야 할 때가 아닌가 하는 생각이 들었다. 나는 그 책을 『변화하는 세계의 새 희망 New Hopes for a Changing World』이라고 제목 붙이고, 두 가지 가능성에 직면할 때마다 '아마' 좀더 밝은 쪽이 현실화될 것이라고 의도적으로 강조했다. 기분좋은 대안과 가슴아픈 대안 중에 어느 하나가 더 가능성이 높다는 얘기가 아니라, 어느 것이 승자가 될지 예측할 수 없다는 의미였을 뿐이다. 이 책은, 우리가 그렇게 선택했을 때 세상이 어떻게 변할 것인지를 그리는 것으로 끝맺고 있다.

"인간은 나무에서 내려온 후로 오랜 세월, 막막한 먼지 사막을 힘들고도 아슬아슬하게 통과해 왔다. 그 길에는 굶주림과 갈증, 야생 짐승에 대한 공포, 적에 대한 두려움으로 미쳐버린 끝에 죽고 만 자들의 백골이 사방에 널려 있었다. 살아 있는 적도 적지만, 스스로의 두려움이 너무 컸던 나머지 위험한 세계에만 모습을 드러내는 죽은 경쟁자의 유령들도 인간의 적이었다. 마침내 인간은 사막에서 벗어나 미소의 땅으로 접어들었으나 밤이 너무 길었던 탓에 웃는 법을 잊어버렸다. 우리는 아침의 찬란함을 믿지 못한다. 하찮은 것, 속기 쉬운 것이라고 생각한다. 그러면서 우리를 공포와 증오, 특히 비참한 죄인들인 우리 자신들에 대한 증오 속에 계속 살아가게끔 만드는 옛 신화들에 매달린다. 이것은 어리석은 짓이다. 지금 인간이 스스로를 구원하는 데 필요한 것은 오직 한 가지뿐이다. 기쁨에 마음을 열고, 두려움은 잊혀진 과거의 흐릿한 어둠 속에서나 지껄이도록 내버려 두는 것. 이제 인간은 위를 올려다보며 말해야 한다. '아니오, 나는 비참한 죄인이 아닙니다. 나는 길고도 험한 길을 걸어온 끝에, 지능을 발달시켜 자연적 장애물을 극복하는 법, 나 자신과 더불어 따라서 모든 인류와 더불어 자유와 기쁨 속에 평화롭게 사는 법을 발견한 존재입니다'라고. 인류가 슬픔이 아닌 기쁨을 택하면 이렇게 될 수 있다. 그렇게 하지 못할 경우, 영원한 죽음이 인간을 응분의 망각 속에 매장시킬 것이다."

그러나 불안한 마음은 커져갔다. 사람들로 하여금 자신들과 모든 인류의 앞에 놓인 위험을 직시하게 만들지 못하는 나의 무능력이 중압감으로 다가왔다. 고통이란 게 때로 그러하듯 어쩌면 그 때문에 나의 즐거움이 더 커졌는지도 모르겠지만, 어쨌거나 고통은 현실이었고, 그것의 원인을 남들에게 공감시키는 데 실패했다는 생각이 들면 들수록 고통도 가중되었다. 나는 『변화하는 세계의 새 희망』에 좀더 깊은 새로운 점검이 필요하다고 생각하기 시작했고, 『윤리학과 정치학에서 본 인간 사회』에서 그 작업을 시도해 보았다. 그 작업이 끝나자, 나의 두려움을 효과적인 형태로 표현하고자 했던 갈망이 잠시 만족된 듯했다.

내가 윤리학에 대해 쓰게 된 것은, 다른 학문 분야들에 대해선 어느 정도 회의적인 탐구를 하면서도 무어의 『윤리학 원리Principia

Ethica』를 해설한 초기의 에세이 한 편 외에는 윤리학이란 주제를 피해 왔다는 비난을 자주 들었기 때문이었다. 여기에 대해 나는 윤리학은 학문의 한 분야가 아니라고 대답했다. 따라서 나는 다른 방식으로 그 작업에 착수했다. 『윤리학과 정치학에서 본 인간 사회』의 전반부에서는 윤리학의 근본 개념들을 다루었고, 후반부에서는 이 개념들을 현실 정치에 응용하는 문제를 다루었다. 전반부에서 분석하는 개념에는 도덕 규범, 선과 악, 죄악, 미신적 윤리학, 윤리적 제재 등이 있다. 이 과정에서 나는 전통적으로 윤리라는 꼬리표가 붙은 주제들에서 하나의 윤리적 요소를 찾아내고자 했다. 내가 도달한 결론은, 윤리학은 결코 독립된 구성 요소가 아니며 최종 분석에서 정치학으로 되돌아간다는 것이었다. 예를 들어, 당사자들끼리 공평하게 맞붙은 전쟁이 있다면 우리는 그것에 대해 무엇이라 말할 수 있겠는가? 이 경우 각 당사자 모두 자신이 옳다고, 자신이 패하면 인류에게 큰 재앙이 될 것이라고 주장할 것이다. 잔인함에 대한 증오, 지식 혹은 예술에 대한 사랑과 같은 다른 윤리적 개념들에 호소하지 않고는 그들의 주장을 입증할 길이 없을 것이다. 예를 들어 당신은 르네상스가 성 베드로 대성당을 짓게끔 했기 때문에 르네상스를 좋아하지만, 누군가 성 베드로 대성당이 더 좋다고 말하여 당신을 난처하게 만들 사람도 있을 것이다. 또 앞서 말한 전쟁의 경우 어느 한쪽이, 상대 쪽에서도 똑같은 허위가 있었음이 드러나기 전까지, 싸울 만한 훌륭한 근거처럼 보이는 거짓말을 했기 때문에 전쟁이 터졌을 수도 있다. 이런 유의 논쟁에는 완벽하게 합리적인 결론이란 있을 수 없다. 지구가 둥글다고 믿는 사람이 있고 평평하다고 믿는 사람이 있을 경우, 두 사람이 함께 항해를 해보면 합리적으로 판단할 수 있을 것이다. 그러나 한 사람은 프로테스탄티즘을 믿고 다른 한 사람은 가톨릭을 믿는 경우, 합리적인 결론에 도달하는 방법이란 없다. 이런 이유들로 해서 나는, 윤리적 '지식' 따위는 존재하지 않는다고 하는 산타야나의 주장에 동의하게 되었다. 그럼에도 윤리적 개념들이 역사에서 차지하는 중요성이 너무나 컸기 때문에 윤리학을 빼놓고 인간사를 바라보는 것은 부적합하고 편파적이라고 볼 수밖에 없었다.

나는, 윤리학은 정념情念에서 나오며, 정념에서 당위적 행위[해야만 하는 행위]에까지 이를 수 있는 타당한 방법은 존재하지 않는다고 하는 원칙을 내 생각의 지침으로 삼았다. 그리고 "이성은 정념의 노예이며, 또 그렇게 되어야만 한다"고 한 데이비드 흄David Hume의 좌우명을 받아들였다. 만족스럽지는 않지만 그것이 내가 할 수 있는 최선이다. 비평가들은 내가 철저하게 합리적이라고 즐겨 공격하지만 적어도 이 경우는 내가 전적으로 그렇지는 않다는 것을 입증해 준다. 정념에 대한 실질적인 구분은 성공 여부와 관련되어 있다. 다시 말해, 바라는 바대로 성공으로 이어지는 정념이 있고 그렇지 못한 정념이 있다. 만일 전자를 추구한다면 행복해질 테지만 후자를 추구한다면 불행해질 것이다. 적어도 그런 것들이 넓은 의미의 일반 규칙일 것이다. '의무', '자기 부정', '당위' 등의 고상한 개념들을 연구한 결과치고는 빈약하고 천박해 보일지 모르겠으나, 나는 한 가지 특수 경우를 제외하고는 그것이 타당한 성과의 총체라고 본다. 우리는 자신이 불행해지는 대신 폭넓은 행복을 가져다 주는 사람을, 자신의 행복을 위해 타인들에게 불행을 가져다 주는 사람보다 훌륭하다고 생각한다. 나는 그런 견해가 어떤 합리적인 근거에서 나오는 것인지를 알 수 없으며, 다수가 바라는 것이 소수가 바라는 것보다 바람직하다고 하는—약간 더 합리적인—견해에 대해서도 마찬가지로 생각한다. 이것은 순수하게 윤리적인 문제들이지만, 내가 볼 때는 정치나 전쟁이 아니고는 어떤 방법으로도 해결될 수 없는 문제들이다. 이 주제와 관련해 내가 할 수 있는 얘기는, 윤리적 견해는 윤리적 공리에 의해서만 변호될 수 있다. 그러나 그 공리가 받아들여질 수 없다면 합리적인 결론에 도달할 수 있는 방법은 없다는 게 전부다.

어느 정도 타당성을 가진 윤리적 결론에 도달하면서 합리적 방법에 접근하는 방법이 하나 있기는 하다. 바로 양립 이론doctrine of compossibility이라 할 수 있는 것인데, 그 내용은 다음과 같다. 어떤 사람에게든 만족할 수 있는 욕구들과 갈등을 일으키는 욕구들이 있다. 예를 들어 열렬히 민주당을 지지하는 사람이 있다고 하자. 그런데 그는 그 당의 대통령 후보를 싫어한다. 이 경우 그 당에 대한 사랑과 그 개인에 대한 혐오는 양립할 수 없다. 혹은 어떤 사람을 미워하는데 그의 아들을 좋아하는 경우도 있을 수 있다. 이때 그 부자가 늘 함께 다닌다고 해도 당신은 그들을 한 조로 양립한다고 볼 수 없을 것이다. 정치의 기술은 자신과 양립할 수 있는 사람들의 집단을 최대한 많이 찾아내는 것에 주로 달려 있다. 행복하기를 바라는 사람은 양립 가능한 욕구들로 이루어진 최대한 많은 수의 집단을 자신의 삶의 지배자들로 만들려고 노력할 것이다. 이론적으로 볼 때 이런 이론은 궁극적인 해결을 허용하지 않는다. 행복이 불행보다 낫다고 가정하고 있는 것이다. 이것은 증명이 불가능한 윤리적 원칙이다. 내가 양립성을 윤리학의 기초로 보지 않았던 것도 바로 그 이유 때문이었다.

내가 윤리적 고려 사항들을 냉담하게 무시한다고 생각지는 말았으면 좋겠다. 인간도 하등 동물들처럼 자연을 통해 정념을 공급받기 때문에 그러한 정념들을 함께 끼워 맞추자면 힘이 들기 마련인데, 긴밀하게 짜여진 공동체에 몸담고 있을 경우 특히 더 그렇다. 이럴 때 필요한 기술이 바로 정치의 기술이다. 이 기술이 전혀 없는 사람은 야만인이 될 것이며, 문명 사회에서 살아갈 수 없을 것이다. 나의 책을 『윤리학과 정치학에서 본 인간 사회』라고 이름 붙인 이유도 그 때문이다.

책에 대한 비평들은 더 바랄 나위 없이 좋았으나, 내가 그 책에서 가장 중요하게 생각한 것, 다시 말해 윤리적 감정과 윤리 이론들을 일치시키기란 불가능하다는 점에 크게 주목한 사람은 아무도 없었다. 내 마음 깊은 곳에는 항상 이처럼 어두운 좌절감이 도사리고 있었다. 나는 좀더 가벼운 문제들을 생각들 속에 흩어놓으려고 애를 썼는데, 특히 환상적 요소가 담긴 소설 쓰기를 많이 했다. 지나치게 양식화되어 있어 취향에 맞지 않는다는 사람들도 일부 있었지만, 많은 사람들이 내 이야기들을 재미있다고 했다. 그러나 예언적인 이야기라고 생각하는 사람은 거의 없었던 것 같다.

그보다 오래 전 얘기지만 나는 20세기 초에도 다양한 소설을 썼으며, 그후에도 콘월에서 아이들과 함께 지낼 때, 해변에서 집까지 올라가는 지루한 시간을 이용해 동화를 지어 들려주곤 했다. 나중에 그 동화들의 일부를 글로 옮기기는 했지만 발표한 적은 없다. 1912년에는 말록Mallock의 『신공화국New Republic』 양식으로, '존 포스티스의 난국The Perplexities of John Forstice'이라는 장편 소설을 썼다. 소설 전반부는 지금 생각해도 나쁘지 않지만 후반부가 아주 지루한 것 같아서 한 번도 출간을 시도해 보지 않았다. 그 밖에도 출간되지 않은 이야기를 하나 더 지었다.

러더퍼드가 최초로 원자의 구조를 발견한 그 순간부터 원자력이 조만간 전쟁에 이용될 것이라고 생각했다. 그리하여 나는 인간이 스스로의 어리석음 때문에 완전히 파멸에 이를 수 있다고 여겼다. 내 소설을 보면, 한 순수 과학자가 우주 전체의 물질을 파멸시킬 수 있는 작은 기계를 만들어낸다. 그때까지 그가 아는 세계는 자신의 실험실뿐이었으므로 그는 기계를 사용하기 전에 먼저 세상이 과연 파멸되어 마땅한지를 확인해야 했다. 그는 그 기계를 자신의 양복 조끼 호주머니에 넣고 다니는데, 그가 손잡이만 누르면 세상은 사라지게 되어 있었다. 그는 세상을 돌아다니며 악이라고 생각되는 것들을 모두 검토해 보지만 어느 경우에도 확신이 서지 않는다. 그러던 중에 메이어 경의 연회에 참석했다가 정치인들이 얘기하는 말도 안 되는 소리에 환멸을 느끼게 된다. 그가 벌떡 일어나, 세상을 멸망시키겠다고 소리친다. 다른 참석자들이 그를 저지하려고 달려든다. 그는 조끼 주머니에 엄지손가락을 집어넣는다. 그러나 연회복으로 갈아입고 오면서 깜박 잊고 그 작은 기계를 두고 왔다는 것을 알게 된다.

당시에는 이 이야기가 현실과 너무 거리가 있다고 생각해서 출간하지 않았다. 그러나 원자 폭탄이 출현하면서 현실과의 거리감이 사라지자 그와 비슷한 교훈이 담긴 다른 이야기들을 더 썼다. 그 중 일부는 원자 폭탄의 파괴로 끝이 나고, 내가 '악몽들'이라 불렀던 나머지 이야기들은 저명인들의 숨겨진 두려움을 예증해 보였다.

이런 이야기들을 쓰는 작업은 그때까지 표출하지 못했던 내 감정들과, 합리적 근거가 없는 두려움들을 언급하지 않고는 말할 수 없었던 내 생각들에 커다란 분출구가 되었다. 이야기의 범위도 점차 확대되었다. 나는, 오직 소수의 사람들만이 위험을 인식하고 있는 상황에서 어리석은 얘기로 여겨지기 쉬운 위험들을 이와 같은 소설 형태로 표현할 수도 있다는 것을 알았다. 어느 정도는 믿으나 믿음의 확고한 근거가 결여된 생각들을 소설에서는 말할 수가 있었다. 이런 방법으로 나는 가까운 미래에 발생할, 어쩌면 발생하지 않을 수도 있는 위험들을 경고할 수 있었다.

나의 첫 소설책은 『도시 근교의 사탄Satan in the Suburbs』이었다. 소설 제목을 정하는 데 영향을 준 두 사람이 있었는데, 한 사람은 모틀레이크에서 마주친 낯선 사람이었다. 그가 날 보더니 도로를 건넜고, 가면서 십자가를 그려 보였다. 또 한 사람은 산책할 때 마주치곤 했던 가난한 미치광이 여인이었다. 스토리를 보자면, 음흉한 방법을 써서 사람들을—단 한 번의 타락으로—회복할 수 없는 파멸로 밀어넣는 사악한 과학자가 있었다. 사진 촬영을 갈취의 기회로 삼는 한 사진사도 그런 사람들 중의 하나였다. 내가 그의 모델로 삼은 것은 내 사진을 찍으러 왔던 어느 멋쟁이 사진사였다. 그는 얼마 후에 죽고 말았는데, 알고 보니 놀랍게도 내가 소설에서 고발한 모든 죄악을 저질렀던 사람이었다. 다른 소설 중 하나에는 주인공이 저주를 퍼붓는 장면이 나오는데, 이때 '조로아스터〔페르시아의 종교 지도자로서 조로아스터교의 창시자〕와 마호메트〔이슬람교의 창시자〕의 턱수염'이 언급된다. 어떻게 감히 조로아스터를 놀림감으로 삼느냐고 펄펄 뛰며 항의하는 조로아스터교 신자의 편지를 한 통 받기도 했다. 나는 이 이야기를 내 비서(정말로 순진한 젊은 여성이었다)를 위해 썼다. 그녀가 휴가차 코르시카로 간다고 하기에 어떤 일이 닥칠지 모른다는 점을 경고할 생각이었다. 어느 잡지에다 이 이야기를 익명으로 발표하면서 작가를 알아맞히면 상금을 주겠다고 했다. 아무도 제대로 짐작하지 못했다. 등장 인물 중에 Prz 장군이 나오는데 그 이름에 "피시Pish로 발음하라"는 각주가 달려 있다. 어떤 사람이 그 잡지사로 "정답은 Trz입니다(토시Tosh로 발음하세요)"라고 적어 보내왔기에 그에게 상금을 주었다. 또 다른 소설에서는 지구인들과 화성인들 간에 벌어지는 처절한 싸움을 그렸다. 여기에는 모든 인류를 향해, 차이점을 잊어버리고 '인간'을 지키기 위해 일어서라고 부탁하는, 처칠식의 웅변적인 호소가 나온다. 나는 처칠의 연설 방식을 최대한 흉내내어 이 연설을 음반에 녹음했는데 아주 재미있었다.

1년 후에는 『저명 인사들의 악몽들Nightmares of Eminent Persons』이라는 연작 소설을 또 하나 썼다. 잠잘 때 위대한 사람들을 괴롭히는 은밀한 공포를 그려보자는 게 의도였다. 이와 함께 발표된 '자하토폴크Zahatopolk'라는 제법 긴 단편 소설도 있는데, 처음엔 자유 사상으로 출발한 것이 혹독한 박해의 종교로 굳어져가는 과정을 다루었다. 지금까지 모든 위대한 종교의 운명이 바로 그러했으며 장차 그것을 어떻게 피할 수 있을 것인지는 나도 모른다. 내 비서가 그 이야기를 타이핑하고 있을 때, 반신半神이 되어버린 그 왕이 아름다운 숙녀를 제물로 삼아 아침 식사를 하는 대목에 이르렀다. 작업이 잘되고 있나 하고 들어가보았더니 그녀가 무서워서 달달 떨고 있었다. 내 작품들에 나오는 다른 이야기들과 마찬가지로 이 이야기도 영화와 연극으로 만들기 위해 여러 사람들이 각색을 시도했으나 중요 대목에 이르면 아무도 제작하려는 사람이 없거나, 때로 불쾌할 정도로 천박하게 각색되는 경우가 많아 내가 제작을 반대하거나 했다. 나로선 아쉬운 일이며, 『악몽들』 중에 발레 무용극으로 만들어진 게 하나도 없다는 게 특히 아쉽다. 어쨌거나 이런 다양한 소설들은 내가 사람들의 관심을 불러일으키고자 하는 여러 가지 문제들을 제기할 뿐 아니라 이따금 해답까지 제공해 준다.

『악몽들』 중 한 이야기를 쓰고 있을 때 재미있는 경험을 했다. 프랑스인으로 나오는 주인공이 프랑스어로 된 시를 읊으며 자신의 서글픈 운명을 한탄하는 대목이 있었다. 어느 날 내가 에퀴 드 프랑스에서 저녁을 먹다가 그 주인공의 마지막 대사를 낭독하기 시작했다.

14. 영국으로 돌아오다

최고의 프랑스 고전 양식이라는 평가를 은근히 기대하면서 말이다. 그곳은 프랑스 식당이었으므로 프랑스인들이 주 고객이었다. 손님들 대부분이 고개를 돌려 놀라는 눈치로 나를 쳐다보더니, 혹시 자신들이 무명의 프랑스 시인과 우연히 마주친 것 아니냐며 서로 수군거렸다. 그들의 궁금증이 얼마나 오래 갔는지는 알 수 없다.

『악몽들』에 포함된 또 다른 이야기는 미국의 한 정신 분석 의사에게서 영감을 받았다. 그는 정신 분석이 일반적으로 활용되는 양상을 다소 못마땅해하면서, 사람은 누구나 평범한 정상 상태가 될 수 있다고 생각했다. 그리하여 나는 셰익스피어의 주인공들이 정신 분석 과정을 겪은 후에 더 재미있어진 모습을 그려보려 했다. 그 꿈에서 셰익스피어의 머리가 말을 하는데, 이런 말로 끝맺는다. "맙소사, 인간들은 이 얼마나 멍청한 자들인가." 나는 그 미국인 의사에게 칭찬의 편지를 받았다.

나는 편집자들과 독자들이 소설 작가로서의 나를 쉽게 받아들이지 못한다는 것을 깨달았다. 그런 나를 접하면, 내가 자신들에게 익숙하지 못한 일에 손을 대고 있다는 사실에 화가 치미는 모양이었다. 사람들은 내가 최후의 심판을 하고 끔찍한 일을 예언하는 저술가로 계속 남아주기를 원했다. 예전에 내가 중국 학자들에게 무엇을 강의해야 하느냐고 물었을 때 그들이 한 대답이 문득 떠올랐다. "아, 당신이 마지막 책에서 얘기한 그런 내용이면 됩니다." 글쓰는 사람들이 자신의 스타일을 바꾸거나 과거에 다룬 주제들과 결별하고 싶어도 대중들은 허락하지 않는 법이다.

내가 소설 쓰기를 변호하는 까닭은 우화야말로 요점을 전달하는 가장 좋은 방법이란 것을 종종 발견하기 때문이다. 1944년에 미국에서 돌아온 나는 영국의 철학계가 아주 이상한 상태에 있다는 것을 알게 되었다. 즉 하찮은 것들에만 매달려 있는 것 같았다. 철학계의 모든 사람들이 '공통 어법'을 가지고 재잘대고 있었다. 나는 그 철학이 마음에 들지 않았다. 모든 학문의 분야에는 제 나름의 어휘가 있는 법인데, 왜 철학이 그 즐거움을 박탈당해야 하는지 이해할 수 없었다. 그리하여 나는 이 같은 '공통 어법' 숭배 풍조를 조롱하는 다양한 우화들이 담긴 짧은 작품을 하나 써서, 철학자들이 실제로 무슨 의도로 '공통 어법'이란 용어를 쓰는지를 지적했다. 이것이 발표되자 그 세력의 수장쯤 되는 사람한테서 편지가 한 통 날아왔다. 작품은 좋으나, 자신은 그 같은 숭배 현상을 전혀 알지 못하기 때문에 과연 누구를 겨냥하고 쓴 것인지 알 수 없다는 내용이었다. 그러나 그 후로 '공통 어법'에 대한 논의가 잠잠해지는 것을 느낄 수 있었다.

내 책들을 쭉 되돌아보면 대부분 논점을 강조하려고 지어낸 이야기임을 알게 된다. 예를 들어, 나는 최근에 『과학이 사회에 미치는 영향』에서 다음과 같은 대목을 찾아냈다. "내가 강조하고 싶은 것은, 지금 드물지 않게 목격되는 무기력한 절망감 같은 것이 비합리적인 것이라는 사실이다. 인류는 지금 험하고 위험한 절벽을 오르고 있는 사람과 같은 처지에 놓여 있다. 절벽 꼭대기에는 향기로운 초원이 펼쳐지는 고원이 있다. 그는 한 걸음씩 올라갈 때마다 떨어지고, 떨어지고 나면 더 비참해진다. 걸음을 뗄 때마다 피로가 가중되면서 올라가기가 더욱 힘들어진다. 그러다 마침내 한 걸음만 더 오르면 되는 위치까지 오지만, 머리 위로 바위가 튀어나와 있어 앞이 보이지 않기 때문에 그는 이 사실을 알지 못한다. 이때 그가 손을 놓아버리면 죽음 속에서 휴식을 찾게 될 것이다. 희망이 소리친다. '조금만 더 힘을 내. 이번만 애쓰면 끝일지도 몰라.' 아이러니(빈정대는 사람이란 뜻으로 쓰였음)가 반박한다. '어리석은 인간! 지금까지 희망의 말에 귀 기울이더니 한번 보라구, 지금 네가 어떤 상황에 와 있는지.' 낙관주의가 말한다. '살아 있는 한 희망은 있어.' 비관주의가 으르렁댄다. '살아 있는 한 고통밖에 없어.' 기진맥진한 이 등반가는 과연 한 번 더 힘을 낼 것인가? 아니면 손을 놓아버리고 심연으로 추락할 것인가? 그 해답은 우리 중에 몇 년 후에도 아직 살아 있는 사람들이 알게 될 것이다."

악몽, 꿈, 기타 등등 나의 나머지 이야기들은 나중에 『사실과 허구 Fact and Fiction』라는 책의 허구 부분에 편집되었다. 책 제목이나 내용을 두고 비평가들이 조롱하지 않을까 우려했으나 그런 일은 일어나지 않았다. 나는 그 책에 들어 있는 '라 로슈푸코La Rochefoucauld의 잠언집'이 아주 재미있게 느껴져 정기적으로 내용을 첨가해 왔다. 『선량한 시민의 알파벳Good Citizens' Alphabet』은 제작 과정이 매우 즐거웠다. '가베르보쿠스Gabberbochus'(폴란드 말로 횡설수설이란 뜻이라고 한다) 출판사의 내 친구들인 테머슨Themerson 부부가 펴냈는데, 특히 프란치스카Franciszka 테머슨이 작업한 삽화들이 대단히 훌륭하여 나의 주안점들을 살려주었다. 세계의 종말에 관한 재치 있는 생각을 담은 『간략한 세계사History of the World in Epitomy』라는 짧은 책도 그들이 출간했는데, 나의 90회 생일을 맞아 금박으로 장정해 주었다. 내가 시 분야에서 해본 유일한 모험은 '휴머니스츠 오브 아메리카' 출판사에서 출간되었으며—루이스 캐럴Lewis Carroll〔영국의 수학자이자 아동 문학가인 찰스 루트위지 도지슨Charles Lutwidge Dodgson의 필명〕에게 바치는 사과의 말과 함께—'고위 성직자와 소련 인민 위원The Prelate and The Commissar'이란 제목이 달려 있다.

L·E·T·T·E·R·S

〈루시 도넬리와 주고받은 편지들〉

친애하는 루시

당신의 훌륭한 편지를 받았음에도 마음과 달리 너무나 바빠 답장을 하지 못했소. 이 나라에서는 똑똑한 사람들을 얼마나 괴롭히고 재촉하는지 똑똑한 정신마저 달아날 지경인데, 그 때문에 나도 고생하고 있소. 샌타바버라에서 무사히 여름을 보내기는 했으나 불행하게도 등을 다쳐 오랫동안 누워 있는 바람에 강의 준비가 늦어져버렸소. 여름 방학을 맞아 이곳에 왔던 존과 케이트가 전쟁이 터지는 통에 계속 있게 되었소. 아이들이 이곳에 있게 되어 다행이긴 하지만 존이 캘리포니아 대학을 케임브리지만 못하다고 생각하오. 둘 다 동부의 역사가 좀 있는 대학에 보낼까 생각하고 있으나 지난 9월에는 그럴 틈이 없었소. 향수병과 전쟁 때문에 힘든 것 외에는 가족 모두가 잘 지내오.

나는 지금 '말과 사실', 일반적 용어로는 '의미론'에 관한 책을 틈틈이 쓰고 있소. 요즘 같은 때에는 개인적으로나 정치적으로나 문명을 최대한 구출해 내는 것밖에 할 수 있는 일이 없는 것 같소. 하지만 나 자신이 왠지 죽음의 세계에서 온 떠도는 영혼같이 느껴진다오.

당신을 방문할 수 있어 정말 즐거웠소. 시간이 갈수록 옛 친구들이 더욱더 소중해진다오.

핀치Finch 양에게 안부 전해 주고, 당신에게도 나의 사랑을 보내오.

미국 캘리포니아, 로스앤젤레스
1939년 12월 22일

친애하는 버티

한 주 두 주 연민 속에 보내면서, 당신이 미국에서 평화롭게 살며 일할 수 없음이 너무나 안타까웠습니다. 그런데 진흙탕 같은 그 모든 과정

과 색다른 명성 이후에 《뉴욕 타임스》지에 당신의 훌륭한 편지가 실린 것을 보았습니다. 너무나 현명하고 올바른 생각이었고, 너무나 정곡을 찌르는 얘기였습니다. 교묘하게 온 사방에 비난을 퍼뜨리면서 아주 수상쩍게 그 이슈를 피해 가는 신문의 논조에 맞서 당신 개인적으로 뭔가 대응이 필요한 상황이었습니다. 《타임스》지는 정말 너무 심했습니다. 《아메리칸 머큐리》지에 실린 당신의 글 역시도 지당하고 유용한 얘기여서 기뻤습니다. 그러나 이 유명한 소송 건이 우리나라 대학의 자유에는 도움이 되겠지만, 당사자인 당신은 여러 가지로 많은 희생을 치르게 될 것이고, 그리하여 내년 계획마저 큰 차질이 생기게 될까 우려됩니다. 정말 유감입니다.

저는 늘 당신을 생각하며, 동부에 또 오시게 되면 꼭 만나뵙고 싶습니다.—가족도 함께 오면 더 좋구요. 사진으로는 가족들이 한결같이 즐거워 보이네요. 요즘같이 험악한 시절, 분명 자녀들이 기쁨이자 희망이 될 것입니다. 성탄절에 보내주신 편지는 큰 기쁨이었습니다. 당신이 세계의 모든 사람들에게 기쁨과 빛을 제공해 온 것을 생각하면 지난번 그 당혹스러웠던 사건이 새삼 더 놀랍게 느껴집니다.

추신 ; 우리 학교 학생 신문인 《칼리지 뉴스College News》지에 실린 기사를 동봉합니다. 당신의 이름이 걸린 소송에 대한 브린 모 대학의 겸손한 증언입니다.

미국 펜실베이니아, 브린 모
1940년 4월 29일

친애하는 루시

피터는 정신없이 바쁘고 나는 이제 책을 끝냈기 때문에, 피터에게 보낸 당신의 고마운 편지에 내가 답장을 쓰려 하오.

우리는 2주쯤 뒤에 이곳을 떠나 9월 12일쯤에 필라델피아에 도착할 예정인데, 다만 존과 케이트는 로스앤젤레스로 돌아갈 것이오. 나는 필라델피아에서 며칠 머문 후에 하버드로 갈 것이고, 피터와 콘래드, 보모(캠벨 양)는 필라델피아 근처에서 지내면서 집을 구해 볼 생각이라오. 나는 반스 연구소의 일자리를 수락했소. 보잘것없는 것이지만, 다른 자리가 나설 전망이 보이지 않기 때문이라오. 어떤 대학도 감히 나를 채용할 생각을 하지 못하고 있으니 말이오.

지난번에 당신이 필라델피아에 오면 놀러 오라고 했는데 12일경에 우리 가족을 며칠 묵게 해주면 정말 고맙겠소. 하지만 피터와 내가 쓸 방과 콘래드와 캠벨 양이 쓸 방 두 개가 필요한데, 그럴 여유가 있는지 모르겠구려. 그보다 더 걱정스러운 것은 당신이 세 살짜리 사내아이를 받아줄 수 있을까 하는 점이오. 아이가 항상 나무랄 데 없이 행동하는 건 아니어서 하는 얘기요. 부디 솔직하게 답해 주길 바라오.

그렇소, 나도 존스의 맥스 뉴먼을 알고 있소. 아주 쓸 만한 비평가라고 종종 생각했소.

르누아르 그림의 빈약한 대역으로 우리를 숙박시켜야 하게 되었으니 미안하게 생각하오. 조만간 내가 반스의 마음을 녹여볼 수 있을지도 모르겠소.

피터의 감사와 나의 사랑을 전하오.

미국 캘리포니아, 타호 호수, 폴른리프 로지
1940년 8월 25일

친애하는 루시

식사하면서 당신 귀에 대고 고막이 터질 정도로 소리를 지른 나의 난폭한 행동을 생각할 때마다 깜깜한 밤중에도 부끄러워 얼굴이 붉어지

오. 부디 날 용서하오. 뉴욕의 소동 이후로, 특히 현실화될 수 없는 가벼운 낙관주의와 마주칠 때면 가슴이 뜨끔뜨끔하오. 반스가 아니었다면 말 그대로 우리 가족은 쫄쫄 굶었을 것이오. 하지만 이런 얘기가 내 혐오스러운 행동에 대한 변명은 될 수 없소. 예전에는 흥분될 때마다 $a^3+b^3+c^3-3abc$의 인수 세 개를 외워 마음을 가라앉혔는데, 이제 다시 그 습관으로 돌아가야겠소. 빙하 시대나 하느님의 덕을 생각하는 것보다 그게 더 효과가 있소.

1941년 4월 15일

친애하는 루시

직접 만나 인사 나누지 못한 게 너무 섭섭하여 작별 인사차 편지하오. 우리는 몇 달이나 기다린 끝에 별안간 배를 타게 되었소. 피터와 콘래드는 이미 떠났고 나는 2, 3일 후에 떠나오. 당신과 이웃으로 지낼 수 있어 좋았소. 당신의 집은 마치 영국에 온 느낌이었소. 헬렌(토머스 플렉스너)에게도 편지하지 못하여 미안하다고 전해 주시오. 이디스에게도 내 사랑(굳이 이 단어가 아니더라도 그녀가 좋아할 말로)을 전해 주고.

미국 뉴저지, 프린스턴, 피콕 여관

1944년 5월 14일

친애하는 루시

8월에 쓴 당신의 편지 받고 반가웠소. 당신 집에 가면 늘 조국에 와 있는 기분이었소. 집도 그렇고, 생물이든 무생물이든 그 안에 든 것들도 너무나 영국적이어서 미국의 어딜 가도 그만한 데는 없었을 것이오.

로버트슨은 내가 잘 알지 못하는 사람이지만 평판이 상당히 좋소. 케인스는 틸퍼드에 가 지내곤 하더니 엄청나게 성장했소! 지난번에 보니 완전히 올챙이 배가 되어 있었소. 물론 내가 생각한 성장은 그런 게 아니었지만!

존은 여전히 런던에 머물면서 일본식 예절을 배우고 있소. 내가 볼 땐 무례를 배우는 게 더 유용할 것 같은데 말이오. 존은 금년 말이 되기 전에 동양으로 가서 아마 오래 있게 될 것 같소. 케이트는 한 달 정도 집에 있었소. 딸아이는 결국 영광스러운 끝맺음을 했소. 250달러의 상금도 받았고, 래드클리프에서 계속 직원으로 일해 달라는 제의와, 아직 나이가 어린데도 서던 대학 교수직을 제의받았으니까 말이오. 지금은 괴벨스Goebbels〔독일의 정치가로서 나치 정부의 선전을 담당했음〕를 읽어주는 대가로 영국 정부가 보수를 주고 있다오.

로봇 폭탄은 계속 시험 중에 있으며 전면 중단되진 않았소. 그러나 이제는 크게 심각한 문제가 아니오. 우리는 모두 잘 있소. 이디스에게 사랑을 전하오. 당신에게도 사랑과 우정을 전하오.

영국 케임브리지, 트리니티 칼리지
1944년 10월 7일

친애하는 버티

당신의 편지 두 통을 받고 이디스가 크게 기뻐했고 저도 기뻤어요. 그녀의 책을 좋게 보셨다니 특히 반갑습니다.—M.C.T.(M. 케어리 토머스) 본인이야 무어라고 하든. 저는 칼리지 후임 총장 둘을 겪어보고 나서 솔직히 케어리 토머스를 상당히 좋게 평가하게 되었습니다. 새로 난 길들 때문에 캠퍼스 풍경이 낯설어져서 섬뜩해 보입니다. 아, 1890년대식 '문화'가 그리워요……!

당신 말대로 지금은 모든 면에서 너무나 불길한 세상이어서 좀더 행복한 시대를 살았던 우리 같은 사람들을 비통하게 만듭니다. 여기 미국에 사는 우리는 물론 운 좋은 사람들에 속하여 따뜻한 집에서 잘 먹고 잘 살기는 하지만 좀더 현명해지지는 못하고 모두들 더 섬뜩한 쪽으로 기우는 것 같아 걱정입니다. 어딜 가보나 우리가 기댈 수 있는 것은 옛 정과 믿음직한 의리밖에 없는 것 같습니다.

당신 얘기를 좀 하자면, 너무나 오랜 세월 크나큰 흥미와 기쁨을 제 인생에 보태주신 분인데 이제 자서전을 쓸 계획이라니 저로서는 반갑기 그지없습니다. 아마 훌륭하고 중요한 책이 나올 것입니다. 그 책을 읽어 볼 수 있을 때까지 제가 살아 있기를 바라마지 않습니다. 조금이라도 도움이 될 수 있다면 그 동안 당신에게서 받은 편지들을 찾아 당연히 보내 드려야지요. 기록물이나 여러 가지 기억을 되살리게 하는 것들이 필요할 것입니다…….

당신에게 편지하여 다시 소식 듣고 싶은 마음은 오래 전부터 있었지만 사실 이곳 이야기는 별로 할 게 없습니다. 물론 이디스와 나를 포함한 몇몇 친구들은 종종 당신 이야기를 하면서 다시 돌아와주셨으면 하지요. 당신이 떠나고 나서 우리 동네 분위기가 침울해져 버렸어요. 지난 가을 어느 날, 이디스와 저는 차를 몰고 리틀 댓쳇으로 나가보았지요. 아쉽게도 지금 그곳은 알록달록하게 색이 칠해졌고 대문에도 '스톤 월스'란 새 문패가 걸려 있어요. 하지만 목가적인 풍경은 그대로여서 아주 좋았어요. 당신의 큰 아이들 중에 누가 아직 미국에 있나요? 콘래드는 물론 제가 알아보지 못할 만큼 커버렸겠지요. 아이들과 피터 소식 좀 전해 주세요. 피터가 건강이 좋아져 음식을 제대로 먹게 되기를 바랍니다.

저는 당신이 살고 계시는 런던을 잘 알진 못하지만, 루이저 스튜어트 Louisa Stuart 부인이 말년에 살았다는 집을 내려다보며 글로스터 플레이스를 오르내렸던 일이 기억납니다. 당신의 집은 포트먼 스퀘어와 거기 있는 몬터규 부인의 대저택에서 가깝겠네요. 보브 태프트Bob Taft,

헨리 월러스Henry Wallace 등 신문을 통해 잘 알려진 사람들이 설치는 요즘의 미국에서 길을 잃은 사람에겐 영국의 18세기가 안전한 은거처랍니다.

영국에 가서 그곳 공기도 다시 맛보고 친구들도 만나고 싶지만 안타깝게도 이디스와 제가 너무 가난하여 올 여름에는 힘들 것 같습니다. 사정이 허락하면 정말 좋았을 텐데.

추신 : 최근 몇 년 사이 반스는 쥐 죽은 듯 조용하게 지낸답니다.

미국 펜실베이니아, 브린 모
1945년 2월 20일

친애하는 루시

편지 고마웠소. 직접 듣지는 못했지만 사이먼 플렉스너가 죽었다니 유감이오. 나는 헬렌의 주소를 모르오. 알았으면 편지했을 테지만. 그녀에게 내가 진심으로 위로한다고, 사이먼을 얼마나 좋아하고 존경했는지 모른다고 꼭 좀 전해 주시오.

당신이 나의 철학사를 평해 준 글이 아주 좋은 읽을거리가 되고 있소. 플로티노스Plotinos(3세기경에 살았던 이집트 태생의 로마 철학자)에 관한 장이 마음에 든다니 반갑소, 나도 그 부분이 좋았거든!

나는 지금 스위스에서 짧은 순회 강연을 하는 중인데, 일주일 후에 노스웨일스에 있는 피터와 콘래드에게 돌아가 긴 휴가를 보낼 예정이고, 휴가가 끝나면 트리니티로 돌아갈 것이라오. 그곳 뉴턴 룸스에 기거하고 있거든. 나는 영국이 20년 내로 사라져버릴 것 같은 느낌을 자주 받소. 그 때문에 모든 것에 열광적이 된다오. 마치 파티가 끝날 시간이 다가오면, '우리는 이 하룻밤을 위해 존재한다'고 생각하게 되듯. 폭탄 몇 개면 우리가 사는 모든 도시들이 파괴되고, 살아남은 사람들도 굶주림으로 서서히 죽어가게 될 것이오.

 미국의 경우, 중서부 농업 지대와 서남부 사막 지대 정도가 살아남을지 모르겠소. 그러나 미국도 많은 지역이 무사하진 못할 것이오. 장차 세계 문화의 중심지가 될 파타고니아(아르헨티나 남부의 고원)를 위해 만세 삼창!

 한편에서는 유태교 율법 학자와 이슬람교 율법 학자, 진나Jinnah(인도의 이슬람교 정치가. 인도 연방에서 독립한 뒤 파키스탄의 초대 대통령이 되었음)와 네루, 티토Tito(유고슬라비아의 정치가. 1953년부터 1980년까지 대통령을 지냈음)와 이탈리아인들 등등이 어리석은 게임을 벌이고 있소. 내가 호모 사피엔스에 속한다는 게 부끄럽소.

 스위스인들은 열렬한 친영파이며, 나치의 포위에서 풀려난 것을 반기고 있소. 나는 그들의 사기를 꺾는 일이 없도록 애쓰고 있다오.

 당신이나 나나 한결 행복한 시대를 살았음에 감사해야겠지만, 당신이 나보다 더 감사해야 할 것이오. 당신에겐 자식이 없으니까.

스위스 취리히
1946년 6월 23일

 친애하는 루시

 훌륭한 편지 고마웠소. 내게 큰 기쁨이 되었소.

 내가 당신한테서 받은 헬렌의 주소를 제대로 해독했는지 아닌지 자신이 없어서 그녀에게 보내는 편지를 동봉하오. 혹시 주소가 틀렸거든 바로잡아주면 고맙겠소. 자서전을 시작하고 보니 방대한 작업임을 알게 되었소. 편지 묶음을 보내주면 더할 수 없이 고마울 것이오. 위의 주소로 보내든 런던으로 보내든 상관없소.

 내 딸 케이트가 찰스 테이트Charles Tait라는 미국 청년과 막 혼례를 올렸소. 딸은 아직도 매사추세츠 케임브리지에 산다오. 나는 사위를 보지 못했으나 들려오는 모든 얘기로 볼 때 훌륭한 청년인 듯하오.

내가 국제 문제로 너무 바빠서 제대로 된 편지를 쓸 시간이 없구려. 이디스에게 좋은 말 전해 주시오. 그럼 이만 줄이오.

영국 메리오니스
1948년 3월 17일

친애하는 버티

당신의 부탁을 들어주기까지 시간이 너무 오래 걸린 점 미안하게 생각합니다. 이곳 브린 모가 금년에 상황이 좋지 않고 일이 바쁘기도 한데다, 제가 나이에 비해 매우 건강한데도 요즘 쉽게 피곤해지고 매사를 느릿느릿 처리하는 탓에 하루에 해내는 양이 보잘것없답니다.

한 마디로 말하자면, 다락방에 쌓여 있는 신문과 편지들을 훑어볼 시간이 지난 2주밖에 없었다는 얘기지요. 즐겁기도 했지만 만만찮게 힘든 작업이었어요. 1902년부터 시작해 당신한테서 온 편지들을 많이 찾아냈으며, 아직도 필요하다 하시면 보내드리려고 따로 모아두었습니다. 모든 편지를 다 원하시는 것인지, 아니면 19세기 마지막 날에 헬렌에게 보내신 것만 원하시는 것인지, 얼마 전에 받은 당신의 편지로는 정확히 알 수 없었습니다.

제게 보내주신 편지들은 그야말로 기록물로서 모두 잘 간직해 온 것 같습니다. 너무나 다정하고 지혜롭고 자상한 편지들로서, 당신은 제 개인적인 일이나 브린 모의 소소한 사건까지 믿기 힘들 만큼 많은 관심을 가져주셨을 뿐 아니라, 더 넓고 자유로운 세계의 활기찬 숨결까지 전해 주셨습니다. 한 통씩 도착할 때마다 제가 느꼈던 그 생생한 기쁨, 그것들이 제게 준 용기와 재미를 똑똑히 기억하고 있습니다. 제가 평생 감사해도 보답하지 못할 것입니다. 이 편지들이 당신에게 도움이 될지 어떨지는 모르겠으나 아마 날짜나 계획, 장소 기타 등등의 면에서 보탬이 될 것이며, 동시에 당신과 저의 우정의 기록으로 남을 것입니다. 당신은 기억력이 너무나 뛰어나고, 지혜롭고 재치 있고 중요한 얘기를 아주 많이 적어보내셨습니다. 필요한지 아닌지 알려주시기만 하면 즉시 보내드리겠습니다. 하지만 편지들과 관련된 당신의 작업이 끝나면 제게 되돌려주셨으면 좋겠습니다. 이것들이 당신의 재산이라는 것은 인정하지만, 제게는 오랜 우정의 소중한 기록이니까요.

하시는 모든 일이 잘되기를 빌며, 극도의 혼란에 빠져 있는 세상일도 잘 풀렸으면 좋겠습니다. 이곳은 지금 파업이 한창이고 대통령 선거단 예비 선거도 진행되고 있습니다. 팔레스타인 문제와 법안들, 기타 당신도 짐작하실 만한 모든 일들이 해결을 보지 못하고 있습니다.

이디스가 당신께 인사 전해 달라고 하네요. 여름 휴가도 잘 보내시기 바랍니다. 우리는 캐나다로 갈 계획입니다. 영국 국기가 날리는 곳 중에서 우리가 가볼 수 있는 제일 가까운 곳이거든요. (루시는 1948년 여름에 캐나다에서 사망했다.)

미국 펜실베이니아, 브린 모 칼리지
1948년 5월 8일

〈베드퍼드의 공작 12세의 편지〉

친애하는 러셀 경

친절한 편지 고마웠소. 나도 오번을 구경시켜 드렸으면 좋겠으나 불행하게도 이 사원이 정부 전쟁 담당국에 의해 아주 '쉬쉬'되는 등급으로 지정되는 바람에, 허가와 적절한 경호를 받지 않는 한 나 자신도 그 신성한 구내로 들어가지 못하는 입장이라오! 그림 따위도 대부분 창고로 밀려나버렸으니, 이번 전쟁과 제3의 전쟁 사이 짧은 막간이 올 때까지 부득이 방문을 연기하셔야 할 것 같소. 그런 막간이 과연 올지는 모르겠지만! 대단히 미안하오.

블렛츨리, 오번
1945년 4월 16일

⟨H. G. 웰즈의 편지⟩

친애하는 러셀

당신의 다정한 편지 받고 반가웠소. 혁명적 위기랄 수 있는 요즘 시절에는 사소한 의견 대립에 힘을 낭비하는 경향을 타파하는 것은 물론, 특히 좌익 사상을 파괴하고자 비판적 온건이란 미명하에 자행되고 있는 '체계적이고 교묘한' 작업에 맞서는 것이 좌익 사상 쪽에 어느 정도 영향력을 가진 우리 모두가 해야 할 의무일 것이오. 내 편지함에도 그런 유의 선전물이 한아름씩 들어온다오. 나는 나이가 들수록 더욱더 무정부주의적이고 극단적인 좌익으로 기울게 되오. '명령은 명령이다'라는 짧은 글을 동봉하오. 《뉴 리더New Leader》지가 마침내 용기를 내어—지나치게 충격에 약한 용기이긴 하지만—실어준 글이오. 당신의 소감은 어떨지 궁금하오.

이제 우리도 반드시 만나 대화(어쩌면 공모가 될지도 모르지만)해야만 하오. 그것도 조만간에. 어느 계절 어느 때가 좋겠소? 내 약속 일정은 며느리인 마저리Marjorie가 잡아주고 있으니, 하루 날을 잡아 부인과 함께 오셔서 차라도 마시면서 우리가 할 수 있는 일이 무엇인지 찾아봅시다.

나는 그 전부터 지금까지 계속 몸이 좋지 않소. 지금 '당뇨 협회' 회장 직을 맡고 있는데, 당뇨 때문에 계속 들락날락하게 되고 거의 두 시간 간격으로 자리에 누웠다 일어났다 해야 하오. 그 때문에도 기력이 다 빠지지만, 이번에 평화란 미명하에 무질서로 대폭 복귀한 것이나, 내 동료 인간들 대다수에게서 발견되는 무한한 야비함, 조직화된 종교의 사악함 따위를 생각하면 차라리 깨어나지 못할 잠으로 빠져들고픈 생각이 간절해지오. 내 부친의 가계에 심장 발작이 많지만 현대 의술이 큰 효과를 발휘하여 그런 순간들을 막아주고 있소. 중탄산나트륨 성분이 나를 늘 '못 참겠다'고 투덜대게 만든다오. 그러나 살아 있는 동안에는 살 수밖에 없으며, 따지고 보면 나도 쇠퇴해 가는 문명에 빚을 많이 진 사람이오. 어쨌거나 그것이, 나의 호기심을 자극하고 나를 채무자로 만들 만큼 충분한 과학적 헌신의 정신을 이 세상에 존재하게 해주었으니까.

처량한 소릴 해서 미안하오. 가까운 시일 내로 당신 부부를 볼 수 있게 되기를 바라오.

런던, 리전트 파크
1945년 5월 20일

〈클레멘트 애틀리|Clement Attlee의 편지〉

친애하는 러셀

10월 9일자 당신의 편지도 고맙고, '미국은 원자 폭탄으로 무엇을 할 수 있었나'란 글을 보내주셔서 감사합니다. 저는 그 글을 흥미롭게 읽었으며, 제가 주목할 수 있게끔 해주셔서 감사합니다. 이 문제가 정치인들에게는 더할 나위 없이 어렵고도 난처한 문제의 하나라는 점은 굳이 말씀드리지 않아도 아실 것입니다. 당신이 지적하신 모든 점들은 틀림없이 마음에 담아두겠습니다.

런던, 화이트홀
1945년 10월 11일

L·E·T·T·E·R·S

아래 글은 내가 비행기 사고를 당한 직후인 1948년 10월에 아내 피터에게 쓴 것이다.

바로 오늘 내가 사고를 당했다는 소식은 물론 당신도 알고 있을 것이오. 다행히도 나는 서류 가방 등을 분실했을 뿐 다른 피해는 보지 않았소. 신문들이 호들갑을 떨 것 같아서 즉시 당신한테 전보를 쳤소. 나는 오슬로에서 수상 비행기를 타고 출발했는데 이곳에 도착하여 비행기가 수면에 닿는 것과 동시에 느닷없이 바람 한 줄기가 한쪽 측면을 때려 기내로 물이 새어들었소. 보트들이 즉시 출동했고, 우리는 창 밖으로 뛰어내려 보트까지 헤엄쳐 갔는데 헤엄친 시간은 1분 정도에 불과했소. 수영할 줄 모르는 사람들은 익사했다는 것을 나중에야 알았소. 어쨌거나 나는 아무 피해도 없었소. 펜을 잃어버린 탓에 지금 필체가 좀 이상하오. 마른 옷이 없었기 때문에 나는 바로 침대로 들어갔소. 이곳 영사가 방금 옷가지를 갖다 주었고 부영사도 내 옷이 마를 때까지 입으라며 양복을 빌려주었소. 모두들 나에게 필요 이상으로 야단법석을 떨고 있소. 쓸데없이 당황하지 않고 지시대로 잘 따라준 승객들의 훌륭한 행동이 감동적이었소.

이제 내가 자초지종을 얘기해 보리다.

비가 많이 오고 일진광풍이 몰아치는 험악한 날씨였소. 비행기가 피오르드(높은 절벽 사이에 깊숙이 들어간 협만) 수면에 막 닿는 순간 심한 요동이 있는가 싶더니 어느 틈에 바닥이 몇 인치 깊이의 물에 잠겨 있고 모자며 외투 따위가 떠다니고 있었소. 나는 "저런, 저런!" 하고 외치면서 내 모자를 찾기 시작했으나 찾을 수가 없었소. 처음에는 파도가 창에 부딪혀 물이 들어왔나 보다 했을 뿐 심각한 사태인 줄은 생각도 못했소.

나는 흡연 구역으로 지정된 맨 뒤쪽에 앉아 있었는데 결과적으로 거기가 최고의 자리였던 셈이오. 몇 분 후 승무원들이 문을 열었고, 비행기 뒤쪽의 열린 창으로 승객들을 한 명씩 바다로 밀어 빠져나가게 했소. 그들이 서두르는 것을 보고서야 심각한 상황이란 것을 깨달았소. 나는 서류 가방을 끌어안고 뛰어내렸으나 수영을 하자면 가방을 놓을 수밖에 없었소. 물 속에서 보니 바로 옆에 보트가 있었소. 우리가 보트로 헤엄쳐가자 사람들이 끌어올려주었소. 주위를 살펴보니 한쪽 날개 끄트머리 외에는 비행기의 모습이 보이지가 않았소. 내가 헤엄친 거리는 18미터 정도였소. 비행기 반대쪽에서 일어난 일에 대해선 전혀 알지 못했고, 그들도 다른 창으로 뛰어내렸겠지 했소. 죽은 사람들은 아마도 사고가 발생하자 기절하는 바람에 그렇게 되었을 것이오. 그 중에는 내 강연 준비를 맡았던 교수도 있었소. 나는 보트에 탄 사람들에게 서류 가방이 떠내려갔다고 말했는데 어젯밤에 한 경관이 찾다가 주었소. 별로 중요치 않은 책들이 약간 피해를 입었을 뿐, 그 외엔 모두 무사했소. 다른 짐은 하나도 찾지 못했소.

나를 배웅하러 공항에 나왔던 사람들이 크게 걱정하면서 날 차에 태우고는 위험천만한 속도로 호텔로 달려갔소. 호텔에 도착하자 나는 옷을 벗고 침대로 올라갔소. 그리고 브랜디와 커피를 다량 마신 후에 잠에 빠져버렸소. 영사가 양말과 셔츠 따위를 가져왔고 부영사는 양복을 빌려주었소. 내 옷은 내일이나 되어야 입을 수 있을 것 같소. 그런데 기자들이 물밀듯 밀려왔소. 코펜하겐의 한 시민은 전화를 걸어와 물 속에 있을 때 무슨 생각을 했느냐고 물었소. 나는 물이 차갑다고 생각했다고 대답했소. "신비주의나 논리학 생각은 안 하셨나요?" "안 했소." 나는 이렇게 말하고는 전화를 끊어버렸소.

나는 용감했던 게 아니라 멍청했을 뿐이오. 수상 비행기는 늘 물에 뜨는 줄만 알았으니까. 위험한 상황이란 것도 모르고 서류 가방을 구하는 데만 신경을 썼소. 손목 시계도 평소처럼 잘 가고 성냥도 불이 잘 붙는다오. 그러나 양복과 셔츠 따위가 든 여행 가방은 영원히 사라졌소. 내 펜을 잃어버려 지금 맘에 들지도 않는 펜으로 쓰는 중이오.

〈윌라드 V. 콰인에게 쓴 편지〉

친애하는 콰인 박사

당신의 친절한 편지와, '존재하는 것What There is'이라는 매우 중요한 주제에 관한 논문도 고마웠소. 내가 1905년에 나의 기술론을 《마인드》지에 처음 보냈을 때 스타우트는 그것을 쓰레기 정도로 생각하고 인쇄해 주지도 않으려 했소.

당신이 140쪽에 나오는 당신에 대한 얘기에 주목했음을 알고 정말 반가웠소.

지난번 비행기 사고에서 나는 요행히 무사했으나 승객의 거의 절반이 '존재하는 것'에서 빠져버리고 말았소.

런던, 글로스터 플레이스, 도싯 하우스
1949년 2월 4일

영국으로 돌아온 후 나는 첫 아내의 초청으로 몇 차례 그녀를 방문했으며, 그녀에게서 아래의 편지들도 받았다. 우리의 우정 어린 서신 교환은 1951년 벽두에 그녀가 사망할 때까지 계속되었다.

친애하는 버티

당신이 메리트 훈장을 받은 것에 대해 이렇게 축하의 글을 보내는 것으로 오랜 세월에 걸친 침묵을 깨야 할 것 같습니다. 아무도 저만큼 진심으로 기뻐할 수는 없으며, 예전에 당신이 금고형을 받았을 때나 미국에서 어려움에 처했을 때도 저만큼 마음 아파한 사람은 없었을 것입니다. 이제 제가 로건과 폭풍 같은 시절을 보내고 여든하나의 나이에 평화롭게 지내고 있듯, 당신도 평화로운 노년을 보내게 되길 빕니다. 사랑하는 루시 도넬리의 편지가 너무나 그립기는 하지만 그녀를 기리는 뜻에서 5만 달러가 넘는 영문학과 장학금이 수여되었다니 기쁩니다.

런던, 첼시
1949년 6월 9일

친애하는 버티

제 서류 속에서 이 편지들과 당신의 글 한 편을 찾아냈습니다. 당신이 그것들을 보관하고 싶어할 것 같아서 보냅니다. 당신의 다른 편지들은 제가 모두 없애버린 모양이에요. 우리가 1895년에 베를린 사회 민주주의자들에 관해 만든 스크랩북은 제가 런던 정치 경제 대학에 기증했으나, BBC 방송에서 그 주제로 토크 쇼에서 얘기를 해달라고 하기에 지금은 제가 도로 빌려다 놓았습니다. 나보다는 당신이 훨씬 더 잘 설명할 수 있을 것이라고 방송국 사람들에게 얘기했어요.

자서전을 준비한다고 들었는데 매우 흥미로운 책이 되리라 확신합니다. (저는 버나드 베런슨보다는 조지 트리벨리언의 자서전 같은 게 좋아요.) 저도 회고록을 좀 쓰고 있는데 우리의 결혼 생활에 대한 제 생각을 쓴 부분을 복사하여 동봉합니다. 당신이 보기에 부정확하거나 당신에게 상처가 될 대목이 있다면 내용을 많이 줄일 수도 있습니다.

추신 ; 최근에 출간된 어머니의 서한집이 당신에게도 흥미로웠으면 좋겠어요.

런던, 첼시
1949년 9월 30일

L·E·T·T·E·R·S

〈앨리스가 우리의 결혼에 대해 쓴 글〉

버티는 이상적인 동반자였으며 내가 보답하기 힘들 정도로 많은 것을 가르쳐주었다. 그러나 나는 그보다 똑똑했던 적이 없으며 어쩌면 그가 나에 비해 지나치게 유식했는지도 모르겠다. 감정의 변화가 찾아와 우리의 공동 생활을 매우 어렵게 만들기 전까지 몇 년 동안 나는 주체하지 못할 정도로 지극히 행복했다. 마지막 별거는 이혼으로 이어졌고 그는 재혼했다. 그러나 그 과정에서 원한이나 싸움, 비난 따위는 없었기 때문에 훗날 그가 메리트 훈장을 받았을 때 나는 진심으로 기뻤다. 그러나 나의 인생은 완전히 변해 버렸으며 나는 끔찍한 고통과 과거에 대한 가슴아픈 그리움이 다시 살아날까 두려워 도저히 그를 만날 수 없었다. 이따금 강연회나 음악회에서 그를 슬쩍슬쩍 보았을 뿐이며, 그가 첼시의 집에서 자녀들에게 책을 읽어주는 모습을 커튼이 젖혀진 창을 통해 바라보곤 했다. 이 한 번의 비극으로 내 입장에서는 행복을 받아들이는 여유와 삶에 대한 열정이 산산조각났는데, 불행하게도 그것을 막을 만큼 나는 현명하지도 용감하지도 못했다.

친애하는 버티

지난 9월에 어머니의 서한집 『종교의 반역자 A Religious Rebel』란 책과, 1909년에 당신이 제게 보내준 편지들과 제가 쓴 글을 부쳤습니다. 그리고 나서 왜 답장이 없을까 궁금해했는데 지금 그 소포가 도로 돌아왔어요. 봉투에 내 이름이 적혀 있고 당신 주소도 제대로 썼는데 '수취인 불명'이 찍혀 있더군요. 당신의 주소를 알면 꼭 보내드리고 싶어요.

런던, 첼시
1950년 1월 13일

친애하는 버티

당신이 와주셔서 너무나 즐거웠고, 우리가 친구로서 조만간 다시 만날 수 있었으면 합니다. 제가 베런슨한테 당신이 여기 왔었다고 편지했더니 당신에게 언제든 좋으니 놀러와 묵고 가시라고 전해 달라는군요. 그는 살아 있는 사람 중에 당신만큼 만나서 얘기하고 싶은 사람도 없다고, 당신이 쓰는 모든 글에 전적으로 공감한다고 말합니다. 저더러, 자신의 미학에 관한 책을 당신한테 빌려주라고 했어요. 그러기는 하겠지만 당신이 그 책을 좋아할 것 같지는 않군요. 그의 자서전이 더 나아요, 그리 잘 쓰지는 못했지만.

당신이 보브 개손하디Bob Gathorne-Hardy가 쓴 『로건 회고록 Recollections of Logan』을 어떻게 평가하는지 알고 싶어요. 혹시 아직 읽어보지 못했다면 저한테 몇 권 있으니 한 권 보내드릴게요. 회고가 아주 잘된 책이어서 베런슨은 그것을 '걸작'이라고 해요.

런던, 첼시
1950년 2월 14일

친애하는 버티

편지 고마웠어요. 9월 30일자 제 편지에 답장해 주지 않으셨지만, 당신이 과거사를 깊게 얘기하기가 싫은가 보다 생각하고 담담하게 받아들였어요. 어쨌거나 당신이 부당하게 책망받는다는 느낌도 없고, 제가 우리 둘의 생활을 즐겁게 추억하는 것을 막을 생각도 없다고 하시니 감사할 따름입니다. 언제 틈나는 대로 다시 오셔서 저하고 점심 식사나 같이 해요. 그때까지 손꼽아 기다릴게요. 당신과 얘기하고 싶은 문제들이 너무 많거든요. 부디 빠른 시일 내로 만날 수 있기를 바랍니다. 9시 30분 이전이나 12시 이후에 전화하세요.

L·E·T·T·E·R·S

BBC가 1895년 당시 독일에 관한 방송을 안 하게 되어 당신이 파리에서 보냈던 편지들이나 그 독일 책들이 제게는 별로 필요할 것 같지 않네요.

런던, 첼시
1950년 3월 9일

친애하는 버티

당신과 두 번 만났는데 너무나 즐거웠고 너무나 잘해 주셔서, 한 번은 (딱 한 번이에요) 솔직하게 털어놓지 않을 수 없네요. 저는 지금도 당신만을 사랑하며 지난 50년 동안에도 그러했다고. 제가 이 세상 누구보다 당신을 사랑하는 것은 제 친구들이 다 아는 사실이어서 이렇게 당신을 다시 만날 수 있게 되니 그들도 정말 기뻐합니다.

하지만 제 사랑은 권리를 주장하지 않으며 당신에게 부담을 주지도 않을 것이니 의무감 따위를 느낄 필요는 없습니다. 이 편지의 답장조차 바라지 않아요.

그럼에도 당신이 좀더 조속히 틈을 내어 점심이나 저녁 식사에 와주셨으면 하는 바람에는 변함이 없어요. 그리고 5월 18일을 잊지 않으셨으면 합니다.

런던, 첼시
1950년 4월 14일

친애하는 버티

제 책도 돌려주시고 당신의 책도 두 권 보내주셔서 감사합니다. 주소는 작은 메모지로 알려주셔도 되는 건데. 당신한테 그것들을 받으니 너무나 기쁘고(제가 넌지시 귀띔한다고 생각지는 마세요!) 앞으로도 아주 즐겁게 읽을 것입니다. 정말 고마워요. 제가 엘리Elie Halévy의 유저遺著를 당신한테 보낸다고 하니 플로렌스 알레비Florence Halévy가 기뻐하면서, 안부 전해 달라고 합니다.

19일 이전에 혹시 시간이 나시면 전화로 오스트레일리아의 당신 주소를 좀 알려주세요. 언제든 아침 식사 때쯤에 전화하시면 돼요. 7월 제 생일에 당신한테 편지를 쓰고 싶어서요.

런던, 첼시
1950년 6월 8일

친애하는 버티

여든세 번째 제 생일을 맞아 꽃이며 책, 과일을 들고 여러 사람이 찾아왔고 전보도 많이 받는 등 즐거운 하루를 보냈어요. 당신한테서 편지가 왔더라면 완벽했을 텐데. 하지만 몹시 바쁘시다는 것, 한국 전쟁을 비롯해 전쟁 분위기로 치닫는 요즘의 상황 때문에 더 한층 걱정이 많으시다는 것, 저도 잘 압니다. 그러나 우리가 할 수 있는 일이 없다고 생각되기 때문에 저는 평정을 유지하려고 애쓰면서, 손님들이 너무 걱정하는 분위기로 빠지지 않도록 화제를 돌려버리곤 합니다. 그리고 오늘도 잘해 낸 것 같군요. 헬렌 아버스넛Helen Arbuthnot과 그녀의 동거 친구가 지어 보내준 아래의 짧은 시가 도움이 되었어요. "앨리스 러셀, 만세! 광장〔웰링턴 광장을 말함〕의 천사, 당신이 없었다면 그곳은 웰링턴이 되었을 겁니다." (나머지는 아침이 지나쳐서 인용하고 싶지 않네요. 지난 5월 18일 당신의 생일을 맞아 저도 시를 한 수 지어보려 했으나 '버트런드 러셀, 만세! BBC의 총아'까지 쓰고는 더 나아가지 못했어요. 더는 쓸 수 없었지요.) 당신의 『행복의 정복』을 이제야 막 읽었는데, '여든을 넘기며'란 주제로 방송할 때 몇몇 장이 큰 도움이 될 것 같아요. 하지만 제가 마지막 말로 삼을 만한 얘기가 없는데 아마 당신이 놓친 모양이에요. 저는 《타임스》지에서 따온 말을 비문으로 남기고 싶어요. "브롬리커먼에서 너무나 아름다운 삶을 살았던 존과 메리 윌리엄스를 사랑으로 기억하며."

지난번 편지가 비애로 가득했으니 이번 편지는 즐거운 얘기로 가득할 것입니다. 잠시나마 당신의 관심을 끌 수 있기를 바랍니다.

1. 30년간 봉사해 온 나의 친절한 아일랜드인 가정부가 급성 심장 발작을 일으켰으나 호전되어 곧 돌아올 예정입니다.
2. 제가 테니슨에 관해 이야기한 방송이 큰 성공을 거두어 제3프로그램 프로듀서들에게 크게 인정받았으며, 보브 개손하디는 제게 이렇게 적어보냈어요. "당신의 방송은 너무나 좋았어요. 마치 사람을 홀리듯 아름답고 완벽한 작은 단편 같았는데, 특히 마지막에 '우리가 그를 얼마나 따분하게 만들었던가!'라고 비꼰 게 완벽했어요!"
3. 카린(앨리스의 질녀)이 다시 건강을 회복했는지 '절망'에 관한 책을 쓰고 있어요. 데즈먼드는 노년의 절망에 관해 말하고 있다는데 딱한 일이니 좋은 뉴스는 아니네요. 휴 트레버로퍼Hugh Trevor-Roper는, 만일 당신이 베를린 의회가 그렇게 될 줄 알았다면 후원하지 않았을 것이라고 썼더군요. 영국 의회(옥스퍼드 교수들의 현대판 고전 전통에 따르고 있지요)가 붕괴시키려고 안간힘을 썼던 그것은 일종의 정치적 시위였지요. 그 사람 자체가 편협한 옥스퍼드 교수이기 때문에 저는 그의 비평이 놀랍지도 않아요.

한없이 쓸 수도 있겠지만 이제 킹스로로 올라가 이 편지를 부쳐야겠어요. 당신이 잔인하게도 콘래드를 만나지 못하는 개인적인 슬픔을 겪고 있는 것이나, 존이 해군으로 복귀하게 될까 우려하고 있는 것에 대해선 전혀 얘기한 바 없어요. 당신의 심정을 진심으로 이해하지만 힘들더라도 행복을 정복할 수 있게 되길 빌어요.

런던, 첼시
1950년 7월 21일

친애하는 버티

16일자 당신의 편지가 제 생일이 한참 지난 후에야 도착했지만 대환영입니다. 오스트레일리아 사람들이 친절하고 수준이 높다니 다행입니다만, 가톨릭계 영국인들의 지배가 싸움을 부채질하고 있다는 얘기를 좀더 상세하게 듣고 싶네요. 저는 윔블던 선거 때 가톨릭 문제를 겪었던 것으로 기억하지만 교육에 관한 문제였던 것으로 압니다. 윔블던 선거 때 우리를 도와주었던 카디프 출신의 제 작은 친구 모드 리스 존스Maud Rees Jones를 기억하는지 모르겠네요. 그녀가 기억하는 것은 딱 하나, 당신의 방에서 바람에 날려간 우표들을 주우려 하자 당신이 줍지 말라고 하며 이렇게 말했다는군요. "당신이 우표들을 찾아다니면 나도 같이 찾아야 하지만 우리가 그대로 내버려두면 앨리스가 주울 겁니다." 과연 제가 금방 그렇게 했지요. 이디스 핀치Edith Finch의 책에서 우드Chas. Wood의 이름을 찾을 수가 없네요. 다만 35쪽에 이렇게 적혀 있어요. "그(블런트Blunt)는 스탠리 자매들 중 아래로 둘을 자주 만났다. 바로 케이트와 로절린드였는데, 아름답고 발랄한 그들은 신랄한 태도로 온갖 열렬한 편견을 펼치며 활기차고 떠들썩한 대화를 벌여 그를 핑핑 돌게 만들었다. 하늘과 땅에 존재하는 것 중에 질문이나 토론 없이 넘어가는 것이 없었다. 그들은 그의 내면의 지적 활력을 자극했으며, 그것은 훗날 그의 견해가 갖게 되는 개성과 밀접한 관계가 있었다. 그리고 더 직접적으로는 그가 독일에서 사는 동안 혼란을 겪는 결과로 나타났다." 그는 독일에서 1861년에 말렛 부인과 아주 가까운 사이가 되었는데, 그녀가 항상 종교적인 문제들만 생각하여 그를 걱정시켰지요.

우리가 신혼일 때 쓴 편지들 중 헤이그에서 쓴 것에 재미있는 대목이 있어요. "버티의 셔츠 단추를 두 개 꿰맸는데 내 바느질 솜씨에 대해 그는 스스로 예상한 만큼 많이 신경 쓰지는 않아요."

당신이 산호 섬을 구경한다니 부럽네요. 예전에 우리 둘이서 커즌Curzon의『동방의 수도원들Monasteries of the East』을 읽었지요? 전사한 젊고 똑똑한 작가 로버트 바이런Robt. Byron이 아토스 산(그리스 동북부의 산)에 관해 쓴 훌륭한 책이 재판되어 나왔는데, 아주 아름답고 흥미로워요. 제가 받은 또 다른 생일 축하 시에 다음과 같이 끝나는 게 있어요.

그리하여 여기, 레모네이드 잔이나 사이다 잔으로
(아주머니는 금주주의자시니까)
축배를 들고 마신다네
앞으로도 수십 년 그녀와 즐거이 함께하고
그 사랑스러운 얼굴을 보는 축복이 우리에게 계속되기를.

하지만 애석하게도, 타이완 공습과 한국전 패배 때문에 지금은 '즐겁지가' 못해요!

런던, 첼시
1950년 7월 24일

친애하는 노벨상 수상자께

당신에게 새로 부여된 영예 때문에 전 홀린 기분이에요. 축하 전보를 보내고 싶어도 주소가 확실치 않아 유감일 따름입니다. 저는 7일에 그 사실을 알았어요. 제 친구인 스웨덴의 한 기자가 당신 소식을 듣고 여기

왔었거든요. (제가 그에게 레갓Leggatt의 책을 빌려주었어요. 물론 이미 스웨덴어로 번역되어 있겠지만.) 그가 덧붙여서 말하기를, 처칠과 크로체Croce〔이탈리아의 정치가, 철학자, 역사학자〕가 당신과 경합을 벌였으나 당신이 이겼다고 하더군요. 이곳 신문들이 난리가 난 것은 물론 어린이를 대상으로 하는 BBC 방송의 한 토크 프로그램에서는 당신을 가리켜 "인류애와 자유 언론의 사도"라고까지 했어요. 미국 신문들도 아마 당신 이야기로 법석을 떨었을 거예요. 저는 당신이 그 미국 치과 의사의 아내와 상금을 나누지 않았으면 좋겠어요. 물론 그녀는 다소 맥빠진 기분이겠지만.

스와트모어에서 보내온 편지 고마웠어요. 가엾은 이블린(화이트헤드의 부인) 얘기를 듣고 충격 받았어요. 천사같이 돌봐주던 앨프레드마저 가고 없으니〔1947년에 화이트헤드가 사망했음〕 그녀가 너무나 딱하게 느껴져요. 자식들이라도 위안이 되었으면 좋겠어요. 당신이 스톡홀름으로 가기 전이나 후에 언제 한번 만날 수 있기를 기대합니다. 스칸디나비아가 철학자들의 건강에 나쁜 곳이라는 얘기에는 나도 동감해요. 하지만 그 나라 왕이 새벽 5시에 당신을 깨운다거나, 설마 스토브 위에 앉거나 속에 들어가 몸을 덥히라고 하지는 않겠지요. (말이 난 김에 얘기지만, 그 왕이 베런슨과 가까운 친구여서, 바로 얼마 전에도 베런슨이 사는 이 타티에 다녀갔어요. 베런슨이 나를 통해 당신에게 축하 전보를 띄웠으니 그에게 당신의 에세이집을 잊지 말고 보내주었으면 좋겠어요.) 당신이 놓쳤음직한 몇몇 기사 스크랩과 플로렌스 알레비의 편지를 미리 부쳤어요. 데즈먼드가 버나드 쇼에 관해 쓴 것두요. 당신이 쇼에 관해 쓴 글은 벌써 나왔나요?

다시는 여행할 뜻이 없다고 하니 반가워요. 내 생각에도 이제는 여행으로 인한 긴장에 시달려서는 안 돼요. 그리고 국제주의란 대의를 위해

저 자신도 30년 동안 열심히 일해 왔지만, 당신은 조국에서 방송 일을 하고 글을 씀으로써 그 대의에 더 많이 기여할 수 있다고 생각해요.

그렇게 되면 성탄절 때 세면 도구 주머니를 새로 사주지 않아도 되겠네요. 당신에겐 그게 필요하리라 짐작했거든요.

런던, 첼시
1950년 11월 19일

〈T. S. 엘리엇과 주고받은 편지들〉

친애하는 버티 선생님

여러 방면의 소수에게나 주어지는 그 훈장을 받게 되셨으니 다른 많은 사람들에게 이미 축하를 받으셨겠지만 제가 보내는 진심 어린 축하도 받아주셨으면 합니다. 선생님이 『라이프니츠의 철학Philosophy of Leibniz』, 『수학 원리』 등 35년 전 제게 소중한 양식이 되었던 책들의 저자라는 점을 감안하면 비록 늦은 감은 있지만 적절한 보상이 아닐 수 없습니다. 또한 선생님은 리스 강좌의 저자인 동시에, 영어 산문을 제대로 쓸 수 있는 몇 안 되는 생존자의 한 사람입니다.

추신 : 트리니티 학장은 선생님께 리본에 안전 핀을 꽂으라고 권하지만 깔끔하게 양쪽으로 집어넣는 것이 훨씬 좋을 것 같습니다.

런던, 1949년 6월 10일

친애하는 톰

편지 정말 고마웠네. 옛날에 우리가 러셀 체임버스에서 함께 뒹굴 때만 해도, 시간이 흘러 우리가 이렇게나 존경받는 인물들이 되리라곤 예상하지 못했었지.

조지 트레비와 상반되는 자네의 견해에 대해선 내가 틈나는 대로 시험해 보겠네[리본 얘기임].

노스웨일스
1949년 6월 13일

친애하는 버티 선생님

며칠 전 밤에 아내와 함께 선생님의 방송 회견을 듣고 대단히 성공적이라고 생각했습니다.

아시다시피 많은 주제들에 있어 저는 선생님과 견해가 다르지만, 선생님이 더할 나위 없이 점잖으면서도 설득력 있는 방식으로 자신의 믿음들을 전달한다는 느낌을 받았습니다. 저는 선생님이 이 점을 꼭 알아주셨으면 했습니다. 선생님이나 저나 지금까지 살아오면서 다소 원숙해졌을 테니 말입니다.

지난 일들을 생각하면 감사와 애정을 느낍니다.

런던, 1964년 5월 20일

친애하는 톰

5월 20일자 편지 고마웠네. 내가 방송에서 한 얘기를 '점잖고 설득력 있다'고 생각했다니 기뻤네. 자네한테서 다시 소식 듣고 반가웠네.

1964년 5월 23일

〈신연방 협회New Commonwealth Society' 총서기 풋N. B. Foot의 편지〉

친애하는 러셀 경

'신연방'에 관한 정보를 좀 드릴 수 있을까 하고 당신이 대륙으로 출발하시기 전에 이 편지를 띄우는 바입니다. 아마 유용한 정보가 될 것입니다. 그러나 먼저, 이번 여행을 수락해 주신 데 대해 거듭 감사를 표하고 싶습니다. 당신이 우리의 대표로 활동하시면서 우리의 명예를 높여 주는 점에 깊은 고마움을 느끼고 있으며, 당신의 방문이 우리 협회의 제안에 관심을 불러일으키는 데 매우 귀중한 역할을 하리라 확신합니다. 시톱Sibthorp 양이 당신을 위해 준비해 둔 것들이 모든 면에서 만족스럽기를 바랍니다.

당신은 친절하게도 우리에게 연설문 개요를 제공해 주셨습니다. 저는 그것을 읽고 탄복해 마지않았으며, 외람된 말이 될지 모르겠습니다만 우리가 당면해 있는 문제들과 그 해결책에 대해 훌륭한 분석을 제공하고 있다고 생각됩니다. 그 해결책을 제시하는 것이야말로 우리들의 목표지요. 아시다시피 우리는 주요 전쟁 무기들을 국제화하고 정치적이고 사법적인 모든 분쟁들을 평화적으로 해결할 수 있는 기구를 창출하는 것이 급선무라는 점을 항상 역설해 왔습니다. 당신과 마찬가지로 우리도 제대로 된 세계 의회의 수립은 아직 요원한 목표라고 보기 때문에, 그와 같은 발전 가능성이 확보되기 전까지는 당신이 연설에서 언급하시는 바와 같은 법률적 기능을 철저하게 공정한 국제 사법 재판소에 위임해야 한다고 생각합니다. 그 재판소가 완벽한 도구가 되지는 못하리란 점, 우리도 충분히 인정하지만 사법 이외 분야의 이슈들을 공정하게 해결하기 위해서는 '안전 보장 이사회'나 '영구 법정'보다는 그것이 훨씬 더 적당한 형태라고 믿고 있습니다. 안전 보장 이사회는 자국의 이익을 높이는 것을 1차적인 업으로 삼고 있는 정치인들로 구성되어 있고, 영구 법정은 순수법을 벗어난 분야에 대해선 지식이나 경험이 거의 없는 법률가들로 구성되어 있다는 점을 감안해야 하기 때문입니다.

우리 협회에 대해 말씀드리자면, 활동 범위를 대영제국에 국한하지 않고 항상 국제적 운동 기구의 역할을 다하고자 노력해 왔다는 점에서 '유엔 협회'나 기타 유사 조직들과 다르다고 할 수 있습니다. 우리는 전쟁 전에 이미 유럽 대부분의 나라들에서 각 나라별 분과의 맹아 조직을 구축했으며, 그러한 분과들이 모여 이른바 우리의 국제적 분과를 구성했습니다. 우리에게는 지금 이 기구의 재건이 당면 과제인 바, 당신이 이번에 저지대 국가들(베네룩스 3국의 총칭)을 방문하게 되면 그 같은 우리의 과제를 한 단계 더 진전시키는 데 크나큰 도움이 될 것임은 두말할 여지도 없습니다.

네덜란드에서는 이미 '신연방 위원회'의 초석이 다져져 반 데 코펠로 van de Coppello 박사가 위원장직을, 포르토인 Fortuin 박사가 명예 간사직을 맡고 있습니다. 물론 당신도 이번 방문 때 그들을 만나게 될 것이기 때문에, 그들이 우리 운동과 구체적으로 어떤 관계를 맺고 있는지 알고 싶어하실 것이라 짐작되었습니다. 덧붙여서, 페테르 데 칸테르 Peter de Kanter 박사와 그의 아내인 데 칸테르 반 헤팅가 트롬프 de Kanter van Hettinga Tromp 부인의 이름도 언급하고 싶습니다. 그들은 우리 위원회의 위원들로서, 신연방 활동에 늘 주도적인 역할을 해왔습니다.

벨기에의 경우는, 가까운 장래에 조직이 구축되리라 예상되지만 아직까지는 아무 성과가 없습니다.

이런 편지를 띄워 번거롭게 해드린 점 사과드리면서, 우리를 위해 이번 여행에 응해 주신 데 대해 다시 한 번 깊이 감사하는 바입니다.

런던, 1947년 9월 25일

〈 '신연방 협회' 네덜란드 분과 위원장과 간사가 보내온 편지〉

친애하는 러셀 경

서유럽 대륙 순방을 마치고 지금쯤 영국으로 돌아가 계시겠지요. 암스테르담과 헤이그에서 '신연방 협회' 네덜란드 분과를 위해 강연해 주신 데 대해 다시 한 번 깊은 감사의 뜻을 전하고 싶습니다. 우리들 대다수가 당신의 무수한 주요 저서들을 통해 이미 당신을 알고 있었지만, 우리의 마음을 차지하고 압박해 온 문제—'전쟁이냐 평화냐'라는 수세기의 역사를 가진 문제—에 관해 말씀하시는 것을 직접 듣게 된 것은 정녕 잊지 못할 사건이었습니다. 당신의 말씀이 우리의 걱정을 모두 씻어 주었다고는 할 수 없습니다. 오히려 그 반대로, 1930년대 이후로 우리에게 익숙해진 모든 문제들의 현 상황에 대한 당신의 탁월한 분석은 우리의 걱정을 더 한층 심화시켰습니다. 그러나 법의 지배를 확립하는 것을 목표로 하는, 따라서 위반자가 나올 경우 필요하다면 무력에 의해 경고 조치를 할 수도 있는 국제적 정의 기관을 건설하고자 애쓰는 사람들 속에 이제 당신도 합류하셨다는 것을 우리는 확인하게 되었습니다.

당신의 우리나라 방문이 크게 성공적이었다는 것은 관중의 수와, 당신이 나눈 많은 대화들을 통해 이미 짐작하셨을 줄 압니다. 네덜란드의 일간지나 주간지 중에 당신의 방문과 강연 내용을 다루지 않은 신문이 없습니다.

당신의 방문에 감사하며, 러셀 경, 당신의 말씀을 우리는 결코 잊지 않을 것입니다.

네덜란드 암스테르담
1947년 10월 7일

〈길버트 머리의 편지〉

친애하는 버티

당신이 철학회 만찬장으로 보낸 편지에서 50여 년에 걸친 우리의 깊은 우정을 언급한 것에 크게 감명받았소. 내 생각에도 그 얘기는 근본적인 공감대에 관한 한 지극히 사실이며, 나 자신도 늘 그 점을 느끼고 있고, 또 자랑스럽게 생각한다오.

나는 다른 철학자들보다 당신을 좋아하는 이유를 이렇게 설명했소. 홉스, 헤겔, 마르크스 등 다른 철학자들은 대부분 다소 끔찍한 결론을 입증하려고 애쓴 데 반해, 당신은 내가 볼 때, '2 더하기 2는 4'라는 것을 제대로 설명하는 것으로 만족했으며, 그것은 비록 서글픈 결론이기는 하지만 적어도 참아줄 만한 결론이었다고 말이오. ("2 더하기 2는 4이며 절대로 5나 3이 될 수 없다는 것을 생각하면서 인간의 마음은 과거 오랫동안 아파왔고 앞으로도 오래도록 그럴 것 같소.")

조시아 웨지우드의 조카가 그의 일생을 쓴 책 『급진주의자들의 최후 The Last of the Radicals』를 읽어보았소? 저자가 여러 사람들에게 질의서를 보냈는데 그 중에 이런 질문이 있었소. "당신이 실패한 이유가 무엇이라고 생각하십니까?" 자신이 실패하지 않았다고 대답한 사람이 딱 한 명 있었는데 바로 비버브룩Beaverbrook 경이었다오! 흥미롭고도 지극히 당연한 이야기가 아니고 무엇이겠소!

하늘의 뜻인지, 내가 발에 물집이 잡혀 절름발이가 되고 말았소. 신발도 신을 수 없으니 성가시기 짝이 없구려.

나는 언제나 당신의 친구이며, 한순간이나마 내가 완전히 실패자는 아니라고 생각하게 만들어준 그 편지에 대해 진심으로 고마움을 전하는 바이오.

영국 옥스퍼드
1951년 9월 12일

〈프랭크 심슨Frank E. W. Simpson 장군의 편지〉

친애하는 러셀 경

먼저 제 소개를 드리자면, 금년 초에 찰스 다니엘Charles Daniel 해군 제독의 뒤를 이어 현재 이 칼리지의 사령관으로 있는 사람입니다.

L·E·T·T·E·R·S

 제가 이렇게 편지를 올린 것은 금년 12월에 다시 우리 학교를 방문하여 '인류의 미래'에 관해 훌륭한 말씀을 들려주실 틈이 있으신지 여쭤보기 위해서입니다. 선생께서 지난 몇 년 동안 우리 칼리지에서 매우 소중하고 자극이 되는 말씀들을 들려주셨다고 다니엘 제독에게서 들었습니다.

 제가 염두에 두고 있는 날짜는 오는 12월 4일 화요일이며 시간은 오전 10시 15분입니다. 저희 학교의 일반적인 절차에 대해선 잘 아실 것입니다.

 모쪼록 동의해 주시기를 바라는 바이며, 위의 날짜가 선생의 사정에 맞았으면 좋겠습니다.

런던, 벨그레이브 스퀘어, 임페리얼 디펜스 칼리지
1952년 7월 16일

〈1954년 4월 22일자《맨체스터 가디언》지에 실린 글―버트런드 러셀〉
원자력 무기에 관하여
편집장 귀하

 귀지 4월 20일자에 실린 주요 논설에 이런 얘기가 있었습니다. "미국은 전쟁에서 원자력 무기를 최초로 발포할 만큼 어리석거나 사악하지는 않다." 이 말을 있는 그대로 해석하면 두 가지 뜻이 됩니다. 만일 미국이 최초로 포를 날리지 않는다는 의미라면 옳은 얘기가 될 것입니다. 그러나 미국이 원자력 무기를 사용하는 최초의 국가는 아닐 것이란 의미라면, 귀하는 분명 실수한 것입니다. 미국 당국자들은 러시아나 중국의 공격이 있을 시에는 철저하게 보복하겠다고 공언해 왔으며, 그것이 원폭을 뜻한다는 것은 분명합니다. 세계대전에서 서방 열강들이 원폭을 사용하지 않으면 패배할 것이고 사용하면 승리할 것이라는 게 전문가들의

대체적인 견해인 듯합니다. 만일 러시아 당국자들의 시각도 그러하다면, 그들은 전쟁 초반에 원폭의 사용을 피하면서 최초의 사용자란 오명을 우리 측에 넘기려 할 것입니다. 어느 누가 서방 열강이 패배를 택하리라고 생각할 수 있겠습니까? 이 같은 선택 상황을 미리 막을 수 있는 길은 단 하나, 바로 세계대전을 예방하는 것밖에 없습니다.

(우리 논설의 요지는, 미국이 양심의 가책 때문에 행동을 주저한다는 것을 중국이 잘 알고 있기 때문에 인도차이나에 개입하는 짓을 멈추지 않으면 원자력 무기로 응징하겠다는 미국의 위협을 중국이 무시할 가능성도 있다는 얘기였을 뿐이다. 우리도 러셀 경의 일반적인 견해에 공감하는 입장이다. ―《맨체스터 가디언》지 편집부)

〈나의 사촌 클로드 러셀의 편지〉

사랑하는 버티

플로라가 (《보그Vogue》지에 실린) 자네의 유년기 추억담을 읽어주었는데 정말 재미있었네. 당연히 나의 추억도 불러일으키는 얘기들이니 더더욱 재미있었지. 펨브로크 로지 시절을 아는 사람도 이제 몇 명 남지 않았겠군. 주일이 되면 우리 부모님도 꽤 자주 그곳을 방문했던 것 같네. 런던에서 말 한 필이 끄는 4륜 마차를 빌려(부모님은 런던에서는 마차를 소유하지 않으셨네) 우리들 한둘씩을 태우고 달려가시곤 했지. 하지만 나는 이따금 그곳에서 보낸 주말이 더 똑똑하게 생각난다네. 당연히 자네 할머니나 내 부모님은 우리 둘이 친하게 지내는 것을 즐겁고도 유익하다고 생각하셨지. 자네 조부께서는 이미 돌아가시고 안 계셨지. 나는 그분을 뵙지는 못했으나 오들리 스퀘어에 살 때 아침 식사 자리에서 아버지가 어머니에게 "존 아저씨가 돌아가셨어"라고 말씀하셨던 게 기억나네. 그리고 그분의 가터 훈작사 훈장을 여왕에게 반환하는 일을

L·E·T·T·E·R·S

아버지가 맡게 되었는데 훈장의 중요한 일부―별 아니면 가터 부분이었을 거야―를 찾을 수가 없어, 여왕에게 그렇게 고했더니 "그건 중요하지 않다"고 대답하셨다고 들었네. 나는 펨브로크 로지도 다시 보고 싶고 언덕에도 올라 걸어보고 싶네. 아마 지금은 황폐해져서 나라에 큰 공훈을 세운 관리의 집이라 보기도 힘들 테지. 윈저 성도 기억나고, 헨리 8세가 리치먼드 언덕에서 앤 불린Anne Boleyn이 처형되었음을 알리는 조포가 발사되는 것을 지켜보았다는 얘기도 생각나네. 가족이 모두 모여 기도할 때 남들에게 들리도록 찬송가를 부르라고 해 당혹스러웠던 일도 기억나고. 요즘에 그런 규칙을 지키면서 가족 예배를 올리는 가정이 과연 몇 집이나 될까 모르겠네. 내가 아는 마지막 예는 어니스트 사토Ernest Satow 경 댁이네. 그분은 베이징에서 나의 상관으로 계셨는데, 은퇴하신 후에 한번 찾아뵈었지. 결혼을 않고 사시는 지적인 분이신데, 거기 있는 책을 모두 읽어 가히 백과사전이라 할 만큼 아는 게 많으셨다네. 그럼에도 나는 그가 확실한 기독교인이라고 믿네. 베이징 공사관 부속 예배당에서 본 그의 품행에서도 그런 인상을 받았는데, 가족 예배를 보고는 확신하게 되었지. 그의 집사이자 요리사, 가정부였던 일본인이 저녁 식사가 끝난 후에 나타나 기도를 주관하더군. 펨브로크 로지와 관련해 유일하게 불쾌한 추억이 있다면 로건이란 성을 가진 자네 친구 두 명이라네. 그들이 날 경멸하기로 작정하고는 공공연히 그렇게 굴었던 것 같네. 내가 나약하고 순진해 보였던 모양이야. 하지만 그들을 자주 보지는 않았지. 그와 반대로 행복했던 기억을 말하라면, 나도 자네처럼 애너벨Annabel(우리는 그녀를 클라라라고 불렀지)[1]이 떠오르네. 나는 요크 하우스에도 종종 가보았네. 그녀의 양친이 인도에 가 계실 때는 그

---

1) 마운스튜어트 그랜트 더프 경의 딸.

녀가 방학을 맞아 우리한테 오곤 했기 때문에 나는 그녀를 깊이 사랑하게 되었지. 그때 내가 열대여섯 살쯤 되었을 거야. 펨브로크 로지에 있던 가구며 그림들은 모두 어떻게 되었는지 궁금하네. 아마 애거서 아주머니가 해즐미어에 옮겨다 놓았겠지. 특히 홀에 놓여 있던 실물 크기의 여자 누드 대리석상이 생각나네.[2] 자네 조부께서 이탈리아의 해방과 단결에 기여하신 데 대한 감사의 뜻으로 이탈리아 사람들이 선물한 것으로 알고 있네. 나도 자네처럼 러셀 가문 특유의 수줍음과 예민함을 물려받아 평생 큰 곤란을 겪었으나, 형이상학 쪽으로는 조금 애써보기는 하지만 재능이 없는 것 같네. 내 아버님과 형님은 그쪽으로 재능이 있었지만 자네처럼 전문적이지는 못하셨지. 내가 프랑스계 선조들한테 빚진 것이 무엇인지는 다른 사람들이 판단해 줄 일이지. 최근에 비콘스필드 Beaconsfield 경의 서한집에서 1865년에 오번에서 빅토리아 여왕께 보낸 편지를 발견했는데, 이렇게 적혀 있다네. "러셀 가문의 주요 특징이자 타고난 결함은 수줍음입니다. 심지어 헤이스팅즈Hastings조차도 어색하게 쾌활한 척하면서 감춰보려 애쓰지만, 그 특징에서 벗어나지 못합니다." 나의 수줍음은 그 정도도 못할 만큼 심하다네.

내 가족이 지브롤터를 사수한 영웅과 관계되어 있음을 알게 되어 기쁘네. 내 대고모의 종조부 말일세. 아테네Athenais Russell와 나는 지브롤터에 가 겨울을 보내곤 했네. 자네도 앞으로, 영국의 겨울을 피하고 싶거든 그곳으로 가보라고 권하는 바일세. 기후도 리비에라보다 낫고, 영국 화폐가 사용되는 곳이라 더 좋다네.

너무 긴 편지가 되어 미안하네. 이 얘기 저 얘기 하다 보니 그렇게 되

---

[2] 이 대리석상의 받침대에는 이런 글귀가 새겨져 있었다.
"존 러셀 경에게 이탈리아가 감사를 바치며."

었네.

영국 콘월
1952년 7월 12일

사랑하는 버티

편지 고마웠고, 펨브로크 로지의 운명 때문에 격분하는 심정 나도 충분히 공감하네. 자네가 말하는 '벼슬아치 근성'을 지금은 '돈벌레 근성'이라고 할 수 있을까? 어쨌거나 런던에 머물 때 그 추억의 장소에 다시 한 번 가보고 싶네. 어쩌면 이럴지도 모르지.

'다정한 기억이 지난날의 빛으로 / 내 주위를 밝히네.'

혹은 이럴 가능성이 더 많아.

'불빛 사라진 연회장은 적막한데 / 홀로 거니는 이 마음.'

그러나 애거서 아주머니가 처리를 잘 못했어. 내가 기억하는 그 이탈리아 대리석상을 뉴넘 칼리지에 기증했더라면 찬탄을 불러일으키는 예술 작품이 되어 사람들로 하여금 흐트러진 생각 따윈 절대 못하게 만들었을 텐데.

다음 겨울에 영국의 혹한을 피하고 싶거든 지브롤터에서 봤으면 좋겠네. 기후가 리비에라보다 고르고 건강에 좋을 뿐 아니라 영국 땅이기 때문에 본국에 은행 잔고가 있을 경우 찾아 쓰거나 잔고 이상으로 인출할 수도 있네. 지브롤터 사람들은 전형적인 영국인들은 아니지만 다정스럽고 충직하다네. 그들은 자신들의 빵 어느 쪽에 버터가 발라져 있는지 잘 알고 있어서 실지失地 회복주의〔이탈리아의 미수복지를 합병하려는 운동〕자는 한 명도 없지. 다 그런 식이지, 뭐!

머물 숙소로는 록 호텔이 있는데 잘 운영되고 있으나 비용이 아주 저렴하다고는 할 수 없네.

L·E·T·T·E·R·S

영국 콘월
1952년 8월 9일

〈알베르트 아인슈타인과 주고받은 편지들〉
친애하는 아인슈타인

조지프 매카시의 조사 대상에 오른 교수들은 증언을 거부해야 한다는 당신의 주장에 진심으로 동의하오. 이 문제와 관련해《뉴욕 타임스》지가 당신의 견해에 반대하는 논설을 실었을 때 내가 당신을 지지한다는 내용의 편지를 보냈소. 그러나 내 글을 실어주지는 않을 것 같소. 그 사본을 동봉하니 필요하다고 판단하면 얼마든지 활용하셔도 좋습니다.

영국 서리
1953년 6월 20일

친애하는 버트런드 러셀

《뉴욕 타임스》지에 띄운 당신의 훌륭한 편지가 좋은 대의에 큰 보탬이 되고 있소. 이 나라의 모든 지식인들은 물론 어린 학생들에 이르기까지 철저하게 협박받고 있소. 정치인들이 열을 올리는 이 얼토당토 않은 작태에 대해 당신을 제외하고는 사실상 어떤 '저명인'도 감히 맞서지 못하고 있소. 대중을 대상으로, 러시아와 미국 내 공산주의자들이 국가의 안전에 위협이 된다고 설득하는 데 성공했기 때문에 이 정치인들은 자신들의 힘이 막강하다고 보고 있소. 그들이 퍼뜨리는 이야기들이 조잡해질수록 그들은 오도된 국민들이 자신들을 다시 뽑아줄 것으로 더욱 자신하고 있소. 아이젠하워Eisenhower가 로젠버그Rosenberg 부부〔줄리어스Julius와 에셀Ethel. 간첩죄로 사형을 선고받은 미국 최초의 민간인. 1953년에 사형됨. 공범자 모턴 소벨Morton Sobell은 30년형을 받았음〕를 사형시킬 경우 대외

L·E·T·T·E·R·S

적으로 미국의 평판에 큰 악영향이 미친다는 점을 뻔히 알면서도 사형 선고를 감히 감형해 주지 못한 것도 바로 그 때문이오.

당신의 신간들인 『과학이 사회에 미치는 영향』과 『도시 근교의 사탄』을 아주 꼼꼼하게 즐기면서 읽어보았소. 자신의 뛰어난 문학적 재능을 대중의 계몽과 교육에 활용해 왔다는 점에서 당신은 많은 칭찬을 받아 마땅하오. 나는 당신의 저서들이 지속적으로 큰 영향력을 발휘할 것이라 확신하오. 역설과 과장을 이용할 수도 있었겠지만 그러한 단명하는 효과를 얻고픈 유혹을 뿌리쳤으니 더더욱 그럴 것이오.

부디 안녕하시길 진심으로 비오.

미국 프린스턴

1953년 6월 28일 (독일어 번역문)

친애하는 아인슈타인

당신의 편지 대단히 고마웠고, 더할 나위 없이 큰 격려가 되었소. 놀라운 일이지만 《뉴욕 타임스》지가 마침내 당신에 관한 나의 편지를 실어주었소. 당신이 자유주의 정신을 가진 미국 대학인들에게 영향력을 미칠 수 있기를 비오. 안녕히 지내시길 진심으로 바라오.

영국 서리

1953년 7월 5일

〈1940년 뉴욕 시립대 소동 당시에 알베르트 아인슈타인이 러셀에 관해 쓴 시 (독일어 번역문)〉

너무나 아름답고 정직한 이 세상에서

이런 짓이 되풀이되고 있네

목사는 대중들에게 겁을 주고

천재는 사형에 처해지나니.

〈1946년에 알베르트 아인슈타인이 러셀의 『서양 철학사』에 관해 쓴 글 (독일어 번역문)〉

버트런드 러셀의 『서양 철학사』는 귀중한 책이다. 이 위대한 사상가에게서 발견되는 발랄한 생동감과 독창성, 먼 시대 먼 지성들과의 교감을 어떤 말로 찬탄해야 좋을지 모르겠다. 나는 너무나 메마르고 사나운 우리 세대가 그처럼 현명하고 지조 있고 과감한 동시에 유머 감각까지 갖춘 사람과 함께할 수 있다는 자체가 행운이라고 생각한다. 이 책은 당파와 견해의 갈등을 초월한, 가장 교육적인 책이다.

〈'자유주의자의 10계명'[3] — 버트런드 러셀〉

자유주의적 시각의 본질을 새로운 10계명으로 요약해 보았다. 이것은 과거의 것을 대신한다기보다 보완하는 차원에서 만들어진 것이다. 교사의 한 사람으로서 내가 선포하고 싶은 10계명은 다음과 같다.

1. 어떤 것을 절대적으로 확신하지 말라.
2. 어떤 것을, 증거를 은폐하는 방법으로 처리해도 좋을 만큼 가치 있다고 생각지 말라. 그 증거는 반드시 백일하에 드러나니까.
3. 필히 성공할 것으로 판단되는 생각을 절대로 단념하지 말라.
4. 반대에 부딪힐 경우, 설사 반대자가 당신의 아내나 자식이라 하더라도, 권위가 아닌 논쟁을 통해 극복하도록 노력하라. 권위에 의존

---

3) 이것은 1951년 12월 16일자
《뉴욕 타임스 매거진The New York Times Magazine》지에 실렸던 나의 글,
'광신주의 대 자유주의에 대한 최선의 대답The Best Answer to Fanaticism -Liberalism'
말미에 처음 소개되었다.

한 승리는 비현실적이고 실체가 없기 때문이다.
5. 다른 사람들의 권위를 존중하지 말라. 그 반대의 권위들이 항상 발견되기 마련이니까.
6. 유해하다고 생각되는 견해들을 억누르기 위해 권력을 이용하지 말라. 그렇게 하면 그 견해들이 당신을 억누를 것이다.
7. 견해가 유별나다고 해서 두려워하지 말라. 지금 인정하고 있는 모든 견해들이 한때는 유별나다는 취급을 받았으니까.
8. 수동적인 동의보다는 똑똑한 반대에서 더 큰 기쁨을 찾아라. 현명한 지성을 소중하게 여기는 것은 당연한 태도이며, 그렇게 할 때 똑똑한 반대에는 수동적인 동의보다 더 깊은 의미의 동의가 함축되어 있다.
9. 비록 진실 때문에 불편할지라도 철저하게 진실을 추구하라. 그것을 숨기려다 보면 더 불편해진다.
10. 바보의 낙원에 사는 사람들의 행복을 절대로 부러워하지 말라. 오직 바보만이 그것을 행복으로 생각할 테니까.

〈1954년 4월 1일자 《뉴스 크로니클News Chronicle》지에 실린 기사〉

러셀은 이미 예언했다

1945년 11월, 상원 의회에서 원자 폭탄에 대해 연설하면서 버트런드 러셀은 이렇게 말한 바 있다. "현재의 원자 폭탄과 비슷한 어떤 기술을 이용하여 훨씬 더 파괴적인 폭발물이 만들어질 가능성이 있다. 그것은 수소에서 한층 무거운 원소들을 합성하여 얻어질 것이다. 이러한 사태는 우리의 과학 문명이 계속되는 한, 우리의 과학 문명이 자멸을 초래하지 않는 한, 반드시 발생한다. 아니, 필히 발생하게끔 되어 있다."

⟨1954년 4월 1일자 《뉴스 크로니클》지에 실린 기사⟩

핵 폭탄 : 우리는 여기서 어디로 갈 것인가?

모든 사람들이 궁금해하는 문제에 대해 수학자이자 철학자인 버트런드 러셀이 답하고 있다(로버트 웨이드먼Robert Waithman과의 대담에서).

버트런드 러셀은 구부정한 파이프 담배를 입에 문 채 자신의 안락 의자에 꼿꼿이 앉아, 수소 폭탄에 대해 점잖게 이야기했다. 그러나 그의 결론은 결코 점잖다고 할 수 없었다.

생존하는 영국 최고의 철학자로서 20세기 초부터 이 시대를 움직여온 정신과 지적 용기의 소유자인 그는 향년 81세. 백발에 부드러운 음성을 가졌지만, 자신의 견해를 말할 때는 늘 그러했듯 너무나 명쾌하다. 나는 그에게 일련의 질문을 던졌고, 그는 다음과 같이 대답했다.

Q. 수소폭탄 실험 과정에서 착오로 인한 재앙이 발생할 수도 있다고 불안해하는 사람들이 있는데, 근거 있는 생각일까요?

A. 그러한 실험들이 아주 위험해지는 시기가 물론 오겠지만, 아직은 우리가 그 시점에 도달했다고 보지 않습니다. 수소폭탄 전쟁이 터진다면 런던 시민은 사실상 전멸할 것이 확실합니다. 폭탄이 비오듯 쏟아져 농지를 불모로 만들 것이고, 그 결과 엄청난 기근이 닥칠 것입니다. 하지만 지금 우리는 평화기에 실시되는 실험을 두고 이야기하고 있습니다. 그런 실험들이 재앙을 초래할 것 같지는 않습니다. 방사능 재를 흠뻑 뒤집어쓰게 되고, 고기잡이에 타격을 받거나 아예 못하게 되는 사람들의 경우 물론 불평하는 게 지당하겠지요. 그러나 방사능 재가 비오듯 쏟아지더라도 1883년 크라카토아 화산 폭발 후 목격된 현상에 비할 바는 못 되리라 예상됩니다. (나는 그때 일을 똑똑

히 기억하고 있소.) 폭발 실험이 자주 행해지지 않는 한 해양 생물에 심각한 타격이 될 것 같지는 않습니다. 지금 당장도 바다는 기름 공해로 피해를 보고 있지 않습니까? 물론 폭탄보다는 훨씬 덜 극적인 얘기지만.

Q. 사람들이 은근히 두려워하고 불안해하는 심리가 사회에 악영향을 미칠 수 있다고 보십니까?

A. 아시다시피 그런 영향은 오래 가지 못합니다. 원폭이 처음 등장했을 때도 사람들은 흥분 상태에 빠졌지만 얼마 지난 후에는 잊어버렸습니다. 위기가 계속 가중되는 상황이라면 물론 문제가 다르겠지요. 그러나 아무리 엄청난 것이라도 해묵은 위험을 걱정하여 일상의 업무에서 손을 놓는 일은 없습니다. 최초의 원자 폭탄이 터진 이후로 출생률이 계속 높아졌다는 사실을 알고 계실 것입니다. 그것은 신뢰할 만한 실험입니다. 나는 원폭의 공포보다도, 누구나 다 이해하는 문제인 실업의 공포가 훨씬 더 큰 사회적 영향력을 지닌다고 말하고 싶습니다.

Q. 그럼 국제적인 영향은? 우리가 전략적으로 막다른 골목에 이르렀다고 보십니까? 지금 러시아와 서방 국가들 간에 논의가 이루어질 수 있는 새로운 근거가 있습니까?

A. 수소 폭탄의 존재는 세계의 모든 정부들에게 완벽하게 명쾌한 양자 택일을 제시한다고 봅니다. 국제적 권위에 복종할 것인가, 아니면 인류의 멸망을 택할 것인가? 정부나 개인이나 대부분 이 양자 택일에 직면하지 않으려 할 것입니다. 세계 정부란 개념을 아주 혐오하기 때문에 가능하면 그 이슈를 피하려고 하지요. 길 가는 사람을 잡고 한번 물어보세요, 영국 해군이 부분적으로 러시아인들의 지시를 받아야 하는 상황을 받아들일 수

있느냐고. 아마 머리카락을 곤두세울 것입니다. 그러나 그것이 야말로 우리가 고려해 보아야 하는 방안입니다.

Q. 폭탄 실험을 중지시켜야 한다는 제안에 대해선 가치가 없다고 보십니까?

A. 러시아가 실험을 중단하게 만들 수 있는 길을 우리가 찾아내기 전에는, 일고의 가치도 없는 얘깁니다. 나는 딱 한 가지 방법이 있다고 봅니다. 승리할 수 없다는 것을 러시아인들에게 아주 확실하게 인식시키는 것, 다시 말해 수소 폭탄을 이용해 세계를 공산화하려는 시도는 결코 성공하지 못한다고 납득시키는 방법입니다. 어쩌면 그들도 이미 그 점을 깨닫기 시작했는지 모릅니다. 러시아 지도자들이 지금 러시아 국민들에게 원폭 전쟁으로 예상되는 참상을 이해하도록 허용하고 있다는 사실이 의미 심장하지 않습니까. 그러나 만일 나라면 절차를 앞당겼을 것입니다. 세계의 모든 정부들, 특히 러시아 정부에 초대장을 보내, 미국의 실험 결과를 지켜볼 수 있도록 참관인들을 파견하라고 했을 것입니다. 그렇게 하면 모든 것이 지극히 명명백백해질 것입니다. 한 가지 더 해야 할 일이 있습니다. 지금 우리는 너무나 무분별하게 공산주의자를 탄핵하는 장광설에 열을 올리고 있는데, 그러한 목소리를 줄여야 합니다. 국제 사회의 예의를 되찾을 수 있도록 노력해야 합니다. 그것이 큰 도움이 될 것입니다.

Q. 만일 러시아인들이 납득하게 되면 그후에는?

A. 긴장을 완화시켜 나가는 한편, 원폭 전쟁에서 승리 전망이 없다는 점을 러시아인들에게 확신시킬 수 있다고 봅니다. 그런 다음에 1단계로 중대한 조치가 취해져야 할 것입니다. 국제적

L·E·T·T·E·R·S

권위를 갖는 하나의 기관이 모든 핵 원료 물질의 원료를 보유하고 그 권위에 의해서만 채굴, 가공할 수 있도록 하는 협정을 이뤄내야 합니다. 어떤 나라나 개인도 핵 원료 물질에 접근하지 못하게 해야 합니다. 그리고 이 법규의 유지를 보장하는 국제적 사찰 기관이 있어야 할 것입니다. 러시아인들은 조사받는 것을 병적으로 두려합니다. 그것을 극복하도록 도와야 할 것입니다. 그들이 사찰에 동의하지 않으면 아무 것도 효과적으로 이뤄질 수 없을 것이기 때문입니다. 수소폭탄 실험은 그들을 설득하는 데 분명 도움이 될 것입니다. 그러므로 실험을 연기한다는 것은 협정의 날을 연기하는 것과 다름없습니다. 우리 역시도 항상 협상하고 동의할 태세를 갖추고 있어야 한다는 것은 두말할 필요도 없지요. 일단 1단계의 이 중대한 협정이 성사되고 나면, 서서히 국제적 지배력을 확대해 나갈 수 있을 것입니다. 이것이 내가 생각하는 유일한 해답입니다.

15 국내외 활동

내가 어두운 불안과 전조로 얼룩진 마지막 20년을 헤쳐나오는 데 무엇보다 큰 힘이 되었던 것은 이디스 핀치와 서로 사랑하는 사이가 되었다는 사실이었다. 그녀는 내가 세기의 전환기에 알게 된 루시 도넬리의 가까운 친구였다. 나는 이런저런 일로 미국을 방문했을 때 루시 도넬리를 잘 알게 되었고, 1930년대와 1940년대에 미국에 머무는 동안에는 이디스를 깊이 알게 되었다. 루시는 브린 모의 교수로 있었고 이디스도 그 대학에서 학생들을 가르쳤다. 나는 그 대학 총장이었던 사람의 사촌(첫 부인이었던 앨리스를 말함)과 결혼한 후로 브린 모와 좋은 관계를 유지하고 있었다. 내가 뉴욕 시립대에서 해고되자 미국에서 나를 배척하는 움직임이 일었는데 맨 먼저 그 분위기를 깨준 것도 브린 모 대학이었다. 당시 그 대학 철학과의 폴 웨이스가 강의를 맡아달라고 요청해 왔고, 나는 흔쾌히 받아들였다. 그리고 내가 『서양 철학사』를 쓰고 있을 때 매우 고맙게도 브린 모 대학 관계자들이 자신들의 훌륭한 도서관을 이용할 수 있게 허락해 주었다. 루시가 사망하자 이디스는 뉴욕으로 옮겨갔고, 나는 1950년에 컬럼비아 대학에 강의차 갔다가 그녀를 다시 만날 수 있었다.

우리의 우정은 급속도로 익어갔고 얼마 지나지 않아 우리는 대서양을 사이에 두고 헤어져 사는 상황을 참을 수 없게 되었다. 결국 그녀가 런던에 와 자리를 잡았고 당시 나는 리치먼드에 살고 있었기 때문에 우리는 자주 만날 수 있었다. 그렇게 만나는 시간들은 무한히 즐거웠다. 리치먼드 파크는 추억이 가득한 곳이었는데 대부분 어린 시절의 추억들이었다. 얘기하다 보면 추억들이 새롭게 되살아나 마치 과거를 완전히 다시 살고 있는 기분이었는데, 그것은 신선하면서도 한층 편안한 느낌이었다. 회상을 즐기다 보면 핵 위기도 잊어버릴 정도였다. 나는 그녀와 함께 펨브로크 로지의 들판과 리치먼드 파크, 큐 가든스를 돌아다니면서 장소에 얽힌 온갖 사연들을 회고했다. 펨브로크 로지 바깥에 분수가 하나 있다. 내가 어릴 때 물을 무서워하자 어른들이 나를 한 하인에게 맡겼다. 그는 분수 물에 내 머리를 집어넣고 발꿈치를 잡고 쳐들었다. 현대적인 모든 교육적 견해들과 상치되는 이 방법이 완벽한 성공을 거두었다. 단 한 번 만에 내가 다시는 물을 무서워하지 않았으니까.

이디스와 내게는 각자 가문의 신화가 있었다. 내 가문의 신화는 헨리 8세와 더불어 시작되었다. 그의 부하였던 우리 가문의 창시자가 말을 탄 채 그 탑에서 앤 불린의 처형 신호를 기다렸다고 한다. 전설은 1815년, 나폴레옹을 반대해서는 안 된다고 촉구한(워털루 전투가 벌어지기 전이다) 내 조부의 연설로 이어진다. 그 다음은 조부께서 엘바 섬을 방문한 일인데, 그때 나폴레옹이 다정스럽게 조부의 귀를 비틀었다고 한다. 그후 전설에 상당한 공백이 있다가, 국빈으로 방문한 사Shah〔이란의 국왕〕가 리치먼드 파크에서 비를 만나 하는 수 없이 펨브로크 로지로 피해 온 일이 있었다. 내 조부께서 집이 너무

작아 송구하다고(내가 듣기로는 그렇게 말했다고 한다) 하자, 샤가 대답했다. "그렇긴 하오만 작은 집에 위대한 사람이 사는구려." 펨브로크 로지에서는 템스 계곡이 아주 넓게 펼쳐진 경관이 보였는데, 내 할머니께서는 불쑥 튀어나온 공장 굴뚝 하나가 경관을 망쳐놓았다고 생각하셨다. 누군가가 그 굴뚝에 대해 물어볼라치면 할머니는 빙그레 웃으시며 이렇게 대답하셨다. "아, 그건 공장 굴뚝이 아니라 미들섹스〔잉글랜드 동남부의 옛 주〕 순교자 기념물이에요."

이디스의 가문 신화를 듣고 보니 그쪽이 훨씬 더 로맨틱한 것 같았다. 1640년 무렵 한 선조가 붉은 인디언들 손에 교살되었던가 납치된 사건이 있었다. 그녀의 부친은 어린 소년 시절에 인디언들 틈에서 모험을 감행했으며, 그의 가족은 한동안 콜로라도에서 개척자의 삶을 살았다. 말 안장이 그득 쌓인 다락방에서 살던 그녀의 가족들은 뉴잉글랜드에서 필라델피아 의회로 진출했다. 그리고 매사추세츠 주 디어필드에서 발생한 대학살 때 인디언들한테 납치된 유니스 윌리엄스Eunice Williams가 죽임을 당한 곳에서 가까운 바위투성이 계곡에서 카누도 타고 헤엄도 쳤다. 가히 페니모어 쿠퍼Fenimore Cooper〔1789~1851년, 미국의 소설가〕 소설의 한 장면이라 할 만했다. 남북 전쟁이 터지자 이디스 가문 사람들의 견해도 남과 북으로 나뉘었다. 친척 중 한 형제도 그런 상황이었는데 결국 남부군 대장이었던 사람이 북부군 대장이었던 자기 형제한테 검을 넘겨주어야 했다. 이디스 본인은 뉴욕 시에서 태어나 성장했는데, 그녀가 기억하는 뉴욕은 자동차는 없고 자갈 깔린 거리와 2륜 마차들만 있었던, 내가 젊은 시절에 경험한 뉴욕과 거의 흡사했다.

이 모든 회상이 아무리 즐거웠던들, 사실 케이크의 설탕 장식 정도에 불과했다. 우리는 곧 우리 자신의 전설들을 추억에 덧보태게 되었다. 어느 날 아침 큐 가든스를 거닐고 있던 우리는 벤치에 앉아 있는 어떤 사람들을 보았다. 두 사람이었는데 거리가 너무 멀어 작은 형태로만 보였다. 그런데 느닷없이 그 중 한 사람이 벌떡 일어나더니 우리를 향해 급히 달려왔다. 그리고 우리 앞에 당도하자 무릎을 꿇더니 내 손에 입을 맞추었다. 나는 무섭기도 하고 크게 당혹스럽기도 해서 도대체 무슨 말을 해야 하는지, 어떻게 행동해야 할지 아무런 생각도 떠오르지 않았다. 그러나 나와 이디스는 곧 그의 감정을 이해하게 되었다. 이디스가 침착을 되찾고 알아본즉슨, 그는 영국에서 살고 있는 독일인인데 어떤 일로 나한테 고마워하고 있었던 것이다. 그러나 그 일이 무엇인지는 알 수 없었다.

우리는 리치먼드 인근과 런던의 강변, 공원들, 일요일의 도심을 오래도록 산책하곤 했고, 때로는 차를 타고 멀리 들로 나가 걷기도 했다. 한번은 포츠머스로에서 사고를 당했다. 우리의 과실은 전혀 없었으나 농장용 트럭과 충돌한 우리 차는 박살이 났다. 다행히도 사고 당시 우리가 아무 잘못도 없었음을 목격한 사람들이 많았다. 사고로 마음이 심란했음에도, 우리는 지나가던 친절한 차의 동승 제의를 받아들여 길퍼드로 갔다. 그리고 거기에서 다시 택시를 잡아타고 블랙다운으로 가 당초 계획했던 대로 걸었다. 그곳에 가니 어릴 적 일이 떠올랐다. 내가 두 살이었을 때 우리 가족은 테니슨의 자택에서 여름 휴가를 보냈는데, 어른들이 나를 황무지에 세워 놓고는 애절한 백파이프 소리에 맞춰 가사를 읊게 했다.

오, 나의 사촌, 무정하기도 해라! 오, 나의 에이미, 이제 내 사람이 아니네!
오, 쓸쓸하고 쓸쓸한 황무지여! 오, 텅 빈 적막한 해변이여!

우리는 현대극, 고전극 등 극도 많이 관람했다. 리전트 파크에서 공연된 '심벌린Cymbeline'〔셰익스피어의 로맨스극〕, 우스티노프Ustinov의 '다섯 명의 대령Five Colonels', '작은 오두막The Little Hut'이 특히 기억에 남는다. 사촌인 모드 러셀Maud Russell이 우리를 파티에 초대했다. 보리스 안레프Boris Anrep가 디자인한 국립 화랑의 모자이크 마루가 완성된 것을 축하하는 자리였다. 거기서 나는 우물에서 '진리'를 불러내는 모습으로 묘사되었고, 기타 내 동시대인들의 초상화도 담겨 있었다. 야콥 엡슈타인Jacob Epstein이 내 흉상을 만들고 싶다고 하여 즐거운 마음으로 모델 노릇을 했는데, 그 흉상은 지금 내가 가지고 있다.

이런 일들을 지금 돌이켜보면 사소하게 느껴지지만 그 당시에는 모든 것이 서로의 발견과 서로의 기쁨이라는 찬란한 빛에 흠뻑 젖어 있었다. 우리는 너무나 행복하여 무서운 외부 세계를 잠깐이나마 잊고 우리 자신들과 서로에 대해서만 생각할 수 있었다. 우리는 서로를 전적으로 사랑한다는 것을 알게 되었을 뿐 아니라 취향과 감정도 많이 일치하고 관심사도 거의 대부분 공통된다는 것을 점차 깨닫게 되었다. 그것은 사랑의 발견 못지않게 중요한 사실이었다. 이디스는 철학이나 수학에 대한 지식이 없었고, 나 역시 그녀가 아는 것 중에 모르는 것들이 있었다. 그러나 우리는 사람들과 세상을 대하는 태도가 비슷했다. 친구로 지내던 그때 느꼈던 만족감이 자라나 지속적이고 든든한 행복감이 되었고, 우리 생활의 기반이 된 그 만족감은 지금도 무한히 커가는 것 같다. 따라서 이제부터 내가 하는 대부분의 이야기들에 그녀가 등장하게 될 것이다.

우리가 처음으로 함께한 긴 여행은 퐁텐블로〔프랑스 파리 동남쪽의 도시로, 퐁텐블로 숲과 역대 국왕의 거주지인 궁전으로 유명함〕였다. 무사데크Mussadeq(1880~1967년, 이란의 정치가. 이란 내 영국 석유 회사를 국유화시키고 국왕 축출을 기도하다 실패했음)가 페르시아 원유 독점권을 확보하려고 하여 유일하게 여론 다툼을 불러일으키고 있던 때였다. 그것 말고는, 우리의 행복은 천상에서나 가능할 만큼 평온했다. 날씨도 화창하고 포근했다. 우리는 산딸기와 신선한 크림을 엄청나게 먹었다. 한번은 파리로 나갔는데, 프랑스 라디오 방송국이 지난 일에 감사한다는 뜻에서 뜻밖의 돈을 왕창 내주어 부아에서 거창한 점심도 먹고 좀더 귀한 것들도 살 수 있었다. 우리는 튀일리 정원을 산책하고 노트르담도 방문했다. 퐁텐블로 성에는 아예 가지 않았다. 우리는 아주 많이 웃었고, 때로 아무것도 아닌 것을 가지고 깔깔대기도 했다.

그후로 파리에서 휴가를 자주 보내게 되었는데, 특히 1954년 휴가 때는 관광을 열심히 해보기로 작정했다. 우리 둘 다 이미 파리에 오래 있어 본 사람들이었으나, 나는 꼭 보아야 할 곳을 하나도 구경하지 못한 상태였다. 유람선을 타고 강을 오르내리는 것도 즐거웠고, 여러 성당과 화랑, 꽃과 새를 파는 시장을 찾는 것도 즐거웠다. 그러나 이따금 방해를 받기도 했다. 하루는 생샤펠에 갔더니 아이슬란드 사람들로 꽉 차 있었다. 그곳의 아름다움에 대해 설명을 듣고 있던 그들은 나를 발견하자마자 안내원을 내버려두고 내 주위로 몰려들었다. 말하자면 내가 더 중요한 '볼거리'였던 셈이다. 생샤펠과 관련된 내 기억은 다소 왜곡되어 있다. 우리는 쥐스티스 궁전 맞은편에 있는, 우리가 좋아하는 식당의 테라스로 후퇴했다. 그 다음 날에는 우리 둘 다 좋아하는 샤르트르 대성당에 갔다. 그러나 안타깝게도, 그곳은 우편 엽서와 선물로 가득한 관광객들의 메카로—나름대로 최대한—변해 있었다.

1952년 봄에는 그리스를 방문하여 아테네에서 좀 묵다가 열흘 정도 펠로폰네소스 반도를 돌아보았다. 우리도 다른 사람들처럼 당장 아크로폴리스로 향했다. 그런데 지름길로 가려고 하다가 아크로폴리스 뒤쪽으로 접근하는 실수를 저지르고 말았다. 결국 염소들이 다니는 길로 가서 철조망을 넘어가며 절벽을 기어오른 끝에 제대로 도착할 수 있었다. 우리는 여기저기 긁히고 숨도 찼지만 승리감을 느꼈다. 다시 돌아갈 때는 훨씬 정통이라 여겨지는 길을 택했다. 달빛 비치는 그 풍경이 너무나 아름답고 너무나 고요했다. 그런데 갑자기 팔꿈치께에서 어떤 목소리가 말했다. "혹시 러셀 선생님 아니신가요?" 각 음절마다 불길함이 느껴지는 액센트였는데 알고 보니 우리처럼 관광 온 미국인이었다.

산봉우리에는 아직 눈이 덮여 있었지만 계곡은 꽃이 만발한 과실수로 가득했다. 아이들이 들판을 깡충깡충 뛰어다녔고 사람들은 행복해 보였다. 당나귀들조차 만족하는 듯 보였다. 유일하게 어두운 곳은 스파르타였다. 무서운 악의 정기를 발산하는 타이게토스 아래로 펼쳐진 풍경이 음울하고 둔해 보였다. 아르카디아에 도착하니 반가웠다. 시드니Sidney[16세기 영국의 시인, 저술가, 정치가]의 상상력에서 나온 듯 목가적이고 아름다웠다. 티린스에 가니 옛 성을 지키던 문지기가 성을 형편없이 복원해 놓았다며 탄식했다. 이렇게 비참한 복구가 언제 이루어졌느냐고 그에게 물었더니 "미케네 시대"라고 대답했다. 델피에서는 아무런 감동도 받지 못했으나, 에피다우로스는 차분하고 아름다웠다. 우리가 도착한 직후에 버스로 독일인들 한 무리가 왔는데도 그 도시의 평온이 깨어지지 않는 것이 아주 신기했다. 그곳 극장에 우리가 앉아 있을 때 갑자기 아름답고 맑은 목소리가 날아올라 우리에게까지 전해졌다. 그 독일인들 중에 오페라의 디바[주연 여가수]가 있었는데 그녀도 우리처럼 그곳의 매력에 홀려버렸던 것이다. 다른 관광객들이 우리를 성가시게 하는 경우는 별로 없었다. 미군들만 제외하고는. 어딜 가나 미군 트럭들이 보였는데 특히 아테네에 많았으며, 도심마다 거칠고 오만한 미군들의 고함과 따지는 소리로 시끄러웠다. 반면에 우리가 직접 만나거나 지나가는 사람들을 본 바로는, 그리스인들은 점잖고 쾌활하고 똑똑한 것 같았다. 아테네의 공원에서 아이들과 놀아주며 행복해하는 모습도 인상적이었다.

나는 그리스에 가본 적이 없었으므로 보는 것마다 아주 흥미로웠다. 그런데 놀라운 면이 하나 있었다. 만인이 경탄하는 그 위대하고 확고한 위업에 감명을 받은 후 나는 그리스가 비잔틴 제국의 일부였던 시대에 지어진 어느 작은 교회로 들어갔다. 그런데 놀랍게도 파르테논 신전이나, 기타 이교도 시대에 지어진 그리스 건물들보다 그 작은 교회가 더 편안하게 느껴지는 것이 아닌가. 기독교적 시각이 내가 생각한 것보다 훨씬 확고하게 나를 붙잡고 있다는 것을 그때 깨달았다. 그것은 내 믿음이 아니라 내 감정을 붙들고 있었다. 그리스가 현대화된 세계와 다른 점들이 있다면, 그것은 주로 (기독교적) 죄책감이 없다는 것과 연관되어 있다는 생각이 들었다. 그리고 나 자신도 비록 믿음의 측면은 아니지만 감정적으로 그러한 죄책감의 영향을 크게 받고 있는 것을 발견하고 다소 놀랐다. 어쨌거나 나는 고대 그리스 유적 중 일부에서는 깊은 감동을 받지 못했다. 가장 감명적인 것이라고 한다면, 올림피아에 있는 아름답고 인정 많은 헤르메스Hermes(그리스 신화에 나오는 신들의 사자使者로서 과학, 웅변, 상업의 신)였다.

1953년, 이디스와 나는 스코틀랜드에서 3주를 보냈다. 도중에 우리는 와이 계곡 위쪽 언덕에 위치한 나의 생가生家에 들렀다. 본래 레이븐스크로프트라 불리었으나 지금은 클레이던 홀로 불리는 곳이다. 건물은 남아 있었으나 전쟁 동안에 뜰이 엉망으로 변해 버린 상태였다. 내 부모님은 당신들의 유언대로 거기서 가까운 숲에 묻히셨으나 나중에 가족들의 뜻에 따라 체니스에 있는 가족 묘지로 이장했다.

우리가 여행 중에 방문한 또 한 곳은 보르데일의 시톨러였다. 내가 1893년에 독서회의 일원으로 5주간 머물렀던 곳이다. 그때 했던 독서 발표회가 아직도 기억나는데 내방객 방명록을 보니, 내가 이디스한테 말했다가 실없는 사람 취급당했던 얘기의 증거가 거기 담겨 있었다. 즉 옛날에 우리 시중을 들어주었던 페퍼Pepper〔후추〕 양이 그 후에 허니Honey〔꿀〕 씨와 정말로 결혼한 것이었다. 세인트필란스(우리의 목적지였다)에 도착한 나는 마중 나온 여성에게, 1878년 이후로 처음 와보았다고 말했다. 그녀가 놀라 쳐다보더니 말했다. "하지만 그때 당신은 아주 작은 꼬마였을 것 아니에요." 1878년 방문과 관련해 내 기억에 남아 있는 것은 주로 세인트필란스의 다양한 건조물이었다. 강에 걸린 목재 다리, 우리가 '네이시'라 불렀던 호텔의 옆집, 어린 내가 기도서에 나오는 '여러 곳'의 하나라고 생각했던 바위투성이 항만 등. 그때 이후로 그곳에 가본 적이 없었기 때문에 내 기억이 정확했음이 입증된 셈이었다. 우리는 차로 여러 곳을 다녔는데, 때로는 수레나 다니는 좁은 길만 따라가기도 했고, 우리에게 잊을 수 없는 기억으로 남아 있는 황야 지대를 걸어서 건너기도 했다. 어느 날 오후에는, 우리가 산머리에 올라섰을 때 암사슴과 새끼가 정상에서 나타나 종종걸음으로 다가온 적도 있다. 하산 길에는 자연 그대로의 작은 호숫가에서 거만해 보이면서도 아주 유순한 후투티〔새의 일종〕가 내려앉더니 우리를 가만히 훑어보았다. 우리는 음산한 글렌코 계곡을 지나 세인트필란스의 숙소로 돌아왔다. 계곡의 음울하고 무시무시한 분위기가 옛날의 대학살을 마치 어제 일처럼 느껴지게 했다.

우리는 2년 후에 다시 세인트필란스를 찾았다. 그러나 이번에는 그렇게 태평한 시간을 가질 수 없었다. 우선 도중에 글로스고에 들러야 했다. 나는 그곳에서, 세계 정부를 위해 쉬지 않고 일해 온 로더글렌Rotherglen을 노동당 후보로 추천하는 연설을 했다. 당시 내 목에 이상이 생겨 제대로 삼키지 못하는 증세가 깊어졌기 때문에 우리는 다소 가라앉은 기분이었다. 나는 그것을 두고, 정치인들의 성명을 애써 삼키려 하다 보니 생긴 병이라고 장난삼아 말하곤 했다. 그러나 그보다 훨씬 더 힘들었던 것은 큰아들 존이 중병으로 몸져누운 일이었다. 그때의 이른바 '휴가' 기간 내내 우리는 아들 걱정에 시달렸다. 아들의 어린 세 자식도 걱정스러웠다. 그 당시에는 우리가 손자들을 좀 봐주는 정도였으나 나중에는 거의 전적으로 돌보게 되었다.

피터가 떠난 후에도 나는 한동안 페스티니오그에서 계속 살았다. 그곳 산언저리에 위치한 집에서 즐겁게 일했는데, 계곡이 내려다보이는 풍경이 마치 옛 계시록의 낙원을 조각해 놓은 듯 아름답기 그지없었다. 런던에는 아주 가끔씩 갔는데, 그럴 때면 이따금 리치먼드에 사는 아들 가족을 찾아갔다. 그들은 리치먼드 파크에서 가까운 자그만 집에 살고 있었다. 아이 셋을 데리고 살기엔 너무나 작은 집이었다. 아들은 직장을 그만두고 글쓰기에 전념하고 싶다고 말했다. 나로서는 섭섭한 일이었으나 아들의 심정을 이해할 수는 있었다. 나는 노스웨일스에서 살고 아들에게는 런던에 집을 장만해 주고 싶었으나 경제적으로 그럴 여유가 없어, 그들을 어떻게 도와주어야 할지 난감했다. 결국 내가 페스티니오그에서 이사를 오고 리치먼드에 집을 장만하여 아들 가족과 함께 쓰는 것이 어떨까 하는 생각까지 들었다.

어린 시절을 보낸 리치먼드로 돌아오니 스스로를 유령으로 생각하는 습관이 다소 되살아나, 내가 아직도 육신을 가지고 존재한다는 것이 믿어지지 않을 때가 이따금 있었다. 한때 훌륭한 저택이었던 펨브로크 로지는 관공서의 지시에 따라 허물어져가고 있었다. 그것이 유명한 사람들의 집이었다는 것을 알게 된 그들은—얘기해 주기 전까지는 전혀 모르고들 있었다—가능한 모든 수단을 동원하여 그 집의 역사적 중요성을 파괴하기로 결정했다. 그리하여 저택의 절반은 공원 관리인들의 숙소로 변했고 나머지 절반은 찻집으로 변했다. 정원에는 철조망을 복잡하게 쳐서 망가뜨렸다. 당시 나는 그 목적이, 정원에서 얻는 즐거움을 최소화하려는 데 있다고 생각했다.[1]

나는 어떻게든 펨브로크 로지를 임대하여 내 가족과 함께 살겠다는 막연한 희망을 품었다. 그러나 불가능한 일로 드러났기 때문에, 리치먼드 파크 근처에 큰 집을 하나 장만하여 아래로 두 개 층은 아들 가족이 쓰게 하고 꼭대기 층은 내가 차지했다. 두 가족이 붙어 살 때 흔히 발생하기 쉬운 문제들이 있었지만 한동안은 그럭저럭 잘 지냈다. 우리는 각자 자기 손님을 맞고 원할 때 함께 모이는 식으로 나누어 생활하면서 그곳에서 즐겁게 지냈다. 그러나 가족들이 오가고, 내 일도 해야 하고, 끊임없이 밀려오는 손님들도 맞아야 했기 때문에 매우 빡빡한 생활이 되었다.

앨런Alan과 메리 우드Mary Wood 부부도 그때 찾아온 손님들이었다. 앨런은 나의 철학 작업에 관해 책을 쓰고 싶다면서 찾아왔다가 곧 마음을 바꾸어 먼저 나의 일생을 다루기로 했다. 책을 준비하는 과정에서 그들 부부와 자주 만나던 우리는 그들을 아주 좋아하고 의지하게 되었다. 그러나 이상한 손님들이 찾아오기도 했다. 차나 마시고 싶다며 찾아온 미국의 어느 신사는 미국 의원 조지프 매카시의 정

---

[1] 나중에는 생각이 바뀌어, 어차피 해야 할 작업이었다면 썩 잘 개조되었다고 생각하게 되었다.

부情婦를 데리고 나타났는데 그녀가 매카시를 극구 칭찬하여 나를 화나게 만들었다. 딸과 함께 찾아온 어느 인디언의 경우도 그랬다. 그는 나를 위해 자기가 반주를 하고 딸이 춤을 추겠다고 우겼다. 그 때 나는 병원에서 돌아온 지 얼마 되지 않은 상황이어서, 거실 가구를 모조리 뒤로 밀치는 것도 못마땅했고 그의 딸이 펄쩍펄쩍 뛰어 온 집안이 흔들리는 것도 반갑지 않았다. 다른 상황에서 그 춤을 보았다면 빙빙 도는 것이 아름답다고 생각했을지도 모르겠다.

그때 병원에 입원했던 일은 앞서 내가 말한 전설의 하나가 되었다. 어느 날 아침 아내와 나는 리치먼드에서 장시간 산책을 하고 왔다. 점심 식사 후에 그녀는 내 거실 위층에 있는 자신의 거실로 올라가 있었다. 그런데 갑자기 내가 몸이 이상하다고 외치면서 나타났으니 그녀가 겁에 질린 것도 당연했다. 그날은 여왕의 대관식을 바로 앞둔 화창한 일요일이었다. 아내는 이웃 사람들이나 리치먼드 및 런던에 있는 우리 주치의들과 연락해 보려 했으나 아무와도 연락이 닿지 않았다. 결국 그녀는 999로 전화했고 매우 수고스러웠겠지만 고맙게도 리치먼드 경찰이 구조하러 왔다. 그들은 어렵사리 의사를 하나 찾아내어 데리고 왔는데 전혀 모르는 사람이었다. 경찰이 우리 주치의들과 겨우 연락이 닿았을 즈음 내 몸은 이미 시퍼렇게 변해 가고 있었다. 그때 불려온 다섯 명의 의사들 중 하나인 아주 유명한 전문의는, 내가 두 시간밖에 못 버틸 거라고 말했다고 한다. 나는 구급차에 실려 병원으로 보내졌는데 의사들이 내게 산소를 투입하자 살아났다고 한다.

리치먼드에서 지낸 생활은 즐거웠으나 힘든 때도 있었다. 1953년 성탄절 날, 나는 큰 수술을 받기 위해 다시 병원에 입원할 날을 기다리고 있었고 아내와 가족들은 모두 감기에 걸려 분위기가 가라앉아 있었다. 아들과 며느리는, 며느리의 표현으로 말하자면 "아이들한테 질렸다"고 결론 내렸다. 그들은 아이들과 나를 불러 성탄절 만찬을 치른 후에, 아이들은 남겨두고 남은 음식만 싸들고 떠나버렸다. 그리고 돌아오지 않았다.

우리 부부는 물론 손자들을 좋아했으나 새로 맡겨진 이 의무에 질겁하지 않을 수 없었다. 그것은 행복하지만 나름대로 이미 빡빡한 우리의 생활에 너무나 많은 골칫거리를 던지는 의무였다. 한동안은 아이들 부모가 돌아와 제 역할을 해주려니 기대도 해보았지만 아들이 병이 난 후로는 아예 기대를 접었고, 아이들의 교육과 방학을 위한 장기 계획을 마련해야 했다. 게다가 경제적인 부담이 커져서 다소 불안할 지경이었다. 노벨상 수상금으로 받은 1만 1천 파운드 가량의 돈 중에 1만 파운드는 이미 세 번째 아내에게 주어버렸다. 당시 나는 두 번째, 세 번째 아내에게 이혼 수당을 지급하는 것은 물론 막내아들의 교육 및 휴가비도 대주어야 하는 실정이었다. 거기에 덧붙여, 큰아들의 병과 관련해 막대한 비용이 들어갔으며, 아들이 오랫동안 체납해 온 소득세까지 내가 내야 할 상황이 되어버렸다. 손자들을 부양하고 교육시키는 것도 즐거운 일이겠으나 그렇게 될 경우 문제가 많았다.

나는 병원에서 퇴원한 후 한동안은 몸이 좋지 않았지만 5월쯤 되자 회복된 것 같았다. 나는 '펜 클럽PEN Club'에서 '역사는 예술이다History as an Art'란 제목으로 허먼 울드Herman Ould 추모 강연을 했다. 강연이 끝난 후에 펜 클럽 간사가 우리 부부를 저녁 식사에 초대했고, 나는 그 자리에서 나의 문학적 애증을 마음껏 털어놓았다. 내가 특히 싫어하는 사람은 워즈워스다. 그의 작품 중에 뛰어난 것들도 있다는 것은 인정하지만—그래서 감탄도 하고 좋아하기도 하지만―대부분 참기 힘들 정도로 따분하고 점잔빼며 시시하다. 불행하게도 내가 훌륭하지 못한 시를 기억하는 재주가 남달라, 워즈워스를 지지하는 웬만한 사람은 얼마든지 골려줄 수 있다.

얼마 후, 우리는 스코틀랜드에서 리치먼드로 돌아오는 길에 노스 웨일스에 들렀다. 친구인 루퍼트Rupert와 엘리자베스Elizabeth 크로샤이윌리엄스Crawshay-Williams 부부가 그곳에서 플라스 펜린이라는 집을 발견하고, 우리 부부와 손자들이 그 집에서 휴가를 보내면 좋을 것이라고 알려줬던 것이다. 집 자체는 작고 수수했으나 아주 멋진 정원과 작은 과수원이 딸려 있고 아름드리 너도밤나무도 많았다. 무엇보다도, 남쪽으론 바다가 보이고 서쪽으론 포트머독과 카나번 산이, 북쪽으로는 글래슬린 계곡에서 스노던까지 내려오는 전망이 기막히게 아름다웠다. 나는 그 집에 반했으며, 특히 시인 셸리가 살았던 집이 계곡 너머로 보인다는 게 마음에 들었다. 집주인도 인심 좋게 허락했다. 그 사람도 셸리를 좋아하기 때문에 내가 '사나이 셸리'(흔히 그를 '무력한 천사'라고 하는 것과 반대 의미로)에 관해 에세이를 쓰고 싶다고 한 것이 크게 작용했던 것 같다. 나중에 나는 셸리의 집인 태니랄트에서, 자칭 식인종이었다는 사람을 만났는데 아마 내가 만나본 최초이자 유일한 식인종일 것이다. '사나이 셸리'의 집에서 그런 사람을 만나다니, 잘 어울리는 것 같았다. 플라스 펜린은 아이들이 방학을 보내기에 최적의 장소였는데, 특히 그 근처에 아들 내외의 친구들이 살고 있어 더욱 좋았다. 우리 손자들도 잘 아는 사람들일 뿐 아니라 또래 아이들까지 있었기 때문이다. 아이들이 리치먼드에서 영화나 보고 '캠프'에 참여하는 것보다는 거기가 훨씬 좋을 것 같았다. 우리는 서둘러 계약을 했다.

그러나 이런 것들은 일상의 배경이자 잠깐의 휴식이었을 뿐, 나의 주요 관심사는 국제 문제라는 어두운 세계에 놓여 있었다.『윤리학과 정치학에서 본 인간 사회』에 대한 반응은 매우 호의적이었으나 책을 출간한 후에도 나는 불안감을 떨칠 수 없었다. 세계가 맹목적으로, 위험을 향해 정면으로 달려가고 있다는 사실을 이해시킬 방법을 반드시 찾아야 한다는 생각이 들었다. 그러다 문득,『윤리학과 정치학에서 본 인간 사회』의 일부 내용을 BBC를 통해 되풀이하면 지금까지 해온 것보다 인상적으로 받아들여질 것이라는 생각이 들었다. 그러나 BBC는 이미 발표한 내용을 반복할 수 없다며 나의 제의를 거절했다. 그리하여 나는 인류를 위한 새로운 장송곡을 짓는 작업에 들어갔다.

그때는 핵무기에 의한 파괴에 맞서는 투쟁이 시작된 시기였음에도, 내가 이미 여러 다양한 방법으로 밝혀온 내용을 획기적으로 전할 새로운 방법을 찾기란 거의 불가능해 보였다. 내가 처음에 쓴 방송 원고는 온갖 사정을 다 봐주는, 무기력함의 소산이었다. 나는 당장 그것을 집어던지고 마음을 다잡은 다음, 조치를 취하지 않으면 필히 닥칠 끔찍한 상황을 있는 그대로 말하기로 결심했다. 그 결과, 그때까지 내가 말해 온 모든 것들의 정수가 담긴 원고가 탄생되었다. 얼마나 빈틈없이 엮었던지, 그후로 내가 그 주제에 관해 말해 온 본질적인 얘기는 그 안에 다 들어 있다. 그러나 BBC는 내 얘기가 듣는 사람들을 따분하게 만들고 겁을 줄 수 있다며 여전히 난색을 표했다. 대신에, 그런 불길한 예감을 상쇄시켜 줄 수 있는 젊고 쾌활한 축구 선수와 토론하는 형식으로 하자고 제의했다. 그것은 경박하기 짝이 없을 뿐 아니라, 내가 절박하게 느끼는 문제가 무엇인지를 BBC 관계자들이 전혀 이해하지 못하고 있음을 명백하게 보여주는 태도였다. 나는 그들의 제의에 응하지 않았다. 그러다 결국, 12월에 나 혼자 출연해 방송을 한다는 쪽으로 합의가 이루어졌다. 그 방송에서 나는, 앞서 말한 대로, 내가 느끼는 우려와 그 근거들을 모두 밝혔다. 그 방송은 지금 '인류의 위기Man's Peril'란 이름으로 불리는데, 다음과 같은 말로 끝맺고 있다. "우리가 선택만 하면, 행복과 지식과 지혜 속에 계속 발전할 수 있는 길이 우리 앞에 놓여 있습니다. 그와 반대로, 우리가 벌이고 있는 다툼을 잊지 못하여 결국 죽음 쪽을 택하시겠습니까? 나는 한 사람의 인간으로서 인간들에게 호소하는 바입니다.—여러분의 인간애를 기억하라고, 나머지는 모두 잊어버리라고. 여러분이 그렇게만 할 수 있다면 새로운 낙원으로 가는 길이 활짝 열려 있습니다. 그러나 그렇게 하지 못한다면 여러분 앞에는 전 인류의 죽음만 있을 뿐, 아무것도 없습니다."

이 방송은 개인적으로나 공적으로나 효력이 있었다. 개인적으로는 나의 걱정을 잠시나마 덜어주고, 이 문제에 대해 적절한 말을 찾아낸 느낌을 가져다 주었다. 더 중요한 것은 공적인 효과였다. 나는 무수한 편지를 받았고 연설 및 글 청탁이 감당하지 못할 정도로 쇄도했다. 또 그 전까지 알지 못했던 아주 많은 사실들도 알게 되었는데, 개중에는 다소 씁쓸한 것들도 있었다. 일례로 배터시 주 의회 의원이 찾아와 말하기를, 배터시 의회는 핵 공격을 받을 경우 모든 지역 주민들이 반드시 따라야 할 규정을 마련했다고 했다. 사이렌 경보를 듣는 즉시 모두 배터시 공원으로 달려가 버스에 올라타면 안전한 지역으로 옮겨주게끔 되어 있다는 얘기였다.

방송에 대한 반응은 내가 아는 한 거의 대부분 진지했으며 격려해 주는 내용이었다. 그러나 강연을 할 때는 중간에 익살스런 일이 벌어지기도 했다. 그 중에 한 경우를 생각하면 지금도 으쓱해지면서 즐거워진다. 강연 도중에 어떤 사람이 격분하여 일어서더니 내게 꼭 원숭이 같다고 말했다. 나는 이렇게 대꾸했다. "그렇다면 당신은 당신 조상의 목소리를 듣는 영광을 누리고 있군요."

나는 한 해 동안 두드러진 활동을 했다는 이유로 '피어스Pears 백과사전'에서 주는 상을 받았다. 그 전 해의 수상자는, 1.6킬로미터를 4분 안에 주파한 어느 청년이었다. 지금도 보관하고 있는 수상 기념 컵에는 이렇게 적혀 있다. "버트런드 러셀, 평화로 가는 길을 밝히다. 1955년."

내가 강연하러 나간 회합들 가운데 가장 인상적이었던 것의 하나는 1955년 4월에 개최된 모임이었는데, 1943년 2월에 바르샤바에서 사망한 유태인들을 추모하는 자리였다. 슬프고 아름다운 음악이 흐르는 가운데 참석자들이 진심으로 애도하는 모습을 보여 너무나 감동적인 자리가 되었다. 그때 내가 한 연설은 음악과 함께 음반으로 만들어졌다.

내 견해에 뚜렷한 관심을 보여준 초기 단체들 중에 '세계 의회주의자들'과, 좀더 진지한 분위기의 '의회주의 세계 정부 연합'이 있었는데, 그들과는 여러 차례 협의도 해보았다. 1955년 4월, 그들은 로마에서 합동 회의를 개최했고 나는 연설자로 초대받았다. 그때 우리가 머문 호텔이 기묘하게도 내가 반 세기 전에 모드 이모와 함께 로마로 처음 여행 왔을 때 묵었던 곳이었다. 너무 낡아 식사 제공마저 중단해버린 차가운 병영 같은 호텔이었지만, 유서 깊은 그 도시에서도 아주 좋은 위치에 자리잡고 있었다. 마침 봄이어서 날씨도 포근했다. 티베르 강(테베레 강의 옛 이름)을 따라가보기도 하고 핀치오 산에도 올라가보고 하면서 도시 이곳 저곳을 돌아다니는 것이 무척 재미있었다. 그렇게 하지 않으면 식사를 해결할 수 없었기 때문이다. 그때 참석한 회의는 무척 감동적이고 흥미로웠다. 하원에서 열린 회의를 비롯해 모든 회의에서 사람들이 나의 연설에 감명을 받는 것 같아서 기뻤다. 어느 회의에서나 청중은 매우 다양한 사람들로 구성되어 있었다. 한번은 연설을 마치고 내려오니 어떤 사람이 울먹거리며 나를 붙들었다. 자기가 영어를 몰라서 무슨 말인지 하나도 알아듣지 못했다는 것이었다. 그는 내가 한 얘기를 에스페란토어로 번역해 달라고 간청했다. 그러나 안타깝게도 내겐 그럴 능력이 없었다. 문학계 및 정계의 우호적인 명망가들을 많이 만날 수 있는 것도 즐거웠다. 그 동안 그들의 작업에 관심을 가져왔으나 만나서 사안을 토론할 기회는 가져보지 못했던 터였다.

로마에서 북쪽으로 올라오는 길에, 세티냐노에 사는 버나드 베런슨한테 들르고 싶었다. 그러나 일이 많아 갈 수가 없었다. 나의 게으름에 대해 그가 아주 나쁘게 생각한다는 것을 나중에야 알았다. 더구나 그는, 나와 마지막으로 만났을 때 오만하고 박정한 느낌을 받았다는 말까지 했다고 한다. 나는 매우 섭섭하지 않을 수 없었다. 그에 대한 나의 감정은 예전과 다름없이 지극히 우호적이었고, 내가 그에게 오만하게 군 적도 없다고 생각했기 때문이다. 그러나 그가 말한 마지막 만남 때 내가 다소 힘들었던 것은 사실이었다. 그때 그의 아내인 메리가 자신들과 함께 점심이나 먹자고 해서 갔다. 예전에 내가 자신의 동생인 앨리스와 별거에 들어가자 메리는 내게 절교를 선언하는 편지를 보내왔었다. 자신들은 나와 더 이상 관계를 맺고 싶지 않다는 내용이었다. 그로부터 여러 해가 흐른 뒤에 그녀가 날 점심 식사에 초대했던 것이다. 나는 그들과 맺은 우정에 금이 가기를 바란 적이 한 번도 없었으므로 기꺼이 응하기는 했으나, 그녀가 예전에 보내온 편지를 완전히 잊을 수는 없었기 때문에 다소 어색하고 쑥스러운 기분이었다. 버나드 베런슨은 그 편지에 대해 아는 바가 없었거나 혹은 잊어버린 게 분명했다. 어쨌거나 나는 그 오찬 만남으로 불화가 해소되었다고 생각했으며, 그가 내게 이타티에 다시 한 번 들러달라고 했을 때도 반갑게 받아들였고, 꼭 그렇게 하고 싶었으나 무산된 것뿐이었다.

한편, 방송으로 한 연설에 대한 반응을 평가하고 다음으로 할 일을 고민하던 나는 국가간 협력의 필요성에 주안점을 두어야 한다는 것을 깨달았다. 좀더 많은 공동 활동을 촉구하는 공식 성명서를 작성하여 자본주의와 공산주의, 양 진영에서 존경받는 저명한 과학자들에게 서명을 부탁하면 많은 이들이 기꺼이 응해 줄 것이란 생각이 들었다. 그러나 실행에 들어가기에 앞서, 아인슈타인이 이 계획을 어떻게 생각하는지 알기 위해 그에게 편지로 문의했다. 그는 적극 지지한다고 대답했으나, 자신은 건강이 좋지 못하여 현재 관여하는 일들도 유지하기 힘든 형편이니, 동조할 것으로 판단되는 여러 과학자들의 명단을 보내주는 것 외에는 아무 도움도 줄 수 없다고 말했다. 그럼에도 그는 나의 생각을 현실화시켜 꼭 성명서를 발표하라는 당부를 덧붙였다. 나는 성탄절에 방송한 '인류의 위기'를 기초로 성명서를 썼다. 그리고 동·서 양 진영의 과학자 명단을 작성하고 성명서를 동봉하여 그들에게 편지를 보냈다. 내가 의회주의자들과 협의하기 위해 로마로 떠나기 직전의 일이었다. 물론 아인슈타인에게도 성명서를 보내 승인을 요청했으나, 이상하게도 내용을 어떻게 생각하는지, 그도 서명을 할 것인지에 관해서는 아무런 연락이 없었다. '의회주의 세계 정부 연합'이 파리에서 후속 회의를 열기로 되어 있었으므로 우리는 로마에서 곧장 파리로 날아갔다. 그런데 기내 방송에서 아인슈타인이 사망했다는 소식이 발표되었다. 나는 하늘이 무너지는 기분이었다. 다른 이유들 때문이기도 했지만 그의 지원 없이는 내 계획이 무산되리라는 생각이 들었기 때문이었다. 그러나 파리의 호텔에 도착해 보니 그에게서 서명에 동참하겠다는 내용의 편지가 도착해 있었다. 결국 그것이 그의 마지막 공식 활동의 하나였던 셈이다.

파리에 있는 동안에는 나의 계획에 관해 프레데리크 졸리오 퀴리 Frédéric Joliot-Curie와 긴 토론을 벌였다. 그는 나의 계획을 적극 환영했고 성명서에 대해서도 한 구절을 빼고는 다 좋다고 했다. 그것은 이런 내용이었다. "수많은 폭탄이 사용될 경우 전 인류의 죽음이 우려된다. 운 좋은 소수는 급사할 것이지만 다수는 질병과 붕괴 속에 서서히 고통당할 것이다." 그는 '운 좋은' 소수란 표현을 못마땅해했다. "죽는 것은 행운이 될 수 없지요." 그가 말했다. 그 말도 옳은 것 같았다. 세계의 문제를 다루면서 반어법을 쓴다는 것은 농간으로 비춰질 수도 있다. 어쨌거나 나는 그 대목을 삭제하기로 동의했다. 영국으로 돌아오고 한동안 그에게서 아무 소식도 없었다. 나중에 알고 보니 병을 앓았다고 했다. 뿐만 아니라 여러 다른 유명 과학자들한테서도 대답을 이끌어낼 수 없었다. 중국의 한 과학자한테도 편지를 보냈으나 소식이 없었다. 아마 주소가 잘못되었던 것 같다. 아인슈타인이 생전에, 닐스 보어Niels Bohr〔덴마크의 물리학자로서 1922년에 노벨상을 수상했음〕가 나의 계획과 성명을 분명 지지할 것 같으니 그의 도움을 구해 보라고 충고한 바 있었다. 그러나 수차례 편지와 전보를 보냈는데 여러 주 동안 그의 대답은 오지 않았다. 이윽고 짧은 편지가 한 통 왔는데, 나의 계획이나 성명에 관여할 생각이 없다는 내용이었다. 여전히 서방 세계를 미심쩍게 보던 러시아 학자들도 계획에 대해선 다소 호의적이었으나 서명은 할 수 없다고 했다. 오토 한Otto Hahn 교수도 나와 몇 차례 연락한 끝에 서명을 거부했다. 그가 곧 발표 예정이었던 과학자들의 '마이나우 선언Mainau Declaration'을 위한 작업 때문이었을 것이다. 이 선언이 추진 중이라는 것은 나도 잘 알고 있었지만 서방 세계의 과학자들에 한해 서명을 받으려 했기 때문에 다소 미흡하다고 평가하고 있었다. 다행히도 마이노 선언에 서명한 다른 사람들은 내 성명서에도 서명해 주었다. 개인적으로 가장 실망스러웠던 것은 '왕립 학회' 회장이자 내 모교 트리니티 칼리지의 학장이었던 에이드리언Adrian 경의 서명을 받아낼 수 없었다는 것이다. 나는 그가 내가 방송에서 말한 원칙들에 공감한다는 것을 알고 있었으며, 내가 서명받고자 하는 성명서도 바로 그 원칙들에 입각해 있었기 때문에 납득이 되지 않았다. 그 자신도 공개석상에서 그와 비슷한 맥락의 이야기를 한 바 있었다. 그리고 그 전에 트리니티가 나의 '인류의 위기' 원고를 도서관에 반입하고자 한다는 것을 알고 흐뭇하게 생각하기도 했었다. 그러나 그를 만나 얘기를 하다 보니 그가 서명을 꺼리는 이유를 알 것도 같았다. "성명서가 너무 웅변적이라서?" 내가 물었더니 그렇다고 대답했다. 그러나 내가 편지를 보낸 많은 과학자들은 선뜻 서명에 응해 주었다. 라이너스 폴링Linus Pauling〔미국의 물리 화학자, 노벨 화학상(1954), 노벨 평화상(1962) 수상〕의 경우, 나의 계획을 직접 전해 듣지 못했음에도 서명할 뜻을 밝혀왔다. 나는 흔쾌히 수락했다.

그 시절을 돌이켜보면 어떻게 내가 그렇게 밤낮으로 뛰어다닐 수 있었는지 모르겠다. 로마에 갔다가 파리로, 다시 스코틀랜드로 돌아다녔고, 그 밖에도 가족 문제, 노스웨일스의 집 계약 문제, 서신 교환, 토론, 방문객, 수많은 연설, 게다가 기사도 무수하게 썼다. 내가 예전에 쓴 다양한 에세이를 수집하여 편집하던 마시R. C. Marsh와도 자주 면담하고 서신 교환도 많이 했다. 그의 작업은 이듬해에 『논리와 지식Logic and Knowledge』이란 제목으로 출간되었다. 나는

1956년에 출간할 예정으로 『기억 속의 초상Portraits from Memory』이란 책도 준비하고 있었다. 1955년 1월에는 영국 아카데미에서 J. S. 밀에 관해 강연했는데 원고를 준비하느라 애를 많이 먹었다. 밀에 대해서는 이미 수없이 얘기해 왔다. 그러나 그때 강연에는 내가 지금도 소중하게 생각하는 구절이 하나 들어 있었다. 나는 '명제들이 주어와 술어를 가진다'는 점에 대해 이야기하고, 그로 인해 '3천 년 역사의 중대한 오류'가 야기되었다고 말했다. 그 연설은 극도의 호평을 받았다. 청중들이 기립하여 발을 구르고 손뼉을 칠 정도였다.

  6월이 왔는데도 내가 과학자들에게 보낸 편지의 답장을 모두 받지 못했다. 어쨌거나 이 성명을 발표하는 방법에 관해 구체적인 계획을 세워야 한다는 생각이 들었다. 성명 자체와 그 내용, 그리고 그것을 지지하는 사람들의 명성에 관심을 모을 수 있는 극적인 방식으로 발표하는 것이 좋을 것 같았다. 여러 안들을 검토하다 포기해 버리고 전문가의 자문을 구하기로 했다. 나는 《옵저버》지의 편집장과 좀 아는 사이였는데, 자유주의적이고 협조적인 사람 같았다. 과연 그랬다. 그는 동료들과 더불어 그 문제를 논의했다. 그들은 성명서가 작성되고 다양한 이념을 가진 저명한 과학자들이 다수 서명했다는 사실을 발표하는 것으로 끝나서는 안 된다고 합의했다. 그리하여 기자 회견을 열어, 내가 성명서를 낭독하고 관련 질문들에 대답하는 형식으로 하자고 제안했다. 그들의 역할은 거기서 그치지 않았다. 자신들이 회견을 준비하고 경비를 조달하겠다고 했다. 단, 자신들이 한 일을 나중까지 공개해서는 안 된다는 조건을 달았다. 마침내 1955년 7월 9일에 회견을 가지기로 결정됐다. 일주일 전에 캑스턴 홀에 방을 하나 예약했다. 국내의 모든 신문, 잡지사 편집장들과 외국계 신문 대표들은 물론, BBC 방송, 런던에 파견된 외국계 라디오와 텔레비전 방송 대표들에게도 초청장을 보냈다. 초청장에서는 세계적인 중대한 관심사를 발표하는 회견이라고만 밝혔다. 반응이 열렬하여 그 홀에서 제일 큰 방으로 장소를 변경해야 했다.

끔찍한 한 주였다. 전화 벨과 초인종이 하루 종일 울렸다. 기자들과 라디오 제작자들은 그 중대한 뉴스가 과연 무엇인지 알아내려고 안달이었다. 모두들 특종을 노리고 있음이 분명했다. 《데일리 워커 Daily Worker》지의 누군가는 하루에 세 번이나 전화하여 자기네 신문사에는 초청장이 오지 않았다고 말했다. 그때마다 우리는 분명히 초대했노라고 대답했다. 그러나 냉대받는 데 익숙했던지 그들은 도무지 믿으려 들지 않았다. 비록 그들에게는 밝힐 수 없었지만 어쨌거나 성명의 유일한 목적은 공산주의와 비공산주의 세계의 협력을 고무시키자는 데 있었다. 이 모든 소동의 처리는 아내와 가정부의 몫이었다. 나는 가족들 외에는 모습을 보이지도 전화를 받지도 못하게 되어 있었다. 가족들도 아무도 집 밖에 나갈 수 없었다. 나는 서재 의자에 앉아 독서를 해보려고 애쓰며 그 주를 보냈다. 나중에 들은 얘기지만, 내가 중간에 한 번씩 침울하게 중얼거리곤 했다고 한다. "헛일이 될 거야." 그 주 내내 비가 내리고 매우 추웠던 것이 기억에 남는다.

준비 과정에서 최악의 사태가 닥쳤다. 거사 일이 얼마 남지 않았을 때 졸리오 퀴리의 편지를 받았는데, 결국 성명서에 서명을 못하게 될 것 같다는 내용이었다. 그가 무슨 이유로 마음이 바뀌었는지 이해가 가지 않았다. 나는 그에게 런던에 와서 의논해 보자고 간청했으나 그는 심한 병중이었다. 나는 이 성명이 공산주의권 사람들을 불쾌하게 만드는 일이 없도록 하기 위해 부르호프E. H. S. Burhop 박사와 지속적으로 연락을 취하고 있었다. 부르호프와 나를 만나 졸리오 퀴리가 반대하는 부분들을 논의하고자 회견 예정일 바로 전날 밤에 파리에서 비카르Biquard 씨가 건너오기까지는 부르호프의 힘이 컸다. 그 후 비카르 씨는 '과학자 세계 연맹'에서 졸리오 퀴리가 맡았던 자리를 대신하게 되었다. 그들은 밤 11시 30분에 도착했다. 우리는 자정을 한참 넘기고서야 합의에 도달했다. 성명서는 아인슈타인이 서명했을 당시의 형태로 가져갈 수밖에 없었다. 혹시 변화를 준다 해도 다른 서명자들의 동의를 얻어내기엔 시간이 너무 늦어버린 상황이었다. 따라서 나는 졸리오 퀴리가 반대하는 내용을 필요한 대목에서 각주 형태로 덧붙이고, 이튿날 아침에 내가 성명서를 읽을 때 그것도 낭독하겠다고 제안했다. 그 아이디어는 그 전에 어느 미국 과학자가 제기한 이의를 처리하는 과정에서 떠오른 것이었다. 졸리오 퀴리의 밀사가 마침내 나의 제안에 동의했고, 그를 대신해 성명서에 서명했다. 합의가 이루어지면 그렇게 해도 좋다고, 권한을 위임받고 왔던 것이다.

나를 괴롭힌 또 하나의 난제는 사회자를 물색하는 일이었다. 사회자는 행사를 빛내주는 동시에, 필히 나오게 될 전문적인 질문에서 나를 도와줄 수 있는 역량있는 사람이어야 했다. 몇몇 사람에게 접근해보니 모두들 이런저런 이유로 거절했다. 솔직히 말해 나는 그들이 비겁해서 거절하는 것이라고 의심했다. 누구든 이 성명서나 그것의 발표 과정에 참여하는 사람은 비난을 감수할 각오를 해야 했으며, 적어도 한동안은 손해를 보거나 조소에 시달리게 될 터였다. 사실 그들이 훨씬 더 걱정하는 것은 후자인지도 몰랐다. 혹은 이 행사가 의도적으로 극적 효과를 노린다는 게 싫어서 거절한 사람들도 있을 것이다. 어쨌거나 나는 조지프 로트블랫Josef Rotblat 교수가 협조적이란 것을 알아냈다. 그는 당시 성 바르톨로뮤 병원 의과 대학의 저명한 물리학자인 동시에 '원자력 관련 과학자 협회'의 집행부 부위원장이었으며, 지금도 여전히 그러하다. 그가 과감하게 사회자 역을 맡겠다고 선뜻 동의했고, 때가 되자 대단히 능숙하게 해냈다. 나로서는 행운의 만남이었고, 그때부터 나는 종종 로트블랫 교수와 긴밀하게 작업하게 되었으며, 그를 매우 존경하게 되었다. 용기와 고결함, 완벽한 자기 희생이란 면에서 경쟁자가 몇 없는 사람이라고 할 수 있는데, 그는 그러한 자세로 핵 위기를 비롯해 기타 유사한 해악들에 맞서 투쟁해 왔고, 그 일에 전념하고자 자신의 전업을 포기해 버렸다(그럼에도 그는 여전히 저명한 전문가다). 그 같은 해악들이 근절되고 국제적 사안들이 청산되는 날, 여러 영웅들 중에서도 그의 이름이 한참 높은 자리에 올려져야 마땅할 것이다.

이 행사와 관련해 다른 누구보다도 내게 용기를 주었던 사람은 앨런 우드와 메리 우드였다. 그들은 행사를 무사히 치르기 위해 《옵저버》지의 케니스 해리스Kenneth Harris와 더불어 귀찮고 성가신 갖가지 일들을 처리해 주었다. 과연 행사는 잘 치러졌다. 사람은 물론 녹음기와 텔레비전 방송 장비들로 홀이 미어터졌다. 나는 성명서와 서명자 명단을 낭독하고, 성명서가 나오게 된 경위와 이유를 설명했다. 이어서 발언권을 얻은 사람들의 질문에 대해 로트블랫의 도움을 받아가며 대답했다. 아인슈타인의 서명이 도착하기까지의 극적인 상황을 듣고 기자들이 큰 감명을 받은 것은 당연했다. 그때부터 이 성명은 '아인슈타인-러셀 성명(혹은 러셀-아인슈타인)'이라 불리어졌다. 회견 초반까지만 해도 언론은 상당히 회의적이거나 무심해 보였고, 일부는 아주 적대적이기까지 했다. 그러나 회견이 계속 이어지면서, 기자들의 태도가 동정적으로 변하더니 지지하는 분위기로까지 발전했다. 다만 미국인 기자 한 사람만 예외였는데, 내가 질문에 대답하면서 언급한 어떤 대목을 자기네 나라를 모욕하는 발언으로 받아들였던 모양이다. 회견은 두 시간 반 만에 열기 속에 끝났다. 이것을 계기로 과학자들의 모임이 열리는 성과가 나오리라는 기대감도 커졌다.

그러나 일이 모두 끝나고 우리가 주말을 보내고 있던 밀뱅크의 아파트로 돌아오자 반작용이 시작되었다. 나는 서명자들에 대해 여러 가지 얘기를 하는 과정에서 로트블랫 교수를 리버풀에서 왔다고 말해버린 것을 뒤늦게 깨달았다. 비록 로트블랫 본인은 그 실수를 눈치채지 못하고 넘어간 듯했지만 나로서는 부끄럽기 짝이 없었다. 그 일이 걸리더니 마음속에서 점점 커져갔다. 나는 너무나 창피하여 그 얘기를 입 밖에 낼 수조차 없었다. 우리는 석간 신문들이 우리의 회견을 어떻게 다루었나 확인하려고 의회 바깥에 설치된 신문 게시판에 가보았다. 그 내용이 신문의 톱으로 나와 있음을 보고도 나는 즐겁지가 못했다. 그러나 더 흉악한 일이 기다리고 있었다. 내가 막스 보른 Max Born[1882~1970년, 독일의 물리학자, 1954년 노벨 물리학상 수상] 교수의 이름을 서명자 명단에서 빠뜨렸을 뿐 아니라, 그가 서명을 거부했다는 얘기까지 했던 것이다. 사실은 그와 정반대였다. 그는 서명을 했음은 물론 더할 수 없이 호의적으로 협조했던 사람이었다. 내 입장에서는 심각하기 짝이 없는, 그후로 늘 후회로 남는 큰 실수였다. 실수를 깨달았을 때는 오류를 잡기에 이미 너무 늦은 때였지만 그럼에도 불구하고 나는 그 부분을 바로잡기 위해 할 수 있는 모든 수단을 동원했으며, 지금까지도 그렇게 해오고 있다. 당사자인 보른 교수는 도량이 넓은 사람이어서 그후로도 계속 나와 우정 어린 서신 왕래를 유지했다. 다른 서명자들의 생각도 대부분 그랬지만, 성명 발표를 시도하고 무사히 해내는 것이 개인적인 감정들보다 우선이었기 때문이다.

성명 발표와 관련해, 전세계의 다양한 언론들의 말이 계속 쏟아져 들어왔는데, 대부분 호의적이었다. 나도 기분이 좋아졌다. 그러나 한동안, 핵무기를 성토하는 다음 작업을 진행시킬 수가 없었다. 그 다음 주를 집안일에 바쳐야 했기 때문이다. 그 전 주 내내 끔찍하게 전화가 울렸지만 집안 이야기는 없었는데, 성명 발표가 끝나고 나자 큰아들 존의 병세와 관련해 고통스러운 소식을 알리는 전화들이 이어졌다. 나는 그 문제와 가족의 이사 문제에만 전념해야 했다. 노스웨일스에 새로 장만한 집에서 여름을 보낼 수 있게 해야 했기 때문이다. 우리가 없는 동안 고맙게도 루퍼트와 엘리자베스의 도움으로 집이 말끔하게 단장되었다. 우리는 전에 살던 세입자의 살림살이 중에서 가구를 매입했고, 그 밖에 더 필요한 것은 6월 말에 닷새에 걸쳐 런던에서 사들였다. 그리하여 그럭저럭 모든 준비가 끝났다. 우리는 손자들을 가급적 빨리 데려오려고 미리 가서 준비를 했다. 런던에서 벗어날 수 있어 기뻤다. 사람들은 흔히 나를 도회풍 사람으로 보지만 사실 나는 인생의 거의 대부분을 시골에서 보냈으며 도시보다 전원 생활을 훨씬 더 좋아한다. 그러나 리치먼드에서 몇 년간 우리 아이들을 돌봐온 보모와 아이들을 새 집에 정착시킨 후 나는 다시 파리로 떠나와야 했다. 세계 정부 관련 회의가 또 하나 예정되어 있었기 때문이다. 시테 유니베르시테르(외국인 학생들을 위한 파리의 대학촌)에서 열린 그 회의는 매우 흥미로웠으며 공식적, 비공식적으로 다양한 모임들이 열렸다. 오르세 역에서도 집회가 있었고, 위대한 양재사 스키아파렐리Schiaparelli의 집에서 칵테일 파티 형식으로 진행된 모임도 있었다. 내가 그 집 정원으로 들어서자 한 무리의 여자들이 잽싸게 나를 에워쌌다. 핵전쟁과의 싸움에서 여자들이 특별한 일을 해야 한다고 생각하는 사람들이었다. 그들은 나에게 자신들의 계획을 지지해 달라고 했다. 나는 핵전쟁과 맞서 싸운다면 누구든 전폭적으로 지지하는 사람이지만, 남녀가 함께 싸울 수 없다는 생각은 이해할 수 없었고, 지금도 그러하다. 내 경험상, 자녀들의 행복을 염려하는 마음은 아버지들도 어머니들 못지않다. 그때 아내는 정원 위쪽 베란다에 서 있다가 느닷없이 들려오는 노기 띤 내 목소리를 들었다. "여보시오, 나는 어머니가 아니란 말이오!" 아내가 당장 사람을 보내 나를 구해 주었다.

7월 말에 파리 회의가 끝나자 우리는 또 다른 회의를 위해 리치먼드로 돌아왔다. 6월에 '의회주의 세계 정부 연합'이 동·서 진영 및 기타 지역의 과학자들이 모두 참여하는 회의를 8월 초에 열기로 계획해 놓았던 것이다. 그들도 나처럼, 공산주의자들과 비공산주의자들이 함께 작업해야 할 때가 왔다고 믿고 있었다. 나는 그들의 논의에도 참여했고, 첫 회의 때 연설도 하기로 되어 있었다. 모스크바 아카데미에서 러시아인 세 명이 파견되어 왔고, 기타 세계 각지에서 과학자를 중심으로 하는 많은 사람들이 파견되어 왔다. 그때 러시아 대표단 단장이 바로 아카데미 회원인 토프치예프Topchiev였다. 나는 나중에 그를 자주 만나게 되면서 존경하게 되었음은 물론 아주 좋아하게 되었다. 러시아 공산주의자들이 서방의 회의에 참석하기는 전쟁 이후 그때가 처음이었으므로 우리는 회의가 잘되기를 간절히 빌었고, 대체로 잘되어가고 있었다. 그러나 회의 둘째 날이 끝날 즈음 한 위원회 모임에 참석한 러시아인들이 서방 측 동료들의 견해에 동의하지 않는 사태가 잠시 발생했다. 주최자들이 내게 전화하여 사태를 좀 진정시켜 달라고 했다. 다행히도 어렵사리 합의가 이루어졌다. 그리하여 나는 마지막 회의에서, 이번 회의가 만장 일치로 얻어낸 결정 사항들을 낭독할 수 있었다. 전반적으로 협력 활동의 좋은 징조를 보여준 행사였다. 나는 상황이 마침내 바라던 대로 움직이고 있다는 느낌을 받았고, 그리하여 즐거운 마음으로 웨일스로 돌아와 몇 주 동안 제대로 된 휴가를 보낼 수 있었다.

휴가 중이라고 일이 딱 끊긴 것은 물론 아니었다. 과학자들의 성명을 제대로 실행하기 위해서는 관련된 제반 사항 및 핵 위험과 유사한 모든 문제들을 의논할 수 있는 회의가 열릴 필요가 있었고, 나는 이미 로트블랫 교수 및 파웰Powell 교수와 더불어 그 방안을 논의하고 있었다. 졸리오 퀴리 교수는 건강이 너무 나빠 우리의 계획에 직접 참여하지 못했지만 멀리서나마 격려해 주었다. 그 무렵 우리는 동·서 양 진영의 과학자들이 협력하여 훌륭한 단체를 구성할 수 있으리라고 낙관하게 되었다.

그 전에 나는 성명서를 준비하면서 인도 과학자들 및 정부도 지지해 주었으면 하는 바람을 갖고 있었다. 1955년 2월에 네루가 런던을 방문하게 되자 나의 희망도 솟구쳐올랐다. 네루는 아주 협조적인 듯 보였다. 나는 그와 함께 점심을 먹었고 각종 회의와 환영회에서 만나 얘기를 나누었다. 그는 엄청나게 우호적이었다. 그러나 네루의 방문이 끝나갈 무렵에 만나본 인도의 주요 과학자한테 찬물 벼락을 맞고 말았다. 그는 내가 염두에 두고 있는 바의 회의는 물론이고 그 같은 성명에 대해서도 깊은 의구심을 나타냈다. 인도의 과학계에서 지지를 얻어내기란 어렵겠구나 싶었다. 그러나 성명이 성공적으로 선포되고 나자 좀더 우호적이었던 네루의 입장이 득세했다. 그리하여 인도 정부의 승인과 도움하에, 1957년 1월에 뉴델리에서 동·서 진영 과학자들이 함께하는 첫 회의를 열기로 계획을 잡을 수 있었다.

우리는 1956년 초반에 그 회의를 위한 안을 최대한 완성시켰고 그해 중반쯤에 60여 명의 과학자들에게 내 이름으로 초청장을 보냈다. 그러나 개인적으로 1956년은 부스러기 같은 해였다. 나는 주로 방송 일과 기사 쓰는 일로 보냈다. 즐거운 일이긴 했지만 옛 친구들과 새 지인들이 끝없이 밀려왔다 가곤 했다. 우리는 리치먼드의 집을 처분하고 노스웨일스에 정착하기로 했다. 그러나 런던 밀뱅크의 아파트는 전망이 매우 좋아, 임시 거처로 남겨두었다. 훗날 우리는 밀뱅크 지역 현대화에 밀려 그 집에서 쫓겨나고 말았다. 정치적으로는, 다양한 사안들과 관련해 무수한 모임에 참석했다. 키프로스 분쟁과 관련된 것도 있었고 세계 정부와 관련된 것도 있었다. (2월에 '세계 정부 연합'이 나를 위해 하원 의회에서 만찬을 열어주었다. 나를 위한 자리라는 것을 참석자 중에 몇 명이나 알고 있었는지가 늘 의심스럽긴 하지만, 어쨌거나 몇몇 연설은 내가 진심으로 받아들일 수만 있었다면 우쭐대며 좋아했을 법한 내용이었다.) 내가 특히 관심을 가진 것은, 미국에서 모턴 소벨의 투옥과 관련해 벌어진 운동이었다.

1951년에 로젠버그 부부가 재판을 받고 얼마 후 사형되었을 때 (나는 사형이 아니라 암살이라고 말하고 싶다)만 해도, 부끄러운 얘기지만 그 사건에 대한 나의 관심은 피상적인 수준이었다. 그런데 1956년 3월에 내 사촌 마거릿 로이드가 모턴 소벨의 모친인 소벨 부인을 내게 데리고 왔다. 소벨은 멕시코에서 미국 정부에 의해 납치되어 와 로젠버그 사건과 관련해 재판을 받았다. 그리고 위증자로 알려진 사람의 증언 때문에 30년형을 선고받고 5년째 복역 중이었다. 그의 가족은 지지자를 확보하려고 애써왔는데 그 과정에서 그의 모친이 도움을 청하고자 영국까지 오게 된 것이었다. 미국의 몇몇 저명인들이 용기 있게 나서 그를 변호해 보았으나 아무 소용이 없었다. 무엇이 그를 그러한 곤경으로 몰아넣었는지를 영국인과 미국인들 모두가 모르는 척하고 있었다. 나는 매우 유명하고 존경받는 한 연방 법원 재판장과 그 사건에 대해 얘기해 보았다. 그는 모턴 소벨 사건을 전혀 알지 못한다고 딱 잘라 말했고, 내가 하는 얘기에 크게 충격을 받은 듯했다. 그러나 나는 나중에 그가 사실을 바로잡거나 파악하려는 어떤 노력도 하지 않는다는 것을 알았다. 내가 볼 때 그것은 터무니없는 사건이었으므로 나는 최대한 노력하여 사람들의 관심을 불러일으켜보겠다고 동의했다. 그 작업을 하는 작은 단체가 이미 런던에서 활동하고 있었으며, 그들도 나를 도와주기로 했다. 나는 신문들에 편지를 보내고 그 문제에 관한 글들을 썼다. 그때 보낸 한 편지에 "겁에 질린 위증자 집단"이란 문구가 들어 있었는데 나로서는 만족스러웠으나 내 견해에 동의하지 않는 사람들을 격분시키는 표현이었다. 미국인들을 비롯해 여러 사람들의 성난 편지들이 쇄도했다. 그들은 나의 표현을 부정하면서, 어떻게 감히 미국의 사법부에 이의를 제기할 수 있느냐고 분통을 터뜨렸다. 앞서 말한 런던의 단체 회원들을 포함해 내 견해에 동의하는 사람들한테서도 몇 통의 편지가 오긴 했으나, 내가 아는 한 영국에서 나의 관점을 공식적으로 지지한 사람은 아무도 없었다. 나는 반미주의자로 자주 공격받았는데, 악의에 찬 공격도 종종 있었다. 그리고 지금까지도 내가 미국 사람이나 미국의 일에 대해 불리한 비판을 할 때면 자주 그런 소리를 듣고 있다. 나는 그 이유를 이해할 수 없다. 나 자신 오랜 기간 그 나라에서 살았고, 그곳 친구들도 많이 있을 뿐 아니라, 여러 미국인들과 미국의 행위들에 대해 자주 존경을 표해 온 사람이기 때문이다. 게다가 나는 두 명의 미국 여성과 결혼하기도 했다. 어쨌거나 그로부터 10년이 지나자 모턴 소벨 소송 사건은 이치에 맞지 않는다는 쪽으로 대체적인 의견이 모아졌다. 1962~63년에 항소 법정이 그 사건에 대한 공식 입장을 밝혔다. 판결문을 읽어본 나는, 소벨에게 재심의 기회를 줄 가치가 없다는 내용으로 이해했다. 그것과 관련해 소벨의 변호인단에게 자문을 요청했더니 이런 답변이 왔다. "판결문은 당신이 생각한 만큼 그렇게 조잡하지는 않았지만 어쨌거나 끔찍했습니다." 변호인단의 주장은 이러했다. "당초 재판 과정에서 에델 로젠버그의 헌법상의 권리(수정 제5항)가 침해되었으며, 이 점은 그후 '그뤼너발트Grunewald' 판결로 알려진 대법원 판결에서 충분히 입증되었습니다. 이 판결은 에설 로젠버그에게 재심의 권리가 있었음을 보여주었으며, 그녀의 결백은 남편과 소벨의 결백을 입증할 수 있기 때문에 그들에게도 재심의 권리가 있음을 보여주었습니다……. 불행하게도 로젠버그 부부는 이제 활동할 수 없게 되었으나 소벨은 반드시 법정에 설 날이 와야 합니다." 그의 석방을 위해 가족들이 오랜 세월을 용감하게 싸우고 있으나, 모턴 소벨은 아직도 감옥에서 복역 중이다.

1947년 초 나는 상원 의회에서 "누구든 미국에서 유엔[국제 연합]을 지지하는 사람에게는 위험한 '빨갱이' 딱지가 붙여진다"고 말한 적이 있다. 그로 인해 무비판적 반공주의자들로부터 경고를 받았는데, 자유주의자들이라고 자칭하는 단체들이 나의 발언을 자주 사용하게 되면서 특히 협박이 심해졌다. 1953년 초, 이런 이유로 해서 나는 '문화적 자유를 위한 미국 위원회'에서 사퇴하지 않을 수 없었다. 그리고 '문화적 자유를 위한 국제 대회'의 명예 위원장으로 남았다. 그로부터 3년 후, 시카고 대학 법대 교수 맬컴 샤프Malcolm Sharp가 『로젠버그-소벨 사건의 재판은 공정했는가?Was Justice Done? The Rosenberg-Sobell Case』란 책을 증거로 보내왔다. 책을 읽어보니 그것이 오심이었다는 것은 누가 보더라도 명백했다. 나는 언론을 통해, 로젠버그 부부와 소벨을 상대로 사용된 반공 히스테리와 경찰 국가적 수법을 고발했다. 그 당시 '문화적 자유를 위한 미국 위원회'가 보여준 반응은 어처구니가 없었는데, 세월이 흐르면서 증거가 점점 늘어나니 더더욱 기가 막힌다. 당시 그 위원회는 이렇게 발표했다. "로젠버그 사건과 관련해 연방 조사국이 잔학 행위를 했다거나 자객을 고용했다고 볼 만한 어떤 증거도 없다. 당신은 죄 없는 소벨이 정치적 히스테리에 의해 희생되었다고 말하지만, 그것은 아무도 지지할 수 없는 주장이다. 겁에 질린 상태였든 아니든 위증자들의 증언을 기초로 소벨이나 로젠버그 부부에게 유죄 판결이 내려졌다고 하는 당신의 주장에는 아무 근거도 없다……. 미국의 사법 절차 운운하고, 연방 정보국이 마치 나치 독일이나 스탈린 치하의 러시아 경찰인 양 언급하는 것이야말로 자유와 민주주의의 대의에 큰 해가 되는 소행이다." 나는 그 위원회가 다른 곳은 다 빼고 공산주의 국가들에서만 문화적 자유를 거론한다는 것을 깨닫고 '문화적 자유를 위한 미국 위원회'에서 사임했던 것이다.

1956년 여름이 되자 적어도 과학자 회의에서만큼은 상황이 우리 쪽으로 움직이고 있는 듯 보였다. 그러나 10월이 되자 두 가지 불운한 사건이 세계를 덮쳤다. 하나는, 헝가리 의거 및 진압[2]이었고, 또 하나는 이집트의 수에즈 전쟁이었다. 나는 후자의 문제 때문에 충격을 받았으며, 공공연히 말했듯이, 군부를 비롯한 우리 정부의 책략에 정이 뚝 떨어졌다. 나는 게이츠켈Hugh Gaitskell[영국의 경제학자, 정치가, 노동당 당수(1955~63년)]의 연설이 비록 때늦은 감이 있고 좀 무뚝

---

2) 당시 러시아가 헝가리 반란을 진압했을 때 왜 호통을 치지 않았느냐는 질문을 이따금 받는다. 그것은 내가 나설 필요가 없었기 때문이다.
이른바 서구 세계의 대부분이 호통쳐대고 있었으니까. 수에즈 사태에 대해선
서방 세계를 강력히 비난하는 용감한 사람들도 일부 있었으나 대부분의 사람들이 묵인했다.

뚝하기는 하지만 당연히 언급되었어야 할 많은 얘기들을 다소나마 공식적으로 말했다는 점에서 환영하는 입장이었다. 그러나 영국으로서는 수에즈 사태의 결과로 국제적인 영향력을 상실하는 고통을 겪지 않을 수 없었는데, 내가 볼 때는 거의 회복이 불가능할 정도였다. 어쨌거나 그로 인해 1957년 1월에 인도에서 열리는 과학자 회의에 서방 측 참가자들이 도착하자면 다른 길로 빙 돌아갈 수밖에 없게 되었고, 그것은 불가능한 일로 보였다. 따라서 우리는 다음 조처를 다시 짜내지 않을 수 없었다.

문제는 일을 어떻게 진행시키느냐, 어디에서 회의를 열 것인가, 그리고 무엇보다도 자금 조달을 어떻게 할 것이냐였다. 나는 회의가 특정 단체의 주장이나 생각에 구속되어서는 안 되며 완전히 중립적이고 독자적이어야 한다고 확신했고 함께 안을 짜는 다른 사람들의 생각도 마찬가지였다. 그러나 영국에서는 자금을 대주려 하는 개인이나 조직을 찾아낼 수 없었으며, 설사 그럴 능력이 있다 하더라도 아무 조건 없이 그렇게 해줄 사람은 없어 보였다. 그보다 얼마 전에 나는 미국의 시러스 이튼Cyrus Eaton이란 사람에게 내가 하는 일을 칭찬하는 따뜻한 편지를 받았다. 그는 돈으로 도와주겠다고 제의했다. 그리스의 선박 왕 아리스토틀 오나시스Aristotle Onassis도 몬테카를로에서 회의가 열릴 수만 있으면 도와주겠다고 했다. 시러스 이튼에게 의사를 확인해 보니 자신의 출생지인 노바스코샤[캐나다 동북부의 반도 및 주]의 퍼그워시에서 회의가 개최될 수 있으면 지난번에 제의한 대로 하겠다고 했다. 그는 이미 그곳에서 성격이 완전히 다르다고 할 수 없는 다른 회의들도 개최한 바 있었다. 우리는 그 조건에 동의했다. 로트블랫 교수와 파웰 교수의 지휘로 계획이 일사천리로 진행되었다. 그 과정에서 부르호프 박사와 패트리셔 린돕Patricia Lindop

박사가 큰 도움을 주었는데, 성 바르톨로뮤 병원 의과 대학 물리학자인 패트리셔는 그후로도 많은 도움을 주었다. 과학자 집단의 평화와 협력이라는 대의를 위해 그녀가 보여준 전문적이고도 헌신적인 열정은 로트블랫 교수에 버금가는 것이었다. 그녀는 무심한 듯 보이지만 사려가 깊어 자신의 일과 자녀 및 가사, 그리고 과학자들을 요령 있게 잘 다루었다. 이렇게 해서 1957년 7월 초 퍼그위시에서 제1차 회의가 열리게 되었다.

그러나 나는 노령과 건강상의 문제 때문에 1차 회의에 참석할 수 없었다. 1957년은 내 목에 무슨 문제가 있는지 판단하기 위한 각종 검사를 받느라 많은 시간을 보냈다. 그해 2월, 나는 후두암 여부를 알아보기 위해 잠시 병원에 입원했다. 입원한 그날 저녁에, BBC 방송을 통해 다운사이드의 버틀러Butler 대수도원장과 토론을 했는데 나도 매우 즐거웠고 그도 그랬던 것으로 안다. 고역치고는 유쾌하게 일이 진행된 결과 암이 아닌 것으로 드러났다. 그렇다면 무엇이 문제란 말인가? 그리하여 검사가 계속되었고 유아식 비슷한 음식물만 먹고사는 생활도 계속되었다.

그때 이후로도 대여섯 차례 해외로 나가긴 했으나 퍼그위시가 제일 긴 여행이었을 정도다. 내가 긴 여행을 싫어하는 이유 중의 하나는 내가 어느 한 나라에 갈 경우, 도중에 그냥 지나치게 되는 다른 나라의 사람들이 모욕감을 느끼게 될까 봐 걱정되기 때문이다. 그런 사태를 막을 수 있는 유일한 방법은, 관직에 있는 몸도 아니니 만큼 장거리 여행을 포기해 버리면 된다. 그러나 1958년에는 오스트리아에서 열리는 '퍼그위시 회의'에 참석해야 했기 때문에 여행에 나설 수 밖에 없었다. 회의가 끝난 후에도 나는 아내와 함께 더 머물면서 자동차로 여행을 했다. 우리는 다뉴브 강을 따라 뒤른슈타인까지 달렸는데, 어릴 때 리처즈 쾨르들리옹에서 즐거웠던 이후로 늘 구경해 보고 싶었던 곳이었다. 강변의 깎아지른 듯한 절벽 위에 있는 황량하면서도 당당한 위엄을 자랑하는 멜크와 아름다운 도서관이 너무나 인상적이었다. 계속해서 우리는 넓게 한 바퀴 돌아 산맥을 넘어 빈으로 돌아갔다. 공기가 상쾌하고 향긋했다. 동화 속 풍경 같은 전원도 그렇고, 인정 많고 순박하고 쾌활한 사람들도 그렇고, 마치 어릴 적 동화책으로 들어가 여행하는 기분이었다. 어느 작은 마을에 가니 마을 위쪽에 커다란 라임 나무가 한 그루 서 있었다. 저녁때나 일요일에 주민들이 모여 앉아 잡담을 나누는 곳이었다. 그것은 조용하고 상큼하며 평화가 가득한 신비한 목초지에 서 있는 요술 나무와도 같았다. 한번은 기세 좋게 산기슭을 흐르는 개울 옆으로 난 오솔길을 달리다가 산사태가 난 곳에 이르렀다. 아름드리 전나무 줄기들이 길을 가로막고 쌓여 있었다. 돌아가지도 지나가지도 못하게 된 우리는 어찌할 바를 모르고 서 있었다. 그때 갑자기 마치 땅에서 솟아난 듯 근처 농장의 남녀들이 나타났다. 그리고 우스갯소리로 즐겁게 떠들면서 장애물을 치우기 시작했다. 내 느낌에는 순식간에 길이 뚫린 것 같았다. 그들은 미소 띤 얼굴로 우리에게 어서 가라고 손짓했다.

다시 퍼그워시 회의로 돌아가야겠다. 1차 회의가 진행될 당시 나는 편지와 전화로 긴밀하게 연락을 주고받았으며, 들려오는 소식에 무척 반가워했다. 우리는 물리학자들뿐 아니라 생물학적 사회학 분야의 학자들도 초청했다. 미국, 소련, 중국, 폴란드, 오스트레일리아, 오스트리아, 캐나다, 프랑스, 영국, 일본에서 모두 22명이 참석했다. 회의는 영어와 러시아어로 진행되었다. 그 사실 자체가, 지극히 상이한 '이데올로기'를 지닌, 따라서 여러 가지로 견해가 다른 것은 물론 과학적 견해에서도 상충될 수 있는 과학자 집단에서 우리가 얻고자 했던 바의 진정한 협력을 보여준다는 점에서 나는 특히 만족스러웠다.

이 회의는 '퍼그위시 과학자 회의'로 이름 붙여졌으며, 이 운동을 이어가자는 뜻에서 퍼그위시란 명칭을 계속 사용하고 있다. 무엇보다도 1차 회의에서는, 다섯 명으로 구성되는 '계속 추진 위원회'가 구성되었다. 나는 차후의 회의들을 조직하는 일을 맡게 된 이 위원회의 위원장을 맡았다. 그리고 더 중요한 성과는 차후의 회의들이 따르게 될 회의 형식을 확립했다는 것이다. 중요한 보고서들을 발표하는 본회의가 수차례 열렸다. 막 출범한 소위원회들의 모임은 훨씬 더 많았는데, 여기서는 일반적인 주제의 특정 부분들이 논의되고 결정되었다. 그러나 무엇보다 중요한 성과는 회의가 우호적인 분위기에서 진행되었다는 점이었다. 1차 회의를 비롯해 그후로 이어진 퍼그위시 회의가 독특한 점이 있다면, 참석자들이 예정된 모임뿐 아니라 여가 시간에도 교제를 함으로써, 적대적일 수도 있는 특정 믿음이나 국적을 가진 과학자로서가 아니라 같은 인간으로서 서로를 알게 되었다는 점일 것이다. 이처럼 중요하기 그지없는 특성을 갖추기까지는, 상황에 대한 그리고 우리가 얻고자 하는 것에 대한 시러스 이튼의 철저한 이해와 빈틈없는 접대가 큰 역할을 했다.

내가 현장에 없었던 관계로, 이 회의나 기타 다른 회의들에서 취한 행동이나 결과들을 상세하게 설명하지는 않겠다. 로트블랫 교수가 1차 회의를 시작으로 그후 책이 출간되는 1962년까지 일곱 차례 개최된 회의의 역사를 포괄적으로 잘 정리해 놓았다. 여기서는, 1차 회의 때 세 개의 위원회가 있었음을 언급하는 것으로 충분할 것 같다. 1) '원자 에너지의 사용으로 야기되는 위험을 다루는 위원회.' 2) '핵무기의 통제를 다루는 위원회.' 여기서는 군비 감축의 일반 목적들의 윤곽을 잡았고, 그후에 이어진 회의들에서 상세한 사항을 논했다. 3) '과학자들의 사회적 의무를 다루는 위원회.' 첫 번째 위원회의 결과는, 로트블랫 교수가 지적하는 바와 같이, 핵실험의 영향과 관련해 동·서 진영의 과학자들 간에 이루어진 최초의 합의였다고 볼 수 있다. 세 번째 위원회는 활동 결과를 열한 개 항목으로 된 공동 신념 속에 요약했는데, 이것은 1년쯤 지난 후에 '빈 선언'으로 발표된 선언문의 근간이 되었다. 제1차 퍼그워시 회의에서 발표된 성명서는 소련 과학 아카데미가 공식 인정하고 중국에서도 큰 환영을 받았으나 서방에서는 별로 알려지지 못하고 좀더 서서히 알려지게 되었다.

'계속 추진 위원회'는 1957년 12월에 런던에서 첫 회합을 가졌으며, 이어 1958년 봄에 캐나다의 라크보포르에서, 이번에도 시러스 이튼의 도움으로 유사한 성격의 회의가 개최되었다. 그후 더욱 야심에 찬 시도로 이어졌는데 1958년 9월에 오스트리아의 키츠뷔얼에서 개최된 대규모 회의가 바로 그것이다. 이 회의는 한스 터링Hans Thirring 교수의 호의와 '테오도어-쾨르너 재단'의 후원 덕분에 성사될 수 있었다. 그 뒤로 빈에서 회의가 잇달아 열렸다. 그 전의 회의들에서는 언론이나 참관인들의 참석이 허용되지 않았다. 그러나 이 세 번째 회의에서는 참관인들이 참석할 수 있었을 뿐 아니라 참석자 가족들도 함께할 수 있었다. 빈에서 열린 대규모 회의에서는 언론이 증인이 되었다. 오스트리아 과학 아카데미에서 열린 회의에서는 9월 20일 아침에 이른바 '빈 선언'을 발표했다. 그것은 키츠뷔얼 회의에서 단 한 명의 기권을 제외하고 참석자 전원이 수용한 성명서로서, 로트블랫 교수도 말했듯이, 퍼그워시 운동의 '신조'라고 할 수 있는 것이다. 여기서 다루기에는 그 내용이 너무 길기 때문에 로트블랫 교수의 책을 참고하기 바란다. 오스트리아의 그 주가 적극 환대해 주었으므로 오스트리아 의장인 아돌프 셰프Adolf Schaef 박사가 회의를 개시했다. 나는 이 운동의 의장이자 '계속 추진 위원회' 위원장 자격으로 동·서 양 진영을 대표해 연설했다. 내게는 감명적이고 잊지 못할 공식 행사였던 것 같다. 나는 연설에서, 크림 전쟁 때 내 조부께서 회의(그 회의 역시 빈에서 열렸다)에 참석하여 평화 지지 연설을 했으나 위압당하고 만 일을 회고했다. 대회의가 끝난 후 우리는 알터호프에서 오스트리아 의장 주최 오찬에 참석했다. 이어서 회의 참석자 중 열 명이 빈 시청에서 1만 명의 군중을 상대로 연설한 중요한 회합이 열렸으나, 나는 거기엔 참석하지 못했다.

퍼그워시 운동의 가장 뚜렷한 성과는, 평화시에 지상에서의 핵실험을 금지하기로 한 부분적 '실험 금지 조약'을 이끌어냈다는 것이다. 그러한 결론이 나오게 된 데는 이 운동의 역할이 컸다. 개인적으로 나는 그 같은 부분적인 금지가 만족스럽지 못했고 지금도 마찬가지다. 그것은 달래주어선 안 될 양심과 두려움을 달래주는 것에 불과하며, 앞으로도 그럴 것이다. 또한 그것은 우리 모두가 노출되어 있는 위험들을 일부 완화시켜 주는 데 그친다. 나는 그것이 우리가 바라는 전면적 금지를 획득하는 데 도움이 되기보다는 방해물이 될 가능성이 높다고 생각한다. 그럼에도 그것은, 동·서가 함께 바라는 것을 얻기 위해 함께 노력할 수 있음을 보여주었으며, 퍼그워시 운동이 언제 어디서든 바라는 바의 효과를 발휘할 수 있다는 것을 보여주었다. 그것은 지금까지 오랜 세월 우리가 미심쩍은 눈으로 지켜본 갖가지 '군비 감축 회담들'의 신빙성을 포기한 것이라 할 수 있었다.

이제 퍼그워시 운동은 확고한 틀을 다졌고, 과학계와 국제 문제 사이의 관계를 크게 발전시키는 역할을 해내고 있는 듯하다. 최근 몇 년 사이 나는 그러한 발전에 직접적으로 관여하지는 않았다. 전쟁,

특히 핵무기를 필두로 하는 대량 살상 무기를 추방함에 있어 사람들과 각 나라의 정부들을 설득하는 새로운 방안들로 관심이 옮겨졌기 때문이다. 좀더 보수적인 과학자들의 눈에는 이러한 새로운 시도를 하는 내가 다소 밉살스럽게 보였을 것이다. 1962년 9월, 퍼그워시 운동은 런던에서 전세계의 과학자들이 참여하는 대규모 회의를 개최했다. 나는 운동의 창시에 관해 연설을 하게 되어 있었는데, 야유를 받으리라 확신했기 때문에 친구들에게도 미리 그렇게 얘기했다. 그러나 내가 연설하려고 자리에서 일어서자 우레 같은 기립 박수가 터져나와 나는 크게 감동하고 말았다. 나중에 들은 얘기지만 헤일샴 Hailsham 경을 제외한 모든 참석자들이 기립했다고 한다. 그는 왕실 과학부 장관 자격으로 참석해 있었다. 그도 개인적으로는 내게 다분히 우호적이었으나 직위의 중압감 때문에 꼼짝 않고 앉아 있었을 것이다. 내가 퍼그워시 회의에 공개적으로 참여한 것은 그것이 마지막 행사였다.

⟨버나드 베런슨의 편지⟩

친애하는 버티

메리가 23일에 사망했소. 그녀가 끝까지 당신을 매우 좋아했다는 것을 잘 알기 때문에 그녀의 최후를 들려주고 싶소. 그녀는 최근 몇 년 동안 점점 심해지는 고통으로 고생해 왔으니 차라리 죽음이 해방이었소.

몇 달 전에 나는 그녀에게 《허라이즌Horizon》지에 실린 미국에 관한 당신의 글을 읽어주었소. 그녀는 물론 나도 즐거웠소.

당신의 다른 발표작들은 몇 년 동안 구경도 하지 못했소. 우리가 5년 넘게 서구 세계와 차단된 생활을 해왔기 때문이오. 당신이 모교인 케임브리지 트리니티로 복귀했다는 소식 듣고 기뻤소. 그러니 언젠가는 다시 만날 수 있겠구나 싶소. 내가 금방 영국으로 갈 수 있을 것 같지는 않으니 만나려면 여기서 만나야 할 게요.

이제 장남도 다 컸겠구려. 그 아이 소식이 궁금하오.

그럼 이만 줄이오.

이탈리아 피렌체, 이타티
1945년 3월 29일

친애하는 버티

스프리그 부인한테서 당신이 이타티를 재차 방문하고 싶어한다는 얘기를 들었소. 당신을 다시 만나게 된다면 나로선 정말 영광일 것이오. 당신의 아내도 기억하고 있소. 12월 1일부터 4월 1일 사이면 언제든 가능하며 와서 열흘이나 2주 정도 묵고 가면 좋겠소. 다른 달에는 우리가 집을 비우거나 너무 혼잡하여 곤란할 것 같소. 내가 직접 당신을 맞고 싶어서 하는 얘기요. 나는 오래 전부터, 인간적인 것에 관해 이야기하는 당신의 책들을 읽어오면서 어느 누구도 당신만큼 나를 대변하지 못하리라 생각하게 되었소.

부디 지체하진 마시오. 이제 나도 몇 주 후면 아흔의 나이가 되니 죽음이 언제 나를 데려갈지 모르오.

그럼 이만 줄이오.

이탈리아 베네치아

1954년 6월 1일부터 7월까지

친애하는 버티

『악몽』을 보내주어 고마웠소. 당신의 재치, 영혼을 불러내는 초혼, 궁한 끝에 부리는 익살이 아주 좋았소. 계속하시오!

그렇소, 1월 10일부터 3월 1일 사이가 내게는 제일 적당한 시간이오. 당신이 2주 정도 묵어갈 수 있으면 좋겠구려.

추신 : 나중에 정확한 날짜를 잡아 연락해 주시오.

이탈리아 피렌체, 이타티

1954년 7월 12일

친애하는 버티

12일에 보내온 소식이 나를 슬프게 하오. 당신을 꼭 만나보고 싶었소. 나의 동시대인에 가까운 마지막 사람이자, 너무나 많은 부분에서 나와 공통된 사람이니까.

꼭 런던에 묶여 있어야 하는 상황이 아니라면 이곳에 일을 들고 와 내 집이다 생각하고 일해도 되지 않겠소? 나는 식사 때나 산책할 때 외에는 손님들을 만나지 않소. 요즘에는 산책도 아주 잠깐밖에 못하지만.

만일 1월 15일부터 3월 15일 사이에 시간을 내기가 어려우면 당신한테 편리한 다른 시간으로 잡을 수도 있을 것이오.

여름에는 와줄 수 있겠소? 우리 세 사람은 발롬브로사에서 지내는데, 촌스럽고 크게 넓거나 편리하지는 못하지만 천국 같은 곳이오.

내 제안을 긍정적으로 생각해 주길 바라오.

추신 ; 두 번 다시 알프스를 넘어가지 않을 생각이오. 런던, 파리, 뉴욕 등은 이제 나한테는 너무나 멀어 힘에 부치오.

이탈리아 피렌체, 이타티
1954년 11월 16일

친애하는 버티

당신이 로마에 와 있다는 것을 물론 잘 알고 있었소. 그래서 혹시 하루 이틀 시간을 내어 피렌체로 와주려나 기대도 좀 했었소. 결국 이렇게 되고 보니 실망이 크오.

11월 15일과 3월 15일 사이에 와서 2주 정도 묵고 가라고 다시 한 번 부탁하고 싶소. 1월 15일부터 3월 15일 사이면 더 좋고. 내가 식사 때나 초저녁을 빼고는 손님들을 전혀 만나지 않기 때문에 당신은 얼마든지 편안하게 일할 수 있을 것이오. 저녁 때도 식사 후에 손님들이 동행해 주기를 원할 때만 나가오.

아득히 먼 옛날을 추억하며 지내면 즐거울 것이오. 당신의 아내도 내게 좋은 기억으로 남아 있으니 만나서 새롭게 친해 보는 것도 좋을 것이오.

당신은 정말로 그 재앙을 피할 수 있다고 보시오? 내가 볼 때 실험이나 그로 인한 끔찍한 결과를 막기는 어렵지 않을까 싶소.

이탈리아 피렌체, 이타티
1955년 5월 8일

다음은 내가 아들 가족과 함께 생활하게 될 리치먼드의 그 집으로 들어간 직

L·E·T·T·E·R·S

후에 쓴 글이다.

펨브로크 로지의 정원을 홀로 걷노라니 견디기 힘든 우울한 기분이 엄습해 왔다. 정부가 추진하는 큰 일들은 모두 엉망이다. 정원의 절반은 대단히 아름답다. 진달래, 블루벨, 수선화 같은 꽃을 활짝 피운 5월의 나무들이 그득하다. 그들은 사람들이 즐길까 우려하여 이쪽 절반을 철망으로 꽁꽁 막아놓았다. (나는 철망 밑으로 기어들어갔다.) '사제들'이 관료들로 바뀌었다는 것을 빼고는 블레이크의 '사랑의 정원'과 너무나 흡사하다.

존과 수잔Susan의 생활에 끼어들게 된 것도 괴롭다. 그들은 1914년 이후에 출생한 사람들이니 행복할 수가 없다. 그들의 세 아이는 사랑스럽다. 나도 아이들을 좋아하고 아이들도 나를 좋아한다. 그러나 아이들의 부모는 각자의 삶을 산다. 각자 악몽과 절망의 감옥에 갇혀 있다. 물론 표면상으로는 그렇지가 않다. 겉으로는 행복해한다. 그러나 속을 들여다보면 존은 의혹 가득한 고독 속에 머물고 있어 아무도 믿지를 못하고, 수잔은 이 끔찍한 세상을 생각할 때마다 칼에 베인 듯한 고뇌에 불쑥불쑥 빠져 견디기 힘들어한다. 그녀는 시를 쓰면서 위안을 찾기도 하지만 아들에게는 위안거리도 없다. 그들의 결혼은 깨어질 것 같으며 두 사람 다 행복이나 평화를 찾아내지 못할 것 같다. 때때로 이 끔찍한 직감을 몰아낼 수는 있지만 세속적인 상식 수준에서 그들을 바라보기에는 내가 너무 그 두 사람을 사랑하고 있다. 내게 비극을 예견하는 카산드라Cassandra[그리스 신화에 나오는 트로이의 여자 예언자]의 저 무서운 재능만 없었어도 이쯤에서, 표면의 수준에서 행복할 수 있었을 것이다. 그러나 현실은 그렇지 않으니 괴롭다. 그리고 아들 내외가 느끼는 문제가 바로 전세계 젊은이들이 느끼는 문제다. 상심하는 그 세대를 생각하면 연민

L·E·T·T·E·R·S

으로 가슴이 저리다. 내가 속한 세대의 어리석음과 탐욕 때문에 그렇게 된 것이다. 무거운 짐이기는 하지만 나는 딛고 일어서야 한다. 어쩌면 극한의 고통 뒤에 위안의 말이 모습을 드러낼지도 모른다.

1950년 5월 12일

다음은 내 책 『저명 인사들의 악몽들』의 삽화를 맡았던 찰스 스튜어트Charles W. Stewart에게 보낸 편지다. 나는 이 책의 통렬한 풍자뿐 아니라 『윤리학과 정치학에서 본 인간 사회』에 담긴 경고를 강조하고자 도미에Daumier(1808~79년, 프랑스의 화가, 석판화가, 풍자 만화가)나 특히 고야Goya(1746~1828년, 에스파냐의 화가)의 그림과 같은 것을 찾고 싶었다.

〈찰스 스튜어트에게 보낸 편지〉

친애하는 스튜어트 씨

보내주신 스케치 잘 받았소. 아주 마음에 드니 그것들로 작업해 주면 고맙겠소. 당신이 스탈린에 대해 하는 얘기를 보니 그림이 스케치와는 좀 달라지겠구나 싶소. 특히 실존주의자의 악몽과, '자하토폴크'에서 그 숙녀가 불에 타는 악몽이 마음에 드오. '자하토폴크'를 다룬 또 다른 그림의 경우는, 다 마음에 들지만 계곡에 꽃들이 좀더 환히 웃고 많았으면 좋겠소. 물론 그림이 다 완성되면 그렇게 되어 있을지도 모르지만. 사우스포트 불페스Southport Vulpes 박사를 다룬 그림을 보면 하늘에 비행기들이 떠 있는 것 같은데 그것들을 좀더 크게 강조해 주면 좋을 것 같소. 각 악몽에 제목을 하나씩 달자는 당신의 제안에 적극 찬성하며, 불페스를 아이젠하워와 애치슨Acheson(미국의 정치가) 사이에 넣자는 안에도 반대할 뜻이 없소. '신념과 산'에 나오는 두 숙녀의 싸움 장면이 어떤 그림으로 나올지 즐거이 기대하겠소. 이 이야기는 아직 인쇄 중이기 때문에 내가 여벌로 보관해 온 타자 원고를 보내주겠소. 하지만 그림 작업이 끝난 후에 되돌려주셨으면 좋겠소.

나는 요즘 새 책을 작업하고 있는데 이번에는 소설이 아니라 윤리와 정치에 관한 책이오. '인간 사회, 그 진단과 예측Human Society: Diagnosis & Prognosis'이라 이름 붙일 생각이오. 이 책에도 그림을 세 컷 넣거나 혹은 세 장면이 이어진 한 컷으로 과거, 현재, 미래의 지성의 활용상을 표현해 보고 싶소. 당신이 이 작업을 맡아주고 스탠리 언원도 동의해 주면 대단히 고맙겠소. 차후 넉 달 중 아무 때나 그려주면 되오. 세 컷 모두 최대한 야만적이고 가혹한 장면이면 좋겠소.

스케치는 이 편지에 동봉해 보내겠소.

1953년 11월 20일

〈아이언 브래비Ion Braby가 『선량한 시민의 알파벳』에 관해 써보낸 글〉
친애하는 러셀 경

책을 보내주셔서 대단히 감사합니다. 재미있는 책입니다. 삽화가 본문만큼 좋은 것인지 본문이 삽화만큼 좋은 것인지는 잘 모르겠지만 어떤 경우든 삽화가 그보다 더 좋을 수는 없었을 것입니다. 저는 '어리석고 탐욕스럽고 재미있는 것'을 좋아한다고 생각하지만 '불공정하고 잘못되고 악마적인 것'을 비롯해 좋아하는 것이 무수하게 많습니다. 그리고 그 개회사開會辭(이 표현이 적당하고 생각합니다)와 삽화들도 좋아하구요. 저는 당신과 그 삽화가가 적정량의 세 배로 독약을 받아 마땅하다고 믿습니다. 왜냐하면 당신들은 청년들뿐 아니라 중년들과 노인들까지 타락시킨 죄로 고발당하게 될 테니까요. 게다가 중년들과 노인들에겐 회복할 시간이 상대적으로 적은 만큼 그들을 타락시킨 것은 더 죄질이 나쁩니다. 어쨌거나 저는 그 책 덕분에 부패되어 아주 기쁩니다. 다시 한 번 감사합니다.

지난 주말에 제 책을 《보들리 헤드The Bodley Head》지로 부쳤으니 곧 답장이 올 것입니다. 새삼 말할 것도 없지만, 당신의 관심과 도움이 얼마나 고마운지 모르겠습니다.

영국 켄트
1953년 3월 31일

〈루퍼트 크로샤이윌리엄스의 편지〉
친애하는 버티

당신의 소설을 읽고 얼마나 재미있던지—더구나 더블린의 디비너티 학생 숙박소의 엄청나게 구질구질한 침실에서 읽었으니—당신에게 긴 편지를 써서 내 마음에 든 몇 군데를 논평하기로 했소. 그런데 아일랜드에서 보내는 휴가란 게 흔히 생각하는 휴가와는 달라서, 정신 상태가 전보다 일이 더 안 되는—더 느리기도 하고—쪽으로 빠져버리는 바람에 계속 편지를 미루어왔소. (하지만 이것은 별 이유가 아닐지도 모르오. 수정 작업, 특히 잘라내는 작업이란 게 본래 생각을 직접 쓰는 것보다 훨씬 더 지루한 일이니까.)

어쨌거나 지금까지 나온 당신의 이야기를 통틀어 제일 마음에 드는 것은 '신념과 산'이오. 주제가 내 취향에 딱 맞아떨어져 그런지도 모르오. 그러나 무엇보다도 당신이 모방과 과장을 적당량—지나치지 않게—도입하여 훌륭하게 썼기 때문일 것이오. 서로 맞서는 두 이론을 과학을 사칭해 그럴듯하게 풀어낸 대목이 근사한데, 특히 뒤에 가서 와그손 Wagthorne 씨가, 나중에 보면 허튼소리가 되어 있는 것들을 믿는 인간의 능력을 지적하는 대목이 훌륭하오. 우연인지 모르겠으나, 43쪽에 나오는 그 단락 전체가 M으로 시작되는 모든 이름들에 코믹한 효과를 주는 것으로 이루어져 있는데 그 타이밍이 기가 막히오. 당신의 타이밍 효과는—예를 들어, 삼가서 말할 때와 분명하게 말할 때를 선택하는 면에서—기술적으로 더할 수 없이 효율적이오. (대회의에서 교수가 개회사를 하는 대목, 그의 미래가 윤곽을 드러내는 7장 서두 부분 단락의 간결함—긴장감이 넘치오! '그와 동시에 그들은 서로의 품속으로 쓰러졌다.')

무표정한 얼굴로 연기하면서 음흉하게 쿡 찌르는 대목들이 많은데 그 것들 역시 근사하오. (물론 이것도 당신의 지문 중 하나겠지만.) 그러니까 매그닛(자석이란 뜻)들이 단순한 완력을 내치는 대목, 신자들이 결국에는 이상한 변두리에 남게 되는 장면, 소니Thorney 씨가 육분의六分儀(두 점 사이의 거리가 이루는 각도, 특히 수평선에서 태양, 달, 별까지의 높이를 재어 위도, 경도를 결정할 때 쓰는 계기)를 사용하는 것이나 협곡 장면은 발상이 좋소. '얕은 확실성', '지혜의 좀더 깊은 원천', '차가운 비판적 지성' 따위 TLS(《타임스》 부록으로 나오는 주간 문예 잡지)의 모방 표현도 좋고.

당신의 '메시지'가 아주 기특한 것은 물론이오. 실제로, 끝부분에 자카리Zachary가 아버지에게 대답하는 대목이 매우 간결하면서도 결정적이오. 그보다 훨씬 더 결정적인 것은 마지막 단락이오. 나는 물론 엘리자베스(아내가 당신에게 100퍼센트 공감한다면서 사랑을 전해 달라고 하오)까지 웃음을 터뜨리게 만들었으니까. 당신은 그 수많은 찬송가의 때문은 상투성을 너무나 깔끔하고 익살맞게 포착했구려. (지금 드는 생각이지만, 셋째 줄과 넷째 줄 사이에서 약간 생각이 뒤엉키면서 그런 효과가 나오는 건지도 모르겠소. 가슴속 병이 / 우리의 근육을 자라게 한다.) 그리고 나서 마지막 줄에 '숭고함'이란 단어가 나오니 너무나 완벽하고도 정확하오.

그런데 몇 주 전 《선데이 타임스Sunday Times》지에 실린 비평에서,

당신이 이데올로기보다는 군사 정책의 역할을 강조하면서 과학 및 과학적 방식이 서구의 가치(서구의 가치 중에서도 '최고의 것들')를 이끌어 온 방식임을 재차 강조했음을 알고 반가웠소. 그와 정반대되는 '감상적인soupy' 믿음을 가장 감상적이지 않은 사람들조차 받아들인다는 사실을 생각하면 분통이 터지오.

얼마 전에 앵거스 윌슨Angus Wilson이란 소설가도 《옵저버》지에서 조지 샌드George Sand의 책을 비평하면서 '감상적'이란 단어를 썼는데 나하고 한 치도 틀리지 않은 의미였소. 이 말이 점차 확산되고 있는 징조이기를 간절히 바라는 바이오. 앵거스 윌슨은 언젠가 내가 이 단어를 소개해 주었던 시릴 코널리Cyril Connolly의 친구라고 알고 있소.

내 마음속에서 톰킨스Tomkins와 메로Merrow란 이름이 (합쳐져) 가녀린 종소리를 내고 있소. 그것들이 내 귀에 요란한 종소리로 들려야 마땅한 것 아니겠소?

추신 : 오늘이 마침 일요일이어서 부피가 큰 봉투는 우편으로 부칠 수 없다는 사실이 방금 떠올랐소. 그러니 원고는 내일 되돌려주겠소.

영국 메리오니스
1953년 8월 1일

⟨J. B. S. 홀데인의 편지⟩

친애하는 러셀

알려주셔서 대단히 고마웠습니다. 사실에 일치시키고자 그 구절을 바꾸었음은 물론입니다. 나는 노년으로 접어들면서 동물의 행동에 더욱 관심을 가지게 되었으며 벌들의 언어를 '해독'하는 작업(이 부분에 대해선 립밴드Ribband의 『꿀벌의 행동과 사회 생활The Behaviour and Social Life』에 잘 설명되어 있습니다)도 해보았습니다. 아시다시피 벌들은 먹이 춤food dance이라는 풍부한 근거에 입각해 귀환합니다. 모든 춤의 집합은 네 개의 변수와 더불어 하나의 명제 함수가 되는데, 다음과 같이 표현할 수 있습니다.

"D 방향 C 거리에 B 일꾼들이 요구하는 A 냄새를 가진 식품원이 있다."

A는 B, C, D의 표현에 의해 상징적으로 지시되지요. 나는 C의 상징들을 다소나마 정확하게 번역할 수 있게 되었습니다. 때를 봐서 그 논문을 보내드리겠습니다. 그런데 벌들 바로 위에서 수직으로 꿀을 주면 불규칙한 양식으로 춤을 출 뿐 그 사실을 서로 전달하지는 못한답니다. 춤으로 표현할 수 없는, 신의 신성한 이름과도 같은 진실들이 존재한다는 얘기지요.

린다우어Lindauer의 발견에 따르면 벌들의 정치 체계는 훨씬 더 놀랍습니다. 그는 보금자리 문제 때문에 벌들이 닷새 동안 계속한 논의를 기록해 놓았습니다.

제가 명제 함수를 하나의 명제 집합으로 설명하는 과정에서 오류를 범하게 되면 당신이 바로잡아주실 수 있겠지요. 벌을 관찰할 때처럼 '외부에서' 접근할 때는, 이것이 사물을 바라보는 자연스러운 방식인 듯합니다.

한편 독일의 여러 학자들(폰 프리슈v. Frisch와 린다우어는 제외하고요)은 나치의 방식과 비슷하게 동물 행동의 고착성을 선전하고들 있습니다. 소프Thorpe 덕분에 '임프린팅imprinting, 각인 찍기'(태어난 직후에 획득하는 행동 양식)란 말이, 청소년기의 경험(예를 들어, 여자아이들이 스폴딩Spalding(1888~1953년, 미국의 바이올린 연주자)을 추종하는 현상)으로 인해 장기적으로 지속되는 행동상의 변화를 뜻하는 말로 사용되고 있습니다.

L·E·T·T·E·R·S

런던 유니버시티 칼리지, 생물 통계학과
1953년 11월 5일

〈맥하이H. McHaigh 씨의 편지〉
친애하는 선생

작년에 당신이 시드니에 왔을 때 내가 당신을 훈계하는 영광을 누렸소. 그런데 이번 주 어느 날 저녁에 보니 당신이 더 가까워져 있었소. 이곳 오클랜드에서 당신의 목소리를 들을 수 있었으니 말이오. 오클랜드 라디오 방송에서 재생해 주었소.

당신 이름이 실린 주간지 칼럼에 드러난 비열한 인격을 그 《불러틴 Bulletin》지의 화가가 어떻게 그렇게, 혹은 왜 그렇게 끔찍하게 묘사할 수 있었는지, '이제야' 이해가 되오. 그 사람은 당신의 연설을 들었을 뿐 아니라 직접 만나보았을 게 분명하니까.

나는 라디오를 듣는 동안 방송국 관계자들이 도대체 귀가 있나 없나 자주 의문이 들었소. 아니, 귀가 있다손 치더라도 가려 들을 수 있는 양식이 티끌만큼이라도 있는가 싶었소. 그러나 아나운서가 그 지독하게 혐오스러운 소리를 내는 사람이 바로 당신이라고 밝히는 순간, 귀가 있냐 없냐를 떠나서 완전히 무책임한 사람들이란 생각이 들었소. 자신들이 내보내는 소리가 사람들에게 고통이 되고, (당신의 경우처럼) 인간이 도달할 수 있는 충격적인 몰락상을 적나라하게 보여주는데도 아무 신경을 쓰지 않았으니까. 어떤 인간도 완전히 금수가 되지 않는 한 그런 소리를 내기란 불가능했을 것이오.

혹시 당신이 수치심과 자기 혐오를 품게 될 때, 아니, 품게 된다면(곧 그렇게 되도록 기도하고 있소), 당신 목소리가 담긴 모든 음반을 끌어모아 부셔버리라고 제안하는 바이오. 당신에겐 그 정도 배상은 해야 할

L·E·T·T·E·R·S

책임이 있소.

하느님이 도와주실 게요.

뉴질랜드 오클랜드
1951년 8월 17일

〈H. N. 브레일스퍼드와 주고받은 편지〉

친애하는 러셀

아마 질리도록 축하를 받았을 테지만 내 것도 보태고 싶소. 지난 세기에 당신을 알았던 친구들에게서 축하받기란 이제 좀 어려울 테니 말이오. 보어 전쟁 때 코트니에서 우리가 처음 만났던 일을 생생하게 기억하고 있소. 내가 그 동안 당신의 저작들에서 얻었던 모든 것들에 대해 감사를 표할 수 있는 좋은 기회가 되니 나는 이번 생일이 반갑소. 요즘에 무엇보다 좋았던 것은 당신이 최근에 방송을 통해 전해 주는 용기와 낙관주의였소.

에바마리아Evamaria와 더불어 당신에게 감사와 진심 어린 인사를 보내오.

영국 런던
1952년 5월 19일

친애하는 브레일스퍼드

5월 19일자 편지 고마웠소. 나는 당신에게 많은 빚을 지고 있소. 지난날 내가 격려가 절실히 필요한 상황에 있을 때 당신이 내 책『사회 재건의 원칙들』에 관해 써준 비평이 무엇보다 큰 격려가 되었더랬소. 케임브리지에 있을 때는 당신의『강철과 금의 전쟁』중에서, 교구 사제와 같은 종교인들이 군비를 통해 얼마나 많은 이득을 취하고 있는지를 잘 보여주는 한 구절을 인용했다가 학교 측의 분노를 사기도 했소. 나는 사실 그런 유의 분노를 일으킬 수 있어 기뻤지만. 나의 최근 방송이 마음에 든다니 정말 반갑소. 당신에게 감사하며, 부인께도 고맙다고 전해 주시오.

1952년 5월 (날짜 없음)

〈정신 분석 전문의인 어니스트 존스Ernest Jones의 편지들〉

친애하는 버트런드 러셀

오늘 나온 《옵저버》지에서 당신은 특유의 용기 있고 솔직하고 통찰력 있는 발언으로 많은 사람들에게 얼마나 큰 기쁨을 주셨는지 모릅니다. 그런 점에서 당신과 클리퍼드W. K. Clifford(1845~79년, 영국의 수학자, 철학자)는 서로 닮았습니다. 두 사람 모두 수학을 얼마나 연구했으면 그런 특성들에 이르게 되었을까 궁금합니다. 당신의 결론 단락은 그의 『강의와 에세이Lectures and Essays』의 결론 단락과 바꾸어 말해진 듯했습니다. 혹시 그의 책을 어디에 두었는지 잊으셨을까 싶어 한 권 동봉합니다. 그의 많은 에세이들은 오늘날에 재판해도 손색이 없는 것들입니다. 그가 그것들을 쓴 지 80년이나 지났건만 그가 선언한 분명한 원칙들에 대한 이해가 이 정도밖에 진전하지 못했다는 것을 생각하면 서글퍼집니다.

말이 나온 김에 하는 얘기지만 그 책 말고 다른 곳에서 그는 콜리지Coleridge(1772~1834년, 영국의 시인이자 비평가)의 날카로운 경구를 인용하고 있습니다. "진리보다 기독교를 더 사랑하면서 출발하는 사람은, 기독교보다 자기 교파나 교회를 더 사랑하면서 전진하고, 만인보다 자기 자신을 더 사랑하면서 끝을 맺는다."

1955년 2월 20일

L·E·T·T·E·R·S

친애하는 버트런드 러셀

《옵저버》지에 실린, 당신이 아인슈타인에 관해 쓴 명쾌한 에세이를 읽다가 약간 의문을 갖게 되는 문장을 하나 발견했습니다. 그가 경험적 확증에 놀라우리만큼 무심했다는 내용 말입니다. 아래 글은 그가 1936년 4월에 프로이트에게 쓴 편지에서 따온 것입니다.

"나는 최근에 와서야 비로소 당신의 일련의 사고가 지닌 사변적 힘을 이해할 수 있었습니다. 거기에 과연 얼마나 많은 진리가 담겨 있는지에 대해서는 뚜렷한 소견이 없지만, 그것이 현 시대의 세계관에 엄청난 영향력을 미치고 있다는 것을 알게 되었습니다. 그러나 얼마 전에 몇 가지 사례를 접할 기회가 있었습니다. 그 자체로는 그리 중요하지 않지만 내가 볼 때는 억압 본능론이 아니면 결코 해석할 수 없는 사례들이었습니다. 나는 그런 사례들을 만나게 되어 즐거웠습니다. 위대하고도 아름다운 개념이 현실과 일치하는 것을 확인하는 순간은 항상 즐겁기 마련이니까요."

저는 이 인용문의 마지막 문장이 아인슈타인 자신의 경험—이를테면 1919년에 발견한 빛의 굴절 따위—에 근거해 있다고 받아들였습니다.

당신이 로마에서 막을 올린 저 숭고한 운동에 도움이 될 수 있다면 기부금을 내든지 제 이름을 이용하든지 할 용의가 있으니 분부만 내려주십시오.

1955년 4월 25일

〈애너 멜리사 그레이브스Anna Melissa Graves의 편지〉

독실한 종교인이었던 그레이브스 양은 엄청난 참을성으로 나를 놀라게 한 여성이었다. 나는 중국 문제를 다루면서 그녀와 처음으로 접촉하게 되었다. 훗날 그녀는 주로 라틴 아메리카 문제에 관여했다.

L·E·T·T·E·R·S

친애하는 러셀 경

빅토르 하야 드 라 토레Victor Haya de la Torre한테서 소식을 듣지는 못했으나, 다시 말해 편지를 받지는 못했으나, 그가 《옵저버》지에 실린 자신에 관한 글을 제게 보내왔더군요. 그 글, 아니, '인터뷰'로 볼 때 그는 당신을 만나고자 긴 여행길에 올랐던 게 분명합니다. 당신을 만난 것은 그에게 큰 도움이 된다고 믿기 때문에 저로선 다행스럽습니다. 그를 만난 것을 시간 낭비로 생각하지 않으셨으면 좋겠습니다.

'인터뷰'에서 그는 당신이 매우 "진실하고 희망에 차 있다"고 말했습니다. 그는 더 좋은 시절이 올 것임을 지금까지 늘 믿어온 사람이기 때문에 그에게 낙관주의의 실례는 전혀 필요하지 않습니다. 하지만 대부분의 라틴 아메리카인들, 아니 각국의 모든 정치인들에게는 당신처럼 진실을 중시하는 사람의 본보기가 꼭 필요합니다.

지난번에 제가 그의 편지를 돌려주십사 부탁드렸는데 기억하실지 모르겠습니다. 그가 제게 선생님을 만날 수 있게 해달라고 요청해 온 편지였는데, 제가 당신께 두 번째 편지를 보내면서 동봉했습니다. 선생님은 제 첫 번째 편지에만 답장을 해주셨지요. 두 번째 편지에는 답장할 필요가 없다고 생각하신 것 같은데 당연한 일이라 봅니다. 하지만 빅토르의 편지를 파기하거나 어디에 두었는지 기억하지 못하는 경우가 아니시라면 제게 돌려주셨으면 감사하겠습니다. 물론 분실하셨다 해도 큰 문제는 아니지만 말입니다.

그리고 그를 만나본 인상을 좀 얘기해 주셨으면 감사하겠습니다. 저는 애너 루이즈 스트롱Anna Louise Strong과 함께 살기 위해 캘리포니아 주 로스앤젤레스로 가게 될 것 같습니다. 잠시 체류하는 것보다는 여기서 살아보아야 이곳 흑인들에게 더 많은 것을 해줄 수 있을 것 같습니다. 제가 하고 싶은 일을 하면 그들을 곤경에 빠뜨리게 되는 경우가 종종 있습니다. 저는 이곳의 상황이 물론 케냐보다 더 나쁘지는 않지만 남아프리카보다는 열악하다고 봅니다. (혹은 레지널드 레이놀즈Reginald Reynolds가 책을 썼을 당시보다 훨씬 더 열악합니다.) 남아프리카에서는 아프리카인들을 공정하게 대접하고자 하는 정의로운 비아프리카인들(영국계 및 보어인)이 이곳에서보다 훨씬 자유롭게 일할 수 있는 것 같습니다. 아니 훨씬 자유롭게 보였습니다. 미국 동부 쪽에서는 흑인들의 정의를 위해 일하는 사람을 모조리 '공산주의자'나 '모스크바의 앞잡이들'로 몰아붙입니다. 그러나 더 위험한 세력은 동부 사람들이 아니라 교양 있고 매력적인 '남부 백인들'입니다. 그들은 모든 불의를 종식시킬 수 있음에도 그렇게 할 경우 자신들의 존재 기반이 흔들린다는 것을 잘 알고 있습니다. 그들이 눈을 뜨지 못하는 것은 감히 그럴 용기가 없기 때문이지요.

빅토르에게 시간을 내주셔서 다시 한 번 감사합니다.

미국 루이지애나
1957년 2월 24일

〈클레멘트 데이비스Clement Davies의 편지들〉
친애하는 버트런드 러셀

어젯밤 당신의 훌륭한 방송 연설에 대해 '고맙다'고 꼭 말해 주고 싶소. 정말 진심으로 하는 말이오. 당신 덕분에 얼마나 많은 기억들을 되살렸던지! 그야말로 초음속으로 기억들이 지나갔소. 그렇소, 우리는 내가 50여 년 전에 소망했던 많은 것들을 성취했소. 그때는 크나큰 불평등에 맞서 처절하게 싸웠건만, 오늘날에는 그때의 반대자들이 우리 쪽에 와 있을 뿐 아니라, 자신들이 개혁의 선구자라고 주장하면서 개혁에 열을 올리고 있소.

L·E·T·T·E·R·S

옛날을 돌이켜보고 그 동안에 확보된 변화들을 더듬어보자니 국제 정세와 관련해서도 힘이 나는 듯했소. 당신과 나의 이상에 반대되고, 인류 불화의 중재자로 '무력'이 아닌 '이성'을 택하는 데 반대하는 세력들이 너무나 막강해 보이니 우리의 투쟁도 희망이 없어 보일지 모르겠소. 그러나 이 싸움에서도 우리는 조만간 거대한 변화를 필히 보게 될 것이오. 과거에 우리가 국내 문제에서 쌓은 경험을 국제 문제에서 그대로 되풀이할 수만 있다면, 오늘날 우리에게 반대하면서 우리의 구제책을 거절하는 자들도 결국에는 그것을 수용하게 될 것임은 물론, 한술 더 떠 구제책을 마련한 사람은 오직 자신들뿐이었다고, 자신들이 고통받는 인류에게 만인이 바라는 평화를 가져다 주었다고 주장하게 될 것이오.

어쨌거나 내 예상이 옳기를 빌면서 나는 언제까지나 소리 높여 격려할 것이오. 옛날에 협조하지 않겠다고 했던 반대자들을 오늘날 내가 격려하고 있듯이 말이오.

다시 한 번 진심으로 고마움을 전하오. 우리 부부의 따뜻한 인사도 함께.

영국 런던
1954년 12월 24일

친애하는 버트런드 러셀

지난날 당신이 정치 무대로 외도하여, 보호 무역과 극단적 국수주의를 한창 요란하게 선전하던 막강한 조지프 체임벌린과 맞섰던 일을 회고하는 것을 보고 나도 옛일을 돌이켜보게 되었소.

나의 첫 운동 상대 역시 강적 조지프였소. 그때가 1899년 11월이니까 내 나이 열다섯 살, 그야말로 경험이 무르익은 나이였지. 보수당 집회에서 연단에 올라 남아프리카 전쟁을 성토했는데, 안간힘을 써보았지만 나의 웅변은 오래 가지 못했고, 결국 나는 두 눈이 시퍼렇게 멍들고 코피를 뒤집어쓴 채 집으로 돌아와야 했소. 그것은 반전 운동이었다기보다 보어인 변호 운동이었소. 우리는 보어인들에게 자유를 돌려주고자 했고, 결국 1906년에 그 목적이 이루어졌으나, 그들이 그 자유를 남용하여 흑인과 유색 아프리카인들을 곤경에 빠뜨릴 줄은 정말 상상도 하지 못했소.

아내와 더불어 안부 전하오.

영국 런던
1955년 9월 19일

〈러셀 백작 기자 회견〉

웨스트민스터, 캑스턴 홀, 1955년 7월 9일, 토요일

J. 로트블랫 교수: 신사 숙녀 여러분, 이 회견은 핵전쟁의 중대성과 관련해 다수의 과학자들이 서명한 성명서를 발표하고자 버트런드 러셀 경이 요청한 자리입니다. 이미 성명서 복사본을 모두 한 부씩 받으셨을 것입니다. 이제 제가 러셀 경께 이 성명서의 간략한 개요를 들려주십사 청할 텐데, 여러분께는 나중에 이 주제와 관련해 질문할 시간이 주어질 것입니다. 러셀 경, 말씀해 주시죠.

러셀 백작: 신사 숙녀 여러분, 이 회견의 목적은, 핵전쟁에 따르는 위험들과 따라서 전쟁을 막아야 할 절대적인 필요성과 관련해, 핵전쟁 관련 분야의 가장 저명한 과학자 여덟 명의 서명을 받은 성명서를 발표해, 여러분의 관심을 모으고, 여러분을 통해 전세계의 관심을 모으는 데 있습니다.

여러분들도 이미 자료를 받으셨겠지만, 지금부터 제가 간략한 개요를 낭독하겠습니다.

"첨부한 성명서는 세계 여러 지역의 가장 저명한 과학계 권위자들도 일부 서명에 참여한 것으로, 핵전쟁의 위험을 다루고 있습니다. 그러한 전쟁에서는 어느 쪽도 승리를 바랄 수 없으며, 방사능 구름에서 나오는 먼지와 비로 인해 인류가 절멸할 가능성도 배제할 수 없다는 점을 성명서는 분명히 밝히고 있습니다. 그리고 세계의 모든 대중이나 정부들이 그러한 위험을 제대로 인식하지 못하고 있음을 시사합니다. 합의에 의한 핵무기 금지는 긴장이 고조되지 않은 상황에서는 유용할 수 있겠으나 해결책이 되지는 못한다고 지적합니다. 사전 합의가 이루어지더라도 대전이 발생하면 합의 내용과 반대로 그러한 무기들이 제작되고 사용될 것이 분명하기 때문입니다. 인류의 유일한 희망은 전쟁의 방지뿐입니다. 그것을 가능케 하는 쪽으로 생각해 보자는 것이 이 성명서의 목적입니다.

첫 행보는 아인슈타인과 본인의 협력에서 시작되었습니다. 아인슈타인의 서명은 그의 생애 마지막 주에 전달되었습니다. 그가 사망하자 저는 과학자들이 가능성을 평가하는 데 정치적 불화가 영향을 주어서는 안 된다고 판단하여 동·서 양 진영의 유능한 과학자들에게 접근했으나 그 중 일부는 아직까지 대답이 없습니다. 저는 서명자들이 선언하는 이 경고에 세계 모든 강대국 정부들이 주목하게 만들 것입니다. 그들이 합의하여 국민들을 살려낼 수 있기를 간절히 바라면서."

이제 이 성명서가 탄생하기까지의 사연에 대해 조금 얘기하겠습니다. 저는 작년 12월 23일에 BBC에서 핵전쟁의 위험에 관한 방송을 했는데, 그 성과의 하나가 성명서였다고 볼 수 있습니다. 당시 여러 사람들에게 감사의 편지를 받았는데, 프랑스의 저명한 과학자인 졸리오 퀴리 교수도 끼어 있었습니다. 그는 잘 알려진 공산주의자였기 때문에 그에게서 감사의 편지가 왔다는 게 특히 반가웠습니다.

L·E·T·T·E·R·S

제가 염두에 둔 목적 중의 하나는 대립되는 정치적 견해를 가진 사람들 사이에 가교를 놓자는 것이었습니다. 다시 말해 정치 문제에서 생각했던 것에 관한 모든 논의를 생략하고 사실에 입각하여 과학자들을 단합시켜 보자는 것이었습니다. 저는 아인슈타인에게 편지하여 핵전쟁과 관련해 저명한 과학자들이 뭔가 획기적인 일을 해야 한다고 제안했으며, 그에게서 100퍼센트 동의한다는 회답을 받았습니다. 그리하여 저는 몇 사람과 논의한 끝에 초안을 작성하여 아인슈타인에게 보냈는데 그때 이미 건강이 매우 악화되어 있던 그는, 그의 표현 그대로 인용하자면, '당신 스스로를 이 일의 지휘자로 생각하라'고 암시했습니다. 아마 본인이 그 일을 하기에는 건강이 따라주지 않았기 때문일 것입니다. 제가 보낸 초안을 받아본 그는 "당신의 훌륭한 성명서에 흔쾌히 서명하겠다"고 대답했습니다. 그가 사망한 당일, 제가 그의 사망 소식을 들은 후에 그 답장을 받았으니까 아마 그것이 그의 생애 마지막 공식 활동이 될 것입니다.

성명서 작성의 목표는, 그 분야 과학자들이 선언할 수 있는 내용에서 이탈하지 않고 정치적 내용을 피함으로써 우익과 좌익 모두로부터 서명을 받아내는 데 있었습니다. 과학은 무릇 공평해야 하는 것이니, 정치적 견해가 다르더라도 핵전쟁 방지의 중요성에 관해서는 집단적 합의를 얻어낼 수 있으리라는 것이 저의 판단이었고, 그 점에 있어 이 문서는 큰 성과를 거두었다고 생각됩니다.

서명자는 본인을 제외하고 여덟 명입니다.[3] 여덟 명 모두 과학계에서 아주 저명한 분들이지요. 그들 대부분이 핵물리학자이며, 아주 중요한 관련 분야인 유전학에 종사하는 분도 몇 분 계시고, 핵전쟁을 생각할 때

---

3) 사실은 막스 보른 교수와 라이너스 폴링 교수를 합쳐 열 명이다.

떠오르는 가장 중요한 주제인, 방사능으로 인한 돌연변이에 관해 잘 아시는 분들도 있습니다. 그러나 이분들이 선정된 이유는 오로지 과학적 명성 때문이며 다른 견해는 전혀 개입되지 않았습니다.

제가 의뢰한 사람은 모두 열여덟 명이었던 것 같은데, 그 중에 절반, 아니 절반에 가까운 여덟 명(사실은 열 명이다)이 동의해 주셨습니다. 일부는 여러 가지 이유로 아직까지 아무 소식이 없습니다. 특히 중국의 가장 저명한 물리학자인 르 스지 쿠앙 박사에게도 의뢰했으나 아직 대답을 듣지 못했습니다. 제가 받은 답변 중에 공감하지 않는 경우는 하나도 없었습니다. 서명하지 못한 사람들은 나름대로 다양한 이유들이 있었는데, 예를 들면 관직에 있다거나 공적인 일에 종사하고 있어 서명하기 힘든 경우였습니다. 그러나 우익이든 좌익이든 냉담한 태도로 답변한 사람은 아무도 없었습니다.

먼저, 아인슈타인과 더불어 두 권의 책을 저술한 바르샤바 대학의 인펠트Infeld 교수에게서 서명을 받았습니다. 모스크바의 스코벨친Skobeltsyn한테는 서명을 받지 못했으나 깊이 공감한다는 편지를 받았습니다. 졸리오 퀴리 교수는 라듐 발견자의 사위지만 결코 그 때문에 유명하다고는 할 수 없습니다. 그도 노벨상 수상자니까요. 그는 서명자 여덟 명 중에 여섯 번째로 과학 부문 노벨상을 받았습니다. 그리고 나머지 두 사람도 아마 머지않아 노벨상을 받게 될 것입니다! 우리 서명자들의 명성을 살펴보면 대충 이 정도입니다.

졸리오 퀴리 교수는 두 가지 조건을 달았는데, 하나는 좀 중요하지만 다른 하나는 크게 중요하지 않습니다. 제가 주권을 제한할 필요가 있다고 말한 데 대해, 그는 만인이 그러한 제한에 동의해야 하며 그것이 만인에게 이익이 되어야 한다는 내용을 덧붙이자고 합니다. 저는 그 얘기에 전적으로 동의했습니다. 또 하나 그의 조건은, '우리가 인류를 끝장낼 것인가, 아니면 인류가 전쟁을 포기할 것인가?'라는 문장을 '인류가 국가 간 다툼을 해결해 주는 수단인 전쟁을 포기하게 될 것인가?'로 바꾸고 싶다는 것입니다. 그는 이상과 같은 조건하에서 서명에 동의했습니다.

멀러Muller 교수도 아주 사소한 조건을 달았으나 제 본래 의도를 설명해 주는 데 불과한 내용이라고 봅니다.

서명자들에 대해 조금 말씀드리겠습니다. 과학계에 머문 탓에 언론에 크게 알려지지 못한 분들도 일부 있습니다. 국적을 보면 영국인 과학자 두 명, 미국인 두 명—아인슈타인의 경우는 국적이 다소 복잡하기 때문에 미국인으로 보지 않겠습니다—, 폴란드인 한 명, 프랑스인 한 명, 일본인 한 명입니다. 로트블랫 교수는 바로 지금 이 자리에 계십니다. 아시다시피 그는 리버풀[4]의 핵물리학 연구소장입니다. 비키니 폭탄과 관련해 가히 정탐 작업이라 할 만한 아주 흥미로운 역할을 담당한 바 있지요. 여러분 중에 좀 나이가 있으신 분은 아마도 1945년에 원자 폭탄 때문에 사람들이 크게 충격받았던 일을 기억하실 것입니다. 여러분들이 원자 폭탄을 활이나 화살쯤으로 생각한다면 이제 그 얘기는 오래된 역사로 보이겠지요.

우리는 거기서 출발하여 원자 폭탄보다 훨씬 더 무서운 수소 폭탄에 이르렀는데, 곧 이어 비키니에서 폭발된 폭탄은 수소 폭탄보다 훨씬 더 위력적인 것으로 밝혀졌습니다. 처음에는 주로 로트블랫 교수의 정탐 작업을 통해 그 사실이 알려졌고, 나중에는 미국 당국자들이 인정했지요. 이제는 수소 폭탄도 낡은 역사가 되어버린 것입니다. 우리에게는 이중의 촉발 장치가 있습니다. 먼저 수소를 폭발시키려고 우라늄 235를

---

[4] 사실은 런던 대학 물리학 교수였다.

이용합니다. 그리고 우라늄 238을 폭발시키기 위해 수소를 이용합니다. 우라늄 238은 우라늄 235를 생산하는 과정에서 슬래그slag〔광석을 환원하여 금속을 추출할 때 거의 완전히 용해해서 유리화한 물질〕 상태로 폐기 처분되는데, 그 양이 산더미 같습니다. 이제 우리는 우라늄 238까지 폭발에 이용합니다. 훨씬 저렴한 비용으로 만들 수 있으니까요. 그렇게 되면 폭탄은 훨씬 더 큰 파괴력을 갖게 됩니다. 이런 식으로 과학은 급속하게 발전하고 있습니다. 지금까지는 비키니 폭탄이 최신형이지만 우리가 과연 어디까지 도달하게 될지, 아무도 예측할 수 없는 상황입니다.

나는 이 성명이 첫걸음에 불과하다고 봅니다. 과학자들이 현실에 대해 권위 있는 선언을 할 수 있도록 계속적인 작업이 필요하며, 그 뒤를 이어 과학이 있는 모든 나라의 과학자들이 참여하는 국제 대회가 열려야 할 것입니다. 서명자들은 그러한 대회를 통해 제가 이 성명서 말미에 제안한 바와 같은 결의 사항을 제시해 주기 바랍니다. 앞으로 예정되어 있는 여러 다양한 국내 대회에서도 그와 같은 내용의 결의를 제안할 수 있을 것입니다. 저는 과학자들이 폭넓은 대중 운동을 전개하여 세계의 모든 대중과 정부들에게 실상을 인식시켜야 한다고 생각합니다. 아시다시피 과학자들이 대중 운동을 시작하기란 쉬운 일이 아닙니다. 그들은 그런 일에 익숙하지 못한 사람들이어서 선뜻 나서기는 힘들겠지만, 저는 작금의 현실에서 대중들에게 실상을 알리는 것이 그들의 의무라고 봅니다. 그들은 반드시 세계를 설득하여 전쟁을 방지해야 합니다. 처음에는 닥치는 대로 모든 방편이 동원되겠지만, 궁극적으로는 국제적 형태의 조직을 만들어 전쟁 방지를 하루살이 방편의 사안이 아니라 세계적 조직의 사안으로 발전시켜야 할 것입니다. 이제 과학은 일반 대중들에게 다소 불길한 의미로 다가서게 되었습니다. 저는 이와 같은 전쟁의 문제만 해결된다면 과학이 인류에게 엄청난 혜택을 가져다 주어 세계를

L·E·T·T·E·R·S

과거 그 어느 때보다 행복한 세상으로 만들 수 있다고 봅니다. 과학자들은 전쟁으로 인해 야기되는 위험뿐 아니라, 이 점도 함께 강조해야 할 것입니다.

저는 질문에 답하고자 이 자리에 나왔으니 원하시는 분은 어떤 질문이든 하셔도 좋습니다. 최선을 다해 기꺼이 답해 드리겠습니다.

16 트라팔가 광장

1957년 초반 5개월 동안 나는 BBC에서 꽤 여러 차례 방송을 했다. 그 마지막회는 앨런 우드가 출간한 나의 전기와 관련해 앨런과 나, 그리고 BBC 측 대표가 대담하는 형식으로 주로 진행되었다. 앨런은 이 대담을 끝내고 상당히 실망스러워했다. 그는 방송 경험이 나보다 적었기 때문에 BBC 측 대표로 나온 여성이 리허설 때는 묻지 않았던, 나의 사생활에 관련된 질문을 퍼부어대자 크게 놀랐다. 우리 둘 다 그녀의 질문에 약간 당황했다. 그러나 광고가 다소 미지근했음에도 책 자체는 호평을 받았다.

앨런이 그 책에 바쳐진 평론들에서 위안을 얻었기를 간절히 바란다. 내 생일에 옛 친구들과 친지들 몇 명을 밀뱅크로 초대하여 작은 파티를 열고 즐거운 분위기에서 책을 공개했다. 그것이 내가 앨런을 본 마지막 기회나 다름없었다. 그로부터 얼마 안 되어 그가 심하게 앓더니 10월에 사망했기 때문이다. 두 달쯤 지난 뒤에는 그의 아내인 메리도 사망했다. 가슴아픈 일이 아닐 수 없었다. 그들은 젊고 행복하고 똑똑하고 유능했으며, 자신들의 미래와 어린 두 아들의 미래에 대해 잔뜩 계획을 짜놓고 있었다. 그들의 죽음은 내게도 말할 수 없이 큰 손실이었다. 나는 그들을 대단히 좋아했을 뿐 아니라 함께 작업하는 모든 것에서 그들의 지식과 공감에 의존하게 되었기 때문에 그들과 함께하는 것이 너무나 즐거웠다.

하지만 앨런이 나의 책들에서 논의된 문제들을 이해함에 있어 어느 정도 한계가 있었다는 점은 꼭 지적하고 넘어가야겠다. 그러한 한계는 특히 정치적 문제들에서 드러났다. 나는 그를 다소 보수적이라고 생각했고, 그는 나를 실제 모습─과거든 현재든─이상으로 급진적이라고 생각했다. 내가 누구에게나 선거권이 주어져야 한다고 주장하면, 그는 모든 사람의 능력이 똑같다는 얘기로 받아들였다. 내가 타고난 능력의 차이와 관련해서는 우생학을 지지한다고 지적해주어야만 그의 생각을 바로잡을 수 있었다. 그러나 그와 같은 의견 차이가 우리의 우정을 훼손한 적은 없었으며 순수하게 철학적인 대화를 할 때는 그런 것이 아예 들어설 자리도 없었다.

그런 우울한 일에 이어 6월 초에는 아내마저 악성 심장병으로 드러눕게 되어 몇 달 동안은 우리의 활동이 혼란 속에 빠졌다. 나는 한동안 공적이라고 할 만한 일은 거의 하지 못했다. 그러나 11월쯤 되자 국제 문제에 대한 관심이 점점 커졌다. 러시아와 미국이라는 두 강대국의 정책에 적으나마 상식이 개입될 수 있도록 다시 한 번 촉구 작업을 해야 한다고 생각했다. 두 나라는 맹목적으로, 그러나 결연하게 파멸의 길로 질주하는 듯 보였고, 꽃길과는 거리가 먼 그 길의 끝에는 어쩌면 우리 모두를 삼켜버릴 수도 있는 파괴가 기다리고 있었다. 나는 아이젠하워 대통령과 흐루시초프Khrushchev 서기장에게 띄우는 공개 서한을 작성했다. 그들을 '가장 힘있는 각하들'로 호칭한 그 편지에서 나는 그들이 공통적으로 가진 것이 차이점보다 훨씬 많고 훨씬 중요하며, 따라서 협력했을 때 실보다는 득이 더 많다는 점을 이해시키려고 애썼다. 그 당시 나는 국가들 간의 협력이야말로 전쟁을 방지하는 유일한 방법이며, 전쟁 방지야말로 재난을 피할 수 있는 유일한 수단이라고 믿었으며, 지금도 그 생각에는 변함이 없다. 물론 여기에는 모든 나라들의 양보가 필수적인데, 그 과정에서 피차 불유쾌해질 수는 있다. 그로부터 10년 후 러시아는 협력의 필요성을 인식한 듯 보였으나, 다만 같은 공산주의 국가인 중국과의 관계에서는 예외인 것 같았다. 미국은 계속 협력을 힘의 우위와 혼동했다. 그러나 1958년 당시 나는 비록 작은 기대이긴 했으나 두 강대국이 정신을 차릴 것으로 기대했기 때문에 서한을 보내 나의 생각을 전달해 보려 애썼다.

서한을 띄운 것과 거의 동시에 흐루시초프 서기장에게서 답장이 왔다. 아이젠하워 대통령에게서는 아무 대답이 없었다. 두 달 후에 대통령을 대신해 존 포스터 덜레스John Foster Dulles〔당시 미국의 국무장관〕가 답장을 보내왔다. 이것이 흐루시초프를 자극하여 다시 나에게 편지를 쓰게 만들었고, 여기에서 그는 덜레스가 지적한 여러 가지 사항들에 답변했다. 이 편지들은 모두 《뉴 스테이츠맨》지에 실렸다. 그 편지들은 곧 책으로 출간되었는데, 그 신문 편집장인 킹슬리 마틴의 서문과 내가 덜레스와 흐루시초프에게 마지막으로 보내는 답장이 첨부된 형태였다. 그 편지들은 그들을 대변하고 있고 나의 최종 답장은 그것들에 대한 나의 견해를 담고 있다. 덜레스가 편지에서 보여준 강직하고 견고한 마음의 껍질은 흐루시초프의 폭발적인 때로는 모순되는 발언들보다 더 불길한 예감을 갖게 했다. 내가 볼 때는 후자가 대안과 현실에 대해 어느 정도 기본적인 이해를 보여주는 것 같았다. 그러나 전자에게서는 그런 것을 전혀 느낄 수 없었다.

그해 가을에는 BBC에서 리스 강좌를 맡은 조지 케넌George

Kennan이 미국과 러시아의 정책에 대한 폭넓고도 직접적인 지식에서 나오는 예리한 강의를 했다. 12월 초, 킹슬리 마틴의 초청으로 나를 포함한 몇몇 사람들이 회동하여 정세를 논했다. 그 회동은 내가 기억하는 한, 나중에 '핵무기 감축 운동(Campaign for Nuclear Disarmament : CND)'으로 발전하게 될 최초의 불씨가 싹튼 자리였다. 1958년 1월 초 아멘코트에 있는 캐넌 존 콜린스Canon John Collins의 자택에서 '핵무기 실험 폐지를 위한 국민 협의회' 발기인들의 회합이 열림으로써 CND가 형식을 갖추게 되었다. 협의회 간부는 다음과 같이 결정되었다. 위원장에 캐넌 콜린스, 간사에 페기 더프Peggy Duff 부인, 그리고 내가 회장. 집행 위원회는 기존의 반핵 운동 지도자들과 기타 관심 있는 명망가 몇 사람으로 구성되었다. 국제 정세에 따른 위험들을 극복하고자 한동안 여러 다양한 단체들이 활동하고 있었는데, CND는 그러한 단체들을 모두, 아니 적어도 거의 대부분 흡수할 계획이었다.

1958년 2월 17일, 웨스트민스터, 센트럴 홀에서 열린 대규모 회합에서 CND가 공식 출범했다. 회합에 참석한 사람이 너무 많아 회의장 밖으로 넘쳐날 수밖에 없었다. 지금은 CND가 처음부터 국가적인 행사의 일부였던 것처럼 인식되고 있고, 많은 사람들에게 친숙해지면서 그 광채와 에너지를 상실해 버린 것 같다. 그러나 초창기에는 CND의 정보와 이론이 진지하면서도 신선한 것으로 받아들여졌기 때문에 전국의 다양한 개인들과 주요 집단들로부터 상당한 관심을 끌었다. 그리하여 첫 회합은 성대하게 성공적으로 치러졌다. 또한 CND에 대한 관심도 급속하게 확산되었다. 얼마 후 전국 각지에서 위원회가 생겨나 지역 위원회로 자리 잡았다. 많은 모임들이 개최되었고 나도 몇몇 자리에서 연설을 했다. 특히 기억에 남는 것은 1959

년에 열렸던 맨체스터의 회합인데, 당시 위덴샤웨의 사이먼Simon 경이 위원장을 맡고 있었다.

그 당시 나는 사이먼을 자주 만났으며 1960년 10월에 그가 사망할 때까지 관계가 지속되었다. 그는 핵 위험에 지대한 관심을 가지고 그것을 알리기 위해 열심히 노력하는 사람이었다. 상원 의회에서 그 주제로 토론을 벌이기도 했고, 런던 자택에서 무수한 모임과 기자 회견을 열기도 했다. 그는 CND 집행 위원회 위원으로 일했으며, 우리는 대부분의 사안들에서 완전히 의견의 일치를 보았다. 그는 '직접 행동 위원회'의 활동들을 지지하게 되었는데, 나는 그 전부터 이미 지지자였다. 우리 두 사람은 대중들이 핵의 위험성을 인식하도록 가능한 모든 방법을 동원해야 한다고 믿었다. 우리가 회합이나 행진의 수준에서 머물면 그것을 제아무리 훌륭하게 치른다 한들 이미 설득된 사람들에게 설교하는 것으로 끝난다는 것이 우리의 생각이었다. CND의 위원장은 시민 불복종을 인정하지 않았기 때문에 명목상으로는 '직접 행동 위원회'가 허용되고 있었으나 CND의 공개적인 지원은 이루어지지 않았다. 예를 들어 1958년에 올더매스턴 행진이 벌어졌을 때도 CND는 참가하지 않았는데, '직접 행동 위원회'가 그 행사를 주최했기 때문이었다. 행진이 성공적이었다고 판명되자 이듬해에는 CND가 그 행사를 통째로 넘겨받아, 당연한 결과지만, 훨씬 더 대규모의 중요한 행사로 발전시켰다. 나는 1959년에 트라팔가 광장에서 열린 행진 및 후속 모임들에는 참여하지 못했으나, 이듬해에 열린 행진 행사 말미에 광장에서 연설을 했다. 당시 나는 행진에 참여할 수 있을 만큼 젊지 못하다는 것이 못내 아쉬웠다. 세월이 흐르면서 행진 행사는 연례 소풍 같은 것으로 퇴보하는 듯 보였다. 참가자 개개인의 태도는 더할 수 없이 진지하고 훌륭했으나 진지한 관심을 불러일으키고 우리의 운동을 확산시킨다는 본래의 목표를 달성함에 있어 행진은 극히 비효율적이었다. 대부분의 경우 지겹거나 괴로운 행사, 혹은 재미나게 한판 노는 행사가 되어버려 우리의 뜻에 동참하지 않는 사람들을 변화시키는 사례가 매우 드물었다. 그럼에도 행진 행사는, 비록 운동을 확대시키지는 못하더라도, 운동을 계속해 나가는 데 도움이 되었으며, 지금도 여전히 그러한 역할을 하고 있다고 생각한다. 사람들의 생각을 변화시키고 극히 다양한 관점을 가진 사람들의 관심을 지속적으로 붙들어놓기 위해서는 위험한 핵 정책에 반대하는 신선하고도 새로운 형태의 방식이 지속적으로 모색되어야 한다.

1960년의 올더매스턴 행진이 끝난 직후, 아이젠하워와 흐루시초프와 정상 회담이 열렸으나 결렬되고 말았다. 우리 모두는 정상 회담에 큰 기대를 걸었기 때문에, U2 정찰기 사건에 이어 회담마저 결렬되자 큰 충격을 받았다. 그 배후의 사기극에 대해 알게 될수록 불길한 예감은 더욱 커져갔다. 그것은 군비 축소는 물론 협력을 지향하는 발전에 불길한 징조를 드리웠다. 사람들의 좌절감이 무관심으로 되돌아가기 전에, 국제 정세의 증폭되는 심각성을 각인시킬 수 있는 새로운 방법들을 모색할 필요성이 그 어느 때보다 큰 것 같았다. 그러나 과연 어떤 새로운 방법이 가능할지, 나는 해답을 찾을 수 없었다.

CND는 일방적 군축을 성사시키고자 작업하고 있었다. 영국이 핵 경쟁에서 담당해 온 역할을 포기하고 더 나아가 영국에 주둔한 미군 기지의 철수를 요구하게 되면 다른 나라들도 그 선례를 따르지 않겠느냐는 믿음에서였다. 그렇게 될 가능성은 매우 희박했지만, 그럼에도 그것은 하나의 희망이었고, 지금도 마찬가지 상황이다. 어쨌거나 한번 해볼 만한 작업인 것 같았다. 이 운동의 또 하나 희망 사항은 설득 작업을 통해 일반 대중은 물론 정부까지 그와 같은 사고방식으로 바꾸어보자는 것이었다. 이 운동은 지지자들이 대부분 노동당 출신이었기 때문에 노동당 의원들을 움직이는 작업으로 이어졌다. 나는 이 문제가 당 정책을 뛰어넘는, 나아가 국가의 경계마저 초월하는 문제라고 보았다. 내게는 합리적인 관점이었으나 그것이 대중의 마음을 사로잡는 데 실패했기 때문에 나는 이 운동의 노력을 기꺼이 지원했다. 우리 모두가 바라는 목적으로 다가갈 수 있다면 수단은 별로 중요하지 않았다. 노동당을 설득하여 이 운동을 지원하게 만들 수 있다면 목표로 향하는 우리의 걸음도 단축되리라는 것이 내 생각이었던 것 같다.

1958년 여름에 써서 1959년 초에 출간한 『상식과 핵전쟁』의 서문에서 나는 내 견해를 분명하게 밝혔다. 1958년, 칼링가Kalinga상을 수상하게 되자 더 큰 용기를 얻었다. 내가 인도까지 가기가 어려워 파리의 유네스코에서 상을 받았다. (그때 나를 따라다니며 보살피는 일을 맡았던 그 프랑스 물리학자는 내가 견해를 설명하고 난 후에 자신의 아내에게 분명 이렇게 위로했을 것이다. "신경 쓰지 말아요, 여보. 내년에는 프랑스도 독자적으로 폭탄을 터뜨릴 수 있을 게요.") 흐루시초프와 아이젠하워(덜레스가 대신했지만)의 공개적 서신 교환에서 드러난 관심과 더불어 퍼그워시 운동도 꾸준히 번창하고 있었기 때문에 고무적인 분위기였다. 나는 정부의 시각을 포함해 대중의 견해를 움직일 수 있는 새로운 접근법을 찾아내고자 꾸준히 노력했고, 지금까지도 그 노력은 계속하고 있다. 내가 1958년에 성공적으로 해낸 일들은 비교적 소규모의 이런저런 단체 사람들을 감동시키는 데서 그쳤다. 그때 CND가 좀더 일반 대중에게 다가설 수 있는 희망을 제공했던 것이다. 당시 나는 정부의 정책들을 상식적 견지에서 바라보아야 한다고 생각했으며, 지금도 그 생각에는 변함이 없다. 관료적 형식주의와 '전통', 보편적인 신비감을 벗겨내야 한다. 그러고 나서 보면 그것들이 오직 전체의 파멸 가능성으로 이어져 있다는 사실이 눈에 들어올 것이다.

상식이 지배하는 정책이 필요했다. 만일 대중이 이 점을 분명하게 인식할 수 있다면 상식에 부합하는 정부 정책을 요구하고 나설 것이란 게 작으나마 나의 희망이었다. 나는 이 같은 바람에서 『상식과 핵전쟁』을 썼다. 책은 상당히 많이 읽혔고 평도 좋았던 것 같다. 그러나 각 개인이 정확히 어떤 방식으로 소견을 알리고 정책 입안에 영향력을 발휘할 수 있는지의 문제가 다루어지지 않아 일부 독자들의 불만을 사게 되었다. 당시 국방 장관이었던 던컨 샌디스Duncan Sandys가 책을 평하면서 나와 얘기해 보고 싶다고 말했을 때 나는 잠시 큰 기대를 걸었다. 그는 보수주의자이고 정부 정책 입안자였으며 그 주제에 관한 소책자 작업을 직접 거들기도 한 사람이었다. 그러나 내가 만나러 갔을 때 그는 이렇게 말했. "훌륭한 책이긴 합니다만, 필요한 것은 핵 감축뿐 아니라 전쟁 그 자체의 추방입니다." 나는 그 책에서, 핵전쟁으로부터 세계를 보호하는 유일한 방법은 전쟁을 추방하는 것이라고 말한 구절을 지적해 주었으나 허사였다. 그는 내가 크게 현명한 얘기를 하지는 못했다고 계속 생각했다. 그리고 나의 다른 주장들을 내던져버렸다. 나는 낙담한 채 물러났다. 문제를 이미 인식한 사람들은 아주 강한 편견을 가지고 나의 책을 읽기 때문에 자신들이 받아들이고 싶은 것만 받아들인다는 것을 그때 깨달았다. 그리하여 나는 그후 몇 달 동안 단편적인 작업들로 복귀하여, CND와 기타 단체의 모임에서 연설하고 방송 일을 하고 개인 생활을 즐기는 것으로 시간을 보냈다.

나의 87회 생일을 축하하는 의미에서 아내와 나는 배스, 웰스, 글래스턴베리를 거쳐 도싯까지 드라이브를 했다. 애버츠베리의 백조 사육장과 공원에 갔을 때는 우연히 공작의 구애 춤을 구경하게 되었다. 감정이 정확하게 표현된 그 발레는, 내가 본 중에서 가장 황홀하고 아름다운 춤이었다. 우리는 18세기에 이탈리아식으로 지어진 킹스턴 러셀의 자그만 자택을 방문하고 감상에 젖기도 했다. 나는 그 집을 생전 처음 구경했는데 집도 완벽했고 공원과 계곡에서 자리잡은 위치도 완벽해 보였다. 직접 그 집에서 살고 싶은 욕구가 강하게 일었다. 내가 그런 식의 선망을 느끼는 경우는 좀체 드문데, 어쨌거나 킹스턴 러셀 하우스는 깊은 감명을 주었다. 내 가족의 이름난 역사가 시작된 장소인 오래된 농장 건물들과 계곡을 뒤져보는 것도 흥미로웠다. 대체로 만족스러운 여행이었으나 무슨 이유인지 기억이 나지 않지만 아무튼 도중 하차해야만 했다. 그래서 우리는 계획했던 휴가를 다 채우기 위해 내 생일이 지난 다음에 다시 여행길에 올랐는데 이번에는 피크 지구를 찾았다. 그러나 즐거워야 할 그 여행은 완전 실패였다. 쓸쓸하고 조용해야 할 장소들이 우리처럼 휴가를 즐기러 나온 사람들로 붐비고 있었다. 제인 오스틴의 베이크웰처럼 적막하지만 생기 넘쳐 보였던 장소들이 관례적인 모임들로 더럽혀져 있었다. 어쩌면 애초에 앨덜리를 방문하여 나쁜 인상을 받은 탓에 모든 것이 그렇게 우울해 보였는지도 모른다. 그곳은 내 외조부의 소유지가 있었던 곳인데, 저택은 다 망가지고 정원만 버려진 채 남아 있었다. 정부가 별로 신성하지 못한 사업을 추진하고자 인수한 상태였다. 옛날에 '앨덜리 최후의 날 떡갈나무'를 베어낼 때 그곳 목수가 그 나무로 내 어머니를 위해 자그만 탁자를, 아버지를 위해 좀더 큰 탁자를 만들어주었는데, 지금은 내가 그것들을 보관하고 있다. 어쨌거나 그곳 전체가 나를 우울하게 만들었다. 너무나 황폐해져 있었다.

1960년 초, 우리는 잠시 코펜하겐에 다녀왔다. 내가 유럽 문화에 공헌했다는 이유로 코펜하겐 대학이 수여하는 소닝상을 받게 되었기 때문이다. 나는 수락 연설을 기회로 삼아, 현재의 문화적 차이는 문화가 과거에 겪은 변화의 역사에 근거해 있다는 견해를 간략하게 정리했다. 만일 그러한 태도에 대한 고찰이 이루어지고 타당한 것으로 채택된다면—내가 볼 때는 지금도 타당하지만—나라들 간의 협력을 지금보다 바람직한 쪽으로 변화시킬 수 있을 뿐 아니라 훨씬 깊이 있고 효과적인 협력을 증대시키게 될 터였다. 이 연설은 나중에 나의 책 『사실과 허구』에서 '구문화와 신문화'란 제목으로 발표되었다.

수상식도 즐거웠고 리셉션과 그후에 이어진 국빈 만찬도 훌륭했다. 아내는 교육부 장관과 닐스 보어 교수 사이에 앉게 되었는데, 장관이 영어를 못한다고 하여 보어 교수가 대화를 책임져야 할 입장이 되었다. 보어 교수는 의무를 다하고자 연회가 진행되는 동안 내내 말을 했다. 그는 모국어인 덴마크어로 덴마크 사람들에게 말할 때조차 이해하기가 매우 힘든 사람으로 알려져 있었는데, 그런 사람이 영어로, 게다가 아주 빠르게 지껄여대면 나도 그의 얘기를 따라가기가 상당히 힘들었다. 아내는 아예 불가능하다고 판단한 모양이었다. 그녀가 듣고 싶어했던 것들에 대해 이야기하고 있음이 분명한데 못 알아들으니 화가 치밀 만도 했다. 그러나 더 곤란한 것은 그가 자기 얘기에 정신이 빠져 점점 더 그녀 쪽으로 몸을 기대고 있다는 점이었다. 마침내 그가 그녀의 접시에 담긴 맛있는 사탕과자도 집어먹고 그녀의 와인까지 마시는 지경에 이르자, 만찬에 참석한 저명인들도 미소를 머금은 채 넋을 잃고 그 광경을 바라보았다. 그런데도 그녀가, 또

한 내가 그를 계속 좋아할 수 있었던 것은 순전히 그의 매력 덕분이었다.

그 시절 내가 한 많은 연설과 기고문들은 주로 핵 문제에 관한 것이었기 때문에 별로 즐거운 작업이 아니었다. 그러나 코펜하겐에서 그랬듯이 즐거운 소풍삼아 이따금 다른 문제들을 다루기도 했다. 코펜하겐에서 돌아와 얼마 후, 나는 《타임스》지에 띄운 편지에서 셰익스피어 해석을 둘러싼 문제까지 감히 다루기도 했다. 인쇄된 소네트〔14행시〕를 헌정받았던 그 인물을 두고 신중하고도 악의에 찬 편지 교환이 몇 주에 걸쳐 맹위를 떨치고 있을 때였다. W. H.란 머릿글자는 상상력을 얼마나 발휘하느냐, 지식이 얼마나 많으냐에 따라 이렇게도 해석될 수 있고 저렇게도 해석될 수 있었다. 나는 멜기세덱 Melchisedek〔성서에 나오는 살렘의 왕이자 사제〕의 경우처럼 Mr. W. H.는 Mr. W. S.의 오기이며 사실은 Mr. W. S.가 그 소네트들의 '유일한 아버지'라고 생각했다. 그리하여 망설임 끝에 재미삼아 나의 견해를 감히 내놓았던 것이다. 그런데 아무도 내 견해에 눈길을 주지 않았고, 그 주제에 관한 편지 교환도 중단되었다. 아마도 내가 학자들의 재미난 판을 망쳐버렸던 것 같다.

어느 날 저녁, 나는 아시아 출신 여러 학생들과 더불어 한 아시아 방송에 출연했다. 내가 방송 장소였던 호텔의 복도를 걸어가고 있을 때, 벽을 따라 중간중간에 놓인 크고 붉은 플러시 천 옥좌의 하나에 있던 작고 가녀린 숙녀가 벌떡 일어나 내 앞에 와 서더니 "저는 셸리를 똑똑히 봤어요"라고 말하더니 앉아버렸다. 나는 비틀대다 넘어지고 말았지만 마음은 흐뭇했다.

나는 우드로 와이어트Woodrow Wyatt가 사회를 본 텔레비전 대담 시리즈에도 출연했으며, 그 내용을 묶어 『버트런드 러셀의 심경 고백Bertrand Russell Speaks His Mind』이란 책으로 냈다. 그것은 내가 국제 문제를 포함한 다른 많은 것들에 관해 말하고 싶었던 것을 세계 각지의 많은 청중들에게 마음껏 들려줄 수 있는 기회가 되었다. 1960년 2월에는 CBS〔미국 컬럼비아 방송〕 주관으로 에드 머로Ed Murrow가 사회를 맡은 가운데 인도의 과학자 바바Bhabha, 폭탄의 아버지인 에드워드 텔러Edward Teller〔헝가리 태생의 미국 핵물리학자〕와 더불어 토론을 했다. 그것은 매우 괴로운 자리였다. 세 사람 모두 자기 나라 말로 했기 때문에 이야기하면서 얼굴 표정이나 상대의 반응을 포착할 수 없어 토론하기가 힘들었기 때문이다. 나는 텔러를 대단히 싫어했는데, 그 감정을 억제하기도 힘들었고 음흉하게 느껴지는 아첨을 참아주기도 힘들어서 더더욱 곤혹스러웠다. BBC 스튜디오에서 나오면서, 내가 우리의 실상을 제대로 전달하지 못하여 내 견해를 지지하는 사람들을 낙심시켰다는 생각이 들었다. 텔레비전 방송 중에 또 하나 실망스러웠던 자리는 BBC에서 마련한 핵 문제 토론회였다. 루스벨트 〔엘리너〕 부인, 부드비Boothby 경, 게이츠켈 씨, 그리고 내가 토론자로 참석한 자리였다. 루스벨트 부인이, 세상을 공산주의에 넘겨주느니 차라리 인류가 멸망하는 게 나으며 자신은 기꺼이 그쪽을 택하겠다고 선언하는 것을 듣고 나는 기가 막혔다. 방송을 마치고 나오면서 혹시 내가 잘못 들은 건가 싶었다. 다음 날 조간에 실린 그녀의 발언 내용을 읽어보니 그녀가 위험천만한 견해를 표명한 게 사실이었다.

그 무렵 나는 시드니 훅Sidney Hook이라는 미국인 철학자와 논쟁을 벌였는데, 논리적으로 처신하기가 힘들었던 논쟁이었다. 그는 러시아의 세계 지배를 두려워하게 된 멘셰비키〔러시아 사회 민주 노동당의 소수파로서 온건파〕라고 할 수 있었다. 그 점을 얼마나 두려워했던지 차라리 인류가 멸망하는 게 낫다고 생각할 정도였다. 나는, 미래는 알 수 없는 것이며 인류가 존속하는 한 과거보다는 미래가 훨씬 더 나을 것이라는 근거하에 그의 견해와 싸웠다. 그리고 겨우 한 세대 거리인데도 한 사람은 끔찍하고 한 사람은 존경스러운, 칭기즈 칸〔1162~1227년, 원나라의 태조, 몽골 제국의 시조〕과 쿠빌라이 칸〔1259~94년, 원나라의 초대 황제〕을 예로 들었다. 그러나 훅이 제시할 수 있는 반대 사례들이 수없이 많았으므로 그러한 시각에서는 확실한 결론이 불가능했다. 그럼에도 불구하고 나는, 더 나은 세상이 올 가능성은 희망에 달려 있으며, 따라서 그 기회를 택해야 한다고 주장했다. 논리적인 주장은 아니었지만 나는 대부분의 사람들이 그 점을 확신하리라 생각했다. 몇 년 후, 훅이 다시 나를 공개적으로 공격했는데, 이번에는 내가 논평할 필요조차 없는 태도로 나왔다. 그런데 재미있었던 것은, 그가 '자유'를 변호하고 베트남에 관한 나의 견해를 공격하는 매체로 삼았던 한 언론사가 훗날 중앙 정보국CIA의 돈을 받았음을 시인했다는 사실이다.[1]

인간의 멸망에 대한 인간들의 태도가 나를 놀라게 했다. 1959년 12월, 나는 네빌 슈트Neville Shute〔1899~1960년, 영국의 소설가, 항공 기사〕의 『해변에서On the Beach』를 읽고 나서 그것을 영화화한 작품의 시사회에 초대받아 참석했다. 나는 영화가 핵전쟁에 수반되는 끔찍하고 가혹한 현실들—유독 물질에 오염된 공기와 물과 토양으로 인

---

1) 《뉴 리더》지는 중국을 비난하는 글을 실어주는 대가로 장 제스에게서 3천 달러를 받았다. 그후에는 『기만적 전략 : 범세계 공산주의 전술 연구The Strategy of Deception: A Study in World Wide Communist Tactics』란 책을 준비해 주고 미국 정부로부터 1만 2천 달러를 받았다. 미국 정보국은 의회 소위원회에서 '도서 개발비'를 9만 달러에서 19만 5천 달러로 증액해 줄 것을 요청하면서, 그 돈은 '우리의 입장을 밝히고' '강력한 반공주의적 내용'을 담게 될 책들에 쓰일 것이라고 의원들을 설득했다(《뉴욕 타임스》, 1964년 5월 3일자).

해 야기되는 질병과 고통, 의사 전달 수단이 전혀 없는 무정부 상태의 대중들에게서 발생하는 약탈과 살인 가능성, 기타 예상되는 모든 해악과 고통—을 애써 외면하는 것을 보고 실망했다. 그것은 마치 제1차 세계대전 때 참호전에 대한 이야기가 나오면 이따금 들을 수 있었던 천한 장식으로 뒤덮인 전투담 비슷했다. 그럼에도 그 영화는 개봉됐고, 공포를 축소하지 않고 상황 그대로 보여주고자 하는 사람들한테도 좋은 평을 받았다. 내가 특히 괴로웠던 것은 전혀 없는 것보다는 조금이라도 있는 게 낫다는 식의 잘못된 생각에 빠져 나 자신도 영화를 보고 난 직후에 칭찬했다는 사실이었다. 나는 바로 그런 것들이, 충격적인 혐오를 불러와야 마땅할 진정한 의미를 대수롭지 않은 것으로 만드는 동시에 앗아가버린다고 생각하게 되었다. '닥터 스트레인지러브Dr Strangelove'〔그린 스탠리 큐브릭 감독의 희극〕나 '전쟁은 정말 아름다워Oh, What a Lovely War'〔조안 리틀우드의 극〕 같은 작품들의 반어법은 차원이 다르다. 적어도 잠깐은 생각하게 만드니까.

1960년 여름 무렵이 되자 나는 퍼그위시와 CND, 기타 우리가 대중에게 알리는 수단으로 써온 것들이 효과 면에서 한계에 이르렀다는 생각이 들었다. 일반 대중을 진정으로 감동시키면 그들이 '일제히' 나서게 되고, 따라서 불가항력의 힘으로 현재의 정책을 바꾸도록 정부에 요구하게 될지도 모른다. 먼저 영국에서 그런 작업이 이루어지면 세계의 다른 나라들로도 파급될 수 있을 것이다. 그러나 한동안은 나의 고민을 감춰둘 수밖에 없었다. 구체적인 형태나 뼈대를 전혀 갖추지 못했기 때문에 특히 더 그랬다. 그 즈음에 딸과 사위, 외손자들이 나를 보러 왔다. 나는 미국에 마지막으로 머문 후로 오랫동안 그들을 보지 못했는데 그후 사위가 감독파 교회의 훌륭한 목사가 되어—그 전에는 평신도로서 국무성에서 일했다—선교사 부름을 받고 우간다로 가족을 모두 데리고 갈 예정이었다. 내 딸 역시도 아주 종교적인 사람이 되어 남편의 포부에 진심으로 공감하고 있었다. 그 점에서 내가 딸과 사위에게 별로 공감하지 못한 것은 당연했다. 그들이 영국으로 오기 직전에 돈을 좀 부쳐줄까 하고 영국의 은행에 나간 적이 있었다. 내가 송금을 요구하자 모두들 씩 웃거나 때로 비웃기까지 했다. 나처럼 늙고 확고한 무신론자가 복음의 대리인이 되려 하는 사람들을 도와주려 한다는 게 그 이유였다. 그러나 딸 내외와 나는 여러 가지 점에서 의견이 같았으며, 특히 자유주의적 정치관이 일치했다. 그리고 나는 딸을 매우 사랑했고 그 애의 가족도 좋아했다. 그들은 2년간 영국에 머물면서 선교 사업을 준비할 예정이었다. 해마다 7월이 되면 그들은 노스웨일스의 포트메이리언 호텔 주택에 와 묵었으므로 우리는 그들을 매일 볼 수 있었다. 그해 여름 두 달 동안에는 이 일 외에도 여러 가지 소소한 일들이 내 시간을 거의 전부 잡아먹었다.

1960년 7월 하순, 랠프 쉰먼Ralph Schoenman이라는 미국인 청년이 찾아왔다. 나는 그가 CND와 관련해 활동하고 있다는 얘기를 들었기 때문에 약간 호기심을 느꼈다. 그를 만나 보니, 그는 정력이 넘쳐나고 아이디어가 풍부하며, 경험이 미천하고 다소 이론에 치우치기는 해도 정책에 밝았다. 그가 풍자적 감각과, 본질적으로 매우 중대한 일 속에서 유머를 발견하는 능력의 소유자란 점도 마음에 들었다. 나는 평소 내가 지지하는 명분하에 일하는 많은 사람들에게 부족한 점이 바로 그런 것이라고 느꼈고, 그 점을 한탄해 온 바였다. 또한 그는 쉽게 공감하는 충동적인 사람이었다. 시간이 흘러야만 드러나기 때문에 내가 아주 서서히 깨닫게 된 그의 또 다른 면은, 반대를 잘 수용하지 못한다는 것과 놀라우리만큼 완벽하여 아무도 건드릴 수 없는 자신감이었다. 나는 경험에 입각해 움직이는 지성이 필요한 수양을 강요하게 되리라 믿었다. 처음에는 그를 충분히 이해할 수 없었지만, 먼저 그가 나를 인정하게 되었고, 곧이어 나도 당시 그가 하고 있던 일을 인정하게 되었다. 그가 내게 지속적으로 보여준 관대함에 대해선 그때도 깊이 감사하게 생각했고 지금도 그럴 수밖에 없다. 그의 두뇌는 매우 빠르고도 확실하게 움직였고 정력은 지칠 줄 모르는 것 같았다. 그에게 의지하여 일을 처리하고 싶은 생각이 유혹처럼 다가왔다. 특히 우리의 만남 초기에 그는, 어떻게 하면 CND의 작업에 새로운 활력을 불어넣을 수 있을까 모색하던 나에게 촉진제와도 같은 역할을 했다. 그는 대중 운동으로 성장하게 될 시민 불복종 운동을 열망하고 있었는데, 그것은 결국 대중이 자신의 견해를 정부에 직접적으로 강요할 만큼 강력하게 정부의 핵 정책과 맞선다는 뜻이었다. 아무리 작게 출발하더라도 그것은 '대중' 운동이 될 수밖에 없었다. 그 점에서 이 운동은 새로웠으며, 개인들의 양심에 호소하고자 개인의 증언에 지나치게 관심을 가졌던 기존의 '직접 행동 위원회'와는 성격이 달랐다.

나는 그 구상이 대단히 가능성 있게 느껴졌으며 쉰먼과 이야기해 볼수록 더욱더 그쪽으로 마음이 기울어졌다. CND 위원장은 시민 불복종에 찬성하지 않으며 '직접 행동 위원회'에 대해서조차 별 공감을 느끼지 않는다는 것을 나는 잘 알고 있었다. 그러나 CND가 관대하다는 것, 행동은 못하지만 말로나마 '직접 행동 위원회'의 활동을 지지하는 쪽으로 점점 기울어지고 있음도 알고 있었다. 나는 위원장을 만나 그 문제를 논의해 보았다. 그는 시민 불복종의 효과 가능성을 논박하지도 않았고 내가 그런 운동을 지지하는 것에 반대하지도 않았다. 다만 노동당 협의회가 끝나기 전까지는 이 새로운 시도를 발표하지 말아달라고 신신당부했다. 그는 노동당이 협의회에서 '일방적 군축 쪽으로 기울' 가능성이 있으며, 그렇게 될 경우 우리의 주장을 적어도 일부는 수용하게 될 것으로 기대하고 있었다. 나는 흔쾌히 동의했다.

위원장이 새 운동에 반대도 도움도 주지 않을 것임을 확인한 만큼 우리의 세세한 준비 작업을 그와 상의해야 한다는 생각은 들지 않았다. 나는 쉰먼과 작업을 계속하여 이 운동을 지지할 만한 사람들의 명단을 준비했다. 그리고 내 이름으로 그들에게 편지를 발송했다. 동조적이지 않다고 판단되는 사람에게 편지가 들어가는 일이 없도록 노력했는데도 실수가 발생했다. 우리가 의도한 수취인과 이름이 비슷하고 주소가 다른 어떤 사람에게 편지가 전달되었는데 불행하게도 그는 우리와 전혀 관점이 다른 사람이었다. 그는 우리의 활동과 의도를 통렬하게 비판하는 본인의 편지를 첨부하여 우리의 편지를 즉각 《이브닝 스탠더드Evening Standard》지로 보냈다. 우리 계획이 완벽한 형태를 갖추고 참가자들을 규합하기까지 아직 많은 시간이 필요한 시점에서 편지가 공개되고 말았는데, 더 큰 문제는 위원장이 생각하는 발표 시기보다 너무나 일렀다는 점이었다. 9월 24일에 트라팔가 광장에서 대집회가 열렸고, 나도 참가하여 연설했다. 집회가 열리기 전 나는 위원장에게, CND 내부에서 제기된 시민 불복종이라는 새로운 대중 운동에 대해 이야기하겠다고 제안했다. 그는, 그렇게 할 경우 CND가 노동당 협의회에 영향력을 미칠 가능성이 줄어들 것이라고 대답했다. 나는 '운송 노동자 연맹'의 수장인 프랭크 커즌스Frank Cousins와 의논해 보겠다, 그 사람도 CND의 목표에 도움이 되지 않는 일이라고 생각한다면 나는 그 문제에 대해 언급하지 않겠다고 말했다. 프랭크 커즌스에게 편지한 결과 짤막한 답장이 왔는데, 내가 무슨 짓을 하든 무슨 말을 하든 상관없다고 말했다. 나는 위원장에게 커즌스의 편지 내용을 알리고, 그러므로 새 운동에 대해 말하겠다고 했다. 위원장이 허락했으므로 나는 트라팔가 광장에서 새 운동에 관해 이야기했다.

시민 불복종 대중 운동이 계획되고 있음을 《이브닝 스탠더드》지가 이미 발표한 후였으므로 우리의 계획을 앞당길 필요가 있었다. 그러나 그 행사는 큰 소동을 불러일으켰다. CND 위원장이 자신의 동조자들과 집행 위원회와 언론에 성명서를 돌려, 자기 모르게 새로운 운동을 추진했다고 나를 비난하면서 CND의 주요 인사들은 그 운동을 허용하지 않는다고 선언했다. 10월 첫 주, 나는 해스커가에 있는 나의 집에서 거의 매일 그를 만나 몇 시간씩 얘기하면서 '잠정적 타협'을 이끌어내려 애썼다. 그가 우리 집에 올 때면 자신의 친구를 한 사람 데리고 오곤 했는데, 시민 불복종이란 방법을 지지하지 않는 사람에 속했다. 나는 균형을 맞추자는 뜻에서, 당시 내 뜻에 동조를 표명했던 CND 집행 위원회 위원 중 한 사람을 요구했다. 그리고 내가 한 말과 하지 않은 말들을 두고 엉터리 주장들이 너무 많았기 때문에 우리의 논의를 녹음하자고 주장했다. 그리하여 테이프 한 부는 위원장이 CND 사무실로 가져가고 원본 테이프는 내가 보관했다.

10월 7일경, 우리는 계속 공동 작업을 하기로 합의하고 그러한 취지의 성명서를 언론에 배부했다. 그러나 내가 위원장과 협력하지 않을 수 없는 자리인 회장직을 계속 유지하기는 힘들다는 것이 얼마 안 가 명백해졌다. CND란 조직의 조화로운 운영을 유지하기 위해서도 내가 물러나지 않을 수 없었다. 나는 위원장에게 먼저 편지를 보내고 이어 언론에 편지를 띄워 사의를 밝혔다.

그 결과 전국 각지 CND 지지자들의 편지와 방문이 그야말로 홍수같이 쇄도했다. 그들 대부분이 나를 훈계하면서 CND에 분열을 야기했다고 비난했다. 나는 놀라지 않을 수 없었다. 내게 그런 의도가 전혀 없었기 때문이다. 지금도 나는 내가 분열을 획책했다고 생각하지 않는다. 그뿐만 아니라 나의 행동 때문에 그 단체의 활동이 약화된 징후도 발견하지 못했다. CND는 지도부가 서로를 확실하게 믿지 못하는 상태보다는 간부들이 적어도 큰 틀에 있어 서로 의견이 일치될 때 더욱 잘 굴러갈 것 같았다. 당시에도 분명하게 말했고 그 후로도 계속 되풀이하는 얘기지만, 나는 CND의 작업에 대한 지원을 철회할 생각이 없었다. 나는 이 점과 내 행동의 이유를 설명하는 성명서를 작성하여 여러 CND 지부들에 보냈다. 내가 알기로 그 성명서는 읽히지도 못했다. 11월 5일에 열린 CND 집행부 회의에서 나의 사의가 받아들여졌다. 한 회원이 나의 말인가 글 중에 어떤 대목을 걸고 넘어져 나를 중상 죄로 고발하자고까지 했다 한다. 주변에서 그를 설득하여 —아마도 내 개인적 평판 때문이었겠지만— 일이 더 진행되지는 않았지만 나로선 유감스러운 일이었다. 나는 요청이 들어오면 CND 집회에 나가 연설하는 일을 계속했으며, CND 웨일스 지부장직도 유지했다. 다만 CND의 정책 입안에 대한 관심을 줄였고, 지난날 회장 자리에 있으면서 간부들의 행동과 관련해 져야 했던 책임을 내놓은 것뿐이었다.

한편, 대중적 시민 불복종을 지향하는 새 운동은 '100인 위원회'란 이름을 갖게 되었다. 나는 초기의 지지자들이었던 몇몇 청년들과 잦은 접촉을 가졌다. 소규모였던 이 집단은 주로 랄프 쇤먼의 열의 덕분에 상당히 규모가 커졌고 꾸준히 확대되어갔다. 쇤먼이 9월 초에 마이클 스콧Michael Scott 목사를 내게 데리고 왔다. 스콧은 '직접 행동 위원회'의 적극적인 일원이었는데 '100인 위원회'의 가장 충실한 일원의 하나가 되었다. 나는 쉰먼과 그를 거의 매일 만났으며, 우리 위원회의 핵심 노선이 담긴 '행동이냐 멸망이냐Act or Perish'란 제목의 인쇄물을 그와 공동 명의로 발표하기도 했다.

'100인 위원회'의 초기 회원들은 대부분 CND와 '직접 행동 위원회' 간부 출신들이었다. 많은 활동이 이루어지고 매일같이 회의가 열렸으나, 나는 거의 대부분 참석하지 못했다. 내가 위원회에서 연설한 것은 1960년 10월에 유스턴의 프렌즈 하우스에서 열린 회의가 전부였던 것 같다. 그후 12월에 킹스웨이 홀에서 열린 기자 회견에서도 또 한 번 연설했다. 외부의 지지자들도 점차 늘어나고, 홀리 로크의 폴라리스 미군 기지를 중심으로 확산된 반대 여론과 제1차 시민 불복종 시위 공고로 인해 작업도 한층 가속화되었다. 우리는 1961년 2월 18일에 국방성 건물 밖에서 '연좌 시위'를 하기로 했는데 적어도 2천 명은 참여하리라 기대하였다. 계속 시위를 이어가되, 매회 더 많은 사람들을 참여시킴으로써 진정한 대중이 될 수 있을 때까지 인원수를 늘려가자는 것이 우리의 계획이었다. 1차 연좌 시위가 성공적인 출발점이 될 수 있도록 하기 위해 최대한 많은 사람들한테 참가 맹세를 받기로 결정했다.

2월 18일을 앞두고 위원회는 더 한층 열심히 뛰었다. 포스터를 붙이고(그리고 나중에 떼내는 작업까지), 거리에서 사람들을 붙잡고 혹은 술집이나 카페에서 접근하여 다가올 시위의 필요성을 인정할 때까지 설득하곤 했다. 그러나 나는 이 같은 활동 상황을 전혀 들었을 뿐이다. 나는 끝없이 늘어지는 토론에 참석하는 일밖에 할 수 없었다.

내가 지금 '100인 위원회'나 CND의 역사를 기록하려고 이러는 것은 아니다. 아니, 다른 어떤 운동이나 공적인 사건에 대해서도 쓸 생각이 없다. 다만 내 인생에 영향을 준 일들을 기억나는 대로 열거해 보려는 것뿐이다.

나는 2월 18일을 위해 이루어지는 작업과 준비에 높은 열의로 임했으며, 위원회의 계획과 포부를 전적으로 지지했다. 시민 불복종에 대한 나의 견해는 이 책에서 이미 언급했지만, 당시 나는 그런 생각들을 연설과 기고문에서 공공연히 밝혔으며, 특히 2월 17일자 《뉴 스테이츠맨》에서 소상히 피력했다. 다만, 우리의 계획이 너무 일찍 공개되는 바람에 작업이 다소 급하게 단편적으로 이루어졌다는 것과, 반대 세력과 부딪칠 경우 대규모 군중 속에서 폭력을 피하기가 어려울 것—어쩌면 불가능할 것—이란 점이 걱정스러웠다. 대규모의 열광적인 분위기에서 수동적 저항을 설득하기란 매우 힘들 것이기 때문이었다. 그러나 결과적으로 아무런 어려움도 없었다.

2월 18일 아침, 날이 가랑비가 내릴 듯 어두컴컴하고 쌀쌀하여 우리의 사기를 꺾어놓았다. 만약 비가 내리면, 이미 참가를 맹세하긴 했지만 시위 참가자의 수가 줄어들 것이 분명했다. 그러나 트라팔가 광장에는 엄청난 군중이 와 있었다. 얼마나 대단한 숫자였는지 정확하게 말하기는 어렵다. 언론과 경찰과 위원회가 각기 추정한 숫자를 평균하여 말하자면 2만 명 가량이었다. 연설들이 재빨리 잘 진행되었다. 이어서 대형 기를 앞세우고 화이트홀 위쪽으로 행진이 시작되었는데 위원회 사령부가 아주 노련하게 진행했다. 광장에 모였던 5천 명의 군중이 물결처럼 그러나 차분하고 진지하게 행진했다. 어느 지점에 다다르자 경찰이 우리를 제지하면서, 교통에 방해가 된다는 이유로 행진을 중단시키려 했다. 그러나 뻔한 얘기지만 아무 효과가 없었고, 행진은 계속되었다. 이윽고 5천여 명의 사람들이 국방성 주변 보도에 앉거나 드러누웠다. 그리고 거기에서 어둠이 내릴 때까지 두 시간 정도 계속 있었다. 정부의 핵 정책에 맞선 너무나 실속 있고, 완전 침묵이었다고는 할 수 없지만 너무나 조용한 항의였다. 그 사이 상당히 많은 사람들이 우리와 합류했고 구경꾼들도 더 많아졌다. 물론 언론과 방송계 사람들도 몰려와 질문을 퍼부었다. 행진에 참여한 사람들이 모두 착석했다는 전갈이 들어오자마자 마이클 스콧과 쉰맨, 그리고 나는 준비해 온 벽보를 꺼내어 국방성 현관에 붙였다. 정부가 소방국에, 우리에게 소방 호스를 사용하도록 요청했다고 들었으나 다행히도 소방국이 거절했다. 오후 6시가 되자 우리는 연좌 시위가 끝났음을 알렸다. 한 자락 환희의 물결이 군중을 쓸고 지나갔다. 어스름과 가로등 불빛 속에 환호하는 지지자들을 지나치며 다시 화이트홀을 향해 행진할 때 나는 너무나 행복했다. 우리는 그날 오후에 시작한 일을 무사히 마쳤으며, 우리의 진지한 목적을 만천하에 알린 것이다. 나를 반기는 환호성과, 내가 지나갈 때 터져나온 "저 분은 정말 훌륭한 사람이야"란 말도 감동적이었다.

시위는 우리가 기대했던 것보다 훨씬 성공적이었다. 그후 몇 달 동안 위원회는 자금이 풍성했다. 전국 각지와 몇몇 외국에 위원회 지부가 생겨났고, 일부 나라들은 독자적인 위원회를 발전시켰다. 사무실 비슷하게나마 갖추어야 했고, 지부 설립 작업과 '문서'(인쇄물, 성명서 등)의 인쇄 및 배포 작업에도 막대한 비용이 들었다. 이것은 결국, 고정 회원이나 회비 없이 유지되는 조직이 늘 그러하듯, 기금 조성에 많은 시간을 들여야 함을 의미했다. 그럼에도 많은 사람들의 관대하고 희생적인 자원 봉사 덕분에 위원회의 힘은 커져갔다.

나는 CND를 변함없이 지지한다는 것을 보여주기 위해 3월 중순에 CND 버밍엄 청년회에서 연설을 했고 4월 중순에도 한 차례 했다. 그런데 이 연설들 가운데, 내가 당시 수상에 대해 한 말 때문에 소동이 빚어졌다. 언론 여기저기에서, 문맥을 무시한 채 나의 발언을 인용했다. 문맥으로 보자면 그것은 앞서 말한 주장의 부연에 불과하다. 그 소동이 터졌을 즈음 나는 불행하게도 몸져눕는 바람에 몇 주 동안 나 자신을 변호할 수 없었고 결국 해명할 기회를 놓치고 말았다. 나는 올더매스턴 행진 말미에 트라팔가 광장에서 열린 집회에서도 연설했다.

3월 하순에는 펭귄 출판사와 계약을 맺었고, 이어 펭귄 출판사는 평소 나의 책을 출판해 온 스탠리 언윈 경과 협약을 맺었다. 『상식과 핵전쟁』의 연장선상에서 부분적으로 확대하여 핵 문제와 군축에 관한 책을 하나 더 쓰기로 한 것이다. 새 책의 제목은 『인류에게 미래는 있는가?Has Man a Future?』로 정해졌고 나는 바로 집필에 들어갔다. 그러나 중간에 런던에서 일련의 녹음 작업이 있었고, 버밍엄 집회가 두 차례, 한동안 아무 일도 못할 정도로 지독한 피부병도 앓았다. 그러나 회복기 동안에 상당량의 원고를 써서 1차 마감 시한에 맞추어 끝낼 수가 있었다. 책은 가을에 출간되었다.

'100인 위원회'는 8월 6일 '히로시마 데이'를 맞아 두 개의 집회를 준비했다. 먼저 오전에는 화이트홀에 있는 세계 대전 전사자 기념비에서 헌화식을 치르고, 오후에는 마블 아치에서 연설회를 가질 계획이었다. 헌화식은 엄숙하게 진행되었다. 히로시마에 핵 폭탄이 터졌을 당시의 상황을 사람들에게 상기시키자는 것이 우리의 바람이었다. 또한 우리는 영국인 전사자들을 추모하면서, 이들의 죽음을 헛되이 하지 않게 하는 것이 우리 산 자들의 몫이란 점을 환기시킬 수 있을 것이라 생각했다. 오후로 예정된 연설회가 이 같은 관점을 지지하는 자리가 되기를 기대했다. 그러나 히로시마 및 나가사키의 죽음들과 제2차 세계대전 때 일본인들과 싸웠던 사람들의 죽음을 하나의 괄호로 묶는 것에 대해 많은 사람들이 불경스럽다는 반응을 보였다. 만약 조지 워싱턴George Washington 장군이나 스머츠Smuts 장군〔남아프리카의 정치가, 군인〕의 동상을 공공 의례 장소에 설치한다면 그때도 그 사람들이 반대하고 나설 것인지 의심스럽다.

하이드 파크에서 아주 활기찬 집회가 열렸다. 경찰은 공원 규칙을 내세워 마이크의 사용을 금했다. 그것은 과거의 많은 집회들이 무시해 온 규칙이었으나 유독 우리한테 강하게 적용시켰다. 우리는 군중 속에서 의사 전달을 하는 데도 물론 마이크가 필요했지만 공원 규칙 집행상의 기묘한 모순을 폭로하기 위해서라도 마이크를 사용하기로 결정했다. 어쨌거나 우리는 시민 불복종을 지향하는 단체였으니까. 그리하여 나는 마이크를 이용해 연설하기 시작했다. 경관 하나가 조용하게 항의했다. 그래도 나는 연설을 계속했다. 그러자 그가 마이크를 치워버렸다. 우리는 일단 해산하고, 집회를 계속하기 위해 트라팔가 광장으로 행진하겠다고 발표했다. 그것은 모두 사전에 계획된 일이었는데 그럭저럭 계획대로 되어가고 있었다. 그러나 우리가 미처 계산에 넣지 못한 것이 있었으니 엄청난 천둥 번개와 비가 그것이었다. 군중들이 옥스퍼드가를 따라 이동할 때 내리기 시작한 비가 광장에서 집회가 진행되는 내내 계속되었다.

한 달 후, 나와 아내가 노스웨일스에서 오후 드라이브를 마치고 돌아와 보니 현관 앞에 경사 하나가 오토바이에 걸터앉아 있었다. 싹싹한 사람이었는데 아주 난처해하면서 아내와 내게 소환장을 전해 주었다. 대중에게 시민 불복종을 선동한 혐의로, 9월 12일에 보가로 나와달라는 내용이었다. 위원회 지도부 전원에게 소환장이 발부되었다고 들었으나 실제로는 몇 사람에게만 전달되었다. 소환된 사람

중에 출두하지 않은 사람은 극히 드물었다.

　우리는 사무 변호사들과 의논하기 위해 런던으로 갔으나 사실 더 중요한 목적은 우리 동료들과 협의하는 것이었다. 나는 명분을 위해 순교자가 될 생각은 없었지만 어떤 기회든 우리의 견해를 널리 알릴 수 있는 기회로 만들어야 한다고 생각했다. 우리는 우리의 구금이 파장을 몰고 온다는 것을 모를 만큼 순진하지는 않았다. 우리는 아직까지 우리의 근거를 이해하지 못하는 사람들의 머리를 일깨우고자 일해 왔기 때문에 이 일을 계기로, 우리 행동의 근거와 관련해—적어도 일부나마—공감을 일으킬 수 있을 것으로 기대했다. 우리는 의사들에게 우리가 최근에 건강이 몹시 나빠 장기 구금은 어렵다는 내용의 소견서를 받아냈다. 소견서는 보가에서 우리의 사건을 맡게 될 법정 변호사에게 건네졌다. 우리가 만나본 사람들 그 누구도 우리가 구금형을 선고받으리라 예상하지 않았다. 그렇게 될 경우 득 될 게 없다는 것을 정부도 잘 알고 있으리라고 모두들 짐작했다. 그러나 그들이 과연 어떤 방식으로 구금형을 피할 것인지는 우리도 알 수 없었다. 그 동안 우리의 활동이 정부를 골치아프게 한 것은 분명했다. 경찰이 위원회 사무실을 급습하기도 했고 사무실에 자주 출입하는 여러 회원들에 대해 어줍잖은 감시 활동까지 있었다. 법정 변호사는 아내와 나의 투옥을 확실하게 막을 수 있다고 믿었다. 그러나 우리 둘은 극단적으로 잘되는 경우를 바라지 않았다. 우리는 변호사에게, 무사히 풀려나게 만들지 말고 2주 이내의 구금형을 받게끔 노력해 보라고 지시했다. 결국 우리는 각자 2개월의 구금형을 선고받았는데, 의사들의 소견서 덕분에 일주일로 감형되었다.

　10시 30분을 바로 앞둔 시각, 구경꾼들을 헤치고 법원을 향해 보가를 걸어가자니 거리가 마치 무대 세트인 양 느껴졌다. 창마다 사람들이 무리지어 있었고, 어떤 창들에는 꽃상자들이 환하게 놓여 있었다. 그러나 법정 안 풍경은 마치 도미에의 에칭(부식 동판)화 분위기여서 대조적이었다. 나에게 2개월형이 선고되자 방청석에서 "창피해라, 창피해, 여든여덟 살 노인한테!"라는 외침이 들려왔다. 나는 그 소리를 듣고 화가 치밀었다. 좋은 뜻에서 한 소리란 것은 알지만 나로서는 원했던 처벌이었을 뿐 아니라, 어떤 소송이든 나이는 죄와 아무 상관도 없다는 것이 나의 생각이었기 때문이다. 만약 상관이 있다면 나이 많은 나는 죄가 더 무거워질 뿐이었다. 내게 좀더 의젓하게 처신했어야 할 나이라고 말한 판사가 차라리 더 똑똑해 보였다. 그러나 법원 및 경찰 관계자들은 우리가 기대했던 것보다 대체로 점잖게 대해 주었다. 재판 절차로 들어가기 전, 우리는 좁은 나무 벤치에 쭈그리고 앉아 있었는데 내게 깔고 앉을 쿠션을 찾아주려고 한 경관이 여기저기 뒤지고 다녔다. 결국 쿠션을 찾아내지는 못했으나—나는 못 찾아서 다행이라고 생각했다—그의 노력이 고마웠다. 몇 사람에 대한 발언이 지나치게 가혹하다는 생각은 들었으나 그럭저럭 참았다. 그러나 우리 중에 독일에서 온 유태인 난민이 한 명 있었는데, 판사가 그 사람에게 말하는 것을 들었을 때는 정말 분통이 터졌다. 경찰 목격자가 증거를 대러 나왔으나 내가 볼 때는 초라했다. 우리 쪽 사람들은 품위를 지키면서 효과적으로 잘 이야기했다. 나로서는 전혀 놀랍지 않은 얘기들이었다. 그리고 발언 기회가 주어졌을 때 나도 마음먹었던 얘기를 거의 다 했기 때문에 흡족했다.

점심때쯤 되자 우리에 대한 심리는 모두 끝났고 한 시간의 식사 시간이 주어졌다. 아내와 나는 첼시로 돌아가 먹기로 했다. 우리가 법원에서 나오자 군중들이 환호했고, 한 여성이 달려와 나를 포옹하여 당혹스럽게 만들었다. 그러나 오전에 판사가 한 얘기와 그의 대체적인 관점으로 볼 때 가벼운 처벌로 끝날 것 같지는 않았다. 오후가 되자 우리는 판결을 받기 위해 법원으로 되돌아왔다. 한 사람씩 알파벳 순으로 판결을 받은 후 감방으로 보내졌다. 감방에 간 우리는 노래도 부르고 이야기도 하는 등 마치 방학 맞은 소년들처럼 굴었다. 불확실한 상황에서 오는 긴장감도 풀렸고, 블랙 마리아Black Maria[영국의 죄수 호송차]에 실려나갈 때까지는 애써 할 일도 없었기 때문이다.

전에도 감방에 와본 적은 있었지만, 그때는 택시를 타고 브릭스턴으로 이감되었기 때문에 블랙 마리아를 타기는 이번이 처음이었다. 그러나 너무 지쳐서 나는 그 진기한 경험을 즐길 겨를도 없었다. 교도소 병동으로 보내진 나는 일주일 내내 거의 침상에서 보냈다. 의사가 매일같이 와서 내가 소화시킬 수 있는 유동식을 먹는지 확인했다. 보호 감금이라면 모를까, 아무도 구금 상태를 좋아하는 체할 수는 없다. 그것은 섬뜩한 경험이다. 특별히 가혹한 푸대접이나 육체적 불편에 대한 두려움은 아마도 제일 가벼운 축일 것이다. 무엇보다 두려운 것은 그곳의 일반적인 분위기다. 24시간 감시당하는 느낌, 죽음과도 같은 냉기와 음울함, 어김없이 코를 찌르는 감방 냄새, 그리고 다른 죄수들의 눈길. 우리는 이런 것들을 일주일밖에 겪지 않았다. 우리의 많은 친구들은 여러 주에 걸쳐 겪고 있다는 것, 우리는 그들보다 '죄'가 적어서가 아니라—우리의 행동도 죄라고 한다면 말이다—특수 상황인 덕분에 고생을 면했다는 것을 우리는 너무나 잘 알고 있었다.

그 사이 '100인 위원회'는 내가 브릭스턴에서 보낸 메시지로 인쇄물을 발행했다. 인쇄물 뒷면에는 모든 동조자는 9월 17일 일요일 5시에 트라팔가 광장으로 모이라는 다급한 호소가 담겨 있었다. 의회 광장으로 행진하여 거기서 대중 집회를 열고 연좌 시위에 돌입한다는 계획이었다. 우리가 트라팔가 광장을 행사에 이용하지 못하도록 내무 장관이 공개 지시를 내렸으나 위원회는 강행하기로 결정했다. 불행하게도 아내와 나는 거사일 다음 날까지 감옥에서 풀려나지 못했다. 내가 불행하다고 말하는 것은, 그것이 기억에 오래 남을 통쾌한 시위였기 때문이다.

월요일 아침 일찍 자유의 몸이 되어 집에서 아내와 다시 만나니 반가웠다. 그러나 그것도 잠시, 우리는 곧 해스커가로 벌떼같이 모여든 신문, 라디오, 텔레비전 관계자들에게 포위되었다. 그들을 상대하느라, 전 주의 보가 회합 이후의 상황을 제대로 전해 듣기까지 시간이 좀 걸렸다. 우리가 구금된 것에 항의하여 영국뿐 아니라 다른 나라들에서도 집회와 연좌 시위가 벌어졌다는 것은 감옥에서 신문을 통해 알고 있었다. 아내는 홀로웨이의 다른 죄수들에게, 17일의 시위가 성공적이었다는 소식까지 들었다. 죄수들이 라디오를 듣고는 자기네 감방 위에 있는 교도소 대강당 베란다로 나와 엄지손가락을 쳐들고 아내를 격려하면서 연좌 시위가 아주 훌륭하게 진행되고 있다고 격앙된 목소리로 외쳤다고 한다. 시위가 과연 얼마나 대단한 성공을 거두었는지는 나중에야 서서히 알게 되었다.

시위의 상세한 내용은 역사가나 참가자들이 들려주어야 할 것이다. 중요한 것은 전례없이 많은 수의 사람들이 참가했다는 점이다. 그날의 시위는 우리가 희망했던 대중 운동이란 방식에 훌륭한 길조가 되었다. 초저녁 무렵이 되자, 광장과 인근 거리는 앉아 있는 사람들로 넘쳐났다. 현장을 구경하려고 나온 사람들도 엄청나게 많았는데 더 잘 보이는 위치를 차지하려고 아우성들을 쳤다. 의회 광장까지 행진하기란 불가능했다. 시도를 해보기는 했으나 아무도 빠져나갈 수가 없었다. 연좌 시위 참가자들이 폭력이나 소란을 일으킨 사례도 전혀 없었다. 그들은 진지했다. 그리고 일부는 개인적으로 영웅적이라 할 만한 행동을 보여주기도 했다. 예를 들어 화가인 오거스터스 존은 전부터 쭉 건강이 나빴던 노인이었는데도(그는 시위에 참가하고 얼마 후에 사망했다) 국립 화랑에서 나와 광장 가운데로 들어가 앉았다. 아무도 그의 참가 의사를 알지 못했기 때문에 그를 알아보는 사람은 드물었다. 나는 아주 한참 뒤에야 그의 행동에 대해 알게 되었고, 존경을 담아 기록하는 바다. 영웅적인 행동으로 깊은 믿음을 입증해 보인 사례는 그 밖에도 많았다. 웃지 못할 해프닝도 아주 많았다고 들었다. 그날 저녁 늦게, 상황을 돌아보기 위해 여러 유명 인사들이 현장에 도착했는데 경찰이 그들을 열렬한 위원회 지지자들로 오인하여 블랙 마리아에 밀어넣었다고 한다. 그러나 경찰을 탓할 수만도 없는 실수였다. 군중이 워낙 많았기 때문에 제아무리 목을 뻣뻣이 세워도 일일이 신원 확인이 불가능한 상황이었던 것이다. 그러나 경찰이 야만적으로 대응한 사례도 적지 않아 큰 비난을 받았다. 경찰의 유감스러운 행동 사례를 포착한 현장 사진이 많았기 때문에 그 점에 대해선 왈가왈부할 것도 없다.

이 시위와 앞서 발생한 구금 사태를 다룬 논평과 그림들이 텔레비전과 언론을 타고 세계 각국으로 전해졌다. 그것은 우리가 무슨 일을 하고 있는지, 무엇을 하려고 하며, 그 이유는 무엇인지에 대해 세계 도처의 사람들로 하여금 생각해 보게 만드는 훌륭한 효과를 낳았다. 우리가 바랐던 바가 바로 그것이었지만, 우리는 사후에 닥쳐올 압도적인 선전 효과와 관심에 충분히 대비하지 못한 상황이었다. 우리는 처음부터, 어떤 시위를 하든 회원 중 몇 사람만 감옥에 가게 될 것이란 가정하에 준비하곤 했다. 후속 작업을 맡을 지도부가 늘 준비되어 있었던 것이다. 그러나 정부가 회원들을 대량 구속하여 실형을 내리자―특정 시간 특정 불법 행위에 근거한 것이 아니라 일괄적으로 선동죄를 적용하여―이 당번제는 거의 무너질 지경에 이르렀다. 설상가상으로 9월 17일 연좌 시위의 혼란 속에 체포가 진행되어, 누가 체포되고 누가 모면했는지 상황 파악이 되지 않았다. 그 결과 위원회에는 당면 사안과 미래의 계획을 처리할 경험자들이 몇 남지 않게 되었다. 나는 지쳐 있었을 뿐 아니라, 주로 나의 구금과 관련해 야기된 일들이어서 나 외에는 아무도 처리할 수 없는 일들 때문에 정신이 없었다. 좋은 기회가 주어졌는데도 우리가 그것을 충분히 활용할 수 없는 매우 안타까운 상황이었다.

감옥에서 나온 그 주 주말에 우리는 노스웨일스로 되돌아갔다. 그러나 어딜 가나 기자들과 텔레비전 인터뷰의 공세에 시달려야 했고 매일같이 세계 각국에서 손님들이 찾아왔다. 이탈리아, 일본, 프랑스, 벨기에, 스리랑카, 네덜란드, 북미, 남미 등등. 우리는 지친 나머지 틈만 나면 우리끼리 차를 몰고 야외로 나가곤 했다. 모험도 많이 겪었다. 어느 날 오후, 우리는 모래사장을 걸어 바위가 튀어나온 후미로 빙 돌아갔다. 튀어나온 바위에 마른 수초가 덮여 있었다. 처음에는 길이 안전한지 확인해 가며 걸었으나 점차 무신경해졌고 어느 순간 앞서 가던 내가 허벅지까지 빠지고 말았다. 움직일 때마다 더 깊이 빠져들었다. 아내는 위험 지역 언저리에 와 있었다. 그녀가 기어서 바위로 올라갔고 어렵사리 나를 끌어올려주었다. 모래사장인가 습지에 차가 빠져서 끌어올린 적도 있다. 그런데 견인해 준 차가 핵발전소 소속 트럭이어서 웃기기도 하고 약이 오르기도 했다.

런던으로 돌아와서도 해프닝을 겪었다. 어느 날 아침, 청년 두 명과 젊은 여자 한 명이 현관 앞에 와 나를 만나겠다고 했다. 반핵 운동에 대해 토론하고 싶다는 것이었다. 나는 그들과 한동안 이야기를 나눈 다음 이제 그만 돌아갔으면 하는 뜻을 비쳤다. 그들은 못 가겠다고 했다. 당시 집에는 나와 가정부밖에 없었는데, 우리가 어떤 말을 해도 그들은 꿈쩍하지 않았고 완력으로 하자니 그럴 기운이 없었다. 그들은 계속해서 내 거실에서 연좌 농성을 벌였다. 나는 불안한 나머지 경찰을 불렀다. 경찰의 태도는 나무랄 데가 없었다. 조롱이나 야유는 물론 미소조차 짓지 않았다. 결국 농성자들은 퇴거당했다. 나중에 알고 보니 그 여성은 여배우였고 도와주러 온 두 남자는 그녀의 숭배자였는데 자기 이름을 알리고 싶어 그랬던 것으로 드러났다. 그들은 결국 유명세를 탔으며, 내게도 훌륭한 이야깃거리와 재미를 제공해 주었다. 위원회 일각에서는 내가 경찰을 불러들인 데 대해 다소 불쾌하게 생각했다.

그후 몇 달 동안 '100인 위원회'가 주관하는 공적, 사적 모임이 무수히 많았다. 나도 참석하여 연설을 했는데, 10월 29일의 트라팔가 광장 집회와 11월 1일의 카디프 집회가 특히 기억에 남는다. 12월 9일에 영국 각지의 미 공군 및 핵 기지에서 동시 다발 시위를 하기로 발표되었다. 그러나 런던을 벗어난 전국적 대규모 시위의 경험이 없었던 위원회는 계획 과정에서부터 너무 낙관적이었는데 특히 수송 문제를 너무 쉽게 생각했다. 예를 들어, 시위자들을 런던에서 목표지의 하나인 웨더즈필드로 옮기기 위해 버스를 전세 내기로 했는데 버스 기사들이 위원회의 관점에 동조한다고 공언했기 때문에 지도부는 당연히 버스가 나타나리라 믿었다. 그러나 우리 중 일부가 우려한 대로, 버스 회사가 막판에 버스 제공을 거부했다. 일부 강경하고 결연한 시위자들은 다른 교통 수단을 이용해 웨더즈필드로 향했으나, 버스도 없고 다른 뾰족한 대안도 준비되지 않아 참가자 수가 당초 기대보다 훨씬 밑돌 게 뻔했다. 이어서 맞닥뜨린 난관들도 대단했는데 경찰의 책략과 정부의 진압책이 바로 그것이다. 경찰은 위원회 사무실을 급습하여 회원들을 괴롭혔고, 정부는 위원회가 목표로 정한 장소들을 보호한다는 명목으로, 비폭력을 맹세하고 비무장한 사람들을 상대로 육공군 병력과 안내견, 소방 호스까지 동원했다. 그럼에도 불구하고 겉모양은 괜찮은 시위가 되었다. 그러나 기대 이상의 성과를 거둘 것이라고 사전에 선언한 것이나, 예상되는 난관들에 대한 대안을 철저하게 계획하지 못한 것은 분명 지도부의 실수였다.

위원회는 다른 점들에서도 이미 약화 조짐을 보이고 있었다. 핵과 군축 문제에만 전념할 것이냐, 국내의 모든 사회 정치적 불의에 맞설 것이냐를 두고 회원들 간에 긴 토론이 시작되고 있었다. 그것은 시간 낭비인 동시에 정력을 분산시키는 짓이었다. 사회 정치 전반에 대한 저항 운동으로 확대시키는 것은 훗날 위원회의 힘과 능력이 다져졌을 때 생각해야 마땅할 문제였다. 그 같은 기획들은 다지기 과정만 지연시킬 뿐이었다. 이처럼 불행한 경향이 생겨나게 된 것도 위원회가 정치나 운영에 있어 현실적인 경험이 부족한 것이 주 원인이었고, 9월 17일 성공의 의미를 과대 평가한 것도 한 원인이었다. 9월 17일 시위가 대단히 큰 힘이 되었다고 볼 수는 있지만, 그것이 '대중적' 시민 불복종 운동의 확실한 미래를 보장해 주는 것은 결코 아니었다. 전국의 인구를 따져볼 때 우리의 운동은 여전히 소수의 운동이었으며, 굳건한 반대에 맞설 수 있는 역량조차 확실하게 검증되지 못한 상태였다. 12월 9일 시위의 상대적 실패를 교훈삼아 조직 강화의 시기로 넘어가지 못하고 낙담하는 데서 머물고 말았다는 것은 불행한 일이었다. 나는 그 당시 공개 성명서를 통해 실의에 찬 분위기를 극복해 보고자 했고, 사석에서도 그 교훈을 열심히 설득했다. 그러나 두 가지 시도 모두 실패로 돌아갔다.

12월 9일 시위의 직접적인 여파로, 지도부 다섯 명이 1911년 제정된 공무상 기밀에 관한 법 위반 죄로 고발되었다. 그것은 문외한이 보더라도 기이하기 짝이 없는 재판이었다. 자신의 논거를 충분히 제시하게끔 허용받은 검찰 측은, 권한도 없는 사람들이 웨더즈필드 비행장에 들어가 항공기를 땅에 묶으려 한 것은 국가의 안전을 침해한 행위라는 식의 논리로 몰아갔다. 변호인단은, 전국의 핵 '방어' 기지가 모두 그러하듯 웨더즈필드 기지도 존재 그 자체가 나라의 안전을 위협한다고 주장했다. 웨더즈필드는 그 당시 핵 정책의 산물에 불과했는데, 그러한 정책의 위험성을 증언하고자 미국에서 건너와 있던 물리학자 라이너스 폴링 교수, 전파 탐지기 발명자 로버트 윗슨와트 Robert Watson-Watt 경, 그리고 나는 오랜 시간 가택 연금을 당해야 했다. 변호인 측 증인 중 일부는 아예 증언대에 서지도 못했지만 어쨌거나 다른 증언들과 마찬가지로 우리 세 사람의 모든 증언도 고발 내용과 무관하다고 선언되었고, 결국 채택되지 못했다. 대단히 법적으로 진행되는 듯 보였으나 검찰 측은 법의 온갖 허점들을 동원하여 변호인 측을 가차없이 봉쇄했다. 물론 재치 있는 순간도 몇 번 있었다. 일례로, 검찰 측 주요 증인으로 나온 공군 사령관 맥길MacGill은 런던에서 웨더즈필드까지 거리가 얼마냐는 질문을 받고, "빠른 비행기로 가면 80킬로미터쯤 됩니다"라고 대답했다. 배심원단은 유죄 평결을 내렸는데, 흥미로운 것은 그들이 네 시간 반 동안 나가 있었다는 점이다. 그런 상황에서 다른 평결이 나오리라 기대한 사람은 아무도 없었다. 다섯 명의 기결수에게는 각각 18개월의 구금형이 선고되었고, 위원회 복지부 간사였던 유일한 여성에게는 1년이 선고되었다.

  비록 참가하지는 못했으나 그 시위를 격려했던 사람으로서 나는 유죄 선고를 받은 사람들 못지않은 '죄인'이란 것을 너무나 잘 알고 있었으므로 마침내 재판정에서 발언 기회를 얻게 되자 어렵사리 그렇게 이야기했다. 다른 많은 사람들도 나와 비슷한 감정이었기 때문에 재판이 끝나자 우리는 캐넌가 경찰서로 몰려가 우리가 죄인이라고 선언했다. 경찰은 정중하게 받아주었지만 예상했던 대로 아무도 우리의 선언에 주목하지 않았다. 위원회는 그 재판의 취지와 그에 대한 입장을 발표하기 위해 트라팔가 광장에서 집회를 열었다. 눈과 강풍이 몰아치는 가운데, 로버트 윗슨와트 경과 나를 포함한 여러 사람들이 적지 않은 청중을 상대로 연설했다.

그로부터 한동안 나는 위원회의 공식 발표에 거의 관여하지 않았다. 7월 마지막 주, CND와 '100인 위원회' 모두 모스크바에서 개최되는 '세계 군비 감축 회의'에 참가자를 파견했다. 회의가 열리기 직전에 나는 버널Bernal 교수로부터, 회의에 띄우는 메시지를 대리인 편에 보내라는 요청을 받았다. 위원회의 입안 및 행동 과정에 참여해 온 크리스토퍼 팔리Christopher Farley가 나를 대신해 출국했다. 그는 모스크바에 머무는 동안 다른 비공산주의자 몇 명과 함께 붉은 광장에서 대중 집회를 열고 인쇄물을 나누어주었다. 그것은 불법 행위였으므로, 그곳에 가 있던 CND 위원장이 여러 수단을 동원해 격하게 성토했다. 시민 불복종 운동에 참여해 온 다른 사람들도 반대했으며 일부 국내 활동가들까지 가세했다. 회의 참석자들은 자신들이 러시아의 손님으로 왔기 때문에 주최국의 엄정한 법에 따라야 한다고 믿었다. 집회는 해산당했으나 주동자들은 자신들이 시민 불복종 운동의 국제적 성격을 지적했다고 믿고 의기양양해했으며, 해산되기 전에 토론 비슷한 것도 할 수 있었다. 그때 나는 열띤 반대만 받았을 뿐 반대하는 근거를 전혀 제시받지 못했다. 팔리가 돌아와 자신이 한 이야기를 전해 주었을 때 나는 그가 집회를 지원한 것이 옳은 행동이었다고 판단했다. 그리고 우리가 중립이라는 것, 따라서 국제적 대의가 있는 곳이면 어디서든 시민 불복종을 이끌어내야 한다는 점을 확인시키는 데 도움이 되었다고 평가했다.

8월 하순이 되자 위원회는 9월 9일로 예정된 시위를 준비하기 시작했다. 지난 12월 9일의 실패를 교훈삼아 시위 장소를 다시 런던 중심부로 옮기고 사람들에게 참가 서약을 받아내기로 결정했다. 지도부는 7천 명의 서약을 받아내지 못하면 시위를 하지 않겠다고 발표했다. 9월 9일은 하루하루 다가오는데 그 전까지 그 숫자를 채우기는 어려울 것임이 확실해지고 있었다. 나는 그들의 공개 선언을 보면서 시위가 무산될 것 같은 느낌을 강하게 받았다. 특히 서약자들이 약속된 수의 참가자들이 보호해 주지 못하더라도 시위에 참여해야 하는지를 물어오곤 했기 때문에 더 그랬다. 런던 위원회 간사는 시위 포기를 적극 반대했고 많은 회원들도 그럴 필요는 없다고 믿었다. 정해진 약속을 팽개치는 이와 같은 모습에 나는 혐오감을 느꼈으며, 위원회가 붕괴되고 있다는 판단이 더욱 강해졌다. 결국 시위는 취소되고 말았다.

공무상 기밀 관련 재판 이후로 내게는 위원회와 무관하게 많은 일들이 있었다. 런던 주재 외국 언론인들이 베풀어준 오찬 등 여러 오찬 행사가 있었고, 서스킨드Susskind라는 사회자와 장시간 대담한 미국 방송을 비롯해 텔레비전 방송에도 많이 출연했다. 여행 중인 주요 인사들의 방문도 많이 받았는데, 다섯 명의 러시아의 주요 언론인도 웨일스로 찾아와 오후 시간을 함께 보냈다. 3월 말에는 2주 남짓 휴가를 내어 드라이브를 했는데 날씨가 춥고 구질구질하고 음산하여 우리 둘 다 심한 감기에 걸리는 바람에 완전히 실패한 휴가였다.

개인적으로는 5월 18일 90회 생일과 관련된 행사들이 무엇보다 의미가 컸다.

사실 상당히 떨리는 마음으로 생일 잔치를 기대했다고 고백하지 않을 수 없다. 행사를 완성시키기 위해 어떤 노고와 걱정들이 따랐는지는 알 수 없었지만 아무튼 예정되어 있다는 것을 들어 알고 있었기 때문이다. 콘서트 홀 흥행주와 무대 감독들이 특이하게 훼방을 놓았으나 반대로 지휘자, 오케스트라, 독주자들은 더할 수 없이 친절하고 관대했다는 등등의 내막을 나중에야 들을 수 있었다. 친구들이 나를 즐겁게 해주기 위해 여러 주에 걸쳐 엄청난 시간과 에너지와 생각과 결연한 의지를 투입했다는 사실을 나는 뒤늦게 조금씩 알게 되었다. 그 중에서도 가장 적극적으로 뛴 사람은 랠프 쉰먼이었다. 훌륭한 준비로 나를 지극히 기쁘게 해주었던 프로그램을 비롯해 음악회 준비 작업 일체를 그가 거의 떠맡다시피 했다. 이 모든 사실을 알고 난 나는 큰 감동을 받았으며 생일 파티 그 자체도 감동적이었다. 그와 같은 뜻밖의 따뜻한 갈채와 찬사의 한가운데서 너무나 즐거워하는 나 자신을 발견하고 나도 놀랐다.

생일 당일에는 손자 두 명과 런던의 가정부 진 레드먼드Jean Redmond가 참석한 가운데 가족끼리 즐거운 다과회를 가졌고, 행운의 초를 든 꼬마 순경이 꼭대기를 장식한 근사한 케이크(빵집 주인이 기증해 준 것이다)를 앞에 놓고 축하했다. 저녁에는 에이어A. J. Ayer와 루퍼트 크로샤이윌리엄스가 준비한 만찬이 카페 로열에서 열렸다. 즐거운 자리였다. 친구 몇 사람이 연설을 했는데, 에이어와 줄리언 헉슬리는 나를 크게 치켜세웠고, E. M. 포스터는 젊은 날 케임브리지 시절을 회고하면서 나의 옛 친구 보브 트리벨리언의 이야기로 자리를 즐겁게 해주었다. 그리고 우리 집안의 가장 격인 베드퍼드의 공작과 그의 아내도 처음으로 만나보았다. 나는 그가 어려운 여건에서 개인적으로 큰 대가를 치르면서도 오번의 사유지를 결연히 지키는 점을 높이 평가하고 있었다. 그의 탈인습적인 태도도 좋았다. 나를 축하하기 위한 음악회에서 한 마디 해달라는 요청에 그가 주저 없이 응했다고 전해 들었다. 따라서 나는 이미 그를 좋아할 준비가 되어 있었는데 과연 실망은 없었다. 아서 월리, 마일스 멜리슨 같은 많은 옛 친구들과의 관계를 재확인하고 새 친구들까지 몇 명 사귈 수 있었다는 점에서도 즐거운 저녁이었다 하지 않을 수 없다.

다음 날 오후에는 페스티벌 홀에서 축하 잔치가 열렸다. 고맙게도 홀 흥행주인 빈T. E. Bean이 후원해 준 행사였는데 정말 무슨 말을 어떻게 해야 할지 모를 정도로 감격스러웠다. 나를 위해 음악과 공연이 준비되었다는 얘기는 들었지만, 콜린 데이비스Colin Davis가 이끄는 오케스트라와 릴리 크라우스Lili Kraus의 독주 음악이 그처럼 아름다울 줄은 정말 상상도 하지 못했다. 그리고 여러 사람들이 그처럼 감동적이고 후한 인사말을 해줄 것이라고도 짐작하지 못했다. 행사 감독을 맡았던 랠프 쉰먼, 빅터 퍼셀Victor Purcell, 덴마크의 소닝Sonning 부인, 스위스 조각가인 에른스트 빌리Ernst Willi, 아프리카의 몰리 느코시Morley Nkosi, 여배우 버네사 레드그레이브Vanessa Redgrave, 나의 사촌 이언 베드퍼드Ian Bedford. 그 자리에 참석하지 못한 사람들이 보내온 선물도 몇 점 받았다. 사촌인 플로라 러셀이 보내온 소크라스테스 흉상, 화가 한스 어니Hans Erni가 직접 그려서 보내준 나의 훌륭한 초상화 등. 메시지를 보내온 사람들도 많아서 일부는 쉰먼이 낭독해 주고 일부는 '헌정 프로그램'에 실었다. 프로그램 표지에는 포트머독의 모리스T. E. Morris가 찍은 내 사진이 실렸다. 프로그램을 세계 도처의 사람들에게 보낸 것으로 알고 있다.

음악인 연맹에서 음악 녹음을 거부했고 BBC 방송도 행사를 녹화해 주지 않겠다고 했다. 선물과 프로그램, 개인적으로 만들어진 녹화 테이프도 소중하지만, 특히 공연 배우들을 비롯해 관중들에게서 느낀 그 따뜻한 우정은 지금도 나의 보물이며 앞으로도 늘 그럴 것이다. 그때 나는 너무나 큰 감동을 받은 나머지 말조차 잘 나오지 않았기 때문에, 내가 느끼는 고마움이나 행사가 내게 주는 의미를 표현하기도 어려웠다. 그러나 다행히도 할 말이 생각났다. 내가 지금 다시 말한다 해도 녹화 테이프에 담긴 것보다는 못할 것이다. 거기에 그 당시 나의 감정이 가장 생생하고 정직하게 표현되어 있기 때문이다.

"친구 여러분,

지금 이 자리에 대해 무어라고 말해야 좋을지 모르겠습니다. 나는 말로 다 할 수 없는 감동, 도저히 표현할 수 없는 깊은 감동을 받았습니다. 일단 이 행사를 위해 수고하신 여러분들에게 진심으로 감사해야 할 것 같습니다. 훌륭한 음악을 훌륭하게 연주하여 더 없는 기쁨을 제공해 주신 음악인 여러분들, 내 친구 쉰먼처럼 무대 뒤에서 고생하신 여러분들, 그리고 선물을 보내주신 여러분들—이 선물들은 그 자체로도 귀중하지만 이 위험한 세상에 영원할 희망의 표현이기도 합니다.

나는 죽어 흙이 되는 것보다는 삶과 기쁨과 아름다움이 훨씬 낫다는 아주 소박한 신념을 가지고 있으며, 따라서 오늘 들은 것과 같은 그런 음악을 들을 때 우리 모두가 반드시 기억해야 할 사실이 있다고 봅니다. 그러한 음악을 만들어내고 들을 수 있다는 것이야말로, 어리석은 다툼 속에 날려버려서는 안 될, 소중하게 지켜야 할 것이라는 점입니다. 너무 단순한 얘기라고 할지 모르겠지만, 사실 우리에게 중요한 것들은 모두 아주 소박한 것들입니다. 그런 신념이면 충분하다고 생각하며, 여러분들도 그렇게 생각하리라 봅니다. 그렇게 생각지 않는 분이라면 지금 이 자리에 앉아 계시지도 않을 테니까요.

그러나 크고 작은 학대와 비방과 공격을 불러올 수밖에 없는 험난한 길로 접어든 사람이 오늘 나처럼 이렇게 환영받는 자리에 서게 되기란 그 얼마나 힘든 일인지를 꼭 지적하고 넘어가고 싶습니다. 그 생각을 하면 나는 좀더 겸허해지는 동시에, 이 자리를 만들어준 사람들의 우정과 기대에 어긋나지 않게 살아야겠다고 다짐하게 됩니다. 부디 내가 그럴 수 있기를 빌면서, 여러분, 진심으로 감사합니다."

내 생일과 관련된 마지막 공식 행사는 그 다음 주에 열렸다. 페너 브록웨이Fenner Brockway가 나를 위해 고맙게도 하원에서 오찬을 열어주었던 것이다. 상원이든 하원이든 의원들이 내게 경의를 표하겠다고 나설 줄은 예상하지 못했기 때문에 나는 행사를 앞두고 다소 긴장했다. 연회가 준비된 하코트 룸으로 이어진 대기실에서 기다릴 때, 식전 음료를 마시고 있는 의원들을 다소 부러운 눈길로 바라보며 문간에 서 있을 때, 긴장감이 더 한층 고조되었다. 그러나 막상 파티가 시작되자 유쾌하고 호의적인 분위기였고, 나는 참석해 준 많은 사람들에게 고마운 마음이 들었다. 그때만큼은 정치인들의 행태를 공격할 수도 없었고 그들에게 직격탄을 퍼부을 기회도—심지어 의무감도—찾아낼 수 없었던 것 같다.

아흔으로 접어든 나를 위해 벌어졌던 시끌벅적하고 즐거운 행사들이 모두 끝나자 아내와 나는 다시 웨일스로 돌아가 칩거했다. 그리고 국제 사회의 핵 및 군비 감축 정책들에 관해 우 탄트U Thant[미얀마의 정치가, 1962~71년에 국제 연합 사무총장을 역임했음]와 얘기를 나누고자 7월에 며칠 나온 것 외에는 런던에 오는 일이 드물었다. 나는 그때 그를 처음 만나보았는데, 정력적이고 상황 파악력이 뛰어난 것은 물론, 공정하고 객관적이며 사려 깊고, 훌륭한 유머 감각까지 겸비하여 나는 그에게 큰 감명을 받았다. 그 무렵에 오번 사원을 난생처음 방문하기도 했다. 웅장한 저택은 매우 훌륭했고, 고요한 아름다움이 느껴지는 공원도 좋았다. 아름드리 나무들이 데이비드 신부가 키우는 사슴들의 은신처가 되고 있었고, 고요 속에 녹색 잔디가 넓게 펼쳐져 있었다.

그해 후반 몇 달은 쿠바 사태와 뒤이은 중국 - 인도 국경 분쟁으로 시끄러웠다. 12월 초에 펭귄 출판사가 이 두 사태에 관해 써보겠다는 나의 제의를 받아들였고, 나는 1월에 집필을 마쳤다. 그리고 4월에 펭귄과 앨런 언윈 두 출판사에서 『비무장의 승리Unarmed Victory』란 제목의 책으로 출간되었다. 그 책에서 그 당시 나의 생각과 행동에 대해 할 만한 얘기는 다 했으므로 여기서 되풀이할 생각은 없다. 그러나 그 당시 두 사태와 관련해 내가 한 일 중에 후회되는 것은 없다는 점을 덧붙이고 넘어가고 싶다. 그후에 더 연구해 보았지만 그 당시 나의 관점과 달라진 바가 없다. 지엽적인 문제이긴 하지만 한 가지 아쉬운 것은, 그해 10월 23일에 내가 케네디 대통령에게 전보를 치면서 좀더 부드러운 표현을 쓰지 못했다는 점이다. 표현이 직선적이어서 큰 효과를 거두지 못했다는 견해에 동의한다. 그러나 미국 정부가 신속한 철수라는 현명한 태도를 보여주리라고는 별로 기대하지 않았으며, 같은 상황이라면 지금도 역시 크게 기대하지 않았을 것이다.

나는 9월의 행사들에서 드러난 '100인 위원회' 지도부 일각의 어리석은 태도들과, 위원회의 노선이 점차 흐트러지는 과정을 지켜보며 고민하던 끝에, 이듬해 1월 초 런던 위원회 본부에서 물러났다. 그러나 그런 이유들을 공개 사표에서 거론하고 싶지는 않았다. 내가 웨일스에 머무는 시간이 점차 늘어난 탓에 본부의 작업에 제대로 참여하기가 힘들었다는 것도 나로서는 다른 것들 못지않게 타당하고 결정적인 이유였다. 지금도 나는 위원회의 초반 목표와 행동들에 크게 공감하기 때문에, 성공 가능성이 높다고 판단되는 행동에 대해선 얼마든지 지원할 것이다. 국제 정책들이 과거보다 악화되었다고까지는 할 수 없지만 여전히 문제점을 안고 있는 상황에서 나는 대중적 시민 불복종이야말로 그러한 정책들을 공격하는 가장 효과적인 방법의 하나라고 본다.

한편 영국 정부는 핵전쟁이 터졌을 때를 대비해 나름의 행동 방침을 마련했다. 우리가 그 계획의 내용을 일부나마 알게 된 것은 자칭 '평화를 위한 스파이들'이란 조직을 통해서였다. 이 조직이 전쟁 발발시 가동될 당국의 비밀 계획을 탐지하는 데 성공했던 것이다. 그 내용에 따르면, 영국을 여러 개의 지역으로 분할하고 각 지역마다 자체 정부와 독재적 권력이 부여되며, 사전에 편성해 놓은 관리 집단 중 무사히 살아남은 자들이 '각 지역 정부 소재지' 지하에서 그러한 권력을 행사하게 되어 있었다. 따라서 나머지 사람들의 운명이 어떻게 될지, 특히 우리가 살아남았을 경우 죽음의 재를 어떻게 피할 것인지를 (적이 허용하는 한도 내에서) 그들이 결정하게끔 되어 있었다. 그러한 조치가 준비되어 있다는 것을 국민들이 알게 되면 좋을 것이 없기 때문에 극비에 붙여진 계획이었다. 관련 문서를 일부 찾아낸 '평화를 위한 스파이들'은 발표하고 싶어 안달이었다. 자금이 없었던 그들이 내게 호소해 왔다. 나는 찬성을 표하고 그들에게 50파운드를 내주었다. 그 즉시 문서가 발표되었고, 올더매스턴 행진 참가자들에게도 복사물이 배포되었다.

평화주의자들이 비밀스런 방법을 이용한다는 사실에 CND 지도

부가 충격을 받은 것은 내가 볼 때 불행한 일이었다. 그들은 '스파이들'이 애써 확보한 정보가 확산되는 것을 막으려고 안간힘을 썼다. 추가로 일부 문서를 확보한 '스파이들'은 평화주의를 지지하는 주요 언론사의 편집장에게 그것을 넘겼다. 그 편집장이 그 정보를 발표해 주리라 기대했던 것이다. 그러나 그것을 폭로하고 발표할 경우 틀림없이 보복을 당하리라 판단한 편집장은 겁을 집어먹고, '스파이들'의 일원 중 한 사람의 어머니에게 그것을 보냈는데, 그 어머니가 경찰의 습격을 우려하여 소각해 버리고 말았다. 이렇게 해서 정부의 자구책과 살아남은 사람들의 지원 방안을 알 수 있는 우리의 희망은 사라져버렸다. 이 일은 우리의 입지를 해명하는 데 큰 타격이 되었고, 결국 식견이 없다고는 할 수 없으나 마음만 좋은 평화주의자들이 평화 운동을 주도하게 되는 결과를 낳고 말았다.

L·E·T·T·E·R·S

〈어니스트 존스와 주고받은 편지들〉

친애하는 존스 박사

저명한 영국 국교회 성직자가 보내온 편지의 복사본을 동봉하오. 당신의 사례집 작업에 도움이 될 만한 글이라고 생각되오. 읽고 난 소감을 내게 알려주시면 고맙겠소.

플라스 펜린, 1957년 2월 2일

다음은 내가 존스 박사에게 동봉한 주교의 편지다. (주교의 주소 및 서명은 생략했음.)

〈로체스터 주교의 편지〉

친애하는 러셀 경

《선데이 타임스》지에 실린, 사후 생존의 '신비'에 관한 당신의 글을 읽고, 당신도 향년 84세이니 이제 그 문턱에 서 있다는 생각도 들고 해서 내 양심이 시키는 대로 이렇게 편지하게 되었소.

나와 같은 당신의 동시대인들은 당신을 우리 세대의 가장 위대한 지성인으로 인정하오. 그리고 당신의 도덕적 성장이 당신의 지적 능력을 비롯한 그 비범한 재능들만큼만 따라가줬어도 당신이 우리를 제2차 세계 대전에서 구해 냈을 것이라고 믿어 의심치 않는 사람들이 나 말고도 많을 것이오. 그러나 당신의 『결혼과 도덕』(1929년)이란 책, 우애 결혼 부분을 보면 호색가로서의 모습이 숨김없이 드러나오. 결국 당신의 아킬레스 건은 색욕이었소. 그것이 당신의 위대한 정신을 눈멀게 하여, 당신을 사로잡는 연구 대상이 되어온 모든 현상들 뒤에 숨어 있는 훨씬 더 위대한 정신을 보지 못하게 막아온 것이오. 오직 순수한 마음만이 하느님을 볼 수 있는 바, 아내가 넷이었고 이혼 경력이 세 번이란 사실은 끔찍하고도 지독한 수치이며, 그처럼 대단한 머리를 가진 사람이 실상 어떤 인간인지를 여실히 보여주는 것이오.

게다가 나는 당신이, 전쟁이 없는 틈틈이 젊은 사람들을 대상으로 우애 결혼을 실험한 결과 살인과 자살을 비롯해 이루 말할 수 없는 비극의 기억에 이따금 시달릴 것이라 생각하지 않을 수 없소. 당신이야말로 그러한 결혼의 사도로서 막강한 권위의 명성을 가졌으니까. 나로 말하자면 두드러진 재능이나 학식 따위는 전혀 없는 72세의 노인이지만 당신에게 충심으로 해주고 싶은 말이 있소. 옥스퍼드에서 '매춘부 갱생회' 회장으로 일하다 1854년에 100세의 나이로 타계한 루스M. J. Routh 박사가 사형수 감방에 있던 어느 퀘이커 교도 지인에게 쓴 글로써 내 얘기를 대신하겠소.

"선생, 내 나이는 90이지만 당신과 마찬가지로 오래 살지 못하게 되어 있는 인간이오. 나는 인류의 구세주의 사도들이 쓴 신약 성서 구절을 제대로 이해할 기회가 남들보다 많았소. 성서를 보면 예수 그리스도의 피가 모든 죄를 씻어주니, 우리가 죄를 고백하면 자비롭고 공정하신 하느님께서 회개하는 우리의 죄를 사해 주신다고 분명하게 말하고 있소. 저세상으로 가기 전에 당신의 영혼을 구하기 위해 전력을 기울여 생각하고 말하고 행동하시오."

당신에게 뒤지지 않는 지성의 소유자였던 더럼의 위대한 주교 조지프 버틀러가 임종의 자리에서 요한 I서 1장 7절의 이 구절을 듣고 "아! 참으로 편안하구나"라고 속삭이고 숨을 거두었다는 얘기는 당신도 알고 있을 것이오.

내가 어떤 이유로, 당신에게 깊은 관심을 가져왔다는 것을 알아주기를 하느님께 기도하오.

1957년 1월 29일

L·E·T·T·E·R·S

친애하는 러셀

당신이 그 영국 국교도의 편지를 특별하게 생각한다는 것이 저로선 약간 놀랍습니다. 당신은 이미 그런 편지를 많이 받아보았을 것이며, 당신의 영혼을 위한답시고 얼마나 많은 말들이 있었겠습니까.

그러한 편지들이 악한 것과 성행위를 뻔뻔스럽게 동일시하려는 사심을 가졌음은 물론입니다. 프로이트는 인간의 내적 공격성(모든 사악함의 명백한 근원)을 저지하는 것이 종교의 주요 기능이라고 생각했지만, 희한하게도 종교계의 스승이란 자들이 그것을 다시 성욕으로 되돌려 놓는 사례가 너무나 빈번합니다. 그 결과 사람들은 그 두 가지가 깊은 관련이 있는 것으로 생각하게 되어 오늘날에는 많은, 아니 거의 모든 공격성을, 궁극적으로 무수한 형태의 성적 좌절에서 기인한다고 믿게 되었습니다. 그러나 진정한 도덕(사랑, 자비, 관용 등등)을 이끄는 우리의 사도인 당신을, 가톨릭의 결혼관을 받아들이지 않았으니 지옥에 떨어질 것이라고 한 말에는 주목할 필요가 있습니다.

그 편지에 대한 정신 분석적 논평을 원하신다면, 그 사람이 당신에 대해 인정한 전능한 힘(전쟁을 멈추게 하는 능력 따위)이 단서가 될 수 있습니다. 그것은 단 하나, 어머니와 잔 것이 유일한 죄가 되어 아들로부터 엄청난 원망을 들어야 하는 거대한 아버지상(지상의 신)을 지적하는 데 불과합니다. 하느님도 성모 마리아와 간통 행위를 했건만 그런 사람들이 그 사실에 대해선 절대로 충격 받지 않는다는 게 이상합니다. 정화를 해도 수없이 해야 마땅할 일이지요.

1957년 2월 4일

친애하는 존스

2월 4일자, 지극히 유쾌한 편지 고마웠소. 그 편지를 받은 후로는 나 자신을 영국 국교회 성직자들에게 공포를 불러일으키는 무시무시한 아버지상으로 흐뭇하게 바라보는 호사를 누리소 있소. 내가 그 주교의 편지를 받고 놀란 점은 내가 저명한 영국 국교회 성직자들을 대단히 개화된 사람들로 생각해 왔다는 사실이었소. 나는 그런 유사한 편지를 수백 통씩 받고 있지만 주로 교육 정도가 매우 낮은 사람들이오. 그 주교가 자신이 저지른 죄악 때문에 자책감에 시달리고 있는 것인지, 아니면 자신이 저지르지 못한 죄악들에 대해 잔뜩 한이 맺혀 있는 것인지 판단이 서질 않는구려.

1957년 3월 14일

〈리버풀의 러셀 경과 주고받은 편지들〉

친애하는 러셀 경

파리의 에드몽이란 사람이 우리 둘을 뒤섞어서 편지했기에 여기에 동봉하오. 비단 이 사람만 그런 것도 아니지만, 아무튼 첫 단락은 당신을 지칭하는 것이오. 나머지 내용은 나를 지칭하는 것이어서 답장해 줄 생각이오. 그의 편지를 읽고 난 후에 되돌려주면 고맙겠소.

런던, 1959년 2월 13일
리버풀의 러셀

친애하는 러셀 경

편지 잘 받아보았으며 동봉해 준 편지는 지금 돌려드리겠소. 당신과 나를 혼동하는 것을 막을 수 있는 방법이 없을까 늘 궁리해 오다가, 우리 둘이 공동으로 다음과 같은 편지를 《타임스》지에 보내면 어떨까 하는 생각까지 해보았소. "우리는 잦은 혼동이 계속되는 것을 막기 위해 각자 다른 사람이란 사실을 밝히고자 합니다." 당신 생각에도 괜찮은 방법인 것 같소?

플라스 펜린, 1959년 2월 18일
버트런드 러셀

친애하는 러셀 경

18일자 편지 고마웠소.

《타임스》지에 공동 서한을 보내자는 얘기가 진담인지 농담인지는 잘 모르겠으나 어쨌거나 좋은 생각인 것 같소. 설사 효과는 없더라도 가벼운 오락거리는 되겠지요. 당신이 편지를 작성하면 내가 당신 서명 밑에다 서명을 추가하겠소.

말이 나왔으니 얘기지만, 3월 19일에 『그것을 보면 생각난다That Reminds Me』란 제목으로 캐슬 출판사에서 나의 회고록을 출간할 예정인데 그 책 61, 62쪽을 읽어보면 재미있을 것이오. 내가 러셀 백작으로 오인받은 두 가지 사례를 얘기해 놓았소. 1927년의 사례는 인도에서 당신 형과 혼동된 경우이고, 1954년의 것은 당신과 혼동된 경우라오.

60쪽도 아마 재미있을 것이오.

1959년 2월 20일
리버풀의 러셀

친애하는 러셀 경

2월 20일자 편지 고마웠소. 나는 진담 반 농담 반으로 공동 서한을 제안한 것이오. 서명한 초안을 동봉하는데, 너무 경박해 보이는 단어가 있으면 얼마든지 수정하셔도 좋소. 그러나 너무 엄숙한 선언보다는 지금의 표현이 더 관심을 끌 수 있을 것 같소.

1959년 2월 23일

L·E·T·T·E·R·S

버트런드 러셀

《타임스》지 편집장 귀하

항시 발생해 온 혼동을 막고자 우리는 이 기회에 각자 다른 사람이란 것을 선언하고자 합니다.

1959년 2월 23일
리버풀의 러셀(리버풀의 러셀 경)
러셀(버트런드 러셀 백작)

친애하는 러셀 경

《타임스》지에 우리의 편지를 보내면서, 당신의 이름을 먼저 넣어달라고 요청했소. 그렇게 하는 게 당연하오.

편지 내용이 아주 마음에 드오.

1959년 2월 25일
리버풀의 러셀

〈A. J. 에이어와 주고받은 편지들〉

친애하는 에이어

자네가 쓴 『지식의 문제Problem of Knowledge』를 지금 막 다 읽었네. 아주 재미있게 읽었으며 내용 대부분에 대해 공감하네. 문제를 분석하는 자네의 방식이 마음에 드네. 예를 들어, 텔레비전이나 예지 따위 주제를 논하는 부분의 경우, 논리와 이성적인 인식이 아주 적당한 비율로 결합되어 있는 것 같네. 내가 자네와 크게 다르게 생각하는 게 한 가지 있다면, 바로 지각에 관한 부분일세. 과학 하는 사람들에게는 진부한 얘기로 들릴지 모르겠으나, 모든 학파의 철학자들이 지각에 관한 나의 견해를 무지막지한 패러독스라며 거부한다네. 그러니 자네도 나의 지지를 못 받았다고 해서 크게 동요할 필요는 없네. 그러나 한 가지 논점은 짚고 넘어가겠네. 자네 책 126쪽을 보면, 인식된 물리적 대상의 특성이 무심결에 지각자의 상태의 영향을 받는다고 해서 대상이 실제로 그러한 특성을 가지지 않았다고 할 수는 없다고 되어 있네. 물론 옳은 얘기지. 따라서 대상이 그 특성을 가졌다고 볼 이유도 전혀 없네. 예를 들어 파란 안경을 쓰면 만물이 다 파랗게 보인다는 것을 근거로 만물이 파란색이 아니라고 결론지을 수는 없겠지만, 나는 만물이 파란색이라고 가정할 이유도 없다고 보네.

과학자들과 달리 철학자들은 이구 동성으로 나의 지각론을 제대로 이해하지 못한다는 것을 잘 알기 때문에, 자네 책과 특별히 관계된 것은 아니지만 이 주제에 관한 기록을 동봉하네.

1957년 1월 19일

친애하는 러셀 선생님

라우틀리지 출판사로부터 막 전해 들었는데, 비트겐슈타인의 『논리 철학 논고』를 새로 번역한 책에 선생님이 서문을 넣지 않겠다고 하셨다더군요. 제가 이 일에 끼어드는 것은 그 책이 포함된 시리즈의 편집을 제가 맡고 있기 때문입니다.

아마 오그던 형제가 제기하고 있는 문제들 때문에 그런 결정을 내리셨을 줄 압니다. 오그던이 선생님께 무슨 얘기를 했는지는 모르겠으나 저는 다시 한 번 생각해 보시라고 부탁드리고 싶습니다. 무엇보다 중요한 사실은 이번에 새로 번역된 것이 예전 것보다 훨씬 낫다는 것이지만, 선생님의 서문이 들어가지 않으면 유명무실해질 것이라는 게 제 생각입니다. 만일 그렇게 될 경우, 이 책이 비트겐슈타인을 해명하는 데 큰 역할을 한다는 것은 둘째 치더라도 책 자체가 매우 흥미롭기 때문에 너무나 안타까운 일이 될 것입니다.

새 번역을 맡았던 피어스Pears 씨와 맥기니스McGuinness 씨는, 선생님이 서문을 허락하기 전에 원하는 조건이 혹시 있다면 최선을 다해 맞춰보겠노라고 말했습니다.

건강이 안 좋으시다니 정말 안타까우며 곧 회복되시길 빌겠습니다.

추신 : 피어스와 맥기니스 씨가 말하기를, 오그던의 요구를 들어주고자 모든 노력을 다 했으나 고집 불통이라고 합니다.

옥스퍼드, 1961년 5월 26일

친애하는 에이어

5월 26일자 편지 잘 받았네. 나는 오그던의 형제와 자네 편 사이에 문제가 되고 있는 사항이 무엇인지 전혀 이해가 되지 않네. 『논리 철학 논고』에 나의 서두 해설을 다시 찍어넣는 데 대해 원칙적으로는 반대하지 않네. 나는 비트겐슈타인과 그의 모든 추종자들이 나의 해설을 싫어했다는 것, 출판업자들이 나의 해설이 들어가야만 『논리 철학 논고』를 출판하겠다고 하자 비트겐슈타인이 마지못해 동의했다는 사실을 고려했을 뿐이네. 오늘 아침에 자네의 편지를 받기 전까지는, 나의 해설을 가치 있게 생각하는 사람이 있다는 것도 몰랐다네. 자네 생각이 그러하다 하니 해설의 재판을 흔쾌히 다시 허용하겠네. 이 편지의 내용을 라우틀리지 출판사에도 전해 주면 고맙겠네.

1961년 5월 27일

친애하는 러셀 선생님

서문을 다시 사용할 수 있게 허락해 주셔서 정말 감사합니다. 비트겐슈타인이 생전에, 다른 사람이 자신에 관해 글을 쓰면 제대로 표현하지 못했다고 늘 불평했기 때문에 그의 추종자들도 그의 말을 흉내내는 것에 불과합니다. 그러나 저는 선생님의 서문이 그 책에서 중요한 역할을 한다고 확신하며, 새 번역자들도 제 생각에 전적으로 공감합니다. 그들은 선생님의 서문을 사용하기 힘들다고 판단하자 실제로 엄청나게 당혹스러워했습니다. 오그던 형제에 대해선 저도 선생님과 같은 입장입니다. 그의 불만이 도대체 무엇인지 지금도 이해가 되지 않습니다.

1961년 5월 31일

〈루돌프 카르나프와 주고받은 편지〉

친애하는 러셀 경

저는 일평생, 당신의 철학적 작업은 물론 특히 지난 세월의 정치적 활동을 깊은 관심 속에 뒤쫓아왔으며, 당신의 용기와 그 집중적인 정력과 헌신을 존경하는 사람입니다. 이제 90세 생신을 맞이한 당신에게 진심으로 만수무강을 비는 동시에 제가 빚진 모든 것에 대해 깊은 감사를 전하는 바입니다. 당신의 책들은 다른 어떤 철학자들의 저서보다 제 철학적 사고에 큰 영향을 주었습니다. 그 점에 대해선 제 학문의 자서전이랄 수 있는 책(실리프 전집〔생존 철학자들을 다룬 시리즈로서 실리프가 편집자였음〕에서 제 철학에 대한 책을 곧 출간할 예정입니다)에 상세히 다루어져 있으며, 특히 당신이 『외부 세계에 대한 우리의 지식』 마지막 장에서 호소한 철학의 새로운 방법이 제게 얼마나 자극이 되었는지도 얘기하고 있습니다.

저는 지금 당신이 쟁취하고자 싸우고 있는 목표들에 전적으로 공감합니다. '냉전 대신에 진지한 협상을 하자, 핵실험에 반대한다, 죽음의 재 대피소에 반대한다.' 그러나 제 말은 당신의 말만큼 막강한 힘이 없는 탓에, 그런 문제들과 관련해 다른 사람들이 추진하는 대 국민 호소나 청원에 동참하고 케네디 대통령에게 개인적으로 편지 띄우기 운동에 참여하는 정도입니다. 제게는 그런 편지들조차 버거운 일입니다. 본래 제 천성이, 당파나 행정부의 몰상식한 싸움을 외면하고 그저 이론 분야에서나 머리로 파고드는 편이거든요. 그러나 문명의 사활이 걸려 있는 오늘날 이 시점에서, 적어도 분명한 태도를 취할 필요가 있음을 깨닫게 되었습니다. 예전에 텔레비전에서 에드워드 텔러와 토론하시는 것을 보았는데, 힘있고 설득력 있는 당신의 논증에 탄복했습니다. 저는 시청자의 편견을 강화시키는 저명한 과학자를 상대할 자신이 없습니다. (반대로 정치인들에 대해선 더 나은 것을 아예 기대하지도 않게 되었습니다.)

당신의 생신과 같은 날에 마침 저도 71세가 된답니다. 앞으로도 부디 건강하게 오래오래 활동하시다가, 좀더 합리적인 세계 질서가 실현되는 것을 흐뭇하게 지켜보시기를 빕니다. 당신은 그러한 세계 질서의 발전을 위해 너무나 많은 공헌을 하셨으니까요. 저는 몇 주 후에 교단에서 은퇴하여 귀납적 개연성 이론을 발전시키는 작업에 전념할 생각입니다. 제가 1950년에 발표한 후로 줄곧 저의 관심을 붙들어온 주제거든요.

당신에게 깊은 애정과 감사를 전합니다.

미국 캘리포니아 대학 철학과
1962년 5월 12일

친애하는 카르나프 교수

당신의 따뜻한 편지 정말 고마웠소. 나를 대단히 기쁘게 해주었소. 당신과 내가 생일이 같은 줄은 미처 몰랐소. 진심으로 축하하는 마음이지만 따로 전하지 못하여 미안하오.

나는 철학에 명쾌함과 정확성을 더하고자 애쓴 당신의 노력이 인간의

사고에 불후의 영향을 미치리라 믿기 때문에, 은퇴 후에도 연구를 계속할 생각이라니 정말 다행스럽소. 당신이 귀납적 개연성 이론을 파악하는 데 성공한다면 그보다 더 좋은 일도 없을 것이오. 공무원들에게 편지 쓰는 일이 꺼려진다는 얘기는 나도 충분히 이해하오. 우리의 세계가 두려워하는 강력하고도 중대한 위험을 공직자들에게 전하는 언어를 구사하기란 힘든 일이오. 더구나 우리의 편지를 받는 이들이, 그러한 편지를 쓰게끔 만드는 상황을 별로 이해하지 못하는 사람들이니 말이오. 나는 크게 걱정된다고 고백하지 않을 수 없소. 인류가 대량 죽음의 욕망을 정말로 실행하려고 작정한 것은 아닌지 우려하는 동시에, 수십 억 인간의 절멸을 초래하는 야만적이고 광기에 찬 정책에 대한 저항을 확대시키고자 최선을 다하는 것은 이제 우리의 몫이 아닌가 싶소.

우리는 이 나라에서 미국에 비해서는 훨씬 큰 성공을 거두고 있소. 물론 미국에서 저항하려면 이곳에서보다 훨씬 많은 용기와 헌신이 필요하다는 것은 분명하지만 말이오. 그럼에도 나는 우리 소수의 저항 효과가 더욱 커져서 국제 사회에서 하나로 통합된 목소리가 될 수 있기를 희망하오. 우리는 오는 9월 9일에 화이트홀, 항공성 앞에서 시민 불복종을 포함해 대규모 시위를 열 계획이며 나도 시위에 직접 참가할 생각이오. 사람들이 공포에 대한 해답을 갈구하고 있기 때문에 무력감만 극복된다면 호응해 줄 것이라고 믿소.

편지를 보내준 따뜻한 마음에 진심으로 감사하며, 당신의 대작업이 성공하기를 빌어 마지않소.

영국 플라스 펜린
1962년 6월 21일

L·E·T·T·E·R·S

⟨1962년 5월 13일자 《옵저버》지 기고문 ─ 버트런드 러셀⟩
아흔의 나이에 대한 찬반

나이를 많이 먹으면 좋은 점도 있고 나쁜 점도 있다. 나쁜 점은 너무 뻔한 것들이어서 재미가 없기 때문에 별로 얘기하고 싶지 않다. 내가 볼 때는 좋은 점들이 훨씬 재미있다. 긴 회고는 경험에 무게와 내용을 얹어준다. 나는 친구들과 공적인 인물들의 삶을 초창기부터 결말까지 수없이 지켜볼 수 있었다. 어떤 이들은 젊을 때는 유망했으나 가치 있는 업적을 별로 이루지 못했고, 어떤 이들은 긴 일생 동안 계속 능력을 발전시켜 중요한 업적을 남기기도 했다. 어떤 청년이 이 두 유형 중 어디에 속하게 될 것인지를 점치고자 할 때 경험이 있으면 훨씬 수월한 것은 물론이다. 비단 개인들의 삶뿐 아니라 시대적 동향 역시 시간의 흐름 속에 개별 경험을 형성하여 성공이나 실패의 가능성을 추정할 수 있게 된다. 공산주의는 대단히 힘든 출발을 했음에도 지금까지 꾸준히 세력과 영향력을 키워왔다. 반대로 나치즘의 경우는 너무 성급하고 무자비하게 지배력을 강탈하여 비극적인 결말을 맞았다. 이처럼 다양한 과정들을 훑어보면 역사의 과거를 꿰뚫는 통찰력을 얻고 가능한 미래를 점치는 데도 도움이 된다.

좀더 사적인 문제로 넘어가보자. 정력적이고 모험심 강한 사람들이 젊을 때 구체적인 전망도 없이 중요한 업적을 남기려는 열정적이고 들뜬 욕망에 휩싸이는 것은 당연한 일이다. 나이를 먹으면 무엇을 이루었고 무엇을 이루지 못했는지를 좀더 잘 알게 된다. 앞으로 할 수 있는 일이 이미 이룬 일보다 점점 비중이 낮아지며 따라서 개인적 삶의 열기도 점차 식어간다.

'고약한 90대', '방종한 20대' 따위, 언론의 상투적인 표현을 접하면 묘한 기분이 된다. 그것은 내가 기억하는 지난 세월 동안 굳어져버린 표현이다. 예전에는 두 연령대가 전혀 '고약하거나' '방종해' 보이지 않았다. 손쉽게 꼬리표를 붙여버리는 습관은 머리 써서 생각하기는 싫고 똑똑해 보이고 싶은 사람들에게는 편리하겠지만 그러한 꼬리표는 현실과 거의 무관하다. 세상은 늘 변화하고 있으나 그같이 편리한 상투어가 시사하는 것처럼 그렇게 간단하지가 않다. 내가 바로 지금 노령을 경험하고 있지만, 세계의 상황을 잊을 수만 있다면 그것은 아주 완벽하게 행복한 시간이 될 수도 있다. 나는 개인적으로, 인생을 즐겁게 만들 수 있는 모든 것을 즐긴다. 예전에는 나이를 먹으면 세상에서 물러나, 옛날에 읽지 못했던 훌륭한 책들을 모두 읽으면서 우아한 문화 생활을 하리라 생각했었다. 어떻게 보면 실없는 꿈이었는지도 모른다. 내가 중요하다고 생각하는 목적과 더불어 일하는 것이 오랜 습관이 되다 보니 벗어나기도 어려울 뿐더러, 설사 세상이 지금보다 나은 상황이었다 해도 아마 나는 우아하고 안일한 삶에 싫증을 내고 말았을 것이다. 어찌됐든 나로서는 지금 벌어지고 있는 일들을 모른 체하기가 불가능하다.

거의 모든 면에서 중대한 시점이었던 1914년 이후로 줄곧 나쁜 일들이 자행되어왔다. 서구가 '자유 세계'를 수호하고 있다고들 말하지만 1914년 이전에 존재했던 것과 같은 자유는 이제 크리놀린 치마(속을 부풀린 옛날 스커트)만큼이나 희미한 추억이 되어버렸다. 1914년에 현명하다던 사람들은 우리에게 전쟁을 끝장내기 위해 전쟁을 치르는 것이라고 믿게 만들었지만, 알고 보니 그것은 평화를 끝내기 위한 전쟁이었다. 그들은 우리가 타도해야 할 대상은 프러시아 군국주의라고 떠들어댔고, 그후로도 계속 군국주의는 증대되어왔다. 내가 젊었던 시절에 들었다면 거의 모든 사람들을 기겁하게 만들었을 살인 엄포가 지금은 저명한 정치인들의 입에서 근엄하게 튀어나온다. 상상력도 없고 현대 세계에 적응할 능력도 없는 사람들이 이끌어가고 있는 내 조국은, 수정하지 않을 경우 영국 국민 전부를 감쪽같이 절멸시키고 말 정책을 추구하고 있다. 마치 카산드라처럼, 악을 예언해 주고 신뢰받지 못하는 것이 나의 운명이다. 그녀의 예언들은 실현되었다. 나의 예언은 부디 맞지 않기를 간절히 빈다.

때로는 즐거운 공상 속으로 도피하여, 화성이나 금성에서는 좀더 제정신이고 행복한 삶이 존재할 것이라고 상상하고픈 유혹이 들기도 하지만 쉽게 미쳐버리는 우리의 재주가 이것마저 헛된 꿈으로 만들고 있다. 조만간, 우리가 스스로를 멸망시키지 않는다면 우리의 파괴적 경쟁이 그 행성들에까지 확대되어 있을 것이다. 어쩌면 행성들을 위해서라도, 지구상의 전쟁이 우리 종족을 끝장내는 데서 멈추기를, 그 어리석음이 우주에까지 번져가지 않도록 빌어야 하는 것인지도 모른다. 그러나 내게 위안이 될 수 있는 바람은 이런 게 아니다.

지난 50년 동안 세계가 발전해 온 방식이 나의 내면에 가져온 변화들은 노령에 으레 수반된다고 여겨지는 변화들과 정반대되는 것들이다. 자신의 지혜를 의심하지 않는 사람들이, 노년이 되면 평온함과 한결 넓은 시야를 갖게 되어 악들도 궁극적인 선의 수단으로 보이게 된다고 장담하는 것을 자주 본다. 하지만 나는 그러한 견해를 받아들일 수 없다. 작금의 세상에서는 맹목이나 만행을 통해서만 평온이 얻어질 수 있다. 전통적인 예상과 달리 나는 점점 더 반항적으로 변해 간다. 그렇다고 내가 반항 기질을 타고난 것은 아니다. 1914년 이전까지만 해도 나는 내가 만나는 세계와 그럭저럭 편안한 조화를 이루었다. 세상엔 역시 거대한 악들이 존재하긴 했으나 줄어들 것이라 생각할 만한 근거가 있었다. 내가 반항적 기질을 타고난 것이 아니었는데도 사건들의 흐름이 점점 더 나를 현실 상황을 계속 묵인할 수 없게 만들었다. 나와 같이 생각하는 사람들이 늘어나는 추세이긴 하지만 여전히 소수이며, 내가 살아 있는 한 더불어 일해야 할 사람들은 바로 그들이다.

〈루스벨트 부인의 편지〉

친애하는 러셀 경

런던에서 영국의 방위 정책을 주제로, 우리 텔레비전 프로그램에 저와 함께 참여해 주셔서 감사합니다. 활기차고 흥미로운 토론이었으며 결과도 만족스러웠다고 생각합니다.

미국 뉴욕
1960년 9월 22일

〈막스 보른과 주고받은 편지들〉

친애하는 러셀 교수

그 동안 당신의 『서양 철학사』를 편안하게 읽을 시간이 없었는데 이번 휴가 여행에 들고 나갔다가 얼마나 재미있게 읽었던지, 실례를 무릅쓰고 이렇게 감사의 글을 올리게 되었소.

사실대로 말하자면 그 책을 여행 가방에 넣기 전에 스코틀랜드의 철학자 친구 몇 명에게 책에 대해 물어보았는데, 실제 인물과 사건들에 대해 왜곡된 인상을 받기 쉬우니 읽지 말라는 주의를 받았소. 몇 주 전 괴팅겐에 있을 때도 그곳 철학자 한 사람과 더불어 당신의 책을 토론해 보았는데, 그 사람은 한층 더 부정적인 태도였소. 플라톤과 독일 관념주의 학파를 다루는 당신의 방식을 주로 비판하더군요. 그 덕에 나는 더더욱 당신의 책을 읽어보고 싶어졌소. 나도 수업 중에 플라톤 때문에 고역을 겪었고, 독일 형이상학, 특히 헤겔에 대해 늘 지독한 혐오를 느껴왔기 때문이오. 그리하여 먼저 마지막 장부터 읽기로 했는데 당신의 철학에 진심으로 공감이 되어 즐거운 마음으로 1쪽부터 시작해 쭉 읽었소. 읽어나갈수록 더 재미있고 빠져들게 되었소. 이윽고 일부 현대 학파들의 '주관적 광기subjectivistic madness'를 단호하면서도 온건하게 논박하는 대목에 이르렀소. 나 자신도 한때는 후설의 제자였으나 그의 '현상학'이 불만족스럽다는 것을 알았고, 하이데거Heidegger가 바꿔놓은 그것의 현대판에 대해선 더 한층 염증을 느꼈소. 아마도 당신은 그것을, 언급할 가치조차 없다고 생각했을 것이오.

이번 여행을 함께하고 있는 아들 내외도 당신의 저서에 경의를 표하면서, 한술 더 떠 갓태어난 손자를 막스 러셀이라 부르겠다고 하오. 내 이름과 당신 이름을 합친 거지요.

출국하는 길에 코펜하겐에 들러 닐스 보어와 함께 일주일 묵으면서 양자론의 철학적 기초에 관해 대단히 흥미로운 대화를 나누었소.

독일
1951년 7월 12일

친애하는 러셀 교수

《뉴 스테이츠맨》지에 실린 흐루시초프의 긴 발표문을 읽어보았소. 몇 주 전에 발표된 덜레스의 서한과 매한가지로 우울한 느낌을 받았소. 그 두 사람의 정신 구조가 놀라우리만큼 비슷하다고 한 킹슬리 마틴의 얘기는 아주 정확한 평이오. 차라리 흐루시레스Khrushless와 덜초프Dullchev라 부르고, 그들이 믿고 있는 것도 이념ideology이 아닌, 백치주의idiotology라 부르는 게 나을 것 같소. 이번 의견 교환은 당신이 발단이 되어 이루어진 바, 느낌을 정리하는 글을 쓰실 생각인지 궁금하오.

그건 그렇고, 이곳에 있는 우리 '열여덟 명'은 서독의 로켓 및 핵 무장에 반대하는 투쟁에 참여하고 있소. 폰 바이츠제커가 퍼그워시에 가 있는데 4월 17일에 그가 돌아오면 우리는 라인 강에서 다시 만날 계획이오.

나는 우주 여행과 관련해, 또 하나의 흉측한 사안을 뒤흔들어놓았소. 군부가 고가의 로켓 미사일 개발을 위장하기 위해 우주 여행을 이용하고 있소. 신문, 라디오, 텔레비전 할 것 없이 온통 이 문제로 떠들썩하여 나는 아주 바쁘게 보낸다오. 대다수 사람들이 우리 편이지만, 정부(아데나워Adenauer(1949~63년에 서독 수상을 지냈음)와 슈트라우스Strauss)가 영악하여 온갖 수단을 동원하고 있소.

1958년 3월 18일

친애하는 보른 박사

3월 18일자 편지 고마웠소. 당신이 흐루시쵸프와 덜초프에게서 받은 인상은 내가 받은 인상과 거의 똑같으며, 그들의 이념을 백치주의라 한 것도 아주 적절한 표현이오. 이번 일에 대한 나의 소감을 《뉴 스테이츠맨》에 보낼 것인즉, 조만간 발표될 것이오.

우주 여행에 관한 당신들의 운동이 성공하기를 빌어 마지않소.

영국 플라스 펜린
1958년 3월 22일

친애하는 막스 보른

어떤 얘기든 우리 중 누가 때를 놓쳐 말 못하게 되기 전에 당신에게 꼭 해주고 싶은 말이 있소. 나는 당신에게 깊은 존경을 느끼오. 당신의 학문에 대해서도 물론 지난 40년간 존경해 왔지만 내가 근래에 알게 된 당신의 인격을 존경하오. 당신에게는 관대함과, 자기 주장으로부터 자유로운 일면이 있음을 알게 되었는데, 그것은 내가 존경하는 사람들 속에서도 매우 보기 드문 특성이오. 내가 볼 때 당신은 고결함—불행하게도 너무나 희귀해진 자질이지만—을 갖춘 사람이오.

L·E·T·T·E·R·S

너무 터놓고 얘기하여 미안하오. 그러나 정말 진심에서 하는 말이오.

플라스 펜린, 1961년 11월 25일

다음은 1960년 가을에 '100인 위원회'가 발표한 성명서다.

행동이냐 멸망이냐

비폭력 행동에 동참할 것을 촉구함

— 러셀 백작과 마이클 스콧 목사

우리는 핵전쟁과 대량 살상 무기에 반대하는 비폭력 저항 운동의 지지를 호소한다. 지금 동구 및 서구 정부들이 인류를 소름끼치는 위험에 노출시키고 있는 바, 우리의 호소는 그러한 현실에 대한 공동의 자각에서 나왔다.

재난은 분명 닥친다

매일의 일상에서 언제든 발생할 수 있는 사소한 사고, 유성을 폭탄으로 오인하는 경우, 어떤 한 사람이 잠시 정신 발작을 일으키는 경우, 이런 것들이 인간과 모든 고등 동물의 생명을 끝장낼 것이 확실한 핵전쟁을 야기할 수도 있다. 동구와 서구권 주민 대다수가 이 위험이 얼마만한 정도인지 알지 못한다. 정부와 무관하게 상황을 연구해 온 거의 모든 전문가들이, 현재의 정책들이 지속될 경우 상당히 짧은 시간 내로 재난이 닥칠 것이 거의 확실하다는 결론에 도달했다.

국민들은 속고 있다

일반 국민들에게 현실을 알리는 데는 어려움이 따른다. 각국 정부가 막강한 무력을 동원하여 정부의 정책에 불만을 야기할 수 있는 정보가 유포되지 못하도록 막고 있기 때문이다. 물론 꾸준히 철저하게 연구하면 위험의 가능성을 알 수 있겠지만, 철저하게 연구할 시간이 없는 사람들을 오도할 목적으로 과학적 타당성을 전혀 갖추지 못한 강권적인 성명들이 발표되고 있다. 미국에서나 영국에서나 당국이 말하는 민방위 관련 내용은 너무나 현혹적이다. 당국자들은 국민들이 죽음의 재로 인한 위험이 별로 크지 않다고 믿어주기를 바라지만 사실 그것은 엄청난 위험이다. 무엇보다도, 전면적 핵전쟁의 절박성을 정치인들의 성명서나 대다수 신문들 모두가 무지한 소치로, 혹은 의도적으로 과소 평가한다. 결국 여론 형성자들 대다수가 우리 인류의 생존을 계속 지키는 것보다 '적'의 패배를 확보하는 것을 더 중요하게 생각한다고 결론 내리지 않을 수 없다. '적'의 패배에는 반드시 우리 자신의 패배도 수반된다는 사실을, 어쩌다 잠깐씩 정치 문제에 관심을 가지는 사람들이 알지 못하도록 철저하게 관리하고 있는 것이다.

한시바삐 행동해야 한다

핵무기에 반대하는 여론을 조성함에 있어 이미 많은 성과가 있었지만 아직까지 각국 정부에 영향력을 행사할 만한 수준은 못 된다. 너무나 엄청난 재난이 위협하고 있기 때문에 근본적인 정책 변화가 시급하다는 점을 우리 동포들은 물론 궁극적으로 우리 모든 인류에게 일깨우기 위해 우리는 가능한 모든 행동을 취하지 않을 수 없다. 우리는 어린 자녀를 둔 모든 부모와 자비심을 느낄 줄 아는 모든 사람들에게 간절히 당부한다. 아직 어린 그들에게 평범한 일생을 보장해 주는 것이야말로 당신들의 가장 중요한 의무임을 자각하고, 지금 정부가 그러한 삶조차 불가능하게 만들고 있다는 사실을 깨달으라고. 현재 꾸며지고 있는 엄청난 대량 살상 계획 — 명목상으론 우리를 보호한다는 것이 목적이지만 사실 전세계의 절멸을 가져올 것이다 — 은 너무나 공포스럽고 혐오스러운 계획이다. 이 공포를 예방하기 위해 우리가 할 수 있는 일, 그것은 우리가 피할 수 없는 중대한 의무이며, 위험이 존속하는 한 최고의 의무가 되어야 한다.

합법적 행동으로는 충분하지 않다

우리는 의회, 위원회, 정상 회담 등이 자선 행위를 해줄 때까지 기다리라는 얘기를 듣는다. 강대국들이 협상을 방해하는 상황에서 그러한 충고를 따른다는 것이 얼마나 철저하게 무익한 짓인지를 우리는 쓰라린 경험으로 익히 알고 있다. 규격대로 여론을 결정하는 주요 세력들에 맞서 일상적이고 합법적인 방법들을 동원할 경우 제한된 성공 이상의 것을 거두기란 어렵다. 민주주의 사회에서는 오직 합법적인 설득 방법만 사용해야 한다고들 말한다. 그러나 불행하게도, 권력을 가진 자들이 이성적이고 자비로운 세력을 탄압하기 때문에 일상적 방법에 의한 설득 자체가 어려울 뿐 아니라 너무 더디다. 따라서 그러한 방법만 사용한다고 할 경우 아마 우리 모두는 목적을 달성하기도 전에 죽은 몸이 되어 있을 것이다. 법을 존중한다는 것은 중요하기 때문에 아주 깊은 신념만이 법을 모욕하는 행위를 정당화할 수 있다. 과거에 있었던 비합법적인 많은 행위들이 지금은 정당성을 확보하고 있다. 기독교 순교자들도 법을 어겼으며 그로 인해 그 당시 다수 여론이 그들을 비난했음은 물론이다. 오늘날 우리는 무도한 만행으로 이어질 게 뻔한 정책들을, 적극적으로 받아들일 수 없다면 수동적으로라도 묵인할 것을 요구받고 있다. 그 정책들이 결과할 만행에 비하면 과거의 참사들은 아무것도 아니다. 기독교 순교자들이 황제 숭배를 묵종할 수 없었듯 우리도 결코 묵종할 수 없다. 순교자들의 흔들림 없는 신념은 결국 승리를 얻어냈다. 우리 역시 그와 같은 단호함을, 고난을 감수하겠다는 의지를 보여줌으로써 우리의 명분이 그러한 희생을 치를 만한 가치가 있다는 것을 세계 만방에 납득시켜야 한다.

세계 평화를 위해

우리와 같은 생각을 가진 사람들이 우리의 믿음에 동참하여 막강한 설득력을 지닌 단체를 구성할 수 있다면 동구와 서구의 광기도 새로운 희망에 굴복하게 될 것이라는 게 우리의 바람이자 믿음이다. 인류는 가족과도 같은 공동 운명체라는 새로운 자각, 이제는 인류가 애써 흉악한 방법으로 서로를 해치는 짓을 멈추고 행복과 협력 속에 하나로 뭉쳐야 한다는 결단 앞에 그들은 굴복하게 될 것이다. 정치와 관련해 우리의 당면 목표는 단 하나, 영국을 설득하여 핵무기가 우리를 보호해 준다고 하는 현혹적인 정책을 포기하게 만드는 것이다. 그러나 일단 이 목표가 달성되고 나면 더 넓은 지평선이 우리 앞에 열릴 것이다. 인간의 창조적인 지능이 평화적인 목적과 기술에 자연을 이용할 경우 엄청난 가능성들이 존재한다는 것을 깨닫게 될 것이다. 우리는 목숨이 붙어 있는 한, 세계 평화와 인류의 동지애라는 목표를 계속 추구할 것이다. 우리는 인간으로서 인간들에게 호소한다. "당신의 인류애만 기억하라, 나머지는 모두 잊어버려라. 그렇게 할 수만 있다면 새로운 낙원으로 가는 길이 열릴 것이다. 그러나 그렇게 하지 못한다면 우리 앞에는 전 인류의 죽음이 기다릴 뿐이다."

다음 내용은 내가 쓴 인쇄물 '시민 불복종에 관하여On Ciril Disobedience'다.

시민 불복종에 관하여

1961년 4월 15일 버밍엄에서 열린, 핵무기 감축을 위한 미들런즈 지역 청년 운동 제1차 연례 회의에서 러셀 백작이 연설했다.

그는 시민 불복종을 지지하면서 인류를 위해 핵무기 감축을 하자고 지혜롭게 호소한다. 이 운동을 지지하는 사람들과 합리적 설득 앞에 마음을 열 수 있는 모든 사람들이 관심을 가지고 들어볼 만한 연설이다.

동지 여러분

오늘 오후에 내가 이 자리에 선 주요 목적은 핵 위험에 맞선 투쟁의 한 방법인 비폭력 시민 불복종을 변호하기 위해서입니다. 많은 사람들이 이 방법으로는 소기의 목적을 달성하기 힘들다고 믿고 있으며, 도덕적 원칙을 내세워 반대하는 이들도 있습니다. 법률이 어떤 관계자에게 본인이 나쁘다고 생각하는 일을 하게끔 요구할 경우에는 비폭력 시민 불복종이 정당하다는 사실을 그들도 대부분 인정할 것입니다. 양심적 병역 거부자들이 바로 그런 예입니다. 그러나 우리의 경우는 약간 다릅니다. 우리는 사람들에게 세계가 직면한 위험을 알리고, 지금 현재 세계 최강의 정부들에게 악영향을 미치고 있는 비이성적 사고방식에 맞서 함께 싸울 것을 설득하는 한 방법으로 비폭력 시민 불복종을 주장하고 실천합니다. 시민 불복종을 선전의 한 방법으로 볼 때, 극단적인 경우들 외에는 정당화되기 힘들다는 점에 대해선 본인도 인정합니다. 그러나 핵전쟁을 방지하자는 것보다 극단적인, 아니 절대적으로 중요한 이슈가 과연 있을 수 있는지 모르겠습니다. 간단한 사실 하나만 생각해 보십시오. 현재 많은 강대국들이 고수하고 있는 정책들이 혁명적으로 바뀌지 않을 경우, 이 자리에 있는 여러분들이 10년 후에도 살아 있을 가능성은 극히 희박합니다. 게다가 여러분의 위험이 예외적인 것도 아닙니다. 그것은 전 인류적 위험입니다.

반대자들은 말하겠지요, '하지만 당신들은 왜 일반적인 정치 선전 방법에 만족하지 못하느냐?'고. 우리가 그러한 방법들에 만족할 수 없는 주된 이유는, 합법적 방법들만 사용할 경우 가장 중요한 사실들을 알기가 매우 어렵거나 불가능하기 때문입니다. 모든 주요 신문들이 우리를 적대시하고 있습니다. 텔레비전과 라디오도 우리의 주장을 밝힐 짧은 기회마저 잘 주지 않습니다. 우리를 적대시하는 정치인들의 견해는 넘 쳐나게 보도하지만 우리를 지지하는 사람들에 대해선 '과민 반응'이라 고 하거나, 모모 정치인과 개인적인 감정이 있어 그런다고들 합니다. 우 리 중 일부가 비합법적 방법을 택하게 된 주요 동기도 우리의 주장을 알 리기가 힘들기 때문이었습니다. 우리의 불법 행동은 뉴스로서의 가치가 크기 때문에 보도되었고, 여기저기 신문들을 통해 우리가 그런 행동을 한 이유를 밝힐 기회가 주어졌습니다.

지난 2월 18일 우리가 벌인 시위는 세계 각지에 널리 보도되었을 뿐 아니라, 직접적인 결과의 하나로 국내외의 온갖 신문들이 우리의 주장 이 담긴 성명서를 요청해 실어주었습니다. 그 전까지는 실어달라고 부 탁해도 거절했던 사람들이 말입니다. 신문들은 우리의 모습이 진기한 구경거리였다고 표현했지만, 그처럼 많은 사람들이 진지한 태도로 장관 을 보여준 덕분에(비록 사진으로 접했더라도) 이 운동을 히스테리컬한 감정 폭발로만 보아서는 안 되겠구나, 하는 인식이 널리 확산될 수 있었 다고 봅니다.

국민 대중이나 공직자들 모두가 주요 관련 사실들에 대한 무지에서 점차 깨어나기 시작했습니다. 조만간 단 몇 명의 정부 인사, 한두 군데 주요 신문이라도 태평하게 여겨온 그 끔찍한 문제들을 제대로 알게 되 었으면 하는 것이 우리의 바람입니다.

비폭력 시민 불복종을 원칙적으로 반대하면서 우리를 비판하는 사람 들 중에는, 우리가 설득이 아닌 협박에 기대고 있다고 말하는 사람들도 있습니다. 그러나 불행하게도 우리는 막강한 힘으로 누군가를 겁먹게 만들 수 있는 집단과는 너무나 거리가 멀며, 만일 그런 힘이 있었다면 지금과 같은 방법들이 필요하지도 않았을 것입니다. 3월 29일자 《가디

L·E·T·T·E·R·S

언The Guardian》지에 실린 윌즈덴의 주교 편지를 예로 들어, 우리를 반대하는 사람들의 전형적인 주장들을 짚어보기로 하겠습니다. 도덕적 이슈를 가지고 주교와 맞서는 것은 경솔한 짓이라 생각할지 모르겠으나 감히 한번 해보겠습니다. 주교는 우리가 스스로의 견해를 주장하기 위해서라기보다는 공동체에 강요하려는 의도로 시위를 한다고 말합니다. 주교 본인은 자기 생각을 소리 높여 전달하는 데 어려움을 겪어보지 못했겠지만, 우리의 경우, 주요 선전 기관이 모조리 결탁하여 우리의 주장이 알려지는 것을 막으려 합니다. 또한 주교는 비폭력 시민 불복종을, 소수가 다수를 굴복시킬 목적으로 사용하는 폭력이라고 말합니다. 내가 볼 때는 가당치 않은 억지라도 그런 억지가 없습니다. 비폭력을 맹세하고 비무장한 소수의 사람들이 어떻게 대중의 무관심을 배경으로 온갖 폭력을 동원하는 권력 구조에 맞서 자신들의 의지를 강요할 수 있겠습니까. 주교는 계속해서, 그러한 방법들은 무정부주의나 독재로 이어질 수 있다고 말합니다. 소수파가 독재 권력을 획득한 사례가 많았다는 것은 사실입니다. 러시아 공산주의자들과 독일 나치주의자들이 대표적인 예지요. 그러나 그들의 방법은 비폭력이 아니었습니다. 우리의 방법들은 비폭력에 입각해 있기 때문에 설득에 의해서만 성공할 수 있습니다.

비폭력 시민 불복종에 반대할 때 흔히 나오는 두 가지 주장이 있습니다. 하나는, 비폭력 시민 불복종이, 지지자가 될 수도 있었을 사람들을 오히려 멀어지게 만든다는 것이고, 또 하나는, 반핵 운동권 내부에 불화를 야기한다는 것입니다. 하나씩 차례로 설명해 보겠습니다. 나는 핵무기 반대자들이 '모두' 비폭력 시민 불복종을 채택해야 한다고 생각하지도 않고 바라지도 않습니다. 비폭력 시민 불복종을 실천하는 단체와 삼가는 단체가 다 존재하면서 각기 다른 기질의 사람들을 만족시키는 형태가 바람직하다고 봅니다. 비폭력 시민 불복종 운동을 하는 단체가, 그렇지 않은 단체에 가입하려는 사람들을 방해한다고는 생각지 않습니다. 광신적인 극단주의자들이 싫어서 동참하지 못한다고 말하는 이들도 있겠으나, 그런 사람들은 자신들을 변호하는 어떤 구실이든 찾아낼 사람들입니다. 오히려 우리의 운동에는, 무심한 태도로 남았을 수도 있는 다수의 사람들을 끌어당기는 활력과 매력이 있다고 봅니다.

불화에 대해 말씀드리자면, 그것이 유감스러운 것이라는 점은 인정하지만 전혀 불필요한 것이라고 생각합니다. 서로 다른 방법을 실천하는 단체들이 서로를 헐뜯지 않고 나란히 존재하지 못할 이유가 없습니다. 이 점은 이미 인식되었다고 봅니다. 당장 나부터도, CND가 해온 작업을 대단히 높이 평가할 뿐 아니라 계속 사업이 번창하기를 바라고 있습니다. 그러나 비폭력 시민 불복종을 믿는 사람들의 작업도 최소한 그만한 가치는 있다고 생각합니다. 특히 신문들이 그들의 활동에 새로운 매력을 느끼고 있다는 점이 중요합니다.

시민 불복종은 민주주의가 존재하지 않는 곳에서나 정당하며, 만인이 정치적 권력을 나누어 가진 나라에서는 옳은 방법이 될 수 없다고 말하는 사람들이 많습니다. 이런 식의 주장은 뻔한 사실들 앞에서 일부러 눈을 감는 것에 다름아닙니다. 이른바 민주주의 국가라고 하는 거의 모든 나라에 우리의 운동과 유사한 운동들이 존재합니다. 미국에도 활발한 운동들이 있고, 캐나다의 운동들은 권력 획득까지도 바라볼 정도의 수준입니다. 일본의 운동이 매우 강력하고 확고한 신념에 차 있는 것은 당연하지요. 더 나아가, 21세 이하 청년들의 문제를 생각해 봅시다. 각국의 정부들이 각자 제 뜻대로 할 경우 이 청년들은 살고 싶다고 말할 기회조차 갖지 못하고 모조리 살육될 것입니다. 이른바 민주주의 국가에서 여론이 만들어지는 방식을 다시 한 번 생각해 보십시오. 큰 신문들은 돈 있고 힘있는 사람들이 소유하고 있습니다. 텔레비전과 라디오로서도 정부를 불쾌하게 만들 특별한 이유가 없습니다. 대부분의 전문가들도, 진실을 말하면 지위와 수입을 잃게 마련입니다.

이런 이유들로 해서, 여론 통제 세력들은 부자와 권력자들 쪽으로 심하게 기울어져 있습니다. 돈 없고 힘없는 사람들은 이 불균등한 저울을 평형으로 만들 방법을 찾을 수 없습니다, 현 상태에서 이득을 취하는 자들의 지지를 받고 있는 권력 구조가 나서준다면 또 모를까. 현대의 모든 강대국에는 진실이 알려지는 것을 막기 위한 거대한 메커니즘이 존재합니다. 대중뿐 아니라 정부 사람들도 그 대상이지요. 모든 정부는 전문가들의 자문을 받는데, 정부의 편견에 아첨하는 전문가들을 택하는 것은 당연합니다. 핵전쟁에 대한 주요 공직자들의 무지는 그 분야에서 공정한 연구를 해온 사람들의 입을 딱 벌어지게 만듭니다. 게다가 공직자들의 이러한 무지가 밑으로 흘러내려 국민의 목소리로 되어버립니다. 우리의 저항이 겨냥하는 것은 바로 이 같은 엄청난 인위적 무지인 것입니다. 그들의 무지가 어느 정도인지 몇 가지 사례를 들어보겠습니다.

《데일리 메일Daily Mail》지에 실린 민방위 관련 기사를 보면, 죽음의 재가 일단 땅에 내려앉으면 빠른 속도로 자연 붕괴되기 때문에 아주 장시간 대피소에 피난해 있을 필요는 없다고 적혀 있습니다. 실상은 어떤지, 죽음의 재에 포함된 가장 위험한 성분 두 가지만 들어 얘기하겠습니다. 스트론튬 90의 반감기半減期는 28년이고 탄소 14의 반감기는 5천 600년입니다. 즉 과거 피라미드를 쌓던 때부터 오늘날에 이르는 세월만큼 대피소에 들어가 있어야 한다는 계산이 나옵니다.

좀더 중요한 예를 들어보지요. 최근에 수상은 "우연히 일어나는 전쟁은 없을 것이다"라고 무조건 선언했습니다. 나는 정부와 무관하게 이 문제를 연구해 온 전문가치고 수상과 반대로 말하지 않는 사람을 단 한 명도 만나보지 못했습니다. 보기 드문 권위자라 불러 마땅할 스노C. P.

Snow도 최근 어느 기고문에서, "멀리 잡아 10년 안에, 이 폭탄들의 일부가 터질 것이다. 내 모든 것을 걸고 말할 수 있다. 이것은 확실하다"고 말했습니다. '캐나다 원자력 연구원'의 일원으로 일하다가 정부의 핵무장 정책에 항의하며 직위에서 물러난 기술자, 존 위첼John B. Witchell은 최근 어느 연설에서 이렇게 말했습니다. "보복의 요구는 즉각 일촉즉발의 상황으로 연결되기 때문에 핵전쟁은 통계적으로 확실히 일어난다." 그는 계속해서 "거짓말쟁이 관리들은 실수란 불가능하다고 말할 것이다"라고 말합니다. 그의 결론은 이렇습니다. "단호하고 분명하게 말하지만, 충분하다 할 수 있는 안전 장치는 절대로 있을 수 없다."

나는 이러한 견해를 표현하는 얘기들을 얼마든지 인용할 수 있으며, 정부 소속 전문가들 외에는 아무도 그와 반대되는 견해를 말하지 않았습니다. 맥밀런Herold Macmillan(1957~63년까지 영국 수상을 지냈음) 씨는 마땅히 이러한 사실들을 알아야 하지만 모르는 게 분명합니다.

수상의 지독한 무지를 보여주는 또 다른 예도 있습니다. 바로 얼마 전 오타와에서 연설을 할 때 그는 영국이 중립을 취할 것처럼 넌지시 암시하고 캐나다인들에게 그 때문에 걱정하지는 말라고 당부했습니다. 그리고 "만일 소환령이 떨어지면 과거에도 흔히 그랬듯, 젊은이들은 중립주의자 대열에서 여왕 폐하군 대열로 직행할 것이다"라고 말했습니다. 그럴 경우 아마도 젊은이들은 좀 민첩하게 움직여야 할 것입니다. 시간 여유가 불과 4분밖에 안 된다고 정부가 밝힌 바 있으니까요. 그 4분이 지난 후, 여왕 폐하군 소속이었든 여전히 중립주의자 소속이었든 젊은이들은 모두 죽은 몸이 되어 있겠지요. 맥밀런 씨는 전쟁과 관련된 고대의 웅변 언어가 몸에 밴 나머지 현대의 군사적 현실과는 동떨어진 얘기라는 것을 전혀 깨닫지 못합니다.

선전 기관들이 사실 발표에 늑장을 부려 관의 정책에 좋지 않은 영향을 미친다고 볼 수만도 없습니다. 그것이 불유쾌한 사실들이란 것, 따라서 많은 사람들이 금방 잊어버린다는 것도 한 이유입니다. 미국 국방 장관이 현재의 군사력 수준에서 핵전쟁이 일어날 경우 예상되는 사상자 수에 관해 공식 보고서를 발표한 바 있는데, 영국 국민들 중에 그것에 대해 아는 사람이 과연 얼마나 될까요? 그는 미국에서 1억 6천만, 러시아에서 2억, 영국과 서유럽의 모든 인구가 사상할 것이라고 추정했습니다. 그는 이것을 미국이 정책을 바꾸어야 할 이유로 보지 않았습니다. 이 추정치와, 현재의 정책들이 유지된다고 가정할 때 나오는 핵전쟁 가능성을 합쳐보면, 지금 영국 정부가 우리 모두를 죽음으로 몰아넣을 길을 편애하고 있다고 해도 틀린 말은 아닐 것입니다. 이처럼 끔찍한 참사로 이어질 정책을 영국 대중 대다수가 지지한다는 것이 이상하게 느껴질 것입니다. 나는 영국의 유권자들이 계속 그럴 것이라고는 보지 않습니다. 그들이 더 이상 잊어버리는 일이 없도록 분명하게 실상을 깨우쳐 준다면 말입니다. 이것이 바로 우리 목표의 일부이며, 동시에 극적인 행동이 필요한 이유의 하나이기도 합니다.

영국의 동맹이나, 핵 강대국이 되고자 하는 열망에 대해 미국의 군사 전문가들이 취하는 태도가 어떠한지, 영국 사람들 대부분이 모르고 있습니다. 이 문제와 관련된 미국의 정책에 대해 가장 해박하게 상세히 설명해 놓은 책이 바로 허먼 칸Herman Kahn의 『열핵전쟁에 관하여On Thermonuclear War』입니다.

저자는 상당히 냉정한 태도로, 예상 사상자 수를 꼼꼼하게 계산하고 있습니다. 그는 미국과 러시아가 핵전쟁에서 그럭저럭 살아남아 길지 않은 시간 내에 경제적 회복을 이루리라고 믿습니다. 양국 모두—이 부분에 대해선 저자의 태도가 좀 모호하지만—즉각 제2의 핵전쟁에 대비하는 작업에 착수할 것이며, 살아남은 사람이 적어 폭탄을 만들 수 없는 상황이 될 때까지 이러한 과정이 계속 반복될 것이라고 말합니다. 이 같은 내용에 충격을 받은 미국의 자유주의자들은 칸이 미국의 공식 정책을 설명한 데 불과하다는 사실을 깨닫지 못하고 그를 혹독하게 비판했습니다.

그런데 그의 논의에는 영국인들이 특히 관심을 가질 만한 대목이 하나 더 있습니다. 그는 영국이 동맹국으로서 미국에 보태주는 힘이 전혀 없다고 생각합니다. 만일 러시아가 미국을 침공하지 않고 영국을 침공할 경우 미국은 나토NATO(북대서양 조약 기구)의 의무 조항을 무시하고 개입하지 않을 것이라고까지 주장합니다. 그는 영국의 중립에 반대하지 않으며, 영국이 비핵 클럽을 만들어 그 일원이 되어야 한다는 제안이 현실화되지 못한 데 대해 분명하게 유감을 표시합니다. 군사 정책에서 정통을 고수하는 영국인들은 이 미국인의 견해를 모르는 듯합니다. 그는 영국의 군사력을 하찮게 평가하면서, 전쟁이 나면 영국의 방어는 전혀 불가능하다고 보고 있기 때문에 영국인들의 국가적 자존심에 상처를 줍니다. 영국의 중립을 반대하는 영국인들은, 영국이 중립을 택하면 서구 세력이 약화될 것이라고 이구동성으로 열변을 토합니다. 그러나 미국의 군사 전문가들은 그렇게 보지 않는 것 같습니다.

대중이 모르고 있는 것은 비단 불유쾌한 사실들만이 아닙니다. 알고 나면 기분 좋을 사실들도 모르고 있습니다. 흐루시초프는 서구가 바라는 수준의 사찰과 더불어, 협정에 의한 완전 군축을 거듭 제의해 왔습니다. 서방 측은 어깨를 으쓱 치켜올리며 말합니다. "물론 그는 진심이 아닙니다." 그러나 서방 정부들이 정말로 중시하는 것은 이런 얘기가 아닙니다. 흐루시초프는 공산주의자들이 평화적으로 세계를 정복하게 되기를 바란다고 선언하고 있습니다. 서방 정부들은 자신들이 공산주의만큼 효과적인 역선전을 하지 못할까 봐 두려워합니다. 덜레스도 무심결에 이렇게 말했습니다. "우리는 이 냉전에서 지고 있지만 열전hot war에서는 이길 것이다." '이긴다'는 게 무슨 의미인지 그는 설명해 주지 않았지만, 아마 결국에는 미국인이 여섯 명 남고 러시아인은 네 명만 남게 될 것이라는 뜻이었겠지요.

진심에 대한 의구심으로 말하자면, 러시아인들이 우리에 대해 품는 것이나 우리가 러시아인들에 대해 품는 것이나 똑같다는 점에서 최소한 변명의 사유는 됩니다. 최근 영연방은 전세계의 완전 군축을 만장 일치로 표결했습니다. 이 문제에 있어 흐루시초프는 전적으로 동의하는 반면 미국은 반대하고 있기 때문에, 영국을 포함한 영연방의 표결이 소련 정부와의 화해로 이어질지 모른다는 관측이 있었습니다. 그러나 정반대로, 최근 들어 케네디와 맥밀런은 더 한층 동맹 관계를 굳히면서 영국의 군축을 완전히 불가능하게 만들어버릴 협정들을 제안하고 있습니다. 따라서 영연방에서 던진 영국의 표가 영국 정부의 진정한 소망을 표현한다고 보기는 어렵습니다.

우리가 영국의 일방적 군축을 위한 운동을 할 때는 우리의 노력에 국제적인 의미를 부여하는, 좀더 먼 목표들을 염두에 두는 것이 중요하다고 봅니다. 핵전쟁을 저지하는 운동에서 과연 어떤 국제적 목표들이 고려되어야 하는지, 잠시 짚어보기로 합시다.

먼저, 핵전쟁이 없어지려면 전쟁이 없어져야 한다는 것을 깨달아야 합니다. 핵무기를 쓰지 말자고 제아무리 약속해 본들 전쟁이 났다 하면 반드시 핵전쟁으로 변할 것이기 때문입니다. 그리고 전쟁이 사라지려면 협상에 의해 분쟁을 해결하는 기구가 있어야 합니다. 여기에는 분쟁을 조정하는 국제적 당국이 필요하고 이 당국은 판정에 따르도록 강요할 수 있는 충분한 힘을 갖추어야 할 것입니다. 지금처럼 동구와 서구의 관계가 긴장되어 있고 대량 살상 무기가 전세계를 핵의 공포로 몰아넣는 상황에서는 이런 구상이 실현되기란 불가능합니다. 핵전쟁의 위험을 현저하게 줄일 수 있기 위해서는 먼저 미국과 러시아, 중국 간에 조약이 체결되어, 핵무기는 물론 화학 무기와 생물학 무기까지 금지하는 협약이 이루어져야 합니다. 여기에 도움이 되든 방해가 되든, 이는 영국의 능력에서 벗어난 일처럼 보일지 모르겠습니다. 그러나 나는 그렇게 보지 않습니다. 1945년 이후로 시도된 동구와 서구의 협상들이 실패로 돌아간 것은 경쟁 관계의 두 블록만이 협상 테이블에 나왔기 때문입니다. 양쪽 다 위신 때문에 상대에게 작은 양보조차 하기 힘들었던 것입니다. 그러니 앞으로 러시아와 미국 간에 화해 무드가 조성되기 위해서는 중립국들의 우호적인 중재가 반드시 필요합니다. 만일 영국이 중립적 입장을 견지한다면 중요한 역할을 할 수 있겠지만 영국이 나토 회원으로 남아 있는 한 그 방면으로 아무것도 할 수 없을 것입니다.

아직 다소 먼 훗날의 얘기이긴 하지만 우리가 완전히 국내 차원의 운동인 양 보이는 작업을 할 때도 반드시 유념해야 할 전망이라고 봅니다. 대량 살상 무기들이 일단 만들어지면 실제로 사용되지 않더라도 잠재적인 위협으로 존재한다는 점을 반드시 기억해야 합니다. 이러한 이유 때문에 우리는 한 발 더 나아가, 전쟁을 완전히 뿌리뽑지 못하면 인류는 멸망한다는 것도 기억해야 합니다. 지난 6천 년의 세월 동안 인간 생활을 지배해 온 전쟁을 종식시킨다는 것은 쉬운 일이 아닙니다. 그것은 가히 영웅적인 작업이며, 전세계의 모든 이성적인 사람들이 모든 에너지와 모든 사고를 바칠 가치가 있는 작업입니다. 이 같은 좀더 넓은 전망은 어려운 시기에 자칫 빠지기 쉬운 좌절과 환멸을 예방하는 데 도움이 될 것입니다. 나는 우리의 운동이, 비록 세계가 필요로 하는 것들의 작은 일부에 불과하지만, 정부에 몸담지 않은 영국인들이 할 수 있는 최선의 일이라고 생각합니다.

L·E·T·T·E·R·S

연설 후에 러셀 경이 즉석에서 덧붙인 논평

그리고 결론적으로 말씀드리고 싶은 것은, 우리가 가장 절실하게 느끼는 것, 우리로 하여금 이 대의를 위해 기꺼이 희생하게 만드는 것은 바로 이 같은 대량 살상 무기의 특별한 사악함이라고 생각합니다. 지난날 우리는 유태인을 모두 없애고자 한 히틀러를 나쁜 사람이라고 생각했습니다. 그런데 케네디와 맥밀런을 포함해 동구와 서구의 많은 지도자들이 추구하고 있는 정책은 비단 유태인뿐만이 아니라 우리 모두를 없애버릴 수도 있는 정책입니다. 그들이야말로 히틀러보다 훨씬 더 사악하기 때문에 대량 살상 무기를 생각하면 전율하지 않을 수 없습니다. 그것은 티끌만큼이라도 인간애가 있다면 누구도 묵인할 수 없는 일이기 때문에 나는 전 인류의 대학살을 추진하고 있는 정부에 복종하는 척하진 않을 것입니다. 나는 그러한 정부에 맞서기 위해, 효과가 있다고 판단되는 모든 비폭력적 방법을 동원하여 할 수 있는 모든 일을 할 것이며, 여러분도 모두 공감해 주기를 간곡히 부탁하는 바입니다. 우리는 이 살인자들에게 복종할 수 없습니다. 그들은 사악하고 혐오스러운 자들입니다. 인간의 역사에서 가장 사악한 사람들이기 때문에, 최선을 다해 그들을 저지하는 것이야말로 우리의 의무입니다.

(언론들은 이 즉석 논평의 마지막 구절―'인간의 역사에서 가장 사악한 사람들'―을 낚아채어 앞 얘기는 생략한 채 영국과 세계 도처에 발표해 버렸다. 그러한 결론을 지지하는 데 필요한 증거 자료를 신중하게 제시하는 연설이 논평에 앞서 이루어졌다는 사실에 대해선 함구한 채.)

〈1961년 9월 12일, 보가에서 한 진술―버트런드 러셀〉

법정이 허락한다면 내가 지금과 같은 길로 들어선 이유에 대해 간략하게 밝히고 싶습니다. 이것은 개인적인 진술이지만 같은 죄목으로 기소된 사람들도 나의 얘기에 공감하리라 믿습니다.

우리는 어느 날 갑자기 비폭력 시민 불복종을 택한 것이 아닙니다. 점진적인 과정 속에서 마지못해 그쪽으로 내몰렸을 뿐입니다.

1945년 8월 6일, 히로시마에 원폭이 투하된 이후로 나는 핵전쟁의 위험 때문에 깊이 고심해 왔습니다. 처음에는 철저히 정통적인 방법으로 사람들에게 경고해 보려 했습니다. 일본에 폭탄이 투하되고 석 달 후 상원 의회에서 연설하면서 내가 느끼는 우려를 표명했습니다. 세계 도처의 가장 저명한 과학자들을 규합했고 지금도 그들의 정기적인 회합에서 의장 일을 맡고 있습니다. 그들은 핵전쟁과 그로 인해 야기될 수 있는 비참한 결과, 핵전쟁의 발발을 예방할 수 있는 방법들에 대해 현명하고 사리에 맞는 보고서를 발표합니다. 그러나 이 보고서들에 주목하는 언론 매체가 전혀 없기 때문에 각국 정부나 대중 여론에 이렇다 할 영향력을 발휘하지 못하고 있습니다. 대중 언론들은 핵전쟁에 반대하는 사람들의 노력을 과소평가하고 조롱하며, 텔레비전도 거의 예외 없이 우리를 거부합니다. 최근 몇 달 사이에 한 텔레비전 방송사가—딱 한 군데입니다—2분을 줄 테니 일반적이고 평범한 견해를 들려달라고 청해 왔으나 내가 베를린에 관해 말하고 싶다고 하자 제의가 쑥 들어가버렸습니다.

우리는, 민주주의 사회라고 자처하는 나라의 국민들이, 지금 현재 동구와 서구의 강대국들이 취하고 있는 정책들이 어떤 결과를 낳을 수 있는지를 마땅히 알아야 한다고 생각합니다. 애국심과 인류애가 절반씩 우리를 재촉하여, 우리나라와 세계를 구할 방법을 모색하게 만들었습니다. 패자만 있을 뿐 승자는 없을 싸움에서 우리의 가정과 친구들, 동포, 인류의 대다수가 살육되기를 바라는 사람은 아무도 없을 것입니다. 우리는 진상을 알려 최소한 10억의 인명을 구하는 것이야말로 피할 수 없는 중대한 의무라고 생각합니다. 명령에 굴복하여 이 의무를 외면할 수는 없으며, 핵전쟁의 가능성과 참사가 좀더 널리 이해되었더라면 그러한 명령은 나오지도 않았을 것이라고 우리는 확신합니다.

우리가 비폭력 시민 불복종을 어쩔 수 없이 택하게 된 것은, 사실을 알릴 수 있는 여러 방법 중에 이 방법이 특히 크게 보도되기 때문입니다. 보도를 본 사람들이 우리에게 왜 그런 행동 방식을 택하게 되었느냐고 묻게 되고, 그러면 우리는 설명할 수 있기 때문입니다. 피고로서 이 자리에 선 우리들은 구금형을 감수할 각오가 되어 있습니다. 우리나라와 세계를 구하려는 작업에서 그것이 가장 효과적인 방법이라고 믿기 때문입니다. 여러분이 우리에게 유죄를 선고한다면 우리의 대의를 따라서 인류애를 도와주는 셈이 될 것입니다.

우리는 인류를 위협해 온 가장 큰 재난을 막기 위해, 목숨이 붙어 있는 한 힘이 닿는 대로 쉬지 않고 노력할 것입니다.

〈브릭스턴 감옥에 있을 때 발표한 인쇄물—버트런드 러셀의 메시지〉
아직까지 이성적으로 사고하거나 인간적 감정을 느낄 수 있는 각국의 모든 이들에게.

동지 여러분

나는 고귀한 동료들과 더불어 잠시 침묵해야 하는 몸이 되었습니다. 대학살이 언제 터질지 알 수 없는 상황이니 어쩌면 영원히 침묵하게 될지도 모르지요.

위신만 따지는 고집 불통 각국 정부들과 직위 보전에 연연하는 타락한 정부 전문가들에 의해 오도된 동구와 서구의 대중들은 결국 핵전쟁으로 이어질 정책들을 고분고분 받아들이고 있습니다.

마주한 양편은 제각기 자기 쪽이 위대한 명분을 대표한다고 말합니다. 이것은 망상입니다. 케네디, 흐루시초프, 아데나워, 드골de Gaulle(프랑스의 장군이자 대통령), 맥밀런, 게이츠켈은 모두 공동의 목표를 추구하고 있습니다. 바로 인간의 삶을 끝장내자는 것이지요.

짐승 같은, 그러나 막강한 힘을 가진 몇 사람의 공동 결정 때문에 여러분들과 여러분의 가족들, 친구들, 조국이 사라져버릴지도 모릅니다. 이 사람들을 기쁘게 해주기 위해, 모든 개인들의 애정, 모든 공적인 희망, 예술과 지식과 사상에서 성취한 모든 것들, 장차 성취할 모든 것들이 영원히 자취를 감추게 될지도 모릅니다.

황폐화되어 생명이 자취를 감춘 우리의 지구는, 기쁨과 사랑, 이따금 등장하는 지혜, 인간의 삶에 가치를 더해 주는 미를 창조하는 능력을 두 번 다시 되찾지 못하고, 억겁의 세월 동안 목표도 없이 태양 주위를 계속 회전하겠지요.

우리가 지금 감옥에 있는 것은 바로 이런 것을 막기 위해서입니다.

〈화가 오거스터스 존의 편지〉
친애하는 러셀 경

화실(당신이 알고 있는 그곳이 아니라 더 멀리 있는 곳)에서 작업하고 있을 때 정원사가 당신의 전화 메시지를 전해 주었소. 그에게 이러저러하게 대답하라고 지시했더니, 알겠다고 말은 했는데 제대로 이해했는지 모르겠소. 내가 말하고 싶었던 것은, 그 시위의 목적을 믿으며 필요하다면 감옥에도 갈 수 있다는 것이오. 아직 내가 의사의 지시에 따라야 하는 몸이긴 하지만 내 신체적 장애를 과시하고 싶진 않았소. 그 의사는 지난번에 내가 관상 동맥 혈전증으로 위험에 처했을 때 생명을 구해 주었던 사람이오. 그때 의학계의 아주 유명한 권위자가 나를 진찰하고 대단히 비관적인 소견을 밝혔으나 내 주치의는 단념하지 않고 치료를 계속했기 때문에 나는 그가 내 생명을 구해 주었다고 믿고 있소.

이런 얘기는 모두 사적인 것이고, 우리 정원사가 전화로 제멋대로 말했더라도 당신은 이해했으리라 믿소. 나는 비록 정신적으로만 당신과 함께하겠지만 18일의 시위가 부디 큰 성공을 거두기를 비오.

추신 ; 답장은 필요하지 않소.

영국 햄프셔
1961년 2월 15일자 소인

〈1961년 10월 29일, 트라팔가 광장에서 한 연설—버트런드 러셀〉

동지 여러분

사악한 나치의 성장과 잔학 행위를 허용했다는 이유로 지난 수십 년 동안 독일인들을 소리 높여 비난해 온 사람들이 무수히 많았습니다. 그들은 묻습니다. "독일인들이 어떻게 그런 죄악을 모를 수 있었단 말인가? 왜 그들은 안위와 생계를 걸고, 더 나아가 목숨을 걸고라도 맞서 싸우지 않았는가?"

지금 그보다 더 총괄적인 위험이 우리 모두를 위협하고 있으니 바로 핵전쟁의 위험입니다. 나는 이 나라에서, 그 위험을 알지 못하는 삶, 우리를 그러한 위험 속에 살게끔 강요하는 정책들에 관한 진상을 모른 채 살기를 거부하는 사람들의 수가 급속히 늘어나고 있다는 것이 너무나 자랑스럽습니다. 그 중에서도 많은 이들이 갖가지 곤란과 현실적인 역경을 감수하고 자신들의 믿음을 지지하는 거친 행동에 적극 동참하고 있어 더더욱 자랑스럽습니다. 그들은 "어리석다, 자기 선전가다, 범법자다, 반역자다" 따위의 공격을 기꺼이 감수하기로 한 사람들입니다. 그들은 힘들여 알게 된 사실들에 관심을 불러모으기 위해 배척과 감금을, 때로 반복해서 겪어왔습니다. 여기서 그런 이들을 이처럼 많이 보게 보니 참으로 행복합니다.—그들 모두라고 말할 수 있었으면 더 좋았겠지만 그들 중 일부는 아직도 감옥에 있습니다. 그러나 우리의 당면 목표가 달성되어 핵전쟁의 위험이 과거지사로 되기 전까지는 우리 중 그 누구도 진정으로 행복할 수가 없습니다. 그날이 오면 우리가 취해 온 이런 행동들도 더 이상 필요하지 않을 것입니다.

우리 모두가 핵전쟁이 없기를 소망하지만, 앞으로 몇 달 내로 핵전쟁이 터질 가능성이 상당히 높다는 사실을 이 나라는, 심지어 지금 이 자리에 있는 우리 중 많은 사람들조차 깨닫지 못하고 있는 것 같습니다. 흐루시초프가 핵실험을 재개하면서 50메가톤급 폭탄을 터뜨리겠다고 위협한 사실을 우리 모두는 알고 있습니다.

우리는 이 같은 도발적 행위를 개탄합니다. 그러나 아주 가까운 장래의 핵전쟁을 지지하는 정서가 미국에서 급속도로 성장하고 있다는 사실에 대해선 잘 알지 못하는 듯합니다. 미국의 의회를 보면 이런저런 이익을 대표하는 로비 활동에 의해 행동이 결정되는 경우가 거의 대부분입니다. 무기 회사들의 경제적 이익과 군 장성들의 호전적 열정을 모두 대표하는 무기 로비가 엄청나게 강력한 힘을 발휘하기 때문에 미국 대통령이 과연 그러한 압력에 맞서 버틸 수 있을지 매우 의심스럽습니다. '미 공군 연합'이 최근에 발표한 정책 성명서에 그러한 로비의 목표가 잘 설명되어 있는데, 그렇게 무시무시한 문서는 난생 처음 보았습니다. 성명서는, 현 상태의 유지가 국가적 목표로 적절치 않다는 말로 시작합니다. 인용해 보겠습니다. "자유가 공산주의를 매장하지 않으면 공산주의가 자유를 매장할 것이다. 소비에트 체제의 완전 박멸이 우리의 국가적 목표가 되어야 하고, 모든 자유민들에 대한 우리의 의무, 자유를 빼앗긴 모든 이들에게 주는 희망의 약속이 되어야 한다." 그 희망은 천국에서나 실현될 수 있을 것이니 약속하기엔 좀 기묘한 희망입니다. 왜냐하면 서구가 이행하고자 하는 '약속'은 동구권 사람들을 송장으로 만들겠다는 약속에 불과하기 때문입니다. 이렇게 선언하고 있는 저 숭고한 애국자들은, 서구권 사람들 역시 절멸될 것이란 얘기는 슬쩍 빼고 넘어갑니다.

그들은 말합니다. "우리는 전쟁을 감수하는 한이 있더라도 우리의 말을 행동으로 뒷받침할 각오가 되어 있다. 우리는 우리의 자유를 지키는 데서 머물지 않고 확대시키기 위해 노력할 것이다." 서구의 전쟁광들이 즐겨 쓰는 단어인 '자유'는 다소 특이한 의미입니다. 그것은 전쟁광들의 자유인 동시에, 그들에게 반대하는 사람들의 감옥을 뜻합니다. 이것과 잘 구별되지 않는 자유가 소비에트 러시아에도 존재합니다. 내가 지금 논하고 있는 문서에서는, 핵무기를 쓰지 않는 침략, 침투전으로만 진행되는 침략이라 할지라도 소비에트의 침략에 맞서 핵 폭탄을 사용해야 한다고 말합니다. 문서에 따르면, 우리는 '싸울 능력, 이길 능력, 총체적인 핵전쟁에서 목적 의식을 가지고 살아남을 능력'을 갖추어야 합니다. 당연히 실현 불가능한 목표이지요. 그러나 그들은 거짓말을 믿게 만들기 위해 자신들의 고유 브랜드인 '자유'를 이용하면서, 정보를 차단당한 대중의 여론을 죽음을 향한 경주에 동참하도록 설득하려 합니다. 수소폭탄이 그들이 제공할 수 있는 최악의 무기는 아니라고 그들은 우리에게 힘주어 약속합니다. "핵무기는 군사적 발전의 최종 단계가 아니다. 핵무기의 수와 효력이 제아무리 증대되더라도, 그것이 군사 체계 발전의 마감선이 될 것이라고 생각할 이유가 없다." 이어서 그 말뜻을 이렇게 설명해 줍니다. "우리는 미국 항공 기술을 국제 파워 방정식의 제1인수로 활용해야 한다." 그리고 숭고한 결론으로 유도합니다. "소비에트의 목표는 사악하고 무자비하다. 세계 무대에서 공산주의를 제거하기 위해 국민들(다시 말해, 미국 국민들)은 기꺼이 노력하고 필요하다면 싸울 것이다. 이 점을 쟁점화해야 한다."

인류에 대한 사망 선고라 할 수 있는 이 흉악한 문서는 승인받은 기인들의 한가한 허풍이 아닙니다. 반대로 이 문서는 군수 산업의 막강한 경제적 능력을 대표하며, 이 능력은 군비 감축이 새로운 불경기를 초래할 것이라는 두려움을 교묘하게 주입받은 대중의 마음에서 한층 더 증강됩니다. 새로운 불황은 발생하지 않을 것이며 큰 혼란 없이 군수품 생산에서 평화적 생산 체계로 전환할 수 있다고 《월스트리트 저널Wall Street Journal》지가 미국인들을 안심시켰는데도, 그러한 두려움은 계속 커지고 있습니다. 다른 나라들의 훌륭한 경제학자들도 월가의 이 같은 견해를 지지합니다. 그러나 무기 회사들은 국민의 세금을 자신들의 호주머니로 옮기기 위한 수단으로 애국심과 반공주의를 이용합니다. 무자비하게, 어쩌면 의도적으로, 세계를 재난으로 이끌고 있는 것입니다.

이틀 전에 《타임스》지에 워싱턴 주재 특파원의 글이 실렸는데, 이렇게 시작됩니다. "동독이 서베를린과 동베를린을 가로지르는 프리드리히가를 폐쇄하려고 시도할 경우 미국은 무조건 무력으로 대처하기로 결정했다."

미국과 러시아 양국의 이러한 실상은 내가 수년간 주창해 왔고 우리 중 일부가 동의하는 목표들이 옳다는 나의 믿음을 강화시켜 줍니다. 나는 영국이 나토를 떠나 중립국이 되어야 한다고 믿습니다. 어떤 경우든 영국이 나토에 보태는 힘은 보잘것없으니까요. 내가 이렇게 믿는 이유 중의 하나는, 영국이 중립을 취하여 핵 폭탄을 보유하지 않고, 미국의 폭탄이 '보호'해 줄 것이란 착각을 버리고, 외국 군대의 기지를 없애면 차라리 더 안전해진다고 보기 때문입니다. 그리고 더욱 중요하다고 할 수 있는 또 한 가지 이유는, 영국이 중립을 취하면 세계의 평화를 달성하는 데 지금보다 더 큰 도움을 줄 수 있다고 보기 때문입니다. 미국이나 러시아가 일방적 군축을 단행하리라 보기는 어렵습니다. 둘 중에 먼저 안 하는 쪽이 자동적으로 세계의 지배자가 될 것이기 때문입니다. 따라서 두 나라는 협상과 합의를 통해 군축해야 합니다. 이 합의를 도출하기 위해 영국이 매우 중요한 역할을 할 수 있을 것입니다. 왜냐하면, 중립국들이 조정 위원회 같은 것을 만들어 가능한 절충안을 제시하고 논의해 줄 때 비로소 그러한 합의가 얻어질 수 있을 것이기 때문입니다. 그럴 때 영국이 축적된 정치적 경험을 위원회에 보태주면 큰 도움이 될 것입니다. 지금과 같은 상황에서는 영국이, 각국 정부를 평화 쪽으로 앞당기는 작업을 전혀 할 수 없습니다. 나는 영국이 일방적 군축을 단행하고, 외부의 구속을 벗어던지고 과감하게 평화를 변호한다면 다른 나라들도 그 본을 따 일방적 군축을 택하도록 설득할 수 있다고 봅니다. 그렇게 되면 우리는 미국과 러시아를 상대로 다각적 군축을 설득해야 하는 무거운 짐을 벗어던질 수 있을 것입니다.

우리가 부정적인 목표들만 지지한다고 비판하는 얘기를 들었습니다. 내가 지금 막 요약한 방침은 지극히 긍정적이라는 점을 지적하고 싶습니다. 당면한 것이든 요원한 것이든 우리의 모든 목표는 긍정적입니다. 어쩌다 부정적인 용어로 표현될 수는 있겠지만.

이제 다시 우리 얘기로 돌아와봅시다.

영국 정부는 미국인들보다는 덜 무자비하지만, 겁을 먹고 미국의 주전론을 공개적으로 반대하지 못합니다. 우리는 영국이 너무 늦기 전에 이같이 주눅든 태도를 극복하기 바랍니다. 시간이 없다는 것을 분명히 인식하고 우리가 나가야 할 방법을 결정해야 합니다. 명령에 불복한다는 이유로 우리를 비난하는 사람들은 지난날 뉘른베르크 재판 때 명령에 불복하지 '않았다'는 이유로 관련 독일인들을 처벌했던 바로 그자들입니다. 지금 이 나라 각지에서 '100인 위원회' 지부들이 출범하고 있습니다. 비단 여기만이 아닙니다. 9월 17일 이후로, 개인들, 유사한 목표를 가진 기성 단체들, 다른 나라들에 갓 생겨난 '100인 위원회'들에 이르기까지 세계 도처에서 우리에게 보내온 지지는 참으로 놀라웠습니다. 세계 각지에 퍼져 있는 이런 모든 이들에게 격려가 필요합니다. 우리는 핵무기의 포기와, 분쟁 해결 수단으로서의 전쟁을 포기하도록 요구하는 세계적 차원의 대대적인 대중 운동을 구축해야 하며, 그것도 조속히 해야만 합니다. 비록 시간이 짧을지 모르지만 우리의 운동은 하루하루 힘을 얻어가고 있습니다. 나는 거듭 외치는 바입니다. "우리는 이길 수 있으며 반드시 이겨야 합니다."

* 위의 연설에 붙이는 주석 : 흐루시초프가 쿠바 사태 때 폭력을 포기한 후 즉각적인 전쟁 위험이 한결 줄어들었고, 러시아의 정책도 다소 온건해졌다.

〈우 탄트에게 한 제안─버트런드 러셀〉
조정 위원회에 관하여

국제 연합 총회는 사무총장에게 전권을 부여하여 비관련국들로만 구성되는 소위원회를 임명하게 하고, 동구와 서구 사이에 발생하는 문제의 조사를 직무로 부여해야 한다. 양측 모두 체면이 깎이지 않는 선에서 수용할 수 있는 해결책을 제시하는 것이 조사 작업의 목적이며, 어느 한쪽에 유리할 경우 다른 한쪽이 수용하지 않을 것이기 때문에 어느 쪽에도 반사 이익을 주지 않는 해결책이 되어야 한다. 또한 베를린처럼 위험의 소지가 다분한 지역들에서 마찰을 줄일 수 있는 형태가 되어야 한다.

'조정 위원회'는 조사 대상에 오른 모든 문제들에 대해 제안을 발표하고 그에 대한 지지를 확대하고자 노력해야 하는데, 먼저 중립적 시각의 지지부터 확보하고 가능하다면 동구와 서구 협상자들의 지지도 얻어낼 수 있어야 한다. '조정 위원회' 위원들은 자신들의 조국에서 대중적 존경을 받을 수 있어야 하겠으나 자국의 국내 정치에 책임을 지는 입장이 되어서는 안 된다.

위원회의 규모가 크면 때맞춰 결정에 도달하기 어렵기 때문에 작은 규모를 유지해야 한다. '조정 위원회'의 시의적절한 제안들이 도덕적 권위를 확보하면 당사자 어느 쪽도 거부하기 힘들 것으로 기대된다.

〈쿠바 사태에 관한 성명 — 버트런드 러셀〉

여러분들은 죽게 되어 있다

자연사가 아니라 몇 주 내로, 게다가 당신뿐 아니라 당신의 가족, 친구, 영국의 거주민 모두가 세계 각지의 무고한 수억 명과 더불어 죽게 될 것이다.

왜?

미국의 부자들이 쿠바인들이 선택한 정부를 좋아하지 않기 때문에, 그리하여 쿠바 정부에 관한 거짓말을 유포하고자 돈을 뿌려왔기 때문에.

무엇을 할 것인가?

거리로 뛰쳐나가 이렇게 선언하라. "흉포하고 정신 나간 살인자들에게 굴복하지 말라. 영국 수상과 미국 대통령이 시키는 대로 죽는 것이 당신의 의무라고 생각지 말라. 차라리 당신의 가족과 친구들, 당신이 살고 있는 조국과 세계에 대한 의무를 기억하라. 그리고 당신이 마음만 먹으면 얼마든지 영광되고 행복하고 자유로울 수 있는 미래의 세상을 기억하라."

마지막으로 기억하라

순응은 죽음을 의미한다.

오직 저항만이 살 수 있는 희망을 준다.

1962년 10월 23일

〈중국-인도 국경 분쟁과 관련된 편지들 —『비무장의 승리』에 수록되지 못했기 때문에 여기서 발표함〉

친애하는 러셀 백작께

1962년 11월 16일 및 19일자, 당신의 편지 두 통을 감사하게 잘 받았으며, 11월 21일에 발표된 중국 정부의 성명을 환영하고 지지해 주신 데 대해 크나큰 영광으로 생각합니다. 저는 중국-인도 국경 문제의 평화적 해결을 위한 당신의 간절한 바람과 노력, 그리고 세계 평화에 대한 지대한 관심에 깊은 감동을 받았습니다. 편지를 통해 중국 인민에 대한 깊은 우정을 보여주시고, 중국의 영토인 대만을 점령한 미국의 작태를 성토해 주신 점, 진심으로 감사합니다.

중국 정부는 지난 10월 24일에도 성명을 발표하여 세 가지 제안을 한 바 있습니다. 그러나 불행하게도 인도 정부는 그 제안들을 거듭 거부했습니다. 이에 우리 중국 정부는, 인도 정부가 협상을 거부하고 국경에서의 군사적 충돌을 계속 확대시킨 결과 연일 악화되어 온 중국과 인도의 국경 상황을 개선하고자, 또한 국경 분쟁을 중단하고 중국-인도 국경 문제를 평화적으로 해결하려는 진심을 보여주고자 1962년 11월 21일에 성명을 발표하고, 정전 협정의 일방적 준수와 모든 국경에서의 자발적 군 철수를 포함한 세 가지 조치를 밝혔습니다. 그리하여 11월 22일 00:00시를 기해 전 인도 접경지의 중국 국경 수비대가 발포를 중단했다는 점을 꼭 알려드리고 싶습니다. 저는 이러한 조치가 당신이 메시지에서 표명하신 바람과도 일치한다고 믿습니다.

당신은 11월 19일자 편지에서 이렇게 제안하셨습니다. "중국이 자기 영토로 생각하는 땅을 인도가 1959년부터 1962년 9월 8일까지 점령해 온 바, 이 특수 지역에서 모든 군대를 철수시켜야 한다." 중국 정부가 11월 21일자 성명에서, 12월 1일자로, 1959년 11월 7일에 중국과 인도 간에 존재했던 실질적 통제선에서 20킬로미터 후방 위치까지 중국 국경 수비대를 철수시키며, 이어 1962년 9월 8일 이전에 그보다 훨씬 후방으로 물러나겠다고 발표한 사실을 당신도 알고 계실 것입니다. 우리는 인도 정부가 중국 정부의 11월 21일자 성명에 긍정적으로 대응하여 그에 상응할 만한 조치를 취해 주기를 희망합니다. 인도 정부가 그렇게 해주면 중국-인도 국경은 평온을 되찾을 것이고, 중국과 인도 사이에 폭 40킬로미터에 달하는 비무장 지대를 설치할 수 있을 것입니다. 중국과 인도의 실질적 통제선에 입각해 존재해 온 양측의 기존 행정 당국이 변함없이 행정력을 행사할 수 있음은 물론입니다.

중국 정부는 인도 정부가 구태에서 벗어나 우호적 협상을 통해 양국 간의 국경 문제를 성심껏 해결할 수 있기를 바라고 있습니다. 인도 정부가 중국 정부의 11월 21일자 성명에 긍정적으로 대응하여 상응 조치를 취할 수 있도록 당신이 강한 영향력을 발휘해 계속 인도 정부를 촉구해 주셨으면 하는 것이 저의 바람입니다. 또한 중국 정부는 모든 우호국들과 평화를 사랑하는 민간 인사들도 인도 정부가 협상 테이블로 되돌아올 수 있도록 아낌없이 영향력을 행사해 주기를 바라고 있습니다. 그러한 노력들은 평화에 지대한 공헌이 될 것입니다.

당신에게 깊은 존경을 전하면서.

중국 베이징
1962년 11월 24일
저우 언라이 周恩來

L·E·T·T·E·R·S

친애하는 러셀 경

11월 23일자 편지와 그후에 보내주신 전보에 대해 답장이 늦어진 점을 먼저 사과드리는 바입니다. 당신은 원하실 때 아무 때나 내게 편지하실 수 있으며, 나는 당신의 견해와 충고를 늘 환영할 것입니다.

지난번 보내주신 편지 내용에 대해 많이 생각해 보았습니다. 내가 평화에 대한 당신의 열정에 깊은 감동을 받았으며 마음 깊이 공감한다는 점은 굳이 말씀드릴 필요도 없을 것입니다. 우리는 물론 중국과 국경 분쟁이 계속되기를 원하지 않으며, 이 분쟁이 확산되어 핵무기까지 끌어들이는 상황은 더더욱 바라지 않습니다. 인도 내에서 군사주의적 사고방식이 확산되고 군부의 세력이 커질 위험도 존재합니다.

그러나 민주 사회에서는 정부가 할 수 있는 일에 한계가 있습니다. 중국의 침략에 대한 인도인들의 감정이 너무 격화된 탓에 그러한 국민 감정을 무시할 경우 어떤 정부도 지탱하기가 어렵습니다. 인도 공산당도 상황에 밀린 나머지 중국을 강력하게 비난하고 나섰습니다. 이 나라 공산주의자들이 곤경에 처하고 국민의 분노로 인해 그들의 조직마저 서서히 자취를 감추고 있는 실정입니다.

이것 외에도, 결정에 도달하기까지 반드시 유념해야 할 다른 중요한 사항들이 많이 있습니다. 만일 국가적 차원에서 굴복의 수치를 감수하게 되면 인도 국민에게 매우 나쁜 영향을 주게 됨은 물론 나라를 건설하려는 우리 모두의 노력이 아주 심각한 퇴보를 겪게 될 것입니다. 현재 인도 전역에 고조되는 국민 감정은 군사적 차원뿐만 아니라 이 나라의 단결과 국가 발전 능력을 강화시키는 데도 활용될 수 있습니다. 군국주의나 극단적인 국수주의가 성장할 위험도 물론 존재하지만 우리 국민들이 좀더 건설적으로 사고하고 우리를 위협하는 위험으로부터 이익을 취할 수 있는 가능성 역시 존재하는 것입니다.

만일 우리가 이러한 국민 감정을 전적으로 무시한다면—본인도 상당 부분 공감하는 감정이지만—그야말로 당신이 우려하는 바와 같은 결과가 나올 것입니다. 엉뚱한 사람들이 이 나라를 맡아 재난으로 몰아갈 것입니다.

중국인들의 제안을 살펴보면 결국 지배적인 위치를 점하겠다, 특히 라다크를 교두보로 삼아 장차 인도를 다시 공격하겠다는 뜻입니다. 아시다시피 오늘날의 중국은 핵전쟁도 두려워하지 않는 유일한 나라라고 할 수 있습니다. 중국은 몇백만 명을 잃어도 수억의 인구가 남기 때문에 그 정도는 두려워하지 않는다고 마오 쩌둥毛澤東도 누차 말했습니다. 그들이 이번 침략으로 이익을 얻도록 방치할 경우 장차 그와 같은 짓을 또 시도하게 될 것입니다. 그렇게 될 경우 평화 회담이 무산됨은 물론 세계 핵전쟁이 초래될 것이 분명합니다. 그러므로 나는 이 같은 대참사를 피하기 위해서라도, 또한 군사 문제와 상관없이 우리 국민의 힘을 키우기 위해서라도, 우리가 굴복하거나 옳지 않다고 판단되는 것에 따르거나 할 수 없다고 생각합니다. 이것은 내가 간디한테 배운 교훈입니다.

그러나 우리는 중국의 제안을 거부한 것이 아니며, 오히려 우리 쪽에서 양측 모두에게 바람직한 대안을 제의했습니다. 나는 지금도 중국이 우리의 제안에 동의해 주기를 바라고 있습니다. 어떤 경우든 우리가 정전 협정을 파기하고 군사적 공격을 취하는 일은 없을 것입니다.

이러한 전제들이 만족할 만하게 해결된다면 우리는 기꺼이 국경 문제의 해결을 위한 평화적 방안을 채택할 것입니다. 나아가 이 문제를 중재에 회부할 용의도 있습니다.

우리는 비동맹 정책을 고수하고자 합니다. 비록 다른 나라들의 군사적 도움이 다소 영향을 미친다는 것은 인정하지만 상황을 감안할 때 다른 방법이 없습니다.

나는 당신이 거론해 온 폭넓은 이슈들이 항상 우리보다 앞서 있음을 인정합니다. 우리는 우리의 지구를 위험에 빠뜨릴 일을 하고 싶은 생각이 결코 없습니다. 그러나 만일 우리가 중국인들에게 굴복하게 되면 그 위험은 한층 더 커질 것이며, 중국인들은 자신들이 추구해 온 정책이 큰 몫의 이자를 가져다 준다고 믿게 될 것입니다.

인도 뉴델리 수상 관저
1962년 12월 4일
자와할랄 네루

17 재단

핵 위기는 각국 정부가 핵무기를 보유하는 한 계속될 터였고, 그 파괴적 물건들이 개인의 손에 들어가게 될 경우 그 위험은 훨씬 더 오래 지속될 수 있었다. 처음에는 그 위험성을 자각시키는 일이 크게 힘들지 않을 것으로 예상했다. 나는 자기 보존이란 것이 흔히 다른 모든 동기에 앞서 작동하는 매우 강력한 동기라고 생각했고, 그것이 일반적인 믿음이기도 했다. 나는 사람들이 자기 가족과 이웃, 자신이 아는 모든 사람들과 함께 산 채로 튀김이 되는 것을 달가워하지 않을 것이라 믿었다. 필요한 것은 그 위험성을 알리는 작업일 뿐, 그 작업만 이루어지고 나면 모든 정파의 사람들이 예전의 안전을 되찾고자 단결할 것이라 믿었다. 그러나 그것은 착각이었다. 자아 보존보다 더 강력한 동기가 있으니, 바로 다른 사람을 이기려는 욕망이었다. 과거에 내가 그랬듯 흔히 간과되는 중요한 정치적 사실을 나는 깨닫게 되었다. 사람들은 적을 절멸시킬 수만 있으면 자신의 생사—나아가 인류의 생사—도 크게 문제삼지 않는다는 것이다. 우리가 살고 있는 세계에는 총체적인 죽음의 위험이 항시 도사리고 있다. 위기를 제거할 방법을 모두가 빤히 알면서도 누군가 다른 사람이 반역자 역을 맡아주리라는 너무나 낮은 가능성에 매달리며, 그 결과 거의 모든 사람이 안전의 확보보다 핵 위험을 감수하고 사는 쪽을 택하는 기막힌 상황에 처해 있다. 나는 총체적 파멸의 위험을 충분히 가시화시키면 바람직한 효과를 거둘 것으로 생각했고, 지금도 그렇게 생각한다. 그러나 개인이 혹은 개인들의 집단이 어떤 방법으로 그런 것을 보여준단 말인가? 나는 생각이 같은 사람들과 더불어 여러 가지 다양한 방법들을 모색했다. 처음에는 이성적인 방법을 시도하여, 핵무기의 위험과 흑사병의 위험을 비교해 설명했다. 그러나 사람들은, "정말 옳은 얘기군요"라고 말하고는 아무 행동도 취하지 않았다. 그래서 이번엔 특정 집단의 생각을 바꿔보려 했다. 어느 정도 제한적인 성공을 거둘 수는 있었으나 일반 대중이나 정부들에는 거의 영향을 주지 못했다. 다음으로, 다수의 사람들이 시위 행진을 하는 대중적 호소를 시도했다. 그러자 모든 이들이 말했다. "행진은 남에게 폐를 끼치는 행위다." 그 다음에는 시민 불복종 방법을 시도했으나 이것 역시 실패로 돌아갔다. 지금까지도 이 모든 방법들이 이용되고 있고, 나도 가능한 모든 방법을 지지하고 있다. 하지만 부분적 효험에 그쳤을 뿐 그 어느 것도 더 나은 성과를 낳지는 못했다. 지금 나는, 정부들과 대중에게 복합적으로 호소하는 새로운 시도에 관여하고 있다. 내가 살아 있는 한 이러한 노력은 계속될 것이며, 반드시 이 작업이 계속 이어지도록 만든 후에 물러날 것이다. 그러나 인류가 과연 스스로를 보존 가치가 있다고 생각하는지, 그 자체가 의심스러운 문제다.

나는 오랜 세월 박해받는 소수들과, 부당하게 투옥되었다고 판단되는 여러 나라 사람들에게 관심을 가져왔다. 나가Naga 지역[인도와 미얀마 국경 지대의 산지]과, 앞서 이야기된 소벨을 도우려 한 것도 그런 예들이다. 그로부터 얼마 후에는 집시들의 참상에 관심을 가지게 되었는데, 특히 말끔한 위생 시설과 최소한이나마 적당한 교육을 받을 기회 등의 필수 생활 요건이 갖추어진 지속적인 주거지를 집시들에게 제공하고자 한 그라탄 푹손Grattan Puxon의 노력에 관심을 가졌다.

구속된 사람들을 해방시키려는 나의 노력에 오점이 전혀 없지는 않음을 인정한다. 오래 전에 어느 젊은 유태계 독일인 난민이 내게 도움을 요청하러 왔었다. 내무부는 그에게 독일로 돌아가도록 지시했으나 돌아가면 사형될 처지였다. 어리석기는 했으나 전혀 무해한 청년인 것 같았다. 나는 그와 함께 내무부로 가서 말했다. "보시오, 이 사람이 위험한 사람이라고 생각하시오?" 그들이 대답했다. "글쎄, 그런 것 같지는 않지만." 그들은 그를 본국으로 돌려보내지 않겠다고 동의했으나 대신에 새 여권을 만들어야 한다고 말했다. 그리고 즉시 그 절차에 필요한 질문으로 들어갔다. "아버지는 누구요?" "모릅니다." "어머니는?" "모릅니다." "언제 어디에서 태어났소?" "모릅니다." 관리들이 움찔했다. 그가 제대로 아는 것은 유태인이란 사실 밖에 없었다. 그쯤 되니 내 얼굴도 약간 붉어질 수밖에 없었지만, 어쨌거나 나의 고집스럽고 완강한 표정을 본 관리들이 밀어붙여 결국 그에게 여권을 만들어주었다. 내가 그에게서 들은 마지막 소식은, 영국에서 살려면 자기 앞가림을 해야 한다고 생각하게 되었고, 돈을 버는 제일 확실한 방법은 영국인 여자를 임신시키는 것이며, 그렇게 되면 정부 지급 물품을 신청하여 타낼 수 있다는 내용이었다. 최근 그의 계획이 실패로 돌아갔다는 풍문을 접하고 나는 아주 약간 마음이 놓였다.

역시 오래 전 얘기인데, 외설적인 시를 썼다는 이유로 구속된 한 폴란드 청년이 내게 도움을 호소해 왔다. 나는 '시인을 감옥에 처넣다니! 절대로 안 돼! 있을 수 없는 일이야!'라고 생각했다. 그리하여 이번에도 내무부에 호소했다. 그러고 나서 그의 시를 좀 읽어보았는데, 얼마나 지독하게 혐오스럽던지 그가 받았던 판정에 공감이 가고도 남았다. 그러나 그는 결국 영국 체류를 허락받았다.

위의 두 일 모두 다소 부끄러운 기억들이긴 하지만 후회는 하지 않는다. 일반 대중에게 해가 되지 않는 어리석음을 빌미로 사람을 감옥에 집어넣는 것은 말도 안 된다는 것이 나의 판단이었다. 그러한 사고방식을 논리대로 밀어붙이면 자유롭게 살 수 있는 사람이 몇 명이나 되겠는가. 게다가 법과 감금시킨다는 협박을 동원해 외설 문제를 다룰 경우 효과는커녕 피해만 더 커진다. 어리석거나 고약한 것일 뿐인데, 오히려 거기에 사악한 흥미와 유혹의 후광을 보태줄 뿐이다. 그런 방법은 외설을 줄이는 데 아무 도움이 되지 않는다. 나는 정치범 문제도 그렇게 생각한다. 어떤 사람을 단순히 정치적 견해 때문에 감옥에 집어넣을 경우—그러고 싶은 유혹은 크겠지만—그의 견해의 유포를 막기는커녕 더 확산시키게 되는 수가 있다. 그런 짓은 인간 세상에 비극의 양을 늘리고 폭력을 더 조장하게 만든다. 앞서도 말했듯 나는 최근 몇 년 사이 정치나 종교적 견해로 인한 개인 및 집단의 감금과 박해에 맞서는 작업에 점점 깊이 개입하게 되었다. 세계 도처에서 도움을 요청하는 개인과 단체들의 호소문이 계속 늘어가고, 단체 대표들이 거의 매일같이 찾아온다. 내가 직접 그 먼 나라들에 가볼 수는 없는 처지여서, 가능하면 현장에서 가장 객관적인 정보를 얻고자 여러 나라들에 대리인을 파견할 수밖에 없다.

1963년은 그리스 저항 투사들에 대한 나의 관심이 극에 달한 해였다. 그들은 과거 나치스에 항거했으나 대다수가 '공산주의자들'이었기 때문에 여전히 감옥에서 시들어가고 있었다. 그들의 대표들이 다수 나를 찾아왔는데 4월과 5월에 영국을 방문한 그리스 하원 의원들도 그 중 일부였다. 그리스에서 '버트런드 러셀 100인 위원회'가 구성되었고, 4월 말에 시위 행진이 열렸다. 정확히 말하자면 시위 행진을 벌일 예정이었고, 나도 그 행사를 위해 대리인을 파견했다. 그때 살로니카에서 하원 의원 람브라키스Lambrakis가 살해되는 사건이 발생했다. 당국의 묵인하에 발생한 사건임이 분명했다. 나는 그 일로 깊은 충격을 받았고, 다른 자유주의자들도 마찬가지였다. 아테네에서 거행된 람브라키스의 장례식에 초청받은 나는 또다시 대리인을 파견했다. 대리인은 너무나 감동적인 이야기를 들고 돌아왔. 나도 물론 공감하는 감정이었다. 그러한 감정이 한창 들끓고 있던 7월에 그리스 왕가가 버킹엄 궁을 방문하게 되었다. 나는 트라팔가 광장에서 방문 반대 연설을 하고 시위에 참가했다. 여왕 폐하의 백성들이 그처럼 볼썽사나운 짓을 하자 영국 언론은 충격을 받았고, 내각 장관들은 볼멘소리를 냈으며, 경찰은 연행된 시위자들의 호주머니에 벽돌을 집어넣고는 불법 무기 소지죄로 고발했다. 가장 억척스럽고 용감한 영국인 시위자 중 하나인 베티 앰버틸로스Betty Ambatielos의 남편은 그리스 사람이었는데 수년째 감옥에 갇혀 있었다. 2년 후 그녀의 남편은 석방되어 런던으로 우리를 찾아오기도 했으나 다른 수감자들은 여전히 감옥에 남아 있었다. 훗날 그는—한동안은 그의 아내도—재수감되었으며, 그리스 당국에 의해 더 많은 구속자들이 정치범 수용소로 보내졌다. 타오르는 태양 아래 물도 없고 위생 시설도 없이, 아무런 보살핌도 받지 못한 채 수용소에서 집단 생활을 했던 그들의 삶을 생각하면 가슴이 아프다.

같은 해인 1963년 4월, 나는 팔레스타인 지역 아랍 난민들의 실태를 조사하고자 이스라엘로 대리인을 파견했다. 팔레스타인 난민 문제와 관련해 유태인과 아랍인의 갈등이 해결될 수 있는 가장 효과적인 방법을 찾기 위해서였다. 그후로 종종 요청에 의한 경우도 있었지만, 나는 이스라엘과 이집트 양국에 대리인들을 파견하여 두 나라의 개별적인 혹은 공동의 문제들을 논의하게 했다. 반대로 그들이 내게 사절을 보내오기도 했다. 나는 소비에트 연방에 거주하는 유태인들의 참상에 대해서도 관심이 많았고 지금도 마찬가지여서, 그 문제를 두고 소련 정부와 지속적으로 많은 의견교환을 하고 있다. 덧붙여서, 제2차 세계대전으로 인해 이산 가족이 된 상당수의 동유럽 유태인 가족들이 해외, 주로 이스라엘에서 재결합할 수 있도록 노력하고 있다. 처음에는 개별적으로 그들의 출국 허가를 호소했으나 나중에는 수백 건에 달하는 부탁에 못 이겨 그 집단 전체를 대신해 호소하기 시작했다. 그런 일들을 하다 보니 나는 어느 새 40여 개국의 정치범들을 위한 석방 운동을 하고 있었다. 그들은 칭송받아 마땅할 일을 하고도 거의 잊혀진 채 억류되어 있는 경우가 많았다. 내 동료들과 나의 구명 운동 덕분에 여러 나라에서 많은 정치범들이 석방되었다고 들었으나, 아직도 감옥에 남아 있는 사람들이 많기 때문에 운동은 계속되고 있다. 소벨 사건 때처럼 때로 그런 일과 관련해 어려움을 겪기도 하고 욕도 많이 먹었는데, 훗날 하인츠 브란트Heinz Brandt 석방 운동 때도 그런 일을 겪었다. 동독인들이 히틀러 치하 강제 수용소에서 살아남은 브란트를 납치하여 감금한 것은 너무나 비인간적인 처사였으므로, 예전에 동독 정부로부터 받았던 카를 폰 오시에츠키 메달을 되돌려보내지 않을 수 없었다. 그런데 브란트가 얼마나 빨리 석방되었던지 나도 깜짝 놀랐을 정도다. 1963년 1월에 내가 '미국 비상 시민 자유 위원회'로부터 톰 페인상을 받게 된 것도 어쨌거나 부분적으로 수감자 구명 활동[1] 덕분이었던 것 같다.

예전에도 그랬지만 특히 근래에 와서 내가 단체의 일부로서 이 작업을 수행했기 때문에 진상 조사를 위해 세계 각지에 대리인들을 파견할 수 있었다. 그들은 동서를 막론하고 유럽의 나라에는 거의 다 가보았고 캄보디아, 중국, 실론, 인도, 인도네시아, 일본, 베트남 등 동양 여러 나라들에도 파견되었다. 아프리카의 에티오피아, 이집트, 동서아프리카의 신생국들에까지 다녀왔다. 남북의 서반구 나라들도 포함되었음은 물론이다. 우리 조사단은 해당국 정상을 비롯해 정부 관리들, 해당 사안을 다루는 단체의 장들에게 후한 대접을 받곤 했다. 일반 대중들과도 물론 대화를 나누었다. 나는 그 연장선상에서 각국의 정상 및 관리들과 의견 교환을 꾸준히 계속하고 있으며, 특히 동유럽, 아시아, 아프리카인들과 런던에서 만나 다양한 국제 문제들에 관해 토론하기도 했다. 그 같은 만남은 연방 회담차 열리는 모임들 덕분에 이루어진 경우가 많았다. 그 중 일부는 적절한 장식들—번쩍이는 눈들, 예복, 언월도〔초승달처럼 굽은 아랍식 검〕, 보석, 키 크고 사납게 생긴 수행원들—까지 갖춘 유쾌한 자리가 되기도 했는데, 내게 아주 즐거운 기억으로 남아 있는 1965년 바레인 지도자와의 만남도 그런 경우였다. 물론 런던 주재 대사들과도 자주 접촉하여 특별한 사안들을 논하고 있다.

이러한 활동에 대한 요구는 꾸준히 높아져서, 1963년쯤 되자 도와달라는 수요가 급속히 늘어 나처럼 남다른 능력과 성의를 가진 사람도 혼자 힘으로는 감당하기 힘들 지경이 되었다. 게다가 여행 및

---

[1] 수감자 석방을 위해 동료들과 나는 정파나 신조를 따지지 않았으며, 그들에게 가해진 처벌의 정당성 혹은 부당성, 구금시 불필요한 잔학 행위의 유무만을 기준으로 삼았다.

의견 교환—서신, 전보, 전화 등—, 경비, 비서들과 협력자들에게 들어가는 돈이 만만치 않아 개인 자금으로는 충당하기가 힘들어졌다. 원맨 쇼를 하는 데서 오는 부담감도 적지 않았다. 그리하여 점차 활동 계획이 모양을 갖추고 조직의 형태로 꾸며지게 되었는데, 이번에도 역시 랠프 쉰먼의 풍부한 창의력이 한몫했던 것 같다. 이 조직은 어떤 특정 목적에만 매달릴 수는 없었다. 전쟁과 군비 경쟁에 반대하는 투쟁, 주로 그 문제와 관련해 피지배층 개인 및 국민들이 겪어야 하는 소요 사태와 불의에 맞서는 투쟁을 지향한다면 무엇이든 목적이 되어야 했다. 이와 같은 성격의 단체가 성장하면 폭넓고 다양한 요구들에 부응할 수 있을 터였다. 또한 변화하는 상황에 맞추어 조직의 방향을 재조정할 수도 있었다. 그리하여 나는 조직의 창설을 위한 계획을 논의하느라 1963년의 상당 시간을 할애했다. 이 논의에 함께한 사람들 중 다수가 '100인 위원회' 초창기부터 나와 함께 일해 온 사람들이었다.

동료들은 조직 경험이 없었고 나도 조직에 크게 익숙한 사람이 못 되었으나 어쨌든 우리는 우리가 세운 목표들을 어느 정도 응집력 있게 이끌어낼 수 있었다. 이 과정에서 우리가 실수한 것이 있다면, 변화와 성장을 허용하는 유연성에 있었다. 조직 활동 초기에 우리가 부딪힌 문제는 예전만큼이나 많은 일을 해야 한다는 사실이었다. 나는 공적인 책임을 거의 다 맡고 그 최후 중재자 역까지 맡았다. 우리는 조직을 점차적으로 키워가고 싶었다. 그러나 하루하루의 일은 물론 책임과 기획까지 조직이 하나의 실체로서 때맞춰 처리해 내야 한다는 것을 알게 되었다. 그때를 돌이켜보면 우리가 처음 3년 동안에 기대를 훨씬 뛰어넘는 일들을 했던 것 같다.

많은 사람들이 '재단'의 설립에 협력했지만 나 개인적으로나 조직

차원에서나 랠프 쉰먼에게 많은 빚을 졌다는 점을 특히 지적하고 싶다. 때로 그는 거의 혼자 힘으로 일을 해냈다. 풍성한 아이디어들의 대다수도 그에게서 나온 것이다. 그의 독창력과 거의 초인적인 정력과 과감한 결단력이야말로 조직의 일을 수행하는 데 큰 보탬이 되었다. '재단'과 내가 빚지고 있는 또 한 명의 동지, 크리스토퍼 팔리에 대해서도 알리고 싶다. 내가 최근에 알게 된 그 친구의 판단력과 깊은 생각이 없었더라면, 이 정도나마 안정적으로 조직을 유지하기는 어려웠을 것이다. 그는 과묵하고 겸손한 사람이어서 대체로 뒤에서 작업하는 편이다. 그는 급소를 재빨리 간파하고도 입에 담기를 주저하는 경우가 있어, 나는 처음에 소심한 사람이어서 그러려니 했다. 그러나 지나치게 철저하기 때문에 그렇다는 것을 이제는 안다. 그가 얼마나 깊은 생각에서 정의를 추구하는지, 그 노력에 얼마나 많은 동정심과 끈기가 녹아 있는지를 깨닫게 되기까지는 한동안 시간이 걸렸다. 오늘날의 인간과 상황들에 대한 그의 정확한 지식이 폭넓은 독서와 과거에 대한 깊은 연구 덕분에 더욱 풍성하다는 것을 나는 아주 서서히 알게 되었다. 경박한 정신의 소유자가 그러한 것들을 갖추었다면 자칫 독단주의로 빠지거나 인기에 영합하거나 허풍을 늘어놓기 쉬웠겠지만, 그는 아이러니와 불합리에 대한 뚜렷한 인식과 자신의 많은 관심사들의 생생함으로 그러한 경향을 불살라버린다. 그의 소견들은 섬세한 동시에 독창적이다. 이런 모든 점들이 그를 흥미롭고 유쾌하며 도움이 되는 동반자로 만든다.

1963년 봄부터 초여름 사이, 우리는 신설된 '재단'의 후원자가 되어줄 만한 다수의 사람들에게 내 이름으로 편지를 발송했다. 여름이 끝날 무렵에 보니 그 중 아홉 명이 동의한 상태였다. 뒷받침을 받게 된 우리는 다른 사람들도 곧 동참하리라 볼 만한 근거도 있고 해서 우리의 계획을 공식화할 때가 되었다고 판단했다. 과연 '재단' 설립이 발표된 직후에 일곱 사람이 더 동참했다.

우리의 목표—주요 목표는 진정한 국제 조직의 수립이었다—와 우리가 찾아내야 하는 장기적 수단들, 수행할 작업의 윤곽—과거에 한동안 우리가 해온 것과 같은 성격의 작업이었다—을 우리는 잘 알고 있었다. 우리의 목적을 달성하는 데에 막대한 돈이 필요하다는 것도 잘 알고 있었다. 나는 반대했으나 동료들은 '재단'에 내 이름을 달자고 성화였다. 나는 그렇게 할 경우 우리의 작업 자체를 지지할 수도 있는 많은 사람들이 '재단'에 대해 선입견을 갖게 될 수 있다고 생각했다. 든든하게 자리잡고 점잔빼는 조직들은 물론, 영국의 수많은 개인들, 특히 우리를 재정적으로 지원할 수 있는 사람들 역시 편견을 갖게 될 것이 분명했다. 그러나 내 동료들은, 지난 몇 년간 자신들이 도와주긴 했으나 내가 이 일을 오랫동안 해왔고 세계 각지에서 이 일로 이름이 알려져 있기 때문에, 내 이름을 넣지 않으면 활동의 퇴보로 해석될 수 있다고 강력히 주장했다. 나는 그들의 뜻이 고맙기는 했으나 과연 지혜로운 생각인지에 대해선 여전히 의심스러웠다. 그러나 결국 동의하고 말았다. 그런데 영국에서는 내 이름을 내건 조직이 자선 단체로서의 지위를 확보할 수 없다는 사실을 알게 되었다.

결국 우리 사무 변호사들이 두 개의 '재단'을 만들어 타협하자고 제안했다. 그리하여 '버트런드 러셀 평화 재단'과 '대서양 평화 재단'이 생겨났고, 후자는 자선 단체의 지위를 따낼 수 있었다. 두 재단은 협력하면서 일하기로 했고 지금도 그렇게 하고 있지만, 후자는 교육적인 목적만 수행하고 있다. '대서양 평화 재단'의 목표는 전쟁과 평화에 관한 연구, 그 결과의 탐구 및 발표 기회의 창출과 관련해 다양한 분야에서의 연구 작업을 확립하는 데 있다. '자선 위원회'가 이 재단을 자선 단체로 등록시켰기 때문에 7년 단위 계약에 따라 거둬들이는 기부금으로 표준 시세에 따른 수입세를 만회할 수 있는데, 이는 다시 말해, 기부금이 약 60퍼센트씩 늘어난다는 얘기가 된다.

'버트런드 러셀 평화 재단'은 좀더 정치적이고 논란의 여지가 많은 사안들을 담당하기로 했으며, 이 재단에 내는 기부금은 많든 적든 일반적인 증여로 간주된다. 재단이 설립되고 처음 3년 동안에 개인 및 단체들, 각국 정부들로부터 수천 파운드의 기부금이 답지했다. 그러나 재단과 연줄이 있는 기부금은 받지 않는다. 특히 정부 차원의 기부금을 받을 때는, 돈의 출처가 지출 방식이나 결과에 조금도 영향을 주지 못한다는 점을 기부자에게 분명히 밝힌다.

우리의 계획을 공식 발표하기로 결정한 9월 초에 불행하게도 내 건강이 몹시 나빠졌으나, 그 달 말인 1963년 9월 29일에 무사히 행사를 치를 수 있었다. 먼저 내가 열띤 성명을 발표한 후에 동료들이 각 재단에 관해 준비해 온 인쇄물을 기자들에게 제공했다. '버트런드 러셀 평화 재단'에 관한 인쇄물에는 당시 후원자들의 명단과, 우 탄트가 외부용으로 써보낸 편지를 실었다. 나는 사전에 우리의 계획에 대해 그와 얘기를 나누었고, 편지로 설명하기도 했었다. 그는 적극 동조했으나 유엔 사무총장이라는 직위 때문에 후원자가 될 수는 없다고 설명했다. 그러나 사려 깊은 내용의 격려 편지를 보내주어 우리의 인쇄물에 실을 수 있었다.

우리의 야심찬 계획을 읽어본 기자들은 기금을 어떻게 확보할 생각이냐고 물었다. 그것은 적절한 질문인 동시에 충분히 예상한 질문이었다. 우리는 9월 29일까지는 계획을 누설할 생각이 없었으므로 그 동안 기금 모금을 제대로 할 수 없었다. 그리하여 우리는 필요한 기금을 적극 조성할 것이며 조만간 가능할 것으로 믿는다는 답변밖에 할 수 없었는데, 상당히 회의적인 반응이 나온 것도 당연했다.

그날 행사를 돌이켜보면, 현장에 모인 기자들의 태도를 탓할 수도 없고 언론이 대체적으로 우리의 출발을 격려해 주는 것과는 거리가 멀었던 것을 탓할 수도 없다. 미래에 관한 자신의 비전을 행동으로 뒷받침하고자 마음먹은 사람은 '괴짜'란 소리를 들을 각오가 되어 있어야 하는데, 우리는 그럴 각오가 되어 있었다. 게다가 고무된 상태였다. 그것은 우리가 그렸던 목적들을 향해 다시 한 번 공개적으로 일할 수 있게 된 자유 같은 것이었다. 그리고 당연히 우리의 첫 노력은 활동 자금의 확보에 집중되었다.

우리는 셀 수 없이 많은 사람들에게 접근했는데 희한하게도 부자들한테서는 별 성공을 거두지 못했다. 그들은 대개 이런 식으로 말했다. "아, 그럼요. 우리는 당신들이 훌륭한 일을 하고 있다고 생각합니다. 당신들의 운동을 전적으로 믿으며 성공을 빕니다. 하지만 아시다시피 우리가 이미 관여하고 있는 것만 해도 너무 많아서……." 돈을 구걸하는 것은 늘 거북하고 내키지 않는 일이지만, 불유쾌한 대접을 받은 경우는 별로 많지 않았고 악의적으로 무례하게 나오는 경우도 한 번밖에 겪지 않았다. 돈 많은 유태인들이 모인 파티장이 바로 그 현장이었는데, 그들이 소비에트 연방국들에 거주하는 유태인들에게 아주 관심이 많다고 하기에 내가 그쪽과 관련된 우리의 활동 내용을 설명하고자 만든 자리였다. 불유쾌했던 경우들은 대체로 반응이 뜻밖이기 때문이었다. 우리가 유식한 충고를 참고하여 특정 프로젝트를 가지고 접근했을 때 본인들 스스로가 그것에 아주 관심이 많다고 한 사람들, 우호적인 태도를 보이면서 나와 나의 활동을 '매우 존경한다'고 늘 말했던 사람들에게서 그런 일들이 발생하곤 했다. 기분 좋은 쪽이든 분통 터지는 쪽이든 깜짝 놀랄 일도 많았다. 어느 날 아침에는, 어떤 두 사람이 대륙에 있는 상당한 시가의 땅을 재단에 넘겨주기로 유언장에 썼다는 전갈이 왔다. 또 어느 날은 전직 파리 주재 영국 대사였던 글래드윈Gladwyn 경에게서 편지가 왔는데, 재단 설립과 관련해 엄청나게 이루어졌던 서신 교환이 어떤 어조와 논법이었는지를 부분적으로나마 잘 보여주는 편지이기 때문에 나의 답장과 더불어 이 장 편지 난에 실어놓았다. 이 두 편지는, 글래드윈의 제의에도 불구하고 처음 공개되는 것으로 안다. 그가 편지에서 "현명한 검토가 이루어질 수 있도록" 상원에서 안을 제출하라고 주장한 대목에 주목하기 바란다. 비록 내가 답장에서는 차마 말하지 못했지만, 그 전에 내가 상원에서 안을 제출했을 때 몇 사람을 제외하고는 청중들이 특별히 지혜롭다는 인상을 받은 적이 한 번도 없었다. 글쎄, 글래드윈 경의 출현 이후로 그곳의 전반적인 수준이 높아졌는지는 모르지만.

그러나 세계 각지의 많은 사람들이 우리를 도와주었다. 여러 나라의 예술가들—화가, 조각가, 음악가—이 특히 관대했다. 실제로 우리가 기금 조성을 위해 처음 벌인 행사 중 하나가 바로 미술품 판매였다. 그들이 보내준 그림과 조각품들을 모아 베드퍼드의 공작 주선으로 오번 사원에서 판매 행사를 벌였다. 나는 매장 개막식에는 참석하지 못하고 얼마 후에 따로 가보았는데, 재미있는 것은 마침 그날 오번에서 세계 미인 대회가 열리고 있어서 미인들을 만나는 특혜를 누렸다. 판매 행사가 큰 성공을 거두었으므로 그후 우리는 다른 예술품도 받아 팔아서 활동에 큰 도움을 받고 있다. 음악인들도 우리에게 아량을 보였으나 대개의 경우 대리인이나 흥행주, 콘서트 홀 경영주의 방해로 뜻을 이루지 못했다. 우리에게 공연 수익금이나 이런저런 특별 무대를 약속한 배우와 극작가들은 많았지만 한 푼도 들어오지 않았다. 각국 정부 수뇌들과의 접촉에서는 한결 운이 따랐다. 아마도 우리가 하는 일을 좀더 잘 이해할 수 있는 사람들이기 때문이었을 것이다. 기부금을 청탁하면서 겪어야 했던 애로 사항 중 하나는, 우리의 활동 중 많은 부분—이를테면 특별 수감자나 이산 가족, 소수 집단들과 관련된 일들—이 성과가 있을 때까지는 입 밖에 낼 수 없는 내용들이라는 점이었다. 사전에 정보가 새어나갈 경우 자동적으로 무효한 작업이 되어버리기 때문이다. 국제 문제의 조정에 관련된 토론과 계획들의 경우 특히 더 그러했다. 따라서 정확히 어떤 활동을 하는지 설명해 달라고 하면 우리는 주로 모호하고 일반적인 용어들로 말할 수밖에 없었는데, 그것은 눈치가 아주 빠른 사람이나 사고방식이 이미 우리와 같은 사람들에게나 통하는 설명이었다.

이렇게 닥치는 대로 돈을 끌어오기는 했으나 문제는 언제 어느 정도의 돈이 들어올지 예측할 수 없다는 점이었다. 비축할 만큼 넉넉한 거액이 일시에 들어오는 경우는 전무했고 약속들이 늘 신속하게 이행되는 것도 아니었다. 그 결과 어떤 때는 돈이 넉넉하여 아주 야심에 찬 계획을 가지고 전진하고 어떤 때는 빈털터리에 가까웠다. 이상에 대한 헌신, 그리고 함께 일하는 사람들, 특히 랠프 쉰먼, 크리스토퍼 팔리, 패밀러 우드Pamela Wood의 끈질긴 의지가 없었다면 그런 어려운 시기들을 견뎌내기란 불가능했을 것이다. 이 세 사람은 서로 다른 방식으로 힘을 합쳐 좋을 때나 어려울 때나 활동을 이끌어왔다. 그밖에도 여러 다양한 국적의 사람들이 자원 봉사나 고용의 형식으로 일을 도와주었지만, 지금까지는 이런저런 이유로 일시적인 일꾼들, 때로 급료만 너무 높은 직원들에 불과했던 것 같다. 그러나 이제는 다소 안정된 듯한 진용이 갖추어져 우리 재단의 다양한 일들을 아주 잘 처리해 내고 있다.

영국 언론이 우리를 도와준 일은 거의 없었다. 그들은 우리를 침묵으로 대하거나, 우리 꼴을 우습게 만들거나 했으며, 때로 나쁜 인상을 줄 수 있는 건수를 찾아내면 은근히 야유하곤 했다. 어쩌면 그것은 당연한 일인지도 모른다. 우리가 지극히 합법적인 방법을 쓴다고는 해도, 나라의 정책으로 확정된 것들에 반대하는 활동을 해왔으니 말이다. 다시 말해 해럴드 윌슨Harold Wilson〔1964~70년에 영국 수상을 역임했음〕내각이 1, 2차에 걸쳐 집권하기 전에 약속한 정책들이 아니라 집권 후에 채택한 정책들을 반대하기 때문이다. 시기는 각각 다르지만 다른 나라들의 언론도 같은 이유로 우리를 욕하거나 우리에 대해 언급하기를 거부해 왔다. 물론 나 개인에 대해서도 언론인과 비평가들은, 노망이 들었다고 곧잘 표현한다. 특히 미국 언론들이 그런 소리를 자주 하는 이유는, 내가 그 나라에서 폭력이 늘어나는 점을 쭉 우려해 왔고 최근 발표된 나의 글들이 대부분 그 나라 정부의 호전적인 정책을 격렬하게 반대하는 내용이기 때문이다. 나의 영향력을 줄이려는 이러한 수법이 내 친구들을 놀라고 분노하게 만드는 동시에 나를 모욕하지만, 나와 견해가 다른 사람들의 관점에서 보자면 그것이 그들의 유일한 역습이라고 할 수도 있을 것이다. 어쨌거나 그러한 비난이 사실이라면, 노망든 노인네의 수다를 두고 이러쿵저러쿵 수고스럽게 논평하는 이유는 무엇인지 모르겠다.

내가 정말 노망이 들었는지, 혹은 예전에 생각했던 것보다 노망기가 더 깊어졌는지 제대로 확인하고 싶은 사람들이 있다면, 나는 그들에게 많은 기회를 주었다고 생각한다. 신문과 텔레비전으로 셀 수도 없이 많은 인터뷰를 했고 영화도 몇 편 만들었으니 말이다. 인터뷰 요청에 응하느냐 마느냐를 결정할 때 내가 고수하는 일반 원칙은, 나의 일과 이상보다 이른바 나의 시시콜콜한 '사생활'에 더 관심을 보인다 싶으면 무조건 거절한다는 것이다. 나는 일과 이상에 대해선 흔쾌히 밝히며 그에 대한 정직한 보도와 비평도 환영한다. 최근 몇 년 사이에 응했던 텔레비전 대담 중 방송된 것들 가운데 제일 잘되었다고 생각하는 것은, 1963년 10월 초에 존 프리먼John Freeman과 함께했던 것, 1964년 4월 초, 로버트 볼트Robert Bolt가 질문자로 나온 것(나중에 1967년에도 그와 더불어 출연했으나 내가 방송을 보지 못했다), 1965년 9월에 랠프 밀리밴드Ralph Miliband와 함께 출연한 것이다. 그러나 방송되지 않은 것도 물론 많았다. 내가 한 대중 연설 중에 가장 중요한 두 가지는 1965년 2월 중순에 한 연설과 그로부터 8개월 후에 한 연설인데, 해럴드 윌슨 수상이 이끄는 노동당 정부의 불성실한 태도에 관한 내용들이었다. 1차 연설에서는 정부의 일반적인 국제 정책을 다루었고, 2차 연설에서는 특히 베트남과 관련된 정책들을 고찰했다. 따라서 2차 연설은 나의 책 『베트남에서의 전쟁 범죄War Crimes in Vietnam』에도 실려 있는데, 연설 말미에서 나는 노동당을 떠나겠다고 선언하고 나의 노동당 당원증을 찢어버렸다. 그런데 놀랍게도, 뒤이어 나온 두 명의 다른 연사가 내 연설과 행동에 크게 불쾌해했는데, 한 사람은 의원이었고, 다른 한 사람은 CND 의장이었다. CND 의장은 언론을 통해, 내가 뒤에서 상황을 조종했다고 말했다. 내가 만일 그런 능력이 있었다면 왜 그렇게 하지 않았는지 모르겠지만, 사실 모든 조종권은 그날 집회를 후원했던 CND 청년회의 수중에 있었다. 평소 베트남에 대해 나와 비슷한 견해를 표명해 왔던 그 의원은 뒤늦게 연설장에 도착하여 나의 행동을 가지고 괜히 거드름을 피웠다. 둘 다 내 얘기와 같은 얘기를 해온 사람들이었기 때문에 나는 그들의 기이한 행태에 깜짝 놀라지 않을 수 없었다. 한 가지 다른 점이라면 그들은 노동당을 비난하면서도 당적을 유지했다는 사실일 것이다.

그 밖에도 나를 겨냥한 비난이 네 가지 더 있는데, 그것들 역시 '노망'과 관련된 것 같으니 이 기회에 얘기해 보겠다. 제일 심한 것은, 내가 글이나 연설에서 출처를 대지도 못하는 극단적인 발언들을 한다는 비난이다. 아마 나의 책 『베트남에서의 전쟁 범죄』를 겨냥한 얘기인 것 같다. 그러나 누구든 이 책을 면밀히 연구해 보면 증거 서류가 잘 갖추어져 있음을 알게 될 것이다. 혹시 내가 근거를 제시하지 않고 말하는 경우가 있다면, 자명한 얘기라고 생각되거나, 그 책의 다른 부분에 나오는 사실들에 입각해 있는 얘기거나, 혹은 너무나 잘 알려진 얘기여서 출처를 밝힐 필요도 없는 경우이기 때문이라고 보면 된다.

이것과 동류라 할 수 있는 또 다른 비난은, 연설문이나 기고문, 내 이름으로 발표되는 성명서 등을 내가 직접 작성하지 않는다는 것이다. 각국 정부 관리나 재계 주요 인사들이야말로 비서나 동료들이 작성한 것을 들고 나와 발표하는 경우가 다반사인데 그것에 대해서는 아무도 이의를 제기하지 않으니 이상한 일이다. 평범한 아마추어가 그렇게 하면 왜 가증스럽다고 해야 하는가? 사실대로 밝히건대, 내 이름으로 나가는 것들은 대개 내가 직접 작성한다. 직접 작성하지 않았더라도 나의 견해와 생각이 담길 수 있다. 편지든 좀더 공식적인 문서든 내가 토론하고 읽어보고 승인하지 않은 것에는 절대로 서명하지 않는다.

또 다른 소문 두 가지가 돌고 있다는 것을 나는 최근에야 알게 되었는데, 이것들 역시 부아가 치미는 얘기들이다. 하나는, 내게 오는 편지와 문서들이 나를 성가시게 할까 우려하여 비서들 선에서 잘라 버린다는 것이고, 또 하나는, 내 비서와 동료들이 나를 만나고 싶어하는 사람들을 막는다는 것이다. 하지만 나는 집으로 오는 모든 것들을 직접 개봉하고 읽어본다. 우편물이 너무 많아 일일이 답장해 줄 수 없기 때문에 내가 말하고 싶은 것을 비서에게 전달하여 답장의 초안을 잡게 하고 그것을 직접 읽어본 후에 발송하게 한다. 이런저런 일로 나를 만나러 오는 사람들을 모두 만나기가 어려운 것도 역시 너무 많기 때문이다. 예를 들어 1966년 연말에 '전쟁 범죄 법정' 예비 모임을 개시하고자 런던에서 일주일 묵었는데, 나와 얘기하고 싶다는 사람들이 매일같이 오전, 오후, 저녁때를 가리지 않고 찾아들었다. 그러나 그 한 주 동안 면담을 요청해 온 사람이 100명을 훨씬 넘었기 때문에 100명 가까운 많은 사람들이 거절당해야 했다.

내가 이런 비난들에 대해 이처럼 길게 얘기하는 것은 지각없는 노인으로 평가받기 싫어서이기도 하지만, 그런 비난들 때문에 나의 주장과 발언들을 업신여겨 읽어보지도 들어보지도 않는다면 그것처럼 분통 터지는 일도 없기 때문이다. 또한 내가 부탁한 일을 인심 좋게 해주었다는 이유로 내 동료들이 비난받는 것도 싫다.

'재단'이 설립되고 두 달이 채 못 되어, 케네디 대통령이 암살되었다는 소식이 들려왔을 때 나도 세상 모든 사람들과 마찬가지로 충격을 받았다. 이 흉악한 공격 소식에 내가 다른 사람들보다 조금 덜 놀랄 수 있었다면, 그것은 세상에서, 특히 미국에서 고삐 풀린 폭력이 날이 갈수록 더욱 용인되는 경향에 대해 내가 다년간 써왔기 때문이었을 것이다. 이 문제에 대한 나의 글 중에 일부는 발표되었으나 일부는 계약을 맺었던 출판사 편집자들의 눈에 너무 노골적으로 비쳤다.

대통령 암살 소식에 이어 오즈월드Oswald에게 불리한 증거로 알려진 것과, 그가 루비Jack Ruby의 총에 숨졌다는 사실을 언론 보도로 접했을 때, 소름 끼치는 오판이 발생했으며, 대단히 추잡한 무엇인가가 숨겨져 있을지도 모른다는 생각이 들었다. 1963년 6월, 처음부터 오즈월드의 모친 편에서 사건을 파헤쳐왔던 뉴욕의 변호사 마크 레인Mark Lane을 만나 그가 그 동안 수집해 온 자료들을 보니 나의 의심은 더 한층 굳어졌다. '재단' 관계자들도 모두 나의 견해에 공감했으므로 우리는 마크 레인을 돕고 그가 알아낸 사실들을 유포하고자 개인적으로 혹은 공동으로 모든 노력을 기울였다. 쉬쉬하는 방식들이 동원되고, 사실들이 거부되거나 무시되는 것으로 보아 대단히 중요한 문제들이 걸려 있음이 분명했다. 나는 관련 자료를 추적하는 마크 레인의 열정과 기민함, 그리고 철저하게 객관적인 태도에 크게 감명받았다. 그는 자료에 내재되지 않은 의미를 추론하거나 암시하는 일이 절대 없었다.

우리는 진상을 캐고 있는 사람들을 지원하고 그 정보를 보급하는 일에 '재단'이 직접 개입하지는 않는 것이 좋겠다고 판단했다. 그리하여 '누가 케네디를 죽였는가? 영국 위원회'라는 썩 마음에 들지는 않는 명칭으로 자율적인 위원회를 발족시켰다. 후원자도 꽤 많이 모았고 비서도 하나 채용했으나 많은 사람들이 우리 영국과는 무관한 일이라고 생각했기 때문에 애로가 없지는 않았다. 미국 당국자들의 사기 행각이 미국 국민들뿐 아니라 세계 모든 사람들에게 예고하는 의미를 이해하는 사람은 소수에 불과했다. 그리고 그 소수는 고초를 겪었다. 우리는 그야말로 지독한 비방에 시달렸다. 미국 대사관 측이 우리 전화 번호 중 하나로 협박 전화를 걸어오기도 했다. 다른 몇 개 나라들에도 우리 위원회와 유사한 단체들이 생겨났는데, 그 단체들의 일부 직원들도 비슷한 경고를 받았다. 결국 '재단'이 위원회를 감싸안을 수밖에 없었고, 이렇게 작업이 추가된 결과 재단 회원들은 밤낮으로 고생해야 했다. 내가 '암살에 관한 열여섯 가지 의문'이란 글을 쓴 8월 무렵이 되자 모임들이 개최되고, 다른 곳에서도 성명서와 글들이 발표되고 있었다. 분위기가 고조되었다. 마크 레인도 자기 나라는 물론 영국을 비롯한 여러 나라들로 직접 뛰어다니며 자신이 파헤치고 있는 진상을 설명했다. 그것은 이 사태와 관련해 당국이 발표한, 따라서 일반적으로 인정하고 있던 내용과 전혀 달랐다. 1965년 9월에 '워런 위원회 보고서'가 발표되었는데, 그 전에 내게 한 부가 도착했기에 즉각 내 소견을 말했다. 그랬더니 여러 사람들이 화가 난 모양이었다. 내가 큰소리를 뻥뻥 치면서 그 보고서를 읽어보지도 않았다, 읽었을 리가 없다는 말이 나돌았다. 사실대로 말하자면 레인이 일찌감치 한 부를 보내와 읽어보았고 숙고의 시간까지 가졌다. 지금은 '워런 위원회 보고서'가 낱낱이 검토되었기 때문에 그것을 비판해도 '욕을 먹지 않으며', 많은 사람들이 나의 생각에 동의하고 지난날 자신들과 나의 태도가 어떠했던가를 슬그머니 잊어버렸다. 그 당시 그들은 겁을 내면서 밝혀진 사실들을 듣지도 따르지도 않았고 공식적 견해를 맹목적으로 받아들였다. 그들은 진상을 알리려는 우리의 노력을 좌절시키고자 할 수 있는 모든 일을 다 했던 것이다.

1963년 4월 직전부터 나는, 베트남에서 벌어지고 있던 전쟁에 시간과 생각을 점점 더 많이 뺏기게 되었다. 다른 관심사들은 대부분 뒷전으로 밀려날 수밖에 없었다. 물론 가족과 개인적인 일들에도 시간을 내기는 한다. 그리고 아주 드물긴 하지만, 예전에 내가 관심을 가졌던 철학이나, 특히 논리학 쪽 문제들을 생각하는 기회도 가진다. 그러나 그런 작업을 하기엔 내가 너무 녹이 슬어 부끄럽기까지 하다. 1965년에 스펜서 브라운G. Spencer Brown이라는 젊은 수학자가 자신이 쓴 것을 검토해 달라고 졸랐다. 그것을 이해할 수 있는 사람은 자기가 볼 때 나밖에 없다는 얘기였다. 사전에 그의 연구 내용을 조금 보니 괜찮아 보였고, 기성 세대의 무관심이란 역경에 맞서 자신들의 신선한 미지의 작업에 관심을 끌어보려 애쓰는 사람들이 너무 측은하게 느껴져, 같이 토론해 보자고 동의했다. 그러나 그가 도착할 시간이 가까워지면서, 내가 그의 작업이나 새로운 표기 체계를 도저히 감당할 수 없으리라는 생각이 굳어졌다. 나는 잔뜩 겁을 집어먹었다. 그러나 막상 그가 도착하여 설명을 들어보니 다시 발을 들여놓을 수 있었고 그의 작업을 따라갈 수 있었다. 그 며칠 동안 아주 즐거웠는데, 특히 그의 작업이 독창적이고 훌륭해 보여 더욱 좋았다.

근래 몇 년 동안 제일 즐거웠던 일 중의 하나는 빅터 퍼셀Victor Purcell과 나눈 우정이었는데, 내 아내도 함께 했었다. 1965년 1월 그의 사망은 내게는 가장 가슴아픈 일에 속한다. 그는 유머와 균형 잡힌 판단력의 소유자였다. 문학 방면으로 뛰어난 이해력과 재능, 상당한 학식을 갖추었을 뿐 아니라 세상일에 대해서도 많이 알았다. 그는 동남아시아의 행정관으로서, 케임브리지의 보직 교수로서 많은 것을 이루었다. 그가 하는 이야기는 내게 즐거움을 주었다. 그와 나는 오랫동안 그가 쓴 정치적 저술을 통해 알고 지냈다. 그가 이따금 자신의 글을 보내오면 내가 소견을 적어 보내주곤 했던 것이다. 얼마 후 나는 그가 미라 버틀Myra Buttle('나의 반박My Rebuttal'을 가지고 말장난한 이름이다)이란 필명으로 쓴 재치 있는 시들을 좋아하게 되었다. 그러나 그를 만나보지는 못했었는데, 1962년에 페스티벌 홀에서 열린 내 생일 파티에서 그가 연설하게 되어 처음 대면했다. 우리가 동남아시아와 관련된 '재단'의 활동에 관해 토론하는 자리에 그를 끌어들이기 전까지는 사실 그를 제대로 안다고 할 수도 없었다. 1964년 4월에 '재단'이 후원하는 모임이 맨체스터에서 열려 그도 연설했고 나도 연설을 했다. 그러고 나서 곧바로 그는 우리를 위해 '동남아시아의 평화 가능성'을 개관하는 훌륭한 소논문을 작성해 주었다. 그 당시에는 런던에서 가끔 그를 만났을 뿐이고, 우리가 서로를 진정으로 알게 된 것은 1964년 5월, 그가 노스웨일스의 우리 집에 잠깐 들렀을 때였다. 우리는 끝없이 이야기했다. 경쟁하듯 이야기와 인용을 끄집어내고 좋아하는 시나 산문을 서로에게 들려주었다. 우리는 서로의 지식, 특히 역사에 관해 탐색하고 중대한 문제들을 토론했다. 내 얘기의 의도를 즉각 이해하는 사람이 있다는 것, 완전히 공감하지 않는 경우에도 어떤 주제든 끈기와 호감을 가지고 기꺼이 토론해 주는 사람이 있다는 것이 무엇보다 큰 위안이 되었다. 그는 12월에 죽음을 2주 남짓 앞두고 다시 우리 집을 방문했으며, 서로 알고 지낸 시간이 그처럼 짧았음에도, 그가 말했듯, 문득 오랜 친구 같은 느낌을 받았다. 그 마지막 방문 때 그가 별안간 '리시다스 Lycidas'(밀턴의 시로, 사고로 죽은 친구를 애도한 작품)를 너무나 아름답게 암송하던 모습이 특히 기억에 남는다. 그러고 나서 그는 미라 버틀이란 필명으로 낸 자신의 최신작을 읽고, 노랫말에서 패러디한 구절들을 노래로 불렀다. 그는 용감하면서도 사려 깊고, 인정이 많으면서도 떠들썩한 사람이었다. 내가 그를 얼마나 그리워하는지를 깨닫고 때로 깜짝 놀라기도 한다. 그가 좀더 오래 살았더라면 내게 즐거움뿐 아니라 도움도 주었을 것임을 믿어 의심치 않는다. 내 나이에 그처럼 만족스럽고 소중한 새 친구를 얻기란 힘들 것이니, 그렇게 짧은 시간에 이만한 애정과 믿음과 이해가 자랐다는 것이 믿기 어려울 정도다.

1967년 1월 초, 베트남의 상황과 그 의미를 다룬 나의 책 『베트남에서의 전쟁 범죄』가 양장본과 페이퍼백으로 출간되었다. 그 책이 영국에서 출간될 수 있었던 것은 아량과 자유주의적 태도를 갖춘 앨런 언윈 출판사 덕분이었는데, 특히 스탠리 언윈에게는 제1차 세계대전 이후로 줄곧 많은 신세를 져왔다. 이 책에는 내가 1963년 이후로 발표한 무수한 편지, 성명서, 연설문, 기고문 중 몇 가지가 실려 있다. 그리고 1967년 초 상황과 그에 대한 나의 태도의 총체적인 배경을 설명하는 서문, 내가 참여했던 '전쟁 범죄 법정'에 관해 간략하게 설명한 후기, 랠프 쉰먼이 베트남에 가 여러 주 머물면서 찾아낸 사실들이 일부 포함된 부록을 덧붙였다. 전쟁에 대한 나의 태도와 그 근거 자료들은 『베트남에서의 전쟁 범죄』에 다 설명되어 있기 때문에 여기서는 다루지 않겠지만, 이것들은 내가 지난 몇 년 동안 무수히 공개하고 살포해 온 자료들이다. 일부 언론에서 이 책을 상당히 적대적으로 논평했기 때문에, 페이퍼백이 발간된 지 2주 만에 매진되고 미국을 비롯해 세계 여러 나라 말로 번역 출간되었다는 얘기를 듣고 반가웠다.

쉰먼의 보고서는 견문에 입각한 소견뿐 아니라 전쟁 희생자들의 구두 설명을 담고 있어 매우 중요했는데, 그것은 희생자 본인들은 물론 설명이 이루어질 때 함께 자리한 신뢰할 만한 증인들에 의해 입증된 얘기들이었다. 또한 이 보고서는 '국제 전쟁 범죄 법정'에서 파견된 팀들이 인도차이나에서 수행하고 있던 좀더 공식적인 조사 작업의 길을 닦아주었다. 베트남전에 관한 나의 태도와 발언들은 다른 특별 조사원들의 보고서뿐 아니라, 쉰먼이나 크리스토퍼 팔리 같은 사람들의 보고서에도 일부 근거를 두고 있다. 크리스토퍼 팔리는 현장의 직접적인 정보를 얻고자 1964년 11월에 재단 사람들 중 제일 먼저 베트남에 다녀왔다. 그러나 내 소견의 주요 근거는 일간 신문들, 특히 미국 일간지들에 보도된 사실들이었다. 그러한 사실들이 사설 논조에 아무 영향을 미치지 못한 것을 보면, 활자화되었다는 자체가 요행에 가까웠다.

나는 이따금 북베트남인들의 초청을 받고, 베트남전의 다양한 상황에 관해 소견을 들려주었다. 그들은 언론인 자격으로 하노이를 방문하려 하는 《뉴욕 타임스》지의 부편집장 해리슨 솔즈베리Harrison Salisbury를 허락하는 것이 바람직한지를 두고 내게 충고를 부탁했다. 솔즈베리는 그 전에 '워런 위원회 보고서'에 쓴 서문에서 나를 공격한 사람이었다. 그때 그는 그 보고서가 "찾아낼 수 있는 모든 증거를 한 점 남김없이 속속들이 검토했다"고 적었다. 이 논평은 곧 조롱거리가 되고 말았지만, 나는 그가 북베트남에서 광범위하게 자행된 민간인 폭격의 증거를 무시하느라 상당히 애를 먹었을 것이라 짐작했다. 나는 그들에게 그의 방문은 가치 있는 모험이 될 것이라고 충고했으며, 그로부터 몇 주 후에 그가 하노이에서 보내온 기사를 읽고 반가웠다. 그 기사들은 워싱턴을 발칵 뒤집어놓았으며, 그가 퓰리처상을 놓친 것도 아마 그 때문이었을 것이다.

나는 런던에 와 있는 두 명의 북베트남 대표와 파리 주재 북베트남 정세 담당관과도 물론 긴밀하게 접촉했다. '남베트남 민족 해방 전선'의 다양한 멤버들, 미국 민간인들 및 군인들과도 전쟁을 지지하건 반대하건 여부를 떠나 연락을 취하고 있다. 정보를 얻으려고 마음먹으면 부족하지는 않다. 그러나 그것을 일반 대중에게 알리고 관심을 갖도록 설득하는 작업이 매우 힘들다. 읽거나 듣기에 즐거운 내용이 아니기 때문이다.

상황을 파헤쳐볼수록 베트남에 대한 미국의 태도가 전적으로 방어적인 것만은 아니라는 것, 새로운 고문 방법을 동원해 전례없이 잔혹한 전쟁이 되고 있다는 것이 더욱더 분명해졌다. 우리는 대량 수집한 엄청난 양의 자료들을 면밀히 검토한 끝에, 전쟁은 조속히 끝나야 하며, 종전의 유일한 방법은 북베트남과 해방 전선을 확실하게 밀어주는 것이라고 결론내렸다. 게다가 이 전쟁이 계속되는 한, 미국이 이것을 단계적 확전의 구실로 이용하여 결국 세계 전쟁으로 이어질 가능성이 높다는 점도 우려되었다. 우리는 '베트남 연대 운동'을 시작하고, 베트남전을 영세 민족에 대한 세계 최강국의 극악무도한 침략으로 보는 집단들을 규합했다. 이 운동의 지지자들은 정의의 요구에 따라 베트남인들을 전적으로 지지해야 한다고 생각했다. 나는 1966년 6월에 '베트남 연대 운동' 출범식에서 개막 연설을 했으며, 이 연설은 나중에 베트남에 관한 나의 책에도 실렸다. 운동 본부가 전국 각지에 연설자들을 파견하는 것과 동시에 '재단'도 전쟁 사진전을 열었다. 그리하여 이 운동은 영국에서 '국제 전쟁 범죄 법정' 지지 세력의 핵심으로 떠올랐다.

나의 베트남 책에서도 다루어지고 있는 '국제 전쟁 범죄 법정'이 전세계 수많은 대중들의 상상력을 자극했다. 나는 미국이 남베트남을 부당하게 종속시키고자 자행하고 있는 믿기 어려운 만행을 훨씬 효과적으로 세상에 알릴 수 있는 방법을 이미 4년에 걸쳐 모색하고 있었다. 사실 그 전에는 한국 전쟁 때 조지프 니덤Joseph Needham 교수를 비롯한 몇 사람이 제기한 주장들을 믿을 수 없었다. 당시 그들은 미국인들이 한반도를 새로 개발한 대량 살상 생화학 무기들의 시험장으로 이용해 왔다고 고발했다. 나는 그러한 공격이 너무 극단적이라고 생각했는데, 그 점에 대해 늦게나마 니덤 교수 및 몇 사람에게 진심으로 사과하고 싶다. 1963년쯤 되자 나는 그들의 주장이 옳았다는 것을 확신하게 되었다. 미국이 베트남에서도 그러한 짓을 하고 있음이 분명해졌기 때문이다. 그해 초, 나는 《뉴욕 타임스》지에 기고한 글에서, 미국인들이 베트남에서 하는 짓은 "독일인들이 동유럽에서, 일본인들이 동남아시아에서 자행한 전쟁 행위를 떠올리게 하는" 만행이라고 표현했다. 그 당시로선 너무 지나친 발언이었던지 《뉴욕 타임스》지는 먼저 사설을 통해 나를 공격하더니 이어 내가 보낸 답변서를 잘라버렸고 결국에는 자기네 칼럼 난에 아예 쓰지도 못하게 했다. 나는 사실을 알릴 수 있는 다른 방법들을 시도하는 한편, 당시의 '은밀한 전쟁'에 대해 더 많이 밝혀내기로 결심했다. 밝혀낼수록 미국인들의 의도와 작태는 더 무시무시하게 느껴졌다. 야만적 행위뿐 아니라, 그들이 소국의 독립에 대한 소망을 비웃으며 너무나 무자비하게 짓밟고 있다는 것도 알게 되었다. 제네바 협정을 파기하고 독재 권력을 지지하며 경찰 국가를 확립하고 반대자들을 모조리 파멸시키는 행위들은 도저히 묵과할 수 없는 범죄였다. 그 이듬해 나는 인도차이나에 정기적으로 감시인들을 파견하기 시작했다. 그들의 보고서는 쉬지 않고 전쟁의 확대를 알려왔다. 전쟁의 '단계적 확대', 특히 북베트남에 대한 공격의 이유들을 듣고 있자니, 25년 전 유럽에서 히틀러의 모험을 위해 만들어냈던 구실들과 다를 바 없다는 생각이 들었다. 침략, 무기 실험, 무차별적 전쟁 행위, 강제 수용소 프로그램이 뒤섞인 실상을 파헤치는 데는 내가 감당해 온 것보다 훨씬 철저하고 공식적인 조사가 요구된다는 것을 깨닫게 되었다.

1966년 여름, 나는 광범위한 연구와 계획 끝에 세계 각지의 많은 사람들에게 편지하여, '국제 전쟁 범죄 법정'에 참여하도록 초청했다. 고무적인 반응이 나왔고, 약 열여덟 명으로부터 수락 의사를 통지받았다. 나는 장 폴 사르트르Jean-Paul Sartre가 동참해 주어 특히 반가웠다. 철학적 문제들에서는 서로 견해가 다르지만 그의 용기를 매우 높게 평가하고 있었기 때문이다. 유고슬라비아 작가인 블라디미르 데디예르Vladimir Dedijer는 그 전에 벌써 웨일스로 나를 찾아왔으며, 서구와 공산주의 세계에 대한 그의 폭넓은 지식을 통해 귀중한 동맹자임을 입증해 주었다. 나는 10년 동안 만나지 못했던 수필가이자 정치적 저술가, 아이작 도이처Isaac Deutscher도 크게 의지하게 되었다. '법정'과 관련해 텔레비전 및 기타 매체에서 인터뷰 요청이 쇄도할 때 런던에 있는 도이처에게 부탁하면, 그가 언론을 상대로, 세계 정세와 우리의 활동에 관해 박식하고 설득력 있게 평해 주곤 했다. 1966년 11월, 나는 예비 토론을 위해 모든 멤버들을 런던으로 초청했고, 이 장 마지막에 실려 있는 나의 연설과 더불어 본론으로 들어갔다. 베트남의 실상을 철저하게 점검하는 작업이 극히 중요하다고 판단되었으므로 확실하게 흠이 없는 사람들만 초청된 자리였다. 회의는 매우 성공적이었고, 우리는 이듬해에 여러 주에 걸쳐 공개 '법정'을 개정하기로 했다. 그리고 개정에 앞서, '법정'을 대신하는 국제 팀을 인도차이나에 연속 파견하기로 했다.

잔학 행위를 조사하기 위해 멤버들을 선정, 파견하겠다고 '법정'이 최초로 제의했을 때 미국 측은 잔학 행위가 없었다고 주장하며 제의를 비웃었다. 그러나 이 설전이 부각되자 미군 당국자들이 처리할 것이라는 말이 나왔다. 이 사실이 드러나자, 저명한 법조인들이 그런 일을 맡아 스스로를 웃음거리로 만들었다고 했다. 한술 더 떠, 잔학 행위를 처벌하지 말고 내버려두자는 주장까지 나왔다. 언론, 군 당국자들, 미국 및 영국의 많은 법조계 권위자들은 뉘른베르크 재판에 적용되었던 기준들을 채택하는 것보다, 장교들이 부녀자와 아이들을 불태워 죽이도록 내버려두는 쪽이 자신들의 명예와 인간성에 도움이 된다고 생각했다. 이것은 히틀러의 유산을 받아들였다는 의미였다.

우리의 적들이 우리가 준비하고 있는 일의 심각성을 깨달았을 때 내가 여러 해에 걸쳐 익히 들어온 아우성이 터져나왔다. '재단'을 후원해 왔던 세 명의 아프리카 정상들이 물러났는데, 그들의 변절 뒤에 숨겨진 손을 찾아내기란 어렵지 않았다. 그들 중 한 사람은 예전에 내가 '법정'과 관련해 백악관의 [L. B.] 존슨 대통령에게 보냈던 편지의 사본까지 내게 보내왔는데, 미국 중앙 정보국도 개탄했을 법한 서투른 짓거리였다. 그 다음은 각종 언론인들이 우리 '법정'의 편파성을 의문할 차례였다. 내가 상당히 재미있게 느낀 점은, 이 비판가들 대다수가 바로 얼마 전에 케네디 대통령 암살 사건을 다룬 '워런 위원회'의 충실한 지지자들과 동일인이었다는 것이다.[2] 그러나 그들이 새로 찾아낸 편파성이란 흥밋거리는 우리의 입장을 설명할 수 있는 기회를 제공해 주었다. 물론 우리는 곧 평가하게 될 일부 증거들에 대해 많이 생각해 온 터였다. 우리의 머리는 텅 비지도 않았지만 닫혀 있지도 않았다. 나는 '법정' 멤버들의 고결함, 그들이 어떤 나라의 권력도 대변하지 않는다는 사실, 완전 개방된 심리라는 점이 재판 절차의 객관성을 보장해 줄 것임을 믿었다. 우리는 출처를 가리지 않고 가능한 모든 증거를 받아들이기로 했으므로, 나는 존슨 대통령에게도 편지하여 '법정'에 참석하도록 초청했다. 불행하게도 그는 베트남인들을 폭격할 계획을 짜느라 너무 바빠서 답장을 주지 않았다.

'법정'을 둘러싼 이 같은 소동은 당연히 '재단' 자체에 대한 관심을 새로이 불러일으켰다. '대서양 평화 재단'은 자선 단체로 등록되어 있었고 '버트런드 러셀 평화 재단'은 보증 제한 회사가 되어 아르헨티나, 오스트레일리아, 뉴질랜드, 프랑스, 인도, 이탈리아, 일본, 필리핀, 미국 등에 지부를 둔 상태였다. 런던의 '재단'은 헤이마켓

---

2) 워런 위원회의 주요 구성원은 전직 미 중앙 정보국 국장과 FBI 준요원이었다.

외곽에 자그만 본부 사무실을 처음부터 두고 있었을 뿐 아니라 '전쟁 범죄 법정' 측에 훨씬 큰 사무실까지 제공하고 있었다. 또한 큼직한 자유 보유 부동산을 매입하여 많은 작업을 그리로 옮겨놓은 상황이었다. 이러한 모든 여건 덕분에 더욱 견고한 발판 위에서 활동하며 앞으로의 발전을 위한 길을 닦을 수 있었다. 내가 범세계적인 지원을 끌어들여 '법정'을 중심으로 하는 활동을 생각한 것은 이때가 처음이었던 것 같다.

1940년대 말부터 1950년대 초까지 나는 스탈린 독재의 공포에 크게 충격을 받고 냉전이 쉽게 해결되지 않으리라 믿게 되었다. 나중에 알고 보니 스탈린은 무자비하면서도 대단히 보수적인 사람이었다. 서구 사람들이 대부분 그렇듯 나도 예전에는 그의 전제 정치를 팽창주의로 생각했으나 훗날 드러난 증거들로 볼 때, 그에게 제2차 세계대전 전리품의 일부로 동유럽을 넘겨준 것은 바로 서구였으며, 그는 서구와 맺은 협정을 대부분 준수했던 게 분명했다. 그가 죽고 난 후 나는 세계가 핵무기의 그늘에서 영원히 산다는 것의 어리석음과 위험을 깨닫게 되기를 진심으로 소망했다. 세계 패권을 다투는 나라들을 고립시킬 수만 있다면, 중립국들이 국제 정세에 이성의 목소리를 전할 수 있으리라 생각했다. 그것은 작은 희망이었다. 왜냐하면 내가 중립국들의 힘을 과대 평가했으니까. 인도의 네루가 그랬듯 그들이 냉전과 맞서는 압력에 의미 있는 무게를 보탤 수 있는 경우는 극히 드물었다.

내가 이념보다 인류의 생존을 더 중시한다는 점에서, 중립국들은 나의 견해를 꾸준히 구체화시켰다. 그러나 새로운 위험이 전면에 부상했다. 러시아는 이제 세계 제국의 꿈을 접었으나 그 꿈이 이제는 미국 쪽으로 건너갔다는 것이 분명해졌다. 베트남전의 기원과 상황들을 파헤친 나의 연구에서도 드러났듯, 미국이 착수한 군사적 모험으로 이제는 러시아 대신 전쟁이 점차 세계를 위협하는 주 요인이 되었다. 시장과 자원의 끊임없는 모색과 결합된 미국의 광신적 반공주의 때문에 어떤 진지한 중립국도 미국과 러시아가 똑같이 세계를 위협한다고 보기 힘들어졌다. 미국의 군사, 경제 정책과 냉전 정책이 본질적으로 하나라는 사실은 베트남전에서 보여준 더러운 욕심과 잔혹성에 의해 서서히 드러났다. 서구 사람들에게 이것은 극히 인정하기 힘든 사실이었으므로 나는 또다시 지난 10년 동안 내 견해를 수용했던 사람들의 침묵이나 반대를 경험했다. 그러나 제3세계에서는 우리에 대한 지지가 상당히 높다. 잔인함이 아무 도전도 받지 않고 사라진 적은 없었다.

미래에 대한 나의 견해는 셸리의 다음 시에 가장 잘 표현되어 있다.

"오 멈추어라! 증오와 죽음이 복귀해야 하는가?
멈추어라! 인간들이 죽이고 죽어야 하는가?
멈추어라! 비통한 예언의 단지를 남김없이 마시지 말라.
세상은 과거에 지쳐버렸으니,
죽게 하든지, 마침내 쉬게 하든지 하소서!"

'헬라스Hellas〔그리스 독립 전쟁에서 촉발되어 쓴 시〕'의 마지막 연

L·E·T·T·E·R·S

〈'자유인의 숭배'에 관하여 쓴 편지〉

친애하는 힐츠Hiltz 교수

6월 27일자 편지 고마웠소. 당신의 세 가지 질문에 답하자면, 1) 나는 1920년경 언젠가부터 '자유인의 숭배'는 '화려하고 수사학적'이라고 생각해 왔소. 2) 이 소견은 문체에 국한된 것이오. 3) 그 에세이를 쓸 당시에는 윤리적 가치를 목적으로 생각했으나 지금은 그렇게 보지 않소. 그러나 우주와 인간 삶에 대한 나의 견해는 크게 달라진 바가 없소.

추신 ; 줄리언 헉슬리가 고맙게도 소논문들을 보내주었소. '정신의 신진 대사', '진화론적 관점에서 본 우생학', '교육과 인본주의자 혁명.'

1962년 7월 27일

친애하는 줄리언

당신이 보내준 세 편의 논문, 대단히 감사하며 아주 흥미롭게 읽었소. 정신적 대사에 관한 논문이 마음에 들었는데, 공작이 왜 춤을 추는지, 여자들이 왜 립스틱을 사용하는지가 설명되어 있었소. 두 가지 다 내가 여태까지 신비롭게만 생각해 왔던 현상들이오. 이 논문에서 다루고 있는 문제들에 대해 비평을 할 만큼 잘 알지는 못하오만, 당신이 이따금 언급하고 있는 심신의 문제에 대해서는 매우 분명한 견해를 가지고 있소. 일부 생리학자들은 내 견해를 수용하지만 물리학이나 생리학을 알지 못하는 철학자들 거의 대부분은 조소와 경멸 속에 거부한다오. 내 책 『기억 속의 초상』에 실린 '정신과 물질'이란 짧은 에세이는 읽어볼 만할 것이오.

나는 우생학에 관한 당신의 견해를 어느 선까지는 인정할 수 있으나 그 이상은 아니오. 당신은 통치 세력이 계몽될 것이다, 통치권이 생산하고자 하는 인간 유형은 자연의 우연한 작품〔인류를 가리킴〕에 하나의 진보가 될 것이라고 보는 듯하오. 당신이 구상하는 바와 같은 정자 은행이 만일 히틀러 체제기에 존재했다면 아마 히틀러는 자기 시대에 독일에서 출생한 모든 아기들의 아버지가 되어 있었을 것이오. 지금까지도 늘 그랬듯 권능은 예외적인 가치를 싫어하기 때문에 권능이 정자 은행을 지배할 것이 분명하오. 그 결과, 우생학이 효과를 발휘하는 선 내에서 예외적인 가치는 사라지게 될 것이오. 우생학이 무엇을 성취할 수 있었나에 대해서는 당신의 견해에 전적으로 공감하지만, 무엇을 성취할 것인지에 대해서는 생각이 다르오.

교육에 대한 당신의 의견에 대해서도 좀 비슷한 비평을 하게 되오. 예를 들어 당신은 정통 정교를 구성하는 어리석은 신화들을 물리치면서도, 서구 세계 어디서든 그러한 신화를 내놓고 거부하는 사람은 아무도 학교 선생이 될 수 없다는 사실을 언급하지 않소. 또 하나의 핵심 사항을 들자면, 교육은 총력전總力戰을 엄청나게 촉진시켰소. 사람들이 글을 읽을 수 있게 되었는데도 교육자들은 그들이 사고하는 것을 막으려 애서와기 때문에 과거 그 어느 때보다 지금, 호전적 만행이 훨씬 더 쉽게 확산되고 있으니까.

당신은 당신이나 나의 것과 크게 다르지 않은 가치 기준을 가진 현명하고 깨인 사람들이 통치권을 구성하게 될 것이라 생각하는 것 같소. 그것은 모든 증거에 어긋나는 생각이오. 피타고라스가 추방된 것은 폴리크라테스Policrates〔기원전 6세기에 활동한 에게 해 동부 사모스 섬의 참주〕의 미움을 샀기 때문이었소. 소크라테스는 사형에 처해졌으며 아리스토텔레스는 알렉산드로스가 죽자마자 아테네에서 도망쳐나와야 했소. 고대 그리스 시대에 그리스에서 도망치기란 어려운 일이 아니었지만, 현대 세계에서는 훨씬 더 어려운 일이며, 그리스 시대보다 요즘에 위대한 사람들의 수가 적은 이유 중의 하나도 바로 그것이라오.

L·E·T·T·E·R·S

당신 부부의 안녕을 비는 바이오.

1963년 3월 10일

〈줄리언 헉슬리 경의 편지〉

친애하는 버티

훌륭한 편지 매우 감사합니다. 공작과 립스틱을 두고 키득대는 소리가 들리는 듯합니다!

심신의 문제로 말하자면, 나는 그것을 진화론적 각도에서 접근해야 한다고 봅니다. 우리 모두는 살아 있는 '심신' 조직체로서, 우리 뒤에는 긴 역사가 있고, 다른 모든 살아 있는 조직체들과 관련되어 있습니다. 즉 이것은 심신이 어떤 방식으로든 단일 개체를 구성한다는 얘기입니다.

우생학적 척도나 공인 교육의 척도에 내재된 위험성에 대해선 물론 당신의 얘기가 지당합니다. 다른 한편으로 '뭔가'를 해야 마땅하지요! 나의 태도는 완전히 낙관적이지도 완전히 비관적이지도 않습니다. 우리들 자신과 우리의 현재 상황이 완벽과 거리가 멀긴 하지만 발전할 능력은 있다, 정말로 어떤 조치가 취해지지 않으면 자칫 퇴보할 수도 있다고 보는 입장이니까요. 정말로 중요한 것은 뭔가 해야 한다는 것입니다. 물론 그것이 원칙적으로 옳은지를 검토하고 악용되지 않도록 최대한 지키려고 노력해야겠지만 말입니다.

다시 한 번 말하지만 우리에게는 교육 제도 비슷한 것이 있어야 합니다. 예상되는 위험들에도 불구하고 그것의 개선을 위해 노력해야 한다는 것이 나의 생각입니다.

줄리엣이 안부를 전하는군요.

1963년 3월 13일

L·E·T·T·E·R·S

〈앨리스 메리 힐턴Alice Mary Hilton과 주고받은 편지〉

친애하는 힐턴 양

당신의 책 『논리학, 계산기 그리고 자동화Logic, Computing Machine and Automation』를 보내주어 진심으로 감사하오. 아직까지는 일부밖에 못 읽었지만 아주 흥미로웠소. 『수학 원리』와 나에 대해 그처럼 좋게 평해 주니 특히 감사하오. 『수학 원리』에 바쳐진 20인년(man-year ; 한 사람이 1년에 하는 작업량)은 시간 낭비였다, 이 책은 잊혀지는 편이 낫다고 한 괴델 추종자들의 말에 하마터면 설득당할 뻔했소. 당신이 그러한 견해를 취하지 않는 것을 알고 위로가 되었소.

1963년 6월 9일

친애하는 러셀 경

제 책 『논리학, 계산기 그리고 자동화』와 관련해 친절한 편지 보내주셔서 대단히 감사합니다. 사려 깊게도 제게 편지까지 해주셨으니 당신의 관심과 친절에 어떻게 감사를 표해야 할지 모르겠습니다. 제가 『수학 원리』를 어떻게 생각하느냐는 크게 중요하지 않다는 것을 잘 알고 있지만, 학문에 크게 기여한 책을 두세 가지 꼽으라면 차세대 수학자들은 꼭 이 책을 넣을 것이라 확신합니다. 말씀하신 바와 같은 비판은 다른 무엇보다도 이해의 부족에서 비롯되었을 거라고 생각합니다. 제가 이 방대한 책을 충분히 이해했다고는 할 수 없으나 수년에 걸쳐 노력한 결과, 지금은 적어도 기본적인 원리들을 이해할 만큼은 압니다. 제가 분명히 확신하는 것은, 위대한 수학자(물론 저는 아니지만)라면 『수학 원리』를 읽고, '20인년이 낭비되었으며 이 책은 잊혀지는 게 낫다'고 생각하지는 않을 것이란 점입니다. 어떤 문명이든 진정 위대한 지성들의 업적을 지켜나가는 문명이 존재하는 한 이 책은 결코 잊혀지지 않을 것임을 굳게 믿습니다.

예전에 제가 '사이버네이션〔컴퓨터에 의한 자동 제어〕 문화의 시대The Age of Cyberculture'란 잠정적 제목으로 연작물을 편집할 계획임을 말씀드린 적이 있지요. 거기에는 우리가 진입하고 있는 이 시대를 이해하는 데 기여한 사상가들—과학자, 철학자, 예술가 들—의 책이 포함될 예정입니다. 저는 인류가 이처럼 중대한 위기에 처한 적도 없었다고 봅니다. 우리는 절멸의 부단한 위험 속에 살고 있을 뿐 아니라, 혹시 핵무기에 의한 소멸의 위험에서 살아남는다 하더라도 인류에게 낙원 아니면 지옥이 될 수 있는 시대의 문턱에 서 있게 될 것입니다. 이 연작물에 대한 아주 간단한 개요를 동봉해 드리겠습니다. 저는 교양 있는 사람들이 이 세계에 대해 이해하고 대화하는 것이 너무나 중요하다고 믿기 때문에 외람되지만 당신께도 이 연작물에 글을 써주십사 부탁드릴 생각입니다. 그뿐만이 아닙니다. 저는 당신께 편집 위원회 일도 도와주십사 청하고 싶습니다. 매우 바쁘신 분이라는 것을 잘 알기 때문에 가볍게 부탁드리는 게 아닙니다. 그러나 당신이 견해를 알리는 작업을 하고 계신다는 것도 잘 알고 있는 바, 저는 이 연작물이 보탬이 될 것이라고 굳게 믿습니다. 다른 분야에서 일하고 있으나 서로 협력하고 이해해야 마땅할 사람들 사이에 이해를 촉진시키는 데 이 연작물이 상당한 효과를 발휘할 수도 있을 것입니다. 저는 이 연작물의 기고가들과 독자들을 통해, 이 사회의 정책 결정자들은 물론, 올바른 결정자들을 선택할 의무가 있음을 깨달아야 하는 우리 모두가 다소나마 충격을 받게 되기를 희망하는 바입니다.

이 세기—그리고 여러 수세기를 통틀어—의 가장 위대한 지성과 더불어 작업할 기회가 주어진다면 저 개인적으로도 더할 나위 없는 영광이 될 것입니다.

이 나라에서 당신의 녹음 테이프('버트런드 러셀, 육성 연설')를 이제야 겨우 구할 수 있게 되어 너무나 즐겁게 들었다는 것도 알려드리고 싶습니다. 친구들과 어울려 당신의 말씀을 듣느라 며칠에 걸쳐 행복하고도 멋진 저녁 시간을 보냈답니다.

당신의 친절에 다시 한 번 감사합니다.

미국 뉴욕
1963년 7월 2일

⟨존 파울로스John Paulos에게 보낸 편지⟩

친애하는 파울로스 씨

편지 매우 고마웠소.

내가 헤겔과 일원론을 대체로 거부하는 이유는 연관에 상충하는 변증법적 주장은 완전히 불합리하다고 믿기 때문이오. "A는 B의 서쪽에 있다"와 같은 진술은 확실하게 참일 수 있다고 생각하오. 이 문제에 대한 브래들리의 주장이 모든 명제는 주어-술어 형태를 취해야 한다고 전제하고 있음을 당신도 발견하게 될 것이오. 내가 볼 때 이것은 일원론의 근본적인 실수요.

그럼 안녕히.

1966년 8월 2일

⟨마르케자 오리고Marchesa Origo에게 보낸 편지⟩

친애하는 마르케자

레오파르디에 관한 당신의 책을 아주 흥미롭게 읽고 있소. 오래 전부터 그의 시를 좋아했으면서도 그의 일생에 대해선 당신의 책을 읽기 전까진 전혀 몰랐소. 그의 일생은 끔찍한 비극이며, 비극의 대부분이 나쁜 제도 때문이었소.

"레오파르디의 불행이 그의 천재성에는 확실한 행운이었다"고 한 산타야나의 말에 나는 동의할 수 없소. 그가 좀더 행복한 환경이었다면 훨씬 더 많은 것을 생산했을 것이라 믿소.

나는 이탈리아어를 잘 알지도 못하면서 그의 시 대부분을 이탈리아어로 읽었기 때문에 아마 많은 것들을 놓쳤을 것이오. 내 지식의 많은 틈새를 메워주었다는 점에서 당신의 책에 감사하오.

1966년 1월 19일

〈헤이스Hayes 씨에게 보낸 편지〉

친애하는 헤이스 씨

11월 18일자 편지 고마웠소. 내가 반러시아적 성향보다 반미적 성향이 강하다는 식의 생각은 무식한 악선전이라 할 수 있소. 내가 베트남에서 보여준 미국인들의 행동을 비난한 것은 사실이지만, 그와 동시에 소비에트 유태인들의 처우에 대해서도 격하게 항의해 왔소. 러시아인들이 핵실험을 재개했을 때 내가 제일 먼저 소비에트 대사관에 편지하여 강한 항의의 뜻을 표했으며, 이어서 소비에트 정부를 규탄하는 시위도 주도했소. 나는 동독 정부를 가리켜 "외국 군사력에 의해 강요된 군사적 전제 정치 국가"라고 표현했소. 나는 철저하게 공정을 기하겠다고 하는 소비에트 신문들에만 기고해 왔소. 내가 미국보다 러시아에 호의적인 태도를 취했던 유일한 사안은 쿠바 사태였소. 흐루시초프가 핵전쟁을 개시하지 않고 양보했기 때문이오. 핵전쟁 위험과 관련된 위기 앞에서 어느 한쪽이 양보하고 다른 한쪽이 양보하지 않는다면 나는 양보한 쪽이 다른 한쪽보다 칭찬받을 자격이 있다고 생각할 수밖에 없소. 핵전쟁이야말로 인류가 맞게 될 최대의 불행이라고 보기 때문이오.

당신의 편지를 읽어보니 내가 당신이 좋아할 글을 쓰지는 못하겠구나 싶소. 왜냐하면 나는 늘 지면을 통해 서구와 러시아를, 횟수나 강도 면에서 똑같이 비판해 왔기 때문이오.

1963년 11월 25일

〈아널드 토인비|Arnold Toynbee(1889~1975년, 영국의 역사가)의 편지〉

친애하는 러셀 경

이 기회에 당신께 편지를 쓰려 하는 다른 친구들도 무수히 많겠지만, 당신의 95세 생신은 제가 늘 당신에 대해 품어온 감정을 다소나마 표현할 수 있는 반가운 기회가 되는군요. 무엇보다도 당신과 이디스(두 분을 따로 떼어놓고는 생각할 수도 없답니다)에 대한 제 애정, 그리고 존경과 감사의 마음을 전하는 바입니다.

제가 당신을 처음 만난 것은 50여 년 전, 플라톤이 동료 철학자들에게 요구하는 거의 초인적인 요구에 당신이 응하고 난 직후였지요. 그리고 나서 당신은 아직 동굴에 갇혀 있는 동료 인간들을 돕고자 양지를 뒤로 하고 그리로 들어갔지요. 당신은 말 그대로 감옥에서 막 나와 있었습니다. (그게 마지막도 아니었지만.) 당신이 처음 감옥에 들어가게 된 이유는 강제 징집을 공개적으로 비판했기 때문이었습니다.

당신이 창조적이고 지적인 작업에만 계속 전념하려 했다면 얼마든지 가능했을 것입니다. 그 분야에서 가장 뚜렷한 업적으로 이미 명성을 날린 후였으니까요. 그것은 당신에게 강렬한 지적 희열을 주는 동시에, 우리가 몸담은 이 기묘한 세상에 대한 지식과 이해를 높여줌으로써 인류에게 혜택을 주는 작업이지요. 그랬더라면 당신은 아주 조용한 삶을 살 수 있었으며, 모든 현자들이 입을 모아 당신을 칭송했을 것입니다. 물론 그 이후로도 계속 그 분야에서 찬양받으셨지만 말입니다. 그러나 당신

L·E·T·T·E·R·S

은 동료 인간들에 대한 염려가 너무 큰 탓에 화려한 경력에도 불구하고 당신 자신의 지적 경력에만 안주하지 못했습니다. 당신은 '싸움 위에' 머물겠다고 말하기를 꺼릴 만큼 위대한 정신의 소유자입니다. 그후로 줄곧 문명의 생존을 위해, 그리고 원자력 무기가 발명된 후로는 인류의 생존을 위해 싸워오셨습니다.

제가 당신에게 무엇보다 감사하게 생각하는 점은, 최소 3대에 걸친 후배 동시대인들에게 그토록 오랜 세월 용기와 희망을 주셨고, 지금도 예전 못지않은 정력과 용기로 그 일을 하고 계신다는 것입니다. 당신처럼 인류를 걱정하고 염려를 행동으로 옮기는 사람들이 있는 한 우리는 당신을 귀감삼아, 당신의 정신에서 용기와 자신감을 발견할 수 있습니다. 그 용기와 자신감을 바탕으로 인류의 타고난 권리인 미래를 인류에게 제공하고 인류가 자멸을 피할 수 있도록 돕는 작업을 할 수 있는 것입니다.

1967년 5월 18일 목요일, 당신이 무엇을 대표하는지 무엇을 위해 분투하는지를 잘 아는 수십만의 동시대인들뿐 아니라 아무것도 모르는 수억의 동시대인들에게도 이날이 역사적인 날인 이유는 바로 그 때문입니다. 자기 자신을 뛰어넘어 이 비범한 종족의 역사에 스스로를 내던진 당신이야말로 이 종족의 걸출한 대표자입니다. 모든 생물의 본바탕은 자기 중심적이지요. 그러나 인간이란 생물은 관심의 중심을 자기 자신에게서 어떤 궁극적인 실체로 옮겨놓는 것이 삶에 주어진 사명입니다. 그것이야말로 인간의 운명을 진정으로 실현하는 것입니다. 당신은 그것을 해내셨습니다. 제가 항상 당신에게 감사와 애정을 느끼는 이유도 그 때문이며, 1967년 5월 18일이 당신의 많은 친구들 중에서도 특히 제게 행복과 희망의 날인 이유도 그 때문입니다.

미국 캘리포니아

L·E·T·T·E·R·S

1967년 5월 9일

〈육군 원수, 클로드 오킨렉Claude Auchinleck 경의 편지〉

친애하는 러셀 경

당신을 방문하여 후대받고 더할 수 없이 흥미롭고 고무적인 만남을 가진 후, 진작 감사의 편지를 띄우지 못한 점 사과드립니다. 보내주신 논문 '평화에의 새로운 접근'을 읽어보았는데 매우 감명 깊었습니다. 거기 담긴 모든 내용에 충심으로 동의하고 지지하는 바입니다. 저는 '대서양 평화 재단'과 '버트런드 러셀 평화 재단'의 관계와 기능을 이해하는 바, 전자의 경비에 작은 보탬이 될 수 있을 것 같습니다.

그 밖의 다른 방식으로도 제가 도움이 될 수 있다면 당신이 직접 알려주시든지 비서를 통해 알려주시기 바랍니다. 당신을 만나뵌 것을 영광으로 생각합니다.

일이 성공하기를 진심으로 기원합니다.

1964년 5월 1일

〈'버트런드 러셀 평화 재단' 설립과 관련해 유엔 사무총장 우 탄트가 보내온 글〉

러셀 경의 이름으로 재단을 세워 평화를 위한 그의 노력을 확대, 지속시키려 한다니 반갑습니다.

러셀 경은 핵무기의 무제한적 축적이 얼마나 어리석고 위험한 짓인가를 제일 먼저 간파한 사람이었습니다. 그는 이 경향에 맞서 초기에는 거의 홀몸으로 성전聖戰을 수행했으나 지금은 엄청나게 많은 군사를 거느리게 되었습니다. 일방적 군축이나 기타 유사한 생각들이 과연 지혜로운 것인지에 대해서는 시각 차가 있을 수 있겠지만, 핵무기의 무제한 제작, 실험, 완벽화, 비축이야말로 인류 최대의 위험 중 하나이며, 인류의 생존에 대한 가장 심각한 위협이라고 보는 러셀 경의 견해에 본인은 공감하는 바입니다.

따라서 러셀 경이 평화를 위해 그토록 오랜 세월 헌신적으로 수행해 온 성전을 조직적 기반 위에 올려놓고자 하는 이 노력이 꼭 유종의 미를 거두게 되기를 빕니다.

〈 '버트런드 러셀 평화 재단' 후원자들〉
하일레 셀라시에Haile Selassie, 에티오피아 황제
라이너스 폴링 교수, 노벨 화학상 및 평화상 수상자
카운다Kenneth Kaunda, 잠비아 대통령
은크루마Kwame Nkrumah, 가나 대통령
아유브 칸Ayub Khan, 파키스탄 대통령
니에레레Julius K. Nyerere, 탄자니아 대통령
상고르Léopold Senghor, 세네갈 대통령
베드퍼드의 공작
막스 보른 박사, 노벨 물리학상 수상자
보이드 오어Boyd Orr 경, 노벨 평화상 수상자
파블로 카살스Pablo Casals, 푸에르토리코의 첼로 연주자
다닐로 돌치Danilo Dolci, 시칠리아의 저술가이자 민권운동가
엘리자베스 벨기에 여왕
네루, 인도 수상
버네사 레드그레이브, 여배우
알베르트 슈바이처Albert Schweitzer 박사, 노벨 평화상 수상자

〈 '평화에의 새로운 접근―버트런드 러셀〉

불행하게 우리가 살고 있는 이 핵무기 시대는 새로운 사고방식과 행동, 국제 관계의 새로운 성격을 부과하는 시대다. 수소 폭탄의 발명 이후로 두 개의 강대국 간에, 혹은 국가 블록들 간에 핵전쟁이 발발할 경우 인류가 절멸될 위험이 현존한다는 것을 사려 깊은 사람들은 분명하게 인식해 왔다. 그와 같은 전쟁이 인간의 희망을 깡그리 짓밟을 것임은 물론이고 기존의 정책들이 고수되는 한 핵전쟁은 언제든 터질 수 있다. 이와 같은 상황은 우리 종족의 지속을 바라는 사람들에게 대단히 어려운 과제를 부과한다. 먼저 우리는 핵전쟁의 파괴성을 각국 정부와 국민들에게 납득시켜야 하며, 그 작업이 완료된 후에는 평화의 유지를 가능케 하는 정책을 채택하도록 정부들을 유도해야 한다.

이 두 가지 과제 중에 첫 번째는 이미 상당히 달성하였다. 그렇게 되기까지 다양한 방법의 여론 환기 운동이 동원되었다. 평화 행진, 평화 시위, 대규모 공개 집회, 연좌 시위 등등. 영국에서는 CND와 '100인 위원회'가 그러한 운동을 주도했고, 다른 나라들에서도 유사한 성격의 단체들이 활동했다. 그들―나도 그 중 한 사람이라는 것이 자랑스럽다―은 핵전쟁이 전 인류의 재난이 될 것임을 입증했고, 그 절박성과 위험을 지적했다. 그리고 핵전쟁의 위험을 아주 널리―각국 정부들에게까지―알리는 데 성공했다. 그러나 이제 새로운 접근법이 요구되는 시점이다. 위험성이 잊혀져서는 안 되겠지만, 이제는 그 다음 조치가 취해져야 한다. 핵전쟁이나 기타 인류에게 위협이 되는 것들로 이어질 수 있는 문제들을 해결하는 방법과 수단을 찾아내고 알려야 하며, 평화를 확보하기 위한 이 새롭고도 다양한 수단들을 채택하도록 인류를 설득해야만 한다.

현재까지, 경쟁하는 핵 집단 사이에 발생한 갈등의 정점은 쿠바 사태였다. 이 위기 상황에서 미국과 러시아가 서로 맞서는 동안 세계는 눈앞에 닥친 듯한 파멸을 기다리고 있을 수밖에 없었다. 그 마지막 순간에 양국은 경쟁을 포기했고, 쿠바인들에 대한 정책을 두고 의견이 다르다는 이유로 인류를 끝장낼 생각은 없는 듯했다. 그것은 너무나 중대한 순간이었다. 양쪽 다, 인류를 흔적없이 날려버리는 것은 바람직하지 않다고 생각한다는 것을 이 사태는 보여주었다.

따라서 우리는 세계의 정부들이 핵전쟁을 피할 준비가 되어 있다고 생각한다. 그리고 정부들뿐 아니라 문명국 국민들의 상당수, 어쩌면 대다수가 이 견해를 받아들인다.

이렇게 해서 평화를 위한 작업의 전반부는 달성되었다. 그러나 더 어려운 과제가 남아 있다. 전쟁이 일어나지 않게 하려면 전쟁을 피할 수 있는 방법들을 찾아내야 한다. 이것은 쉬운 문제가 아니다. 사실 많은 분쟁들이 처음에는 평화적으로 시작하지만 시간이 갈수록 분위기가 험악해지다가 결국에는 격분 속에 공개전으로 돌입하게 되기 쉽기 때문이다. 사고나 오보 때문에 전쟁이 터질 가능성도 존재한다. 게다가 다투는 당사자들 중 어느 한쪽에게 편파적인 성격의 정보가 제공됨으로써 야기되는 어려움도 있다. 때로는 이쪽이 때로는 저쪽이, 그러나 전반적으로 양쪽 모두가 중대한 양보를 하지 않고는 세계에 평화는 올 수 없다. 평화를 추구하는 데 따르는 이러한 난제들은 행진이나 시위와는 다른 테크닉을 요구한다. 관련 문제들이 복잡하기 때문에 유일한 해결책인 듯 보이는 것도 어느 한쪽이나 양자 모두에 의해 거부될 수 있기 때문에 문제를 논하는 협상자들이 소기의 목적을 달성하기 위해서는 절대적으로 냉정을 유지할 필요가 있다.

이런 모든 일은 정부들이 해야 마땅하다. 그러나 국제적인 성격을 가진, 특히 평화적 해결을 모색하는 단체들이 등을 밀지 않는 한 정부들은 필요한 작업을 적절하게 해내지 못할 것이다. 우리가 새로 설립한 재단들이 수행하게 될 일이 바로 이런 것이기 때문에 여러분들에게 추천하고자 한다.

두 재단 중 하나는 '대서양 평화 재단'으로 불린다. 전쟁과 평화에 관련된 문제들을 연구하는 것을 목적으로 하는 재단이기 때문에 자선 단체로 등록되었으며, 영국 국세청도 그렇게 인정하고 있다. 따라서 7년 단위 계약에 따라 기부금이 들어오면 표준 시세에 의거해 수입세를 만회할 수 있는데, 이는 다시 말해 기부금이 약 6퍼센트씩 증가한다는 뜻이다. 이 재단은 '버트런드 러셀 평화 재단'과 협조하에 작업한다. 후자는 '대서양 평화 재단'의 목적들을 실행한다. 따라서 이제부터는 단일 재단의 의미로만 지칭하겠다.

이렇게 말할 수도 있을 것이다. "그러한 작업은 유엔이 해야 할 일이다." 나는 그것이 유엔의 일이라는 데 동의하며, 조만간 그렇게 되기를 바라는 바다. 그러나 유엔은 몇 가지 문제를 가지고 있는데, 일부 문제는 고칠 수 있는 것이지만, 일부는 국가들의 단체가 가질 수 있는 본질적인 문제들이다. 고칠 수 있는 문제 중에서도 가장 눈에 띄는 것은 중국을 배제했다는 점이다. 후자에 속하는 문제로는, 총회에 참석하는 국가들의 평등성 문제, 안전 보장 이사회 소속 일부 국가들의 비토권을 들 수 있다. 이러한 이유들로 해서 유엔 단독으로 평화를 위한 작업을 한다는 것은 부적절하다.

우리가 만든 재단들이 평화를 가로막는 모든 장애물을 적절히 처리하고, 난제들에 맞서 인류의 상식에 호소하는 해결책들을 제시할 수 있게 되기를 바란다. 어쩌면 분에 넘치는 바람인지도 모르겠다. 유사한 목표를 가진 다른 단체가 최후의 승리를 장식하게 될 수도 있을 것이다. 그러나 그런 것과 상관없이 우리 재단은 유종의 미를 거두기 위해 노력할 것이다.

해결되어야 할 문제들은 크게 두 부류로 나뉜다. 첫째는, 인류 전체에 관련된 문제들이다. 그 중에서도 가장 중요한 두 가지는, 군축과 교육이다. 두 번째 부류는 영토 조정에 관련된 문제들인데, 이 점에 있어 독일이 가장 어려운 대상이 될 소지가 있다. 어쨌거나 평화를 확보하기 위해서는 두 부류 모두 해결되어야 한다.

핵무기가 출현한 이후로 군축 문제와 관련해 줄곧 회담이 열렸다. 제2차 세계대전 직후, 미국은 바루크 제의를 내놓았다. 이 제안의 의도는 미국의 핵무기 독점을 타파하고 핵무기를 국제 단체의 손에 맡기려는 데 있었다. 의도는 매우 훌륭했으나 러시아인들이 수용하지 않으려 하는 조항들을 삽입하자고 우겼다. 결국 모든 것이 예상대로 되어버렸다. 스탈린은 바루크 제안을 거부했고 러시아는 원자 폭탄에 이어 수소 폭탄까지 계속 생산해 냈다. 그 결과 냉전과 베를린 봉쇄로 이어졌고, 양 진영 모두 수소 폭탄을 생산하게 됨으로써 인류 전체에 대한 위험성을 최초로 시사했다. 스탈린 사후, 완전 군축을 위한 새로운 시도가 있었다. 아이젠하워와 흐루시초프가 캠프데이비드(미국 메릴랜드 주에 있는 미국 대통령 전용 별장)에서 만난 것이다. 그러나 미국방성 내 호전적인 세력들이 간첩 활동을 계속했고 러시아가 U2 정찰기를 격추시키는 사건이 발생함으로써 우호를 다져보려 했던 짧은 시도에 종지부를 찍었다. 그 후로도 군축 회의는 꾸준히 열렸으나, 특히 쿠바 사태 이후로 양측 다 어떤 합의도 하지 않겠다는 태도가 확고했다. 쿠바 사태 이후에 다소 우호적인 분위기가 다시 일기도 했으나 지금까지는 실험 금지 조약 외에 이렇다 할 결과를 낳지 못했다. 이 조약 자체도 값진 것이지만 동·서양 진영의 합의 가능성을 보여주었다는 점에서 특히 소중한 결과였다. 관련 협상들이 성공하기까지, 평화와 전쟁의 문제들을 다루는 국제 과학자 협회인 퍼그워시가 큰 몫을 담당했다.

군축과 관련해 현재의 상황을 살펴보면, 미국과 러시아 모두 총체적인 핵무장 해제를 위한 계획들이 있으나, 양자의 계획이 서로 다르며, 그 차이를 이어줄 방법이 현재까지는 없는 셈이다. 양측이 다 동의할 수 있는 핵무장 해제안을 짜내는 것이야말로 우리 재단의 가장 긴급한 과제의 하나다. 그러나 미 국방성이 또다시 공산주의 영토에 정찰기를 띄워 러시아인의 손에 격추되게 만들었다는 것이 왠지 불길하다.

평화를 확보하기 위해서는 교육에 대대적인 변화가 있어야 할 것이다. 작금의 교육에서는 아동들에게 자기 나라만을 사랑하라고 가르치며, 역사 속 인물 중에서도 특히 숭상하라고 가르치는 사람들을 보면 대개가 외국인들을 죽이는 데 뛰어난 기술을 발휘했던 자들이다. 영국 아동들은 넬슨Nelson과 웰링턴Wellington을 존경하도록 교육받고, 프랑스 아동들은 나폴레옹Napoleon을, 독일에서는 바르바로사Barbarossa(16세기에 활동한 인물. 바르바리 제국의 해적이었다가 오스만 함대의 제독이 되었음)를 존경하라고 가르친다. 그들은 세계를 위해 최선을 다한 내 나라 사람들이 아니다. 인류가 살아남으려면 영원히 폐쇄시켜야 마땅할 방법들로써 자기 나라를 섬긴 사람들이다. 인류를 한 가족으로 생각하도록 가르쳐야 한다. 그와 정반대로 가르치는 지금의 교육에 뒤지지 않게 애써 그것을 가르쳐야 한다. 물론 쉽게 바뀌지는 못할 것이다. 그러한 교육 제도에서는 아동들이 무르고 나약해질 것이라 말할 것이다. 아동들이 남자의 미덕을 상실하고 용기가 부족해질 것이라 말할 것이다. 예수의 가르침을 따른다는 기독교인들의 입에서 이런 얘기들이 나오게 될 것이다. 그러나 구식 교육을 받은 아동들이, 세상에 전쟁이 없으면 따분해 못 사는 싸움꾼들로 성장하는 무서운 일이 벌어질 수도 있다. 새로운 도덕관을 심어주는 새로운 교육만이 평화로운 세계를 지속시킬 수 있다.

따지고 보면 모험의 가능성은 무궁무진하며, 다소 위험한 모험도 얼마든지 제공할 수 있다. 아동들을 방학 때 대서양으로 내보내고 청년들을 달나라에 보낼 수도 있다. 다른 사람들을 죽이는 것 말고도 용기를 보여줄 수 있는 방법은 얼마든지 있으며, 그러한 방법들을 격려함이 마땅하다.

역사를 가르칠 때도 자기 나라를 지나치게 강조해서는 안 된다. 전쟁의 역사는 가르칠 내용의 작은 일부에 머물러야 한다. 문명 기술의 진보에 관련된 부분이 훨씬 더 중요하게 다루어져야 한다. 전쟁을 살인과 똑같이 취급해야 한다. 전쟁은 끔찍한 혐오 대상으로 간주되어야 한다. 아마도 오늘날 교육자들 대부분이 이런 모든 것들을 탐탁하지 않게 여길 것이다. 그러나 교육이 그러한 방식으로 변화되지 않는 한 인간의 흉악한 본성이 언제 터져나올지 우려하지 않을 수 없다.

그러나 아동들에게만 교육이 필요한 것이 아니다. 성인들에게도 교육은 필요하며, 평범한 사람들과 정부에서 중요한 일을 맡고 있는 사람들이 다 해당된다. 무기 발달의 모든 기술은 국가 규모의 증대와 연관되어 있다. 르네상스 시대에는 화약이 등장하여 성들을 폐물로 만들면서 근대적 국가들을 탄생시켰다. 오늘날의 개별 국가들, 심지어 최강국들조차 대량 파괴 무기들로 인해 총체적 파멸의 기로에 서 있다는 점을 감안하면 그 당시 성들의 운명과 다를 게 없다. 그러므로 새로운 종류의 시각이 필요하다. 지금까지 살아남은 공동체들은 안으로 협력하는 동시에 밖으로 경쟁하면서 생존해 왔다. 그러나 수소 폭탄이 외부적 경쟁을 구시대의 유물로 만들어버렸다. 이제는 전세계적인 협력이야말로 생존의 조건이 되어버렸다. 그러나 세계적인 협력을 달성하려면 개별 국가들의 협조적 정서가 반드시 요구된다. 다양한 구성국들이 계속 서로를 증오하고 의심한다면 세계 정부의 성공적인 운영을 기대하기 어렵다. 각 나라들 간에 좀더 우호적인 감정을 이끌어내는 것은 1차적으로 성인 교육의 몫이다. 인류가 한 가족이 되면 유례없는 번영이 약속되지만 수많은 가족들이 서로 경쟁할 경우 인류 앞에는 죽음 외에 아무 전망이 없다는 것을 개인들과 정부들 모두에게 반드시 가르쳐야 한다. 이러한 교훈을 가르치는 것이 우리 재단의 주요 교육 활동이 될 것이다.

세계 각지에서 무수한 영토 분쟁이 발생하고 있으며, 그 대부분이 동·서 진영 간의 문제다. 일부 문제는 대단히 첨예하여 평화를 확보하려면 반드시 해결하고 넘어가야 한다. 우선 독일의 경우부터 살펴보자.

얄타 회담의 결정에 따라 독일은 미국, 영국, 프랑스, 러시아가 담당하는 네 개 지역으로 분할하게 되었다. 독일 내 베를린에 대해서도 비슷한 분할이 이루어졌다. 모두가 조만간 합의에 도달하고 승전국들이 부과하는 조건들에 무조건 따르리라 기대하였다. 그러나 곧 말썽이 일어났다. 베를린 시가 러시아 구역의 한중간에 위치해 있는데도, 서방 연합국들이 베를린 내 서방 구역에 출입할 수 있는 적절한 방법을 명시한 규정이 마련되지 않았던 것이다. 1948년, 스탈린은 이 상황을 이용하여, 서방 연합국들이 도로나 철도로 서베를린에 접근하는 것을 금지한 이른바 '베를린 봉쇄'를 단행했다. 서방 측은 '공수 작전'으로 맞서, 러시아의 봉쇄에도 불구하고 서베를린에 물자를 보급했다. 베를린 봉쇄 기간에는 양측 모두 엄격하게 규정을 준수했다. 공중으로 서베를린에 출입하려면 평화 정착이 담보되어야 했는데, 러시아가 이 상황에 도전한 일은 없었다. 결국 이 에피소드는 다소 모호하고 내키지 않는 협정에 의해 러시아가 서베를린과 서독 간의 자유로운 왕래를 허용하기로 함으로써 일단락되었다. 그러나 서방은 이 같은 해결에 만족하지 않았다. 러시아가 언제든 서베를린을 점령할 수 있음이 명백해졌으므로 서방 측에게 남은 해답은 핵전쟁뿐일 것이다. 강제력은 훨씬 떨어지지만 서독 전역에 대해서도 그와 비슷한 고려가 이루어졌다. 이렇게 해서 독일 문제는 핵무기 군축 문제와 맞물리게 되었다. 따라서 만일 서방 측이 기존의 무기 감축에 대한 적절한 언질 없이 핵무기 감축을 수용하면 독일의 동구 방어는 불가능하다고까지 할 수는 없지만, 대단히 어려워질 것이다.

독일에는 동독과 관련해서도 문제가 존재하여 또 다른 복잡성을 띠고 있다. 과거 독일 제국 동부였던 지역이 두 개 지역으로 분할되었다. 동쪽 절반은 러시아와 폴란드에게, 서쪽 절반은 동독 공산주의 체제에 맡겨졌다. 러시아와 폴란드가 맡게 된 지역의 독일인들은 모조리 축출되었다. 남녀노소 할 것 없이 미어터지는 기차에 실려 무자비하게 베를린으로 수송되었는데, 베를린에 도착한 그들은 동쪽 종점에서 서쪽 종점까지 36시간이나 걸리는 거리를 줄지어 걸어야 했다. 많은 독일인들이 열차에서 죽고 걷다가 죽었으나 생존자들에게 주어진 법적 보상은 없었다.

그러면 동독 정부에 맡겨진 지역의 상황은 어떠했을까? 동독 정부는 공산주의 정권인 반면 국민의 압도적 다수는 반공주의자들이었다. 러시아인들이 세운 이 정권은 그들의 무력을 빌려 반란을 잠재우고 유지할 수 있었다. 동독은 하나의 감옥이 되어버렸고 베를린 장벽이 세워진 후로는 죽음을 각오해야만 그 감옥에서 탈출할 수 있었다.

독일이 이 같은 상황을 고분고분 받아들이리라 기대하기는 어렵다. 러시아나 폴란드에 넘겨진 구독일 제국 땅은 거의 대부분 폴란드인들이 거주하고 있기 때문에, 쫓겨난 독일인들이 겪은 고초를 어떻게 해석하든 독일 입장에서는 땅을 잃었다고 보는 것이 마땅하다. 그러나 현재 독일의 동부 지역에 사는 독일인들의 입장은 완전히 다르다. 동독은 사실상 러시아인들이 정복하여 자기들 마음대로 통치하는 땅일 뿐이다. 여기에, 서독인들이 느끼는 민족 감정적 차원의 연민까지 결합하여 불안정한 상황이 연출되고 있다.

지금까지 염려하는 심정으로 독일의 경우를 살펴보았지만, 과거 권력을 잡았던 나치주의자들이 모든 비독일인들의 마음에 독일의 힘에 대한 뿌리 깊은 두려움을 심어놓았다. 독일이 다시 통일될 경우 세계를 지배하려는 나치의 시도가 재연되지 않을까 우려하는 것도 일리가 있다. 서독의 힘을 키워주고자 총력을 기울여온 서방 진영 정부들은 이러한 우려를 전혀 하지 않는 듯, 독일인들이 다시 세계 제패를 향한 끔찍한 시도를 할 수 있도록 만들어주고 있다. 그러나 이러한 염려를 터무니없다고는 할 수 없다.

이 문제의 공정하고 평화로운 해결책을 얻기 위해 무엇을 할 수 있을 것인가? 서방 측이 독일은 자유로워지고 다시 통일되어야 한다고 제의할 경우, 독일이 무장 해제된다면 아마 동쪽 진영도 동의할 것이다. 그러나 독일인들이 자신들에게만 강요된 징벌성 무장 해제에 동의할 리 만무하다. 독일인들이 무장 해제를 수용하도록 만들 수 있는 것은 총체적 군축밖에 없다. 이와 같이 독일 문제는 군축 문제와 엮여지게 된다. '총체적' 군축이 수반된 통일 외에는, 독일인들과 나머지 세계 국가들이 모두 수용할 수 있는 독일 문제의 해결책을 상상하기 어렵다.

그 다음으로 해결이 힘든 영토 분쟁은 이스라엘과 아랍권 간의 분쟁이다. 나세르Nasser(1956~70년에 통일 아랍 공화국 대통령을 역임했음)는 이스라엘을 근절하는 것이 자신의 목표이며, 그 목표를 위해 2년 내로 미사일을 보유할 것이라고 선언했다(《가디언》, 1964년 3월 16일). 그런 일이 벌어지도록 내버려두어서는 안 된다는 것이 서방 세계의 확고한 생각이지만, 아시아 나라들 대부분과 어쩌면 러시아까지도 아랍권이 계속 승리를 거두는 한 수동적으로 방관할 태세다. 외부의 압력이 작용하지 않는 한 양측 간에 화해가 이루어질 희망은 거의 없어 보인다. 이런 경

L·E·T·T·E·R·S

우 이상적인 해결책은 유엔이 판결을 내려 관련국들로 하여금 채택하게 만드는 것이다. 그와 같은 판결의 내용을 공개적으로 밝히지는 않겠지만, 어쨌거나 유엔이 제시하고 동·서 진영의 주요 국가들이 지지하는 내용이어야 할 것이다.

동쪽 진영 혹은 서쪽 진영을 택하는 문제와 관련해 어떤 나라에서 분쟁이 발생하면 일반적으로 유엔 주재하에 관련국에서 국민 투표를 실시하고 다수를 얻은 쪽에 그 나라 정권을 맡기는 것이 적절한 절차다. 이러한 원칙을 현재는 양 진영 어느 쪽도 받아들이지 않는다. 미국의 경우는 남베트남에서 이 원칙을 수용하지 않고 있다. 그리하여 반공산주의 행위를 하면서도 그 이유를 숨긴 채, 베트콩의 내습으로부터 농민들을 보호하는 척한다. 쿠바의 카스트로 정부에 대한 미국의 태도는 아주 모호하다. 미국 여론 대부분이, 서반구의 어떤 정부도 미국의 비위를 상하게 하는 정부는 절대로 묵과할 수 없다는 쪽이다. 그러나 이러한 여론이 과연 미국의 행동을 결정하게 될 것인지에 대해선 아직까지는 회의적이다. 이런 측면에서 본다면 러시아도 비난받아 마땅하다. 헝가리와 동독에서 국민들의 뜻을 무시하고 공산주의 정권을 강요했으니 말이다. 총체적 군축이 이루어진다면 아직까지 종속국으로 남아 있는 세계 여러 나라들의 자체적 결정이 훨씬 더 용이해질 것이다.

우리가 궁극적인 목표로 하는 세계는, 각국의 군사력이 국내 안정에 필요한 선으로 제한되고, 개별 국가 외부에서는 개혁을 통해 다시 태어난 유엔의 군사력만이 활동할 수 있는 세계다. 이 궁극적인 해결책에 접근하는 과정은 점진적으로 이루어져야 하며, 유엔의 권위가 증대되고 주요 전쟁 무기를 단독으로 보유할 수 있어야 한다. 물론 유엔이 아닌 다른 새로운 국제 단체가 그러한 역할을 할 수도 있을 것이다. 그것이야말로 대량 파괴 무기들이 속속 발명되는 상황에서 인류가 살아남을 수 있는 유일한 길이며, 달리 다른 방법은 찾아내기 어렵다.

위에 암시된 많은 개혁들은 유엔—혹은 같은 목적으로 특별히 창설된 새로운 국제 단체—의 권위에 달려 있다. 유엔의 힘이 확대되기 위해서는 중립적인 동시에 국제적인 성격의 교육이 이루어져야 할 것이다. 그러한 교육을 수행하는 조직도 국제적이고 중립적이어야 한다. 현재 여러 나라에 평화를 목적으로 활동하는 국내 단체들이 있지만, 평화로운 세계의 창출을 목표로 하는 국제적 단체는 우리 재단이 최초인 것으로 알고 있다. 다른 재단들은 국내적 차원에 머물거나, 평화의 한두 가지 측면 혹은 접근법을 다루는 것만 목표로 하고 있어 범위가 제한적이다. 우리는 가능한 분야에서 그들을 지원할 것이며, 우리의 작업 중에 그들의 일과 부딪치는 부분들에서는 그들의 지원을 기대할 것이다. 또한 우리는 국제적 논쟁의 격화를 줄이도록 노력할 것이며, 각국 정부들과 주요 여론 기관들이 반대자들을 비판하는 데 적어도 최소한의 예의는 지키도록 유도할 것이다.

우리 재단의 정부는 소규모 지도부의 손에 맡겨질 것이다. 아직까지는 미완성의 지도부지만, 조속한 시일 내로 전쟁 방지와 관련된 모든 이해 관계를 대변하게 될 것이다. 지도부의 일반 목적을 인정하지만 이런저런 이유로 일상적 활동에는 참여하지 못하는 후원자 단체가 지도부를 지원하게 된다. 특정 분야에서 전문 지식을 가진 사람들로 구성된 고문단도 만들어질 것이다. 이들은 관련 분야의 전문 지식을 제공하게 될 것이다. 재단 본부는 런던에 상주할 것이며, 여기에 국제 사무국도 둘 것이다. 본부는 가까운 시일 내로 세계 각지에 지부를 설치할 계획이다. 먼저 뉴욕 지부와 베이루트 지부가 빠른 시간 내에 설치될 것이다. 다른 지부들도 적절한 인력이 모집되는 대로 조속히 설치될 것이다. 이처럼 세계 각지에 지부를 설치하는 일은 간단한 작업이 아니다. 감히 공개적으로 핵전쟁을 지지하지는 않지만 많은 정부들이 자국 영토에서 핵전쟁 반대 활동을 하는 것에 반대하고 있고, 진심으로 평화를 바라는 사람들도 재단의 일반 방침이 기대하는 만큼 자국의 이익을 희생시켜야 한다면 꺼리는 경우가 많다. 분명한 것은, 일반 평화 정책이 어디에서나 적당 수준의 요구를 해야 한다는 것, 평화를 지지하는 많은 사람들이 다른 나라들의 양보에 대해선 바람직하다고 인정하면서도 자국의 양보가 필요하다고 하면 몸을 사리는 경향이 있다는 사실이다. 이와 같은 양보의 의지야말로 사무국 직원이나 각 지부장에게 필수적인 자질이다. 각 지부들은 일반 국민과 당국을 대상으로 현지 문제에 관한 정보와 1차적 지식을 수집해야 한다. 그리고 그 지식을 평가하여 평화를 위한 작업에서 차지하는 중요도를 파악해야 할 것이다. 또한 정확한 지식을 유포하고, 평화를 지향하는 작업에 걸맞은 태도와 행동으로 당국과 대중을 동시에 교육해야 한다. 각 지부는 전체의 작업에서 지부가 담당해야 하는 일을 지원하고, 지부와 전체의 작업에 필요한 자금을 수집할 수 있는 적절한 일꾼들을 찾아내는 과제도 수행해야 할 것이다. 중앙 사무국이 견고한 기초 위에서 분쟁 당사자들이 수용할 확률이 높은 해결책을 도출해 낼 수 있도록 정보와 충고를 전해 주는 일도 각 지부의 몫이다.

이러한 과업들을 제대로 수행하기 위해서는 은밀한 원조, 사무실 운영, 출장, 찾아낸 정보의 선전에 필요한 경비 그리고 기금이 허락할 경우 우리의 궁극적 숙원인 자체 라디오 방송국과 신문사 설립에 상당한 경비가 들지 않을 수 없다. 이러한 기금들이 마련될 때까지 재단은 가능성들을 탐색하고, 선전 작업에 필요한 위치 선정, 설비, 인력의 평가—이런 작업 자체가 보통 일이 아니다—에 주력해야 한다.

재단이 서서히 내용을 갖추어나갔으면 하는 것이 우리의 바람이다. 아테나Athena〔그리스 신화에서 지혜, 예술, 전술의 여신〕처럼 완전 무장하고 솟아날 수는 없는 법이다. 지금 우리에게 있는 것은 소망을 담은 작은 씨앗 정도에 불과하다. 우리는 런던에 본부를 갖추었다. 국제적이고 중립적이고 열정적인 작은 사무국도 있지만, 우리가 해내야 할 작업에 비하면 너무 작다. 우리는 팸플릿과 인쇄물을 만들어 문제가 되고 있는 다양한 이슈들에 관한 견해를 밝히고 있다. 때를 보아 언론에 편지를 보내고 기고하는 형식으로 이런 작업들을 보완한다. 그러나 이런 방식으로 할 수 있는 일은 아직까지 너무나 제한적이다. 이런저런 문제 지역에서 평화를 확보하려면 반드시 필요한 작업들을 대부분의 신문들이 반대하고 있기 때문이다. 그럼에도 불구하고 이런 현실에서도 할 수 있는 일이 많다는 것을 우리는 알게 되었다. 기존에 발표된 자료를 통해, 혹은 멀리 현지에 나가 정부들을 방문하고 그들의 견해를 들어보는 방법으로 정보를 수집할 수 있다. 5개월이란 짧은 기간 동안에도 우리 재단은 문제가 되고 있는 여러 현장과 관련 정부들에 대표를 파견해 왔다. 우리는 이미 엄청난 관계를 확보했으며, 여기에는 세계 각지의 지지자들은 물론 각국 정상들까지 포함되어 있다. 우리는 이런 모든 관계들로부터 정보와 충고를 동시에 얻어낸다. 또 이러한 관계들을 통해 동서, 남북 진영을 막론하고 여러 다양한 나라들의 정치범 석방이나 무수한 소수 집단의 지위 향상을 호소하는 작업도 병행하고 있다. 특히 이 부분들에서 우리의 작업은 이미 기대 이상의 큰 성과를 올렸다. 그러나 출범 5개월 동안의 성과를 열거하는 과정에서 우리 일의 특수성에서 오는 핸디캡 때문에 어려움을 느낀다. 현재 우리가 수행하고 있는 협상들은 조만간 이해를 얻게 되겠지만, 지금 얘기하게 되면 효험이 없어질 것이기 때문에 밝힐 수가 없다.

대규모 조직을 만들어본 사람들은 누구나 이해하겠지만 출범 후 지난 몇 달 사이 우리의 노력은 기금 확보에 주로 집중되었으며 앞으로도 상당 기간 그렇게 될 것이다. 우리가 하고자 하는 작업이 대부분 비용이 많이 드는 일들이기 때문이다. 우리는 현장 비용을 충당하기 위해 여러 나라들에 은행 계좌를 개설해 놓고 있다. 예술가들이 기증해 준 그림 및 조각품 판매 행사나 다양한 기금 모금 행사를 벌여왔다. 영화도 한 편 후원하고 있다. 다양한 극장 공연들에서도 기금을 기대하고 있다. 그러나 개인 및 단체들의 증여로 보완하지 않으면 이런 방법들만으로는 충분하지 못할 것이다. 돈이 많이 모일수록 우리의 목표를 한결 조속히 적절하게 수행할 수 있음은 물론이다. 충분한 기금이 확보되면 재단이 그동안 해온 많은 작업들이 성과를 거둘 것으로 우리는 확신한다. 우리는 인류의 보존이라는 크나큰 대의를 위해 일하고 있다. 만인의 지원을 기대할 수 있는 작업인 것이다. 그러나 안타깝게도 아직 현실은 그러하지 못하다. 조만간 그렇게 되었으면 하는 것이 우리의 바람이다.

1964년 2월

〈에리히 프롬Erich Fromm(1900~80년, 독일 태생의 미국 정신 분석학자, 저술가)과 주고받은 편지〉

친애하는 버트런드 러셀

모스크바 회의를 앞두고 얼마나 바쁜 시간을 보내고 계실지 잘 압니다만, 한 사람의 운명이 걸린 일이 있어 당신의 충고와 도움을 요청하고자 글을 올리게 되었으니 양해해 주시리라 믿습니다. 하인츠 브란트란 이름의 그 사람은 작년 6월에 동베를린인가 포츠담에서 동독 경찰에 체포되어 독일 민주 공화국(동독)에 불리한 간첩 활동을 한 혐의로 비밀 재판에 부쳐졌는데, 금년 5월 10일에 13년의 징역형(강제 노동 수용소)을 선고받았습니다.

브란트는 히틀러 정권 이전에 독일의 공산주의자였으며, 히틀러 치하에서 11년간 구치소와 수용소에 감금되어 있었는데 특히 수용소에서 혹독한 고문을 받았습니다. 전쟁이 끝나자 그는 동독으로 가 기자가 되어 공산당을 위해 일했습니다. 그러나 공산당과 점차 불화가 깊어져 결국 서독으로 도망쳐 프랑크푸르트에서 '금속 노조 연맹' 기관지 기자로 일했습니다. 작년에 그가 속한 연맹이 그를 서베를린에서 열리는 연맹 회의에 참석시켰는데, 그때 동독 경찰에 의해 납치되었거나 꾐에 넘어가 동독으로 들어가게 된 것 같습니다. 그를 아는 사람들 모두가, 자발적으로 동독으로 들어갔을 리는 없다고 믿고 있으니까요. 공산주의에서 등을 돌린 사람들이 서독에 오면 맹렬한 반공주의 대변인으로 변하기 십상인데, 그는 전혀 그런 짓을 하지 않았다는 점이 놀랍습니다. 오히려 그는 평화를 위해, 또한 소비에트 연방과의 공감을 목표로, 서독의 재무장을 가장 열렬히 반대한 사람의 하나였습니다. 물론 그가 속한 프랑크푸르트의 연맹도 서독에서 가장 크고 평화 지향적인 단체지만, 그는 용감한 태도로 인해 여러 곳에서 적으로 취급받으면서도 한치의 타협 없이 자신의 이상을 위해 싸웠습니다.

제가 알기로 브란트는 나치 수용소에서 받은 고문으로 인해 건강이 염려되는 상태였으며, 아내와 어린 세 자녀가 있는 바, 올해 나이 55세라는 점과 건강 상태를 감안하면 그가 받은 형량은 종신형, 아니 사형 선고나 다를 바 없습니다.

그가 체포되고 이번에 판결이 내려진 후로 수많은 항의와 분노가 잇따랐습니다. 각종 단체들이 광적인 반공주의 선전에 그의 사례를 이용해 온 것은 물론이구요. 한편 우리는 이 같은 악용을 막고자 최선을 다해 왔으며, 흐루시초프와 울브리히트Ulbricht(1960~73년에 동독 국가 평의회 의장을 역임했음)에게 전보를 쳐서 브란트의 석방을 요청하는 작업에 이미 착수했습니다. (미국에서 평화주의자들과 주요 평화 일꾼들 다수,

L·E·T·T·E·R·S

프랑스에서 클로드 부르데Claude Bourdet를 포함한 몇 사람, 독일에서 아벤트로트Abendroth 교수가 브란트의 석방을 위해 서명을 해주었습니다.) 이제 판결이 내려진 이상 그가 석방될 수 있는 유일한 희망은, 서반구의 많은 사람들, 특히 영향력이 큰 인사들이 소비에트 사람들과 접촉하여 브란트를 사면하고 서독의 가족 품으로 돌려보내도록 울브리히트 정부에 압력을 넣는 길밖에 없습니다. 저는 곧 열릴 모스크바 회의가 좋은 기회가 되겠다고 판단했습니다. 저도 옵저버로 거기 참가할 생각입니다. 얼마 전에 버널 교수에게 전보하여, 모스크바 회의에서 브란트 사건을 얘기해도 되겠느냐고 물어보았더니 좋다는 대답이 왔습니다. 이 계획의 성공은 말할 것도 없이 다음 한 가지에 달려 있습니다. 비공산주의자들과 평화를 지향하는 서구인들이 과연 몇 명이나 이 조치를 지지할 것인가? 저는 당신도 기꺼이 지지해 주시기를 바라 마지않습니다.

'서독 사회주의 독일 학생 연맹'에서 낸 발표문을 동봉합니다. 아벤트로트 교수, 하이도른H. J. Heydorn 교수, 브라케마이어H. Brakemeier와 데네E. Dähne도 비슷한 발표문들에 서명했습니다. (알고 계신지 모르겠지만, '서독 사회주의 독일 학생 연맹'은 서독의 재무장에 반대한다는 이유 때문에 서독 민주당에서 축출된 바 있습니다.)

브란트를 지원하는 운동을 어떻게 하면 가장 잘해 낼 수 있을지, 모스크바 회의에 앞서 당신과 한번 의논해 보았으면 좋겠습니다. (당신도 모스크바에 가실 것이라 짐작합니다.) 런던에 얼마나 체류하실 것이며 언제 모스크바로 가시는지, 그리고 떠나시기 전에라도 좋고 모스크바에서도 좋으니 한 시간 정도 저를 만나 이 사건에 대해 의논해 주실 수 있겠는지, 편지로 알려주시면 대단히 감사하겠습니다.

멕시코
1962년 5월 30일

친애하는 에리히 프롬

5월 30일자 당신의 편지에 대해 지금까지 답장해 주지 못한 점 진심으로 사과드리고 싶소. 나는 브란트 문제에 대해 당신이 충고하는 대로 무슨 일이든 할 것이오. 최근에 내가 흐루시초프에게 두 건의 전갈을 받았으니 답장할 때 브란트 문제를 끼워넣는 것은 전혀 어려운 일이 아니오.

나는 모스크바에 못 가지만 나의 대리인과 '100인 위원회' 멤버 네 명이 대표로 가게 될 것이오. 런던에서 당신을 만날 수 있었으면 좋겠소. 나는 7월 10일경에 웨일스로 돌아갈 예정이니 그때까지는 런던에 머물 것이오. 런던의 내 집에서 만날 수 있었으면 좋겠소. 런던에 오는 대로 연락해 주시오. 그럼 안녕히.

1962년 7월 1일

⟨흐루시초프에게 보낸 편지⟩

친애하는 흐루시초프 서기장

제가 모스크바 군축 회의에 부친 편지의 사본을 감히 당신께도 한 부 보내드립니다. 하인츠 브란트 사건에 관한 것인데, 이번에 관용을 베푼다면 평화라는 대의에 한 발짝 더 진전이 있을 것이라 생각하며, 서기장께서도 제 생각에 동의하시리라 믿습니다.

저의 90회 생일을 맞아 보내주신 자상한 편지에 진심으로 감사드리며, 대단히 만족스러웠습니다.

1962년 7월 4일

⟨모스크바 군축 회의 의장에게 보낸 편지⟩

나는 이번 회의가, 동독에서 13년의 징역형을 선고받은 하인츠 브란트 사건에 관심을 가져주었으면 하오. 그에게 어떤 혐의가 적용되었는지는 나도 정확히 모르오. 처음에는 간첩 행위로 기소되었으나 재판정에 섰을 때는 이 혐의가 기각되었다고 들었소. 하인츠 브란트는 평화를 위해, 그리고 서독의 재무장에 반대하여 헌신적이고 자기 희생적인 일꾼으로서 평생 적극적으로 활동해 왔소. 히틀러 치하에서는 11년 동안 감옥과, 아우슈비츠나 부헨발트 같은 수용소에 갇혀 있었소. 평화와 서독의 무장 해제를 지지하는 모든 사람들이 볼 때 동독 당국에 의한 그의 체포와 유죄 판결은 가혹한 처사지만, 서독 군국주의자들 입장에서는 증오감을 격화시킬 새로운 근거와 이유를 제공받은 셈이오. 이번 회의의 주제인 군축 문제를 위해서라도 그의 석방이 크게 도움이 될 것이라 믿어 의심치 않소. 이와 같은 근거로 이번 회의에서 그의 석방을 요구하는 결의안을 통과시켜 주기를 바라오.

1962년 7월 4일

〈울브리히트에게 보낸 편지〉

친애하는 울브리히트 씨

최근에 저는 귀 정부가 카를 폰 오시에츠키〔독일 언론인, 평화주의자로서 1935년에 노벨 평화상 수상〕의 이름으로 수여하는 평화상을 받는 영광을 누렸습니다. 저는 평소 오시에츠키를 대단히 존경해 왔고, 그가 목숨 바친 대의도 존경하는 바입니다. 저는 냉전과 냉전을 틈타 거래하는 모든 이들을 적극 규탄하는 사람이기 때문에 제게 주어진 그 영광을 받아들이는 것이 의미가 크다고 생각했습니다.

그러므로 제가 하인츠 브란트를 위해 의장께 다시 한 번 호소하게 된 동기가 무엇인지 이해가 되실 것입니다. 저는 앞서도 그를 위해 호소문을 올렸건만 잘 받았다는 전갈조차 받지 못하고 보니 심히 혼란스러운 심경입니다. 하인츠 브란트는 과거 정치범으로서 오시에츠키와 나란히 수용소 생활을 했습니다. 그는 자신의 정치적 신념에 따라 행동했다는 이유로 오랜 세월 구금되는 고초를 겪었습니다. 여기서 그의 신념이 옳으냐 그르냐를 따질 생각은 없습니다. 다만, 하인츠 브란트를 계속 감금시킴으로써, 귀국과 서방 진영의 관계를 개선하고 냉전을 완화시키려는 시도에 어떤 손실이 생길지 잘 생각해 보십사 부탁하는 바입니다. 인간애에 근거하여 다시 한 번 호소하오니 부디 이 사람을 석방시켜 주십시오. 이 사람에 관해 귀하의 의향을 알려주시면 대단히 감사하겠습니다.

저는 오시에츠키 메달을 값진 것으로 생각하지만 하인츠 브란트의 감금이 계속되는 탓에 애매한 처지에 놓이게 되었습니다.

1963년 8월 12일

1963년 10월 30일, 동독 국가 평의회 서기가 아주 상세한 설명서를 보내왔다. '반역죄인 간첩 브란트'에게 내려진 13년 징역형은 정당한 판결이었으며, 1974년 6월에 형기가 만료된다. 장기형은 최소한 절반을 복역할 때까지는 조건부 집행 중지가 불가능한데, 브란트는 이제 겨우 2년을 복역했다. 죄가 무겁기 때문에 '특사에 의한 감형'은 부당하다는 내용이었다. 고체Gotsche 서기의 편지는 이렇게 끝맺고 있었다. "잘 통찰해 보면 러셀 선생도 이해가 되시겠지만…… 이 사건은 인류를 위해서라도…… 전적으로 형법을 적용함이 마땅합니다."

〈울브리히트에게 보낸 편지〉

친애하는 울브리히트 씨

카를 폰 오시에츠키 평화 메달을 귀 정부에 반환키로 결정했음을 알려드리고자 글을 올렸습니다. 저로서도 내키지 않는 일이지만, 하인츠 브란트를 위해 개인적으로 2년이나 노력해 왔으나 여전히 석방되지 못하고 있으니, 이것이 동·서 진영의 공존과 긴장 완화와 이해에 장애물로 작용하고 있습니다.

제 대리인 킨제이Kinsey 씨가 최근 동베를린에서 귀 평의회 간부들과 대화하는 자리에서 제 메시지를 전달했습니다.

이 문제에 관해 귀하의 의견을 들은 바 없어 유감스럽습니다. 그러나 지금이라도 특사 조치로 브란트를 석방해 주시기를 바라며, 그렇게 될 경우 평화의 대의에나 귀국에게나 다 이익이 될 것입니다.

1964년 1월 7일

친애하는 울브리히트 서기장

하인츠 브란트가 석방되었다는 소식을 듣고 대단히 반가웠다는 얘기를 전하고자 글을 올렸습니다. 귀 정부로선 쉽지 않은 결정이었으리라 충분히 짐작하지만, 귀국이나 평화의 대의, 그리고 동·서 진영의 우호적인 관계를 위해 최선의 결정이었다고 굳게 확신합니다.

의미 있는 이번 관용 조치에 대해 감사와 동의의 뜻을 전하고 싶습니다.

1964년 5월 29일

〈토니Tony 및 베티 앰버틸로스와 주고받은 편지들〉

친애하는 러셀 경

저희 부부가 조만간 영국을 방문할 예정입니다. 그때 선생님을 만나 뵙고 오랜 세월 베풀어주신 모든 지원에 대해 직접 감사의 뜻을 전할 수 있다면 저희로선 더할 수 없는 영광이 될 것입니다. 하지만 이 짧은 편지는 저희의 깊은 감사와 존경의 표시로 올리는 것입니다.

토니가 석방되도록 도와주신 선생님께 저희는 평생을 두고도 갚지 못할 은혜를 입었으며, 토니와 함께 석방된 동료들도 감사의 마음을 전해 주기를 바랄 것입니다. 수백 명에 달하는 많은 사람들이 결국 석방되었으나 아직도 100명 가까운 사람들이 억류되어 있으니 참으로 안타깝습니다. 그러나 선생님처럼 존경받고 신념에 찬 동지가 계속 관심과 지원을 보내준다면 그들도 머지않아 곧 자유를 찾으리라 확신합니다.

러셀 부인께도 안부 전해 주시고 부디 안녕하시기 바랍니다. 감사합니다.

그리스 피레에프스
1964년 5월 7일
베티 앰버틸로스

친애하는 러셀 경

정치범들의 대의를 옹호해 오신 선생님께 깊은 감사와 존경을 표하고자 이렇게 몇 줄 올리게 되었습니다.

저희 모두가 지극히 존경하는 마음으로 선생님의 이름을 새기고 있습니다.

선생님이 해오신 모든 일에 대해 바치는 저의 감사를 부디 받아주시기 바랍니다.

토니 앰버틸로스

친애하는 앰버틸로스 씨와 부인에게

편지 고맙게 잘 받아보았소. 웨일스나 런던에서 두 분을 만날 수 있으면 좋겠구려. 나는 파판드레우Papandreou(1963~65년에 그리스 수상을 역임했음)와 계속 연락을 취하면서, 나머지 수감자들을 석방하고 최근 살로니카에서 취해진 고발 조치를 철회하도록 압력을 넣고 있소.

그럼 안녕히.

L·E·T·T·E·R·S

1964년 5월 13일

〈글래드윈 경과 주고받은 편지〉

친애하는 러셀 경

미국에서 돌아오니 비서가 당신의 9월 11일자 편지를 받아놓았기에 매우 흥미롭게 읽어보았습니다. 무엇보다 제게, '버트런드 러셀 평화 재단'에 관한 글과 '아프리카와 평화 운동'이란 제목의 논문을 보내주시고 견해를 물어오신 데 대해 감사하게 생각하며, 제 생각은 다음과 같습니다.

대체적인 소견을 말하자면 당신의 대전제가 전부 의문스럽다고 일단 말씀드릴 수 있습니다. 저는 총체적인 핵전쟁의 가능성이 점차 높아지고 있다고는 결코 보지 않으며, 반대로 가능성이 점점 낮아지고 있지 않나 생각합니다. 미국이나 소비에트 공화국 어느 쪽도, 자국의 보존을 위해(이 상황에서 이 표현이 역설적이지 않다면) 핵무기로 '선제 공격'해야만 하는 입장으로 상대를 몰아넣으려는 의도인 것 같지는 않습니다. 그뿐만 아니라 중국도 앞으로 오랜 시간 '선제 공격'의 수단을 보유하지 못할 것이며, 언젠가 보유하게 되더라도 그들 역시 실제로 사용할 생각은 없을 것입니다. 물론 우리는 가히 혁명적이랄 수 있는 힘든 시기를 살고 있습니다. 따라서 서방 세계가 협력하여 난국에 대처할 현명한 공동 정책을 논의해야 마땅하며, 그렇게 되지 못할 경우 우리는 범용凡庸, 무정부 상태, 혹은 야만주의로 빠져버리기 쉽겠지요. 우리가 현명한 공동 정책을 끌어낸다면 총체적인 핵전쟁도 물론 없을 것이고, 기아와 과잉 인구라는 큰 폐해도 극복하게 될 것입니다. 바로 이 대목에서, 서방 세계의 단결을 이루어낼 수 있느냐 없느냐에 모든 것이 달려 있다고 생각합니다.

'사고에 의한 전쟁'이란 것도, 상상은 해볼 수 있겠으나 조리 있는 가정이라고는 보지 않습니다. 따라서 이른바 '공포의 균형Balance of Terror'(저는 이것을 두 강대국 각자가 '반격'을 통해서라도 상대에게 결코 용인할 수 없는 피해를 입히는 능력이란 뜻으로 사용합니다)도, 동·서 진영의 군사력이 직접 맞서고 있는 모든 나라들에서 기존의 국경을 유지시키는(때로 '현상 유지'란 말로 표현되기도 하지요) 결과를 낳을 가능성이 높습니다. 그리고 이른바 '냉전'이란 것도 달리 말하자면, 서방 자유 세계와 동구권 공산주의 세계가 남미나 아프리카, 아시아의 '신흥' 국가들에서 벌이는 힘 겨루기에 다름아닙니다. 저는 1958년에 '긴장은 필요한 것인가?'란 글에서 이와 같은 생각을 전개한 바 있고, 그 이후로도 든든하게 다져왔습니다. 공포의 균형은 일부 예상만큼 그렇게 '허약하지' 않은 것으로 판명되었으며, 시간이 흐르면서 오히려 더 강해졌다고 말할 수 있습니다.

최근 불거진 소비에트와 중국의 이념 분쟁이 흐루시초프의 실각에도 불구하고 계속될 것으로 보이기 때문에 '냉전' 싸움에서 서방의 전반적인 입지가 강화될 가능성이 높습니다. 장기적 세계 평화, 다시 말해 핵전쟁 없는 세계에 도움이 될 주요 요인을 말하라면 저는 러시아와 미국의 '공포의 균형'에 이어 이 분쟁을 꼽고 싶습니다. 현 정세의 주요 특징을 보자면 미국과 러시아가 점차 서로를 덜 무서워하게 된 게 사실입니다. (따라서 고무적인 현상이지요.) 한쪽에서는 자유 경제가 전복될 가능성이 현저히 줄었다고 느끼고, 다른 한쪽에서는 서구 '자본가들'의 공격 개시 가능성이 현재로서는 없다고 보고 있습니다.

제가 이와 같은 전반적인 상황을 이상적인 상황으로 본다거나, 아주 장기간 계속될 상황으로 보는 것은 물론 아닙니다. 미국과 소련에 특히 해당되는 얘기지만, 무기에 그처럼 어마어마한 돈을 퍼붓는다는 것은 어리석기 짝이 없는 짓입니다. 물론 핵무기의 균형이 이루어진다면 그것을 보강하거나 유지하는 데 드는 비용이 줄어들겠지만 말입니다. 독일을 계속 분단 상태로 두는 것은 원칙적으로 잘못입니다. 총체적인 군축이 바람직하다는 것은 두말할 나위도 없지만, 미해결된 정치적 문제들이 합의하에 해결되고, 특히 평화적 협상에 의해 독일이 통일되기 전에는 불가능하다는 얘기에는 논쟁의 여지가 있습니다. 그러한 타협이 이루어지지 않았기 때문에 양측 다 실제로 어느 선 이상 감축하기를 꺼리며, 보장되는 것이 없기 때문에 진전 없는 상황을 거리낌없이 상대의 탓으로 돌리는 경향이 있다는 것은 물론 옳은 얘기입니다. 그러나 소련에는 죄가 없고 서방 세계 탓이라고만 보는 것은 명백히 사실에 어긋납니다. 특히 제가 의문스러운 것은(당신이 아프리카에 관한 논문에서 주장하신 것인데), 소련은 이미 군축에 동의했고 모든 적절한 단계에서 적절한 사찰에 응하겠다고 했기 때문에 군축 합의가 실패로 돌아간 것은 전적으로 서방 세계의 책임이라고 한 대목입니다. 사실을 말씀드리자면 이렇습니다. 여러 단계에 걸쳐 모든 무기를 파기하기로 한 러시아와 미국의 군축 협정 초안에 의거, 소련 정부가 검증을 수락했다고는 하나 기존 무기의 균형과 관련해 확인 절차에 동의한 바는 없습니다. 따라서 러시아의 제안에 따를 경우, 보유 군사력과 무기가 단계에 따라 합의된 할당치를 초과하지 않았다는 보장이 전혀 없을 것입니다. 이 부분에서 미국은 큰 양보를 했습니다. 즉 초기 단계에서 몇 개 표본 분야에서만 확인하는 방식에 만족한 것입니다. 그러나 소련 정부는 지금까지 이러한 제안에 대해 귀머거리 행세를 해왔습니다. 다음으로, 감군減軍 및 감군과 합의된 원칙들과의 관계라는 총체적인 문제가 있는데, 여기에 대한 소련의 의도는 아직까지 충분히 드러나지 않았습니다. 마지막으로, 서방 세계는 '국제 평화 유지군'의 보유를 희망합니다. 완전한 군축이 이루어지고 책임성 있는 통합 사령부가 발족할 경우 국제 평화 유지군이 반드시 필요하다는 것이 명백한데도 소련 정부는 실질적인 목적들을 위해 사령부에 비토권을 도입하자고 주장하고 있습니다.

따라서 저는 "파멸로 향하는 흐름을 바꿔놓기 위해서는 서구의 정책이 바뀌어야 한다"는 당신의 후속 주장에 대해서도 동의할 수가 없습니다. 서구의 정책만 두고 얘기하는 게 분명하니까요. 쿠바 사태 때 당신은 '쿠바 때문에 핵전쟁이 일어나선 안 된다'는 제목의 인쇄물을 돌렸는데 "여러분들은 죽게 되어 있다"란 말로 시작하지요. 여론이 당신의 지휘 아래 결집하지 않으면, 그리하여 미국의 정책을 바꾸고 소련 정부가 미국을 겨냥할 강력한 핵 미사일 기지를 쿠바에 설치하는 것을 허용하지 않으면, 우리는 곧 죽을 것처럼 보였습니다. 다행히 아무도 당신의 성명에 주목하지 않았고, 러시아가 자멸적 정책을 중단하고 케네디 대통령이 결단력과 선견지명을 발휘하여 세계를 구할 수 있었습니다. 우리는 죽지 않았지요. 물론 언젠가는 다 죽게 되어 있지만 서구적 상상력의 거대한 몰살 속에 죽지는 않을 것이라 봅니다. 인간이란 동물이 맹수의 여러 특징을 가졌다는 것은 인정하지만 다행히도 인간은 레밍(북유럽에 주로 서식하는 쥐)처럼 자살 성향을 가지진 않았습니다. 우리가 이 세상에서 바라는 것은 좀더 적은 공포와 좀더 많은 사랑입니다. 주의 깊게 보았을 때 당신의 운동은 이 두 가지 목적 중 어느 것에도 기여하지 못하고 있는 것 같습니다.

이런 문제들은 우리 국민은 물론 인류에게도 대단히 중요한 문제들입니다. 당신이 언제 상원에 제안을 들고 나가 그곳에서 현명한 검토가 이루어지게끔 했으면 하는 것이 저의 바람입니다. 조만간 이 편지와 당신의 답장을 동시에 공개하자고 제안하고 싶습니다. 물론 당신이 답장의 필요성을 느껴야 가능한 일이겠지만.

L·E·T·T·E·R·S

런던, 1964년 11월 3일

친애하는 글래드윈 경

 길고 상세한 당신의 11월 3일자 편지 고마웠소. 당신의 논점을 하나씩 짚어보겠소.

 1. 당신은 러시아와 서방 세계 사이에 핵전쟁이 터질 위험성이 몇 년 전보다 줄었다고 지적했소. 나토와 바르샤바 협약국 간의 직접적인 충돌이 줄었다는 뜻이라면 위험이 다소 줄었다는 얘기에 동의하오. 그러나 새로운 위험들이 부상했소. 신흥 강국들이 핵무기를 보유하게 되면 핵전쟁의 위험이 증대한다는 데 대해선 히로시마 폭격 이후로 동·서 진영의 모든 강국들이 동의해 왔소. 그러나 핵무기의 확산을 방지하기 위한 조치는 전혀 취해지지 않았소. 프랑스, 벨기에, 인도, 중국, 브라질은 핵무기를 보유했거나 보유 직전의 상황이오. 서독은 바야흐로 나토의 무기를 공유하게 될 상황이오. 중국에 대해 당신은, 중국이 힘을 발휘하려면 오랜 시간이 걸릴 것이라고 말했지만 내가 볼 때는 그렇게 생각할 근거가 없소. 러시아가 원자 폭탄을 보유하려면 오랜 시간이 걸릴 것이라는 게 서구의 관측이었소. 러시아가 원자 폭탄을 보유하게 되자 서구는 러시아가 수소 폭탄을 보유하려면 오래 걸릴 것이라고 보았소. 그러나 이러한 예상들은 착각이었던 것으로 밝혀졌소.

 당신은 사고에 의한 전쟁 가능성은 거의 없기 때문에 무시해도 좋다고 생각하오. 그러나 실수에 의해 전쟁이 일어날 가능성이 있소. 달을 소련 전투기로 착각하거나 레이더 신호를 잘못 읽거나 하여 전쟁이 터질 뻔한 일이 이미 수차례나 있었소. 그러한 실수가 조만간 드러나지 않을 가능성이 없다고 보기란 어렵소.

 게다가 핵 미사일이 많아질수록 핵 사고의 위험도 커진다는 것은 수학적 통계의 기본이오. 기계 장치와 근소한 시간 차에 의지해 발사 준비를 갖추고 대기 중인 엄청난 수의 로켓탄과 미사일들이 높은 사고 위험에 노출되어 있소. 관련 요소들이 차량에 의한 수송이나 민간 항공 따위 민간인들의 행위와 관련되어 있다고 말하면 어떤 보험 회사라도 그 점을 확인해 줄 것이오. 이런 의미에서, 우연한 전쟁의 위험이 하루가 다르게 높아지기 때문에 무기 시스템이 존재할 수 있는 것이오. 뿐만 아니라 그 위험은 기계 쪽의 문제만도 아니오. 제아무리 '엄선된', 고도의 훈련을 받은 사람들이라 할지라도 현재 핵무기와 관련된 많은 사람들이 감수하고 있는 바와 같은 극도의 긴장과 정신 집중 앞에서는 갖가지 히스테리와 정신 이상을 피하기 어렵소.

또 하나의 위험은, 모험적인 성향에 막강한 힘을 가진 거대 집단들이 미국에 존재한다는 사실이오. 미국 정부는 엄청난 위험을 무릅쓰고 북베트남군에 대한 공격을 감행했소. 최근의 선거에서 미국민의 약 40퍼센트 가량이, 전쟁을 공공연히 주창했던 골드워터Goldwater에게 표를 던졌소. 예전에 캠프데이비드의 화해 무드를 끝장내버렸던 U2 정찰기 격추 사고와 같은 사고를 호전적인 집단들이 언제든 일으킬 수 있소.

정책의 현명함을 평가하기 위해서는 나쁜 결과의 가능성뿐 아니라 결과가 얼마나 나쁜지의 정도도 고려할 필요가 있소. 인류의 절멸은 예상할 수 있는 최악의 결과이며, 설사 그런 일이 벌어질 가능성이 적다 하더라도 결과의 비참함이 그것을 허용하는 정책을 억제할 수 있어야 하오.

2. 당신은 세계의 현 상황이 바람직하지 못하다고 인정하면서도, 개선할 방법은 서구 진영의 단결밖에 없다고 주장하오. 당신의 편지는, 서구 진영의 모든 나라가 하나의 정책을 맹목적으로 따라야 그러한 단결을 확보할 수 있다고 암시하는 듯하오. 나는 그 같은 단결이 바람직하다

고 보지 않소. 당신은 범용이나 무정부 상태, 야만주의로 빠지는 일이 있어서는 안 된다고 말하지만, 당신이 서구가 고수해야 한다고 생각하는 정책—현재 미국이 남베트남에서 벌이고 있는 전쟁, 콩고와 라틴아메리카에서 드러난 미국의 경제 제국주의를 지지하는 정책—으로는 그런 것들을 피하기란 불가능하오.

미국은 베트남전을 수행하면서, 원시적으로 무장된 농민들을 대상으로 한 온갖 짐승 같은 소행들을 허용하고 지휘해 왔소. 사람의 창자를 끄집어내고, 수족을 절단하고, 화염 방사기로 대량 폭격하고, 그 나라 마을의 75퍼센트 이상을 파괴하고, 800만에 달하는 사람들을 수용소로 내몰고—이것이 이번 전쟁의 실상이오. 이와 같은 소행들을 범용이나 무정부 상태, 야만주의에 맞서는 질서 정연한 보루라고 묘사할 순 없을 것이오. 미국 내에도 이 전쟁을 반대하는 대규모의 여론이 존재하지만 정부가 전쟁을 계속하겠다고 우기고 있소. 당신이 주창하는 바와 같은 단결은 미국 정부가 정책을 바꾸도록 만드는 데 별 도움이 되지 못할 것이오. 콩고에 대한 미국의 정책도 대 베트남 정책 못지않게 잔인할 것으로 예상되오. 서방 국가들은 대 콩고 정책을 변화시키려는 조짐을 전혀 보여주지 않소. (당신이 혹시 못 읽었을 경우에 대비해 베트남과 콩고를 다룬 두 개의 소논문을 동봉하오.)

그럼에도 불구하고 세계 평화를 위해 세계 정부가 주도하는 대동 단결이 필요하다는 데 대해선 전적으로 공감하오.

3. 당신은 내가 항상 서방 세계를 욕하고 소비에트 연방은 죄가 없다고 주장한다고 비난하오. 사실은 전혀 그렇지 않소. 스탈린이 살아 있을 때 나는 그의 정책을 혐오스럽게 생각했소. 좀더 최근에 와서는 '실험 금지 조약' 이전에 행해진 러시아인들의 핵실험을 격하게 항의했소. 요즘에는 소비에트 연방에서 학대받는 유태인들의 참상을 지적하는 데 주

력하고 있소. 내가 미국의 책임이 가장 크다고 생각하는 경우는 특정 사안들에 불과하며, 그 중에서도 가장 중요한 것이 바로 쿠바 사태였소.

4. 나는 쿠바 사태에 대한 당신의 생각이 상당히 놀랍소. "러시아가 자멸적 정책을 중단하고 케네디 대통령이 결단력과 선견지명으로 세계를 구하여" 그 사태가 해결되었다고 당신은 말하오. 내가 볼 때 진실은 그와 정반대요. 흐루시초프는 위험성을 깨닫고 정책을 포기했소. 케네디는 그렇게 하지 않았소. 인류가 계속될 수 있었던 것은 흐루시초프 덕분이지 케네디 덕이 아니오.

그 위기의 해결과 별도로, 러시아의 대 쿠바 정책은 전쟁 위험만 없다면 정당하다고 할 수 있겠으나, 미국의 정책은 철저히 제국주의적이오. 쿠바가 미국이 싫어하는 성격의 정부를 수립했기 때문에 미국은 자신의 혐오감이 무력으로 그 정부의 성격을 바꾸려는 시도를 정당화시켜준다고 생각했소. 나는 쿠바 땅에 미사일을 설치하는 행위를 정당화시킬 엄두도 못 내지만, 서방 세계가 어떻게 쿠바 미사일에 대한 반대를 정당화시킬 수 있을지 이해가 되지 않소. 미국은 타이완의 진먼 섬과 마쭈 섬, 터키, 이란 등 중국과 소비에트 연방을 둘러싼 모든 나라들에 미사일을 설치하고 핵 기지를 세웠소. 소비에트 정부가 당시 쿠바에 강력한 핵 미사일 기지를 설치하고 있었다는 당신의 얘기가 나로선 흥미롭소. 쿠바의 미사일이 핵무기다, 다시 말해 탄두가 장착되었거나 쿠바 땅의 핵탄두와 동반되었다는 얘기는 맥밀런 씨도 홈Home 경도 말한 바가 없었기 때문에 특히 흥미롭소.

피그스 만(쿠바 서남부의 만. 1961년에 반反카스트로군이 여기서 쿠바 침공을 시도했음)의 갈등을 보면서 쿠바가 자체 방어를 시도할 구실이 없었다고는 주장할 수 없소. 그 사태 이후에 되돌아온 쿠바 망명객들에게 케네디가 한 말을 보면 쿠바가 지금도 구실이 없다고 할 수는 없소.

당신은 '자유 세계'에 대해 이야기하오. 쿠바의 경우가 적절한 것 같소. 서구 세계가 동구권보다 약간 더 자유로운 듯하오.

당신은 나의 성명서 '행동이냐 멸망이냐'를 언급하고 있소. 그것은 위기가 절정에 달하여, 진실을 아는 대다수의 사람들이 몇 시간 내로 전세계에 죽음이 닥치리라 예견하고 있던 시기에 씌어졌소. 위기가 사라지자 나는 그렇게 강한 표현은 더 이상 적절하지 않다고 생각했지만, 그 상황에서 올바른 견해를 표현했다는 점에서는 지금도 옳았다고 생각하오.

5. 세계가 좀더 적은 두려움과 좀더 많은 사랑을 필요로 한다는 당신의 얘기에는 나도 적극 공감하오. 당신은 그것이 공포의 균형을 통해 달성될 수 있다고 생각하오. 공포의 균형이란 논리가 만연해 있는 한 계속해서 새로운 발명품들이 이어질 것이고, 그로 인해 양측 모두 궁핍해질 때까지 군사비가 증대된다는 것은 뻔한 얘기 아니오? 값비싼 무기를 갖추고 공포의 균형을 이루고 있는 양측은 서로에게 이렇게 말하오. "나는 너를 멸망시키고 싶지만 그럴 경우 너도 나를 멸망시킬 것이니 그게 두렵다." 이런 것이 진정 사랑을 증진시키는 길이라고 생각되오? 그게 아니라면 좀더 그럴듯한 방법을 알려주었어야 했소. 이 부분에 관한 당신의 모든 설명은 결국 군축 외에는 방법이 없다는 얘기지만, 각종 정치적 문제들이 먼저 해결되지 않는 한 그러한 군축은 실행이 불가능하오.

나는 지금이라도 군축이 가능하다고 보는 입장이오. 필립 노엘베이커 Philip Noel-Baker의 소논문 '지금 당장 세계 군축을 달성하는 방법!'을 읽어보았는지 모르겠소. 이 논문에서 저자는 군축 협상 실황 녹음을 정확하고 냉정하게 기록하고 있소. 당신이 모를까 싶어 이 편지에 논문을 동봉하오. 저자는 특히 소비에트의 제안들이 군축의 모든 단계에서 다수의 조사관들이 소비에트 영토에 와서 직접 확인하라는 뜻이라고 지적하고 있소. 1955년에 소비에트 연방은 서구 진영의 군축 제의를 전적으로 수용한 바 있소. 소비에트 연방이 수락하자마자 서구는 제의를 철회해 버렸소. 오직 서구만이 군축을 외친다는 얘기는 전혀 사실이 아니오. 중국도 거듭 군축을 간청해 왔으며 불과 며칠 전에도 그랬소.

현재의 무기 생산 프로그램에 드는 경비에 대해선 당연히 당신의 생각과 같소. 강대국들의 무기 생산은 아프리카, 라틴아메리카, 아시아 세 대륙의 국민 총생산을 능가하오.

여러 가지 정치적 문제들이 일단 해결되면 군축이 좀더 쉽게 이루어질 것이라는 얘기에도 동의하오. 내가 당신에게 편지한 것도 평화 재단 때문이었지만, 우리 재단이 이러한 문제들을 조사하고 직접 관련자들을 만나 토론하는 작업을 하고 있는 이유도 바로 그것이오. 그들과 더불어 수용 가능하고 실행 가능한 해결책들을 찾아내보자는 것이 우리의 바람이오. 그리고 정치범 문제나, 정치적 상황과 관료적 형식주의 때문에 헤어져 사는 가족들의 문제, 불행한 소수 집단들의 문제에 관여하는 이유도 이 세계에 사랑을 증진시키고 증오를 덜어주자는 것이 목적이오. 우리 재단은 설립된 첫해에 이 모든 분야들에서 놀랍고도 많은 성과를 이루어냈소.

당신과 나의 편지를 공개하자는 얘기에 대해선 적극 찬성이오.

추신 ; 아래의 것들을 동봉하오.

'베트남과 라오스' ─버트런드 러셀과 하원 의원 윌리엄 와비William Warbey

'지금 당장 세계 군축을 달성하는 방법!' ─필립 노엘베이커

『비무장의 승리』─버트런드 러셀

'냉전과 세계의 빈곤The Cold War and World Poverty'
─버트런드 러셀

'이란의 자유' ─자키K. Zaki

'아랍 남부에서의 압제Oppression in South Arabia' —버트런드 러셀
'콩고의 비극' —R. 쉰먼

플라스 펜린, 1964년 11월 14일

이 편지에 대해 글래드윈 경의 답장을 받은 바 없으며, 내가 알기로 그는 우리 둘의 편지 중 어느 것도 공개하지 않았다.

〈케네디 암살에 관한 열여섯 가지 의문〉

케네디 대통령 암살에 대한 당국의 설명이 얼마나 모순투성이인지, 그들은 버리고 새로 쓰는 짓을 적어도 세 차례 반복해야 했다. 속이 들여다보이는 위증들이 대중 매체를 통해 대대적으로 보도되었지만 그것을 부인하는 증거들은 하나도 발표되지 않았다. 사진과 증거와 진술서들은 알아보기 힘들 정도로 변조되어, 리 하비 오즈월드Lee Harvey Oswald 소송의 가장 중요한 몇 가지 측면들을 완전히 먹칠해 지워버렸다. 다른 한편에선 FBI와 경찰과 비밀 검찰국이 나서, 핵심 증인들의 입을 막거나 이러저러한 증언을 하도록 지시했다. 다른 관련자들은 비정상적인 상황들에서 실종되거나 사망했다.

우리가 주목해야 하고, '워런 위원회'가 중요하게 다루었어야 할 것이 바로 이런 사실들이다. 비록 지금 '워런 위원회' 보고서가 발표되지 않은 시점에서 이 글을 쓰고 있지만, 언론에 새어나온 얘기들만으로도 그 내용이 어떠할지 대충 짐작할 수 있다. 이 위원회는 고위직 인사들로 구성되었고 존슨 대통령의 지시에 의해 발족되었다는 점에서, '진실'의 선언을 약속한 성스러운 사람들의 모임으로 널리 인정되어 왔다. 그러나 위원회 구성원들의 자질과 행동을 공정하게 점검해 보면 완전히 반대로 생각하지 않을 수 없다.

'워런 위원회'는 결코 미국 국민의 대표라고 할 수 없다. 위원회를 구성하고 있는 두 명의 민주당원, 다시 말해 조지아 상원 의원 러셀Russell과 루이지애나 하원 의원 보그스Boggs 둘 다 인종 차별적 견해로 미국에 수치를 안겨준 사람들이다. 공화당원 두 명은, 켄터키의 상원 의원 쿠퍼Cooper와 미시간의 하원 의원 제럴드 포드Gerald R. Ford인데, 포드는 자기 선거구에서 골드워터 운동을 주도하고 있고, 전직 FBI 요원인 쿠퍼는 워싱턴에서 FBI 대변인으로 알려져 있다. 앨런 덜레스Allen Dulles는 전직 CIA 국장이며 매클로이McCloy는 재계의 대변인으로 일컬어졌다. 러셀 상원 의원은 상원에서 시민권 법안에 반대하여 의사 진행 방해를 주도하느라 이 기간 중에 한 번도 심리에 참석하지 못했다. 존경받아 마땅한 미 연방 대법원장 얼 워런Earl Warren은 본인의 의사와 달리 설득 끝에 결국 위원회를 통솔하게 되었는데, 이 위원회가 법과 권위의 후광을 받기까지는 무엇보다도 그의 참여가 큰 도움이 되었다. 위원들 각자와 정부의 관계를 감안할 때, 만일 오즈월드가 법정에 섰더라도 미국 법에 따라 배심원 자격이 주어졌을 사람은 단 한 명도 없었다. 대법원장 스스로 이렇게 말했다는 것이 약간 놀랍다. "생전에 모든 사실을 알기란 불가능한지도 모른다." 이 대목에서 나는 첫 질문을 던지고 싶다.

왜 '워런 위원회'는 미국 정부와 긴밀한 관계가 있는 사람들로만 구성되었나?

위원회의 구성이 의심스러웠다면 그 행동은 최악의 우려를 확인시켜 주었다. 오즈월드의 변호 활동이 허용되지 않았으므로 반대 심문도 금지되었다. 압력이 들어오자 나중에야 위원회가 '미국 변호사 협회' 회장인 월터 크레이그Walter Craig를 오즈월드의 대변자로 임명했는데, 그 역시 애리조나의 골드워터 운동 지도자의 일원이었다. 내가 알기로, 그는 심리에 참석한 적이 없고 입회인들의 진술에 만족했다. 국가 보안이란 명목하에 위원회 심리는 비밀리에 열렸고, 그 덕분에 이 사건의 전 과정을 특징짓는 방침을 유지할 수 있었다. 이 대목에서 나는 두 번째 질문을 하게 된다.

발표된 바와 같이 오즈월드 단독 범행에 의한 암살이라면 국가 보안이란 이슈가 왜 나와야 하는가?

드레퓌스 사건 때 프랑스에서 제기되었던 의문을 그대로 갖다 놓아도 될 정도다.

진상을 그처럼 확신한다는 정부가 왜 모든 심리를 극비리에 진행했는가?

위원회는 처음부터 6개 심사단을 구성하여 조사 활동을 수행했다. 그들이 심사한 사항은 다음과 같았다. 1) 1963년 11월 22일에 오즈월드는 무슨 일을 했는가? 2) 오즈월드의 범행 동기는 무엇이었나? 3) 오즈월드는 미 합중국 해병대에서 무슨 일을 했으며 소비에트 연방에서는 무슨 일을 했는가? 4) 루비는 어떻게 오즈월드를 죽였는가? 5) 루비의 범행 동기는 무엇인가? 6) 11월 22일 당일, 대통령을 보호하기 위한 어떤 노력이 있었는가? 여기에서 네 번째 의문이 제기된다.

누가 케네디 대통령을 죽였는지의 문제를 다룰 위원회는 왜 설치되지 않는가?

위원회에 전달된 모든 증거는 '1급 기밀'로 분류되었으며 심지어 공개 심리 요구까지 기밀에 들어갔다. 그럼에도 위원회 스스로 언론에 많은 증거를 흘렸고, 모두 오즈월드의 단독 범행을 뒷받침하는 내용들이었다. 그리하여 오즈월드의 아내 마리나Marina의 증언이 있은 후에 워런 대법원장이 기자 회견을 열고, 그녀가 남편을 암살범으로 믿는다고 증언했다고 전했다. 오즈월드의 형제인 로버트는 증언에 앞서, 자신이 말하는 내용에 절대로 주석을 달지 않겠다는 위원회의 동의를 얻어냈다. 이틀에 걸친 그의 증언이 끝난 후 앨런 덜레스가 심리실에 남아 있었고 기자 몇 사람이 거기로 들어갔다. 그 이튿날, '위원회 소속 모 위원'이 언론에 전했다는 이야기가 신문마다 도배되었다. 로버트 오즈월드가 자신의 형제를 소비에트 연방 기관원으로 믿는다고 증언했다는 내용이었다. 로버트 오즈월드는 크게 격분하여, 자신의 증언을 둘러싸고 거짓말들이 나도는 한 침묵하고 있지 않겠다고 말했다. 그는 그러한 증언을 한 적도 없고 그렇게 생각한 적도 없었다. 그가 위원회에서 말한 것은, 자신의 형제는 절대로 암살에 연루되지 않았다고 믿는다는 게 전부였다.

위원회가 택한 방법들에 대해선 실로 개탄을 금할 수 없지만 '워런 위원회'가 전체적으로 어떤 역할을 했는지를 따져보는 것이 더 중요하다. 위원회는 자체 조사를 하지 않고 기존 정부 기관들—FBI, 비밀 검찰국, 댈러스 경찰—에 의존하겠다고 밝혔다. 따라서 '워런 위원회'의 자신감은 이 세 기관의 자신감을 전제로 하고 있다.

그 수많은 자유주의자들이 왜 본연의 의무를 방기한 채 위원회 상황을 조사하지 않는가?

알려진 바로 11월 22일 댈러스에는, 역대 미 합중국 대통령에게 취해진 보안 경계 중에서도 가장 삼엄하고 면밀한 경계령이 내려졌다고 한다. 이 도시는 본래 폭력으로 악명 높았고 미국에서도 가장 극단적인 우

L·E·T·T·E·R·S

익 광신자들의 본거지였다. 1960년에는 부통령 후보로 나선 린던 존슨 Lyndon Johnson 부부가 그곳에서 습격당했다. 애들라이 스티븐슨Adlai Stevenson은 케네디 방문을 불과 한 달 앞둔 시점에서 그 도시에서 연설하던 도중 신체 공격을 당했다. 11월 22일 당일 아침, 댈러스의 《모닝 뉴스Morning News》지에는 대통령과 공산주의를 연관시킨 전면 광고가 실려 있었다. 대통령의 사진을 박고 그 위에 '반역자 현상 수배'라고 적어 넣은 벽보들이 온 도시에 나붙어 있었다. 댈러스 위험 분자 명단에 23개의 이름이 올라 있었는데, 오즈월드의 이름이 제일 위였다. 그날, 다른 사람들은 모두 미행당했으나 오즈월드는 제외되었다.

그들은 댈러스 공립 학교 제도의 인종 차별 대우 폐지를 공개적으로 지지한 사람들이었는데, 당국은 무슨 이유로 그들을 잠재적 암살범으로 상정하고 일일이 미행했는가? 또 오즈월드가 길이 120센티미터가 넘는 소총을 들고 도서 보관 건물로 들어갔다고 발표했는데, 왜 당국은 그것을 보지 못했는가?

댈러스에서 대통령 차가 지나갈 도로는 널리 알려져 있었으며 11월 22일 댈러스의 《모닝 뉴스》지에도 소개되었다. 마지막 순간에 비밀 검찰국이 계획의 일부를 약간 바꾸는 바람에 대통령은 메인가를 지나 휴스턴가와 엘름가로 접어들게 되었다. 대통령이 오즈월드의 저격 장소로 발표된 도서 보관 건물을 지나가게 된 것도 바로 이 계획 수정 때문이었다. 계획이 바뀐 것을 오즈월드가 어떻게 알게 되었는지에 대해선 아무런 설명이 없었다.

마지막 순간에 대통령이 지나갈 루트를 바꾸어 오즈월드의 범행 장소를 지나가게 한 이유는 무엇이었나?

암살 후 오즈월드가 체포되고 나자 잽싸게 판결문이 발표되었다. "오즈월드가 암살범이며, 그의 단독 범행이다." 오즈월드 외에 다른 사람들을 체포하려는 시도는 아예 없었고, 사고 지역 주위에 바리케이드도 설치하지 않았으며, 댈러스 지방 검사인 웨이드Wade가 오즈월드를 유죄로 몰아갈 수 있는 증거들을 언론에 낱낱이 발표했다. 이런 식으로 해서, 오즈월드가 법정에 서보기도 전에 이미 수백만의 사람들이 그에 대해 편견을 갖게 되었다. 당국이 발표한 1차 가설은, 대통령 차가 휴스턴가에서 도서 보관 건물로 접근하던 중 오즈월드가 총을 발사했다는 것이었다. 믿을 만한 사진과 목격자들에 의해 상황이 전혀 사실과 다르다는 것이 입증되자, 이 가설은 내버려지고 대통령 차를 적절한 위치에 집어넣은 새로운 가설이 만들어졌다.

그러나 그 사이에 지방 검사 웨이드가 이렇게 발표해 버렸다. 사흘 뒤 댈러스에 있는 오즈월드의 방을 수색하여 지도를 찾아냈는데, 도서 보관 건물에 동그라미가 쳐지고 건물에서 휴스턴가의 차량까지 점선이 그어져 있었다. 1차 가설이 거짓으로 드러나자 11월 27일 연합 통신은 다음과 같은 스토리를 발표했다. "지도 따위는 없었다고 댈러스 당국이 오늘 발표했다. 지도 얘기는 실수였다."

2차 가설에서는 대통령 차량을, 도서 보관소에서 50~70미터쯤 더 간 지점인 엘름가에 제대로 집어넣기는 했으나, 대통령이 앞쪽 목에 총을 맞았다는 점이 문제로 떠올랐다. 뒤쪽에 있던 오즈월드가 어떻게 대통령을 앞쪽에서 쏠 수 있었는가? FBI가 《라이프Life》지를 위해 일련의 배경 설명회를 가졌고, 그 잡지는 12월 6일판을 통해, 대통령이 총을 맞는 순간 완전히 몸을 돌리고 있었다고 설명했다. 이것 역시 새빨간 거짓말임이 곧 드러났다. 몇 명의 목격자와 필름이 그 사실을 부인했을 뿐 아니라, 《라이프》지 스스로가 앞서 발간된 판에서, 대통령이 총에 맞을 당시 앞쪽을 향하고 있었다는 것을 보여준 바 있었다. 그리하여 제2의 가설도 폐기되었다.

오즈월드의 단독 범행이라는 당국의 추측에 근거를 확보하려면 이제 적절히 수정된 의학적 증거를 갖춘 제3의 가설이 세워져야 했다. 파클랜드 메모리얼 병원에서 케네디의 목숨을 구해 보려 애썼던 세 명의 의사들이 있었으나 처음 한 달 동안은 비밀 검찰국이 이들에게 말을 걸어온 일도 없었다. 그러나 이제 두 명의 기관원이 이 의사들과 세 시간을 함께하면서, 모든 사실을 잘못 알았던 것으로 하라고 설득했다. "대통령의 목에 난 입구 상처[총탄이 들어오면서 생긴 상처]는 사실 출구 상처였다, 총탄이 폐 쪽으로 내려간 게 아니었다"라고. 어떻게 그런 실수를 할 수 있었느냐고 언론이 묻자 매클렐런드McClelland 박사는 두 가지 이유를 제시했다. "우리는 부검 보고서를 보지 못했다." "오즈월드가 대통령 뒤쪽에 있었다는 사실을 알지 못했다!" 그들이 비밀 검찰국에게 들은 바에 따르면, 케네디가 뒤에서 총에 맞았다는 것을 부검 보고서가 입증했다. 그러나 의사들에게는 그 보고서를 보여주지 않았으므로 의사들의 소견은 순전히 비밀 검찰국의 말에 의존해 있었다. 의사들은 그 사건을 논할 수 없는 처지임을 분명히 밝혔다. 이 3차 가설과 다시 쓰여진 의학적 증거가 오즈월드 사건의 근거로 나란히 남아 있다.

대통령의 죽음과 관련된 의학적 증거들이 왜 알아보기 힘들 정도로 수정되었는가?

발표에 따르면 오즈월드는 뒤쪽에서 대통령을 쏘았다고 되어 있지만, 총탄이 앞쪽에서 날아왔음을 확신하는 목격자들이 많다. 그 가운데는 포트워스의《스타 텔레그램Star Telegram》지 기자 두 명과 댈러스의《모닝 뉴스》지 기자 네 명, 그리고 문제의 도서 보관소 건물 앞에 서 있었던 두 사람—도서 보관소 소장과 영화사 부사장—도 있다. 당시 두 사람만 즉시 건물 안으로 들어간 것으로 보이는데, 보관소 소장 로이 트룰리 Roy S. Truly와 댈러스 경찰관 시모어 위츠먼 Seymour Weitzman이 바로 그들이다. 두 사람 모두 대통령 차 앞쪽에서 총탄이 날아왔다고 생각했다. 처음에 그쪽 방향으로 뛰어가던 위츠먼은 '누군가'로부터, 보관소 건물에서 총탄이 날아온 것 같다는 말을 듣고 급히 되돌아 달려갔다. 트룰리는 건물에 대해 잘 알고 있었기 때문에 위츠먼을 도와주고자 함께 들어갔다. 그러나 댈러스 경찰 본부장 제스 커리 Jesse Curry는 건물에서 총탄이 날아왔음을 즉각 확신했다고 밝힌 바 있다. 만일 다른 사람이라면 뒤늦게 그런 얘기를 하려 하진 않았을 것이다. 댈러스 경찰 무선 장치로 나간 최초의 공보도, "대통령 차량 앞쪽 3중 고가도로에서 총탄이 날아왔다"고 말한 것으로 알려졌다. 또한 첫 번째 총탄이 발사된 후 훈련된 경호 요원인 운전 기사가 차를 거의 멈추다시피 했다는 것도 생각해 볼 문제다. 총탄이 정말로 뒤에서 날아왔다면 그런 반응을 보이진 않았을 것이다. 그날 댈러스에서 비밀 검찰국 경호 업무를 책임지고 대통령 차에 함께 타고 있었던 로이 켈러먼 Roy Kellerman은 총탄이 연속 발사될 당시 앞쪽을 바라보고 있었다. 비밀 검찰국이 차에 남은 모든 증거를 없애버렸기 때문에 이제는 부서진 앞 유리를 조사해 볼 수도 없게 되었다.

대통령이 뒤에서 온 총탄에 맞았다는 주장을 입증할 수 있는 증거는 무엇인가?

이 사건에 제일 유용한 증거가 될 수 있었던 것은 사건 현장에서 찍힌 사진들이었다. 총탄이 발사될 당시 우연히 대통령 차 바로 왼쪽에 서 있었던 어느 젊은 숙녀가 저격 직전부터 저격이 이루어지는 동안에 차를 찍었다. 따라서 그녀의 사진에는 도서 보관소 건물 정면 전체가 담겨질 수 있었다. FBI 요원 두 명이 그녀에게서 즉각 필름을 빼앗아갔고 오늘날까지도 그녀는 자신이 찍은 사진들을 보지 못하고 있다.

사건을 통틀어 가장 신뢰할 만한 증거가 될 수 있었던 것을 FBI가 공개하지 않는 이유는 무엇인가?

이와 관련해 주목할 만한 사실은, 이른바 살인 무기가 갖가지 사진으로만 알려졌을 뿐 실물을 확보할 수 없다는 점이다. 《타임Time》지가 체포되는 오즈월드의 사진 ─ 유일하게 공개된 사진이었다 ─ 을 실었는데 배경 전체가 까맣게 처리되어 있었으며 그 이유에 대해선 아무 설명도 없었다. 오즈월드 사건처럼 사진 조작이 극심한 경우는 기억해 내기도 어렵다.

도서 보관소 건물에 들어갔던 경찰관 위츠먼의 진술서에는, 6층에서 이른바 살인에 쓰인 총을 발견했다고 되어 있었다. (처음에는 5층에서 총이 발견되었다고 발표했으나 곧 정정되었다.) 그것은 독일제 마우저 소총 구경 7.65밀리짜리였다. 이튿날 늦게 FBI가 1차 성명서를 발표하면서 오즈월드가 1963년 3월에 이탈리아제 카빈 소총 구경 6.5밀리짜리를 구입했다고 했다. 지방 검사 웨이드는 FBI 성명과 일치시키기 위해 그 무기의 국적과 사이즈를 즉각 바꾸었다.

이른바 살인 무기의 사진이 몇 장 발표되었다. 2월 21일, '케네디 대통령과 티펫Tippett 경관의 목숨을 앗아간 무기와 리 오즈월드'란 설명과 함께 《라이프》지 표지에 한 사진이 실렸다. 본문 80쪽에서 《라이프》지는, 1963년 3월 혹은 4월 중에 찍힌 사진이라고 설명했다. FBI에 따르면 오즈월드는 1963년 9월에 총을 구입했다. 《뉴욕 타임스》지에는 살인 무기가 댈러스 경찰서로 반입되고 있는 장면이 담긴 사진이 실렸다.

그것은 완전히 다른 총이다. 전문가들은 《라이프》지 사진에 나타난 총의 방아쇠를 당기기란 불가능할 것 같다고 밝혔다. 《뉴욕 타임스》지도 《라이프》지와 같은 사진을 실었으나 망원 조준기를 제외시켜 버렸다. 3월 2일, 《뉴스위크Newsweek》지도 같은 사진을 사용했으나 전혀 새로운 총을 그려넣은 것이었다. 이어 4월 13일에는, 2월 21일 미국판에 실렸던 것과 같은 사진이 라틴아메리카판 《라이프》지의 표지에 실렸으나 본문 18쪽에는 같은 사진인데 바뀌어진 총이 실려 있었다.

언론의 철저한 조작으로 수백만 국민을 오도해 온 경위가 무엇인가?
저격과 관련된 또 다른 기만은, 11월 23일 로스앤젤레스발 연합 통신에 의해 유포된 이야기였다. 이 보도에 따르면 오즈월드의 해병대 전직 상관이 오즈월드를 명사수고 성미가 불 같은 사람이라 말했다. 이 이야기가 온 사방에서 발표되었다. 세 시간 후 연합 통신은 로스앤젤레스발 이야기를 완전히 삭제한 정정 기사를 발송했다. 기록을 살펴본 그 상관이 자신이 엉뚱한 사람 이야기를 했음을 뒤늦게 깨달았던 것이다. 그는 오즈월드란 사람을 알지도 못했다. 내가 알기로, 이러한 정정 기사는 주요 신문에서 발표해야 마땅하지만, 그렇게 되지 못했다.

오즈월드가 11월 22일에 총을 발사했음을 확인하고자 댈러스 경찰이 그의 얼굴과 양손에 파라핀 시험을 실시했다. 11월 23일, 댈러스 경찰 본부장 제스 커리는 시험 결과, "오즈월드가 암살범임을 입증한다"고 발표했다. 댈러스 및 포트워스 지역 수사를 책임지고 있는 FBI 부장은 이렇게 밝혔다. "나는 파라핀 시험을 지켜보았다. 파라핀 시험은 오즈월드의 손과 얼굴에 질산염과 화약이 묻어 있었음을 보여준다. 다시 말해 그가 11월 22일에 총을 발사했다는 것을 입증한다." 이 시험은 신뢰도가 낮을 뿐만 아니라 그 같은 사실을 입증해 주지도 못한다. 그리고 오즈월드의 얼굴을 시험한 결과가 사실은 음성 반응이었던 것으로 나중에 밝혀지면서, 그가 그날 총을 발사하지 않았을 가능성도 제기되었다.

당국은 왜 파라핀 시험 결과를 바꾸어 발표했나?

오즈월드는 처음에 순찰 경관 티펫을 죽인 혐의로 체포, 고발되었다. 티펫은 11월 22일 오후 1시 6분에 살해되었는데, 범인은 처음에 순찰차에 앉아 있던 그와 얘기를 나누다가 그를 차에서 내리게 한 후에 권총으로 사살했다. 이 범행의 유일한 목격자라고 자처하는 헬렌 마컴Helen L. Markham이 댈러스 경찰에 범인의 인상 착의를 설명했다. 그녀가 진술서에 서명하고 난 후 FBI와 비밀 검찰국, 그리고 많은 경찰들이 그녀에게, 이 사건을 다른 누구와도 이야기해서는 안 된다고 지시했다. 진술서에 남겨진 살인범에 대한 유일한 설명은 '젊은 백인 남자'라는 것이었다. 나중에 마컴은 살인범이 자기 쪽으로 달려와 권총을 휘두르며 지나갔다고 밝히고, 그 전에 경찰에서 설명했던 살인범의 인상 착의를 반복 설명했다. 그녀의 말에 따르면, 범인은 '키가 작고 몸집이 좋으며 텁수룩한 머리'를 하고 있었다. (경찰의 설명에 따르면, 오즈월드는 중키 혹은 약간 큰 키에 호리호리하고 옅은 금발의 소유자였다.) 오즈월드를 순찰 경관 티펫의 살인자로 볼 수 있는 논거는 마컴의 진술밖에 없음에도 불구하고 지방 검사 웨이드는 이렇게 단언했다. "우리는 오즈월드가 티펫을 살해했다는 많은 증거를 가지고 있다. 그의 대통령 살해를 입증하는 증거보다 더 많다." 이어서 그는, 오즈월드를 티펫의 살인자로 고발한 것은 절대적으로 강력한 논거에 입각해 있다고 말했다.

경찰은 왜, 유일한 목격자의 진술서에서 티펫의 살인범에 대한 유일한 설명을 의도적으로 빼버렸는가?

대통령이 저격되고 불과 12분 후, 댈러스 경찰이 오즈월드의 인상 착의를 무선으로 알렸다. 이 대목에서, 역대 살인 사건을 통틀어 가장 기이한 의문에 속할 의문이 제기된다. 11월 22일 티펫이 총에 맞은 시각은 오후 1시 6분인데 그보다 앞선 12시 43분에 댈러스 경찰 무선으로 티펫 살인과 관련해 오즈월드의 인상 착의가 방송된 이유는 무엇인가?

뉴욕의 《저널 아메리칸Journal American》지에 기고하고 있는 보브 콘시딘Bob Considine에 따르면, 티펫에게 발사된 총 소리를 들은 사람이 또 한 명 있었다. 현장 부근의 한 실내에 있던 워런 레이놀즈Warren Reynolds가 거리에서 난 총 소리를 듣고 창가로 달려갔고 살인범이 달아나는 것을 보았다. 나중에 레이놀즈 본인도 총에 맞아 두개골 관통상을 입었다. 이 사건과 관련해 한 남자가 체포되었으나 알리바이가 제시되었다. 그의 여자 친구인 베티 무니 맥도널드Betty Mooney McDonald가 경찰에서, 레이놀즈가 총에 맞던 그 시각에 그가 자신과 함께 있었다고 말했던 것이다. 댈러스 경찰은 즉각 그에 대한 고소를 취하했다. 레이놀즈가 의식을 회복하여 자신을 공격한 사람을 확인할 틈도 주지 않았다. 그 남자는 즉시 사라져버렸고, 그로부터 이틀 후 댈러스 경찰은 베티 무니 맥도널드를 경범죄로 체포했다. 그리고 곧 그녀가 경찰 감방에서 목매달았다고 발표했다. 보브 콘시딘에 따르면, 그녀는 잭 루비의 나이트 클럽에서 스트립쇼 무용수로 일했다.

오즈월드 사건으로 기이한 대접을 받은 또 한 명의 증인은 바로 그의 아내 마리나였다. 그녀는 남편이 아직 살아 있을 때 감옥으로 불려갔고 거기서 경찰 본부장 제스 커리가 총을 보여주었다. 오즈월드의 것이냐고 질문하자, 그녀는 오즈월드가 소총을 갖고 있기는 했지만 그것은 아닌 것 같다고 대답했다. 대통령 암살 사건 이후 그녀와 시어머니는 보복하겠다는 대중의 위협으로 매우 위험한 상황에 처해 있었다. 그러한 상황에서 그들을 보호해 줄 경관은 하나도 없었다. 곧바로 오즈월드가 살해되었는데도 비밀 검찰국은 두 여인의 의사를 무시한 채 불법 억류했다. 사흘 뒤 그들은 헤어지게 되었고 마리나는 두 번 다시 대중에 접근할 수 없었다. 9주 동안 감금 상태에서 거의 매일 FBI와 비밀 검찰국의 심문에 시달리던 그녀는 마침내 '워런 위원회'에 나와 증언하게 되었고, 얼 워런의 말에 의하면, 남편을 암살범으로 믿는다고 말했다. 대법원장은 이렇게 말했다. "내일은 오즈월드 부인에게 살인 무기를 보여줄 계획인데, 위원회는 그녀가 남편의 것임을 확인해 주리라고 믿어 의심치 않는다." 그리고 다음 날 얼 워런은 과연 자신의 말대로 되었다고 발표했다. 오즈월드 부인은 아직도 비밀 검찰국의 보호하에 있다. 증인을 9주 동안이나 격리시켜 놓고 비밀 검찰국의 반복되는 심문에 시달리게 만드는 이러한 방식은 이른바 세뇌 공작이라 불리는 정치 행태를 떠올리게 만든다.

얼 워런은 마리나 오즈월드가 과거에 믿었던 것과 정반대로 증언하리란 것을 어떻게 미리 알 수 있었는가?

루비가 오즈월드를 살해한 후, 지방 검사 웨이드는 살인 이후 오즈월드의 행적에 대해 발표했다. 그는 오즈월드가 모 지점에서 버스를 탔다고 설명했으나 그곳은 버스 기사가 진술서에서 밝힌 지점에서 일곱 블록이나 떨어진 곳이었다. 웨이드는 계속해서, 오즈월드가 곧 이어 대릴 클릭Darryll Click이란 사람이 모는 택시를 탔으며 택시 기사도 진술서에 서명했다고 설명했다. 댈러스 시 운송 회사에 조회해 본 결과 그 도시에 그런 택시 기사는 없었던 것으로 밝혀졌다. 이 같은 반증 자료가 제시되자 웨이드는 기사의 이름을 윌리엄 왈리William Wahley로 바꾸었다. 댈러스에서 14년간 지방 검사로 일해 온 웨이드는 전직 FBI 요원이었다.

오즈월드 사건과 관련해 지방 검사 웨이드가 발표해 온 증거와 증언들은 상식적으로 이해하기 힘들 만큼 수차례 번복되었다. 이 모든 것을 그의 그 대단한 경력은 어떻게 설명하는가?

이런 것들은 당국의 설명과, 오즈월드 소송 사건이 진행되어온 방식에서 제기되는 몇 가지 의문에 불과하다. 열여섯 가지 의문이 이 사건의 모든 요소에 대한 철저한 검토를 대신하지는 못하겠지만 철저한 조사의 중요성을 보여준다고는 생각한다. 이 글을 쓰기까지 오즈월드의 어머니가 아들의 변호사로 선임한 뉴욕 형사법 변호사 마크 레인의 많은 정보가 큰 도움이 되었다. 지금도 계속되고 있는 레인의 조사 작업은 폭넓은 지지를 받아 마땅하다. 그와 같은 목적으로 뉴욕에도 시민 조사 위원회[3]가 발족되었고 유럽에도 비슷한 위원회가 조직되는 중이다.

나는 영국에서, 이 나라 지식계의 저명 인사들에게 '누가 케네디를 죽였는가 위원회'에 동참하도록 촉구했다. 현재까지 이 위원회에 참여한 사람들은 다음과 같다. 극작가 존 아든John Arden, 앤터니 웨지우드 벤 Anthony Wedgwood Benn 의원의 부인으로서 신시내티에서 온 캐롤라인Carolyn 웨지우드 벤 부인, '국제 연합 식량 농업 기구' 총책임자로 일한 바 있고 노벨 평화상을 수상했던 보이드 오어, 출판업자인 존 캘더 John Calder, 셰필드 대학 영문학 교수 윌리엄 엠프슨William Empson, 마이클 풋Michael Foot 의원, 전직 《뉴 스테이츠맨》 편집장 킹슬리 마틴, 작가 크롬프턴 매켄지, 극작가이자 저술가인 프리스틀리J. B. Priestley, 미술 평론가 허버트 리드Herbert Read, 영화 감독 토니 리처드슨Tony

---

3) 뉴욕, 5번가 156번지 422호(전화 : YU 9-6850).

Richardson, 서더크의 주교 머빈 스톡우드Mervyn Stockwood 박사, 옥스퍼드 대학 현대사 흠정 강좌 담당 교수 휴 트레버로퍼, 국립 극장 문예 감독 케니스 타이넌Kenneth Tynan, 그리고 나.

우리는 이 문제가 매우 중대하다고 본다. 주미 대사관들도, 전세계가 오즈월드에 대한 미 당국의 고발 내용을 신뢰하지 않는다는 점을 오래전에 워싱턴에 보고했으나, 미국의 언론에는 전혀 반영되지 않았다. 미국의 텔레비전 방송이나 대량 발행되는 신문에서, 오즈월드가 암살범이며 그의 단독 범행이라는 모든 주장들을 영구히 받쳐주는 근거에 도전한 사례는 한 건도 없었다. 이제 그것은 미국민들에게 남겨진 과제다.

〈노동당의 외교 정책—1965년 2월 15일, 런던 정치 경제 대학에서 한 연설〉

아래 연설을 하기에 앞서 러셀 경은 베트남 상황과 관련해 다음과 같은 긴급 성명을 발표했다.

"세계는 지금 쿠바 사태 때와 같은 절박한 전쟁의 위기에 직면해 있다. 미국의 북베트남 공격은 광기에서 나오는 자포자기식 해적질에 다름아니다. 남베트남 사람들은 중립과 자국의 독립을 바라고 있다. 미국은 남쪽의 완전 지배를 위해 전쟁을 수행하는 과정에서 남베트남 전 주민의 저항에 부딪혀 패배하게 되자 북쪽의 주권국을 공격했다.

우리는 제네바 협상을 상기하고 즉각 협상에 들어가도록 요구해야 한다. 나는 모든 주미 대사관들이 항의에 나설 것을 세계에 촉구한다. 영국에서도 집회나 행진, 시위, 기타 모든 형태의 항의 방법을 동원하여, 비겁하고 가증스럽게도 미국의 광기를 지원하고 있는 노동당 정부를 공격해야 마땅하다.

이 침략전이 지금 종식되지 않으면 세계는 전면전에 직면하게 될 것이다. 핵전쟁으로 발전하기 전에 이 문제를 해결해야 한다. 그러자면 지금 당장 전세계가 소리 높여 미합중국을 성토하는 길밖에 없다. 베트남이 미국의 지배에서 벗어나는 것은 핵전쟁보다 더 나쁘다고 하는 미국의 주장은 정신 나간 소리에 불과하다. 미국이 잔인한 길을 가도록 방치할 경우 세계는 미합중국의 노예로 전락할 것이다.

이번에도 또 미국이 인류를 세계대전의 벼랑으로 몰고 있다.

이번에도 또 미국이 전체의 뜻에 굴하지 않고 인류를 파멸시킬 수도 있는 위험을 무릅쓰고 있다.

지금 당장 미국을 저지하지 않으면 위기는 계속 반복될 것이다. 세계가 완전 녹초가 되어 자살을 결심하게 될 때까지 끝없이."

내가 지금부터 하려는 얘기는 총선을 앞둔 노동당의 외교 정책과 국제 정책에 대한 노동당 정부의 정책 관계를 검토하는 데 목적이 있습니다. 지난 9월 '평화를 위한 새로운 전망'이란 제목으로 노동당 성명이 발표되었는데, 나는 그 끄트머리에 나오는 관련 대목의 서론을 먼저 여러분들에게 상기시키고 싶습니다. 9월 12일자 《타임스》지에서 뽑은 내용입니다.

이 성명은 1945년 이후 동·서 진영의 관계사를 아주 간략하게 살펴보는 것으로 시작해서, "가장 암울한 시기에도 …… 노동당은 항시 냉전 전력을 차선책으로 생각했으며 …… 동·서 진영의 협력을 기초로 유엔의 힘이 더욱 강화되고 세계 정부로 발전하리라는 장기적 믿음을 고수해 왔다"고 말합니다.

그리고 보수당이 긴장을 완화시키고 핵무기의 확산을 막는 데 실패했음을 특히 강조하면서 보수당 정부의 옛 정책을 비난합니다. "노동당 정부는 이러한 정책들을 수정하고자 모든 최선을 다할 것이다."

이어서 성명서는 '긴장 완화'를 위한 수단들을 검토합니다. "최우선

L·E·T·T·E·R·S

과제는 우리가 군축 문제를 주도하는 것이다. 우리는 지금 군축 협상에 새로운 돌파구를 마련하여 전세계의 삶의 질을 향상시키는 데 시급히 요구되는 부족한 자원과 인력을 풀어놓아야 할 때라고 믿는다."

"우리의 우방 및 동맹들이 관여하는 군축 회담에서 새로이 주도권을 잡을 수 있도록 외교부 장관에게 특별 임무를 부여할 것이다."

"우리는 건설적인 안들을 제시해 왔다.
1) 핵무기 확산을 저지하자.
2) 아프리카, 라틴아메리카, 중부 유럽에 '핵 해방구'를 설치하자.
3) 인력과 군사력을 단계적으로 줄여나가자.
4) 은밀한 무기 매매를 중지시키자.
5) '국제 군축 기관'을 설치하여 군축 협약을 감독하게 하자."

노동당 정부가 외교부 장관에게 군축과 관련한 특별 임무를 부여하고, 나아가 LSE(런던 대학교 사회 과학 대학) 국제 관계 전문가가 이끄는 군사력 통제 및 군축 연구반까지 만들었다는 것은 분명합니다. 사실, 너무나 많은 장관을 갈아치우고 군축과 방어 및 공격의 각종 분야에서 너무나 많은 부서를 만드는 바람에 누가 무슨 일을 맡았는지도 제대로 파악하기 힘들 정도입니다.

위의 다섯 가지 제안에 대해 말해 보겠습니다. 언론을 통해 알려진 바로는 그러한 제안들의 수행과 관련해 실제로 이루어진 것은 전혀 없었습니다. 노동당 정부는 핵무기의 확산을 저지하기 위한 조치를 취하기는커녕 그와 정반대로 일해 왔습니다. 인력과 군사력의 한정적 감축을 위한 조치도 전혀 취해지지 않았으며, 독일 주둔 영국군을 감축하자는 제안도 모두 기각되었습니다. 중부 유럽에 핵 해방구를 설치하자는 라파키Rapacki 씨의 제안도 별 성과를 얻지 못한 듯합니다. 아시아와 태평양 지역에 핵 해방구를 설치하자고 한 중국의 제안—간청에 가까웠지요—은 비웃음 속에 간과되었습니다. 은밀한 무기 매매를 중지시키고 '국제 군축 기관'을 설치하는 문제에서도 아무 조치가 취해지지 않은 것으로 알고 있습니다.

이 성명을 몇 줄 더 읽다 보면 이런 구절이 나옵니다. "노동당은 남아프리카에 대한 군수품 보급을 종식한다는 약속을 굳게 지킬 것이다." 이어서, "모든 나라 중에서도 특히 영국은 이 비극적 상황을 안이하게 방관하는 입장이 결코 될 수 없다"라고 합니다. 지난날의 훌륭한 성명들이 뒷받침된 훌륭한 발언이 아닐 수 없습니다. 1964년 1월 26일자 《선데이 타임스》지를 보면, 남아프리카에서 블러드하운드(영국군 폭격기의 이름) 폭격기에 내려질 수 있는 명령과 관련해 바버라 캐슬Barbara Castle 부인이 이렇게 말한 것으로 보도되었습니다. "선거 전에 명령이 내려질 경우 우리는 그것을 막고자 최선을 다할 것이다." 지난날 윌슨 씨는 남아프리카와의 무기 거래를 가리켜 "압제와 다름없는 끔찍한 무기 거래"라고 하면서 "지금 당장 나서서 저지하자"고 영국 국민들을 향해 외쳤습니다. 그러나 1964년 11월 25일, 윌슨 씨는 보수당 정권 때 남아프리카를 해적질하고자 맺었던 열여섯 개 항의 계약을 존중하기로 결정했다고 발표했습니다.

성명서는 위의 다섯 가지 제안에 이어 이렇게 말합니다. "긴장 완화를 위한 노력의 일환으로 노동당 정부는 공산주의 중국이 유엔에서 적절한 위치를 점할 수 있도록 적극 애쓸 것이며, 동서 진영의 교류가 평화적 공존의 든든한 경제적 기반으로 발전할 수 있도록 모든 노력을 아끼지 않을 것이다." 하지만 노동당 정부의 출현 이후로, 중국의 유엔 가입이나 동·서 교류의 괄목할 만한 증대를 위해 영국이 한 일은 아무것도 없습니다. 무역업자들이 늘 정치인들을 앞서 있고 보수당 쪽 무역업자나 노동당 쪽 무역업자나 다를 바가 없습니다.

이 성명서가 계속해서 다루고 있는 사안은, 정부의 행동을 감안할 때 이해가 잘되지 않는 내용입니다. "그러나 평화적 공존은, 진지하게 협상에 임하려는 자세와 위협과 압력에 굴하지 않을 수 있는 확고한 의지가 결합될 때 비로소 확보될 수 있다." 중국 정부가 군축을 비롯한 여러 국제 문제들을 정상급 회담에서 논의하자고 제안했을 때 노동당 정부가 보여준 태도—거부, 퉁명스러움, 방관—와 연결하기 어려운 발언이 아닐 수 없습니다. 언론 보도로는, 노동당이 정권을 잡은 직후에 중국의 제안이 이루어졌습니다.

노동당 정부가 '서베를린의 자유를 보장한다는 입장을 계속' 밀고 나갈지는 아직 알 수 없습니다. 노동당 정권에서는 이 문제가 전면에 부상한 바 없기 때문입니다. 노동당 정부가 유엔과 관련해 내놓은 훌륭한 제안들을 실행할 수 있을지, 성명서에서 최종적 목표로 얘기하고 있는—나는 그렇게 이해합니다다만—세계 정부로 우리를 얼마나 가까이 데려갈 수 있을지도 아직은 알 수 없습니다. 《가디언》(1965년 1월 27일)지의 보도에 따르면, 영국 정부가 "유엔의 평화 유지 활동에 사용될 전문 군사력을 확보하는 문제를 깊이 연구하고 있다"고 하지만, 노동당 정권하의 영국이 유엔의 힘을 강화하기 위해 한 일은 전혀 없습니다. 나는 이 문제들에 관해 성명서에서 이야기하는 부분들에는 공감하는 바가 많지만, 지난 2, 3개월 사이에 벌어진 일들을 보면 그다지 희망적이지 않은 것 같습니다.

노동당 정부의 정책을 논하면서 좀더 생각해 보아야 할 문제는 이 정부가 지금까지 취해 온 조치들이 냉전의 긴장을 과연 얼마나 완화시키고 있는가 하는 것입니다. 물론 성명서에서는 그것이 노동당의 바람이라고 말하고 있습니다. 계속해서 성명서에 언급된 그 다음 사안을 가지고 잠깐 얘기해 보겠습니다. 바로 노동당의 '방어 정책 개요'와 방어를 위한 '새로운 접근'입니다.

성명서는 보수당 정부의 '몰아붙이기식 방어'를 통렬히 비난합니다. 낭비적 정책이었다, 블루 스트리크, 스카이볼트, 폴라리스(이상, 각종 무기 이름) 따위에 계속 집착했다, 비효율적인 항공 산업 정책으로 우리의 방어력을 쇠퇴시키고 약화시키는 결과를 낳았다고 말입니다. 그러면서, 폴라리스의 노하우와 미국산 미사일을 살 수 있도록 나소Nassau(영국령 바하마 제도의 항구 도시) 협정의 개정에 착수하자고 제안합니다. 그러나 TSR2 폭격기를 둘러싼 소동을 보면서, 폴라리스 잠수함 계획을 계속 추진하고 동남아시아 상공의 핵우산을 논하는 것을 보면서, 정부가 이러한 계획을 가지고 과연 어디까지 가려는 것인지 의문을 갖지 않을 수 없습니다. 성명서에서 제안하는 바와 같은 프로그램을 스스로 내놓은 정부가, 정책 전환에 따른 문제를 면밀히 검토하여 실업과 기계 및 자본의 낭비에서 발생할 어려움을 피하거나 최소화하는 방안을 내놓지 못한다는 것이 상식적으로 이해가 되지 않습니다. 어떤 신문을 보더라도 그러한 기초적인 연구가 이루어졌다는 증거는 발견된 바 없습니다. 성명서에서 정부의 역점 사항이라고 말한 바와 같이 나토에 기여하고 영 연방과 유엔의 평화 유지 노력에 참여하려는 목적에서 기존의 정규군을 강화할 수도 있을 것입니다. 그러나 다른 방면들에서의 감축 작업과 동시에 진행되지 않는 한, 이것은 정부가 목표로 한다는 제한적 무기 감축과 정반대의 결과를 초래하게 될 것입니다.

그 다음 얘기는 당혹스러운 동시에 흥미롭습니다. 성명서는 이렇게 말합니다. "우리는 국가 단위의 핵 억지력(군사적 보복력을 키워 적이 공격 행동을 하지 못하게 만드는 방식) 개발에 반대하며, 현재 미국이 제안하고 있는 새로운 병력 복합 핵 함대(MLF ; 다각적 핵 전력)에도 반대한다. 우리는 서방 동맹들의 상호 의존성을 믿으며 따라서 효과적인 정치적 통제하에 나토의 모든 핵무기를 통합함으로써 병력 배치와 통제에 모든 동맹 참가국들이 각자 적절하게 참여할 수 있는 건설적인 안을 제시할 것이다." 한 발 더 나아가, 보수주의자들이 나소 협정에 가담하여 '영국의 독자적인 핵 억지력'을 논하는 것을 어리석다고 비난하면서 이렇게 말합니다. 핵을 핑계삼은 이러한 방법은 "핵을 보유하지 않은 독일 같은 나라들에 핵무기가 확산되는" 것을 조장할 위험을 안고 있다. 그러나 성명서가 말한 바와 같은 '건설적인 새 안들'을 필히 가정해야 한다고 수상이 선언했을 때, 결국 그것은 대서양 핵 전력(ANF)을 뜻하는 것으로 밝혀졌습니다. ANF는 MLF와 마찬가지로 함선 병력 복합군을 뜻할 뿐 아니라, 항공 및 잠수함 같은 다른 핵 전달 체계들까지 포함시키게 될 것입니다. 따라서 이 안은 MLF안—이것이 통탄할 만한 제안이었다는 얘기에는 나도 공감합니다—보다 더 적극적으로 핵무기의 확대를 조장할 뿐 아니라, 독일에 핵무기를 확산시키는 결과를 초래할 것이 분명합니다. 결국, 실패작을 고쳐보겠다고 내놓은 치유책이 실패작보다도 훨씬 못한 꼴입니다.

어떤 궤변들에 빠져 있는지 한번 훑어보고 싶으시면 12월 14일로 시작된 주에 의회에서 방어 문제에 관해 토론한 보고서를 읽어보시기 바랍니다. 12월 18일자 《타임스》지의 '영국, 폴라리스 무기의 통제를 포기하다', 같은 날짜 《데일리 워커》지의 '아시아 상공의 우리 폭격기들', 그 하루 전날 《가디언》지의 '영국, 브이V 폭격기 군단 일부를 보유하다'란 기사들도 도움이 될 것입니다. 이와 같은 각종 소식통으로부터 얻을 수 있는 정보 중에서도 가장 중요한 것은, 영국이 정도에서 벗어난 루트를 통해 함선과 브이 폭격기의 일부를 나토에 제공하겠다고 제의하고 있지만 나머지는 영국이 나토의 영역 밖에서 계속 사용하게 될 것이란 점입니다. 정부가 독자적인 억지력을 포기한다는 약속을 지키는 한편으로, 동남아시아 상공에서 독자적으로 '핵우산'을 만들어낼 수 있다고 국민들을 설득하는 까닭도 바로 여기에 있습니다. 우리는 ANF를 수단으로 독일의 감정을 달랩니다. 이 안에서 제시한 핵 전력의 통제와 혜택에 독일도 우리와 똑같이 참여하게 될 것이기 때문에 독자적인 핵 억지력 추진에 집중하지 못하게 될 테니까요. ANF 계획이 이처럼 언론을 통해 대중에 제시되어 온 탓에 평범한 사람들로선 당혹스럽기 그지없고, ANF가 대체 무슨 내용인지, 성명서에서 말하는, 혹은 평범한 당원들이 이해하는 노동당의 신념이란 것들과 그 얼마나 모순되는지 알 길이 없습니다. MLF 문제에서 영국 수상이 미국에 굴복하지 않은 것이나, 영국이 건설적인 평화 제안에서 다시 한 번 주도권을 잡고 있는 것은, 말과 즐거운 슬로건들을 뒤죽박죽 포장하여 뻔뻔스럽게 방향 선회를 했기에—정부가 성공했다고 볼 때 말입니다—가능했던 것입니다.

성명서의 결론은 여덟 개의 문단으로 되어 있는데, 첫 문단에서는 약속을 즉각 실행하지 못하는 이유를 제시합니다. 교정되어 마땅하다는 보수당의 정책들이 국가에 어떤 피해를 주었는지 아직 파악하지 못했기 때문이란 게 그 이유입니다. 정권을 열망했던 노동당원들이 국가 재정 상태에 의해 그렇게 기습당하고도—평범한 사람들의 눈에도 너무나 뻔한 상황이었는데 말입니다—적절한 대처 방안을 마련하지 못했다는 것은 다소 납득하기 힘들 것입니다. 그러나 여기에서 경제나 재정을 파고들 생각은 없습니다. 성명서는 계속해서, 노동당 정부는 무엇보다도 전前 정부보다 효율적인 정부가 되어야 할 것이라고 말합니다. 어쩌면 효율의 필요성 때문에, 현 정부하에서 새로운 직책과 직책 담당자들이 그렇게 양산되는지도 모르겠습니다. 두 번째로 하는 얘기는, 국민과 의회 간에 진정한 협력이 확립되도록 정부가 애써보겠다는 것입니다. 세 번째로는, 나라 전체에 새롭고도 한층 비판적인 분위기를 양성해야 한다고 말합니다. 그리고 "정부는 자체 부서들과 사법부, 사회 복지 부문에 대해 꾸준하고 엄밀하게 검토해야 하며, 이로써 솔선 수범할 수 있다"고 말합니다.

이 대목에서, 방금 인용한 얘기에 담긴 약속과 어긋나게 느껴지는 나의 경험을 하나 얘기해 보겠습니다. 러시아 정부가 세 명의 저명한 러시아인들에게 나와 더불어 여러 가지 국제적 관심사를 논하는 임무를 맡겼습니다. 지난 11월, 세 사람은 영국에 들어오려고 비자를 신청했습니다. 내무부는 처음에 세 명 모두에게 비자를 거부했으나 항의가 이어지자 그 중 두 사람에게만 비자를 허용했습니다. 셋 중에 가장 저명 인사인 '최고 소비에트 공문 보관소장'에 대해선 매우 강경한 태도를 보였습니다. 나는 내무부—물론 노동당 정부의 내무부를 말합니다—에 편지를 써서, 공문 보관소장에 대한 비자 금지를 철회해 달라고 간청했습니다. 여러 주가 지나도록 내 편지의 운명을 도무지 알 길이 없었는데, 이윽고 내무부 장관에게서 내 요청을 들어주기 어려울 것 같다는 답장이 왔습니다. 나는 재차 편지를 썼고 수상에게도 편지했습니다. 얼마 후 내무부 장관은 지난번과 같은 답장을 보내왔고, 수상은 내무부 장관과 견해가 같기 때문에 재고하란 지시를 내리지 않겠다고 통고해 왔습니다. 그 상황 처음부터 끝까지, 러시아인들이나 내게 비자 금지의 이유를 설명해 준 적은 한 번도 없었습니다. 만일 나의 이 경험이 전형적인 것이라면, 정부가 비판을 환영한다느니, 유권자와 당원들의 공개 토론을 환영한다느니 하는 성명서의 주장을 지탱하기란 힘듭니다.

성명서는 노동당 정부가 "보수당 정권 시절에 활개친 암울한 상업주의와 개인 이기주의를 종식시켜야 한다"는 감동적인 선언으로 끝을 맺으면서 "노동당이 영국에 우리를 감동시킬 새로운 삶의 방식을 제공하고 있다"고 말합니다.

이제 우리가 그 결실을 목도한 만큼, 지워버려야 마땅할 웃기는 아이러니가 무수한 성명서라고 말하지 않을 수 없습니다.

현 정부를 선거에서 승리로 이끄는 기초가 되었던 성명서란 게 겨우 이런 것이며, 특정 측면에서 공약을 이행한 수준이 겨우 이 정도입니다. 이제 정부가 가장 힘주어 약속했던 의지—냉전의 긴장을 완화시키겠다는 의지로 되돌아갔으면 합니다. 그리고 몇몇 분야의 국제 활동에서 어떤 일들이 있었는지 내가 얘기할 테니 여러분들 스스로 부디 자문해 보시기 바랍니다. 현 정부가 지금까지 주력해 왔고 앞으로도 계속하자고 제의하는 그 활동이 과연 어떤 긴장을 완화시킬 수 있을지 말입니다.

남베트남 전쟁에 대해선 여러분도 물론 많이 알고 계시겠지만 그 전개 과정과 특징을 아주 간략하게 짚고 넘어가겠습니다. 남베트남은 본래 프랑스령 코친차이나(인도차이나 남부 지역)의 일부였으나 오랜 내전을 거친 끝에 프랑스인들은 그 지역 전역에서 축출되었습니다. 1954년에 제네바에서 회담이 열렸습니다. 거기서 합리적인 결론이 내려졌기 때문에 만일 제대로 실행되었다면 아무 문제도 발생하지 않았을 것입니다. 베트남을 중립적 독립 국가로 유지하고 총선을 통해 의회 정부를 수립하게 할 계획이었습니다. 그러나 미국인들이 이 안을 달갑게 여기지 않았습니다. 당시 이미 공산주의권에 편입되어 있던 북베트남 정부가 중립을 원한다고 거듭 밝히고는 있으나 베트남을 독자적으로 내버려두면 공산주의권에 흡수될 우려가 있다고 미국인들은 주장했습니다.

미국인들이 파견한 관측자들은 남베트남이 너무 혼란스러운 상황이어서 총선을 치르기 어렵다고 판단했습니다. 당시 남베트남에는 세 개의 파가 있었습니다. 압도적 다수를 구성하고 있는 농민층, 불교계, 프랑스인들을 지지해 왔던 극소수 기독교인들. 미국인들은 이 소수파를 지원하기로 결정했습니다. 그리하여 처음에는 기술 원조와 물자, '자문단'을 보내 지원했습니다. 그러나 곧이어 미국의 지원을 받는 소수파와 불교계 및 농민층 간에 벌어진 내전에서 '자문단'이 수동적 역할을 훨씬 능가하는 역할을 했던 것으로 드러났습니다. 이 내전은 지금까지 오랜 세월 계속되어 왔는데, 미국의 지원을 받는 정부―좀더 노골적으로 말하자면 미국인 본인들―가 점차 열세로 몰리는 상황이었습니다. 이것은 이루 말할 수도 없이 야만적인 전쟁, 잔인함의 측면에서 보자면 다른 어떤 문명 강국도 따라가지 못할 정도였습니다.

800만에 달하는 사람들이 가시 철망 수용소에 갇혀 강제 노역에 시달려왔습니다. 전사들과 정글은 물론 민간인, 동물, 농작물을 가리지 않고 국토 전역에 화염 방사기와 유독성 화학 물질이 살포되었습니다. 1962년 한 해에만 5만 명의 부락민들이 불태워졌습니다. 다음은 1963년 1월 1일자 댈러스의 《모닝 뉴스》지에 실렸던 내용입니다. "부락들을 요새화하는 목적은 베트콩의 침입을 막는 데 있는 것 같다. 그러나 가시 철망이 쳐져 있어 나가지도 들어오지도 못하게 되어 있다. 총부리에 내몰린 베트남 농부들은 사실상 강제 수용소라 할 수 있는 이런 곳들로 들어가지 않을 수 없다. 그들의 집과 소유물과 곡물은 모두 불태워진다. 키엔 퀑 성에서는 일곱 명의 부락민이 시내 광장으로 끌려나왔다. 사람들의 배를 갈라 간을 끄집어내어 전시했다. 희생자는 부녀자와 아이들이었다. 또 다른 마을에서는 임신부들을 광장으로 불러내어 정부군에 경의를 표하라고 명령했다. 그리고 그들의 배를 가르고 뱃속의 아기들을 제거해 버렸다." 베트남의 반공주의 민주당이 '국제 통제 위원회'에 보고한 내용도 있습니다. "사람의 목을 자르고, 내장을 적출하고, 부녀자와 아이들을 살해하여 대중 앞에 전시하는 행위가 다반사로 이루어지고 있다." 1963년 1월 19일자 《네이션》지의 표현대로 그것은 "더럽고 잔인한 전쟁"이며, 베트남 민주당 지도자가 CBS와 한 다음과 같은 인터뷰의 내용(1963년 9월 '베트남 민주 회보'에 실렸음)에 공감하지 않을 수 없습니다. "농민 대중을 공산주의로부터 보호하는 방법치고는 참으로 아이러니컬하다."

미국인들이 이 전쟁에서 이길 가능성은 전혀 없다는 것이 일반적인 관측입니다. 남베트남에서 질 것이 확실해지자 이제 미국은 북베트남으로 전쟁을 확대할 생각을 가지고 있습니다. 그렇게 될 경우 베트남을 지지하겠다고 이미 선언한 중국에 이어 러시아도 그 뒤를 이을 가능성이 있는데도 말입니다. 노동당은 지금까지 세계대전의 위험을 안고 있는 이 정책에 반대해 왔습니다. 바로 얼마 전인 1964년 6월 4일에도, 윌슨 씨가 모스크바 회담 말미에, 북베트남이 남쪽을 침입하는 것도 반대하지만 전쟁이 북베트남으로 확대되는 것도 반대한다고 말했다고 《데일리 워커》에 보도된 바 있습니다. 그러나 그가 정부를 구성한 이후부터는 노동당도 미국과 교감하면서 그들의 정복전을 지지해 왔습니다. 1964년 12월 10일자 《가디언》지에는, 윌슨 씨가 존슨 대통령에게 "영국은 미합중국이 남베트남에서 수행하고 있는 합법적 역할을 전폭적으로 지지한다"고 말한 것으로 보도되었습니다. 남베트남 주민의 절대 다수가 미국의 이 전쟁에 반대하면서 평화와 중립의 달성을 바라고—북베트남인들도 같은 것을 바란다는 뜻을 이미 누차 밝혀왔습니다—있습니다. 사상 유례없이 잔인 무도한 전쟁입니다. 특히 주목해야 할 사실이지만, 남베트남에서 한치의 권리도 없는 미국인들이 지금까지 영국 노동당이 늘 소리 높여 반대해 온 유형의 전쟁을 수행하고 있습니다. 이와 같은 모든 사실에도 불구하고 노동당 정부는 이런 작태를 보여주고 있는 것입니다. 게다가 미국인들이 위협에서 그치지 않고 실제로 전쟁을 북베트남으로 확대할 경우, 그들이나 우리나 중국과의 전쟁에 휘말리지 않을 수 없을 것이고, 그 결과 끔찍한—총력전이 될 수도 있는—핵전쟁으로 이어질 것은 뻔한 이치입니다. 노동당 정부는 이런 모든 결과들까지 함께 책임지려 하는 것입니까?

콩고에서도 유사한 상황이 전개되고 있습니다. 카탕가 지방에는 귀한 광물들, 특히 코발트가 엄청나게 풍부합니다. 세상을 끝장낼 폭탄에 코발트가 필요할지도 모르겠습니다. 콩고가 독립되자 서구 열강들, 특히 미국과 벨기에가 서구를 위해 카탕가의 산물을 지키려고 온갖 애를 썼습니다. 콩고인들이 수상으로 선택했던 루뭄바Lumumba가 살해되었고, 서구의 압력에 의해 촘베Tshombe가 수상 자리에 올랐습니다. 국민들이 이 결정에 반발해 들고 일어나자 미국과 벨기에는 자신들의 뜻을 강요하기 위해 군사 원정대를 파견했습니다. 노동당 정부가 이끌던 영국도 이 원정대를 지지했으며, 영국령 어센션 섬을 침략 수행의 발판으로 이용하도록 내주었습니다. 그 결과, 콩고 전역에서 참혹한 전쟁이 전개되고 있습니다. 곧 게릴라전으로 변질되어 서구의 승리가 확보되는 날까지 끝없이 계속될 가능성이 높습니다. 콩고에서 서구의 용병으로 싸웠던 사람들 중 한 사람이 쓴 글에서 발췌한 것이 있는데, 아마 지금 우리 영국이 지지하고 있는 그곳 전쟁의 실체를 제대로 파악하는 데 도움이 될 것입니다. 1964년 11월 22일자 《뉴스 오브 더 월드News of the World》에서 인용한 것입니다.

"스탠리빌로 가던 도중에 우리 차들 중 한 대가 고장이 났다. 우리는 그 차의 기어를 풀고 수풀 속에 숨겼다. 오후 늦게 그 차가 있는 곳에 가보니 산산조각이 나 있었다…….

젊은 영국인 중위가 격분했다. '이 악당들, 따끔한 맛을 보여주겠어.' 그는 우리에게 즉각 근처 마을로 이동하여 쑥대밭으로 만들어버리라고 명령했다.

그런 명령에는 이미 익숙해져 있었다. 아마 우리가 남쪽으로 내려오는 동안 그런 일이 줄곧 벌어졌을 것이다. 이 전쟁의 어느 쪽에도 가담하기를 원하지 않는 평화로운 농민들이 사는 무고한 부락들을 쑥대밭으로 만드는 짓 말이다.

우리는 불시에 나타나 온 마을을 헤집고 다니며 사전 경고도 없이 총을 내갈기곤 했다. 안에 사람이 있든 없든 보기에도 딱한 판잣집과 오두막들을 완전히 소각시켰다. 결의로 뭉친 우리의 냉혹한 이미지를 확산시키자, 전역을 공포의 도가니로 몰아넣자, 반도叛徒들이 어떤 처지인가를 실례로써 보여주자는 게 목적이었다…….

부락민들이 반도들의 행적을 알지 못한다는 것은 거의 확실했다. 우리 트럭이 파괴되었다는 사실조차 모르는 것 같았다.

우리가 마을에 도착했을 때는 땅거미가 내리기 직전이었다. 여자들은 아무 의심도 품지 않은 채 물을 나르고 남은 집안일을 하느라 분주하게 오고 갔다. 아이들은 황혼 속에서 깔깔대고 소리치며 놀고 있었다.

몇 분 정도 멈춰 서 있으려니까 드디어 사격 명령이 떨어졌다. 기관총과 벨기에제 최신 소총들이 요란하게 드르륵거리며 탄을 뿜어냈다. 여자들이 비명을 지르며 쓰러졌다. 어린아이들은 망연 자실 그대로 서 있거나 총탄이 몸으로 파고드는 순간 끔찍하게 옆으로 나뒹굴었다.

곧이어 우리는 늘 해오던 대로, 사격을 하면서 마을 깊숙이 돌진했다. 불을 붙이기 전에 몇몇이 집집마다 휘발유 깡통을 던져넣었다. 어떤 이들은 인화성 수류탄을 집어던졌다. 그것은 사람을 꺼지지 않고 타오르는 횃불로 만들어버렸다.

우리가 뛰어다니는 동안 그곳은 지옥이나 다름없었다. 비명 소리, 신음 소리, 날카로운 애원의 외침. 그리고 무엇보다도, 우리 용병들에게서 터져나오는 반미치광이의 목쉰 울부짖음. 그들이 이런 짓을 철저하게 즐긴다는 것은 너무나 명백했다.

잠시 후 우리는 마을에서 멀어지고 있었다. 비교적 고요한 가운데 부상자들의 알아듣기 힘든 비명들이 아련히 들려오고 살이 타는 매캐한 냄새가 떠돌았다."

내용은 계속되지만 더 들어보지 않아도 충분할 것입니다. 이 용병 훈련의 핵심은—다시 한 번 인용하지만—"어떤 상황에서도 절대로 포로를 만들지 말라"는 것입니다. "남녀노소가 달려와 네 앞에 무릎꿇고 살려달라고 매달려도 결코 주저하지 말라. 바로 사살하라"고 했다고 들었습니다.

이 젊은이가 암살자로 고용된 데 역겨움을 느끼고 그만두었음은 말할 것도 없습니다. 그러나 영국은 노동당 정부의 후원하에 지금도 이 같은 살육을 지지하고 있습니다. 1964년 11월 20일자 《타임스》지는 우리 외교부 장관 조지 톰슨George Thomson 씨가 그 전 주에 벨기에 정부로부터, 미국 정부와 더불어 긴급 대책을 짜고 있다는 소식을 전해 들었다고 보도했습니다. 그러자 영국은 어센션 섬을 이용하도록 허용했습니다. 벨기에 군이 영국의 허락하에 어센션 섬으로 공수되었다는 것도 《타임스》지는 보도하고 있습니다. 1964년 11월 30일자 《데일리 익스프레스 Daily Express》지는 이렇게 전합니다. "한때 내각에서는 영국군을 파병하는 방안도 고려했다. 벨기에 측에 군사적 개입을 처음 제안한 것도 영국이었다. 그러나 지금 화이트홀 관리들은 반군 장악 지역의 지형 때문에 대규모 군사의 상륙이 어렵다고 말한다." 이어 12월 15일에는 조지 톰슨 씨가 이렇게 밝혔습니다. "우리는 촘베를 철저히 지지한다." 그러나 바로 이틀 뒤 우리의 국방부 장관(아무튼 국방부 누군가가)은 콩고에서 자행된 '원시적 야만 행위'를 언급하면서 아프리카나 아시아의 다른 지역들이 '유사한 혼란 상황'에 빠지는 일이 없도록 주시해야 한다고 말했습니다. 이 말은 결국, 아프리카의 다른 지역에서도 노동당 정부의 허락과 원조하에 유사한 피의 살육이 진행될 것이고, 우리가 그 불법 행위를 지지하게 될 것이란 뜻입니까? 이 기록은 내가 한 사람의 영국인으로서 결코 자랑스러워할 수 없는 것입니다. 책임을 느껴야 할 당의 한 일원으로서 가슴이 아픕니다.

어쨌거나 계속해 봅시다. 말레이시아와 인도네시아의 분쟁에서도 영국의 주도로 인해 유사한 말썽들이 불거지고 있습니다. 이 전쟁 역시도 지금까지 얘기해 온 두 경우 못지않게 유혈과 잔학 행위가 판칠 가능성이 높으며, 어느 쪽도 승리하지 못한 채 오래 끌게 될 것 같습니다. 1963년 7월, 제62차 노동당 연례 회의 보고서 65쪽을 보면, 노동당이 북보르네오와 사라와크, 싱가포르에 대한 영국의 통치권을 포기한다는 내용의 말레이시아 법안을 지지했음을 알 수 있습니다. 노동당은 "말레이시아 연방이 동남아 상황을 안정시키는 중요한 역할을 할 것"이라 믿었습니다. 바로 작년(1964년) 12월 10일자 《가디언》지에 따르면, 윌슨 씨가 존슨 대통령에게, 영국은 총괄해서 보르네오에 8천 명, 말레이시아에 2만 명의 군사를 주둔시키고 있다고 말했습니다. 그리고 1965년 1월 15일자 《뉴 스테이츠맨》지를 보면, "코만도 '부시파이어' 함선과 항공 모함들을 포함해 700여 척으로 이루어진 영국 함대"가 지금 현재 말레이시아와 인도네시아 근처 바다에 떠 있다고 되어 있습니다. "연방 여단은 수마트라와 마주한 말레이 반도에 있다."

그러나 노동당 정부가 서구 제국주의를 지원하고 있는 곳은 이런 나라들뿐만이 아닙니다. 영국령 기아나(남미 동북부의 공화국 가이아나의 구칭)와 아덴(예멘에 있는 도시), 그리고 남아랍 보호국들에서도 노동당 정부는 보수당 정부의 구정책들을 답습하고 있습니다. 물론 식민지 담당관들을 각 분쟁지로 파견하여 상황을 다시 한 번 연구해 보라고 한 적은 있지만 말입니다.

이 모든 것들은 관련국 국민들의 바람에 맞서, 구 예속민들을 동요시키고 있는 독립을 향한 거대한 움직임에 맞서, 영국과 미국의 흔들리는 패권을 지탱하려는 부끄러운 시도들에 다름아닙니다. 이처럼 가망 없고 잔인한 종속화 기도들을 노동당 정부가 지원하고 있다는 것은 끔찍한 사실이 아닐 수 없습니다. 더 끔찍한 사실은, 이 전쟁들이 대규모 핵전쟁으로 확대될 수 있는데도 정부가 우리를 위해 모험하고 있다는 것입니다. 중국이 평화와 군축을 위한 제의를 했을 때 보여준 반응이야말로 정부의 태도를 그대로 보여주는 암울한 지침입니다. 노동당 정부가 집권한 직후 중국의 저우 언라이 총리가 우리 수상에게 편지하여, 세계의 모든 정부가 핵무기 사용 금지에 착수해야 할 때이니 정상 회담을 열자고 제의했습니다. 윌슨 씨는 이렇게 답했습니다. "귀하께서 제의한 절차가 현 상황에 발전을 가져올 수 있는 최선의 방법이라고는 보지 않습니다." 그는 두 가지 근거에서 중국을 비판했습니다. 대기권에서 핵실험을 하고 있다, 중국의 접근법은 '현실적이지 못하다.' 수상의 이러한 태도는 긴장을 완화시키거나 동·서 진영의 이견들을 해결하거나 핵무기의 확산을 저지하는 데 도움이 된다고 보기 어렵습니다. 선거용 성명서에서는 노동당 정부가 애써 할 일이 그런 것들이라고 해놓고 말입니다. 이번에도 정부는 과거의 위험한 정책들을 따르고 있습니다. 지난 몇 년 동안 중국이 핵무기 감축과 핵 해방구 지정을 몇 차례 제의할 때마다 서구는 퇴짜를 놓았습니다. 감축 논의에 중국이 끼이지 못한다면 세계 평화는 별로 희망이 없습니다.

노동당 정부는 좀더 현실적인 새로운 태도를 취할 수 있었으며 지금도 가능한 일입니다. 그리하여 서구의 약속뿐 아니라 동구의 약속도 액면 그대로 받아들여, 공허한 약속이었음이 드러날 때까지는 최소한 논의의 기초로 삼아야 할 것입니다. 그러나 새 군축 담당 장관은 어떻게 하면 예전보다 돈을 덜 들이고 우리의 군사력을 증강시킬 수 있을까 하는 문제에만 주로 관심이 있는 듯합니다. (1965년 2월 2일 솔즈베리에서 한 그의 연설과 개요를 참고하기 바랍니다. 노동당은 그 내용을 중요하다고 보는 모양입니다.)

노동당 정부가 해온 일 중에 냉전의 긴장을 완화시키겠다는 약속을 지키려 한 흔적은 전혀 없었습니다.

노동당 정부가 선거 성명에서 한 약속을 제대로 지킨 것이 있다면 외교부에 군축 담당 장관을 임명한 일입니다. 그 덕분에 새 직책과 부서, 위원회들이 잔뜩 생겨났으니 정부의 효율성이 더 높아졌을지도 모르겠습니다.

군축 협상, 핵 해방구 설치, 인력과 무기의 감축, 은밀한 무기 매매 금지, 우리의 방어 정책에 대한 과감한 재검토 및 수정, 나소 협정 재협상, 중국의 유엔 가입 승인 문제, 유엔의 사기 회복과 파워 증진 문제와 같은 아주 중요한 부분들에서 정부가 노동당의 약속을 이행하고자 한 일은 전혀 없어 보입니다. 뿐만 아니라 정부는 자아 비판의 기색도 보이지 않고, 성명서에서 주장한 대로 동료 노동당원들의 비판을 달게 받아들이는 기색도 없습니다.

게다가 정부는 남아프리카에서의 군사 문제나 핵무기 확산 반대와 관련해 스스로 천명했던 말까지 정면 위반해 왔습니다. 그리고 무엇보다도 나쁜 것은, 동·서의 냉전 긴장을 여러 가지 면에서 몇 배로 증대시켜 왔다는 점일 것입니다.

이 같은 배신 행위를 우리는 어떻게 생각해야 할까요? 이 나라의 경제 및 재정 상태가 불안한 탓에 공갈 협박이라도 받았던 것일까요? 그러나 당장 정권을 잡게 될 사람들이라면 사전에 나라의 경제 및 재정 상태와 대미 의존도를 검토하고 그 결과를 유념하여 스스로의 약속을 실행할 수 있는 안을 세웠어야 마땅합니다. 정부 스스로의 문제점들을 과감하게, 혹은 자기 행위의 최종 결과를 미리 예상하여 사실 그대로 공격할 용기가 없었던 것일까요?

당이 정권을 잡자마자 그 지도자들이 선거 공약에 정면 위배되는 짓을 한다면 의회 민주주의가 무슨 희망이 있습니까? 노동당 당원들 중에도 위약 행위를 못마땅해하는 사람들이 있지만, 지금까지는 당의 단결을 위해 침묵해 왔습니다. 그러나 옳지 않은 명분으로 단결한다면 그 단결이 무슨 소용이 있겠습니까? 범죄 집단의 으뜸 덕목이 바로 단결과 충성입니다. 우리가 우리 자신과 세계 모든 인구에 참사를 불러올 정책들에 꼼짝없이 빠져들기 전에—지금도 빠른 속도로 빠져들고 있습니다—현 정책들에 적극 반대한다는 뜻을 단호한 언어로 알려야 합니다. 더 기다렸다가는 너무 늦습니다. 노동당이 진정 필요한 개혁의 옹호자로서 옛 면모를 일부라도 되살리려면, 노동당의 선거 성명을 믿고 표를 던졌던 사람들이 나서서 현 정부 지도부는 재집권의 기대를 버리라고 촉구해야 할 것입니다. 선거 공약들과 관련해 무엇을 했든 못했든 그들은 이미 우리를 유례없이 잔인하고 무용한 멸종의 전쟁들—최소한 두 건—로 몰아넣었으며 계속 그런 식으로 나가자고 제안합니다. 이러한 정책에 맞서 우리는 가능한 모든 방법을 동원해 저항해야 할 것입니다.

〈1966년 11월 13일, '전쟁 범죄 법정' 제1차 회의에서 한 연설〉

먼저 이 법정에 기꺼이 참여해 주신 여러분들께 감사의 뜻을 표하고 싶습니다. 이 법정은 미 합중국이 베트남에서 벌이고 있는 전쟁의 성격을 조사, 평가하고자 소집되었습니다.

이러한 법정은 역사적으로 뚜렷한 선례가 없습니다. 뉘른베르크 법정이 이른바 전쟁 범죄를 다룬 경우이긴 하지만, 그것은 승리한 연합국들이 패전국에게 지도자들을 법정에 내보내도록 강요함으로써 가능했습니다. 국가 권력의 지원을 받았기 때문에 '정치 현실'이 강력한 요소로 끼어들지 않을 수 없었습니다. 법정의 일부 절차에 의심을 불러일으키는 이 같은 억압적 요소들에도 불구하고 뉘른베르크 법정은 유럽에서 나치가 저지른 범죄에 대해 분노를 표했고, 실제로 많은 공감을 얻기도 했습니다. 어쨌거나 그러한 행위들을 판결할 수 있는 기준이 마련되어야 한다, 그 기준에 입각해 나치의 범죄를 판결해야 한다는 인식이 널리 퍼져 있었습니다. 도덕적 차원에서라도 나치의 만행을 기록해 둘 필요가 있다고 많은 사람들이 생각했습니다. 나치 범죄의 중대성을 감수할 수 있는 법적 장치가 마련되기를 바랐습니다. 이처럼 제대로 규정되지는 않았지만 절실한 정서들이 뉘른베르크 법정을 감싸고 있었습니다.

우리에게 주어진 과제는 그보다 더 어려운 것이지만 책임성에 있어서는 동일합니다. 우리는 어떤 국가 권력도 대표하지 않으며, 베트남 국민에게 저질러진 범죄에 책임이 있는 정책 입안자들을 피고인 자격으로 우리 앞에 서게 만들 수도 없습니다. 우리에겐 '거대한 힘'이 없기 때문입니다. 재판 절차의 수행이 불가능합니다.

이런 점들이 한계로 보일지도 모르겠지만 오히려 장점일 수 있습니다. 우리는 국가적 이유나 기타 그런 유의 의무에 구애받지 않고 자유롭게 엄숙한 역사적 조사를 수행할 수 있습니다. 지금 '베트남에서 전쟁이 벌어지고 있는 이유는 무엇인가?', '이 전쟁으로 누가 이익을 보고 있는가?' 철저한 조사를 통해 이런 의문들을 연구하고 발표하는 것이 우리의 의무라고 믿습니다. 우리가 그렇게 함으로써, 왜 농사나 짓는 작은 민족이 지구상에서 가장 큰 산업국이자 가장 발달하고 잔인한 군사력을 보유한 나라로부터 12년 넘게 공격받고 있는가를 인류가 이해하는 데 기여할 수 있기 때문입니다.

L·E·T·T·E·R·S

 논문을 하나 준비했으니 심의 과정에서 참고하셨으면 합니다. 논문에는 베트남에서 미 합중국의 이력을 보여주는 서구 신문들 및 소식통의 보도가 상당수 제시되어 있습니다. 우리가 희생자들에게서 얻은 증거가 아니라, 이 사태를 야기한 책임이 있는 정책들에 호의적인 매체들에게서 얻은 많은 '소명' 증거〔반증이 없는 한, 어떤 사실을 입증 혹은 추정하는 데 충분한 증거〕를 가지고 심리에 착수한다는 점을 이 보도들은 분명히 해야 할 것입니다. 권력에 떠밀려서가 아니라 낙관적으로 '인간 문명'이라 부르는 것에 지적으로 도덕적으로 기여하고자 나선 저명한 사람들과 더불어 엄숙한 법정을 소집해야 한다는 우리의 결론은 정당하다고 봅니다.

 철저한 조사가 이루어진다면 이 법정은 역사적인 역할을 수행하게 될 것이라고 확신합니다. 우리는 베트남의 진실을 기록해야 합니다. 진실로 밝혀지는 것들에 대해 판결을 언도해야 합니다. 이 진실의 결과를 경고해야 합니다. 그리고 무엇보다도, 냉담해야만 공정한 사람이라고 보는 시각을 거부해야 합니다. 열린 정신과 텅 빈 정신을 구별하지 못하게 만드는, 개인 지성의 변질된 개념을 거부해야 합니다.

 나는 이 법정이 진실을 존중하는 사람, 일생의 업으로 삼아 그 점을 입증할 수 있는 사람들을 뽑아주었으면 합니다. 그런 사람들이어야만 내가 이야기하는 '소명' 증거에 대해 감정을 느낄 수 있습니다. 냉담한 탓에 이 증거가 생소한 사람은 그것을 판결할 자격이 없습니다.

 나는 법정의 권한하에 조사 부문과 행위에 대해 책임지는 부문을 나눌 목적으로, 위원 선출 작업에 동참합니다. 조사팀에게는 아직 우리가 일부밖에 목격하지 못한 증거를 베트남에서 더 연구하게 했으면 합니다. 나는 미 합중국 정부가 자신의 행위를 변호할 증거를 제출하라고 요구받는 것을 보고 싶습니다. '민족 해방 전선'과 '베트남 민주 공화국'의 저항에 대해서도 우리가 지지하는 문명과의 진정한 관계 속에서 재평가와 자리 매김이 이루어져야 합니다. 우리가 파리에서 열기로 한 정식 심리까지는 약 5개월의 작업 시간이 있습니다.

이 작업을 생각하니 내가 그간 살아오면서 목격한 범죄들과 키워온 희망들이 어쩔 수 없이 떠오릅니다. 나는 드레퓌스 사건도 겪어보았고 콩고의 레오폴드 국왕이 저지른 범죄를 조사하는 데도 참여해 보았습니다. 전쟁도 여러 차례 겪었습니다. 근래 수십 년 사이 너무나 많은 불의들이 조용하게 자행되어왔습니다. 나 개인적으로도 이 같은 상황들은 난생 처음 봅니다. 이처럼 고통받는 민족도 처음 보지만 괴롭히는 자들이 이처럼 부족한 것이 없는 경우도 처음 봅니다. 체력에서 이렇게 엄청난 차이가 나는 상대끼리 붙은 경우는 처음입니다. 그리고 이처럼 인내력 있는 민족, 이처럼 꺼지지 않는 저항 정신을 가진 나라를 달리 기억해 낼 수 없습니다.

베트남 국민에 대한 나의 깊은 존경과 열정을 여러분 앞에 숨기지 않겠습니다. 내 감정이 이러한 탓에 그들에게 있었던 일을 판결할 의무를 포기할 수가 없습니다. 우리는 모든 것을 밝혀내고 말할 권리를 위임받았습니다. 열정적이고 강직한 심리를 통해 제시된 진리보다 더 큰 찬사는 없으리라 확신합니다.

본 법정이 침묵 속에서 자행되는 범죄를 막을 수 있기를 바라 마지않습니다.

〈법정의 목표와 목적들, 1966년 11월〉

베트남에서 벌어지고 있는 전쟁으로 인해 인류의 양심이 심각하게 훼손되었다. 그것은 세계에서 가장 부유하고 힘센 국가와, 사반세기에 걸쳐 독립을 위해 싸워온 가난한 농민들의 국가가 맞붙은 전쟁이다. 지금 이 전쟁은 국제법과 관습에 위배되는 양상을 보이고 있다.

L·E·T·T·E·R·S

　세계의 언론, 특히 미 합중국의 언론들이 매일같이 쏟아내는 기사들이 사실로 드러난다면 뉘른베르크 법정과 국제 협정의 규칙에 의해 확립된 원칙들이 날이 갈수록 더 많이 침해받고 있다는 얘기가 될 것이다.

　베트남 국민이 감내하고 있는 고통은 충격적이고도 감동적인 바, 우리는 베트남에서 발생하고 있는 일들에 대해 엄숙하고 공정한 판결을 내리고 사태의 책임 소재를 밝히기 위해서는 인류에게 진실을 알려야 한다고 믿기 때문에 버트런드 러셀이 제의한 회동을 수락하게 되었다. 이러한 사실들을 철저하게 조사하여 해당 법률에 따라 대처한다는 것이 회의의 목적이었다.

　알려진 바로는 1966년 들어 9개월 사이 미 공군이 베트남에서 투하한 폭탄은 하루 400만 파운드에 달한다. 이런 식으로 연말까지 계속 갈 경우 폭발물의 총량은 제2차 세계대전 때 미국이 태평양 전역戰域에서 투하한 양을 훨씬 초과하게 될 것이다. 이처럼 폭탄 세례를 받고 있는 지역의 크기는 뉴욕과 펜실베이니아 주를 합친 것보다 작다. 남쪽의 미군과 고분고분한 사이공 동맹 세력은 농민과 그 가족들로 구성된 800만의 국민을 가시 철망 둘러친 진지로 몰아넣고 정치 경찰의 감시를 받게 했다. 유독한 화학 물질로 된 고엽제가 사용되었고 지금도 사용하고 있어, 수만 에이커에 달하는 농지를 불모지로 만들었다. 평상시에도 일반 국민의 먹는 양이 일반 미국인들이 소비하는 식품 양의 절반에도 못 미치는 나라(평균 수명 역시 미국인들의 3분의 1에도 못 미친다)에서 곡물들이 계획적으로 파괴되고 있는 것이다.

　관개 시설들도 의도적으로 붕괴되었다. 화염 방사기, 인화성 폭탄, 기타 잔학한 목적하에 만들어진 각종 최신 무기들이 남북을 가리지 않고 베트남 주민들에게 사용되고 있다. 이 같은 맹공 앞에서 남녀노소를 불문하고 50만 이상의 베트남인들이 사망했는데, 이는 제1, 2차 세계대전을 통틀어 미 합중국이 잃은 병사의 수보다 높은 수치다. 과거 일본과 프랑스의 강점, 제2차 세계대전 이후에 닥친 기근으로 베트남의 인구가 이미 격감된 상태였다는 것을 감안하기 바란다.

우리는 조직화된 권위로부터 직무를 부여받은 것은 아니지만, 인류와 문명의 보존을 위해 이 책임을 맡았다. 우리는 모든 정부나 관리 혹은 관이 개입된 조직으로부터 완전 독립되어 있으며, 여러 나라의 수많은 동료 인간들이 느끼는 깊은 고뇌와 양심의 가책을 대변한다는 굳은 믿음 아래 우리의 자유 의사에 따라 행동한다. 우리의 행동이 세계의 양심을 일깨우는 데 도움이 되리라 믿는다.

따라서 우리는 스스로를 하나의 법정으로 생각하는 바, 이 법정이 비록 제재를 가할 힘은 없지만 여러 의문 중에서도 특히 아래의 의문들에 대해 대답을 제시할 것을 요구한다.

1. 미 합중국 정부(오스트레일리아, 뉴질랜드, 남한의 정부들도 해당됨)는 국제법에 따라 공격 행위를 해왔는가?
2. 미군은 신무기나 전쟁법에 의해 금지된 무기를 사용했거나 실험했는가(가스, 특수 화학 제품, 네이팜[소이탄이나 화염 방사기에 쓰이는 방화성 높은 젤리 모양의 물질] 등등)?
3. 병원, 학교, 요양소, 댐과 같은 순수 민간적 성격을 띤 시설들을 목표로 폭격이 이루어진 일이 있는가? 있다면 어느 정도의 규모였는가?
4. 베트남의 포로들을 전쟁법에 의해 금지된 비인간적 처우로 대했는가? 특히 고문이나 신체 절단의 사례가 있는가? 민간인들을 대상으로 한 부당한 보복 행위, 특히 인질 처형의 사례가 있었는가?
5. 강제 노역 수용소가 세워졌는가? 주민 추방의 사례가 있었는가?

기타 법률적으로 집단 학살 행위에 해당할 수 있는 주민 절멸 행위가 있었는가?

   하나든 전부든 이러한 범죄들이 자행되었는지의 여부를 본 법정이 판단한다면 그 책임이 누구에게 있는지를 판단하는 것도 본 법정의 의무일 것이다.

   본 법정은 증거의 출처와 당파성을 따지지 않고 법정에 제시되는 모든 증거들을 검토할 것이다. 구두 증거도 가능하고 문서 형태의 증거도 가능할 것이다. 우리의 목적과 무관한 증거에는 주목하지 않을 것이다. 우리의 심리가 다루는 사건들에 관해 증언할 자격이 있는 증인은 누구나 심리에 참여할 수 있다.

   베트남 민족 해방 전선과 베트남 민주 공화국 정부는, 우리에게 적극 협조할 것이며 필요한 정보를 제공하고 정보의 정확성과 신뢰도를 검토하는 작업을 도울 것이라는 의사를 밝혀왔다. 캄보디아 국가 원수 시아누크Sihanouk 공도 증거 제시를 통해 조력하겠다고 제의해 왔다. 우리는 그들이 약속을 존중하리라 믿기 때문에 우리의 견해나 태도에 편견을 가지지 않는 한 기꺼이 도움을 받아들일 것이다. 우리는 법정의 자격으로, 버트런드 러셀이 자신의 이름으로 미 합중국 정부에 전달한 호소를 되풀이하는 바다. 우리는 미 합중국 정부가 증거를 제시하거나 제시될 수 있도록 해주고, 자국 관리나 대표들에게 법정에 나와 입장을 밝히도록 지시해 주기를 촉구한다. 우리의 목적은 두려움이나 호의에 구애됨 없이, 이 전쟁의 모든 진실을 확인하는 데 있다. 우리의 노력이 세계의 정의에 기여하고 평화의 재확립과 억압받는 민족들의 해방에 기여하게 되기를 간곡히 바란다.

〈법정 결의문〉

우리는 '버트런드 러셀 평화 재단'이 기존에 해온 작업에 대해 감사를 표한다. 이 재단이 내디딘 첫걸음 덕분에, 적절한 시간 안에 좀더 효율적으로 우리의 직무를 완수하게 될 것임을 확신한다. 재단의 예비 작업이 우리의 숙고를 도와주지 않았다면 효율성이 훨씬 떨어졌을 것이다.

〈'국제 전범 법정'에의 지원을 호소함〉

지난 몇 년 사이 서구의 뉴스 매체들은 자신도 모르는 사이에, 미 합중국이 베트남에서 저지른 범죄의 기록을 문서로 증거해 왔으며, 이 기록은 미국에 의한 전쟁의 확실한 '소명' 기소장이 되어 있다. 끔찍한 사진들과 고문, 신체 절단, 실험적 전쟁에 관한 얘기들에 자극받은 버트런드 러셀이 이 전쟁의 실상을 낱낱이 파헤치고자 우리를 불러모았다. 과학자, 법률가, 의사, 세계적으로 이름난 학자들이 위원회를 구성하여 증거를 조사하게 될 것이다. 베트남에서 증인들을 데려와 직접 증언을 하게 할 것이다. 조사팀들은 베트남과 인도차이나 전역을 직접 돌면서 현장에서 자료를 수집할 것이다. 서구와 기타 다른 곳에서 발표된 서류 증거들은 가차없이 검토될 것이다. 과학적 조사를 위한 출장과 세부적인 연구가 요구되는 작업이 5개월에 걸쳐 집중적으로 이루어질 것인 바, 막대한 돈이 소요될 것이다. 12주로 예정된 공개 심리에는 훨씬 더 많은 경비가 필요할 것이다.

'국제 전범 법정'은 재정적 독립을 유지하기로 결정되었다. 이것은 법정의 작업을 지지하고 그 직무의 철저한 이행이 아주 중요하다는 점을 인식하는 모든 개인들의 도움이 있어야만 가능한 일이다.

우리는 어떤 국가 권력에게도 명령하지 못한다. 강자를 대변하지도 않는다. 통솔하는 군사력도 자금도 없다. 우리는 다만 깊은 도덕적 우려에서 행동하며, 전세계의 평범한 사람들의 양심에서 나오는 진정한 지원에 의존할 뿐이다. 그것은 바로 물질적인 도움인 바, 베트남 국민이 침묵 속에 방치될 것인가, 아니면 그들의 비참한 상황을 인류의 양심 앞에 제시하는 기본권을 허용받을 것인지의 여부는 그러한 도움에 달려 있다.

저자 후기[1]

내가 믿는 것들

소년기 이후 내 삶의 진지한 부분은 서로 다른 두 개의 목적에 바쳐졌으며 그 둘은 오랜 세월 따로 존재하다가 최근 몇 년 사이에 비로소 하나로 통합되었다. 우선 나는 인간이 과연 어떤 것을 이해할 수 있는지 없는지를 파헤쳐보고 싶었다. 다른 한편으로는, 좀더 행복한 세상을 만들기 위해 할 수 있는 모든 일을 하고 싶었다. 38세까지는 첫 번째 과업에 모든 정력을 바쳤다. 회의주의로 고민했고, 그 결과 지식으로 알려진 대부분의 것들이 합리적 의혹에 노출되어 있다는 결론에 어쩔 수 없이 도달하게 되었다. 사람들로 하여금 종교적 믿음을 받아들이게 만드는 확실성, 내가 원한 것은 그런 유의 확실성이었다. 나는 다른 무엇보다 수학에서 확실성을 찾을 수 있다고 생각했다. 그러나 스승들이 받아들이라고 말하는 수많은 수학적 증명들이 오류투성이임을 알았고, 수학에서 제대로 확실성을 찾아내려면 지금까지 안전하다고 여겨졌던 기초들보다 더 견고한 기초들에 입각한 새로운 종류의 수학에서나 가능하다는 것을 깨달았

---

[1] 이 후기는 '80회 생일을 맞은 감상'이란 제목으로 『기억 속의 초상』에도 실렸다.

다. 그러나 작업이 진행될수록 코끼리와 거북이의 우화가 머리에서 떠나지 않았다. 수학의 세계를 받쳐주는 코끼리를 세웠으나 흔들리는 것을 발견하고, 코끼리가 넘어지지 않도록 받쳐줄 거북이를 세우기 시작했다. 그러나 코끼리와 마찬가지로 거북이도 안전하지 못했고 결국 20여 년의 각고 끝에, 수학적 지식을 의심의 여지없게 만드는 길에서 내가 할 수 있는 일은 더 이상 없다는 결론에 이르렀다. 그때 제1차 세계대전이 터졌고, 나의 사고는 인류의 고통과 어리석음에 모아지게 되었다. 나는 어떤 고통이나 어리석음도 인간이 피할 수 없는 숙명은 아니라고 본다. 그리고 지혜와 끈기, 설득만 있으면 조만간 인류를 스스로 자초한 고통에서 끌고 나올 수 있다고 믿는다. 그 사이에 인류가 자멸해 버리지 않는 한 말이다.

이러한 믿음 위에서 나는 늘 어느 정도 낙관해 왔다. 비록 나이를 먹을수록 낙관주의는 냉정해지고 행복한 결말은 멀어져갔지만. 그러나 인간은 고통받기 위해 태어난다고 하는 견해를 숙명적으로 받아들이는 사람들에게 지금도 나는 절대로 동의할 수 없다. 과거와 현재의 불행한 원인을 확인하는 것은 어려운 일이 아니다. 인간이 자연을 부당하게 지배한 탓에 궁핍과 역병, 기근이 존재해 왔다. 인간이 동료 인간에게 가지는 적의 때문에 전쟁과 억압과 고통이 존재해 왔다. 그리고 사람의 내면을 심각한 불일치 상태로 이끌어 외부의 온갖 번영을 무용하게 만들어버리는 병적인 고통은 비관적인 신념들이 키워온 것들이다. 이런 것은 모두 불필요한 것들이다. 이런 것들을 극복할 수 있는 방법들도 이미 알려져 있다. 현대 세계의 불행한 공동체들은 무지와 습관과 믿음과 열정을 가지고 있는 탓에 그런 경우가 많다. 그런 것들을 행복보다 심지어 삶보다 더 귀하게 여기기 때문이다. 이 위험한 시대를 살아가는 많은 사람들은 고통이나 죽음과 사랑에 빠진 듯, 희망이 제시되면 오히려 화를 낸다. 그들은 희망을 불합리하다고 생각하며, 자신들처럼 안이하게 절망하고 앉아 있는 것을 현실과 직면하고 있다고 생각한다. 나는 이런 사람들에게 공감할 수 없다. 우리의 세계에서 희망을 지키려면 지혜와 정력이 필요하다. 절망하는 사람들에게 흔히 부족한 것이 바로 정력이다.

내 인생의 후반부는 인류 역사상 가장 힘든 시기에 속했다. 세계는 점점 더 상황이 악화되어, 확실한 듯 보였던 과거의 승리가 뒤에 와서 보니 일시적 승리에 지나지 않았다. 내가 어릴 때는 빅토리아 시대적 낙관주의가 당연시되었다. 질서 정연한 과정에 따라 자유와 번영이 세계 전역으로 서서히 확산될 것이라 믿었고, 잔인함, 학정, 불의는 지속적으로 줄어들 것이라고 여겼다. 대규모 전쟁에 대한 두려움에 사로잡힌 사람도 거의 없었다. 19세기를 과거의 야만주의와 미래의 야만주의 사이에 끼인 짧은 막간으로 보는 사람도 없었다. 그러한 분위기에서 성장한 사람들이 현 세계에 적응하기란 힘든 일이었다. 정서적으로나 지적으로나 힘들었다. 온당하다고 여겨졌던 생각들이 부당한 것으로 밝혀졌다. 어떤 분야에서는 고귀한 자유를 지키기가 매우 힘든 것으로 드러났다. 또 다른 분야, 특히 국가들 간의 관계에서 과거에 고귀하게 여겨졌던 자유들이 재난의 잠재적 근원들로 밝혀졌다. 위기 일발의 현 상황에서 세계가 탈출하려면 새로운 사상, 새로운 희망, 새로운 자유 그리고 자유에 대한 새로운 제한이 필요하다.

사회 정치적 문제들과 관련해 내가 해온 일들이 큰 중요성을 지녔던 것처럼 말하고 싶지는 않다. 이를테면 공산주의처럼, 독단적이고 엄격한 신조를 수단으로 큰 효과를 발휘하는 것은 비교적 쉬운 일이다. 그러나 나는 독단적이거나 엄격한 것이 인류에게 필요한 것이라고는 보지 않는다. 그뿐만 아니라 인간 삶의 일부나 어떤 측면만을 다루는 편파적인 신조를 진심으로 믿을 수도 없다. 모든 것은 제도에 달려 있으며, 좋은 제도가 필연적으로 황금 시대를 가져다 줄 것이라고 주장하는 사람들이 있다. 반면에, 마음의 변화가 필요하다고 믿는 탓에 상대적으로 제도를 경시하는 사람들도 있다. 나는 두 견해 중 어느 것도 받아들일 수 없다. 제도가 사람을 빚어내고 사람이 제도를 변형시킨다. 양쪽에서 나란히 개혁해 나가야 한다. 그리고 개인들이 적정선의 주도권과 유연성을 확보할 수 있으려면 만인을 하나의 엄격한 틀에 억지로 밀어넣어서는 안 된다. 다른 비유로 말하자면, 모두를 하나의 군대로 훈련시켜서는 안 된다. 하나의 신조를 전체가 수용하게 만드는 데 방해가 되기는 하겠지만 다양성은 필수적이다. 그러나 이러한 생각을 설파하기란 힘든 일이며, 특히 열정의 시대에는 더욱 힘들다. 어쩌면 비극적인 경험을 통해 쓰라린 교훈을 배울 때까지는 얘기해도 아무 효과가 없을지 모르겠다.

이제 나의 작업도 막바지에 이르렀으니 전체적으로 개관할 때가 온 것 같다. 나는 얼마나 성공했으며 얼마나 실패했는가? 나는 어릴 적부터 나 자신이 위대하고 열정적인 과업에 헌신하리라 생각했다. 75년 전쯤에, 티르가르텐에서 차갑게 반짝이는 3월의 태양 아래 녹아 내리는 눈길을 홀로 걸으며 나는 두 종류의 책들을 쓰기로 결심했다. 하나는 추상적인 것에서 출발하여 점차 구체적인 쪽으로 다가가는 것이고, 또 하나는 구체적인 것에서 출발하여 추상적인 쪽으로 다가가는 것이었다. 그리고 순수 이론과 현실 사회 철학의 결합으로 그 둘을 마침내 종합할 생각이었다. 최후의 종합에 대해선 아직도 정리가 되지 않지만, 그것 외에는 마음먹은 대로 책들을 써왔다. 나의 저서들은 갈채와 칭찬을 받았고 수많은 사람들의 생각에 영향을 끼쳤다. 여기까지 본다면 나는 성공한 것이다.

그러나 반대로 실패한 부분들도 있는데 외적 실패와 내적 실패의 두 종류로 나누어볼 수 있다.

우선 외적인 것들을 살펴보자. 티르가르텐은 사막으로 변해 버렸다. 그 3월의 아침에 내가 걸어 들어갔던 브란덴부르크 기념문은 서로 으르렁대는 두 제국의 경계가 되어버렸다. 그들은 장벽을 사이에 두고 서로 노려보면서 무서운 인류의 파멸을 준비하고 있다. 공산주의, 파시스트, 나치즘이 내가 좋다고 평가했던 모든 것들에 도전하여 성공했으며, 그들을 격파하는 과정에서 그들의 적들이 보존하고자 애써온 많은 것들이 상실되었거나 상실되어가고 있다. 자유는 나약함으로 여겨지게 되었고, 관용은 반역이란 의상을 걸치도록 강요되었다. 과거의 이상들은 시대에 뒤떨어지는 것으로 판정되었고, 가혹하지 않은 신조는 존경받지 못한다.

내적 실패는 세상의 입장에선 별로 중요하지 않을지 모르지만 나의 정신적 삶을 끊임없는 전투 상태로 만들어왔다. 처음에는 플라톤적 영원한 세계에 대한 종교에 가까운 믿음에서 출발했다. 그 세계에서는 수학이 마치 단테의 '천국' 마지막 편처럼 아름답게 빛을 발했다. 그러나 나는 결국 '영원한 세계는 하찮은 것이다. 수학은 동일한 것을 다른 언어로 말하는 기술에 불과하다'는 결론에 도달하게 되었다. 그리하여 나는 자유롭고 용기 있는 사랑이야말로 싸우지 않고 세계를 정복할 수 있다는 믿음으로 시작했다. 고통스럽고 끔찍한 전쟁을 지원하게 된 것이다. 이런 측면들에서 본다면 실패였다.

그러나 이와 같은 실패의 부담 밑에는 승리할 수 있다는 생각이 여전히 자리잡고 있다. 내가 이론상으로 진리를 잘못 파악했을 수도 있겠지만, 그러한 것이 존재하며, 우리가 그것을 위해 헌신할 가치가 있다고 생각했다는 점에서는 잘못이 없었다. 인류가 자유롭고 행복하게 사는 세상으로 가는 길을 너무 짧은 길로 판단했는지는 모르겠으나, 그러한 세상이 가능하다고 생각하고, 그런 세상을 앞당기는 것을 목표로 살아볼 가치가 있다고 생각했다는 점에서는 틀리지 않았다. 나는 개인적으로나 사회적으로나 비전을 좇아 살아왔다. 개인적으로는 고귀한 것, 아름다운 것, 온화한 것을 좋아했고, 더욱더 세속화된 시대에 지혜를 줄 수 있는 통찰의 순간들을 두고자 했다. 사회적으로는, 개인들이 거리낌없이 성장하는 사회, 증오와 탐욕과 질시가 자랄 토양이 없어 죽어버린 사회의 탄생을 그렸다. 이런 것들이 내가 믿는 것이며, 비록 끔찍한 것들로 가득한 세상이지만 세상이 나를 흔들리지 못하게 만들었다.

편집 후기

열정과 명쾌함이 갖추어진 한 편의 서사시

마이클 풋

 버트런드 러셀이 아흔이 넘긴 긴 일생 동안, 특히 젊은층에게 그처럼 큰 호소력을 발휘할 수 있었던 이유는 무엇일까? 그 특별하고도 끈질긴 이유는 바로 그가 평이한 영어로 글을 쓰고자 들였던 수고에 있었다. 그가 글쓰기를 시작한 청소년기와 성인기 초의 주제들이 그 얼마나 복잡하고 전문적인 내용들이었나를 감안하면, 자신의 목적에 적합한 나름의 문체를 빚어냈다는 점이 더더욱 놀랍다. 그 자신 결코 믿은 바 없는 신들에게서 하사받은 재능에 불과했을까? 혹은, 지적 정직성이란 토양에서 교육받은 그가 그 전통을 잇고자 다소 의도적으로 그런 것은 아닐까? 문장이 쉬워지면 거짓말에 사용될 가능성도 줄어들기 마련이다. 그는 진실을 말하기 위해 모든 것을 걸었던 사람이다. 그가 가장 사랑했던 한 세기와 그가 사랑하게 된 그 언어야말로 가장 훌륭한 표본들이다. 조너선 스위프트와 데이비드 흄도 완벽한 명료성을 목표로 글을 쓴 사람들이지만 성공한 경우는 드물었다. 그럼에도 그들은 글쓰기에서 나름대로 지속적인 반향을 확보했으며, 그 덕분에 그들의 작품은 계속 읽힐 수 있었다.
 많은 사람들이 생각하는 대로, 버트런드 러셀은 비교적 복잡한 자질을 가진 인물이라는 평판을 평생 달고 다녔으며, 그러한 평판은 말년으로 갈수록 심해졌다. 그러나 이러한 주장에 대한 반론이 계속 제기되어 온 만큼 그러한 논지는 즉각 폐기되어야 마땅하다. 같은 철학자로서 러셀의 전기를 새로 쓴 레이 몽크는 자신이 쓴 러셀의 전기가, 앞선 전기 작가들이나 러셀 본인이 간과하거나 무단 삭제한 철학적 문제들을 다루고 있다고 주장한다. '고독한 정신The Spirit of Solitude'이라는 부제가 붙은 그의 초판에는 러셀이 태어난 1872년에서 1921년까지의 기록이 담겨 있다. 실제 그의 책을 읽어보면 나름대로 상당히 절제해서 붙인 제목이라는 느낌마저 든다. 도스토예프스키에서 따온 제명이 암시하듯 그가 좀더 구체적으로 파고든 것은 항상 좌절과 광기의 언저리에서 전율하는 러셀의 모습이었다. 이것은 자신의 영감을 18세기 합리주의라는 원천에서 끌어왔다고 믿었던, '절망의 가장자리'에 설 때마다 인류에 대한 믿음을 회복하기 위해 정직한 언어들을 찾아내려 애썼던 사람이 직접 그린 자화상과는 실로 엄청나게 다른 초상화라 아니할 수 없다. 몽크는 재간있는 조작자다. 버트런드 러셀의 평판에 대한 그의 공격은 위대한 사람들을 온당한 지위에서 깎아내리는 것을 즐기는 인간 본연의 저 비열한 본능에서 나온 것이다. 각 분야의 자유 사상가들이 나머지 인간들과 똑같은 운명의 희생자로 전락할 때, 게걸스러운 크리스트교인들은 특히 더 좋아하는 것 같다. 존슨 박사가 스위프트를 향해 가차없이 퍼부어댔던 독설도 그런 류의 것이었다. 레이 몽크가 버트런드 러셀에게 퍼부운 비난도 그와 똑같은 수준이지만 아마 아직도 더 남아 있을 것이다. 몽크는 작가로서 많은 자질을 가졌지만 그의 책을 온통 적시고 있는 증오의 물살을 막을 여력은 없는 사람이다. 그러나 사려 깊은 러셀이 이렇게 직접 자신에 대해 이야기해 놓았으니, 우리에겐 러셀이 왜, 어떻게 스스로를 변호했는지에 특히 주목할 권리가 있다.

자서전은 작가의 모든 기술 중에서도 가장 위험하고 힘든 작업이다. 물론 상당히 많은 사람들이 자서전을 포기하지 못했음을 감안하면 의문의 여지가 있는 주장이기는 하다. 자신이 사랑하는 사람들이나 지지하는 대의에 피해를 주지 않는 선에서 자기 자신에 대해 완전히 진실하게 말한다는 것은 불가능한 일처럼 보인다. 하지만 이 같은 반대들은 항상 뒷전으로 밀려나기 마련이다. 남들이 내 얘기를 하게끔 내버려두기도 싫거니와, 핵심적인 가닥을 잘못 잡아 이야기를 풀어감으로써 대중의 머리에 영원히 오해를 심어 놓을 것이 뻔하다는 것을 잘 알기 때문이다. 결국 내면의 맹렬한 자기 중심주의가 다른 모든 고려 사항을 제치고 득세하게 된다. 몽테뉴, 루소, 벤베누토 첼리니 등 위대한 자서전을 남긴 사람들은 모두 자기 중심주의자였다. 그러나 러셀은 지나치게 주제넘은 자아를 가진 이 모든 사람들과 싸울 수 있는 훌륭한 근거들을 찾아냈으며, 우리가 정직하다면 그 점을 인정하지 않을 수 없을 것이다. 그의 취향에서 보면 몽테뉴는 너무 차분했고 루소는 너무 히스테리컬했으며 첼리니는 구제 불능의 자기 중심주의자였다. 러셀이 모범으로 삼은 이는 볼테르였다. 루소와 마찬가지로 18세기에 태어나 성장한 볼테르는 소설 양식이나 자서전에 나타난 루소 식의 분출을 가리켜 "18세기 계몽주의와 너무나 동떨어진 엄청난 광기에서 나오는 헛소리"라고 통렬히 비난했던 사람이 아니던가? 만일 버트런드 러셀이 이 같은 옛 목소리들에만 귀를 기울였다면 용감하기 그지없는 자신만의 모험 길에 결코 나서지 못했을 것이다.

때때로 구제 불능의 자기 중심주의자로 욕을 먹는 인물이 하나 더 있는데, 러셀이 특별한 통찰력으로 이 사람을 연구한 바 있음을 감안하면 자서전 작업을 진척하는 데 필요한 자극을 그에게 제공한 것도 어쩌면 이 사람이었는지 모른다. 1945년에 출간된 『서양 철학사 History of Western Philosophy』에서 러셀은 결코 철학자라 할 수 없는 그 사람에게 한 장을 전부 할애했다. 바이런을 다룬 그 장이야말로 이 문제를 해명해 주는 확실한 보증서다. 러셀이 어머니의 젖과 함께 흡수했던 18세기의 저 차가운 성향과 극명한 대조를 이루는 바이런식 표현은, 러셀의 말에 따르면 "거대한 우주적 자기 확신, 혹은 미신을 믿는 사람들의 눈에는 사탄주의로 보일 수 있는" 형태를 취하고 있었다. 물론 러셀 본인은 사탄주의든 무엇이든 미신에 대한 모든 형태의 맹신을 특별히 경계한 사람이지만 그런 사람이 바이런의 거대한 자질을 이해했다는 점이 더더욱 놀랍다. 그 장 말미에서 그는 바이런의 말을 빌려, 루소의 혁명적 메시지의 본질과 기타 여러 가지를 설명하고 있다. 인간은 자신이 인정하는 진리를 위해 피 흘리며 죽어갈 수도 있다. 러셀은 바이런이 이것을 '불후의 구절들'로 표현했다고 지적한다.

> 슬픔은 지식이다 ; 가장 많이 아는 사람들은
> 숙명적 진리 앞에서 가장 깊이 애도해야 한다.
> 지식의 나무가 생명의 나무는 아니다.

사실 바이런의 『돈 주안 Don Juan』은 결코 자기 중심주의에 빠진 방종한 작품이 아니었다. 그것은 모든 시대가 목청 높여 갈구했던 혁명적 서사시였다. 거기에는 고매한 특성들이 담겨 있었으며 그것은 러셀 본인이 추구하고 발견한 것과 똑같은 특성들이었다.

우리 세기의 비중 있는 문필가 두 사람—조지 오웰과 H. G. 웰즈—도 작가로 살아가면서 똑같은 딜레마에 봉착했다. 그러나 그들은 서로 다른 결론에 도달한 듯하다. 자서전을 쓰는 사람들이 만나기 쉬운 유혹들이 있다는 것, 자신에게 불리한 확고부동한 증거를 스스로 제공하는 아주 드문 경우를 제외하고는 자신들의 말을 쉽사리 믿어주지 않는다는 것을 두 작가는 잘 알고 있었다. 사실 오웰은 자서전을 쓴 사람들뿐 아니라 각종 부류의 전기 작가들까지 모조리 싸잡아 비난했다. 그는 자기 중심주의에 굴복하지 않으려고 항상 경계했으며 실제로 자신의 글쓰기 양식에서도 그러한 모든 흔적을 없애고자 애썼다. 그의 글을 읽는 사람들은 그가 이 같은 공언에 철저하게 정직했음을 의심할 수 없었다. 만일 다른 결론을 내렸다면 본성을 너무나 완벽하게 비운 위선자란 이유로 그에게 유죄 선고를 내리는 것과 다름없었을 것이다. 그런데도 그의 가장 뛰어난 작품에 속하는 몇몇은 자전적 스타일이었으며—예를 들면 『카탈로니아에 바치는 경의 Homage to Catalonia』—그는 나중에라도 서투른 전기 작가의 손길이 나타나 자신의 설계를 파괴하는 일이 없도록 확실하게 보장받고 싶어했다.

H. G. 웰즈도 한때 오웰 못지않게 전기 작가와 자서전 작가들을 싸잡아 공격하는 논지의 글을 쓴 적이 있다. 그의 일차적 목표는 진실을 말하는 매개물로서의 소설을 찬양하는 데 있었으나 오히려 나머지 얘기가 더 큰 여운을 남겼고, 그 자신도 그 여운을 피해 갈 수 없을 것처럼 보였다. "모든 전기에는 사후의 저 싸늘함과 존경 같은 것이 담겨 있으며, 자서전의 경우 무의식에 가까운 수천 가지 방법으로 자기 영혼을 보여줄 수는 있겠으나 자기 자신에게 의존해 자신을 설명하는 것은 아무에게도 인정받지 못한다. 그것은 거짓말쟁이

나 허풍선이들의 타고난 방책이다. 첼리니나 카사노바처럼 자기 자신을 객관적으로 존경받을 만한 사람이라고 습관적으로 생각하는 사람들이나 자서전에서 최선을 다 한다." 그리하여 그는 1911년에 쓴 에세이에서, 자서전이란 불가능한 작업에 다름없다고 주장했다.

그러나 20여 년이 흐르자 그는 마음이 바뀌었다. 혹은 출판업자들과 친구들이 그의 마음을 바꾸게 했는지도 모르겠다. 어쨌거나 그는 마음을 뒤지고 머릿속을 뒤지는 수많은 노력 끝에 그 일을 해냈다. 그 책에는 『실험적 자서전Experiment in Autobiography』이라는 제목이 붙여졌다. 한두 권의 책이란 게 얼마나 일시적이고 불완전한가를 본인이 잘 알고 있었기 때문이다. 한 걸음 더 나아가 그는 제3권까지 함께 내려고 했으나 친구들이나 사랑하는 사람들이 생존해 있는 한 출간할 수 없었다. 그는 자신이 정복한 것들을 과시하고 싶어하는 카사노바는 결코 아니었다. 이미 1911년의 에세이에서 그러한 모든 위험과 유혹들을 설명한 그였다. 1935년의 '실험'은 이야기의 일부를 전하는 데서 멈출 수밖에 없었다. 그러나 더욱 놀라운 것은, 그가 얘기한 진실의 높은 비중이었다. 프랑스에서 허용되는 보다 자유주의적인 시각을 영문 에세이들을 통해 전해 주었다는 점에서 우리의 주제와 관련해 결코 뒤떨어진 판관이랄 수 없는 앙드레 망루와André Manrois는 이렇게 결론지었다. "웰즈의 『실험적 자서전』이 얼마나 진솔했던지 그에 비하면 루소의 『고백Confessions』은 조심스럽고 수줍게까지 느껴진다." 그리고 웰즈의 자서전은 뚜렷한 속편을 남기지 않은 '실험'이었다.

그러나 웰즈의 '실험'이 길을 닦아놓은 덕에 러셀이 그보다 더 용감한 실험을 할 수 있었다고 볼 만한 증거는 없으며, 따라서 우리로선 가능할 때 인용하는 정도다. 두 사람의 정치적 여정은 종종 교차와 재교차를 반복했으나 둘 사이의 공감대는 끝까지 불완전한 상태를 유지했다. 동시대인들은 좋은 의미에서 그들을 자유주의 이론의 으뜸가는 대표자들로 생각했지만 두 사람은 종종 격한 싸움에 휘말려 있는 자신들을 발견했다. 그러나 지금 와서 돌이켜보면 두 사람이 함께 투쟁했던, 따라서 승리의 월계관을 공유함이 마땅한 세 개의 큰 사안이 있었다는 것을 알 수 있으니, 여성의 권리를 쟁취하기 위한 투쟁, 민주적 사회주의를 위한 투쟁, 핵무기로 인한 세계의 파괴를 막기 위한 투쟁이 바로 그것이다.

일견 별개의 문제로 보이는 이 이슈들은 그들의 첫만남과도 관계가 있었으나 그 자리에서는 두 사람 모두 상대의 가치를 충분히 인식하지 못했던 것 같다. 당시 러셀은 웰즈가 쓴 『혜성의 시대In the Days of the Comet』(1906년 출간)를 읽은 직후였는데 그 책 고유의 가치보다 일부 분야에서 그 책이 야기했던 적대감을 더 인상 깊게 받아들였다. '급진적'이라는 말을 정치적 의미로 사용한다고 할 때, 웰즈가 쓴 책은 가장 급진적인 저서였다. 그는 사회주의의 여명이 어떻게 남녀의 성관계에 새로운 세상을 열어줄 수 있는가를 설명했다. 남녀를 막론한 노동 계층은 지금까지 경험하지 못한 새로운 민주주의를 경험할 수 있으며, 영국이 새롭게 각성해야만 유럽 대륙이 독일이 벌인 전쟁으로 뛰어드는 것을 막을 수 있다고 설명했다. 러셀도 이 모든 야망 혹은 기대들을 공유했으며, 특히 마지막 문제에 크게 공감했다. 그가 전쟁으로 치닫는 대륙의 동향을 저지하지 않으면 다른 모든 사회적 진보들도 파멸될 것이라고 생각할 때나, 자유 연애를 주창했다는 이유로 사악하기 짝이 없는 비난에 시달릴 때나 특히 웰즈 편에서 러셀을 지지하고 나섰다. 러셀은 웰즈의 모든 운동을 지원하겠다는 좋은 의도에서 웰즈와 그의 젊은 아내 제인을 옥스퍼드로 초대하기도 했다. 그러나 두 사람은 목적지가 같았음에도 접근법이 서로 달랐다. 벼락 출세한 웰즈가 귀족 러셀에게 말하기를, 내가 아직 놀고먹어도 될 만한 수입이 없으니 옥상에 올라가 자유 연애를 외치기는 어렵다고 했다. 이 같은 신중함의 과시에 러셀은 "불쾌했다"고 고백한 바 있다. 나중에는 자신이 불쾌했다는 것 때문에 불쾌감을 느꼈다.

『혜성의 시대』는 우리 세기 성 혁명의 길을 이끈 최초의 나팔 소리에 속했으며 러셀도 그 과정에서 처음부터 끝까지 대단히 훌륭한 역할을 했다. 그는 가족이 이미 앞장선 가운데 최고의 선생들을 모시고 교육받았으며 존 스튜어트 밀의 『여성의 종속Subjection of Women』을 자신의 성서로 삼았다. 그는 일반 세계가 여성의 권리를 인정하는 데 얼마나 인색한가를 깨닫고 놀라움을 금치 못했으며 여성에게 봉사하는 사람들을 도울 기회가 있으면 절대로 그냥 지나치지 않았다. 그의 선조들은 그에게, 다른 많은 사람들에게도 그랬듯, 이 투쟁에서 싸우는 법을 가르쳐주었다. 그의 선조들에게 이런 식의 존경을 표하는 것이 어처구니없게도 그의 새 전기 작가인 레이 몽크에겐 대단히 짜증스러웠던 모양인데, 여기서 잠깐 짚고 넘어가야겠다. 그는 전기 48쪽의 각주에 이렇게 적고 있다. "어디를 가든 '존 경의 손자'로 인식되는 것에 대해 러셀이 적어도 몇 번은 불쾌감을 표했으리라 기대하게 되지만 설사 그가 그런 적이 있다 하더라도, 현존하는 편지들이나 그가 평생에 걸쳐 써온 수많은 자전적 기록 그 어디에서도 그런 흔적은 보이지 않는다." 그러나 러셀이 불쾌감을 느끼지 않았다는 사실보다는 몽크가 보이는 불쾌감이 더 놀랍다. 러셀은 가문에 대해 긍지를 느꼈으며, 선조 중에서도 특히 1683년 7월 21일 찰스 2세에 의해 처형된 윌리엄 러셀 경을 가장 자랑스러워했다. "그

분은 단순히 자유의 친구가 아니라 영국식 자유의 따뜻한 친구였다." 여성의 권리 문제와 관련해 그가 받은 특별한 교육을 존 경이 직접 지도한 것은 아니었다. 물론 그랬을 가능성도 있지만 말이다. 그렇다면 몽크란 사람은 도대체 누구의 자손인가, 우리는 결국 발끈한 심정으로 물어보지 않을 수 없다. 제대로 된 명성을 얻었던 사람이 하나 있다면 스튜어트 왕조의 복권을 도왔던 그 장성밖에 없는데 그후 스튜어트 왕조는 러셀 가문에 대해 차례로 비열한 박해를 가하기 시작했다. 그러나 더 이상 옆길로 샐 필요는 없을 것이다. 이 몽크가, 러셀의 선조나 연애 방면에 관한 전문가임을 너무나 자주 과시하는 철학자란 것만 알면 된다.

어쨌거나 러셀과 웰즈는 유사 이래 인류가 직면한 가장 중요한 문제들에서는 하나된 모습을 보였다. 그들은 이 세기 내내 몇몇 특별한 시점들에서 서로 날카롭게 대치되는 충고를 내놓은 듯 보였으나 그것은 위장된 겉모습이었다. 무엇보다도 원자와 핵 분야의 발견들이 결국에 모든 분야를 절멸시킬 수도 있는 사태를 어떻게 막을 것인지, 최후의 위협을 떨칠 수 있는 범세계적 기구를 어떻게 발전시켜 나갈 것인지에 있어서는 각자 자신이 생각하는 진실을 힘주어 말하면서도 최후의 지적 논의에서는 승리를 위해 힘을 한데 모았다. 그것은 러셀의 자서전 제3부에서 최고조에 달했다. 이 분야에서 그가 제시하는 것들을 완벽하게 이해하려면 1959년에 출간된 『상식과 핵전쟁 Common Sense and Nuclear Warfare』에서 그가 강조했던 것들에 주목해야 한다. 이 주제와 관련하여 그의 가장 중요한 저서인 이 책에서 그는 자신에게 퍼부어진 공격에 맞서 매우 공정하게 대응했다. 소련이 무기 경쟁에 뛰어들지 못하도록 원자력 무기로 위협하거나 사용하자고, 한때 그가 주장한 데서 비롯한 공격이었다. 그러나 그의 생애 말기에 해당되는 1960년대로 들어서면, 조만간 더 많은 나라들이 세계를 멸망시킬 수 있는 능력을 보유하게 될 것이란 점이 최대의 과제로 부상하게 되고, 이 시험에 맞서 러셀은 대단히 공정하고 솔직하게 대처했다.

  H. G. 웰즈는 이 같은 위험들을 최초로, 게다가 풍부한 상상력으로 세밀한 내용까지 간파한 사람 중 하나였으며, 이 점은 1914년에 출간된 그의 책 『해방된 세상The World Set Free』에도 잘 나타나 있다. 그는 원자의 핵분열과 관련해 밝혀진 고도로 시험적인 첨단 자료들을 확보하여, 원자 폭탄을 이용하는 전쟁이 어떤 결과를 낳을 수 있는지를 총체적으로 다루었고, 무엇보다도 그 재난의 규모를 낱낱이 폭로했다. 그리고 폭발 자체도 무서운 것이지만 그 뒤에 이어질 방사능의 영향이야말로 더 무섭고 뿌리 깊은 문제라고 경고하는 등 꼼꼼한 추가 설명과 함께 테러리스트들이 세계를 파괴할 수 있는 독약을 가방에 넣어 다니게 될 경우 사태가 한층 더 위험해진다는 얘기까지 덧붙였다. 현실적인 공포들이 차례로 밀어닥치던 당시 상황에서는 이러한 가능성들이 너무나 멀게만 느껴졌기 때문에 그의 얘기를 진지하게 받아들이는 사람이 드물었다. 게다가 그는 이러한 현실들, 즉 새로운 형태의 이 공포들에 직면하게 되면 종말을 몇 분 남겨둔 순간에야 세계도 제정신을 차리게 될 것이라고 암시함으로써 자기 자신의 지적 회의를 더하는 듯 보였다. 그는 독일이 벨기에를 경유해 프랑스를 침략하면서 전쟁이 시작될 것임을 예언했고 한편으로는 '이성의 물결'이 대세를 잡게 되리라고도 내다보았다. "이 자생적인 이성의 물결을 믿고 싶어하는 성향이야말로 뿌리칠 수 없는 나의 약점 중의 하나인지도 모르겠다." 좀 태평한 독자들이 이 말을 들으면 웰즈에서 인용한 것인지, 러셀에서 인용한 것인지 잘 분간이

안 될 것이다. 원자력의 공포라는 현실을 파악하려 애쓰는 과정에서 두 사람 나름대로 희망이나 절망에 빠져 있는 자신을 발견했을 것이다. 절망이 없으면 호모 사피엔스는 현실을 직시하지 않을 것이다. 또한 희망이 없으면 투쟁 정신을 잃을 것이고, 자신들을 구제하는 데 필요한 동지애도 상실할 것이다.

두 사람 각자 신중하게 선택했던 정치 행동 노선은 이 세기 내내 교차와 재교차를 반복했다. 인류의 이성을 보존하려면 균형 잡힌 절제가 필요한 절박한 시점에서, 상대가 극단적인 정치적 입장을 택한 듯 보였을 때 두 사람은 서로에게 분노를 느꼈을 것이다. 이러한 충돌 가운데 가장 격했던 것은 1914~16년 전쟁의 발발을 둘러싼 논쟁이었다. 결국 그로 인해 두 사람은 어떤 품위 있는 의견 교환도 기대하기 힘든 사이가 되었다. 러셀은 독일을 상대로 한 전쟁 반대론을 함께 했던 웰즈가 종전의 입장을 저버리고 가장 거슬리는 전쟁광의 하나가 되었다고 비난했다. 웰즈는 러셀의 평화주의가 일부 상황에서는 정당할지언정 독일의 유럽 정복 문제에는 대처하지 못한다고 주장했다. 그후 오랜 세월, 두 사람은 서로 상대방의 주장을 맹렬하게 거부했으나 문제를 제시하는 상대의 끈질긴 열정에는 감명받지 않을 수 없었다. 새로운 저주가 인류를 위협하는 상황에서는 그러한 열정조차 최악의 명분에 동원될 수도 있다는 점을 그들은 너무나 잘 알고 있었다. 그러나 좋은 명분이 승리하기 위해서는 열정적인 지원이 반드시 필요한 법이다. 여기, 공동 행동을 호소하는 웰즈의 편지가 한 통 있다.

친애하는 러셀

…… 혁명적 위기랄 수 있는 요즘 시절에는 사소한 의견 대립에 힘

을 낭비하는 경향을 타파하는 것은 물론, 특히 좌익 사상을 파괴하고자 비판적 온건이란 미명하에 자행되고 있는 '체계적이고 교묘한' 작업에 맞서는 것이 좌익 사상 쪽에 어느 정도 영향력을 가진 우리 모두가 해야 할 의무일 것이오. …… 나는 나이가 들수록 더욱더 무정부주의적이고 극단적인 좌익으로 기울게 되오. …… 이제 우리도 반드시 만나 대화(어쩌면 공모가 될지도 모르지만)해야만 하오, 그것도 조만간에.

(259쪽 참조)

일본의 히로시마와 나가사키에 원자 폭탄이 떨어지기 몇 달 전인 1945년 5월 20일자 편지다. 몇 달 후 웰즈가 사망했고 공모 중이던 그의 새 글들은 러셀에게 남겨지게 되었다. 그가 살았더라면 아마도 러셀이 자서전에 쏟은 모든 노력을 높이 평가했을 것이다.

러셀의 자서전 제1부는 1967년에 출간되었고, 3부는 1970년 사망하기 직전에 발간되었다. 그렇게 연로한 사람의 판단에는 잠재력이나 타당성이 부족할 것이라고 생각할지도 모르겠다. 그러나 이 책을 읽는 독자들이 정직하다면 아무도 그런 결론을 내릴 수 없을 것이다. 뿐만 아니라 이 책은 영어로 쓰인 것들 중, 진정 위대한 자서전에 속한다. 시인들이 서사시를 쓰지 않게 되자 그가 직접 쓴 것이다. 그렇다, 모든 복합적인 열정과 명쾌함—러셀 자신이 이 방면의 대가였다—이 갖추어진 이 자서전이야말로 한 편의 서사시에 다름 아니다. 그러니 만일 누군가가 이 점을 의심하거든, 제1부 서두에 실린 프롤로그—'나는 무엇을 위해 살아왔나'—나 마지막 판 말미에 실린 후기를 읽어보라고 하라. 러셀은 소박함과 함께 특유의 웅변을 갖춘 사람이었다. 재앙에 대한 경고든 희망을 부르는 메세지든 그의 목소리는 세월의 간극을 뛰어넘어 울려퍼질 것이다. 그는 자신의 일생 덕분에 남들에게 말할 수 있는 특별한 권리를 가졌던 사람이다.

나도 개인적인 후기를 좀 보태고 싶다. 러셀의 글만큼 웅변적이지는 못하지만 그의 진실성을 변호하는 데 도움이 될지도 모르겠다. 내가 그를 처음 알게 된 것은 옥스퍼드에 있을 때 누군가에게서 그의 책 『행복의 정복The Conquest of Happiness』을 받았을 때였다. 그러고 나서 2년 후 어떤 대학 모임에 나온 그를 직접 보게 되었는데, 그는 기쁨 넘치는 환한 표정으로 특유의 재치와 지혜를 펼쳐 보였다. 자신의 이론을 그처럼 눈부시게 실천하는 사람을 어느 누가 뿌리칠 수 있겠는가?

그때 그가 행복해했던 한 가지 특별한 이유가 있다면 바로 '피터' 스펜스와 나눈 사랑 때문이었을 것이다. 느닷없이 피어난 두 사람의 사랑은 그의 생애를 통틀어 가장 행복한 시간으로 이어졌다. 옥스퍼드의 청년들을 이미 굴복시킨 피터였지만 버트런드 러셀이 나타나 그처럼 우아하고 손쉽게 그녀를 쟁취해 버렸으니, 참으로 자랑할 만한 정복이었다고 하지 않을 수 없다.

햄프스테드, 1998년 7월

역자 후기

러셀–휴머니즘으로 세상을 깨우치다

송은경

버트런드 러셀의 이 자서전을 가리켜, "서구의 사상, 지식, 과학의 보고와도 같은 책"이라고 표현한 것을 보았다. 많은 훌륭한 인물들이 명멸했지만 러셀만큼 폭넓고 깊었던 지성인도 드물었음을 보여주는 말이다. 그러나 내용에서 그러하다면 형식 또한 '보물'과도 같은 책이다. 수학 공식처럼 명쾌하고 깔끔한 문체, 재기 넘치는 표현, 위대한 학자치고는 너무나 진솔하고 따뜻한 인간성. 사실과 감정의 정곡을 찌르는 그의 글쓰기는 1950년에 노벨 문학상이 입증해 주었지만, 웬만하면 그를 원서로 읽어보라고 하고 싶을 만큼 감칠맛 나는 문장들이 많다(역자가 그 맛을 온전히 살려내기엔 역부족이었지만).

수학자로서 버트런드 러셀은 기호 논리학을 집대성하고 분석 철학의 기초를 다진 위대한 학자였다. 당대의 철학은 러셀의 『수학의 원리』에서 시작했다고 프랑스의 철학자 쥘 뷜멩Jules Vuillemin은 말했다. 영국의 철학자 길버트 라일Gilbert Ryle은 러셀의 저작이 20세기 철학에 '전체 궤도'를 제시했다고 생각했으며, 그가 다른 학자들처럼 학파를 만들려고 욕심내지 않았음을 지적하면서 "누구도 러셀주의자는 아니다. 그러나 우리는 모두 러셀주의자의 색채를 띠고 있다"고 했다. 한 마디로 현대 철학에 던진 그의 파문은 대단하다. 그런데 그를 수학과 논리와 철학의 세계로 이끈 동기는 의외로 단순했다. 제1부 프롤로그에서 그는 세상과 우주와 인간을 이해해 보고 싶었노라고 밝혔다. 학문에 매진할 수 있는 내외적 조건은 완벽했다.

청소년기의 내적 갈등을 거쳐 전통과 종교의 굴레에서 벗어난 그는 수학을 공부하고자 케임브리지 대학에 진학했고, 더 넓고 자유로운 세상에서 당대의 천재들과 더불어 역사를 만들어갔다. 그리고 마침내 그 분야의 기념비적 저서인 『수학 원리』(화이트헤드와 공저)와 『수학의 원리』가 완성되기까지 그의 모든 노력은 학문에 바쳐졌다. 그런데 『수학 원리』의 집필에 들어간 1901년, 스승이자 학문 동료인 화이트헤드의 부인이 병고를 치르는 것을 지켜보다 신비한 정신적 경험을 하게 된다. 그 순간, "발 밑에서 땅이 무너지면서 완전히 다른 영역에 들어서 있는 나를 발견했다"고 그는 표현했다. 모든 인간의 영혼은 근본적으로 고독하며 지고지순한 사랑만이 그것을 극복할 수 있다는 깨달음이 학문적 분석이 아닌 감정의 채널로 그에게 밀려왔고, 그 몇 분이 지나자 그는 "제국주의자에서 친보어파, 평화주의자, 휴머니스트로" 변해 있었다.

이 경험이 그에게 준 의미는 간단치 않았다고 본다. 그것은 '지식과 사랑의 인도하에 천국으로' 오르려던 그를 '지상으로 되돌아오게' 만든 '참기 힘든 연민'의 뿌리와 닿아 있기 때문이다. '연민pity'이란 표현이 그를 고통받는 대중 위에서 자비를 베풀려는 성인인 양 오해하게 만들 수도 있겠지만, 조숙했던 유년기 이후로 그의 내면을 지배했던 고통과 갈등의 근원을 이해하게 되면 그 역시 고통받는 한 인간이었으며, 그러한 입장에서 동료 인간들에 대해 느낀 감정이란 것을 알 수 있다. 조실부모하고 엄격한 조부모 밑에서 성장한 러셀은 인간의 근원적 고독에 일찌감치 눈을 떴고, 절대적으로 의지할 수 있는 어떤 확실성, '영원한 것eternal thing'에 대한 갈구로 목말라했다. 이러한 내적 갈망이 오랫동안 그를 따라다니며, 이 세상에 없는 것을 추구하는 데서 오는 격심한 고통을 불러일으키고, 인간들 속에서 스스로를 '외계에서 온 유령' 같은 존재로 느끼게 만들곤 했다. 그가 완고한 혁명가가 되지 못하고 사회주의의 언저리를 맴돌게 된 것도 인간 개인의 정신적 자유와 '영원한' 가치(그는 이 세상에서 자연이 가장 여기에 가깝다고 보았다), 초월에 대한 강한 동경 때문이었던 것 같다. 어떤 의미에서는 그런 것들이 바로 그가 추구한 '신God'이었다. 따라서 제도화된 종교를 누구보다 신랄하게 비판했음에도 불구하고 그는 무신론자라기보다 불가지론자에 가깝다.

어쨌거나 그의 정신적 고통은 같은 이유로 혹은 여러 다른 이유들로 고통받는 동료 인간들을 돌아보게 만들었고, 심오한 휴머니즘적 감수성을 키워나가는 원천이 되었다. 그가 전도유망한 천재적 학자의 길에서 이탈하여 인간사의 진흙탕에서 영원한 보석을 찾으려 애쓰게 된 것은 결코 우연이 아니다. 물론 순탄한 길은 아니었다. 한때 정신적 반려자였던 연인 오톨라인 모렐과의 공통점을 그는 이렇게 표현했다. "그녀와 나 둘 다 인습으로부터 자유로웠고, 전통에 따르면 귀족이지만 현재의 환경에서는 의도적으로 그렇게 행동하지 않았다. 우리는 잔인한 것을 혐오했고 특권 계급의 오만과 편협을 싫어했다. 그럼에도 우리가 택한 세계에서 약간 이방인 취급을 당한다는 것도 똑같았다."

정치적으로 진보적 자유주의를 고수해 온 러셀 가문의 내력을 고려하면 그가 정치를 통해 새로운 이상을 실천하고자 한 것은 자연스러운 일이었다. 그러나 시대를 크게 앞서가는 그의 자유주의와 휴머니즘은 번번이 장벽에 부딪혔고 '잘하는 수학이나 하지 왜 정치판에 끼어드느냐'는 식의 조롱을 불러일으켰다. 이어 발발한 제1차 세계대전은 그의 모든 것을 바꾸어놓았다. 그는 죽음의 쇼show를 지켜보면서 인간 본성에 대한 생각을 바꾸었고, 세상의 슬픔과 고통에서 오는 연민에서 한 걸음 더 나아가 살아 있는 것에 대한 새로운 사랑을 확인했다. 이때의 심경을 그는 이렇게 표현했다. "상심하는 젊은 세대를 생각하면 연민으로 가슴이 저리다. 그것은 내가 속한 세대의 어리석음과 탐욕 때문에 생겨난 상심이다." 그는 학구적인 태도에서 벗어나 인류를 위해 새로운 책들을 쓰기로 결심한다.

그후 러셀은 국내외의 여러 대학에서 틈틈이 강의하는 한편, 강대국들의 음모를 폭로하고 조직과 권위와 전통에 억눌린 개인의 해방을 부르짖고 인류 공영으로 나아가는 길을 제시하는 작업에 헌신했다. 사상가, 수학자, 교육 실험가, 지성과 사회와 성性 해방의 옹호자, 평화와 시민권과 인권을 주창한 운동가―그의 이름 앞에 이처럼 많은 수식어가 붙는 것은 그가 세계와 인류를 위해 전방위적 활동을 펼쳤음을 반증한다. 여성인 역자에게 특히 감동을 준 것은 성에 대한 그의 생각이었다. 그는 남녀의 육체적 정신적 상호 보완성을 인정하면서, "나의 여인들이 없었다면 나는 훨씬 더 편협해졌을 것"이라고 고백했다. 이른바 '능력' 있는 권위적인 남성들의 입에서는 절대로 나올 수 없는 얘기다. 그 같은 사상과 자유로운 결혼 생활로 인해 입에 담기도 힘든 비방과 고초를 감수해야 했지만, 그는 여자들만의 운동을 인정하기도 싫어할 만큼 철저한 남녀 평등을 고수했다.

제1, 2차 세계대전 이후 동구와 서구가 대립하는 이데올로기 냉전 시대로 넘어오면서 그는 인류의 사활이 걸린 핵전쟁 문제에 맞서 온몸으로 투쟁했다. 그리고 세계 각지의 영토 분쟁 해결을 위해 노력하고, 정치적으로 탄압받는 수감자 구명 운동과 소수 집단을 위해서도 일했다. 새로이 등장한 미국의 패권주의를 우려하여 격하게 성토하고 나선 것도 그였다. 그의 이러한 모든 활동은 말년에 '버트런드 러셀 평화 재단' 설립으로 결실을 맺음으로써 젊은 세대와 함께하는 새로운 출발점에 서게 되었다. 그의 운동은 근본적으로 휴머니즘에 기초해 있었기 때문에 이데올로기나 당파성, 국경을 초월한 숭고하고 보편적인 운동이었다. 그리고 그 근간을 이루는 그의 폭넓고 현명한 생각들이 수많은 저서로 출간되어 대중의 몽매함을 깨우쳐주었다. 천재 물리학자이자 평화주의자였던 아인슈타인은 러셀을 가리켜, "자신의 뛰어난 문학적 재능을 대중의 계몽과 교육에 활용해 온 사람"이라고 평했다.

지금까지 우리말로 번역된 그의 저작만 해도 수십 종에 달하며 물론 자서전도 이미 소개된 바 있다. 그러나 편지 및 각종 자료들까지 모두 완역된 경우는 없었던 것으로 알고 있다. 모두 17개 장으로 된 이 책의 각 장 전반부는 러셀이 직접 회고한 내용(시기별로 따로 정리한 것들을 엮어놓았다)이고 후반부는 주로 편지들로 되어 있다. 편지들이나 기사, 발표문을 꼼꼼하게 읽어보면 회고 부분에서 간단하게 설명된 것이 실상 그리 간단치 않았던 일이었음을 자주 보게 된다. 그 시대 그 공간의 구체적인 상황과 인물들의 감정이 살아 있는 이 자료들을 꼼꼼하게 읽어보아야만 그의 일생을 제대로 이해할 수 있으며, 독자로서 얻는 소득도 있을 것이다.

러셀이 20세기 세계에 보기 드문 영향력을 발휘할 수 있었던 것은, 비범한 지성과 명쾌한 웅변, 폭넓은 역사 지식, 의로운 용기라는 우수한 자질들 덕분이라고 흔히 말한다. 덧붙여서 역자는 자서전을 통해 확인되는 그의 인간성을 꼽고 싶다. 천재들이 대부분 그러하듯 그의 머리는 냉철했지만 그의 가슴은 누구보다 따뜻하고 넓었다. 냉철하고 분석적인 성향을 넘어 관용과 연민으로 세상을 바라보려는 노력이 곳곳에 엿보인다. 그의 저서들이 오늘날까지 호소력을 발휘하는 이유도 거기에 있을 것이다. 인류가 존재하는 한 휴머니즘은 우리의 영원한 화두일 테니까.

끝으로, 역자의 부족함을 메워준 여러 친구들과 사회평론 편집자들에게 감사한다.

2003년 1월

시기별 주요 사건

1872~1914년 펨브로크 로지로 옮겨와 조부모 밑에서 성장. 조부 사망. 수학에 흥미를 느끼게 됨. 사춘기로 접어들면서 시와 종교, 철학, 성에 대한 관심이 커짐. 사우스게이트 육군 예비 학교에서 대학 입학 시험 준비. 1889년 파리와 스위스 방문. 1890년 케임브리지 입학. 1892년, '소사이어티' 회원으로 선발됨. 앨리스 피어솔 스미스와 교제하다 1893년 약혼. 1894년 파리 주재 영국 대사관 명예 직원으로 근무하고 돌아와 앨리스와 결혼. 1895년 베를린 방문. 1895년 특별 연구원으로 선발됨. 런던 정치 경제 대학에서 강의. 화이트헤드와 가까워짐. 1896년 미국 방문. 1898년 조모인 러셀 부인 사망. 1900년 파리 방문. 1900년 『수학의 원리』 집필 시작. 1901년 『수학 원리』 집필 시작. 1901년 케임브리지로 돌아와 두 학기 동안 강의. 앨리스에 대한 감정이 변하기 시작함. 1905년 옥스퍼드 근처로 이사. 여성 참정권 운동. 1908년 영국 학술원 회원으로 선발됨. 1909년 애서니엄 클럽 회원으로 선발됨. 1910년 케임브리지에서 논리학과 수학의 원리 강의. 오톨라인 모렐과 가까워짐. 1911년 앨리스와의 결혼 생활 청산. 1913년 오스트리아와 이탈리아 방문. 1913년 조지프 콘래드와 친해짐. 1914년 미국 보스턴에서 로웰 강좌 후 하버드 대학 철학과 임시 교수가 됨. 1914년 6월 영국으로

돌아옴.

1914~1918년　제1차 세계대전의 기원. 영국의 중립 지지. 평화주의자가 되어 양심적 병역 거부자들과 작업. 윌슨 대통령에게 공개 서한. 브라더후드 교회에서 피습당함. 징병 반대 인쇄물을 작성한 혐의로 벌금형. 트리니티 칼리지에서도 운동하다 강의권을 박탈당함. 해안 접근 금지령에 묶임.《트리뷰널》주필. 반전 사설을 썼다는 이유로 수감됨. 1918년 휴전과 제1차 세계대전의 결과에 관하여.

1918~1920년　룰워스에서 생활. 에스파냐 방문. 노동당 대표의 일원으로 러시아 방문. 러시아라는 새로운 공산주의 사회에 혐오를 느낌.

1920~1924년　중국으로 초빙되어 갔으나 베이징에서 중병에 걸림. 일본 언론이 사망 보도를 냄. 맥도널드 정부의 의화단 사건 배상 위원회에서 활약.

1921~1938년　도라 블랙과 재혼하여 아들과 딸을 얻음. 실험 학교 설립과 형이상학적 좌절. 형의 사망으로 백작 지위 승계. 창조적 충동의 상실과 회복. 패트리셔 스펜스와 결혼. 러셀의 평화주의와 제2차 세계대전.

1938~1944년　미국으로 건너감. 시카고 대학, UCLA에서 강의. 판결에 의해 뉴욕 시립 대학 교수직 무산. 반스 박사에게 고용됨. 하버드 대학과 프린스턴 대학에서 강의. 영국으로 귀환.

1944~1950년　케임브리지 대학 트리니티 칼리지. 영국 철학 비판. 핵전쟁 우려. 바루크 제안에 희망을 검. 러시아를 위협하자고 주장. 정부와 좋은 관계를 유지하며 강연과 방송 활동을 하던 중 베를린으로 파견됨. 노르웨이로 파견되었다가 트론헤임에서 비행기 사고를 만남. 세 번째 결혼 청산. 리스 강좌 맡음. 메리트 훈장 받음. 오스트레일리아 여행. 미국에서 강연. 스톡홀름에서 노벨 문학상 수상. 최고의 명예를 누림.

1951~1957년　이디스 핀치와 결혼하여 리치먼드에 정착. 플라스 펜린 매입. 스탈린 사망, 비키니 핵실험, 매카시즘으로 인해 태도에 변화가 생김.

'인류의 위기' 방송 및 반응. 세계 의회주의자들과 작업. 아인슈타인의 동참 호소. 과학자 성명. 캑스턴 홀 기자 회견. 퍼그워시 운동 창시. 세계 정부 관련 회의들. 플라스 펜린에 영구 정착. 모턴 소벨 구명 운동. '문화적 자유를 위한 미국 위원회'에서 사퇴. 수에즈 침공 비난. 1차 퍼그워시 회의에서 의장으로 선출됨. 계속 이어진 퍼그워시 회의의 성과들.

1958~1967년 아이젠하워와 흐루시초프에게 공개 서한. CND 설립. 의장으로 선출됨. 칼링가상과 소닝상 수상. 퍼그워시 운동과 CND의 한계. 대중적 시민 불복종 운동의 필요성을 느낌. CND에서 사퇴하고 '100인 위원회' 구성. '행동이냐 멸망이냐' 호소. 트라팔가 광장 집회와 국방성 연좌 시위. 시민 불복종을 선동했다는 이유로 기소됨. 재판과 투옥. 감방에서 보낸 메시지와 연대 시위. '100인 위원회' 운동. 웨더스필드 공군 기지 사건 재판. 트라팔가 광장에서 연설. 90회 생일 축하 행사. 쿠바 사태. 중국-인도 국경 분쟁. '100인 위원회'에서 사퇴하고 전쟁을 피할 수 있는 새로운 방법 모색. 정치범과 박해받는 소수 집단들에 주목. 톰 페인상 수상. 하인츠 브란트 석방. '버트런드 러셀 평화 재단' 설립. 베트남 전쟁 문제에 몰입. 케네디 암살 진상 조사 후원. '워런 위원회 보고서' 비판. 영국 노동당 정부 비판. 미국의 베트남 개입에 반대하여 '베트남 연대 운동' 시작. 국제 전범 법정 후원. 미국의 모험이 세계에 주요 위협이 되고 있다고 봄.

러셀의 여인들
앨리스 러셀, 오톨라인 모렐, 콜레트 멜리슨, 헬렌 더들리, 도라 러셀, '피터' 러셀.

찾아보기(가나다 순)

가
간디, 모한다스 K. 85(하), 443(하)
게디스, 에릭 캠벨 경 548(상)
고리키, 막심 575(상)
고야 336(하)
고체 504(하)
골츠, 버나드 147(하)
괴델, 쿠르트 478(하)
괴벨스 253(하)
글래드스턴, 윌리엄 에와트 24(상), 51(상), 73(상), 93(상), 322(상), 539(상), 91(하), 121(하), 122(하)
글래드윈 경 457(하), 507(하), 511(하), 517(하)
기번, 에드워드 64(상), 29(하), 140(하)

나
나세르, 가말 A. 494(하)
나탄, 오토 108(하)
나폴레옹, 보나파르트 22(상), 24(상), 309(상), 641(상), 293(하), 490(하)
네루, 자와할 200(하), 231(하), 256(하), 320(하), 444(하)
노먼, C. H. 509(상)
노턴, W. W. 83(하), 101(하), 102(하), 103(하), 139(하)
놀턴, 찰스 636(상)
니체, 프리드리히 390(상)
니코, 장 556(상), 563(상), 598(상), 39(하), 41(하), 42(하), 44(하), 46(하), 48(하), 49(하), 228(하)
닐, A. S. 66(하), 67(하), 70(하), 71(하), 72(하), 74(하), 75(하), 76(하), 78(하)

다
다윈, 프랭크 24(상), 396(상)
데카르트, 르네 63(상), 641(상), 235(하)
도스토예프스키 43(상), 372(상), 479(상), 601(상)
도이처, 아이작 471(하)
돌치, 다닐로 485(하)
듀이, 존 354(상), 608(상), 624(상), 629(상), 158(하), 165(하), 186(하)
드 골, 샤를 432(하)
드레퓌스 486(상), 519(하), 552(하)
디즈레일리, 벤저민 322(상), 444(상), 35(하)
디킨슨, G. 로스 118(상), 203(상), 207(상), 325(상), 329(상), 340(상), 345(상), 395(상), 506(상), 530(상), 619(상), 643(상), 173(하)
딜크, 찰스 경 38(하)

라
라이프니츠, G. W. 235(상), 236(상), 237(상), 240(상), 116(하), 273(하)
라이헨바흐, 한스 43(하), 44(하), 181(하)
라크루아, 장 48(하)
래스키, 해럴드 59(하), 217(하)
랜섬, 아서 524(상)
랜스버리, 조지 70(하)

레닌, V. I. 469(상), 470(상), 524(상)
로건, 어니스트 59(상)
로렌스, D. H. 416(상), 417(상), 418(상), 421(상), 422(상), 471(상), 473(상), 474(상), 475(상), 478(상), 480(상), 506(상), 551(상)
로버트슨, J. M. 295(상)
로웰, A. 로렌스 375(상), 376(상), 377(상), 585(상), 586(상), 50(하)
로이드 조지, 데이비드 99(상), 423(상), 491(상), 492(상), 539(상), 92(하)
로이드, 존 176(하)
로이드, 테드 176(하)
로이드, 프랜시스 169(하)
로크, 존 102(하)
록펠러 (재단) 617(상)
롤랑, 로맹 110(하)
루스벨트, 프랭클린 D. 111(하)
루이 16세 223(하)
르 코르뷔지에 137(하)
리 수 쳉 625(상)
리드, 허버트 경 531(하)
리틀우드, J. E. 556(상), 558(상), 559(상), 561(상), 584(상)
링컨, 에이브러햄 429(상)

마

마르크스, 카를 187(하), 278(하)
마셜, 앨프레드 465(상)
마오 쩌둥 443(하)
마이농, 알렉시우스 123(하)
마이어스, F. W. H. 148(상), 204(상)
마치니, M. 352(상)
마키아벨리, 니콜로 186(하)
마틴, 킹슬리 640(상)
말리노프스키, 브로니슬라프 92(하), 93(하)
매닝, 윌리엄 T. 주교 148(하)
매카시, 조지프 218(하), 284(하), 302(하), 303(하)
매콜리 124(상)
맥먼, 노먼 77(하)
맥밀런, 해럴드 424(하), 427(하), 429(하), 432(하), 514(하)
맥하이, H. 342(하)
머리, 길버트 258(상), 276(상), 297(상), 300(상), 340(상), 380(상), 386(상), 411(상), 467(상), 527(상), 548(상), 549(상), 178(하), 277(하)
메이스필드, 존 507(상)
메이어, R. G. 205(상), 206(상), 207(상), 243(하)
모건, J. P. 148(상)
모렐, 오톨라인 부인 407(상), 470(상), 487(상), 499(상), 512(상), 543(상), 553(상), 600(상), 625(상), 631(상)
모렐, 필립 361(상), 362(상)
모리스, 찰스 W. 129(하)
모리스, T. E. 392(하)
몬테피오레, 모세 경 41(상)
몽테뉴, 미셸 드 300(상), 169(하), 171(하), 172(하), 173(하), 177(하)
무솔리니, 베니토 132(상), 237(상), 421(상), 115(하)
무어, 애디슨, W. 589(상)
무어, G. E. 107(상), 119(상), 120(상), 124(상),

561(상), 563(상), 93(하), 125(하), 169(하), 174(하)
미라보, 콩트 드 443(상), 444(상)
밀, 존 스튜어트 16(상)
밀러, 휴 151(상)
밀턴, 존 26(상), 42(상), 61(상), 157(상), 397(상), 564(상), 466(하)

바

바르뷔스, 앙리 110(상)
바슐라르, 가스통 48(하)
바이런, 로버트 271(하)
바쿠닌, 미하일 587(상)
바흐, J. S. 281(상), 637(상)
반제티, 바르톨로메오 377(상), 59(하)
배런, 존 191(상), 195(상)
버넘, 제임스 88(하)
버틀러, 헨리 몬터규 112(상), 227(상), 356(상)
벅, 펄 197(하)
번스, 존 325(상)
번스, C. 델리슬 591(상)
번존스, 에드워드 경 51(상), 52(상)
베르그송, 앙리 223(상), 354(상), 396(상)
베이커, 조지 499(상)
베토벤, 루트비히 판 337(상), 637(상)
벤담, 제레미 135(상), 59(하)
벨, 휴 경 51(상)
보른, 막스 317(하), 412(하), 414(하), 485(하)
보어, 닐스 311(하), 365(하), 413(하)
보이드 오어 경 485(하), 530(하)
볼테르 178(하)
볼트, 로버트 460(하)
브래들리, 프랜시스 허버트 114(상), 169(상), 187(상), 333(상), 357(상), 402(상)
브래들리, F. H. 114(상), 169(상), 187(상), 333(상), 357(상), 402(상), 480(하)
블레이크, 윌리엄 98(상)
비트겐슈타인, 루트비히 481(상), 561~565(상), 592(상), 593(상), 599(상), 600(상), 93~100(하), 128(하), 404(하), 405(하)
빌리, 에른스트 392(하)

사

사르트르, 장 폴 470(하)
사토, 어니스트 경 281(하)
생어, 다프네 532(상), 143(하)
생어, 찰스 퍼시 94(상), 116(상), 118(상), 179(상), 184~188(상), 191(상), 199(상), 201~203(상), 207(상), 250(상), 369(상), 457(상), 506(상), 531(상), 556(상), 637(상), 80(하), 92(하), 143(하)
성 아우구스티누스 224(상), 293(상), 537(상), 29(하), 114(하), 188(하)
셰익스피어, 윌리엄 26(상), 42(상), 61(상), 79(상), 86(상), 107(상), 388(상), 390(상), 186(하), 191(하), 246(하), 296(하), 366(하)
셰퍼, 헨리 M. 585(상), 586(상), 588~590(상)
셸리, 퍼시 비셰 20(상), 27(상), 61(상), 62(상), 138(상), 155(상), 168(상), 207(상), 475(상), 305(하), 366(하), 474(하)
소벨, 모턴 284(하), 321~324(하), 446(하), 450(하)
소크라테스 476(하)

솔즈베리, 해리슨 468(하)
쇤먼, 랠프 370(하), 452(하), 453(하), 458(하), 467(하)
쇼, 조지 버나드 131(상), 337(상), 348(상), 465(상), 492(상), 508(상), 562(상), 38(하), 49(하), 108(하), 121(하), 178(하), 201(하), 272(하)
쇼펜하우어, 아르투르 390(상), 126(하)
슈바이처, 알베르트 485(하)
슈타인바흐 박사 104(하)
슐리크, 모리츠 43(하)
스노, 에드거 198(하)
스위프트, 조나단 474(상)
스탈린, 조세프 422(상), 167(하), 194(하), 218(하), 324(하), 336(하), 473(하), 489(하), 492(하), 513(하)
스트레이치, 리처드 경 122(상)
스트레이치, 리턴 119(상), 120(상), 122(상), 125(상), 428(상), 439(상), 632(상)
스폴딩, D. A. 19(상)
스피노자, 베네딕트 드 107(상), 288(상), 447(상), 544(상), 599(상)
시아누크 공 555(하)
실러, F. C. S. 27(상), 322(상), 336(상), 353(상), 457(상)
쑨원 607(상), 63(하)

아

아데나워, 콘래드 414(하), 432(하)
아리스토텔레스 396(상), 531(상), 561(상), 166(하), 180(하), 181(하), 192(하), 234(하), 476(하)
아리스토파네스 177(하)
아우구스투스 187(하)
아인슈타인, 알베르트 559(상), 584(상), 626(상), 628(상), 637(상), 61(하), 64(하), 104(하), 141(하), 186(하), 231(하), 284(하), 285(하), 286(하), 310(하), 311(하), 315(하), 316(하), 345(하), 350(하), 351~353(하)
아퀴나스, 성 토마스 130(하), 166(하)
애덤스, 빌 120(하)
애슐리몬터규, M. F. 148(하)
언윈, 스탠리 경 482(상), 337(하), 378(하), 467(하)
에드워즈, 폴 235(하)
에디슨, 토머스 A. 238(상)
에딩턴, A. S. 559(상), 25(하), 102(하)
에이드리언, 에드거 경 312(하)
에이머스, 모리스 셸던 경 150(상), 186(상), 188(상), 249(상), 250(상), 91(하)
에이킨, C. L. 60(하), 61(하)
엘름허스트, L. K. 77(하), 78(하)
엘리엇, T. S. 378(상), 414(상), 415(상), 475(상), 478(상), 483(상), 484(상), 555(상), 51(하), 117(하) 273(하)
엠프슨, 윌리엄 530(하)
영, 로버트 620(상), 634(상)
예이츠, W. B. 492(상)
오나시스, 아리스토틀 325(하)
오스틴, 제인 43(상), 137(상), 364(하)
오시에츠키, 카를 폰 450(하), 503(하), 504(하)
오웬, 로버트 135(상)
오즈월드, 리 하비 462(하), 463(하),

517~523(하), 525~531(하)
오즈월드, 마리나 520(하), 528(하), 529(하)
와일드, 오스카 233(상), 234(하), 631(상)
요아킴, 해럴드 114(상), 160(상)
울프, 버지니아 174(하)
워싱턴, 조지 379(하)
워즈워스, 윌리엄 102(상), 168(상), 304(하), 305(하)
월리, 아서 440(상), 392(하)
월폴, 스펜서 경 22(상)
웨브, 시드니 17(상), 129(상), 135(상), 444(상), 601(상)
웰스, H. G. 270(상), 509(상), 64(하), 259(하)
은크루마, K. 485(하)
이튼, 시러스 325(하), 328(하), 329(하)
이폴리트, 장 48(하)

자

자우잇 벤저민 189(상), 352(상)
잘킨드 박사 569(상)
잭슨, 가드너 59(하)
저우 언라이 441(하), 547(하)
제임스, 윌리엄 19(상), 136(상), 263(상), 353(상), 377(상), 378(상), 136(하), 153(하), 157(하)
제임스, 헨리 148(상), 157(상), 476(상)
조던, 존 경 643(상)
조지, 헨리 72(상), 99(상), 560(상)
존, 오거스터스 632(상), 384(하), 432(하)
존슨, L. B.(미국 제36대 대통령) 472(하), 517(하), 542(하), 546(하)
졸리오퀴리, 프레데리크 311(하)

차

차오, Y. R. 609(상), 645(상)
처칠, 윈스턴 경 108(하), 194(하), 199(하), 245(하), 272(하)
체임벌린, 조지프 348(하)
체임벌린, B. H. 640(상)
초서, 제프리 105(하)
촘베, 모이스 543(하), 545(하)

카

카펜터, 에드워드 200(상)
칸, 아유브 485(하)
칸, 허먼 425(하)
칸토어, 게오르크 222(상), 260(상), 388(상), 389(상)
칸트, 이마누엘 108(상), 223(상), 228(상), 388(상), 391(상), 451(상), 166(하)
칼라일 경 24(상), 51(상), 52(상), 64(상), 293(상), 296(상)
캐넌, 조지 509(상)
케네디, J. F. 395(하), 407(하), 427(하), 429(하), 432(하), 462(하), 463(하), 472(하), 510(하), 514(하), 517(하), 519(하), 523(하), 525(하), 530(하)
케렌스키, 알렉산더 434(상), 469(상), 112(하)
케인스, 존 메이나드 119~122(상), 268(상), 408(상), 416(상), 428(상), 594(상), 42(하), 45(하), 46(하), 252(하)
코틸리안스키, S. S. 473(상)
콘래드, 조지프 369~375(상), 400(상), 516(상), 638(상), 30(하)

콘웨이, 몬큐어 D. 636(상)
콜리지, S. T. 190(상), 344(하)
콜린스, 캐넌 존 359(하)
크레이그, 월터 519(하)
크레이턴, 비어트리스 334(상)
크로샤이윌리엄스, 루퍼트 338(하), 391(하)
크로체 272(하)
크로포트킨, 페테르 568(상), 624(상)
크롬프턴, 헨리 17(상)
크립스, 리처드 스태퍼드 경 135(상), 201(하), 202(하)
클라크, 윌리엄 경 643(상)
키플링, 러디어드 30(상)
킬링, 프레더릭 546(상)
킴벌리 경 169(상), 171(상)

타

타고르, 라빈드라나트 394(상)
터링, 한스 329(하)
테니슨, 알프레드 경 61(상), 335(상), 340(상), 269(하)
테레즈, 니코 40(하), 46(하), 48(하)
토인비, 아널드 482(하)
톨스토이, 레오 336(상), 342~345(상), 372(상), 564(상), 565(상), 86(하)
톰슨, 조지 545(하)
트리벨리언, 조지 매콜리 312(상), 343(상), 351(상), 376(상), 409(상), 264(하)
트리벨리언, 조지 O. 경 354(상)
트리벨리언, 찰스 경 70~72(상), 74(하), 75(하)
티토, J. B. 256(하)

틴들, 존 74(상)

파

파머, 조지 허버트 399(상)
파블로프, I. P. 102(하)
파울로스, 존 480(하)
파울리, 볼프강 141(하)
페리, 랠프 바턴 378(상), 387(상), 399(상), 468(상), 586(상), 588(상), 589(상)
페이터, 월터 136(상), 167(상), 169(상)
포드, 제럴드 R. 518(하)
포스터, E.M. 321(상), 322(상), 529(상), 391(하)
포털 경 228(하)
폴링, 라이너스 312(하), 388(하), 485(하)
푸, S. N. 645(상)
푸 앵 카 레, 앙 리 226(상), 235(상), 388~391(상)
폿, 마이클 530(하)
프라이, 로저 106(상), 141(상), 173(하)
프라이어, 조이 112(상)
프레게, 고틀로프 115(상), 387(상), 451(상), 595(상)
프렝클, 오스먼드 K. 164(하)
프로이트, 지그문트 345(하), 400(하)
프롬, 에리히 499(하), 502(하)
프루동, 피에르, 조셉 587(상)
프리먼, 존 460(하)
플라톤 96(상), 253(상), 282(상), 284(상), 588(하), 641(상), 29(하), 59(하), 166(하), 171(하), 172(하), 175(하), 186(하), 188(하), 412(하), 482(하)

피셔, H. A. L. 566(상), 643(상)
피츠제럴드, 에드워드 67~69(상), 169(상), 215(상), 216(상), 297(상), 622(상)
피트, 윌리엄 (2세) 443(상)

하

하이데거 413(하)
한, 오토 311(하)
해러드, 로이 경 49(하)
허스트, 윌리엄 랜돌프 22(하)
허스트, F. W. 528(상), 634(상)
헉슬리, 올더스 146(하)
헉슬리, 줄리언 경 65(하), 391(하), 475(하), 477(하)
헌팅턴, E. V. 321(상), 399(상), 589(상)
헤겔, G. W. F. 108(상), 204(상), 390(상), 166(하), 278(하), 412(하), 480(하)
헤일샴 경 331(하)
헤첼 37(상)
호더, 앨프레드 230(상), 231(상), 292(상), 294(상), 295(상)
호킹, 윌리엄 어니스트 151(하), 153(하), 158(하)
홀데인, J. B. S. 340(하)
홀즈워스, 윌리엄 경 92(하)
홉스, 토머스 166(하), 278(하)
홉슨 392(상)
화이트헤드, 앨프레드 노스 41(상), 54(상), 94(상), 96(상), 116(상), 118(상), 220(상), 222~227(상), 235(상), 255(상), 258(상), 259(상), 261(상), 265~267(상), 269(상), 324(상), 329(상), 355(상), 398(상), 409(상), 496(상), 520(상), 521(상), 548(상), 565(상), 588(상), 593(상), 41(하), 91(하), 124(하), 161(하), 202(하), 227(하), 272(하)
후설, 에드문트 451(상), 413(하)
휘트먼, 월트 128(상), 178(상), 228(상), 291(상), 292(상), 298(상), 168(하)
휴인스, W. A. S. 222(상), 270(상)
흄, 데이비드 166(하), 184(하), 240(하)
흐루시초프, 니키타 357(하), 358(하), 361(하), 362(하), 413(하), 426(하), 481(하), 489(하), 500(하), 502(하), 508(하), 514(하)
히틀러, 아돌프 132(상), 375(상), 421(상), 85(하), 167(하), 170(하), 179(하), 185(하), 188(하), 189(하), 196(하), 429(하), 450(하), 470(하), 471(하), 476(하), 499(하), 503(하)